150 Jahre
Wissen für die Zukunft
Oldenbourg Verlag

Managementwissen für Studium und Praxis

Herausgegeben von Professor Dr. Dietmar Dorn und Professor Dr. Rainer Fischbach

Lieferbare Titel:

Anderegg, Grundzüge der Geldtheorie und Geldpolitik
Arrenberg · Kiy · Knobloch · Lange, Vorkurs in Mathematik, 3. Auflage
Barth · Barth, Controlling, 2. Auflage
Behrens · Kirspel, Grundlagen der Volkswirtschaftslehre, 3. Auflage
Behrens · Hilligweg · Kirspel, Übungsbuch zur Volkswirtschaftslehre
Behrens, Makroökonomie – Wirtschaftspolitik, 2. Auflage
Bontrup, Volkswirtschaftslehre, 2. Auflage
Bontrup, Lohn und Gewinn, 2. Auflage
Bontrup · Pulte, Handbuch Ausbildung
Bradtke, Mathematische Grundlagen für Ökonomen, 2. Auflage
Bradtke, Übungen und Klausuren in Mathematik für Ökonomen
Bradtke, Statistische Grundlagen für Ökonomen, 2. Auflage
Bradtke, Grundlagen im Operations Research für Ökonomen
Breitschuh, Versandhandelsmarketing
Busse, Betriebliche Finanzwirtschaft, 5. Auflage
Camphausen, Strategisches Management, 2. Auflage
Dinauer, Grundzüge des Finanzdienstleistungsmarkts, 2. Auflage
Dorn · Fischbach, Volkswirtschaftslehre II, 4. Auflage
Dorsch, Abenteuer Wirtschaft ·75 Fallstudien mit Lösungen
Drees-Behrens · Kirspel · Schmidt · Schwanke, Aufgaben und Fälle zur Finanzmathematik, Investition und Finanzierung, 2. Auflage
Drees-Behrens · Schmidt, Aufgaben und Fälle zur Kostenrechnung, 2. Auflage
Fischbach · Wollenberg, Volkswirtschaftslehre 1, 13. Auflage
Götze · Deutschmann · Link, Statistik
Gohout, Operations Research, 3. Auflage
Haas, Kosten, Investition, Finanzierung – Planung und Kontrolle, 3. Auflage
Haas, Excel im Betrieb, Gesamtplan
Hans, Grundlagen der Kostenrechnung
Hardt, Kostenmanagement, 2. Auflage
Heine · Herr, Volkswirtschaftslehre, 3. Auflage
Hoppen, Vertriebsmanagement
Koch, Marktforschung, 4. Auflage
Koch, Betriebswirtschaftliches Kosten- und Leistungscontrolling in Krankenhaus und Pflege, 2. Auflage
Laser, Basiswissen Volkswirtschaftslehre
Martens, Statistische Datenanalyse mit SPSS für Windows, 2. Auflage
Mensch, Finanz-Controlling. 2. Auflage
Peto, Makroökonomik und wirtschaftspolitische Anwendung, 13. Auflage
Piontek, Controlling, 3. Auflage
Piontek, Beschaffungscontrolling, 3. Aufl.
Plümer, Logistik und Produktion
Posluschny, Controlling für das Handwerk
Posluschny, Kostenrechnung für die Gastronomie, 2. Auflage
Rau, Planung, Statistik und Entscheidung – Betriebswirtschaftliche Instrumente für die Kommunalverwaltung
Rothlauf, Total Quality Management in Theorie und Praxis, 2. Auflage
Rudolph, Tourismus-Betriebswirtschaftslehre, 2. Auflage
Rüth, Kostenrechnung, Band I, 2. Auflage
Scharnbacher · Kiefer, Kundenzufriedenheit, 3. Auflage
Schuster, Kommunale Kosten- und Leistungsrechnung, 2. Auflage
Schuster, Doppelte Buchführung für Städte, Kreise und Gemeinden, 2. Auflage
Stahl, Internationaler Einsatz von Führungskräften
Stender-Monhemius, Marketing – Grundlagen mit Fallstudien
Strunz · Dorsch, Management
Strunz · Dorsch, Internationale Märkte
Weeber, Internationale Wirtschaft
Wilde, Plan- und Prozesskostenrechnung
Wilhelm, Prozessorganisation, 2. Auflage
Wörner, Handels- und Steuerbilanz nach neuem Recht, 8. Auflage
Zwerenz, Statistik, 3. Auflage
Zwerenz, Statistik verstehen mit Excel – Buch mit Excel-Downloads, 2. Auflage

Makroökonomik und wirtschaftspolitische Anwendung

von
Professor
Rudolf Peto

13., völlig überarbeitete und erweiterte Auflage

Oldenbourg Verlag München

Bibliografische Information der Deutschen Nationalbibliothek

Die Deutsche Nationalbibliothek verzeichnet diese Publikation in der Deutschen Nationalbibliografie; detaillierte bibliografische Daten sind im Internet über <http://dnb.d-nb.de> abrufbar.

Rosenheimer Straße 145, D-81671 München
Telefon: (089) 45051-0
oldenbourg.de

Lektorat: Wirtschafts- und Sozialwissenschaften, wiso@oldenbourg.de
Herstellung: Anna Grosser
Coverentwurf: Kochan & Partner, München
Gedruckt auf säure- und chlorfreiem Papier
Druck: Grafik + Druck, München
Bindung: Thomas Buchbinderei GmbH, Augsburg

ISBN 978-3-486-58235-2

Vorwort zur dreizehnten Auflage

Im Hinblick auf die vielfach reduzierte Stundenzahl im Fach Volkswirtschaftslehre vor allem in den betriebswirtschaftlichen Bachelor- und Masterstudiengängen ist es notwendig geworden, die wesentlichen Teile der Makroökonomik mit einer einzigen Publikation darzustellen.

Dabei ist die ursprüngliche Konzeption meines Makroökonomik-Buches erhalten geblieben und nun auch im Titel dieser Auflage deutlich erkennbar geworden, und zwar den Zusammenhang zwischen der Makroökonomik und deren wirtschaftspolitischer Anwendung bei der Stabilitäts- und Wachstumspolitik deutlich zu machen.

Ich möchte an dieser Stelle Herrn Dr. Jürgen Schechler vom Oldenbourg-Verlag danken, mit dem ich in vertrauensvoller Weise die Neufassung besprechen konnte.

Außerdem möchte ich mich bei Frau Cornelia Horn vom Oldenbourg-Verlag bedanken, die mich freundlicher Weise durch die Klippen der Formatierung gelotst hat, denn so wie mir muss es wohl Odysseus ergangen sein, als er beim heutigen Messina zwischen Scylla und Charybdis durchsegeln musste.

Bielefeld-Babenhausen, im Juni 2008

Rudolf Peto

Überblick über den Gang der Analyse:

Die Publikation beginnt in **Kapitel 1** mit der Abgrenzung der Makroökonomik zur Mikroökonomik und wird fortgesetzt mit der Darstellung der Verbindung zwischen Wirtschaftspolitik und Makroökonomik, wobei kurz auf die Träger der Wirtschaftspolitik und auf die Globalsteuerung als eine der staatlichen Eingriffmöglichkeiten eingegangen wird.

Danach folgt eine Analyse der Stabilitäts- und Wachstumsziele und deren Indikatoren verbunden mit empirischen Zahlen für Deutschland und die EU.

Die Analyse wird dann durch einen kurzen Abriss der dogmengeschichtlichen Entwicklung der Makroökonomik von *J. B. Say* über *J. M. Keynes* und die Monetaristen bis zur Neuklassik vorgesetzt und jeweils deren wirtschaftspolitische Bedeutung aufgezeigt.

Bevor zu den Volkswirtschaftlichen Gesamtrechnungen übergegangen wird, erfolgt eine kurze methodische Einführung.

Der Zusammenhang der Globalgrößen wird dann im **Kapitel 2** anhand eines Modells (Zahlenbeispiels) mit Hilfe von sektoralen und gesamtwirtschaftlichen Konten ermittelt, woraus sich dann die später verwendeten Gleichungen ergeben. Danach wird das aktuell verwendete Europäische System Volkswirtschaftlicher Gesamtrechnungen (ESVG 95) kurz beschrieben. In ein vereinfachtes ESVG-Kontensystem werden dann die Zahlen des Modells übernommen, um die innere Mechanik des Systems zu erkennen. Kapitel 2 schließt mit einem Tabellenteil, der empirische Zahlen der wichtigsten Rechnungen des Volkseinkommens (Herkunft, Verwendung, Aufteilung, Verteilung) enthält.

Nach dieser Einführung in die Makroökonomik wird nun, ausgehend von der Grundgliederung in **Gütermarkt, Geldmarkt** und **Arbeitsmarkt**, eine makroökonomische ex ante-Analyse durchgeführt und jeweils deren wirtschaftspolitische Relevanz geprüft.

Die Analyse des **Gütermarktes** beginnt in **Kapitel 3** mit der Darstellung der Güternachfrage aus Konsum und Investition. Anhand des einfachen Modells einer geschlossenen Volkswirtschaft ohne Staat wird ein güterwirtschaftliches Gleichgewichtsmodell gezeigt und daraus Multiplikatoreffekte und Multiplikatorprozesse abgeleitet.

Das ursprüngliche einfache güterwirtschaftliche Modell wird nun in **Kapitel 4** um die staatlichen Aktivitäten erweitert. Dabei wird ausführlich auf die Wirkungen der Ausgaben und Einnahmen des Staates eingegangen. Wirtschaftspolitisch bedeutsam ist dann insbesondere die Frage der staatlichen Verschuldung durch Konjunktur- und Wachstumsprogramme auf dem Hintergrund der Verschuldungskriterien des Maastrichter Vertrages.

Das anschließende **Kapitel 5** vertieft die Analyse mit vielfältigen Konsumfunktionen, da der Konsum als der letzte Zweck des Wirtschaftens (*Keynes*) angesehen wird. Die Konsumfunktionen machen aber auch die begrenzte staatliche Instrumentalisierung des privaten Konsums deutlich.

Das nachfolgenden **Kapitel 6** befasst sich dann nochmals vertiefend mir den Investitionen und erweitert das güterwirtschaftliche Gleichgewichtsmodell um eine zinsabhängige Investitionsfunktion. Außerdem wird das Akzeleratorprinzip erläutert, das den Zusammenhang zwischen einer Nachfrageänderung und den dadurch ausgelösten Investitionen zeigt.

Schließlich enthält dieses Kapitel auch eine Analyse der sogenannten **Angebotspolitik**, deren Durchführung in Form unterschiedlicher Reformen, Investitionen in Deutschland wieder interessant machen soll und die für die Erklärung und für das Verständnis der aktuellen deutschen Wirtschaftspolitik wichtig ist.

Kapitel 7 beschäftigt sich mit den zyklischen Schwankungen des Wirtschaftsprozesses und mit dem Wachstum einer Volkswirtschaft. Das Kapitel beginnt mit der Analyse der Konjunkturzyklen und der Indikatoren und wird mit dem Multiplikator-Akzelerator-Modell fortgesetzt, das eine endogene (ökonomische) Erklärung der Konjunkturschwankungen bietet. Danach werden exogene Theorien geboten, u. a. eine stochastische Konjunkturtheorie (*W. Krelle*) als eine allgemeine Theorie der exogenen Schocks. Schließlich werden langfristige wirtschaftliche Entwicklungen mit Hilfe von postkeynesianischen und von neoklassischen Wachstumsmodellen untersucht und deren wirtschaftspolitische Relevanz geprüft.

Die monetäre Analyse beginnt in **Kapitel 8** mit den Grundbegriffen der Geldtheorie und setzt sich dann mit dem Geld- und Kreditangebot des Bankensektors einschließlich entsprechender Multiplikatoren fort. Ausgehend von der Quantitätsgleichung der Klassik-Neoklassik erfolgt dann eine Darstellung der keynesianischen und monetaristischen Geldnachfragetheorie,

Kapitel 9 bringt nun **Geldmarkt und Gütermarkt** zusammen, um ein gleichzeitiges Gleichgewicht auf diesen Märkten zu ermitteln, und zwar mit der Hicksschen IS-LM-Darstellung der Keynesschen Theorie und der monetaristischen Theorie einschließlich der Transmissionseffekte verbunden mit einem Kommentar der wirtschaftspolitischen Anwendbarkeit.

In **Kapitel 10** werden die praktischen Möglichkeiten untersucht, diese theoretischen Erkenntnisse mit Hilfe der Geldpolitik einer Zentralbank umzusetzen. Im Vordergrund steht dabei die Europäische Zentralbank mit ihren Zielen, ihrer Organisation, Autonomie, ihrem Instrumentarium und ihrer Strategie. In diesem Kapitel werden aber auch alternative geldpolitische Strategien geboten.

Kapitel 11 beschäftigt sich mit dem dritten Markt unserer Grundgliederung, dem **Arbeitsmarkt.** In diesem Kapitel werden die unterschiedlichen Beschäftigungstheorien von der Neo-Klassik über Keynes bis zur Neuklassik und dem Neukeynesianismus inklusiv der Phillips-Kurven-Problematik dargestellt und kommentiert sowie auf ihre wirtschaftspolitische Aktualität Bezug genommen.

Mit **Kapitel 12** gehen wir unter dem Titel „Außenwirtschaftspolitik“ zu einer offenen Volkswirtschaft über. Wir beginnen mit den Außenhandelszielen und einigen Ausführungen zu den sogenannten „reinen“ Außenwirtschaftstheorien (d. h. ohne Berücksichtigung des Wechselkurses), setzen die Analyse mit den internationalen Organisationen sowie der Währungstheorie und den Wechselkurssystemen fort. Die Wirkungen des Exports und des Imports werden dann mit Hilfe von Export- und Importmultiplikatoren aufgezeigt.

In **Kapitel 13** schließlich werden keynesianische und klassisch-neoklassische Modelle gezeigt, die nun ein gleichzeitiges Gleichgewicht auf dem Gütermarkt, dem Geldmarkt **und** dem Arbeitsmarkt darstellen.

Es folgt in **Kapitel 14** zum Schluss noch eine **Zusammenfassung** der Konsequenzen für die Wirtschaftspolitik aufgrund der makroökonomischen Erkenntnisse.

Vorwort zur ersten Auflage

Dieses Buch wurde für Studenten der Wirtschaftswissenschaften als Einführung in die Makroökonomik geschrieben.

Von dieser Zielgruppe ausgehend, wurden folgende Besonderheiten notwendig:

Die Sprache ist einfach gehalten.

- An vielen Stellen wurden Wiederholungen eingebaut, damit sich die Studenten an die Fachausdrücke gewöhnen können.
- Da die englische bzw. die amerikanische Sprache heute Fachsprache ist – eine Situation, die man zwar beklagen kann, die aber ein Faktum ist –, habe ich vielfach den jeweiligen angelsächsischen Fachausdruck angegeben oder verwendet.
- Die mathematischen Schaubilder und Herleitungen wurden ausführlich dargestellt und möglichst noch verbal erläutert, da die Mathematik zwar eine präzise und zugleich eine vereinfachte Darstellung vieler ökonomischer Zusammenhänge erlaubt, für viele Studenten aber immer noch eine „Fremdsprache" ist. Wenn es noch vertretbar war, fanden aus diesem Grunde meist lineare Funktionen Verwendung.

Meinem Mitarbeiter, Herrn Detlef Stock, danke ich besonders für seinen unermüdlichen Einsatz bei der Erstellung des Manuskripts. Mein Dank gilt aber auch meiner Frau und meinen beiden Kindern dafür, dass sie zugunsten dieses Buches auf viele Stunden gemeinsamer Freizeit verzichtet haben.

Bielefeld-Jöllenbeck, im September 1976

Rudolf Peto

Inhalt

1 Einleitung

1.1 Abgrenzung der Makroökonomik

Unter **Makroökonomik** versteht man die Lehre von den zusammengefassten (aggregierten) ökonomischen Größen wie Inlandsprodukt, Arbeitslosenquote und Außenbeitrag einer Volkswirtschaft. Diese aggregierten Größen werden auch Globalgrößen genannt.

Die Makroökonomik untersucht Ursachen und Wirkungen der Veränderungen der Globalgrößen.

Die Mikroökonomik ist dagegen die Lehre vom Verhalten einzelner Wirtschaftseinheiten wie einzelner Haushalte und einzelner Unternehmen. In der Mikroökonomik wird z. B. die Konsumnachfrage eines einzelnen Haushalts untersucht, während in der Makroökonomik die Konsumnachfrage des Sektors, „Private Haushalte" einer Volkswirtschaft Gegenstand der Untersuchung ist.

Damit ist die Makroökonomik nicht gleichzusetzen mit der Volkswirtschaftslehre und die Mikroökonomik nicht mit der Betriebswirtschaftslehre, denn die Mikroökonomik untersucht beispielsweise die Frage der Preisbildung unter gesamtwirtschaftlichem Aspekt, während die Betriebswirtschaftslehre diese Untersuchung unter einzelwirtschaftlichem Aspekt vornimmt, anders formuliert: Während für die Betriebswirtschaftslehre die Frage lauten kann: „Wie kann ein Unternehmen unter bestimmten Bedingungen einen maximalen Gewinn erzielen?", fragt die Volkswirtschaftslehre in der Mikroökonomik primär: „Wie groß ist das mengenmäßige Angebot an Gütern bei Gewinnmaximierung der Anbieter?" Das bedeutet, dass sich die Mikroökonomik nicht so sehr für den maximalen Gewinn der Unternehmen interessiert, sondern für das maximale Angebot am Markt und damit die Wohlfahrtsgewinne der Nachfrager berücksichtigt.

Was nun den Unterschied zwischen der Mikro- und der Makroökonomik betrifft, so besteht er zunächst im unterschiedlichen Aggregationsgrad. Die Aggregation – d. h. die Zusammenfassung nach einem bestimmten Prinzip, die nicht gleichzusetzen ist mit einer einfachen Addition – beginnt bereits in der Mikroökonomik, wenn z. B. die Nachfrage der einzelnen Haushalte zur Marktnachfrage zusammengefasst wird. Sie setzt sich fort in einem Grenzgebiet zwischen Mikro- und Makroökonomik, nämlich bei der Zusammenfassung der Nachfrage bzw. des Angebots der einzelnen Branchen (Mesoökonomik) (Darstellungsmethode: Verflechtungsmatrix). Bei der Makroökonomik schließlich werden die aggregierte Gesamtnachfrage und das aggregierte Gesamtangebot einer Volkswirtschaft ermittelt. Dabei hat der hohe Aggregationsgrad der Makroökonomik den Vorteil, grundlegende Zusammenhänge deutlich zu machen, um zu verhindern, dass man „vor lauter Bäumen den Wald nicht mehr sieht“. Um bei diesem Bild zu bleiben: Die Makroökonomik beschäftigt sich mit dem „Wald“ als System und vernachlässigt dabei eine Untersuchung der Beschaffenheit und Art der einzelnen „Bäume“. Anders formuliert: Die Mikroökonomik konzentriert sich bei ihren Untersuchungen überwiegend auf eine Partialanalyse (Teilanalyse), während die Makroökonomik eine Globalanalyse im Sinne einer Analyse der gesamtwirtschaftlichen Zusammenhänge und Wirkungen betreibt.

Zweifelsohne gehen bei diesem Vorgehen Informationen verloren, weshalb immer wieder versucht wird, Globalgrößen wie den „Gesamtkonsum der Haushalte“ aufzuspalten (zu disaggregieren) in „Konsum der Arbeitnehmerhaushalte“ und „Konsum der Unternehmerhaushalte“.

Der höhere Aggregationsgrad der Makroökonomik bleibt nicht ohne Folgen für Ursachenerklärungen, denn was für eine einzelne Wirtschaftseinheit nach deren Zielsetzung richtig sein mag, muss gesamtwirtschaftlich keineswegs empfehlenswert sein. So verhalten sich die einzelnen Haushalte in der Rezession durchaus „richtig“ – und damit ökonomisch rational –, wenn sie mehr als bisher sparen, um die Folgen einer drohenden Arbeitslosigkeit zu mindern. Gesamtwirtschaftlich fördern sie aber durch ihr massenhaft gleichförmiges Verhalten gerade die Arbeitslosigkeit, da sie weniger als bisher konsumieren. Die Unternehmen reagieren mit einer weiteren Einschränkung der Produktion und mit weiteren Entlassungen. Diese Tatsache, dass Sparen einzelwirtschaftlich eine „Tugend“, gesamtwirtschaftlich aber ein „Laster“ sein kann (Sparparadoxon), zeigt eindeutig, dass die Quantität bei der Makroökonomik in eine andere Qualität umschlägt.

Dies bedeutet weiter, dass mikroökonomische Erkenntnisse sich in vielen Fällen nicht einfach automatisch auf makroökonomische Überlegungen übertragen werden können („no bridge-Problem“).

Diese Erscheinung kann auch saldenmechanisch erklärt werden: die zusammengefassten Größen verändern sich nur dann, wenn sich die Wirkungen der Verhaltensänderungen der einzelnen Wirtschaftseinheiten nicht gegenseitig aufheben (kompensieren). So steigt der Gesamtkonsum einer Volkswirtschaft nicht, wenn der Haushalt A einen Betrag von 200 € plötzlich mehr spart und der Haushalt B seinen Konsum um 200 € gleichzeitig erhöht. Steigert der Haushalt B den Konsum um 300 € während A ihn um 200 € vermindert, so erhöht sich der Gesamtkonsum „per Saldo“ um 100 €.

Diese Ausführungen machen bereits deutlich, dass es die wichtigste Aufgabe der Makroökonomik ist, der praktischen staatlichen Wirtschaftspolitik zu dienen. Allerdings kann die Makroökonomik diesen Dienst nur für ein Teilgebiet der Wirtschaftspolitik erbringen, nämlich für die sogenannte Makropolitik oder Globalsteuerung, d. h. für die Steuerung der Globalgrößen durch den Staat. Tritt in einem Land beispielsweise Massenarbeitslosigkeit auf, so dient die Makroökonomik zur Erklärung (Diagnose) und zur Bekämpfung (Therapie) dieser Erscheinung.

1.2 Makroökonomik und Wirtschaftspolitik

Wie bereits erwähnt, sollen die Erkenntnisse der Makroökonomik Grundlage für die wirtschaftspolitische Anwendung sein.

Deshalb müssen zunächst einige ***Fragen zur Wirtschaftspolitik*** geklärt werden, und zwar

- Was kann unter „Wirtschaftspolitik" verstanden werden?
- In welche Teilgebiete wird die Wirtschaftspolitik aufgeteilt?
- Wer sind die Träger der Wirtschaftspolitik?

Der frühere Wirtschafts- und Finanzminister *Karl Schiller* hat unter **Wirtschaftspolitik**

> *„die gestaltenden Maßnahmen, die der Staat oder von ihm abgeleitete oder faktisch zuständige Einrichtungen im Hinblick auf Wirtschaftsprozeß, Wirtschaftsstruktur und Wirtschaftsordnung treffen" (Schiller, 1965)*

verstanden.

Ausgehend von dieser Definition ist offensichtlich, dass nicht jede Maßnahme als Wirtschaftspolitik bezeichnet werden kann, die eine Veränderung auf einzelnen Märkten zur Folge hat: Erhöht beispielsweise ein privater Haushalt seine Brötchennachfrage pro Tag, so hat das zwar gesamtwirtschaftliche Wirkungen, wird aber nicht als „Wirtschaftspolitik" bezeichnet.

Es muss sich vielmehr um eine *gestaltende* Maßnahme im Hinblick auf bestimmte **Teilbereiche der Wirtschaft** handeln, wobei *Karl Schiller* die Teilbereiche

- Wirtschaftsordnung,
- Wirtschaftsstruktur und
- Wirtschaftsprozess

unterscheidet.

Bei der Gestaltung der *Wirtschaftsordnung* geht es um die Schaffung und Erhaltung einer Wirtschaftsordnung mit Hilfe von staatlichen Gesetzen aber auch durch die ethische Grundhaltung der Wirtschaftssubjekte.

So wurde in der Bundesrepublik Deutschland nach dem zweiten Weltkrieg die „Soziale Marktwirtschaft" als Wirtschaftsordnung durch gesetzliche Regelungen (Grundgesetz, Gesetz gegen Wettbewerbsbeschränkungen, Betriebsverfassungsgesetz usw.) geschaffen.

Allein gesetzliche Regelungen reichen für eine Wirtschaftsordnung nicht aus. Damit eine Wirtschaftsordnung funktionsfähig ist, muss eine bestimmte *ethische Grundhaltung* vorhanden sein. So kann die Soziale Marktwirtschaft nur funktionieren, wenn neben gesetzlichen Regelungen eine Leistungsbereitschaft der Wirtschaftssubjekte (u. a. Risikobereitschaft der Unternehmer bei Investitionen, aber auch der Arbeitnehmer beim Arbeitsplatzwechsel) und eine soziale Verantwortung vorhanden sind.

Mit Hilfe der *Strukturpolitik* soll insbesondere die Entwicklung der Regionalstruktur und der Branchenstruktur, aber auch die Verteilungsstruktur von Einkommen und Vermögen beeinflusst werden. Typisches Beispiel sind die ehemaligen Kohle- und Stahlgebiete wie das Saarland und das Ruhrgebiet, bei denen gleichzeitig Branchenkrisen auch regionale Krisen aufgrund der Monostruktur ausgelöst haben.

Bei den gestaltenden Maßnahmen im Hinblick auf den *Wirtschaftsprozess* geht es um unterschiedliche Eingriffsarten des Staates:

1. Direkte **Eingriffe des Staates auf Einzelmärkten** durch Preisfixierungen und/oder durch Steuern (Ökosteuer) und Subventionen, wobei Preisfixierungen in einer Marktwirtschaft nicht als wünschenswert angesehen werden, da sie den Preismechanismus zerstören. Direkte Eingriffe des Staates können auch ganze **Branchen** (wie die Landwirtschaft) betreffen. Erfolgen die Eingriffe auf Märkten und/oder in Branchen ohne ein erkennbares Gesamtkonzept, wird diese Politik als „Interventionismus" bezeichnet.
2. **Automatische Stabilisatoren**, die in gesetzliche Regelungen eingebaut sind und die die Hochkonjunktur nach oben abbremsen und die Rezession auffangen sollen, wie beispielsweise die Einkommensteuerprogression und das Arbeitslosengeld (built-in stabilizers). Daneben gibt es aber auch natürliche Stabilisatoren wie die Verknappung der Produktionsfaktoren (qualifizierte Arbeitskräfte, Kapital, Rohstoffe), die zu einer Bremsung der Expansion führen können
3. Generelle Regelungen und Maßnahmen durch den Staat, die als **Globalsteuerung** oder **Niveausteuerung** bezeichnet werden. Der Staat kann die Globalgröße „Staatsausgaben" erhöhen oder die Globalgröße „Konsum der privaten Haushalte" durch eine Senkung der Einkommensteuer beeinflussen, um die Gesamtnachfrage und zugleich die Beschäftigung zu steigern. Der Staat greift in diesen Fällen **nicht** auf einzelnen Märkten oder Sektoren ein.

Wie die Aufzählung der Eingriffsmöglichkeiten gezeigt hat, ist es für die Träger der Wirtschaftspolitik notwendig und sinnvoll, nicht völlig willkürlich Eingriffe vorzunehmen, sondern eine **Strategie** zu entwickeln, d. h. ein wirtschaftspolitisches Gesamtkonzept zu entwerfen und durchzusetzen, um bestimmte Ziele zu erreichen. Von der Strategie ist die **Taktik** zu unterscheiden, die sich mit den Einzelschritten zur Realisierung des Gesamtkonzeptes befasst.

Das wirtschaftspolitische Konzept muss sowohl die angestrebten Ziele als auch die Instrumente enthalten, die zur Durchführung der Strategie notwendig sind.

Dabei ist es unumgänglich, dass sich die Träger der Wirtschaftspolitik über ihre Modellvorstellungen (Theorien) klar sind, damit sie eine in sich schlüssige, widerspruchsfreie Konzeption verfolgen können.

Wer soll aber nun die Wirtschaftspolitik betreiben bzw. wer betreibt sie faktisch in der Realität?

Als **Träger der Wirtschaftspolitik** kommt zunächst der Staat in Betracht, wobei unter „**Staat**" in der Volkswirtschaftslehre alle öffentlichen Haushalte zu verstehen sind, d. h. vor allem Bund, Länder, Kreise, Gemeinden (Gebietskörperschaften), aber auch sonstige öffentliche Haushalte wie Sozialversicherung und Sonderfonds.

Die staatliche Wirtschaftspolitik wird in Deutschland immer mehr von einem supranationalen Träger übernommen, und zwar von der Europäischen Union, so dass der nationalstaatlichen Wirtschaftspolitik in vielen Fällen nur noch ein begrenzter Spielraum bleibt.

Daneben gibt es die (autonome) Zentralbank, der vom Staat ganz bestimmte Aufgaben übertragen wurden, und die daher als eine von ihm abgeleitete Einrichtung (*K Schiller*) bezeichnet werden kann.

Schließlich gibt es auch noch **private Träger** der Wirtschaftspolitik, wie die Verbände, so insbesondere die Arbeitgeberverbände und die Gewerkschaften, die zum Teil mit wirtschaftspolitischen Forderungen an die Regierung in Erscheinung treten oder aber direkt auf dem Arbeitsmarkt als sogenannte Marktverbände auftreten. Sie beeinflussen damit (legal) aufgrund der Koalitionsfreiheit des Grundgesetzes das Lohnniveau und damit auch die Beschäftigung in einer Marktwirtschaft.

Welche Stellung hat nun speziell die **Makroökonomik** innerhalb der Wirtschaftspolitik?

Die Makroökonomik dient als theoretische Grundlage der **Stabilitäts- und Wachstumspolitik,** die die Realisierung eines gesamtwirtschaftlichen Gleichgewichts und die Sicherstellung des Wirtschaftswachstums im Rahmen der Wirtschaftspolitik zum Ziele hat. Sie umfasst alle Maßnahmen und Instrumente zur Erreichung eines hohen Beschäftigungsniveaus, eines angemessenen Wirtschaftswachstums, der Preisstabilität und eines außenwirtschaftlichen Gleichgewichts.

Dabei besteht ihre Aufgabe insbesondere darin, das gesamtwirtschaftliche Gleichgewicht zu erhalten, oder aber ein Gleichgewicht wieder herzustellen, sofern das Gleichgewicht nicht vorhanden ist.

Zur Erreichung der Ziele der Stabilitäts- und Wachstumspolitik können Instrumente der Prozesspolitik aber auch der Ordnungspolitik und der Strukturpolitik eingesetzt werden.

Der Schwerpunkt der Stabilitäts- und Wachstumspolitik liegt bei der bereits erwähnten **Globalsteuerung** in Form einer staatlichen **Konjunkturpolitik**, mit der eine **kurzfristige** Änderung der Globalgrößen erreicht werden soll, um zu hohe Konjunkturausschläge mit deren negativen Folgen zu vermeiden.

Daneben muss er Staat eine **langfristig angelegte Wachstumspolitik** betreiben, die insbesondere in der Förderung der Wachstumsfaktoren wie technischer Fortschritt, Produktivität und eine hohe Qualifikation des Humankapitals durch entsprechende Bildung umfasst.

In der praktischen Wirtschaftspolitik wird meist eine Mischung von mehreren Möglichkeiten durchgeführt (Policy-mix), wobei die Schwerpunkte von den Wirtschaftspolitikern selbst gesetzt werden.

Bei der praktischen Durchführung dieses Policy-Mix in Form einzelner Maßnahmen gibt es zunächst das Problem der **Dosierung** der einzelnen Maßnahme. Hier kann generell davon ausgegangen werden, dass der gleichzeitige Einsatz mehrerer Instrumente die Dosierung der einzelnen Maßnahme vermindert.

Aber nicht nur die richtige Dosierung, sondern auch der richtige **Zeitpunkt** der Maßnahme, auch Timing genannt, kann für die Wirksamkeit der wirtschaftspolitischen Maßnahme entscheidend sein.

Der **Faktor Zeit** muss in der Wirtschaftspolitik auch deshalb berücksichtigt werden, da gerade in der praktischen Wirtschaftspolitik unterschiedliche **zeitliche Verzögerungen** (time lags) zu beobachten sind und unterschiedliche Effekte auslösen.

Grundsätzlich können zwei große Gruppen von zeitlichen Verzögerungen unterschieden werden:

- Innenverzögerungen (inside lags) und
- Außenverzögerungen (outside lags).

Die **Innenverzögerungen** beginnen mit dem Zeitraum zwischen dem Auftreten einer Störung im Wirtschaftsprozess und ihrer Erfassung durch Indikatoren, was als **Störungsverzögerung** (disturbance lag) bezeichnet wird. Selbst wenn die Änderung eines Indikators vom wirtschaftspolitischen Entscheidungsträger erkannt wird, besteht noch keine Klarheit darüber, ob überhaupt ein Handlungsbedarf vorliegt, d. h. ob die Indikatoränderung für politische Entscheidungen relevant ist. Der wirtschaftspolitische Entscheidungsträger braucht damit eine gewisse Zeit, um die Relevanz der Indikatoränderung zu erkennen, was als **Erkennungsverzögerung** (recognition lag) bezeichnet wird. Dabei muss bei der Auswahl der Indikatoren darauf geachtet werden, dass möglichst Frühindikatoren und nicht Spätindikatoren als Basis für wirtschaftspolitische Entscheidungen herangezogen werden.

Schließlich kann eine weitere Verzögerung zwischen dem Erkennen der Relevanz der Indikatoränderung und dem Einsatz der Instrumente eintreten, die sogenannte **Entscheidungsverzögerung** (decision lag). Diese Verzögerung entsteht durch die Entscheidungsfindung bei der Abwägung der Alternativen. Diese Art der Verzögerung ist bei den einzelnen Trägern der Wirtschaftspolitik unterschiedlich lang. So muss die Bundesregierung beispielsweise bei fiskalpolitischen Eingriffen in Form von Steuersenkungen in der Regel die ganze parlamentarische Prozedur durchstehen. Ein Beispiel für den Versuch, die Entscheidungsverzögerung im Bereich der Fiskalpolitik zu verkürzen, stellt das Stabilitäts- und Wachstumsgesetz dar, denn die Bundesregierung kann vielfach vorübergehend bestimmte steuerliche Maßnahmen auf dem Verordnungswesen treffen, ohne den langen Weg über das Parlament beschreiten zu müssen.

Die Entscheidungsverzögerung der Zentralbank ist dagegen in der Regel relativ kurz, was als eine Stärke der Geldpolitik bezeichnet werden kann.

Die Entscheidungsverzögerung fällt dann weg, wenn automatische Stabilisatoren vorliegen.

Eine weitere Gruppe der Innenverzögerungen sind die **Zwischenverzögerungen** (intermediate lags) in der Geldpolitik, die nach der Entscheidung über den Instrumenteneinsatz auftreten, denn der Instrumenteneinsatz beeinflusst zunächst nur den Geschäftsbankensektor und erst dann die Nichtbanken, deren Verhalten die Zentralbank beeinflussen wollte.

Eine Zwischenverzögerung tritt aber auch bei Maßnahmen der Bundesregierung dadurch auf, dass sie die Entscheidungen rechtsverbindlich ausgestalten und nachgeordnete Körperschaften beteiligen muss, was auch als **Durchführungsverzögerung** (administrative lag) bezeichnet wird.

Die **Außenverzögerung** (outside lag), die auch als **Wirkungsverzögerung** (effect lag) bezeichnet wird, betrifft die zeitliche Verzögerung, die bei der Wahrnehmung der politischen Entscheidungen und Maßnahmen und deren Konsequenzen bei den betroffenen Wirtschaftssubjekten auftritt. Daneben müssen die Betroffenen den Handlungsbedarf feststellen. Dabei handelt es sich beispielsweise um eine Verzögerung der Wirkung einer Zinssatzsenkung auf die Investitionen. Werden daraufhin Investitionen getätigt, erhöht sich mit einer zeitlichen Verzögerung das Volkseinkommen. Schließlich kann ein höheres Volkseinkommen zeitlich verzögert zu einer Beschäftigungssteigerung und/oder zu einem höheren Preisniveau führen.

Was die **Länge der zeitlichen Verzögerungen** in der Wirtschaftspolitik betrifft, so liegen Untersuchungsergebnisse speziell zur Wirkung geldpolitischer Maßnahmen vor, die allerdings widersprüchlich sind, was noch zu zeigen und zu erklären sein wird.

Diese Verzögerungen haben allerdings auch Konsequenzen für die makroökonomische Theorie und damit auch für die praktische Wirtschaftspolitik.

1.3 Makroökonomische Ziele und Indikatoren

1.3.1 Zielkatalog und Interdependenz der Ziele

In der Bundesrepublik Deutschland haben sich seit ihrer Gründung im Jahre 1949 die folgenden vier makroökonomischen Ziele herauskristallisiert:

1. Vollbeschäftigung
2. Preisstabilität
3. Wirtschaftswachstum
4. Außenwirtschaftliches Gleichgewicht

Diese Ziele wurden in § 1 des Stabilitäts- und Wachstumsgesetzes vom 08. Juni 1967 wie folgt beschrieben:

> *„Bund und Länder haben bei ihren wirtschafts- und finanzpolitischen Maßnahmen die Erfordernisse des gesamtwirtschaftlichen Gleichgewichts zu beachten. Die Maßnahmen sind so zu treffen, dass sie im Rahmen der marktwirtschaftlichen Ordnung gleichzeitig zur Stabilität des Preisniveaus, zu einem hohen Beschäftigungsstand und außenwirtschaftlichem Gleichgewicht bei stetigem und angemessenem Wirtschaftswachstum beitragen."*

Dieser Zielkatalog wurde inzwischen durch Art. 2 des EU-Vertrages (Maastrichter Vertrag) etwas anders formuliert und um ein ökologisches und ein sozialpolitisches Ziel erweitert:

„Aufgabe der Gemeinschaft ist es, ..., ein beständiges, nichtinflationäres und umweltverträgliches Wachstum, einen hohen Grad an Konvergenz der Wirtschaftsleistungen, ein hohes Beschäftigungsniveau, ein hohes Maß an sozialem Schutz, die Hebung der Lebenshaltung und der Lebensqualität, ... zu fördern."

Der Zielkatalog der EU stellt eine Erweiterung durch ein Umweltziel, ein Sozialschutzziel und ein allgemeines Wohlstandsziel dar.

Es fehlt allerdings das Ziel einer gerechten Einkommens- und Vermögensverteilung, das man bewusst in das Stabilitäts- und Wachstumsgesetz nicht aufgenommen hat, da ja mit diesem Gesetz ganz speziell die **Stabilitätsziele** in Form der Preisstabilität, der Stabilität auf dem Arbeitsmarkt und der außenwirtschaftlichen Stabilität und das **Wirtschaftswachstumsziel** erreicht werden sollten.

Die Formulierung der Ziele nach dem Gesetzestext und dem Text des EU-Vertrages lässt offen, was diese Ziele im Einzelnen für die praktische Wirtschaftspolitik zu bedeuten haben. Für die praktische Wirtschaftspolitik müssen daher diese Ziele inhaltlich bestimmt und messbar gemacht werden, wenn sie nicht nur unverbindliche Empfehlungen sein sollen.

Die Konkretisierung der Ziele erfolgt in Deutschland in der Stellungnahme der Bundesregierung zum Jahresgutachten des Sachverständigenrats „Begutachtung der gesamtwirtschaftlichen Entwicklung". Zu diesem Gutachten muss eine Stellungnahme der Bundesregierung in Form des **Jahreswirtschaftsberichts** innerhalb von sechs Wochen erfolgen. Diese Stellungnahme enthält dann (auch quantitativ) die wirtschaftspolitischen Ziele der Bundesregierung, wobei die Bundesregierung allerdings schon seit den 80er Jahren nur noch von „Jahresprojektionen" spricht. Damit erfolgt immerhin eine Konkretisierung der Ziele von der jeweiligen Bundesregierung.

Der Gesetzestext des § 1 des Stabilitäts- und Wachstumsgesetzes gibt an, dass diese Ziele **gleichzeitig** zu erreichen sind, d. h. es wird kein Ziel vorrangig behandelt. Es besteht keine Prioritätenliste. Die Schwierigkeit liegt allerdings darin, diese Ziele tatsächlich gleichzeitig zu erreichen, denn dies würde an Magie grenzen. Aus diesem Grunde spricht man in diesem Falle auch vom „magischen Viereck".

Den Zusammenhang der vier Ziele des Zielkatalogs kann man graphisch in Form eines Vierecks darstellen:

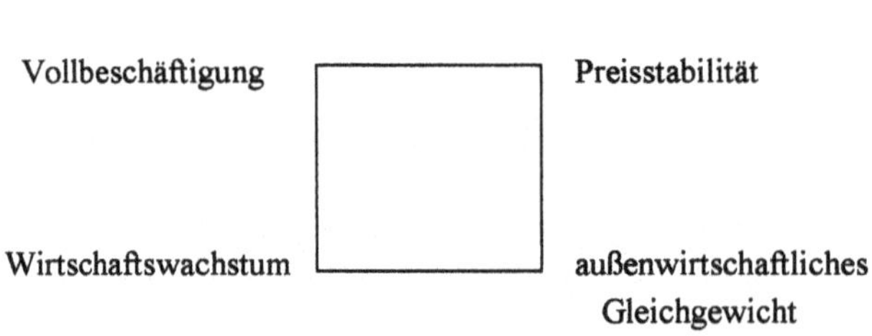

Abbildung 1.1

Mit dieser „Magie“ werden **Zielkonflikte** angedeutet, denn Regierungen sind vielfach gezwungen, doch Prioritäten zu setzen.

So bestimmte die Frage einer Alternative zwischen **Vollbeschäftigung** und **Preisniveaustabilität** die wirtschaftstheoretischen und wirtschaftspolitischen Diskussionen der 70er Jahre. Es wurde zeitweilig die Meinung vertreten, dass das Vollbeschäftigungsziel mit einer geduldeten Inflation erkauft werden könne.

Ein Problem, das sich für die deutsche Wirtschaftspolitik in dieser Form so nicht stellte, da die Deutsche Bundesbank aufgrund ihrer Zielsetzung und Autonomie dies nicht zugelassen hätte, denn im Westen Deutschlands wurde die Verfolgung des Zieles „Preisstabilität“ einer autonomen Zentralbank als Aufgabe übertragen, und zwar schon im Jahre 1948 mit der Währungsreform an die Bank deutscher Länder als Vorgängerinstitution der Deutschen Bundesbank übertragen, d. h. vor der Gründung der Bundesrepublik Deutschland. Sie hatte die Aufgabe die „Währungsstabilität“ zu sichern, die allerdings umfassender war als die Preisstabilität war, da sie auch die Wechselkursstabilität beinhaltete.

Die Aufgabe der Sicherung der Preisstabilität ist inzwischen auf die autonome Europäische Zentralbank übertragen worden und damit auch die geldpolitische Globalsteuerung.

Mit der Übertragung dieser Aufgaben auf eine Zentralbank können sich aber die nationalen Regierungen des EU-Währungsgebiets nicht völlig von der Aufgabe verabschieden, die Preisstabilität zu erhalten oder sogar zu schaffen. Sie müssen ihren Teil durch eine entsprechende Haushaltspolitik beitragen, aber auch durch die ordnungspolitische Aufgabe, den Wettbewerb auf den einzelnen Märkten zu schaffen und/oder zu erhalten, um den Monopolisierungsgrad der Volkswirtschaft zu senken.

Für die Wirtschaftspolitik der Vereinigten Staaten von Amerika ist die Alternative zwischen Inflation und Arbeitslosigkeit immer noch relevant, da die amerikanische Zentralbank aufgrund des Employment Acts von 1946 sowohl das Ziel „Preisstabilität“ als auch „hoher Beschäftigungsstand“ verfolgen muss.

Was diesen Zielkonflikt betrifft, so herrscht in Europa seit den 80er Jahren eher die Meinung vor, dass die Erreichung des Ziels „Preisstabilität“ alle anderen Ziele **unterstütze**, auch das Vollbeschäftigungsziel, denn durch Preisstabilität wird die internationale Wettbewerbsfähigkeit einer Volkswirtschaft erhalten und damit das außenwirtschaftliche Gleichgewicht und indirekt auch die Beschäftigung. (Diese Problematik soll noch an anderer Stelle ausführlich besprochen werden.)

Beim Ziel „außenwirtschaftlichen Gleichgewicht“ hat sich die institutionelle Lage seit Jahren völlig verändert: Seit Mitte der 70er Jahre des vorigen Jahrhunderts sind die festen Wechselkurse bis auf wenige Ausnahmen weltweit abgeschafft. Damit müssten sich die außenwirtschaftlichen Ungleichgewichte über den Wechselkurs ausgleichen. Außerdem müssten die einzelnen Zentralbanken eine autonome Geldpolitik betreiben können.

Für die Deutsche Bundesbank war das (ab Mitte der 70er Jahre) bis zur Schaffung der Europäischen Zentralbank als Leitwährung der europäischen Währungen begrenzt möglich. Inzwischen kann die Europäische Zentralbank eine beinahe autonome Geldpolitik im Hinblick auf den US-Dollar aufgrund ihres noch größeren Währungsraumes betreiben.

Aufgrund dieser institutionellen Änderungen müsste man auf die bewusste Verfolgung des außenwirtschaftlichen Zieles verzichten können. Die Europäische Zentralbank versucht dies, indem sie den Wechselkurs des Euro nur unwesentlich beeinflusst. Trotz flexibler Wechselkurse haben aber die weltweiten Ungleichgewichte zugenommen. Die Zentralbanken sehen sich daher immer wieder genötigt doch zu intervenieren.

Was nun das Verhältnis zwischen dem Vollbeschäftigungsziels und dem Wachstumsziel betrifft, so kann man feststellen, dass durch ein entsprechend hohes Wirtschaftswachstum das Vollbeschäftigungsziel gefördert werden kann.

1.3.2 Vollbeschäftigung

A. Definition und Indikatoren

Das Ziel „Vollbeschäftigung" trat seit der Weltwirtschaftskrise von 1929 in den Vordergrund volkswirtschaftlicher Untersuchungen, da die Arbeitslosigkeit nicht nur ein ökonomisches Problem darstellt, sondern schwerwiegende soziale und politische Folgen auslösen kann, wie der Zusammenbruch der Weimarer Republik zeigt.

Die Regierungen sind daher seit dieser Zeit bemüht, mit den unterschiedlichsten Maßnahmen die Arbeitslosigkeit zu beseitigen.

Aber, was ist unter „Vollbeschäftigung" zu verstehen?

Im Marktsinne herrscht dann in einer Volkswirtschaft Vollbeschäftigung, wenn bei einem gegebenen Lohnsatz das Angebot an Arbeit gleich der Nachfrage nach Arbeit ist. Zu diesem Lohnsatz gibt es keine unfreiwillige Arbeitslosigkeit.

Ist die Nachfrage nach Arbeit dagegen kleiner als das Angebot zu einem bestimmten Lohnsatz, so herrscht unfreiwillige Arbeitslosigkeit oder **Unterbeschäftigung**. Von einer **Überbeschäftigung** wird dann gesprochen, wenn die Nachfrage nach Arbeit größer als das Angebot zu diesem Lohnsatz ist. Unter dem Lohnsatz in einer Volkswirtschaft kann man sich konkret das herrschende Lohnniveau vorstellen (vgl. Kapitel „Arbeitsmarkt").

Die Arbeitslosigkeit wird hier primär auf die Höhe des Lohnsatzes zurückgeführt, und zwar auf die Existenz von Mindestlöhnen in Form von Tariflöhnen, weshalb sie auch als Mindestlohnarbeitslosigkeit bezeichnet wird. Es ist das bekannte mikroökonomische Phänomen eines Angebotsüberschusses bei einem Mindestpreis. In der Realität kann dieser Angebotsüberhang noch größer sein, wenn übertariflich bezahlt wird.

Das Stabilitäts- und Wachstumsgesetz fordert allerdings nicht die „Vollbeschäftigung" als Ziel. Das gesetzliche Ziel ist wesentlich bescheidener formuliert: Es wird nur ein **hoher Beschäftigungsstand bzw. ein hohes Beschäftigungsniveau** gefordert. Nach der Gesetzesdefinition im Stabilitäts- und Wachstumsgesetz und im Maastrichter Vertrag kann daher immer noch eine gewisse Arbeitslosigkeit herrschen. Allerdings enthalten beide Rechtsvorschriften keine Toleranzgrenze, deren Überschreitung eine Verletzung des Zieles bedeuten würde.

So wurde dieses Ziel für die Bundesrepublik Deutschland im Laufe der Jahre immer stärker relativiert: Galt im Jahre 1968 noch eine Arbeitslosenquote von 0,7–1,2 % als „Vollbeschäftigung", so stieg der Prozentsatz beispielsweise im Jahre 1974 auf 2,5–3 %.

Seit Ende der 90er Jahre des vorigen Jahrhunderts wäre man schon froh, wenn die Quote bei nur 5 % statt bei ca. 10 % liegen würde.

Unter dem gesamtwirtschaftlichen Indikator „**Arbeitslosenquote**" wird der prozentuale Anteil der bei der Agentur für Arbeit gemeldeten Arbeitslosen an der Zahl der Erwerbspersonen (Erwerbstätige und Arbeitslose) verstanden.

Arbeitslos ist danach, wer keine Beschäftigung hat (weniger als 15 Wochenstunden), Arbeit sucht, dem Arbeitsmarkt zur Verfügung steht und bei einer Agentur für Arbeit oder einem Träger der Grundsicherung arbeitslos gemeldet ist.

In Tabelle 1.1 werden verschiedene Arbeitsmarktindikatoren dargestellt. Dabei wurde bei der Arbeitslosenquote vom **Inlandskonzept** ausgegangen, d. h. die Zahl der im Inland als arbeitslos gemeldeten Personen mit **Arbeitsort in Deutschland** wurde auf die Erwerbspersonen in Deutschland bezogen. Aus der Tabelle wird ersichtlich, dass die Arbeitslosenquote seit 1992 von 7,3 % auf 11,1 % im Jahre 2005 gestiegen ist. Seit 2006 sinkt die Quote wieder. Dabei spielen sowohl konjunkturelle als auch strukturelle Gründe eine Rolle, wie noch zu zeigen sein wird. **Strukturelle** Gründe können anhand dieser Tabelle vermutet werden, da bei fast 4,5 Millionen Arbeitslosen im Jahr 2007 immer noch 621000 offene Stellen vorhanden sind.

Seit Anfang 1999 wird immer mehr der Indikator „**Erwerbslosenquote**" als prozentualer Anteil der Zahl der (durch Befragung) ermittelten Erwerbslosen an der Zahl der Erwerbspersonen (definiert als Summe der Zahl der Erwerbstätigen und Erwerbslosen Inländer) verwendet.

Es wird damit nach dem **Inländerkonzept** vorgegangen, wobei die Erwerbspersonen ihren **Wohnort in Deutschland** haben müssen.

Dies ist die **ILO-Definition**, d. h. die Definition der Internationalen Arbeitsorganisation (ILO = International Labour Organization), die international und in der EU verwendet wird.

In Deutschland wird diese Quote vom Statistischen Bundesamt mit Hilfe einer Stichprobenerhebung (Mikrozensus) ermittelt.

Die ILO-Definition unterscheidet sich in ihren Grundannahmen nicht von der obigen Arbeitslosendefinition, denn arbeitslos bzw. **erwerbslos** ist hier ebenfalls eine Person, die

- ohne Arbeit ist,
- dem Arbeitsmarkt zur Verfügung steht und
- Arbeit sucht.

Allerdings unterscheiden sich Definitionen doch in wichtigen Punkten:

Bei der ILO-Definition muss die Person nicht bei einer Arbeitsagentur gemeldet sein. Sie ist dann arbeitslos, wenn sie nicht mindestens **eine** Stunde pro Woche Arbeit hat und Arbeit sucht von mindestens **einer** Stunde pro Woche.

Dies hat zur Folge, dass die Erwerbslosenquote systematisch niedriger als die Arbeitslosenquote ist, weil alle Personen, die von einer Stunde bis zu 15 Stunden arbeiten nach der Definition der Agentur für Arbeit arbeitslos sind, nicht aber als Erwerbslose nach der **ILO-Definition** gelten, sondern als Erwerbstätige betrachtet werden. Tabelle 1.2 zeigt die **Erwerbslosenquoten** der letzten Jahre der Bundesrepublik Deutschland. Auch hier ist ein kontinuierlicher Anstieg der Quote von 6,2 % im Jahre 1992 auf 10,6 % im Jahre 2005 zu verzeichnen. Seit 2006 ist auch diese Quote bis auf 8,3 % (2007) gesunken.

Tabelle 1.1

Arbeitslosigkeit und Erwerbstätigkeit in Deutschland nach dem Inlandskonzept

Jahr	Erwerbspersonen im Inland	Erwerbstätige im Inland	beschäftigte Arbeitnehmer im Inland	Selbständige im Inland (a)	Arbeitslose	Arbeitslosenquote	Offene Stellen in 1000
	Durchschnitt in 1000					%	
1992	41038	38059	34482	3577	2979	7,3	356
1993	40974	37555	33930	3625	3419	8,3	280
1994	41214	37516	33791	3725	3698	9,0	285
1995	41213	37601	33852	3749	3612	8,8	321
1996	41463	37498	33756	3742	3965	9,6	327
1997	41847	37463	33647	3816	4384	10,5	337
1998	42192	37911	34046	3865	4281	10,1	422
1999	42525	38424	34567	3857	4101	9,6	456
2000	43034	39144	35229	3915	3890	9,0	515
2001	43169	39316	35333	3983	3853	8,9	507
2002	43157	39096	35093	4003	4061	9,4	452
2003	43101	38724	34651	4073	4377	10,2	355
2004	43256	38875	34653	4222	4381	10,1	386
2005	43708	38847	34491	4356	4861	11,1	413
2006	43577	39090	34698	4392	4487	10,3	564
2007	43542	39766	35319	4446	3776	8,7	621

(a) einschließlich mithelfende Familienangehörige

Quelle: Statistisches Bundesamt: VGR, Fachserie 18, Reihe 1.5, 2007, Tab. 1.12, Datenreport 2006, S. 16, Statistische Jahrbuch 2006, S. 644, MB Bundesbank 5/08; S. 65*

Tabelle 1.2

Arbeitslosigkeit und Erwerbstätigkeit in Deutschland nach dem Inländerkonzept

Jahr	Erwerbs-personen (Inländer)	Erwerbs-tätige (Inländer)	beschäftigte Arbeit-nehmer (Inländer)	Selb-ständige (Inländer) (a)	Erwerbs-lose (b)	Erwerbs-losen-quote	Arbeits-losen-quote (Tab.1.1)
	Durchschnitt in 1000					%	%
1992	40600	38066	34489	3577	2534	6,2	7,3
1993	40598	37541	33916	3625	3057	7,5	8,3
1994	40811	37488	33763	3725	3323	8,1	9,0
1995	40774	37546	33797	3749	3228	7,9	8,8
1996	40939	37434	33692	3742	3505	8,6	9,6
1997	41198	37390	33574	3816	3808	9,2	10,5
1998	41566	37834	33969	3865	3732	9,0	10,1
1999	41742	38339	34482	3857	3403	8,2	9,6
2000	42175	39038	35123	3915	3137	7,4	9,0
2001	42402	39209	35226	3983	3193	7,5	8,9
2002	42517	38994	34991	4003	3523	8,3	9,4
2003	42551	38633	34560	4073	3918	9,2	10,2
2004	42954	38794	34572	4222	4160	9,7	10,1
2005	43322	38749	34393	4356	4573	10,6	11,1
2006	43256	39006	34614	4392	4250	9,8	10,3
2007	43289	39687	35241	4446	3602	8,3	8,7

(a) einschließlich mithelfende Familienangehörige

(b) Abgrenzung der Erwerbslosen nach der Definition der ILO (Mikrozensus)

Quelle: VGR, Fachserie 18, Reihe 1.5, Inlandsproduktsberechnung, Lange Reihen ab 1970, 2007, Tabelle 1.11

Tabelle 1.2 macht aber auch den Unterschied zwischen der Erwerbslosenquote und der Arbeitslosenquote deutlich, da die letzte Spalte der Tabelle zum Vergleich die Arbeitslosenquote aus Tabelle 1.1 enthält.

Ein Vergleich der deutschen Erwerbslosenquoten mit anderen Ländern in Tabelle 1.3 zeigt zunächst, dass Deutschland 2001 unter dem Durchschnitt des Euro-Währungsgebiets lag und ab 2002 über dem Durchschnitt.

Innerhalb des Euro-Währungsgebiets lagen die Quoten von Irland, den Niederlanden, Österreich und Portugal (bis auf 2007) in jedem Jahr wesentlich unter dem Durchschnitt.

Tabelle 1.3

Internationaler Vergleich der Erwerbslosenquoten (in %)

	2001	2002	2003	2004	2005	2006	2007
Euro-Währungsgebiet	8,0	8,4	8,9	8,8	8,8	8,2	7,4
Belgien	6,7	7,3	8,1	8,4	8,4	8,2	7,5
Deutschland	7,8	8,7	9,6	9,5	10,7	9,8	8,4
Finnland	9,1	9,1	9,0	8,8	8,4	7,7	6,9
Frankreich	8,5	8,8	9,4	9,6	9,2	9,2	8,3
Griechenland	10,4	10,0	9,3	10,5	9,8	8,9	8,3
Irland	3,9	4,3	4,6	4,5	4,3	4,4	4,6
Italien	9,4	9,0	8,6	8,0	7,7	6,8	6,1
Luxemburg	2,1	2,8	3,7	5,1	4,5	4,7	4,7
Malta		7,5	8,2	9,0	7,3	7,3	6,4
Niederlande	2,5	2,7	3,8	4,6	4,7	3,9	3,2
Österreich	3,6	4,3	4,4	4,8	5,2	4,7	4,4
Portugal	4,1	5,1	6,4	6,7	7,6	7,7	8,0
Slowenien		6,1	6,5	6,3	6,5	6,0	4,8
Spanien	10,6	11,3	11,3	10,6	9,2	8,5	8,3
Zypern		3,9	4,5	4,4	5,2	4,6	3,9
Andere EU-Mitgliedstaaten							
Bulgarien					10,1	8,9	6,9
Tschechische Republik		7,3	7,8	8,5	7,9	7,1	5,3
Dänemark	4,3	4,6	5,6	5,5	4,8	3,9	3,8
Estland		9,5	10,1	9,2	7,9	5,9	4,7
Lettland		12,5	10,5	10,7	8,9	6,9	6,0
Litauen		13,6	12,7	11,5	8,3	5,6	4,3
Ungarn		5,6	5,8	5,9	7,2	7,5	7,4
Polen		19,8	19,2	18,9	17,7	13,8	9,6
Rumänien					7,1	7,3	6,4
Slowakei		18,7	17,1	16,6	16,3	13,4	11,1
Schweden	3,4	4,9	5,6	6,3	7,4	7,0	6,1
Vereinigtes Königreich	8,1	5,1	5,0	4,7	4,8	5,4	5,3
Ausgewählte Drittstaaten							
Japan	5,0	5,4	5,2	4,7	4,4	4,1	3,8
Vereinigte Staaten	4,8	5,8	6,0	5,5	5,1	4,6	4,6

Quelle: Bundesbank MB 7/03, 6/07, 5/08, S. 6*f., EZB MB 7/03, S. 82*f., 10/06, 4/07, S. S69f. 5/08, S. S74f.

Die Erwerbslosenquoten Dänemarks und Großbritanniens aus der Gruppe der restlichen EU-Länder lagen ebenfalls immer wesentlich unter dem Durchschnitt der Länder des Euro-Währungsgebiets.

Tabelle 1.3 zeigt auch die Arbeitslosenquoten der neuen EU-Mitglieder, wobei erhebliche Unterschiede festzustellen sind. Insbesondere Polen und die Slowakei hatten bis 2005 Quoten, die fast bei 20 % lagen, was immer noch als Spätfolge der sozialistischen Wirtschaftsordnung betrachtet werden kann. Seit 2006 ist aber hier eine deutliche positive Trendwende zu erkennen.

Im internationalen Vergleich mit wirtschaftlich bedeutenden Staaten wie Japan und den Vereinigten Staaten von Amerika schnitten die Staaten der EU nicht besonders gut ab, denn die Erwerbslosenquoten dieser beiden Staaten lagen in den letzten Jahren bei ca. 5 %.

Die Globalzahlen der drei Tabellen lassen die **Ursachen der Arbeitslosigkeit** nicht erkennen, weshalb die folgende Darstellung versucht, die wichtigsten Arten von Arbeitslosigkeit zu erfassen. In der Bezeichnung dieser Arten wird auch zugleich ihre Ursache deutlich.

B. Ursachen der Arbeitslosigkeit

1. Die **konjunkturelle** Arbeitslosigkeit entsteht durch die zyklische Schwankung der Wirtschaftsaktivität in einem Lande. Sie besteht während der Rezession (Abschwung), im konjunkturellen Tief (Talsohle) und auch noch beim beginnenden Aufschwung.

Die konjunkturelle Arbeitslosigkeit wird nach *J. M. Keynes* auch als keynesianische Arbeitslosigkeit bezeichnet, da sich *Keynes* in den 30er Jahren nach der Weltwirtschaftskrise von 1929 besonders mit der Bekämpfung dieser Art von Arbeitslosigkeit beschäftigt hat.

Die Reduzierung der konjunkturellen Arbeitslosigkeit steht auch im Mittelpunkt der vorliegenden Untersuchung.

2. Die **saisonale** Arbeitslosigkeit entsteht durch eine saisonal unterschiedliche Auslastung der Produktionskapazitäten, so z. B. im Baugewerbe während eines harten Winters.

Sie kann aber auch institutionell bedingt sein, wie beispielsweise durch Ferienregelungen, denn außerhalb der Ferienzeiten (Schulferien) sind die Kapazitäten in den Ferienorten nicht ausgelastet.

3. Die **strukturelle** Arbeitslosigkeit entsteht durch die zeitlichen Verzögerungen bei den Anpassungsprozessen, die durch Strukturänderungen notwendig werden, und zwar weil der Faktor Arbeit weder völlig homogen noch völlig mobil ist. Die strukturelle Arbeitslosigkeit wird von den Neoklassikern auch als **„natürliche Arbeitslosigkeit"** bezeichnet.

3a. Die **friktionelle** Arbeitslosigkeit, auch **Fluktuationsarbeitslosigkeit** genannt, entsteht durch zeitliche Verzögerungen zwischen dem Ausscheiden einer Erwerbsperson und der Wiederaufnahme eines neuen Arbeitsverhältnisses, wobei dieser Arbeitsplatzwechsel in einer dynamischen Volkswirtschaft allein durch die ständigen Änderungen der Wirtschaftsstruktur bedingt ist. In jeder Volkswirtschaft gibt es einen Bodensatz von friktioneller Arbeitslosigkeit.

3b. Die **regionale** Arbeitslosigkeit entsteht durch die Immobilität der Produktionsfaktoren, wobei der Idealfall nicht die Mobilität des Faktors Arbeit, sondern die Mobilität des Faktors Kapital ist: Das Kapital müsste zum Faktor Arbeit kommen und nicht umgekehrt.

Typisches Beispiel, dass meist der Faktor Arbeit zum Faktor Kapital kommt, ist der Zuzug von Gastarbeitern. Tabelle 1.4 zeigt exemplarisch für eine regionale Arbeitslosigkeit die Situation in Deutschland, wobei besonders die extrem hohen Arbeitslosenquoten in den ostdeutschen Ländern auffallen, die oft doppelt so hoch sind als der Bundesdurchschnitt.

Dies ist eine Spätfolge der Transformation einer wenig produktiven Zentralverwaltungswirtschaft in eine Marktwirtschaft: Die Arbeitsproduktivität in der DDR lag bei weniger als einem Drittel der westdeutschen, oder anders ausgedrückt: Um die gleiche Leistung zu erzielen, benötigten die DDR-Betriebe dreimal soviel Personal.

Trotz vieler steuerlicher Anreize und direkter Subventionen für Investitionen, wandert nach wie vor nicht genügend Kapital in den Osten Deutschlands. Außerdem ist aus Tabelle 1.4 erkennbar, dass die Länder südlich der Mainlinie (bis auf das Saarland) fast alle Arbeitslosenquoten haben, die unter dem Bundesdurchschnitt liegen. Dies kann auf eine günstigere (vielfältige) Struktur zurückgeführt werden, die auch den Dienstleistungssektor und die Hochtechnologie umfasst.

3c. Die **sektorale** Arbeitslosigkeit entsteht dadurch, dass sich ganz bestimmte Wirtschaftszweige, u. a. durch Änderung der Nachfragestruktur oder der internationalen Konkurrenz, in der Krise befinden. Bekannte historische Beispiele sind die Stahlindustrie und die Textilindustrie. Im Falle einer Monostruktur eines Gebietes bedeutet eine sektorale Krise gleichzeitig auch eine regionale Krise wie beim Ruhrgebiet und im Saarland.

3d. Die strukturelle Arbeitslosigkeit kann auch in Form einer **demographischen** Arbeitslosigkeit auftreten: Die Bevölkerungsstruktur eines Landes ändert sich so, dass die Zahl der jugendlichen Erwerbspersonen stärker steigt als die Zahl der ausscheidenden Erwerbspersonen. Eine weitere Ursache wäre der Zuzug von Arbeitskräften aus anderen Volkswirtschaften.

3e. Die strukturelle Arbeitslosigkeit kann auch **technologisch** bedingt sein: Durch neue Technologien entstehen zwar einerseits Arbeitsplätze, andererseits gehen ganze Branchen oder Berufe unter. Die neuen Technologien erhöhen die Arbeitsproduktivität und setzen Arbeitskräfte frei, die bei einer stagnierenden Wirtschaft nicht sofort eine neue Beschäftigung finden.

Tabelle 1.4

Arbeitslosenquoten nach Bundesländern

	Arbeitslosenquote (a) Jahresdurchschnitte						
	2000	2001	2002	2003	2004	2005	2006
Bundesgebiet	9,6	9,4	9,8	10,5	10,5	11,7	10,5
Bundesgebiet West	7,6	7,2	7,6	8,4	8,5	9,9	8,4
Bundesgebiet Ost	17,1	17,3	17,7	18,5	18,4	18,7	10,5
Baden-Württemberg	5,4	5,3	6,0	6,9	6,9	7,8	6,1
Bayern	5,5	5,3	6,0	6,9	6,9	7,8	6,9
Berlin	15,8	16,1	16,9	18,1	17,6	19,0	18,1
Brandenburg	17,0	17,4	17,5	18,8	18,7	18,2	18,8
Bremen	13,0	12,4	12,5	13,2	13,3	16,8	13,2
Hamburg	8,9	8,3	9,0	9,9	9,7	11,3	9,9
Hessen	7,3	6,6	7,0	7,9	8,2	9,7	7,9
Mecklenburg-Vorpommern	17,8	17,4	17,5	18,8	18,7	18,2	20,1
Niedersachsen	9,3	9,1	9,2	9,6	9,6	11,6	9,6
Nordrhein-Westfalen	9,2	8,8	9,2	10,0	10,2	12,0	10,0
Rheinland-Pfalz	7,3	6,8	7,2	7,7	7,7	8,8	7,7
Saarland	9,8	9,0	9,1	9,5	9,2	10,7	9,5
Sachsen	17,0	17,5	17,8	17,9	17,8	18,3	17,9
Sachsen-Anhalt	20,2	19,7	19,6	20,5	20,3	20,2	20,5
Schleswig-Holstein	8,5	8,4	8,7	9,7	9,8	11,6	9,7
Thüringen	15,4	20,8	21,4	21,5	21,4	20,5	16,7

(a) Arbeitslose in Prozent der abhängigen zivilen Erwerbspersonen

Quelle: Bundesanstalt für Arbeit: Jahresberichte

3f. Eine andere Art der strukturellen Arbeitslosigkeit besteht in Form der nicht ausreichenden oder falschen **Qualifikation** der Arbeitskräfte: Die Qualifikation der Arbeitskräfte stimmt mit dem Anforderungsprofil der angebotenen Stellen nicht überein. Hier kann nur eine Höherqualifizierung oder eine Umschulung helfen, diesen Mangel zu beheben.

Tabelle 1.5 macht deutlich, dass die berufliche Qualifikation über die Arbeitslosigkeit mitentscheidet. Der Anteil der Arbeitslosen **ohne** Ausbildung lag bei 40,29 %.

Tabelle 1.5

Qualifikation und Arbeitslosigkeit in Deutschland

(Prozentualer Anteil der Arbeitslosen 2005)

a) Ohne Ausbildung	40,29
b) Mit abgeschlossener Ausbildung	59,71
darunter mit:	
abgeschlossener beruflicher Ausbildung	54,18
Hochschulausbildung:	
Fachhochschule	1,89
Hochschule/Universität	3,64

Quelle: IAB-Forschungsbericht Nr. 9/2007, S. 33

Eine abgeschlossene beruflicher Ausbildung allein schützt aber auch nicht vor Arbeitslosigkeit, denn der Anteil lag bei 54,18 %. Die Anteile der höher qualifizierten Gruppen mit Hochschulausbildung lagen dagegen weit darunter, d. h. der Gruppen mit einem Fachhochschulstudium bei 1,89 % und einem Universitätsstudium bei 3,64 %.

4. Weitere Arten der Arbeitslosigkeit stellen die bereits erwähnten Formen **freiwilliger und unfreiwilliger** Arbeitslosigkeit dar:

Freiwillige Arbeitslosigkeit entsteht dann, wenn Erwerbspersonen nicht bereit sind, zum herrschenden Lohnsatz (Tariflohn) ein Arbeitsverhältnis einzugehen, weil sie den Lohnsatz für sich selbst als zu niedrig ansehen. Sie bieten nur bei einem höheren Lohnsatz ihre Arbeit an. **Unfreiwillige** Arbeitslosigkeit ergibt sich dann, wenn Erwerbspersonen bei einem bestimmten Lohnsatz (Tariflohn) keine Arbeit finden, da bei diesem Lohnsatz ein Angebotsüberschuss besteht. Da diese Art von Arbeitslosigkeit nach Auffassung der neoklassischen Theorie nur durch die Existenz eines Mindestlohnes (in Form eines Tariflohnes oder staatlich garantierten Mindestlohnes) existiert, wird sie auch als **Mindestlohnarbeitslosigkeit** bezeichnet. Diese Arbeitslosigkeit wird manchmal auch als strukturelle Form betrachtet, da hier eine Strukturänderung des Arbeitsmarkts gefordert wird, die eine Form der Flexibilisierung darstellt.

5. Die Arbeitslosigkeit kann **außenwirtschaftlich** bedingte sein, und zwar durch den Wechselkurs: Sie entsteht durch die Aufwertung einer Währung, da sie den Export erschwert. Dabei muss die Aufwertung nicht unbedingt durch die fundamentalen Daten einer Volkswirtschaft begründet sein. Sie kann auch durch eine Spekulationswelle ausgelöst werden.

Außenwirtschaftlich bedingte Arbeitslosigkeit kann aber auch durch Freihandel entstehen, sofern sich das Inland nicht als wettbewerbsfähig erweist. Ein Phänomen, das sich durch die

Globalisierung, verbunden mit der Abschaffung aller Handelshemmnisse, besonders deutlich zeigt. Im Wettbewerb stehen dabei auch die sozialen Sicherungssysteme.

Aufgrund der dargestellten vielfältigen Ursachen der Arbeitslosigkeit wird ist es für die praktische Wirtschaftspolitik notwendig, ebenfalls mit einer Vielzahl von Instrumenten, oder anders formuliert mit einem Policy-Mix, die Arbeitslosigkeit zu bekämpfen.

Die makroökonomischen Analysen dieser Publikation werden darlegen, welche Möglichkeiten sich für die wirtschaftspolitische Anwendung ergeben.

1.3.3 Preisstabilität

A. Definition, Inflations- und Deflationsfolgen sowie Indikatoren

Im Stabilitäts- und Wachstumsgesetz heißt es bewusst „Stabilität des Preisniveaus", womit bereits angedeutet wird, dass in marktwirtschaftlichen Systemen eine Stabilität der **einzelnen Preise** unerwünscht ist, denn damit würden wichtige Funktionen des Preismechanismus wegfallen (wie aus der Mikroökonomik bekannt) so die Zuteilungsfunktion für die Nachfrager, die Auslesefunktion für die Anbieter, die Markträumungs- oder Ausgleichsfunktion für Angebot und Nachfrage, die Informationsfunktion über die Knappheit der Güter, die Allokationsfunktion für den optimalen Einsatz der Ressourcen und die Verteilungsfunktion für die Faktoreinkommen.

Das würde einen Wegfall des marktwirtschaftlichen Steuerungsmechanismus bedeuten.

Seit den 50er Jahren des vergangenen Jahrhunderts sind nachhaltige Preisniveausteigerungen aufgetreten, so dass man sich überwiegend mit der Verhinderung und den Gefahren einer Inflation beschäftigt hatte.

Inzwischen ist aber auch das Phänomen nachhaltiger Preisniveausenkungen im Zusammenhang mit der Wirtschaftskrise in Japan aufgetaucht, weshalb man sich auch in Europa im Zusammenhang mit Rezessionen mit dem Phänomen einer Deflation beschäftigen muss.

Welche Folgen hat nun eine Inflation?

Eine Inflation als anhaltende Preisniveauerhöhung ist deshalb nicht erwünscht, weil sie dazu führt, dass dem (staatlichen) Gelde die Funktionen als Wertaufbewahrungsmittel, Wertmaßstab, Tauschmittel und Wertübertragungsmittel entzogen würden. Eine grundlegende Änderung der Verhaltensweisen wäre die Folge.

Besonders die langfristigen Planungen der Unternehmen und der privaten Haushalte werden erheblich erschwert.

Natürlich kann man nicht behaupten, dass alle Wirtschaftseinheiten im Falle einer Inflation „Verlierer" sind. Verlierer sind die Gläubiger, deren Forderungen nicht dynamisiert sind, während die Schuldner in diesem Falle als „Gewinner" bezeichnet werden können (Gläubiger-Schuldner-Hypothese), es sei denn, die Verzinsung liegt so hoch, dass sie auch den Wertverlust durch die Inflation ersetzt.

Eindeutig geht die Inflation zu Lasten all derer, die feste Einkommen beziehen wie Sozialhilfeempfänger, sofern keine laufende Anpassung an die Inflationsrate erfolgt (Transfereinkommens-Hypothese).

Weder Gewinner noch Verlierer sind all diejenigen, denen es gelingt, höhere Kosten auf die Preise überzuwälzen. Diesen Überwälzungsversuch machen schließlich auch die Gewerkschaften im Auftrag der Arbeitnehmer, indem sie bei einer Inflation höhere Löhne für die Arbeitnehmer fordern, um einen Kaufkraftausgleich zu erhalten. Dies wiederum kann wegen der Kostenerhöhung bei den Unternehmen erneut Preisniveausteigerungen auslösen usw. (Preis-Lohn- bzw. Lohn-Preis-Spirale). Allerdings gelingt die Überwälzung nur mit einer zeitlichen Verzögerung, weshalb die Arbeitnehmer meist zu den Verlierern gezählt werden (Lohn-lag-Hypothese).

Nicht zu den Verlierern, sondern eher zu den „Gewinnern" gehören die Sachwertbesitzer, wenn die Sachwerte stärker steigen als die allgemeine Inflationsrate.

Zu den Verlierern zählen schließlich alle Einkommensteuerzahler bei einer progressiven Einkommensbesteuerung. Die Inflation bewirkt, nach einer Anpassung der Faktoreinkommen, eine Umverteilung zugunsten des Staates und zu ungunsten der Steuerzahler. Die Differenz zwischen Brutto- und Nettoeinkommen wird größer (Nettoeinkommens-Hypothese).

Aus diesen Darlegungen folgt, dass in einer Volkswirtschaft nicht alle Gruppen ein gleich großes Eigeninteresse haben, die Inflation zu bekämpfen.

Schließlich muss noch auf den Zusammenhang zwischen dem außenwirtschaftlichen Gleichgewicht und der inländischen Inflation hingewiesen werden. Ist bei festen Wechselkursen die inländische Inflationsrate höher als die der wichtigsten Handelspartner, so droht ein Rückgang des Exports, da die Wettbewerbsfähigkeit des Landes gefährdet ist. Bei flexiblen Wechselkursen würde sich das in einer Abwertung der Währung ausdrücken.

Auch wenn der Staat als öffentlicher Haushalt in seiner Funktion als Steuereinnehmer und insbesondere als Schuldner von einer Inflation vordergründig durch die progressive Einkommensbesteuerung profitiert, muss er im gesamtwirtchaftlichen Interesse eine Politik der Stabilität des Preisniveaus betreiben. Gerade in Deutschland ist die Bevölkerung heute noch gegen inflationäre Tendenzen allergisch, denn die negativen Auswirkungen einer Inflation hat Deutschland 1923 mit der Hyperinflation erfahren. Diese Inflation hat damals die geldbesitzenden bürgerlichen Schichten ökonomisch vernichtet, was für die Weimarer Republik schwerwiegende politische Konsequenzen hatte.

Welche Wirkungen löst nun die Deflation aus?

Zunächst bewirkt die Deflation eine Erhöhung der Kaufkraft des Geldes. Damit ändern sich automatisch die Erwartungen der Geldbesitzer, aber auch der Sachwertbesitzer.

Die Konsumenten als Geldbesitzer halten sich beim Kauf zurück, da sie weitere Preissenkungen erwarten. Durch ihre Kaufzurückhaltung werden die Preissenkungen weiter verstärkt. Die Sachwertbesitzer (wie die Einzelhändler) versuchen andererseits, sich so schnell wie möglich von ihren Sachwerten zu trennen. Dies muss nicht immer in Form einer Preisreduzierung geschehen. Preissenkungen erfolgen heute durch die Gewährung von Rabatten aber auch durch eine verbesserte Ausstattung bei gleichem Preis. (Bekanntlich ist in Deutschland die „Schnäppchenjagd" inzwischen zum Volkssport geworden.)

Preissenkungen können aber weder vom Handel noch von den Produzenten unbegrenzt durchgehalten werden, da sie vielfach vertragliche Vereinbarungen wie Mietverträge einhalten müssen. Sie versuchen daher, ihr Personal zu reduzieren, was wiederum die Arbeitslosigkeit erhöht und damit zu einem weiteren Nachfragerückgang führt.

Sind die Arbeitslosen auch noch Schuldner, so wird ihre Situation durch den Rückgang des Einkommens besonders schwierig: Sie müssen eventuell ihr kreditfinanziertes Haus verkaufen. Der Immobilienmarkt bricht zusammen.

In analoger Weise werden viele Unternehmen aufgrund ihrer hohen Fremdkapitalquote bei sinkenden Gewinnen in die Insolvenz getrieben. Die Wirtschaftskrise verschärft sich.

Wie werden nun die **Preisniveauentwicklung** und damit die **Geldwertänderung** für die praktische Wirtschaftspolitik gemessen?

Die Messung der Geldwertänderung erfolgt mit Hilfe von **Preisindizes.** Preisindizes zeigen die prozentuale Änderung der Ausgaben eines Jahres (Berichtsjahr) gegenüber den Ausgaben eines Ausgangsjahres (Basisjahres), wobei die nachgefragten Mengen (Warenkörbe) konstant gehalten werden, um den Preiseffekt darstellen zu können.

Dabei gibt es grundsätzlich **zwei** Möglichkeiten:

Entweder werden die Mengen des jeweiligen Berichtsjahres (Warenkorb des Berichtsjahres) konstant gehalten oder die Mengen des Basisjahres (Warenkorb des Basisjahres).

Während der Preisindex des Statistikers *H. Paasche* von den **Mengen des Berichtsjahres** ausgeht, geht der Preisindex des Statistikers *E. Laspeyres* von den konstanten **Mengen des Basisjahres** (q_o) aus, weshalb sich folgende Formel für den **Laspeyres-Preisindex** ergibt:

$$P_L = \frac{\sum p_i \cdot q_o}{\sum p_o \cdot q_o} \cdot 100$$

p_i ist dabei der Preis des Berichtsjahres, q_o die Menge und p_o der Preis des Basisjahres.

Der Vorteil des Laspeyres-Preisindexes besteht darin, dass die Gütermengen des Basisjahres als konstant angesehen werden und der (erwünschte) Preiseffekt beim Zahlenvergleich deutlich wird. Dadurch lassen sich die jeweiligen Jahre gut miteinander vergleichen, weshalb eine Umbasierung unproblematisch ist. Die Annahme eines konstanten Warenkorbs des Basisjahres beim Laspeyres-Preisindex ist allerdings gleichzeitig sein Nachteil: Je weiter Basisjahr und Berichtsjahr auseinander liegen, desto weniger stimmen der Warenkorb und die tatsächliche Nachfrage überein.

Die Problematik besteht aber auch in der Tatsache, dass er einen systematischen Fehler aufweist: Bei steigenden Preisen einzelner Güter geht die Nachfrage (bei normalem Verhalten der Nachfrager) zurück. Da die Mengen aber beim Laspeyres-Preisindex konstant gehalten werden, überzeichnet der Index die inflationäre Entwicklung. Eine neuere Untersuchung berücksichtigt insbesondere die Tatsache, dass auch die Qualitätserhöhung der Güter zu Preissteigerungen führt. (Das Statistische Bundesamt versucht, diesen Qualitätseffekt durch verschiedene Qualitätsbereinigungsverfahren zu eliminieren.)

Der Laspeyres-Preisindex dient als Grundlage für die Verbraucherpreisindizes und in Deutschland inzwischen auch in modifizierter Form für die Berechnung des realen Bruttoinlandsprodukts.

Der wichtigste Indikator für die Kaufkraftentwicklung des Geldes ist der **Verbraucherpreisindex.** Nach Auffassung des Statistischen Bundesamtes misst der Verbraucherpreisindex die durchschnittliche Preisveränderung aller Waren und Dienstleistungen, die von privaten Haushalten für Konsumzwecke gekauft werden. Er wird auf der Basis des Laspeyres-Preisindexes berechnet. Ihm liegt ein bestimmter Warenkorb zugrunde, der Güter enthält, die von privaten Haushalten nachgefragt werden. Da sich der Warenkorb im Zeitablauf ändert (DVD-Player statt Videorecorder), muss der Warenkorb immer wieder an die neuen Verhältnisse angepasst werden.

Der Verbraucherpreisindex spielt in der allgemeinen wirtschaftspolitischen Diskussion eine wichtige Rolle, insbesondere bei Lohnverhandlungen.

In der praktischen Wirtschaftspolitik wird davon ausgegangen, dass dann das Ziel Preisstabilität erreicht ist, wenn die Inflationsrate nahe bei 2 % liegt, gemessen am Verbraucherpreisindex.

Neben dem Verbraucherpreisindex ermittelt das Statistische Bundesamt einen Harmonisierten Verbraucherpreisindex (HVPI) für Deutschland, um eine Vergleichbarkeit der Preisänderungsraten zwischen den Mitgliedstaaten der Europäischen Union zu ermöglichen. Dieser Index geht vom Verbraucherpreisindex aus, umfasst aber weniger Ausgaben der deutschen privaten Haushalte als der Verbraucherpreisindex. So fehlen u. a. die Ausgaben der Haushalte für selbst genutztes Wohneigentum.

Der „Harmonisierte Verbraucherpreisindex“ wird in der Europäischen Union für das Konvergenzkriterium „Preisstabilität“ beim Beitritt eines Landes zur Europäischen Wirtschafts- und Währungsunion verwendet.

Das Statistische Amt der Europäischen Union (Eurostat) berechnet aufgrund der nationalen HVPI-Werte für die gesamte Europäische Währungsunion. Dieser Index ist ein wichtiger Indikator für die Europäische Zentralbank. Tabelle 1.6 und Tabelle 1.7 zeigen die Entwicklung in Deutschland, dem Euro-Währungsgebiet, in anderen Ländern der EU sowie in anderen wichtigen Staaten.

Tabelle 1.6

Verbraucherpreisindex für Deutschand (Index 2005=100)

Jahres-durch-schnitt	Gesamt-index (12 Ab-teilungen)	ausgewählte Abteilungen				
		Nahrungs-mittel, alkoholfreie Getränke	Bekleidung, Schuhe	Wohnung, Wasser, Strom, Gas usw.	Beherber-gung, Gast-stätten	Bildung
1993	83,3	91,9	97,8	77,1	84,4	65,5
1994	85,6	93,4	99,2	80,2	86,6	72,0
1995	87,1	94,3	99,9	82,7	87,7	74,9
1996	88,3	94,9	100,6	84,7	88,7	77,7
1997	90,0	96,3	101,1	86,9	89,6	80,7
1998	90,9	97,2	101,5	87,7	90,9	84,6
1999	91,4	96,0	101,8	88,8	92,1	88,0
2000	92,7	95,3	101,9	91,3	93,1	89,5
2001	94,5	99,6	102,7	93,5	94,9	90,6
2002	95,9	100,4	103,4	94,4	98,3	93,0
2003	96,9	100,3	102,6	95,8	99,1	95,0
2004	98,5	99,9	101,9	97,3	99,9	98,1
2005	100,0	100,0	100,0	100,0	100,0	100,0
2006	101,6	102,0	99,4	102,9	101,2	101,5
2007	103,9	105,9	100,7	104,9	104,0	126,9
Veränderung gegenüber dem Vorjahr in %						
1994	2,8	1,6	1,4	4,0	2,6	9,9
1995	1,8	1,0	0,7	3,1	1,3	4,0
1996	1,4	0,6	0,7	2,4	1,1	3,7
1997	1,9	1,5	0,5	2,6	1,0	3,9
1998	1,0	0,9	0,4	0,9	1,5	4,8
1999	0,6	-1,2	0,3	1,3	1,3	4,0
2000	1,4	-0,7	0,1	2,8	1,1	1,7
2001	1,9	4,5	0,8	2,4	1,9	1,2
2002	1,5	0,8	0,7	1,0	3,6	2,6
2003	1,0	-0,1	-0,8	1,5	0,8	2,2
2004	1,7	-0,4	-0,7	1,6	0,8	3,3
2005	1,5	0,1	-1,9	2,8	0,1	1,9
2006	1,6	2,0	-0,6	2,9	1,2	1,5
2007	2,3	3,8	1,3	1,9	2,8	25,0

Quelle: Statistisches Bundesamt, Internet-Seite:www.destatis.de vom 13.6.2008

Tabelle 1.7

Harmonisierte Verbraucherpreisindizes (in %) in der EU und Verbraucherpreisindizes in ausgewählten Drittstaaten

	2000	2001	2002	2003	2004	2005	2006	2007
Euro-Währungsgebiet	2,1	2,3	2,3	2,1	2,1	2,2	2,2	2,1
Belgien	2,7	2,4	1,6	1,5	1,9	2,5	2,3	1,8
Deutschland	1,4	1,9	1,3	1,0	1,8	1,9	1,8	2,3
Finnland	3,0	2,8	2,0	1,3	0,1	0,8	1,3	1,6
Frankreich	1,8	1,8	1,9	2,2	2,3	1,9	1,9	1,6
Griechenland	2,9	3,7	3,9	3,4	3,0	3,5	3,3	3,0
Irland	5,3	4,0	4,7	4,0	2,3	2,2	2,7	2,9
Italien	2,6	2,3	2,6	2,8	2,3	2,2	2,2	2,0
Luxemburg	3,8	2,4	2,1	2,5	3,2	3,8	3,0	2,7
Malta			3,1	1,9	2,7	2,5	2,6	0,7
Niederlande	2,3	5,1	3,9	2,2	1,4	1,5	1,7	1,6
Österreich	2,0	2,3	1,7	1,3	2,0	2,1	1,7	2,2
Portugal	2,8	4,4	3,7	3,3	2,5	2,1	3,0	2,4
Slowenien			7,5	5,7	3,6	2,5	2,5	3,8
Spanien	3,5	2,8	3,6	3,1	3,1	3,4	3,6	2,8
Zypern			2,8	4,0	1,9	2,0	2,2	2,2
Andere EU-Mitgliedstaaten								
Bulgarien						6,0	7,4	7,6
Tschechische Republik			1,4	-0,1	2,6	1,6	2,1	3,0
Dänemark	2,7	2,3	2,4	2,0	0,9	1,7	1,9	1,7
Estland			3,6	1,4	3,0	4,1	4,4	6,7
Lettland			2,0	2,9	6,2	6,9	6,6	10,1
Litauen			0,4	-1,1	1,1	2,7	3,8	5,8
Ungarn			5,2	4,7	6,8	3,5	4,0	7,9
Polen			1,9	0,7	3,6	2,2	1,3	2,6
Rumänien						9,1	6,6	4,9
Slowakei			3,5	8,5	7,4	2,8	4,3	1,9
Schweden	1,3	2,7	2,0	2,3	1,0	0,8	1,5	1,7
Vereinigtes Königreich	0,8	1,2	1,3	1,4	1,3	2,1	2,3	2,3
Ausgewählte Drittstaaten (Verbraucherpreisindizes)								
Japan	-0,7	-0,7	-0,9	-0,2	0,0	-0,3	0,2	0,1
Vereinigte Staaten	3,4	2,8	1,6	2,3	2,7	3,4	3,2	2,9

Quelle: Monatsbericht der Bundesbank 8/03, 6/04, 6/07, 5/08, S. 6*f.; Monatsbericht EZB 7/03, S. 82*f., 6/04, S. 68* f., 5/05, S. S68f., 6/07, 5/08, S. S74f.

Aus Tabelle 1.6 ist für Deutschland ersichtlich, dass im Augenblik das Basisjahr 2005 gilt und dass einzelne (ausgewählte) Teilindizes seit 1993 sehr unterschiedliche Entwicklungen genommen haben. Da das Basisjahr 2005 relativ neu ist, soll die Preisniveauentwicklung in

Deutschland anhand der Inflationsraten erläutert werden. Tabelle 1.6 weist im unteren Teil auch die Inflationsraten aus. Die Gesamtinflationsraten lagen für Deutschland von 1995 bis 2006 unter 2 % jährlich. Damit wurde von 1995 bis 2006 das Ziel Preisstabilität erreicht. Im Jahre 2003 lag die Inflationsrate sogar nur bei 1 %, was die Frage auslöste, ob sich Deutschland nun in einer Deflation befinde oder nur eine abnehmende Inflationsrate aufgetreten sei, was auch als Desinflation (engl.: disinflation) bezeichnet wird. Im Jahre 2007 lag aber die Inflationsrate bei 2,3 %. Die ausgewählten Teilindizes (Abteilungen) zeigen aber eine etwas differenziertere Entwicklung, insbesondere fällt die Abteilung „Bildung" mit deutlich höheren Inflationsraten, so z. B. für 1994 mit 9,9 % und für 2007 sogar mit 25 % auf. Aber auch die Inflationsraten der Abteilung „Wohnung, Wasser, Strom, Gas" stiegen überdurchschnittlich. Dagegen sind die Preise für Nahrungsmittel sowie für Bekleidung und Schuhe unterdurchschnitttlich angestiegen.

Für das **Euro-Währungsgebiet** ist aus Tabelle 1.7 anhand des Harmonisierten Verbraucherpreisindexes erkennbar, dass die Inflationsrate seit 2000 nahe 2 % lag. Sicher auch ein Erfolg der Geldpolitik der Europäischen Zentralbank.

Im Vergleich zu den anderen Staaten lag die deutsche Inflationsrate meist etwas niedriger und erreichte wie erwähnt mit 1,0 % im Jahre 2003 ihren Tiefpunkt. Die Jahre danach lag sie immer unter, aber nahe 2 %. Genau in der Höhe wie die EZB das Preisstabilitätsziel definiert hat.

Länder wie beispielsweise Griechenland, Luxemburg, Portugal und Spanien liegen seit 2003 über dem Durchschnitt des Euro-Währungsgebiets. Zum Teil ist dies auf eine Hochkonjunktur zurückzuführen.

Diese unterschiedlichen Inflationsraten innerhalb des Euro-Währungsgebiets zeigen die Problematik einer gemeinsamen Geldpolitik von Ländern, deren Entwicklung unterschiedlich verläuft, denn der gemeinsame nominale Zinssatz, den die Europäische Zentralbank festlegt, führt bei unterschiedlichen Inflationsraten in den einzelnen Ländern zu unterschiedlichen Realverzinsungen und damit zu Wettbewerbsverzerrungen. Der Realzins ergibt sich aus dem Nominalzins abzüglich der Inflationsrate. Beispielsweise liegt die Realverzinsung für Deutschland bei einem Nominalzins von 4 % und einer Inflationsrate von 1,8 % (2006) bei 2,2 %. Für Griechenland ergibt sich aber bei gleichen Nominalzins und einer Inflationsrate von 3,3 % (2006) nur eine Realverzinsung von 0,7 %.

Für Investoren ist daher Deutschland im Hinblick auf die Realverzinsung nicht interessant. Die Europäische Währungsunion ist aus diesem Grunde noch kein optimaler Währungsraum für Deutschland.

Aus der Tabelle 1.7 ist ein anderes Phänomen erkennbar, das bereits angesprochen wurde; nämlich die **Deflation**.

So waren die Inflationsraten Japans bis 2005 ausschließlich negativ, weshalb in diesem Falle von einer Deflation gesprochen werden kann.

Wie sieht nun die Gefahr einer **Deflation in Europa** aus?

Für die Europäische Währungsunion als Ganzes wurde bisher keine Deflationsgefahr ausgemacht, da die Bandbreite der Inflationsraten im Jahre 2003 von 1 % (Deutschland) bis 4 % (Irland) reichten, bei einem Harmonisierten Verbraucherpreisindex für das die Europäische Währungsunion von 2,1 %.

Allerdings hat der Internationale Währungsfonds (IWF) in einem Papier Anfang 2003 festgestellt, dass Deutschland besonders deflationsgefährdet sei. Geht man von dem oben erläuterten Messfehler des HVPI von 2 % aus, so kann bei einer Inflationsrate von 1,0 % für Deutschland bereits von einer Deflation gesprochen werden, denn von dieser Quote muss der Messfehler von 2 % noch abgezogen werden. Dies ist allerdings nur die rein statistisch begründete Erklärung. Inzwischen betrug die Inflationsrate 2007 wie bereits erwähnt 2,3 %.

Für Deutschland bestand allerdings die Gefahr darin, dass sich durch eine wiederholte Behauptung der Existenz einer Deflation, tatsächlich deflatorische Prozesse einsetzen: Die Prophezeiung hätte sich erfüllen können.

Die Europäische Zentralbank hat diese Gefahr bereits erkannt, als sie die Inflationsrate nach oben und **auch nach** unten am 8. Mai 2003 abgrenzte, denn eine Geldpolitik, die ausschließlich die Inflation bekämpft, kann schließlich zu einer Deflation führen.

Die Änderung des Zieles „Preisstabilität" der Europäischen Zentralbank wird darin erkennbar, dass sie zwar die Preisstabilität wie bisher als Anstieg des Harmonisierten Verbraucherpreisindexes (HVPI) von unter 2 % gegenüber dem Vorjahr definierte, doch für ihre Strategie möchte sie **mittelfristig** eine Preissteigerungsrate unter, aber **nahe 2 %** beibehalten.

Tabelle 1.7 enthält auch die Inflationsraten der neuen EU-Mitglieder (seit 1. Mai 2004), wobei zu bemerken ist, dass sich einige Länder noch wie Ungarn und Lettland noch kräftig anstrengen müssen, die Inflation zu bekämpfen, wenn sie in das Eurosystem aufgenommen werden wollen.

B. Inflationsursachen

Als wichtigste Ursache für den Anstieg des Preisniveaus wird die extreme **Steigerung der Geldmenge** in einer Volkswirtschaft gesehen. Ein Faktor, den insbesondere die Monetaristen immer wieder betonen: Die Inflation ist demnach ein monetäres Phänomen.

Aus diesem Grunde muss die Zentralbank die Geldmenge einer Volkswirtschaft unter Kontrolle halten.

Bei diesen Überlegungen wird von der **Quantitätsgleichung** ausgegangen:

$$M \cdot V = Y^r \cdot P$$

Diese Gleichung wird als Gleichgewichtsbedingung verstanden:

Es herrscht dann monetäres Gleichgewicht, wenn die Geldmenge (M) multipliziert mit der Umlaufsgeschwindigkeit des Geldes (V) gleich dem realen Volkseinkommen (Y^r) multipliziert mit dem Preisniveau ist (vgl. ausführlich dazu Kapitel 8.3).

Sind Umlaufsgeschwindigkeit (V) und reales Volkseinkommen (Y^r) konstant, dann besteht eine direkte Beziehung zwischen der Geldmenge und dem Preisniveau. Das Preisniveau ist dann eine Funktion der Geldmenge:

$$P = P(M) \qquad \frac{dP}{dM} > 0$$

Steigt (sinkt) die Geldmenge, so steigt (sinkt) auch das Preisniveau. Dieser Zusammenhang wird als die **Quantitätstheorie** bezeichnet.

Der Zusammenhang gilt allerdings nur dann, wenn

1. eine Geldmengenerhöhung auch zu einer Mehrnachfrage nach Gütern führt (und nicht zu einer höheren Ersparnis) und
2. die Kapazität einer Volkswirtschaft ausgelastet ist.

Für die Geldpolitik ist es daher wichtig, auf eine **optimalen Geldmenge** zu achten.

Die Geldmenge einer Volkswirtschaft ist dann optimal, wenn das Wirtschaftswachstum mit dieser Geldmenge möglich ist und zugleich die Preisstabilität gesichert ist.

Neben dieser monokausalen Inflationstheorie gibt es die **multikausalen Inflationserklärungen.**

Der multikausale Ansatz geht davon aus, dass es mehrere Ursachen der Inflation geben kann, und zwar von der Geldmengenerhöhung über die Erhöhung einzelner Ausgaben der Wirtschaftssubjekte bis zum erfolgreichen Versuch der Unternehmen, Kostenerhöhungen auf die Nachfrager überzuwälzen oder erhöhte Gewinne durchzusetzen.

Geht die Inflation von der Güternachfrageseite aus, so spricht man von einer Nachfragesoginflation. Wenn die Inflation durch das Güterangebot ausgelöst wird, liegt eine Kostendruckinflation oder Gewinndruckinflation vor. (Vgl. dazu auch die graphische Darstellung dieser Inflationsarten in Abbildung 13.2 in Kapitel 13.)

Eine **Nachfragesoginflation** (demand pull inflation) entsteht dann, wenn entweder der private Konsum, die privaten Investitionen, die Staatsausgaben oder die Exporteinnahmen steigen.

Allerdings gilt dies nur dann, wenn eine Auslastung der vorhandenen Kapazität vorliegt. Sind die Kapazitäten nicht ausgelastet, so bewirkt die Nachfrageerhöhung eine Steigerung des realen Volkseinkommens. Erhöhen sich die Exporteinnahmen bei ausgelasteter Kapazität, so spricht man auch von einer importierten Inflation.

Die **Kostendruckinflation** kann durch den Anstieg der verschiedenen Kostenarten ausgelöst werden, wenn Unternehmen die höheren Kosten auf die Preise überwälzen können.

Zu den wichtigsten Kostenarten können die Personalkosten, die Sachkapitalkosten (Anlagen und Material), die Kostensteuern, die Kosten für Importgüter und die Zinsen (als Kosten für das Geldkapital) gezählt werden.

Gelingt es den Unternehmen beispielsweise, die Lohnerhöhungen auf die Preise überzuwälzen, so kann sich eine Lohn-Preis-Spirale ergeben. Eine Erhöhung der Importgüterpreise führt zu einer weiteren Art der importierten Inflation, wie das meist am Preis für Mineralöl zu beobachten ist.

Eine **Gewinndruckinflation** kann in einer Volkswirtschaft nur dann entstehen, wenn die Marktmacht einzelner Unternehmen so zunimmt, dass sie von sich aus jeden Preis durchsetzen können. Dies ist nur in monopolistischen Strukturen möglich, aber auch beim Vorliegen einer monopolistischen Konkurrenz (monopolistic competition), sofern die Nachfrager weder auf das Gut verzichten noch ausweichen können.

Für die praktische Wirtschaftspolitik bedeutet diese kurze Ursachenanalyse, dass sich nicht nur die Geldpolitik der Zentralbank um eine Stabilität des Preisniveaus kümmern muss, sondern auch die staatliche Wirtschaftspolitik, und zwar im Hinblick auf ihre Disziplin bei den Staatsausgaben, aber auch bei der Steuerbelastung der privaten Wirtschaftssubjekte.

1.3.4 Wirtschaftswachstum

Im Stabilitäts- und Wachstumsgesetz wird das Wirtschaftswachstum neben den Stabilitätszielen als wirtschaftspolitisches Ziel vorgeschrieben, denn die drei Stabilitätsziele sollen „bei stetigem und angemessenem Wirtschaftswachstum" erreicht werden.

Es ist nicht klar, ob unter „stetigem" Wachstum ein „gleichgewichtiges" Wachstum, wie es in der Wachstumstheorie definiert wird, erreicht werden soll oder ob es nur ein Wachstum mit stets gleich großen Wachstumsraten sein soll.

Vermutlich wird bei einem **stetigen** Wachstum an ein kontinuierliches Wachstum ohne zu große Sprünge gedacht, damit keine Überhitzungsphase der Konjunktur mit Inflationseffekten und keine Rezessionsphase mit der entsprechenden Arbeitslosigkeit auftreten.

Ein **angemessenes** Wirtschaftswachstum liegt sicher dann vor, wenn das Wirtschaftswachstum so hoch ist, dass das Ziel „Vollbeschäftigung" unterstützt wird.

Für die praktische Wirtschaftspolitik ist die Zunahme des realen (d. h. preisbereinigten) Inlandsproduktes je Kopf der Bevölkerung ein sinnvoller Indikator für das Wirtschaftswachstum oder nur eine **absolute Zunahme des realen Bruttoinlandsprodukts,** wenn die Bevölkerung konstant bleibt.

Das **Bruttoinlandsprodukt** ist ein Indikator für die wirtschaftliche Leistung eines Gebiets (Inlandskonzept). Es gibt den Wert der Güter (Waren und Dienstleistungen) an, die innerhalb eines Gebiets während einer bestimmten Periode produziert wurden, abzüglich der Importe und der inländischen Vorleistungen. Die praktische Wirtschaftspolitik verwendet den Indikator „**Bruttoinlandsprodukt**" als Grundlage für die Beurteilung der Frage, ob das Ziel „Wirtschaftswachstum" erreicht wurde. Diesem Indikator ist allerdings nicht anzusehen, ob seine Erhöhung durch eine größere Auslastung des vorhandenen Produktionspotentials aus konjunkturellen Gründen oder durch die Erhöhung des Bestandes an Kapitalgütern, d. h. durch eine Erweiterung des Produktionspotentials (gleich Wachstum im Sinne der Wachstumstheorie) ausgelöst wurde.

Tabelle 1.8

Bruttoinlandsprodukt und Bruttonationaleinkommen der Bundesrepublik Deutschland

Jahr	in jeweiligen Preisen			preisbereinigt (real)	
	Brutto-inlands-produkt	Saldo der Primäreinkommen aus der übrigen Welt	Brutto-national-einkommen	Bruttoinlandsprodukt Kettenindex (2000=100)	Bruttoinlandsprodukt je Erwerbstätigen = Arbeits-produktivität
	Mrd. €				
(a)	(b)	(c)	(d)	(e)	(f)
1992	1646,2	6,1	1652,3	87,26	89,75
1993	1694,4	2,6	1697,0	86,56	90,22
1994	1780,8	-9,6	1771,2	88,86	92,72
1995	1848,5	-13,7	1834,8	90,54	94,25
1996	1876,2	-9,9	1866,3	91,44	95,45
1997	1915,6	-13,9	1901,7	93,09	97,26
1998	1965,4	-20,4	1945,0	94,98	98,07
1999	2012,0	-21,5	1990,5	96,89	98,71
2000	2062,5	-19,3	2043,2	100,00	100,00
2001	2113,2	-21,0	2092,2	101,24	100,80
2002	2143,2	-26,5	2116,6	101,24	101,36
2003	2163,8	-15,1	2148,7	101,02	102,11
2004	2211,2	15,1	2226,3	102,09	102,78
2005	2244,6	20,4	2265,0	102,89	103,68
2006	2322,2	22,2	2344,4	105,84	105,99
2007	2423,8	23,6	2447,4	108,47	106,77
Veränderungen gegenüber dem Vorjahr in %					
1993	2,9		2,7	-0,8	0,5
1994	5,1		4,4	2,7	2,8
1995	3,8		3,6	1,9	1,7
1996	1,5		1,7	1,0	1,3
1997	2,1		1,9	1,8	1,9
1998	2,6		2,3	2,0	0,8
1999	2,4		2,3	2,0	0,7
2000	2,5		2,6	3,2	1,3
2001	2,5		2,4	1,2	0,8
2002	1,4		1,2	0,0	0,6
2003	1,0		1,5	-0,2	0,7
2004	2,2		3,6	1,1	0,7
2005	1,5		1,7	0,8	0,9
2006	3,5		3,5	2,9	2,2
2007	4,4		4,4	2,5	0,7

Quelle: Statistisches Bundesamt: Volkswirtschaftliche Gesamtrechnungen (VGR), Fachserie 18, Reihe 1.5, Lange Reihen ab 1970, 2007, Tab. 1.2 u. 1.4

Tabelle 1.8 zeigt die zeitliche Entwicklung des (nominalen) Bruttoinlandsprodukts und des Bruttonationaleinkommens von 1992 bis 2006 in jeweiligen Preisen. (Das reale Bruttoinlandsprodukt zu konstanten Preisen wird nicht mehr in Euro ausgewiesen, sondern nur noch in Form eines sogenannten Kettenindexes auf der Basis des Laspeyres-Preisindexes.) Mit dem **Bruttonationaleinkommen** soll das Ergebnis der wirtschaftlichen Aktivitäten der Wirtschaftseinheiten erfasst werden, die zu einem bestimmten Gebiet gezählt werden, auch wenn diese Aktivitäten außerhalb des Gebietes stattfinden, zu dem sie gezählt werden (Inländerkonzept). (Vgl. dazu die Ausführungen in Kapitel 2.)

Die realen Wachstumsraten in Deutschland (Spalte e, unterer Teil) lagen von 1995 bis 1999 bei maximal 2 %, während davor das Jahr 1993 sogar eine negative Rate aufwies. Im Jahre 2000 stieg die Wachstumsrate dann auf 3,2 % und ab 2001 betrug sie maximal 2 %. Im Jahre 2003 war sie wieder negativ. Erst ab 2006 stieg die Wachstumsrate auf 2,8 %.

Tabelle 1.9 zeigt die Wachstumsraten des realen Bruttoinlandsproduktes in Deutschland und in anderen wichtigen Ländern.

Betrachtet man in Tabelle 1.9 zunächst die Wachstumsraten im Euro-Währungsgebiet, so ist zu bemerken, dass sie für die Jahre 2001 bis 2005 im Durchschnitt unter 2 % lagen. Erst im Jahre 2006 stieg der Durchschnittswert auf 2,8. Dies kann sicher darauf zurückgeführt werden, dass der Durchschnitt sehr stark durch die niedrigen Wachstumsraten in Deutschland bestimmt wurde, da Deutschland die dominierende Volkswirtschaft im Euro-Währungsgebiet ist.

Erfreulich hohe Wachstumsraten hatten bereits von 2001 bis 2005 die Länder Griechenland, Irland, Luxemburg Slowenien und Spanien.

Andere EU-Länder wie Dänemark, Schweden und Großbritannien, die nicht dem Währungsgebiet angehören, lagen mit ihren realen Wachstumsraten immer über den EWU-Werten. Völlig uneinheitlich sind die Wachstumsraten der neuen EU-Länder: Estland, Litauen, Lettland und die Slowakei haben die höchsten Raten mit 7–10 %. Bei allen diesen Raten darf der Basiseffekt nicht vergessen werden.

Ihr Anteil am BIP der EU insgesamt ist nach wie vor relativ gering.

Wie aus Tabelle 1.9 ebenfalls erkennbar ist, befinden sich die Vereinigten Staaten mit 2,2 % (2007) in der Rezession. Japan ist aus der Krise mit einer Wachstumsrate von ca. 2,7 % im Jahr 2004 herausgekommen.

Tabelle 1.9

Reale Wachstumsraten des Bruttoinlandsprodukts in der EU und in ausgewählten Drittstaaten

	2001	2002	2003	2004	2005	2006	2007
Euro-Währungsgebiet	1,6	0,9	0,8	2,0	1,6	2,8	2,6
Belgien	0,6	0,7	0,9	3,0	1,7	2,8	2,8
Deutschland	0,8	0,2	-0,2	1,2	0,8	2,9	2,5
Finnland	1,1	2,3	1,8	3,7	2,8	4,9	4,4
Frankreich	2,1	1,2	1,1	2,5	1,7	2,0	
Griechenland	4,0	3,9	4,8	4,7	3,8	4,2	4,0
Irland	6,2	6,9	4,3	4,3	6,0	5,7	
Italien	1,8	0,4	0,0	1,2	0,6	1,8	1,5
Luxemburg	1,3	1,7	2,0	3,6	5,0	6,1	
Malta		1,7	-1,9	0,0	3,4	3,4	3,8
Niederlande	1,2	0,2	0,3	1,9	1,5	3,0	3,5
Österreich	0,8	1,4	1,4	2,4	2,0	3,3	3,4
Portugal	1,7	0,4	-1,1	1,3	0,9	1,3	1,9
Slowenien		2,9	2,5	4,4	4,1	5,7	6,1
Spanien	2,8	2,0	3,0	3,2	3,5	3,9	3,9
Zypern		2,0	2,0	3,9	4,0	4,0	
Andere EU-Staaten							
Bulgarien					6,2	7,1	6,2
Tschechische Republik		2,0	3,2	4,2	6,1	6,4	6,5
Dänemark	1,4	1,0	0,7	1,9	3,1	3,9	1,9
Estland		6,0	6,7	8,1	10,5	11,2	7,1
Lettland		6,1	7,5	8,6	10,6	12,2	10,3
Litauen		6,8	9,7	7,3	7,6	7,7	8,8
Ungarn		3,5	2,9	5,2	4,2	3,9	1,3
Polen		1,3	3,8	5,3	3,6	6,2	6,6
Rumänien					4,1	7,9	6,0
Slowakei		4,4	4,5	5,4	6,0	8,5	10,4
Schweden	1,1	2,1	1,5	3,7	2,9	4,1	2,6
Vereinigtes Königreich	2,1	1,6	2,5	3,1	1,9	2,9	3,0
Sonstige Staaten							
Japan	0,4	-0,3	1,5	2,7	1,9	2,4	2,0
Vereinigte Staaten	0,5	2,2	2,5	3,6	3,1	2,9	2,2

Quelle: Bundesbank MB 6/04, 9/06, 6/07, S. 7*, EZB MB 10/03, S. 82*f., 6/04, 10/06, 5/05, 11/06, S. S68 f., 6/07, 5/08, S. S74f.

Die niedrige Wachstumsrate im Euro-Währungsgebiet bedeutet für die Beschäftigungssituation im Euro-Währungsgebiet bis jetzt noch keine Aussicht auf eine Besserung am **Arbeitsmarkt**.

Die grundsätzliche Frage, wie hoch denn ein angemessenes reales Wachstum des Volkseinkommens sein müsste, um überhaupt einen Beschäftigungseffekt zu erzielen, könnte anhand einer empirischen Untersuchung vielleicht geklärt werden.

Zu diesem Zweck wurden in Abbildung 1.2 die jährlichen Beschäftigungsänderungen (Änderungen der Beschäftigtenzahl) und die entsprechenden realen Wachstumsraten des Bruttoinlandsprodukts von 1970-1996 für das frühere Bundesgebiet dargestellt und eine Regressionslinie berechnet (vgl. Berechnungen in Peto, 2000, S. 177 ff.).

Dass ein Zusammenhang zwischen diesen beiden Globalgrößen besteht, ist unbestritten, denn ein Wirtschaftswachstum löst in der Regel die Nachfrage nach Produktionsfaktoren aus, auch nach dem Faktor Arbeit. Sicher werden bei einem derartigen Wachstum auch Substitutionseffekte von Arbeit durch Kapital auftreten, aber bei einer gegebenen Technik ist nur dann eine Expansion möglich, wenn auch der Faktor Arbeit vermehrt eingesetzt wird. Die Frage ist daher interessant, wie groß das Wirtschaftswachstum sein muss, damit ein Beschäftigungseffekt auftritt oder anders formuliert: Wo liegt die **Beschäftigungsschwelle**?

Betrachtet man die Graphik in Abbildung 1.2, so ist davon auszugehen, dass in Deutschland erst bei einem realen Wachstum des Bruttoinlandsprodukts von jährlich über 2 % Beschäftigungseffekte ausgelöst werden.

Selbst ein reales Wachstum von 4 % würde eine Erhöhung der Beschäftigung nur von etwas über 1 % bewirken.

Bei den Untersuchungsergebnissen aus den USA, die *Arthur M. Okun* für die USA von 1947–1960 vorgenommen hat, geht es nicht um die Beschäftigungsschwelle, sondern um die Frage, warum das reale Bruttoinlandsprodukt um ca. 3,2 % im Durchschnitt gestiegen ist, wenn die Arbeitslosenquote um 1 % zurückging.

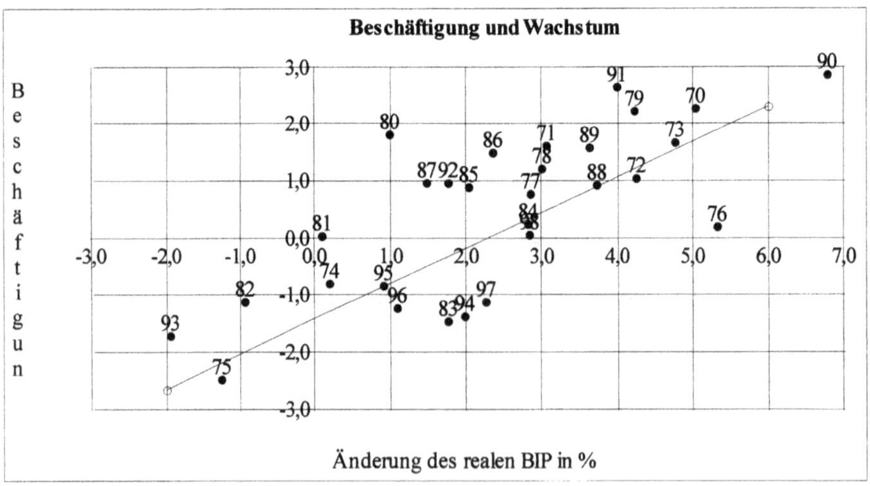

Abbildung 1.2
Quelle: Peto, 2000, S. 178

Okun erklärt dieses Phänomen damit, dass ein Wachstum des Bruttoinlandsprodukts ohne vermehrten Einsatz zusätzlicher Arbeitskräfte erzielt werden kann, denn das Produktionspotential kann durch Reduzierung der Kurzarbeit oder aber durch Überstunden der vorhandenen Mitarbeiter ausgelastet werden. Eine Steigerung des Bruttoinlandsprodukts ist außerdem durch die Einstellung von Arbeitskräften möglich, die nicht in der Arbeitsmarktstatistik als Arbeitslose erscheinen.

Das bedeutet aber auch, dass das Phänomen eines „jobless growth" existieren könnte, was u. a. durch die hohen Zuwachsraten der Arbeitsproduktivität bedingt sein kann.

Für die Bundesrepublik Deutschland ist aus Tabelle 1.8 die Entwicklung der gesamtwirtschaftlichen Arbeitsproduktivität als gesamtwirtschaftlicher Indikator zu entnehmen, und zwar in Spalte (f) in Form des Bruttoinlandsprodukts je Erwerbstätige im Inland. Die prozentuale Änderung ist im unteren Teil der Tabelle 1.8 zu erkennen. Das Produktivitätswachstum der deutschen Volkswirtschaft lag von 1993 bis 1997 bei ca. 1,6 % im Durchschnitt und von 1998 bis 2002 bei durchschnittlich bei ca. 0,8 %. Erst 2006 ist es auf 2,2 % gestiegen.

Diese Zahlen sollten allerdings nicht dazu führen, die Senkung der Produktivität durch tarifliche und staatliche Maßnahmen zu instrumentalisieren, um eine höhere Beschäftigung zu erreichen. Dies würde die Wettbewerbsfähigkeit eines Landes erheblich beeinträchtigen und damit kein Beitrag zu einem höheren Wachstum sein.

Bei der Darstellung des Zieles „Wirtschaftswachstum" sollen auch die **Grenzen des Wachstums** nicht übersehen werden wie sie der Club of Rome bereits in den 70er Jahren mit seinem gleichnamigen Gutachten formuliert hat, die zum einen an der langfristigen Knappheit der Rohstoffe liegt und zum anderen in der starken Umweltbelastung (zum Umweltproblem vgl. auch Kapitel 2.5)

Beide Faktoren können heute bei der rasanten wirtschaftlichen Entwicklung der beiden asiatischen Großstaaten China und Indien beobachtet werden. So steigen die Rohstoffpreise weltweit und zugleich nehmen die Umweltprobleme in China und Indien zu.

Wirtschaftswachstum muss daher zumindest immer mit einer adäquaten Umweltpolitik begleitet werden.

1.3.5 Außenwirtschaftliches Gleichgewicht

Für die deutsche Volkswirtschaft sind die außenwirtschaftlichen Einflüsse besonders bedeutsam, da sie eine hohe Exportquote aufweist. Diese Abhängigkeit von anderen Volkswirtschaften machten außerdem die Ölkrisen und die damit verbundenen Ölpreiserhöhungen in den 70er Jahren des vorigen Jahrhunderts deutlich.

Was versteht man nun unter „außenwirtschaftlichem Gleichgewicht"?

Geht man vom allgemeinen Gleichgewichtsbegriff aus (Gleichgewicht herrscht dann, wenn keine Wirtschaftseinheit ihre Pläne ändern will), dann ist dieses makroökonomische Ziel für ein Land erreicht, **wenn die außenwirtschaftliche Situation zu keiner Intervention der Zentralbank und/oder der Regierung Anlass gibt**.

Die **Interventionen** werden im Falle eines Ungleichgewichts am Devisenmarkt vorgenommen oder aber auf den inländischen **Güter-, Geld- und Arbeitsmärkten**, sofern sich dort Ungleichgewichte ergeben (z. B. Arbeitslosigkeit) aufgrund eines außenwirtschaftlichen Ungleichgewichts.

Wichtige **Indikatoren** für das Ziel „außenwirtschaftliches Gleichgewicht" ergeben sich aus den Teilbilanzen der Zahlungsbilanz.

Bei der **Zahlungsbilanz** handelt es sich um die **„Aufzeichnung aller wirtschaftlichen Transaktionen zwischen In- und Ausland"** (IWF-Definition).

Der Ausdruck „Bilanz" ist etwas irreführend und suggeriert, dass es sich um eine Bestandsrechnung zu einem bestimmten Zeitpunkt wie bei der Unternehmensbilanz handeln würde. Dies ist nicht der Fall: Die Zahlungsbilanz umfasst nur Bestandsänderungen und Ströme während einer bestimmten Periode (ausführliche Darstellung der Zahlungsbilanz in Peto, 2000, S. 135 ff.).

Die einzelne Salden der Zahlungsbilanz und deren Zusammenfassungen sind aus dem Schema in Tabelle 1.10 zu erkennen.

Tabelle 1.10

Zahlungsbilanzsalden

Handelsbilanzsaldo + Dienstleistungsbilanzsaldo
= Saldo der Leistungsbilanz im engsten Sinne (= Außenbeitrag) + Saldo der Bilanz der Erwerbs- und Vermögenseinkommen
= Saldo der Leistungsbilanz im engeren Sinne (= erweiterter Außenbeitrag) + Saldo der Bilanz der laufenden Übertragungen
= Saldo der Leistungsbilanz (im weitesten Sinne) + Saldo der Vermögensbilanz + Saldo der Kapitalbilanz
= Gesamtbilanzsaldo + Saldo der Restposten + Saldo der Devisenbilanz
=Zahlungsbilanzsaldo = 0

Dabei wird auch deutlich, dass die Zahlungsbilanz als Ganzes keinen Saldo aufweist, denn alle erfassten Transaktionen zwischen dem Inland und dem Ausland werden doppelt verbucht. So erfolgt beispielsweise die Verbuchung der Warenausfuhr (Exporte) auf der linken Seite der Handelsbilanz, sofern eine T-Konten-Darstellung gewählt wird, und die Eingang des Rechnungsbetrag auf der rechten Seite des Kapitalkontos. Da es sich allerdings nicht um eine ordnungsgemäße Buchführung im handelsrechtlichen Sinne sondern um eine Statistik handelt, und keine zeitliche Abgrenzung einer Position stattfindet, gibt es eine große Position „Restposten".

Die Zusammenfassung des Handelsbilanzsaldos und Saldos der Dienstleistungsbilanz ergibt die Leistungsbilanz im engsten Sinne. Dieser Saldo wird auch als „Außenbeitrag zum Bruttoinlandsprodukt" bezeichnet. Wird auch noch der Saldo der Bilanz der Erwerbs- und Vermögenseinkommen vom und an das Ausland hinzugefügt, ergibt sich der Außenbeitrag zum Bruttonationaleinkommen (erweiterter Außenbeitrag), auch Saldo der Leistungsbilanz im engeren Sinne genannt.

Wird zusätzlich noch die Bilanz der laufenden Übertragungen dazugefügt, ergibt sich der Saldo der Leistungsbilanz im weiteren Sinne, der auch einfach nur als „**Leistungsbilanzsaldo**" bezeichnet wird, und zwar ohne weiteren Zusatz.

Ein weiterer möglicher Indikator für die Beurteilung der Frage, ob ein außenwirtschaftliches Gleichgewicht vorliegt, ist der **Gesamtbilanzsaldo**: Der Gesamtbilanzsaldo ergibt sich aus der Zusammenfassung des Leistungsbilanzsaldos, des Saldos der Vermögensbilanz und des Saldos der Kapitalbilanz.

Der Gesamtbilanzsaldo ist damit die Zusammenfassung aller Teilbilanzsalden der Zahlungsbilanz bis auf den Saldo der Devisenbilanz und den Saldo der statistisch nicht aufgliederbaren Transaktionen, Restposten genannt. Da der Saldo der Gesamtbilanz dem Saldo der Devisenbilanz entsprechen muss, da ja der Saldo der gesamten Zahlungsbilanz immer gleich null ist, kann man auch den **Saldo der Devisenbilanz** (Änderung der Währungsreserven) anstatt des Saldos der Gesamtbilanz als Indikator heranziehen. Die Devisenbilanz zeigt die Änderung der Währungsreserven der Deutschen Bundesbank.

Der Sachverständigenrat zur Begutachtung der gesamtwirtschaftlichen Entwicklung für die Bundesrepublik Deutschland hat daher ein **außenwirtschaftliches Gleichgewicht** als einen Zustand definiert, bei dem die Währungsreserven der Volkswirtschaft unverändert bleiben, ohne dass Anpassungstransaktionen vorgenommen werden.

Diese Definition kann insofern generalisiert werden, wie bereits beschrieben, dass ein außenwirtschaftliches Gleichgewicht vermutet werden kann, wenn die außenwirtschaftliche Situation eines Landes zu keiner Intervention der Zentralbank und/oder der Regierung Anlass gibt.

Tabelle 1.11 zeigt die einzelnen Teilbilanzen und empirische Zahlen für die Zeit von 2004 bis 2007 für Deutschland.
Dabei ist zu beobachten, dass sich der Saldo der Handelsbilanz (Außenhandelssaldo) im Jahre 2007 gegenüber 2004 um 36 % gestiegen ist.
Dieser Überschuss war allerdings notwendig, um die Defizite anderer Teilbilanzen der Leistungsbilanz zu finanzieren, wie beispielsweise das Defizit der Dienstleistungsbilanz. Dabei ist zu bemerken, dass das Defizit der Dienstleistungsbilanz vor allem auch durch das Defizit im Reiseverkehr bestimmt wird, das sich allerdings in den letzten Jahren stabilisiert hat.

Tabelle 1.11

Zahlungsbilanz (Deutschland)
(Mrd.Euro)

Position	2003	2004	2005	2006
I. Leistungsbilanz	40,9	94,9	103,1	116,5
1. Außenhandel	129,2	150,9	152,6	159,2
Ausfuhr (fob) (1)	658,7	726,8	786,6	900,3
Einfuhr (fob) (1)	529,5	575,9	634,0	741,1
2. Dienstleistungen	-44,9	-41,2	-41,8	-38,9
darunter: Reiseverkehr	-37,3	-35,3	-36,3	-33,5
3. Erwerbs- und Vermögenseinkommen	-15,1	13,1	20,8	23,0
darunter: Vermögenseinkommen	-13,9	14,0	22,3	24,3
4. Laufende Übertragungen	-28,3	-27,9	-28,5	-26,8
darunter:				
Nettoleistung zum EU-Haushalt (2)	-13,2	-12,2	-14,1	-12,8
Sonstige laufende öffentliche Leistungen an das Ausland (netto)	-5,0	-4,6	-3,6	-1,9
II. Vermögensübertragungen (3)	0,3	0,4	-1,3	-0,2
III. Kapitalbilanz (Nettokapitalexport: -) (4)	-62,3	-119,4	-121,5	-149,3
1. Direktinvestitionen	23,5	-19,3	-15,8	-29,1
Deutsche Anlagen im Ausland	-5,2	-11,9	-44,6	-63,3
Ausländische Anlagen im Inland	28,7	-7,4	28,8	34,2
2. Wertpapiere	54,4	14,5	-23,9	1,2
Deutsche Anlagen im Ausland	-45,8	-102,3	-202,8	-159,4
darunter: Aktien	8,2	9,0	-17,1	6,3
Anleihen (5)	-54,3	-87,2	-137,2	-134,5
Ausländische Anlagen im Inland	100,2	116,8	178,9	160,6
darunter: Aktien	22,9	-13,7	21,3	27,5
Anleihen (5)	65,4	140,3	159,5	125,1
3. Finanzderivate	-2,0	-7,2	-7,2	-6,3
4. Übriger Kapitalverkehr (6)	-138,2	-107,4	-74,6	-115,1
Monetäre Finanzinstitute (7)	-111,7	-89,5	-63,3	-147,1
darunter: kurzfristig	-73,1	-85,3	16,5	-63,6
Unternehmen und Privatpersonen	-33,1	-11,5	6,2	8,0
darunter: kurzfristig	-27,8	-10,9	4,4	14,3
Staat	4,4	-1,1	6,7	0,8
darunter: kurzfristig	-0,6	0,9	-3,6	-7,5
Bundesbank	2,2	-5,3	-24,2	23,2
IV. Gesamtbilanz (I+II+III)	-21,1	-24,1	-19,7	-33,0
V. Saldo der statistisch nicht aufgliederbaren Transaktionen (Restposten)	20,5	22,6	17,6	30,0
VI. Veränderung der Währungsreserven zu Transaktionswerten (Zunahme: +) (8)	-0,6	-1,5	-2,1	-3,0

(1) Einfuhr ohne Fracht- und Seetransportversicherungskosten, die in den Dienstleistungen enthalten sind. (2) Ohne Erhebungskosten, EAGFL (Ausrichtungsfonds) und sonstige Vermögensübertragungen, soweit erkennbar.
(3) Einschl. Kauf/Verkauf von immateriellen nichtproduzierten Vermögensgütern.
(4) Saldo der Kapitalbilanz ohne Veränderung der Währungsreserven
(5) Ursprüngliche Laufzeit über ein Jahr (6) Enthält Finanz- und Handelskredite, Bankguthaben und sonstige Anlagen (7) Ohne Bundesbank
(8) Ohne SZR-Zuteilung und bewertungsbedingter Veränderungen
Quelle: www.bundesbank.de am 10.7.2007

Dazu kam in den letzten Jahren ein positiver Saldo der Erwerbs- und Vermögenseinkommen aus dem Ausland, so dass der Leistungsbilanzsaldo im Jahre 2007 mit 184,2 Mrd. € einen absoluten Rekord darstellt.
Entscheidend für die Beurteilung des außenwirtschaftlichen Gleichgewichts ist jedoch die Gesamtbilanz, deren Saldo dem Saldo der Devisenbilanz entspricht.
Denn Defizite (Überschüsse) in der Leistungsbilanz können durch Überschüsse (Defizite) in der Kapitalbilanz kompensiert werden. So wurde der Überschuss in der Leistungsbilanz im Jahre 2007 durch einen Kapitalexport durch Finanzanlage im Ausland in Form von Anleihen und durch deutsche Direktinvestitionen im Ausland kompensiert. Anders formuliert: Das Geld, das im Ausland verdient wurde, wird dort auch wieder (eventuell durch andere Unternehmen) angelegt. So ergibt sich für die Überschussländer und für die **Defizitländer** kein akutes Problem. **Langfristig** kann es dennoch problematisch sein, dass sich ein Land immer mehr verschuldet. Dies kann tendenziell zu einer **Abwertung der Währung** führen und zugleich auch zu einer politischen Abhängigkeit.
Die Gesamtbilanz für Deutschland zeigt jedoch seit dem Jahre 2007 nur einen geringen Saldo, und zwar in Höhe von ca. 1 Mrd. €, der als Saldo der Veränderung der Währungsreserven zu Transaktionszwecke (Ziff. VI. in Tabelle 1.11) erkennbar ist.

Tabelle 1.12

Zahlungsbilanz des Euro-Währungsgebiets
(Mrd. €)

Position	2004	2005	2006	2007
I. Leistungsbilanz	60,8	18,1	-1,3	26,5
1. Warenhandel	100,5	48,3	19,2	55,6
2. Dienstleistungen	32,6	37,3	42,3	51,5
3. Erwerbs- und Vermögenseinkommen	-13,7	5,4	15,1	3,0
4. Laufende Übertragungen	-58,6	-72,9	-77,9	-83,6
II. Vermögensübertragungen	16,6	11,4	9,2	14,1
III. Kapitalbilanz (Nettokapitalexport: -) (ohne Änderung der Währungsreserven)	-31,1	-8,6	113,7	107,9
1. Direktinvestitionen	-68,6	-216,4	-144,7	-94,8
2. Wertpapiere	72,9	131,4	266,3	253,9
3. Finanzderivate	-8,3	-18,2	2,4	-110,1
4. Übriger Kapitalverkehr	-27,1	94,6	-10,3	58,9
IV. Gesamtbilanz (I+II+III)	46,3	20,9	121,6	148,5
V. Restposten	-58,6	-38,8	-120,3	-143,3
VI. Währungsreserven	-12,3	-17,9	1,3	5,2

Zuflüsse (+), Abflüsse (-). Währungsreserven: Zunahme (-); Abnahme (+).
Quelle: MB EZB 11/07, 5/08, S. S60

In der **Zahlungsbilanz des Euro-Währungsgebiets** in Tabelle 1.12 gab es für die Jahre 2004 bis 2007 einen Überschuss in der Handelsbilanz (Warenhandel) sowie in der Dienstleistungsbilanz und ein Defizit in den übrigen Teilbilanzen der Leistungsbilanz. Der Überschuss reichte 2006 nicht ganz aus, die Defizite zu decken, weshalb die Leistungsbilanzen in diesem Jahr negativ war. Der Saldo der Gesamtbilanz war für die Jahre 2004 und 2005 positiv (mit negativem Vorzeichen in als Währungsreserven ausgewiesen) und 2006 ausgeglichen. Allerdings sind anhand dieser pauschalen Zahlen nur wenige Erkenntnisse zu gewinnen, da die Größe der Position „Restposten" doch bedeutend ist.

1.4 Methoden der Makroökonomik

Die Analyse der makroökonomischen Ziele machte bereits deutlich, dass eine Volkswirtschaft ein sehr schwer durchschaubares Gebilde darstellt. Man kann in diesem Falle auch von einem „sehr komplexen System" sprechen.

Um überhaupt Erkenntnisse über dieses System gewinnen zu können, ist es notwendig, sich ein vereinfachtes Abbild der Wirklichkeit in Form eines **Modells** zu schaffen, d. h. man muss eine „Reduktion der Komplexität" durchführen, wie *N. Luhmann* das nannte. Die Modellbildung erfolgt durch Isolierung und Kombination der wichtigsten Größen, d. h. in der Makroökonomik der wichtigsten Globalgrößen.

Das Problem besteht nun darin, auf der einen Seite sehr einfache, leicht überschaubare Modelle zu bilden, und auf der anderen Seite die Vereinfachung nicht so weit zu treiben, dass die Modelle keinen Bezug mehr zur Wirklichkeit haben und damit für die wirtschaftspolitische Anwendung unbrauchbar werden.

Während nun in der **ex post-Analyse** die absolute Größe und die Veränderung der Globalgrößen **im Nachhinein** festgestellt werden, versucht die **ex ante-Analyse**, unter Verwendung verschiedener Annahmen über das Verhalten der Wirtschaftseinheiten, die absolute Größe und die Veränderung der Globalgrößen **im Voraus** zu untersuchen.

Beide Formen der Analyse werden mit Hilfe von Modellen vorgenommen. Die Modelle können mit Worten beschrieben (verbale Form) oder bildlich dargestellt (graphische Form) werden, und zwar durch ein Kreislaufbild oder durch eine die graphische Darstellung einer Funktion in einem Koordinatensystem. Daneben besteht die Möglichkeit der Darstellung von ökonomischen Beziehungen durch ein Kontensystem oder in Form von Gleichungen. Diese Formen der Darstellung werden in der ex post-Analyse für die Ermittlung des Bruttoinlandsprodukts und des Volkseinkommens verwendet werden.

In der makroökonomischen ex ante-Analyse wird die Darstellung in analytischer Form mit algebraischen Gleichungssystemen überwiegen. Bei dieser Darstellungsform werden für die einzelnen Globalgrößen Symbole eingeführt, so für das Volkseinkommen das Symbol „Y" und für den Konsum „C". Damit lassen sich Beziehungen zwischen den Globalgrößen in Form von algebraischen Gleichungen darstellen.

So kann man den Konsum in Beziehung zum Volkseinkommen wie folgt ausdrücken:

$$C = f(Y) \qquad \text{(sprich: C ist eine Funktion von Y)}$$

Es ist allerdings üblich, diese Funktion so zu schreiben, dass die abhängige Größe „C" anstatt „f" gesetzt wird:

$$C = C(Y)$$

Da es sich um eine mathematische Funktion handelt, ist es ferner üblich, eine Globalgröße als Variable zu bezeichnen, wobei abhängige Variable (wie der Konsum in der obigen Funktion) und unabhängige Variable (wie hier das Volkseinkommen) bei einzelnen Funktionen zu unterscheiden sind.

Bei den **Variablen in einem Modell** – bestehend aus mehreren Funktionen – kann man zusätzlich noch zwischen **endogenen** und **exogenen** Variablen unterscheiden: Wird eine Variable in einem Modell durch andere Variable bestimmt, so wird sie als endogen bezeichnet. Erfolgt eine Bestimmung durch Variable, die nicht im Modell enthalten sind, ist es eine **exogene oder autonome Variable**. Autonome Variable werden meist mit einem tiefergestellten kleinen „o" gekennzeichnet so z. B. die autonome Nettoinvestition: I_o.

Exogene Variable werden in den makroökonomischen Modellen vielfach als autonom bezeichnet wie z. B. eine „autonome Nettoinvestition". Diese Nettoinvestition ist nicht vom Volkseinkommen abhängig. Sie kann aber sehr wohl von psychologischen Faktoren bestimmt sein, die vom Modell nicht erfasst wurden.

In der Wirtschaftspolitik schließlich werden die Variablen nach *J. Tinbergen* in **Instrumentvariable** und **Zielvariable** unterteilt.

Instrumentvariable sind Größen, die von wirtschaftspolitischen Instanzen benutzt werden, um andere Variable zu verändern (Erhöhung der Variable „Staatsausgaben", um die Variable „Volkseinkommen" zu erhöhen). Zielvariable ist die Größe, deren Veränderung angestrebt wird (beim obigen Beispiel ist das die Variable „Volkseinkommen").

Funktionen enthalten nicht nur Variable, sondern auch **Parameter**. Nimmt man beispielsweise an, dass der Konsum direkt proportional zum Volkseinkommen steigt, so kann man die Beziehung der beiden Variablen „Y" und „C" genauer beschreiben:

$$C = c\,Y$$

In dieser Funktion ist „c" eine Konstante, die den Anteil bestimmt, der vom Einkommen konsumiert wird. Eine derartige Konstante wird allgemein als „Parameter" bezeichnet. Hier wäre „c", genauer gesagt, ein Verhaltensparameter.

Bei ökonomischen Funktionen ist es notwendig, für diese Parameter einen ökonomischen Geltungsbereich anzugeben.

In der Makroökonomik werden bei der Modellbildung mehrere Gleichungsarten verwendet. Mit Hilfe dieser Gleichungen werden u. a. die Wirkungen der Veränderungen einer unabhängigen Variablen auf die abhängige Variable untersucht („Wie ändert sich der Konsum, wenn das Volkseinkommen um 10 Mrd. € steigt?"). Diese Analysen erfolgen unter der Annahme, dass die übrigen Variablen und Parameter konstant bleiben, eine Annahme, die als **„ceteris paribus-Klausel"** bezeichnet wird. Man will damit bestimmte Wirkungen von Variablenänderungen isoliert untersuchen.

Bei den benutzten ökonomischen Modellen in algebraischer Form können folgende Gleichungsarten unterschieden werden:

1. Definitionsgleichungen

Definitionsgleichungen lassen den Umfang des Modells erkennen, und zwar ob es sich um eine geschlossene oder offene Volkswirtschaft mit oder ohne staatliche Aktivität handelt.

Die folgende Definitionsgleichung wird für das Volkseinkommen einer geschlossenen Volkswirtschaft ohne staatliche Aktivität verwendet.

$$Y = C + I$$

Sie zeigt die Verwendungsseite des Volkseinkommens an.

Dabei muss noch die Frage der Abhängigkeit der beiden Variablen C (Konsum) und I (Investitionen) erklärt werden.

2. Verhaltensgleichungen

Diese Gleichungen geben in der Makroökonomik über das Verhalten einzelner Gruppen von Wirtschaftseinheiten Auskunft. So gibt die bereits erwähnte Konsumfunktion

$$C = C\,(Y)$$

an, wie sich die privaten Haushalte beim Konsum verhalten. Hier wird behauptet, die Haushalte konsumieren in Abhängigkeit vom gegenwärtigen Einkommen. Eine Investitionsfunktion würde Auskunft über das Investitionsverhalten der Unternehmen geben:

$$I = I\,(i)$$

Hier wären die Investitionen abhängig von der Höhe des Zinssatzes i.

3. Institutionelle Gleichungen

Die Wirtschaftseinheiten unterliegen bei ihrem Verhalten vielfach institutionellen Zwängen. So zwingt sie die Institution „Staat“, Steuern in Abhängigkeit von der Höhe ihres Einkommens zu zahlen. Diese Tatsache wird in ökonomischen Modellen mit Hilfe von sogenannten institutionellen Gleichungen erfasst wie bei der folgenden Steuerfunktion:

$$T = T\,(Y).$$

Diese Gleichung zeigt die Abhängigkeit einer Steuer (T) vom Einkommen.

4. Technische Gleichungen

Neben den institutionellen Zwängen gibt es technische Zwänge. So begrenzt die vorhandene Produktionstechnik in einer Volkswirtschaft die Ausbringung von Gütern. Das Inlandsprodukt wird bei einer makroökonomischen Produktionsfunktion durch das Beschäftigungsniveau „N“ und den Kapitalstock „K“ (Bestand an Produktionskapital bei gegebener Technik) bestimmt:

$$Y = Y\,(N, K)$$

Bei den makroökonomischen Modellen und bei den wirtschaftspolitischen Maßnahmen spielt der Faktor **„Zeit“** eine entscheidende Rolle, wie bereits im Kapitel „Makroökonomik und Wirtschaftspolitik“ dargelegt wurde.

Bei der makroökonomischen Analyse genügt es oft, mit statischen Modellen zu arbeiten. Sie stellen eine Situation zu einem bestimmten Zeitpunkt dar. Der Zeitfaktor spielt dabei keine Rolle. Man sagt auch, dass „alle Variablen gleich datiert“ sind. Dies ist einer Momentaufnahme einer Gruppe von Personen bei Fotoaufnahmen vergleichbar: Auf dem Gruppenbild werden die Positionen der einzelnen Personen verglichen.

Eine weitere Möglichkeit besteht in einer Analyse mit komparativ-statischen Modellen, mit denen Situationen zu verschiedenen Zeitpunkten miteinander verglichen werden. Man sagt dann: „Die Variablen im Zeitpunkt A sind anders datiert als die Variablen im Zeitpunkt B.“ Dies ist bei Fotoaufnahmen von Gruppen mit der Situation gleichzusetzen, dass zwei Momentaufnahmen gemacht und die Positionen der Personen dann verglichen werden.

Soll dagegen der Verlauf (Prozess) der Veränderung von Variablen zum Zeitpunkt A bis zum Zeitpunkt B verfolgt werden, ist eine dynamische Analyse, auch Prozessanalyse genannt, notwendig. Um bei der zitierten Analogie zur Fotografie zu bleiben, würde dies einer Filmaufnahme gleichkommen.

Bei dynamischen Modellen sind die Variablen unterschiedlich datiert, wobei **zeitliche Verzögerungen (time lags)** in Form von **Wirkungsverzögerungen (effect lags)** erfasst werden: Die Veränderung einer Variablen erfolgt zeitlich nach der Veränderung einer anderen Variablen. So kann der gegenwärtige Konsum (C_t) abhängig sein vom Volkseinkommen der Vorperiode (Y_{t-1}):

$$C_t = C_t\,(Y_{t-1})$$

Die unterschiedliche Datierung kann sich auch in Form von „time leads“ ausdrücken. Der gegenwärtige Konsum könnte in diesem Falle vom zukünftig erwarteten Volkseinkommen abhängig sein.

$$C_t = C_t\,(Y_{t+1})$$

Zeitliche Verzögerungen sind sowohl bei ökonomischen Systemen als auch bei technischen Systemen anzutreffen. So ergeben sich zeitliche Wirkungsverzögerungen im technischen Bereich beim Einschalten einer Neonröhre oder beim Abbremsen eines fahrenden Autos.
(Zu den wirtschaftspolitischen Verzögerungen vgl. Kapitel 1.2)

1.5 Historische Entwicklung der Makroökonomik und wirtschaftspolitische Konzepte

1.5.1 Die Klassik

Die klassische Theorie kann man etwa zeitlich von der Mitte des 18. Jahrhunderts bis etwa 1870 einordnen.

Sie beginnt mit einem Beitrag des Franzosen *François Quesnay* (frz. kɛ'nɛ) im Jahre 1758 in Form seines „Tableau économique" bei dem er die Wirtschaftssubjekte zu drei Sektoren zusammenfasste.

Seine Absicht war es, mit Hilfe seines Drei-Sektoren-Modells zu zeigen, dass eine Erhöhung der Steuer (genauer der Pacht) für die landwirtschaftlichen Pächter eine Schrumpfung des Wirtschaftskreislaufs und damit des Inlandsprodukts bewirkt. Sein makroökonomisches Modell diente zur Begründung einer wirtschaftspolitischen Forderung, die heute wieder aktuell ist: Eine Erhöhung der direkten Steuern führt zu einer Reduzierung des wirtschaftlichen Wachstums. Die direkten Steuern sollten eher gesenkt werden, um die Leistungsmotivation der Wirtschaftssubjekte zu fördern und damit das Wirtschaftswachstum. Damit würden dann im Endeffekt die Steuereinnahmen steigen.

François Quesnay wird zu den französischen Liberalen gezählt, die Physiokraten genannt werden, da sie die Natur (Physis) als den wichtigsten Produktionsfaktor und damit einzige Quelle des Reichtums ansahen.

Im Jahre 1776 erschien von *Adam Smith* (1723-1790) das erste grundlegende volkswirtschaftliche Werk mit dem Titel „An Inquiry into the Nature and the Causes of the Wealth of Nations". In der Wirtschaftstheorie wird dies auch heute noch als das wichtigste Werk der klassischen Theorie angesehen. Wirtschaftspolitisch wird *Adam Smith* ebenfalls als Liberaler bezeichnet.

Die Theorie von *Adam Smith* kann man als einen mikroökonomischen Ansatz bezeichnen, denn dieses Werk betonte vor allem den Beitrag des einzelnen Wirtschaftssubjektes zur Steigerung des Wohlstands der Nationen.

Der Einzelne soll sein Eigeninteresse verfolgen, um damit dem Gesamtinteresse zu dienen.

Seinen Egoismus wird der Einzelne allerdings bei *Adam Smith*, wie er in seiner „Theory of Moral Sentiments" darlegte, nicht schrankenlos verfolgen können, da er ein soziales Wesen ist und damit zugleich auf sein Image achten muss. Der Einzelne benötigt die Sympathie der Mitmenschen. Die Gesellschaft begrenzt so nach Auffassung von *Adam Smith* die egoistischen Aktivitäten des Einzelnen.

Staatliche Eingriffe sollten vor allem in Form der Gewährung und Sicherung ökonomischer Freiheiten erfolgen. Die Koordination der Einzelpläne erfolgt über die „unsichtbare Hand" des Marktes. Da die einzelnen Märkte zum Gleichgewicht tendieren, tendiert die Gesamtwirtschaft zum Gleichgewicht.

Auch der makroökonomische Ansatz von *Jean-Baptiste Say*, einem französischen Klassiker, basiert auf den grundlegenden Annahmen von *Adam Smith*: Der Gütermarkt als Ganzes tendiert automatisch zum Gleichgewicht, was er wie folgt beschreibt: Es gibt keine allgemeine Absatzstockung, da das Angebot sich seine Nachfrage schafft. Diese Aussage kann man unterschiedlich interpretieren: Geht man von einer reinen Tauschwirtschaft aus, so muss das einzelne Wirtschaftssubjekt erst ein Gut produzieren, um eine anderes Gut eintauschen zu können. Demnach könnte die Aussage von *Say* verständlich sein. Man kann aber seine Aussage auch so interpretieren, dass bei der Produktion von Gütern in einer Geldwirtschaft auch gleichzeitig Einkommen entstehen, die wieder vollständig für den Kauf von Konsum- und Investitionsgütern verwendet werden (**Saysches Theorem**) (Say, 1883, S. 158).

Dagegen ist einzuwenden, dass dieses Theorem langfristig gelten mag. Auf kurze Sicht sind auf der einen Seite jedoch Nachfrageausfälle durch forciertes Sparen in Rezessionen zu beobachten und auf der anderen Seite hat das Bankensystem die Möglichkeit, eine Kreditschöpfung zu betreiben, die über das Sparen hinausgeht. Was das Sparen betrifft, so geht *Say* allerdings davon aus, dass das Sparen zu einer Investitionsgüternachfrage führt, da das Sparen und Investieren im 19. Jahrhundert in einer Hand lagen, nämlich in der Hand der Unternehmer.

Eine weitere makroökonomische Modellvorstellung der Klassik bestand in der Quantitätstheorie, die in Kurzfassung wie folgt formuliert werden kann: Es besteht ein funktionaler Zusammenhang zwischen der Geldmenge einer Volkswirtschaft und dem Preisniveau: Steigt die Geldmenge so steigt auch das Preisniveau.

Die Klassiker wie *Jean Baptiste Say* und *John Stuart Mill* gingen von einer Zweiteilung (Dichotomie) der Wirtschaft in einen güterwirtschaftlichen und einen geldwirtschaftlichen Bereich aus. Dabei wurde unterstellt, dass Änderungen im geldwirtschaftlichen Bereich, wie beispielsweise eine Geldmengenerhöhung, im güterwirtschaftlichen Bereich die realen Austauschverhältnisse zwischen den Gütern, auch relative Preise genannt, **nicht** ändern. Nach klassischer Auffassung kann durch eine Änderung der Geldmenge höchstens die **absolute** Höhe des Preisniveaus geändert werden. Geld ist nur ein Schleier über den realen Verhältnissen. Eine Geldmengenerhöhung löst damit keine realen Wirkungen aus.

1.5.2 Die Neoklassik

Mit dem Aufkommen der Grenznutzenschule etwa ab 1870 unter *Carl Menger* (österreichische Schule), *William Stanley Jevons* (Cambridger Schule) und *Léon Walras* (frz. val'ra) (Lausanner Schule) verlagert sich die ökonomische Analyse schwerpunktmäßig wieder auf den mikroökonomischen Ansatz.

Die Neoklassik erklärt die Preisbildung auf Einzelmärkten mit dem Nutzen der Güter, den sie für die Nachfrager haben. Sie löst damit die Arbeitswertlehre der Klassik ab, die davon ausging, dass der Umfang der eingesetzten Arbeit den Wert und damit den Preis eines Gutes bestimmt.

Alfred Marshall (1842-1924) hat insbesondere durch seine Publikation „Principles of Economics" bis heute die mikroökonomische Analyse maßgeblich beeinflusst. Allerdings handelt es sich dabei um mikroökonomische Partialanalysen.

Eine gesamtwirtschaftliche Analyse auf mikroökonomischer Basis brachte dagegen *Léon Walras* bereits 1870 (Walras, definitive Fassung 1926). *Léon Walras* hat gesamtwirtschaftliche Zusammenhänge mit einem allgemeinen Gleichgewichtsmodell auf mikroökonomischer Grundlage mit Einzelmärkten dargestellt. Alle Märkte sind homogene Polypole. Dieses Modell kann als **Totalmodell** bezeichnet werden, da auf allen Einzelmärkten Gleichgewicht herrscht. Auch eine Störung des Gleichgewichts, beispielsweise durch die Nachfragesteigerung auf einem der Konsumgütermärkte, führt wieder auf allen Märkten automatisch zu neuen Gleichgewichten, auch auf den Faktormärkten, da der Preismechanismus funktioniert (Woll, 1996, S. 202 ff.).

Bei der neoklassischen Theorie tendiert daher auch der Arbeitsmarkt grundsätzlich zum Gleichgewicht, da die mikroökonomische Partialanalyse mit dem Modell einer polypolistischen Konkurrenz auf makroökonomische Zusammenhänge übertragen wird.

Die Löhne werden als flexibel (auch nach unten) angesehen, da von der Möglichkeit einer Nominallohnsenkung ausgegangen wird.

Genauso wie beim Güter- und Arbeitsmarkt tendiert der Geldmarkt bei der Neoklassik zum Gleichgewicht: Ersparnis und Investition werden über den Zinssatz ausgeglichen. Steigt die Ersparnis, so bedeutet dies (ceteris paribus), dass mehr Geld angeboten wird. Der Zinssatz sinkt dadurch und die Investitionen nehmen zu. Damit steigt auch die Beschäftigung.

Der makroökonomische Ansatz der Neoklassik war in erster Linie auf eine detaillierte Untersuchung des Arbeitsmarktes konzentriert, so beispielsweise die Veröffentlichung von *Arthur Cecil Pigou* (1877-1959) von 1933: The Theory of Unemployment.

Die Ursache der Arbeitslosigkeit wurde auf das zu hohe Lohnniveau zurückgeführt. Eine Nominallohnsenkung wäre demnach der entscheidende Faktor zur Reduzierung der Arbeitslosigkeit (Pigou, 1933).

Der makroökonomische Beitrag der Neoklassik in der Geldtheorie konzentrierte sich auf eine Weiterentwicklung der **Quantitätstheorie**:

Die von der Klassik entwickelte Quantitätsgleichung wurde von *Irving Fisher* (1911) durch die Einführung unterschiedlicher Geldarten (insbesondere des Giralgeldes) weiter differenziert und durch die Cambridge-Schule (*A. Marshall*) in eine Kassenhaltungsgleichung umgeformt.

Die Weltwirtschaftskrise von 1929 mit ihren schwerwiegenden ökonomischen und politischen Folgen löste eine Neuorientierung der Wirtschaftstheorie aus, denn die neoklassische Theorie hatte bei der Erklärung und damit auch der Bekämpfung der Weltwirtschaftskrise versagt.

Vor allen Dingen misslang in Deutschland der Versuch, durch eine Senkung der Nominallöhne die Beschäftigung zu erhöhen. Die Krise wurde dadurch noch verschärft, dass durch die Lohnsenkungen nun weitere Nachfrageausfälle auf den Gütermärkten auftraten.

1.5.3 Die Theorie von John Maynard Keynes

John Maynard Keynes (engl. kεinz) (1883-1946) versuchte in seinem grundlegenden Werk „The General Theory of Employment, Interest and Money" (1936) eine allgemeine Theorie zu schaffen, die sowohl die monetäre als auch die güterwirtschaftliche Seite und den Arbeitsmarkt umfasste. Primäres Ziel war die Erklärung der Arbeitslosigkeit und ihre Bekämpfung.

Keynes wählte für seine Theorie einen makroökonomischen Ansatz. Man kann daher sagen, dass die moderne makroökonomische Theorie mit *Keynes* beginnt.

Im Gegensatz zur Neoklassik ging *Keynes* davon aus, dass auf den Teilbereichen (Gütermarkt, Geldmarkt, Arbeitsmarkt) nicht automatisch **gleichzeitig** Gleichgewicht herrschen muss, da seiner Meinung nach sowohl Güterpreise als auch Faktorpreise nach unten nicht flexibel sind. Es gibt nach ihm auch den Fall eines Ungleichgewichts auf dem Arbeitsmarkt bei Gleichgewicht auf dem Gütermarkt und Geldmarkt.

So nimmt er es als ein Faktum hin, dass auf dem Arbeitsmarkt durch die Macht der Gewerkschaften, ein Lohnniveau herrscht, bei dem nicht immer Gleichgewicht vorliegt. Eine weitere Annahme besteht darin, dass nicht der Lohnsatz die entscheidende Variable bei der Nachfrage nach Arbeit durch die Unternehmen ist, sondern die Nachfrage nach Konsum- und Investitionsgütern. Damit kommt *Keynes* zu einer Umkehrung des Sayschen Theorems: **Die Nachfrage schafft sich ihre eigene Produktion.**

Eine Nominallohnsenkung selbst schafft von sich aus nicht zusätzliche Arbeitsplätze sondern nur dann wenn sich dadurch die Güternachfrage erhöht. Geht diese Nachfrage nach Gütern in der Rezession zurück, so erhöht sich die Arbeitslosigkeit.

Aufgabe des Staates ist es daher, die Güternachfrage zu beobachten und wenn nötig, zu unterstützen (Steuersenkungen) oder aber wenn dies nicht möglich ist, selbst Nachfrage auszuüben, um die Ausfälle vorübergehend zu kompensieren. Der Schwerpunkt der Keynesschen Theorie liegt auf der Güternachfrageseite.

Eine Konjunkturbelebung durch eine Erhöhung des Geldangebots (über die Zentralbank) ist nach der Meinung von *Keynes* gerade in der Rezession nicht immer möglich, da die höhere Geldmenge zu keiner weiteren Zinssatzsenkung führt, weil die Wirtschaftssubjekte das Geld in der Kasse halten (Liquiditätsfalle) und auf eine höhere Rendite warten (zu monetären Fragen vgl. Keynes, 1913, 1930, 1936 und Leijonhufvud, 1973).

Die **Post-Keynesianer** versuchten, das keynesianische Paradigma auf unterschiedliche Weise weiterzuentwickeln (zu den Denkschulen nach *Keynes* vgl. Snowdon, 1998). Sie stellten sich die Aufgabe, die „General Theory" noch weiter zu generalisieren.

Die Generalisierung bestand z. B. durch die Berücksichtigung des Kapizitätseffekts von Investitionen in den Wachstumsmodellen von *R. F. Harrod* (1939) und von *E. D. Domar* (1947), die die (kurzfristige) Keynessche Theorie zu einer langfristigen Theorie umwandeln sollten.

1.5.4 Neo-Monetarismus, Neuklassik und Neukeynesianismus

Nach der Veröffentlichung der „Allgemeinen Theorie" von *Keynes* begann bereits eine Renaissance der Neoklassik, die vor allen Dingen darin bestand, den Beweis zu führen, dass es sich bei der Keynesschen Theorie nur um einen Spezialfall der allgemeinen Gleichgewichtstheorie handele, bei dem es institutionell verursachte Inflexibilitäten auf den Märkten gäbe und eine (strittige) Annahme über eine Liquiditätsfalle.

Ein weiterer Mangel wurde darin gesehen, dass sich die Keynessche Theorie nicht mit dem Angebot an Gütern beschäftigte.

Auf der Basis der neoklassischen Theorie veröffentlichte *R. M. Solow* 1956 ein neoklassisches Wachstumsmodell, das angebotsorientiert war und damit von einer gesamtwirtschaftlichen Produktionsfunktion ausging.

In den 60er Jahren versuchte dann *P. A. Samuelson*, Neoklassik und Keynesianismus in einer **neoklassischen Synthese** zu vereinen (besser nebeneinander zu stellen): Die Makroökonomik sollte keynesianisch und die Mikroökonomik neoklassisch sein.

Es zeigte sich dabei, dass es die Keynesianer versäumt hatten, die Theorie von *Keynes* mikroökonomisch zu fundieren.

Die **aktuelle Synthese** der Neoklassik und der keynesianischen Theorie wird allerdings darin gesehen, dass die Neoklassik als die langfristige Theorie und die keynesianische Theorie als die kurzfristige Theorie angesehen werden.

Während auf der wirtschaftspolitischen Ebene bis in die 70er Jahre hinein die keynesianische Theorie noch dominierte, erlebte die neoklassischen Theorie in Form des sogenannten **Neo-Monetarismus** und der **Neuklassik** (New Classical School) eine Renaissance.

Der **Neo-Monetarismus** entstand als eine Schule, die sich dominierend mit dem damals akuten Problem der **Inflation** auseinandersetzte. Während inflationäre Entwicklungen bei *Keynes* nur in der Hochkonjunktur auftreten können, versuchten die Neo-Monetaristen inflationäre Entwicklungen auf die Entwicklung der **Geldmenge** zurückzuführen.

Wichtigster Vertreter des Neo-Monetarismus war der Amerikaner *Milton Friedman.*

Der Neo-Monetarismus wählt ebenso wie die Keynessche Theorie einen makroökonomischen Ansatz zur Erklärung gesamtwirtschaftlicher Wirkungen.

Genauso wie die Klassiker und die Neoklassiker geht *Friedman* davon aus, dass der private Sektor (Gütermarkt, Arbeitsmarkt und Geldmarkt) zum Gleichgewicht tendiert.

Staatliche Eingriffe mit Hilfe des Staatshaushalts (Fiskalpolitik) oder mit Hilfe der Zentralbank zur Stabilisierung der Konjunktur werden von den Neo-Monetaristen abgelehnt, da sie als eigentliche Ursache der Konjunkturkrisen angesehen werden. Die Neo-Monetaristen fordern daher die **Stabilisierung der Stabilitätspolitik**: Der Staat solle nicht mehr mit seinem Haushalt Konjunktur steuernd eingreifen. Auch die Zentralbank dürfe nicht eine antizyklische Konjunkturpolitik betreiben. Beide Eingriffsarten würden nur zu einer Ausweitung der Geldmengen und damit letztlich zur Inflation führen.

Es gelte vielmehr die „optimale" Geldmenge zu finden, d. h. eine Geldmenge, die keine Inflation auslöst, aber ein Wirtschaftswachstum ermöglicht. Die Geldmenge ist die einzige entscheidende Variable. Wichtigstes wirtschaftspolitisches Ziel ist daher konsequenterweise auch das Ziel „Preisstabilität".

Primäres Erklärungsziel der monetaristischen Theorie ist damit die Inflation und nicht die Beschäftigung. Allerdings haben sich die Neo-Monetaristen auch mit der Frage auseinandergesetzt, ob ein Zusammenhang zwischen Inflationsrate und Arbeitslosenquote besteht (Phillips-Kurven-Problem) (Details dazu im Kapitel „Arbeitsmarkt").

Im Gegensatz zum klassischen Monetarismus geht der Neo-Monetarismus davon aus, dass eine Geldmengenerhöhung die realen Austauschverhältnisse beeinflusst und damit reale Wirkungen auf den Güter- und Arbeitsmarkt haben kann.

Aus dem Neo-Monetarismus heraus entstand Mitte der 70er Jahre des vergangenen Jahrhunderts eine Rückbesinnung auf die klassisch-neoklassische Theorie, die als **Neuklassische Schule (New Classical School)** bezeichnet wird.

Die Neuklassik ist insbesondere mit den Namen *R. E. Jr. Lucas*, *T. J. Sargent*, *N. Wallace* und *R. J. Barro* verbunden (Snowdon, 1998, S. 188 ff.).

Die Neuklassik knüpfte mit ihren Hypothesen wieder an die Neoklassik an. Bei der New Classic School stehen drei Hypothesen im Vordergrund:

1. Theorie der rationalen Erwartungen
2. Hypothese der laufenden Markträumung
3. Die Hypothese des aggregierten Angebots

Mit der Theorie der rationalen Erwartungen stellt sie generell staatliche Eingriffe in Frage, da nach dieser Theorie die Wirtschaftssubjekte bei ihren Entscheidungen alle verfügbaren voraussichtlichen Entwicklungen mit einbeziehen, auch angekündigte Staatseingriffe: Rational handelnde Wirtschaftssubjekte lassen sich demnach von einer staatlichen Stabilisierungspolitik nicht systematisch täuschen, wenn sie das Muster dieser Politik erkennen.

Die Frage ist allerdings erlaubt, ob man in der Empirie immer ein rationales Erwartungsverhalten und Antizipationsverhalten der Wirtschaftssubjekte voraussetzen darf.

Bei der Markträumungshypothese liegt sie völlig auf der Linie der Neoklassik: Güter- und Faktorpreise sind nach oben und unten flexibel.

Die dritte Hypothese liefert im Gegensatz zur monetaristischen Theorie eine realwirtschaftliche Konjunkturtheorie wie noch zu zeigen sein wird.

Die Entstehung der New Classic School und des Neo-Monetarismus hatten schwerwiegende wirtschaftspolitische Konsequenzen und führte auch in Europa zur sogenannten Angebotspolitik.

Für die **Angebotspolitik** diente dabei vor allen Dingen das allgemeine Gleichgewichtsmodell der Neoklassik als Norm. Sie ist damit nicht als eigenständige makroökonomische Theorie zu verstehen

Wie der Name bereits andeutet, geht es darum, die Bedingungen für die Anbieter (Investoren) zu verbessern, d. h. Hemmnisse für deren wirtschaftliche Aktivitäten abzubauen. Sie wird daher in dieser Publikation im Kapitel „Investitionen“ zu finden sein, und zwar mit der Überlegung, welche Strukturreformen sind in Deutschland nötig, um Investitionen in Deutschland wieder rentabel zu machen.

Die einzelnen Eingriffsgebiete der Angebotspolitik umfassen die Ordnungspolitik (Deregulierungen), die Finanzpolitik (Steuersenkungen zur Investitionsförderung), Arbeitsmarktpolitik (Flexibilisierung) und Sozialpolitik (Reform der sozialen Systeme mit Senkung der Lohnnebenkosten). Die Angebotspolitik geht davon aus, dass die staatlichen Eingriffe zu einer Wiederherstellung funktionsfähiger Märkte führen, auch zu einem funktionsfähigen Arbeitsmarkt, und damit ein Beitrag zur Bekämpfung der Arbeitslosigkeit geleistet wird.

Die neuklassische Theorie löste allerdings daneben eine keynesianische Gegenbewegung aus, die als **Neukeynesianismus** (New Keynesian School) bezeichnet wird, und deren Vertreter vor allem *O. Blanchard*, *G. Mankiw*, *J. Stiglitz* und *E. Phelps* sind.

Die **Neukeynesianier** versuchen von empirisch fundierten mikroökonomischen Ergebnissen zu makroökonomischen Modellen zu gelangen. Damit begegnen sie dem Vorwurf der Neuklassiker gegenüber der Keynesschen Theorie, es fehle ihr an einer mikroökonomischen Fundierung.

Die Neukeynesianer versuchen insbesondere nachzuweisen, dass nicht alle Güter- und Faktorpreise nach unten flexibel sind. Der Schwerpunkt der Beweisführung liegt dabei wieder auf den nicht flexiblen Löhnen.

Ein wesentlicher Beitrag stellt dabei die Erklärung von *E. Phelps* für die vor allem in Europa zu beobachtende laufende Erhöhung der (natürlichen) Arbeitslosenquote mit seiner Hysteresis-Theory dar (vgl. Kapitel „Arbeitsmarkt“).

Kontrollfragen zu Kapitel 1

1. Was versteht man unter „Makroökonomik“ im Gegensatz zur „Mikroökonomik“?
2. Was versteht *Karl Schiller* unter „Wirtschaftspolitik“?
3. In welche Teilbereiche unterteilt *Schiller* die Wirtschaftspolitik?
4. Welche Eingriffsarten in den Wirtschaftsprozess können unterschieden werden?
5. Was versteht man unter der Globalsteuerung einer Volkswirtschaft?
6. Was unterscheidet die Strategie von der Taktik?
7. Nennen Sie die wichtigsten Träger der Wirtschaftspolitik!
8. Erläutern Sie die zeitlichen Verzögerungen, die in der praktischen Wirtschaftspolitik auftreten können!
9. In welchen Gesetzen und Verträgen sind die makroökonomischen Ziele für die Bundesrepublik Deutschland festgelegt?
10. Was versteht man unter dem „magischen Viereck“?
11. Wann herrscht Vollbeschäftigung im Marktsinne?
12. Was wird in der Bundesrepublik unter der „Arbeitslosenquote“ und unter der „Erwerbslosenquote“ verstanden?
13. Welche Arten von Arbeitslosigkeit kann man unterscheiden?
14. Erläutern Sie die Inflationsursachen!
15. Welche Folgen hat eine Deflation?
16. Welche Wirtschaftseinheiten sind Verlierer und welche Gewinner der Inflation?
17. Wie kann man sich vor der Inflation als privater Haushalt schützen?
18. Inwiefern zerstört die Inflation das marktwirtschaftliche System?
19. Mit welchen Indikatoren wird die Entwicklung des Preisniveaus gemessen?
20. Was kann man unter einem „angemessenen“ Wirtschaftswachstum verstehen?
21. Erörtern Sie Vor- und Nachteile des Wirtschaftswachstums!
22. Mit welchem Indikator wird das Wirtschaftswachstum gemessen?
23. Welcher Zusammenhang besteht zwischen dem Wirtschaftswachstum und der Beschäftigung in einer Volkswirtschaft?
24. Welche Definition des „außenwirtschaftlichen Gleichgewichts“ wird in der makroökonomischen Theorie verwendet?
25. Inwiefern ist der Begriff „negative Zahlungsbilanz“ nicht ganz korrekt?
26. Was versteht man unter der Devisenbilanz?
27. Welche Darstellungsformen gibt es für ökonomische Modelle?
28. Erklären Sie den Unterschied zwischen der ex ante- und der ex post-Analyse!
29. Inwiefern ist die Verwendung von ökonomischen Modellen für die praktische Wirtschaftspolitik nicht ganz unproblematisch?
30. Worin unterscheiden sich autonome (exogene) und endogene Variable eines Modells?
31. Erläutern Sie den Unterschied zwischen einer Verhaltens- und einer institutionellen Gleichung!
32. Welche Möglichkeiten bringt eine dynamische gegenüber einer statischen Analyse?
33. Was versteht man unter der „ceteris-paribus-Klausel“?
34. Erläutern Sie das Saysche Theorem!
35. Wie heißt das grundlegende Werk von *J. M. Keynes*?

36. Warum tendiert das marktwirtschaftliche System nach Auffassung von *Keynes* nicht automatisch zum Gleichgewicht?
37. Welche Aufgabe hat die staatliche Wirtschaftspolitik nach Auffassung von *Keynes*, im Falle einer Rezession?
38. Welche makroökonomische Größe bestimmt nach der Meinung der Neo-Monetaristen die Inflation?
39. Von welchen Grundannahmen gehen die Neuklassiker aus?

2 Volkswirtschaftliche Gesamtrechnungen

2.1 Einführung

Für die weitere Untersuchung makroökonomischer Zusammenhänge ist es notwendig, eine ex post-Analyse des Wirtschaftskreislaufs durchzuführen.

Zunächst benötigen die Wirtschaftswissenschaftler eine empirische Datenbasis, um ihre Forschungsergebnisse testen zu können.

Außerdem ist es notwendig, wie bei der Besprechung der makroökonomischen Einzelziele bereits deutlich wurde, der praktischen **Wirtschaftspolitik** zuverlässiges Zahlenmaterial an die Hand zu geben, um die Erreichung ihrer gesamtwirtschaftlichen Ziele zu überprüfen oder um die weitere Entwicklung zu prognostizieren und um sie gegebenenfalls beeinflussen zu können.

Auch internationale und supranationale Institutionen sind an diesen Daten interessiert wie z. B. die **Vereinten Nationen** und die **Europäische Union,** um die Leistungskraft ihrer Mitgliedsländern vergleichen zu können, wobei allerdings ein wesentlicher Nebeneffekt darin besteht, das ermittelte Bruttoinlandsprodukt als Basis für die Berechnung der Mitgliedsbeiträge zu verwenden.

Das Statistische Amt der Vereinten Nationen hat bereits 1947 ein standardisiertes Rechnungssystem unter der Bezeichnung „System of National Accounts" (System nationaler Konten), abgekürzt SNA entwickelt, das auch heute noch die Basis aller Nationaler Buchführungen zur Ermittlung von Globalgrößen ist. In der Bundesrepublik Deutschland wurde diese Buchführung immer als „Volkswirtschaftliche Gesamtrechnungen" bezeichnet, vermutlich im Hinblick auf die fehlende Einheit Deutschlands. Diese bescheidene Bezeichnung gibt allerdings auch einen Hinweis darauf, dass es sich bei diesen Rechnungen nicht um eine ordnungsgemäße Buchführung im Sinn der Betriebswirtschaftslehre handelt, sondern um eine **systematische Verknüpfung bestimmter Globalgrößen,** allerdings mit vielen Schätzungen.

Für die Mitgliedstaaten der Europäischen Union existiert seit 1970 auf der Basis des SNA bereits ein spezielles „Europäisches System Volkswirtschaftlicher Gesamtrechnungen" (aktuell: ESVG 95) (vgl. die ausführliche Darstellung des ESVG 95 in Peto, 2000).

Bei der nachfolgende ex post-Analyse soll zunächst anhand eines sehr vereinfachten Modells mit Hilfe von Konten das **Grundprinzip Volkswirtschaftlicher Gesamtrechnungen** und der daraus ermittelbaren Globalgrößen dargestellt werden, was insbesondere für den weiteren Gang der Darstellung der makroökonomischen Theorie von Bedeutung ist.

Danach werden kurz die Besonderheiten der „Volkswirtschaftlichen Gesamtrechnungen“, des Statistischen Bundesamtes auf der Basis des ESVG 95 erläutert, wobei die Modellzahlen zum besseren Verständnis der inneren Mechanik des ESVG 95 in ein vereinfachtes Kontensystem des EVSG 95 verbucht werden.

2.2 Vereinfachtes System Gesamtwirtschaftlicher Konten

2.2.1 Modell einer geschlossenen Volkswirtschaft ohne Staat

Um die Gesamtnachfrage und das Gesamtangebot einer Volkswirtschaft an Gütern darstellen zu können, müssen die einzelnen Wirtschaftseinheiten zu **Sektoren** zusammengefasst werden. Die Zusammenfassung erfolgt nach den überwiegend ausgeübten ökonomischen Aktivitäten.

Wir beginnen mit einem Zwei-Haushalte-Zwei-Sektoren-Modell, und zwar mit den

Unternehmen U1 und U2 und den
Haushalten H1 und H2.

Die Unternehmen zeichnen sich dadurch aus, dass sie investieren und in erster Linie für andere Wirtschaftseinheiten Güter (Waren und Dienstleistungen) produzieren, während es sich bei den Haushalten um private Haushalte handelt, die konsumieren, sparen und den Unternehmen ihre Produktionsfaktoren zur Verfügung stellen.

Bei diesem Modell wird angenommen, dass keine Transaktionen mit ausländischen Wirtschaftseinheiten bestehen (geschlossene Volkswirtschaft) und keine wirtschaftlichen Aktivitäten des Staates vorliegen.

Wie oben bereits erwähnt, soll die Verflechtung der Volkswirtschaft mit Hilfe eines Kontensystems gezeigt werden.

Um **gesamtwirtschaftliche Konten** ermitteln zu können, müssen zunächst die Einzelkonten der Wirtschaftseinheiten erstellt und danach zu gesamtwirtschaftlichen Konten zusammengefasst werden.

Wir beginnen mit der Erfassung der produktiven Leistungen der Unternehmen, die mit Hilfe sogenannter ***Produktionskonten*** erfolgt.

Sie entsprechen im Großen und Ganzen den Betriebsergebniskonten des betrieblichen Rechnungswesens, die ja Unterkonten der Gewinn- und Verlustrechnung darstellen.

Allerdings gibt es doch einige Besonderheiten bei den Produktionskonten im Bezug auf die Darstellung der **typischen betrieblichen Leistung**:

1. Sie muss so gegliedert sein, dass der empfangende und der liefernde Sektor erkennbar sind.
2. Die Güter müssen differenziert werden, ob sie in der gleichen Periode verbraucht oder ob sie investiert werden:
   Die Unternehmen produzieren **Konsumgüter** für die Haushalte, von denen angenommen wird, dass sie in der gleichen Periode verbraucht werden.
   Sie produzieren und liefern Vorleistungen für andere Unternehmen, die in der gleichen Periode von den empfangenden Unternehmen bei der Produktion eingesetzt und verbraucht werden. Die Unternehmen liefern aber auch **Investitionsgüter** z. B. in Form von Maschinen, die von den empfangenden Unternehmen bei der Leistungserstellung eingesetzt und als **Anlageinvestitionen** auf einem Vermögensänderungskonto verbucht werden. Der Verbrauch der Maschinen wird über die Abschreibungen erfasst.
   Außerdem liefern Unternehmen an andere Unternehmen auch **Vorprodukte**, das sind Produktionsfaktoren z. B. in Form von Rohstoffen, die in der laufenden Periode noch nicht eingesetzt werden und daher als **Lagerinvestitionen** (Materiallager) bei dem empfangenden Unternehmen erfasst werden. Sie werden (im Allgemeinen) erst in einer zukünftigen Periode in den Produktionsprozess eingehen und werden dann zu Vorleistungen.
   Schließlich produziert das Unternehmen möglicherweise Güter, die es (vorübergehend) auf Lager nimmt. Es entsteht eine **Bestandserhöhung eigener Erzeugnisse**. Dies stellt zwar eine Periodenleistung dar, erhöht aber gleichzeitig das Vermögen des Unternehmens als **Lagerinvestition** (Fertigwarenlager) und muss daher auch auf einem Vermögensänderungskonto erfasst werden.
   Schließlich ist es möglich, dass das Unternehmen Anlagen baut, dies es selbst verwendet, die im betrieblichen Rechnungswesen als **„selbsterstellte Anlagen"** bezeichnet werden. Auch diese Leistung muss auf einem Vermögensänderungskonto, und zwar als **Anlageinvestition** aktiviert werden.
3. Die Entlohnung der Arbeitnehmer und die Zinsen werden auf dem Produktionskonto nicht als Kosten sondern ebenso wie die Unternehmensgewinne als **Faktoreinkommen** betrachtet.
4. Die Darstellung der Produktionskonten erfolgt mit Hilfe von **T-Konten**, die auf der **rechten Kontenseite** den Wert der erstellten Leistung und auf der **linken Kontenseite** die eingesetzten Vorleistungen von anderen Unternehmen, die Abschreibungen und die entstandenen Faktoreinkommen der jeweiligen Periode zeigen.

Als weitere Kontenart werden ***Vermögensänderungskonten*** verwendet, die die Änderung des Vermögens der jeweiligen Wirtschaftseinheit während der betrachteten Periode erfassen. Dabei besteht die Vermögensänderung der Unternehmen in Form von Investitionen und die Vermögensänderung der Haushalte in Form von Ersparnissen.

Dies hängt damit zusammen, dass in diesem Modell nur die Unternehmen produzieren und investieren und die entstandenen Einkommen vollständig von den Unternehmen an die Haushalte ausgeschüttet und damit verteilt werden. Die Produktionskonten zeigen damit auch die **Verteilung der Faktoreinkommen**.

Da alle Einkommen an die Haushalte verteilt werden, gibt es nur ***Einkommenskonten*** der Haushalte (Unternehmer- und Arbeitnehmerhaushalte). Sie machen die **Aufteilung des entstandenen Faktoreinkommen** in Konsum und Ersparnis deutlich.

Auf den nachfolgenden Konten werden folgende Vorgänge mit fiktiven Zahlen verbucht, wobei die Geldeinheiten und danach in Klammern die Buchungssätze angeben werden (Stobbe, 1976, S. 92 ff.):

1. Verkäufe (Käufe) von Konsumgütern an (durch) Haushalte:
   330(3), 150(4), 120(5), 180(6).
2. Verkäufe (Käufe) von Vorleistungen 180(1), 40(2), Vorprodukten 20(7), 10(8) und Investitionsgütern 40(11), 250(12) an (von) andere(n) Unternehmen.
3. Herstellung und Aktivierung von selbsterstellen Anlagen: 20(13), 10(14).
4. Lagerbestanderhöhung eigener Erzeugnisse: 30(9), 20(10).
5. Faktoreinkommen an die Haushalte von den Unternehmen:
   300(17), 140(18), 500(19), 210(20).
6. Abschreibungen: 10(15), 20(16).

Nach der Verbuchung dieser Transaktionen auf den Einzelkonten der Unternehmen und der Haushalte können gesamtwirtschaftliche Konten gebildet werden, was genauso wie im betrieblichen Rechnungswesen als „Konsolidierung“ bezeichnet wird.

Optisch erfolgt dies bei den dargestellten Konten jeweils durch ein großes T mit Doppelstrichen.

Gesamtwirtschaftliches Produktionskonto

Produktionskonto
Unternehmen U1

(1) Vorleistungen von U2	180	(2) Vorleistungen an U2	40
(15) Abschreibungen	10	(3) Konsumgüter an H1	330
(17) Einkommen an H1	300	(4) Konsumgüter an H2	150
(18) Einkommen an H2	140	(7) Vorprodukte an U2	20
		(9) Lagerbestandserhöhung	30
		(11) Investitionsgüter an U2	40
		(13) Selbsterstelle Anlagen	20
	630		630

Produktionskonto
Unternehmen U2

(2) Vorleistungen von U1	40	(1) Vorleistungen an U1	180
(16) Abschreibungen	20	(5) Konsumgüter an H1	120
(19) Einkommen an H1	500	(6) Konsumgüter an H2	180
(20) Einkommen an H2	210	(8) Vorprodukte an U1	10
		(10) Lagerbestandserhöhung	20
		(12) Investitionsgüter an U1	250
		(14) Selbsterstelle Anlagen	10
	770		770

Gesamtwirtschaftliches Einkommenskonto

Einkommenskonto
Haushalt H1

(3) Konsumgüter von U1	330	(17) Einkommen von U1	300
(5) Konsumgüter von U2	120	(19) Einkommen von U2	500
(21) Ersparnis	350		
	800		800

Einkommenskonto
Haushalt H2

(4) Konsumgüter von U1	150	(18) Einkommen von U1	140
(6) Konsumgüter von U2	180	(20) Einkommen von U2	210
(22) Ersparnis	20		
	350		350

Gesamtwirtschaftliches Vermögensänderungskonto

Vermögensänderungskonto
Unternehmen U1

(8) Vorprodukte von U2	10	(15) Abschreibungen	10
(9) Lagerbestandserhöhung eigener Erzeugnisse	30		
(12) Investitionsgüter von U2	250		
(13) Selbsterstellte Anlagen	20		
	310		

Vermögensänderungskonto
Unternehmen U2

(7) Vorprodukte von U1	20	(16) Abschreibungen	20
(10) Lagerbestandserhöhung eigener Erzeugnisse	20		
(11) Investitionsgüter von U1	40		
(14) Selbsterstellte Anlagen	10		
	90		

Vermögensänderungskonto
Haushalt H1

		(21) Ersparnis	350

Vermögensänderungskonto
Haushalt H2

		(22) Ersparnis	20

Wir beginnen mit der Konsolidierung der Produktionskonten zum Gesamtwirtschaftlichen Produktionskonto, dabei können Beziehungen innerhalb des Unternehmenssektors, intrasektorielle Beziehungen genannt, vollständig ausgewiesen oder verrechnet werden.

Gesamtwirtschaftliches Produktionskonto

einer geschlossenen Volkswirtschaft ohne staatliche Aktivität

	1. Empfangene Vorleistungen (1) (2)		V	220	4. Gelieferte Vorleistungen (1) (2)		V	220	
	2. Abschreibungen (15) (16)		D	30	5. Konsumgüter an Haushalte (3) (4) (5) (6)		C	780	Y^{br}
Y	3. Faktoreinkommen				6. Bruttoinvestition		I^{br}	400	Y^{br}
Y	von	L	G		6a Gelieferte				Y^{br}
Y	Unternehmen U1			440	Vorprodukte	30			Y^{br}
Y	Lohn (17)	300			(7) (8)				Y^{br}
Y	Gewinn (18)		140		6b Lagerbestands-				Y^{br}
Y	Unternehmen U2			710	erhöhung eigener				Y^{br}
Y	Lohn (19)	500			Erzeugnisse	50			Y^{br}
Y	Gewinn (20)		210		(9) (10)				Y^{br}
Y					6c Gelieferte Anlagen (11) (12)	290			Y^{br}
Y					6d Selbsterstellte Anlagen (13) (14)	30			Y^{br}
				1400				1400	

Beim **Gesamtwirtschaftlichen Produktionskonto** könnten beispielsweise die empfangenen und die gelieferten **Vorleistungen** der Unternehmen verrechnet werden. Wir wollen aber diese Verrechnung auf dem nachfolgenden Gesamtwirtschaftlichen Produktionskonto noch nicht vornehmen.

Dem Gesamtwirtschaftlichen Produktionskonto können bereits wichtige **makroökonomische Größen** entnommen werden.

Durch den Ausweis der gleich großen Vorleistungen auf der linken und rechten Kontoseite kann das bewertete Produktionsergebnis der Modell-Volkswirtschaft während einer bestimmten Periode brutto ausgewiesen werden, was als **Produktionswert** bezeichnet wird, und zwar durch die Summe der Positionen 4 bis 6 auf der rechten Seite in Höhe von 1400 Geldeinheiten.

Zieht man vom Produktionswert die Vorleistungen (V) ab, so erhält man das **Bruttoinlandsprodukt von seiner Verwendungsseite.** Dieser Wert wird auch als **Bruttowertschöpfung** bezeichnet. Das Bruttoinlandsprodukt kann in Gleichungsform mit Symbole und mit einem Identitätszeichen (≡) wie folgt geschrieben werden:

$$\text{Bruttoinlandprodukt} \equiv \text{Konsum} + \text{Bruttoinvestition}$$

$$BIP \equiv C + I^{br}$$

Wie der Name andeutet, ist dies der **Geldwert der wirtschaftlichen Leistung, der innerhalb eines Gebiets (Inlands) während einer bestimmten Periode geschaffen wurde**.

Es ist damit ein **Inlandsprodukt**.

In unserer Modellwirtschaft ist dieser Wert auch zugleich das **Bruttonationaleinkommen (Y^{br})**, das bis 1999 Bruttosozialprodukt genannt wurde. Das ist **der Wert, den diejenigen erwirtschaftet haben, die zu einem bestimmten Gebiet gehören und die als Inländer bezeichnet werden**. Das Bruttonationaleinkommen ist daher ein **Inländerprodukt**. Da wir in unserer Modell-Volkswirtschaft keine Beziehungen zum Ausland haben, ist das Inlandsprodukt hier gleich dem Inländerprodukt, weshalb für diesen **Spezialfall** gilt:

$$BIP \equiv Y^{br} \equiv C + I^{br}$$

$$1180 \equiv 780 + 400$$

Dabei bestehen die Bruttoinvestitionen aus den Lagerinvestitionen (Pos. 6a und 6b) und aus den Anlageinvestitionen (Pos. 6c und 6d).

Werden vom Bruttonationaleinkommen noch die Abschreibungen (D) abgezogen, ergibt sich das **Nettonationaleinkommen**, das hier identisch ist mit dem **Volkseinkommen (Y) von der Verwendungsseite**. Das **Nettonationaleinkommen** wird auch als **Nettowertschöpfung** bezeichnet. In Gleichungsform gilt:

$$Y \equiv Y^{br} - D \equiv C + I$$

$$1150 \equiv 1180 - 30 \equiv 780 + 370$$

Damit werden die Nettoinvestitionen (I) ausgewiesen. Dies bedeutet, dass von den Bruttoinvestitionen (I^{br}) die Abschreibungen (D) abgezogen werden.

Das **Volkseinkommen ist damit die Summe aller Nettowertschöpfungen**, die durch eine Volkswirtschaft geschaffen wurden.

Betrachtet man die linke Seite des Gesamtwirtschaftlichen Produktionskontos so sieht man andererseits, dass das **Volkseinkommen auch gleichzeitig die Summe aller Faktoreinkommen** ist.

Dieses Konto bietet außerdem die Möglichkeit, die **Herkunft oder Entstehungsseite des Volkseinkommens** anhand der Faktoreinkommen zu erkennen: Interpretiert man das Unternehmen U1 als den Produktionssektor U1 (z. B. Dienstleistungssektor) und das Unternehmen als den Produktionssektor U2 (z. B. Industriesektor), so ergeben sich folgende Beiträge der einzelnen Sektoren zum Volkseinkommen in absoluten und in relativen Zahlen:

Sektor U1	(Dienstleistungssektor)	440 GE	(38,3 %)
Sektor U2	(Industriesektor)	710 GE	(61,7 %)
		1150 GE	(100,0 %)

Das Gesamtwirtschaftliche Produktionskonto bietet gleichzeitig die Möglichkeit, auch die **Verteilung des Volkseinkommens** darzustellen.

Geht man von der Annahme aus, die beiden Haushalte repräsentieren zugleich einen Arbeitnehmerhaushalt (Haushalt H1) und einen Unternehmerhaushalt (Haushalt H2), so lässt sich damit gleichzeitig die Verteilung des Volkseinkommens auf die Produktionsfaktoren Arbeit und Kapital ermitteln.

Der Haushalt H1 bezieht dann als Arbeitnehmerhaushalt Lohn (L) und der Haushalt H2 als Unternehmerhaushalt Gewinn (G):

Haushalt H1, Lohn (L):	300 + 500 = 800	(69,6 %)
Haushalt H2, Gewinn (G):	140 + 210 = 350	(30,4 %)
Volkseinkommen	1150	(100,0 %)

Diese Art der Verteilung nennt man eine **funktionale Einkommensverteilung**, da sie entsprechend der Funktion der Produktionsfaktoren im Produktionsprozess vorgenommen wird.

Die obige Verteilungstabelle zeigt gleichzeitig auch den relativen Anteil der Faktoreinkommen am Volkseinkommen, und zwar in Form der **Lohnquote** und der **Gewinnquote**. Zwei Globalgrößen, die in der Wirtschaftspolitik eine wichtige Rolle spielen, vor allen Dingen im Rahmen der Lohnpolitik.

Bei der Ermittlung des **Gesamtwirtschaftlichen Einkommenskontos** wird in analoger Weise wie beim Gesamtwirtschaftlichen Produktionskonto vorgegangen:

Da in unserer Modell-Volkswirtschaft alle Faktoreinkommen, die in den Unternehmen bei der Produktion erzielt wurden, an die Haushalte ausgeschüttet wurden, gibt es auch nur Einkommenskonten für Haushalte.

Es gibt hier allerdings keine Verrechnungsmöglichkeit, da die Haushalte untereinander keine Transaktionen durchführen, weshalb die Positionen addiert werden können.

Während die rechte Kontenseite das Volkeinkommen als Summe der Faktoreinkommen zeigt, erkennt man auf der linken Seite, in **Aufteilung des Volkseinkommens** in Konsum und Ersparnis:

$$Y \equiv C + S$$

$$1150 \equiv 780 + 370$$

Gesamtwirtschaftliches Einkommenskonto
einer geschlossenen Volkswirtschaft ohne Staat

1. Konsum (3) (4) (5) (6)	C	780			
			Volkseinkommen (17)(18)(19)(20)	Y	1150
2. Ersparnis	S	370			
		1150			1150

Zur Feststellung der Vermögensänderung in der Volkswirtschaft werden die Vermögensänderungskonten unseres Modells zu einem **Gesamtwirtschaftlichen Vermögensänderungskonto** konsolidiert.

Dabei werden hier die Einzelkonten zu einem gesamtwirtschaftlichen Konto zusammengefasst, ohne dass sie zunächst mit einem Saldo abgeschlossen werden.

Die linke Kontenseiteseite zeigt die Summer aller **Bruttoinvestitionen (I^{br})** bestehend aus den **Lagerinvestitionen** und den **Anlageinvestitionen**.

Die Lagerinvestitionen bestehen aus empfangenen oder gelieferten Vorprodukten und die Anlageinvestitionen aus empfangenen oder gelieferten Anlagen und den selbsterstellten Anlagen.

Auf der rechten Kontoseite ist die Summe aller **Abschreibungen (D)** und die Summe der **Ersparnis der Haushalte (S)** erkennbar.

Gesamtwirtschaftliches Vermögensänderungskonto
einer geschlossenen Volkswirtschaft ohne staatliche Aktivität

Bruttto-investition I^{br}	1. Lagerinvestition (7) (8) (9) (10)	80	1. Abschreibungen (15) (16)	D	30
	2. Anlageinvestition (11) (12) (13) 14)	320	2. Ersparnis (21) (22)	S	370
		400			400

Zur Berechnung der Vermögensänderung des Realvermögens und gleichzeitig des Reinvermögens ist es notwendig, die **Nettoinvestition** zu berechnen.

Dazu werden von den Bruttoinvestitionen die Abschreibungen abgezogen:

$$I \equiv I^{br} - D$$

Es ergibt sich folgendes vereinfachtes Konto:

Gesamtwirtschaftliches Vermögensänderungskonto
einer geschlossenen Volkswirtschaft ohne staatliche Aktivität
(vereinfachte Form)

1. Nettoinvestition	**I**	370	2. Ersparnis	**S**	370

In Gleichungsform ergibt sich die **Identitätsgleichung für die Vermögensänderung**:

$$I \equiv S$$

Bei der ex post-Analyse sind Nettoinvestition und Ersparnis immer gleich groß, da sie geplante und ungeplante Größen erfassen. Es ist nicht erkennbar, ob die Investitionen und die Ersparnis in dieser Höhe genau geplant waren oder nicht.

Es muss immer gelten:

$$I_{gepl.} + I_{ungepl.} \equiv S_{gepl.} + S_{ungepl.}$$

Es könnte beispielsweise bei den Unternehmen eine ungeplante Nettoinvestition von 20 aufgetreten sein, da die Unternehmen den Konsum der Haushalte höher eingeschätzt hatten. Es entstand ein ungeplanter Lagerbestand, d. h. eine ungeplante Lagerinvestition.

Das Modell hat bereits gezeigt, dass sich **vier Rechnungen** für das Volkseinkommen sowie für das Bruttonationaleinkommen und das Bruttoinlandsprodukt aufstellen lassen, und zwar nach der

- Herkunft (Entstehung),
- Verwendung,
- Aufteilung und der
- Verteilung.

Das Schema in Abbildung 2.1 soll dies nochmals für eine geschlossene Volkswirtschaft ohne staatliche Aktivität verdeutlichen.

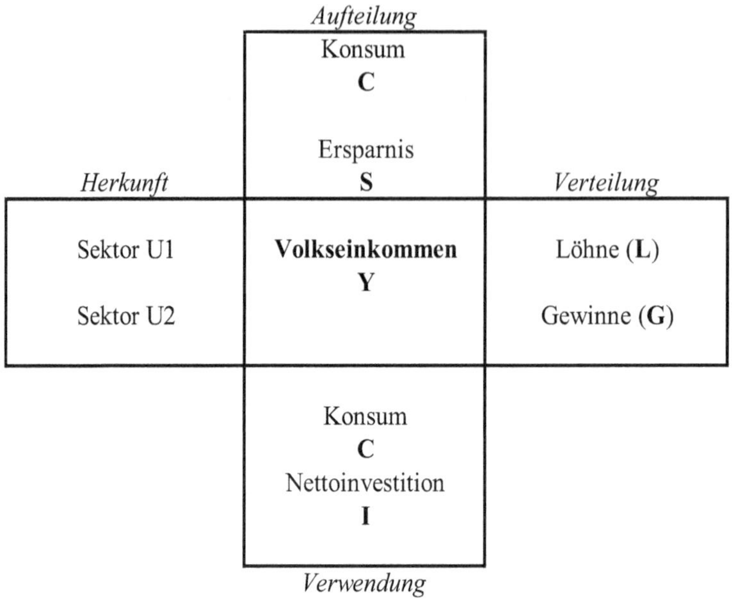

Abbildung 2.1

2.2.2 Die Erfassung der staatlichen Aktivitäten

Auch der Staat produziert wie die Unternehmen überwiegend für andere Wirtschaftseinheiten, er bezieht Produktionsfaktoren in Form von Arbeit, Material und Anlagegütern.

Die Besonderheit der staatlichen Leistung besteht darin, dass der Staat seine Leistung überwiegend **unentgeltlich** abgibt. Damit müssen sogenannte **Nichtmarktaktivitäten** erfasst werden. Die hier über die erstandenen Kosten ermittelt werden.
Bei den Nichtmarktaktivitäten wie äußere und innere Sicherheit gilt das Nichtausschlussprinzip: Kein Wirtschaftssubjekt kann von dieser Leistung ausgeschlossen werden, da sie nicht vermarktet werden kann. Bei einigen vermarktungsfähigen Leistungen kann der Staat von sich aus auf eine Vermarktung verzichten. Die Tendenz geht allerdings in Richtung auf eine Vermarktung staatlicher Leistungen wie das Beispiel der Erhebung von Studiengebühren zeigt.

Das nachfolgende Konto zeigt die **Grundstruktur** eines **staatlichen Produktionskontos**.

Staatliches Produktionskonto
einer geschlossenen Volkswirtschaft

1. Erhaltene Vorleistungen von Unternehmen 2. Abschreibungen 3. Faktoreinkommen an private Haushalte	1. Gelieferte Vorleistungen an Unternehmen 2. Konsumgüter an private Haushalte **3. unentgeltliche Leistungen des Staates = staatlicher Konsum**	} C_{St}

Um den Wert der unentgeltlichen Dienstleistungen des Staates zu berechnen, wird beim staatlichen Produktionskonto auf der linken Kontoseite mit den Kosten der Leistung begonnen, die aus den empfangenen Vorleistungen von Unternehmen, den Abschreibungen und den Kosten der Entlohnung seiner Bediensteten besteht.

Dann werden auf der rechten Kontenseite die erhaltenen Gebühren für Konsumgüter an Haushalte und für die gelieferten Vorleistungen an Unternehmen erfasst. Es ergibt sich dann auf der rechten Kontoseite ein Saldo als **Wert der unentgeltlichen Dienstleistungen des Staates**, der auch als **Konsum des Staates** bezeichnet wird.

Zur Finanzierung der unentgeltlichen Dienstleistung kann der Staat Zwangsumlagen in Form von Steuern und Zwangsabgaben (Sozialversicherungsbeiträge) von Unternehmen und privaten Haushalten erheben. Die **indirekten Steuern** werden auch als Produktions- und Importabgaben bezeichnet und umfassen die Mehrwertsteuer, Einfuhrumsatzsteuer und die Verbrauchsabgaben und Verbrauchssteuern wie die Tabaksteuer, Sektsteuer und die Mineralölsteuer. Die **direkten Steuern** umfassen die Einkommens- und Vermögensteuer.

Der Staat erbringt nicht nur unentgeltliche Leistungen, sondern ist daneben als großer Umverteiler mit Subventionen an Unternehmen und Transferzahlungen an private Haushalte (u. a. in Form der gesetzlichen Rente) tätig, weshalb es sinnvoll ist, das **Einkommenskonto des Staates** in der seiner Grundstruktur zu zeigen:

Staatliches Einkommenskonto
einer geschlossenen Volkswirtschaft

1. Subventionen für Unternehmertätigkeit	Z_U	1. indirekte Steuern	T^{ind}
		2. direkte Steuern	T^{dir}
2. Transferzahlungen an private Haushalte	Z_H		
3. Konsum des Staates	C_{St}		

Da sich auch die Einkommenskonten der privaten Haushalte ändern, soll das **Gesamtwirtschaftliche Einkommenskonto mit staatlicher Aktivität** gezeigt werden, das in unserem Modell identisch ist mit dem Einkommenskonto des Sektors private Haushalte.

Auf der rechten Kontenseite erkennt man, dass die privaten Haushalte jetzt auch Faktoreinkommen vom Staat erhalten, und zwar für ihre (unselbständige) Tätigkeit beim Staat.

Außerdem erhalten sie nun auch **Transfereinkommen** in Form von Transferzahlungen vom Staat in Form von Kindergeld, staatlicher Renten, Wohngeld usw.

Sie müssen nun aber auch direkte Steuern an den Staat zahlen, so dass das verfügbare Einkommen nicht mehr mit dem Volkseinkommen identisch ist, das ja im Modell ohne Staat ein Bruttoeinkommen und zugleich ein Nettoeinkommen war.

Der Staat versucht, die **primäre Einkommensverteilung** die durch Leistungen am Markt entstanden ist, aus sozialen Gründen im Nachhinein zu korrigieren, indem er die Faktoreinkommen unterschiedlich besteuert und zusätzlich noch Transfereinkommen gewährt.

Er versucht damit die Soziallasten (Kinderzahl) des Einzelnen zu berücksichtigen, um zu einer sozial gerechteren **sekundäre Einkommensverteilung** zu kommen. Nach dieser Umverteilungsaktion des Staates ergibt sich das verfügbare Einkommen der Haushalte.

Gesamtwirtschaftliches Einkommenskonto
einer geschlossenen Volkswirtschaft mit Staat

	1. direkte Steuern	T^{dir}	1. Faktoreinkommen der privaten Haushalte	
verfügbares Einkommen der Haushalte Y^v_H			a) aus unselbständiger Tätigkeit bei Unternehmen nehmen und beim Staat	**L**
	2. Konsum	**C**	b) Gewinne	**G**
	3. Ersparnis	**S**	2. Transferzahlungen vom Staat	Z_H

Das **verfügbare Einkommen** der privaten Haushalte spielt in der makroökonomischen Analyse eine wichtige Rolle zur Bestimmung der Konsumausgaben wie noch zu zeigen sein wird.

2.2.3 Die Erfassung der Transaktionen mit dem Ausland

Wir erweitern nun unsere Modell-Volkswirtschaft durch die Einführung eines **Auslandskontos**, das ein gesamtwirtschaftliches Konto darstellt und das die Transaktionen mit dem Ausland erfasst.

Das Auslandskonto entspricht in etwa der Zahlungsbilanz, deren Grundstruktur bereits bei der Besprechung der makroökonomischen Einzelziele gezeigt wurde.

Stellt man die Güterexporte (ExG) den Güterimporten (ImG) gegenüber, so ist dies die Zusammenfassung der Handelsbilanz und der Dienstleistungsbilanz.

Der Saldo ergibt den **Außenbeitrag im engeren Sinne**:

$$A = ExG - ImG$$

Die Gegenüberstellung der empfangenen und geleisteten Faktoreinkommen entspricht der Bilanz der Erwerbs- und Vermögenseinkommen.

Werden die Güterexporte und die empfangenen Faktoreinkommen zu Ex zusammengefasst und analog die Güterimporte und die geleisteten Faktoreinkommen zu Im, so ergibt sich der **erweiterte Außenbeitrag** als:

$$A_e = (ExG + Y_{ia}) - (ImG + Y_{ia})$$

$$A_e = Ex - Im$$

(Diese Zusammenfassungen werden noch bei der Berechnung der Inlands- und der Inländerprodukte eine Rolle spielen.)

Schließlich ergibt die Gegenüberstellung der empfangen und geleisteten Übertragungen die Bilanz **der laufenden Übertragungen und der Vermögensübertragungen**.

Die **Kapitalbilanz** ergibt sich durch die Gegenüberstellung der Positionen Änderungen der Verbindlichkeiten gegenüber dem Ausland und Änderungen der Forderungen gegenüber dem Ausland (Pos. 4).

Auslandskonto

Ex	1. Güterexporte	ExG	1. Güterimporte	ImG	**Im**
Ex	2. Faktoreinkommen vom Ausland	Y_{ia}	2. Faktoreinkommen an das Ausland	Y_{ia}	**Im**
	3. empfangene Übertragungen		3. geleistete Übertragungen		
	4. Änderungen der Verbindlichkeiten gegenüber dem Ausland		4. Änderungen der Forderungen gegenüber dem Ausland		

2.2.4 Das Gesamtwirtschaftliche Produktionskonto einer offenen Volkswirtschaft mit Staat

Unter Berücksichtigung der Erfassung der staatlichen Aktivitäten und der Transaktionen mit dem Ausland wurde das nachfolgende **Gesamtwirtschaftliche Produktionskonto** erstellt. Die Summe aller Werte auf der rechten Seite und entsprechend auf der linken Kontenseite ergibt den **Produktionswert**.

Werden die (gleich großen) gelieferten und die empfangenen Vorleistungen abgezogen, so ergibt sich das Bruttoinlandsprodukt (zu Marktpreisen).

Das Bruttoinlandsprodukt einer offenen Volkswirtschaft mit staatlicher Aktivität setzt sich aus dem Konsum der privaten Haushalte (C_H), dem staatlichen Konsum (C_{St}), den Bruttoinvestitionen (I^{br}) und dem einfachen Außenbeitrag (A) zusammen.

Die Bruttoinvestitionen (I^{br}) ergeben sich aus der Summe der Lagerinvestitionen und den Bruttoanlageinvestitionen.

Das Bruttoinlandsprodukt umfasst bei einer offenen Volkswirtschaft auch die Exporteinnahmen für Güter (Waren und Dienste). Diese Position entspricht der Pos. 1 auf der linken Seite des Auslandskontos. Außerdem werden ebenfalls auf der rechten Kontenseite des Produktionskontos auch die Importausgaben für Güter (ImG) verbucht, allerdings mit einem negativen Vorzeichen. Die Gegenposition dazu ist Pos. 1 auf der rechten Seite des Auslandskontos.

Die Importe werden wie Käufe von Vorleistungen behandelt, d. h. es wird angenommen, dass sie in der laufenden Periode noch in den Produktionsprozess eingehen.

Der **Außenbeitrag** zum Bruttoinlandsprodukt ergibt sich aus der Differenz zwischen den Exporteinnahmen für Güter (ExG) und den Importausgaben für Güter (ImG).

Das Bruttoinlandsprodukt ist ein Indikator für die wirtschaftliche Leistung eines Gebiets. Es gibt den Wert der Güter (Waren und Dienstleistungen) an, die innerhalb eines Gebiets während einer bestimmten Periode produziert wurden, wobei die Importe und die inländischen Vorleistungen abgezogen wurden.

Mit Hilfe von Symbolen ergibt sich für das **Bruttoinlandsprodukt** (BIP) von der **Verwendungsseite** für eine offene Volkswirtschaft mit staatlicher Aktivität:

$$BIP \equiv C_H + C_{St} + I^{br} + ExG - ImG \qquad (1)$$

Gesamtwirtschaftliches Produktionskonto

einer offenen Volkswirtschaft mit Staat

	1. Empfangene Vorleistungen	**V**	4. Gelieferte Vorleistungen	**V**	
	2. Abschreibungen	**D**	5. Konsum der privaten Haushalte	$\mathbf{C_H}$	
	3. Faktoreinkommen		6. Konsum des des Staates	$\mathbf{C_{St}}$	
	a) an private Haushalte		7. Investitionen		
	Löhne (L) und	**L**	7b Lagerbestands-erhöhung eigener		
	Gewinne (G)	**G**	Erzeugnisse		**BIP**
$\mathbf{Y_i}$			7c Gelieferte Anlagen	$\mathbf{I^{br}}$	
	b) an das Ausland	$\mathbf{Y_{ia}}$	7d Selbsterstellte Anlagen		
			8. Außenbeitrag Güterexporte	**ExG**	
			minus Güterimporte	**ImG**	

Werden vom Bruttoinlandsprodukt die Abschreibungen (D) abgezogen (Pos. 3, linke Kontoseite), so ergibt sich das **Nettoinlandsprodukt (NIP)** für eine offene Volkswirtschaft mit staatlicher Aktivität:

$$NIP \equiv BIP - D$$

$$\text{da} \quad I \equiv I^{br} - D$$

$$NIP \equiv C_H + C_{St} + I + ExG - ImG \qquad (2)$$

Anstatt der Bruttoinvestitionen (I^{br}) enthält diese Globalgröße daher die Nettoinvestitionen (I).

Nach Abzug der indirekten Steuern und Addition der Subventionen erhält man schließlich das **Inlandseinkommen (Y_i) von der Verwendungsseite:**

$$Y_i \equiv C_H + C_{St} + I + ExG - ImG - T^{ind} + Z_U \qquad (3)$$

Dieser Wert ist identisch mit dem beim Produktionsprozess innerhalb eines Gebiets entstandenen Faktoreinkommen, der Wertschöpfung:

$$Y_i \equiv L + G + Y_{ia} \qquad (4)$$

Bei der Ermittlung des Bruttoinlandsprodukts wurde hier nach dem **Inlandskonzept** vorgegangen.

Das bis September 1992 vom Statistischen Bundesamt vorrangig dargestellte **Inländerkonzept** drückte sich in Sozialproduktsgrößen wie Bruttosozialprodukt zu Marktpreisen, Nettosozialprodukt zu Marktpreisen und Nettosozialprodukt zu Faktorkosten aus.

Wie bereits an anderer Stelle erwähnt, wurden im Rahmen des ESVG 1995 seit 1.1.99 die Sozialproduktsbegriffe durch **Einkommensbegriffe** ersetzt:

Aus dem Bruttosozialprodukt zu Marktpreisen wurde das **Bruttonationaleinkommen** und aus dem Nettosozialprodukt zu Marktpreise das **Nettonationaleinkommen**. Der Begriff Nettosozialprodukt zu Faktorkosten wurde abgeschafft, da dieser Wert genau dem **Volkseinkommen** entsprach. Da es auch keine Globalgröße mehr zu Faktorkosten gibt, ist es auch nicht unbedingt notwendig, vom Bruttoinlandsprodukt zu Marktpreisen zu sprechen. Es genügt der Begriff „Bruttoinlandsprodukt".

Mit dem Nationaleinkommen soll das Ergebnis der wirtschaftlichen Aktivitäten der Wirtschaftseinheiten erfasst werden, die zu einem bestimmten Gebiet (z. B. dem Inland) gezählt werden, auch wenn diese Aktivitäten außerhalb des Gebietes stattfinden, zu dem sie gezählt werden.

Die Wirtschaftseinheiten sind natürliche Personen, die als Gebietsansässige bezeichnet werden, d. h. die sich mindestens sechs Monate im Inland aufhalten, und Wirtschaftsunternehmen mit Sitz im Inland.

Werden zur jeweiligen Inlandsgröße die Faktoreinkommen aus dem Ausland dazugezählt und die Faktoreinkommen an das Ausland abgezogen, so ergibt sich die Inländergröße wie aus Tabelle 2.1 erkennbar ist.

Tabelle 2.1

Inlandsgrößen	Inländergrößen
BIP	Y^{br}
NIP	Y^{n}
Y_i	Y

So ergibt sich der Zusammenhang zwischen dem Bruttoinlandsprodukt und dem **Bruttonationaleinkommen** (Y^{br}) bei einer offenen Volkswirtschaft mit Staat wie folgt:

$$BIP \equiv C_H + C_{St} + I^{br} + ExG - ImG \quad (1)$$

$$Y^{br} \equiv BIP + Y_{ai} - Y_{ia} \quad (5a)$$

$$Y^{br} \equiv C_H + C_{St} + I^{br} + ExG - ImG + Y_{ai} - Y_{ia} \quad (5b)$$

da $Ex \equiv ExG + Y_{ai}$

und $Im \equiv ImG + Y_{ia}$

ergibt sich:

$$Y^{br} \equiv C_H + C_{St} + I^{br} + Ex - Im \quad (5c)$$

Vermindert man das Bruttonationaleinkommen um die Abschreibungen (D), so erhält man das **Nettonationaleinkommen (Y^n):**

$$Y^n \equiv Y^{br} - D \quad (6a)$$

da $I \equiv I^{br} - D$ ergibt sich:

$$Y^n \equiv C_H + C_{St} + I + Ex - Im \quad (6b)$$

Zur Ermittlung des **Volkseinkommens** (Y), muss Gleichung (6b) um zwei Globalgrößen korrigiert werden, nämlich um die indirekten Steuern (T^{ind}) und um die Subventionen (Z_U).

Die indirekten Steuern müssen subtrahiert und die Subventionen addiert werden.

Es ergibt sich dann der Wert ohne staatliche Eingriffe, und zwar das **Volkseinkommen von der Verwendungsseite** her:

$$Y \equiv Y^n - T^{ind} + Z_U \quad (7a)$$

$$Y \equiv C_H + C_{St} + I + Ex - Im - T^{ind} + Z_U \quad (7b)$$

Für die makroökonomische ex ante-Analyse ist es notwendig, die den Staat betreffenden Größen zusammenzufassen.

Insbesondere interessiert das **Volkseinkommen von der Verwendungsseite mit der Variablen „Staatsausgaben für Güter" (A_{St}).**

Zur Herleitung dieser Variablen müssen zuerst die Nettoinvestitionen (I) in die Nettoinvestitionen der privaten Wirtschaftseinheiten (I_{pr}) und die staatliche Nettoinvestitionen (I_{St}) getrennt werden:

$$I \equiv I_{pr} + I_{St}$$

Damit ändert sich die Gleichung (7b) für das **Volkseinkommen** wie folgt:

$$Y \equiv C_H + C_{St} + I_{St} + I_{pr} + Ex - Im - T^{ind} + Z_U \quad (7c)$$

Die Zusammenfassung des staatlichen Konsums (C_{St}) und den staatlichen Nettoinvestitionen (I_{St}) ergibt die **Ausgaben des Staates für Güter (A_{St})**:

$$A_{St} \equiv C_{St} + I_{St}$$

Gleichung (7c) kann daher auch wie folgt geschrieben werden:

$$Y \equiv C_H + A_{St} + I_{pr} + Ex - Im - T^{ind} + Z_U \quad (7d)$$

Dies ist die **Volkseinkommensgleichung von der Verwendungsseite mit der Variablen „Staatsausgaben für Güter" für eine offene Volkswirtschaft mit staatlicher Aktivität**.

Bei den Modellen der ex ante-Analyse geht man oft wie bei der ex post-Analyse entweder von einer „geschlossenen Volkswirtschaft mit staatlicher Aktivität" oder „einer geschlossenen Volkswirtschaft ohne staatliche Aktivität" aus.

Für eine **geschlossene Volkswirtschaft mit staatlicher Aktivität** ändert sich die Gleichung (7d) dann wie folgt:

$$Y \equiv C_H + A_{St} + I_{pr} + - T^{ind} + Z_U \quad (7e)$$

(da $Ex = Im = 0$)

Wird eine **geschlossene Volkswirtschaft ohne staatliche Aktivität** angenommen, so ergibt sich für das Volkseinkommen von der Verwendungsseite:

$$Y \equiv C_H + I_p \qquad (7f)$$

$$(\text{da } A_{St} = Ex = Im = T^{ind} = Z_U = 0)$$

Wofür auch ganz einfach nur die folgende Gleichung geschrieben wird:

$$Y \equiv C + I \qquad (7g)$$

Es gibt bei diesem Modell nur den privaten Konsum und die private Nettoinvestition. Das Volkseinkommen ist in diesem speziellen Falle gleich dem Nettoinlandsprodukt und dem Nettonationaleinkommen. Dies ist die Gleichung, die wir bereits bei der einfachen Modell-Volkswirtschaft ermittelt haben.

2.3 Das Europäische System Volkswirtschaflicher Gesamtrechnungen 1995

Am 1.1.1999 hat das Statistische Bundesamt das Europäische System Volkswirtschaftlicher Gesamtrechnungen 1995 eingeführt.

Mit dieser konzeptionellen Änderung des Systems hat es gleichzeitig die immer schon üblich datenbezogene Revision verbunden.

Die folgenden Ausführungen sollen in Kürze die **konzeptionsbezogenen** und **datenbezogenen** Änderungen behandeln (Eurostat, 1996).

Bereits am 23.2.1993 hat die Statistische Kommission der Vereinten Nationen das revidierte System of National Accounts (SNA) akzeptiert. Das neue System löste das SNA von 1968 ab. Dies war die Basis der Änderungen im Europäischen System Volkswirtschaftlicher Gesamtrechnungen (ESVG) und war die Basis des Systems Volkswirtschaftlicher Gesamtrechnungen (VGR) des Statistischen Bundesamtes.

Folgende Änderungen wurden bei den **Sektoren** vorgenommen werden:

I. Sektoreneinteilung

Das ESVG 95 sieht folgende **Hauptsektoren** vor:

1. Nichtfinanzielle Kapitalgesellschaften,
2. Finanzielle Kapitalgesellschaften,
3. Staat,
4. Private Haushalte,
5. Private Organisationen ohne Erwerbszweck.

Die einzelnen Sektoren enthalten folgende Einheiten:

1. **Nichtfinanzielle Kapitalgesellschaften:**
   - Kapitalgesellschaften: AG, GmbH, Genossenschaften
   - Quasi-Kapitalgesellschaften: OHG, KG
   - rechtlich unselbständige Eigenbetriebe des Staates und Organisationen ohne Erwerbszweck
   - Wirtschaftsverbände

2. **Finanzielle Kapitalgesellschaften**
   - Banken, Versicherungen, Hilfsgewerbe
   - Vermietung (örtliche fachliche Einheit bei Versicherungsgesellschaften)

3. **Staat**
   - örtliche fachliche Einheiten bei Forstwirtschaft, Wasserversorgung, Hilfs- und Nebentätigkeiten im Verkehr
   - Grundstückswesen
   - Forschung
   - Bund, Länder, Gemeinden/Gemeindeverbände, Sozialversicherungsträger
   - Erziehung, Gesundheit, Entsorgung, Kultur

4. **Private Haushalte**
   - Selbständige Landwirte
   - Einzelunternehmer im Produzierenden Gewerbe, Handwerker
   - Händler, Gastwirte, selbständige Verkehrsunternehmer
   - selbständige Versicherungsvertreter u. a.
   - Vermietung und Eigennutzung von Wohnraum
   - „Dienstleister“ als Einzelunternehmer
   - Selbständige, „Freiberufler“
   - private Haushalte im engeren Sinne

5. **Private Organisationen ohne Erwerbszweck**
   - Wohnungsvermietung (örtliche fachliche Einheiten)
   - Forschungseinrichtungen
   - Politische Parteien, Gewerkschaften, Kirchen, Wohlfahrtsverbände, Vereine

Daneben gibt es den Sektor **„Übrige Welt“,** um die Transaktionen mit dem Ausland zu erfassen.

Neu ist beim ESVG 95, dass beim Sektor „**Private Haushalte**“ auch Unternehmen ohne eigene Rechtspersönlichkeit mit einbezogen werden. Damit umfasst auch der Sektor „Private Haushalte“ alle Aktivitäten, die bisher dem Unternehmenssektor vorbehalten waren: Er produziert für andere Sektoren und bezieht damit Produktionsfaktoren, entlohnt sie und investiert. Außerdem konsumieren die Haushalte im engeren Sinne weiter und sparen. Das bisherige System der Volkswirtschaftlichen Gesamtrechnungen ordnete unternehmerische Tätigkeiten der privaten Haushalte (wie Wohnungsbauinvestitionen) dem Unternehmenssektor zu.

II. Konteneinteilung

Die Konteneinteilung beim ESVG 95 entspricht im Prinzip der bisherigen Einteilung, allerdings mit einigen Änderungen und Erweiterungen.
Wie aus Tabelle 2.2 ersichtlich, werden auf den Konten folgende Aktivitäten erfasst:

1. Produktionskonten

Hier erfolgt die Ermittlung des Produktionswertes und nach Abzug der Vorleistungen die Ermittlung der Bruttowertschöpfung und nach dem Abzug der Abschreibungen der Nettowertschöpfung des Sektors und der Gesamtwirtschaft.

2. Einkommensverteilung- und Einkommensverwendungskonten:

Auf den Konten der **Primärverteilung** werden die Faktoreinkommen und auf den Konten der **Sekundärverteilung** die Umverteilung durch den Staat dargestellt. Außerdem gibt es **Einkommensverwendungskonten**, die nach unterschiedlichen Konzepten die **Aufteilung der Einkommen** in Konsum und Ersparnis (jetzt „Sparen“ genannt, was grammatikalisch nicht korrekt ist) zeigen.

3. Vermögensveränderungskonten

Sie erfassen die sektorale Vermögensänderung und die Finanzierung. Dabei sind auf diesen Konten die Änderung des Realvermögens (in Form von Investitionen) und die Änderung des Geldvermögens (in Form von Ersparnissen) erkennbar. Dabei gibt es weitere Konten, die **Umbewertungen** darstellen.

4. Vermögensbilanzen

Völlig neu sind die sektoralen Vermögenskonten, die **Vermögensbilanzen** genannt werden. Hier sollen die Vermögensbestände und nicht deren Änderungen gezeigt werden. Ob diese Konten allerdings in der gewünschten Form erstellt werden können, ist fraglich, da bis jetzt die notwendigen Daten fehlen.

5. Außenkonto

Die Transaktionen des Sektors „Übrige Welt“ mit Deutschland werden mit dem Außenkonto erfasst. Das Konto entspricht dem bisherigen Auslandskonto.

Die sektoral ermittelten Werte werden in gesamtwirtschaftliche Konten zusammengefasst.

Ein Konto, das nur gesamtwirtschaftliche Werte aufnimmt, ist das sogenannte **Gesamtwirtschaftliche Güterkonto,** das als Basis zur Berechnung des Bruttoinlandsprodukts von der Verwendungsseite her dient. Dieses Konto ist deshalb nötig, da aus den Produktionskonten der Sektoren nicht die Verwendung der einzelnen produzierten Leistungen erkennbar ist. Das kann nur aus den Einkommenskonten (Konsumausgaben) und aus den Vermögensänderungskonten (Lagerinvestitionen, Anlageinvestitionen) übernommen werden.

Tabelle 2.2

Konten und Kontensalden nach ESVG 1995

Konten für Sektoren	Kontensalden
I. Produktionskonto	B.1 Wertschöpfung
II. Einkommensverteilungs- und -verwendungskonten	
II.1 Konten der primären Einkommensverteilung	
II.1.1 Einkommensentstehungskonto	B.2 Betriebsüberschuß
	B.3 Selbständigeneinkommen
II.1.2 Primäre Einkommensverteilungskonten	
II.1.2.1 Unternehmensgewinne	B.4 Unternehmensgewinn
II.1.2.2 Verteilung sonstiger Primäreinkommen	B.5 Primäreinkommen
II.2 Konten der sekundären Einkommensverteilung (Ausgabenkonzept)	B.6 Verfügbares Einkommen (Ausgabenkonzept)
II.3 Konten der sekundären Einkommensverteilung (Verbrauchskonzept)	B.7 Verfügbares Einkommen (Verbrauchskonzept)
II.4 Einkommensverwendungskonten	
II.4.1 Einkommensverwendungskonto (Ausgabenkonzept)	B.8 Sparen
II.4.2 Einkommensverwendungskonto (Verbrauchskonzept)	B.8 Sparen
III. Vermögensveränderungskonten	
III.1 Vermögensbildungskonten	
III.1.1 Konten der Reinvermögensbildung durch Sparen und Vermögenstranfer	B.10.1 Reinvermögen durch Sparen und Vermögenstransfer
III.1.2 Sachvermögensbildungskonto	B.9 Finanzierungssaldo
III.2 Finanzierungskonto	B.9 Finanzierungssaldo
III.3 Konten sonstiger Vermögensänderungen	
III.3.1 Konto sonstiger realer Vermögens-änderungen	B.10.2 Reinvermögensänderung durch sonstige reale Vermögensänd.
III.3.2 Umbewertungskonto	B.10.3 Reinvermögensänderung durch Umbewertungen
IV. Vermögensbilanzen	
IV.1 Bilanz am Jahresanfang	B.90 Reinvermögen
IV.2 Änderung der Bilanz	B.10 Reinvermögensänderung
IV.3 Bilanz am Jahresende	B.90 Reinvermögen
Konten für die gesamte Volkswirtschaft	
0. Güterkonto	
V. Außenkonten	
V.I. Außenkonto für Gütertransaktionen	B.11 Außenbeitrag
V.II. Außenkonto der Primäreinkommen und Transfers	B.12 Saldo der laufenden Außen-transaktionen
V.III. Außenkonto der Vermögensänderungen (mit Unterkonten)	B.10.1 Reinvermögensänderung
V.IV. Außenkonto für Vermögen und Verbindlichkeiten (mit Unterkonten)	B.9 Finanzierungssaldo

Quelle: Statistischen Bundesamt: VGR Fachserie 18, Reihe S.20 Revidierte Vierteljahresergebnisse der Inlandsproduktsberechnung 1991 bis 1998, S. 19

Dies hängt mit dem statistischen Erfassungsproblem der des Statistischen Bundesamtes zusammen: Das Statistische Bundesamt kennt zwar den gesamten Produktionswert und stellt ihn im Produktionskonto dar, aber nicht die detaillierte Art der Verwendung, wie das oben in der Modell-Volkswirtschaft gezeigt wurde. So kennt es beispielsweise nur den privaten Konsum insgesamt, nicht aber genau, welche Güter die einzelnen Unternehmen als Konsumgüter produzieren.

Im Anschluss an dieses Kapitel sollen, wie bereits angekündigt, die Zahlen der Modell-Volkswirtschaft noch in ein vereinfachtes ESVG 95-System übernommen werden.

III. Änderungen bei der Ermittlung von Globalgrößen

a) Entstehungsseite

Bei der Ermittlung des Inlandsprodukts von der Entstehungsseite wird nach dem ESVG 95 der Produktionswert in Markt- und die Nichtmarktproduktion untergliedert werden.

Als **Nichtmarktproduktion** gilt der Teil des Produktionswertes, der der eigenen Letztverwendung dient sowie der Wert der Dienstleistungen, die der Allgemeinheit unentgeltlich bereitgestellt werden mit der wichtigsten Position: Staatsverbrauch.

Die Produktionswerte werden sektoral zu Herstellungspreisen und die Vorleistungen zu Anschaffungspreisen bewertet. Der Herstellungspreis ist der Betrag, den der Produzent je Einheit des Gutes erhält, aber ohne die Gütersteuern zuzüglich der empfangenen Subventionen. Die Produktionswerte werden daher niedriger ausgewiesen als bisher, was jedoch keine Auswirkung auf das Bruttoinlandsprodukt hat, da der Saldo zwischen Gütersteuern und Gütersubventionen) global wieder hinzugefügt wird, um die Bruttowertschöpfung (= Bruttoinlandsprodukt) zu berechnen.

b) Verwendungsseite

Bei der Verwendungsseite des Inlandsprodukt ergeben sich grundlegende Änderungen bei den **Anlageinvestitionen**: Die Anlageinvestitionen umfassen jetzt auch die Käufe des Staates von dauerhaften militärisch genutzten Gütern, wenn diese Güter auch zivil genutzt werden können wie z. B. Kraftfahrzeuge, Lazarette usw. Bisher wurden diese Güter zu den Vorleistungskäufen des Staates gezählt. Dadurch sinkt der staatliche Konsum durch eine Verminderung der Vorleistungen, die staatlichen Bruttoinvestitionen steigen jedoch in gleicher Höhe. Da aber zusätzlich Abschreibungen auf diese Investitionen erfolgen, erhöht sich der staatliche Konsum netto. Außerdem werden jetzt auch Straßen, Kanalisationen, Brücken usw. abgeschrieben. Der staatliche Konsum erhöht sich in diesem Falle in beachtenswertem Ausmaß. Diese Änderungen führen zu einer Erhöhung des Bruttoinlandsprodukts.

Die Anlageinvestitionen enthalten jetzt auch den Wert der Anschaffung oder den Wert der eigenen Produktion von immateriellen Vermögensgegenständen wie beispielsweise EDV-Programmen und Autoren- und Urheberrechte. Der Investitionsbegriff wird damit erweitert.

Daneben soll auch der Nettozugang an Werterhaltungsgütern bei Unternehmen und bei privaten Haushalten wie Gold, Platin sowie wertvolle Gemälde und Antiquitäten. Ob dies allerdings erfasst werden kann, bleibt fraglich.

IV. Begriffsänderungen

Die Neuregelung mit dem ESVG 95 brachte aber auch neue Begriffe und eine Änderung der bisherigen Definitionen wie zum Teil bereits an anderer Stelle erwähnt.

Der Begriff „**Sozialprodukt**" wurde durch den Begriff „**Nationaleinkommen**" (national income) ersetzt, um den Einkommenscharakter deutlicher zu machen.

Das Bruttosozialprodukt zu Marktpreisen wird zum Bruttonationaleinkommen und das Nettosozialprodukt zu Marktpreisen zum Nettonationaleinkommen. Der Zusatz „zu Marktpreisen" kann weggelassen werden, da es kein Nettosozialprodukt zu Faktorkosten mehr gibt, sondern nur noch das Volkseinkommen.

Der Begriff „**Inlandsprodukt**" bleibt jedoch erhalten.

Die „Entstandenen Einkommen aus Unternehmertätigkeit und Vermögen" werden jetzt als „**Betriebsüberschuss**" (operating surplus) bezeichnet. Sie erfassen nur noch die Einkommen, die in Kapitalgesellschaften erzielt wurden.

Dagegen wird im Sektor „Private Haushalte", der nach der Neuregelung auch die Unternehmen ohne eigene Rechtspersönlichkeit umfasst, als Saldo das „**Selbständigeneinkommen**" ausgewiesen.

Neu ist die Bezeichnung „**Primäreinkommen**" in den Volkswirtschaftlichen Gesamtrechnungen. Die Summe der Primäreinkommen ergibt dann das Nationaleinkommen.

Die Neuregelung versucht, das **Ausgabenkonzept** und das **Verbrauchskonzept** gleichzeitig darzustellen.

Mit dem ESVG 95 wird nun der Versuch unternommen, Teile des staatlichen Konsums den privaten Haushalten zuzurechnen, indem vom reinen **Ausgabenkonzept** (Wie hoch waren die Ausgaben des Sektors?) zum **Verbrauchskonzept** (Wie hoch war der Verbrauch des Sektors?) übergegangen wird.

Das ESVG 95 unterscheidet dabei den Individualkonsum vom Kollektivkonsum.

Der **Individualkonsum** umfasst nach dem Verbrauchskonzept die „von privaten Haushalten empfangene Güter, die der Befriedigung der Bedürfnisse und Wünsche der Mitglieder der inländischen privaten Haushalte unmittelbar dienen." (Eurostat, 1996, S. 57). Dagegen umfasst der **Kollektivkonsum** kollektive Dienstleistungen, „die allen Mitgliedern der Bevölkerung oder allen Angehörigen einer bestimmten Bevölkerungsgruppe beispielsweise allen privaten Haushalten einer bestimmten Region, gleichzeitig zur Verfügung gestellt werden." (Eurostat, 1996, S. 57).

Bei der **Berechnung des Individualkonsums** wird von den Konsumausgaben der privaten Haushalte (und der privaten Organisationen ohne Erwerbszweck) ausgegangen und die Konsumausgaben des Staates für das Unterrichtswesen, Gesundheitswesen, soziale Sicherung, Sport und Erholung sowie Kultur addiert (teilweise auch die Bereitstellung von Wohnungen und die Kosten für Verkehrsnetze und Müllbeseitigung).

Die verbleibenden Ausgaben des Staates für die Verwaltung der Gesellschaft, Sicherheit, Verteidigung, für die Aufrechterhaltung der öffentlichen Ordnung und die Gesetzgebung, für die Umwelt, Forschung und Entwicklung sowie Infrastruktur und Wirtschaftsförderung ergeben dann den **Kollektivkonsum** (Eurostat, 1996, S. 54).

2.4 Vereinfachtes ESVG 95-Kontensystem mit Zahlen der Modell-Volkswirtschaft

Betrachtet man die einzelnen Konten in Tabelle 2.3, so ist ersichtlich, dass die Symbole auf den Konten die jeweilige Kontenposition angeben, während die einzelnen Zahlen einfach untereinander verbucht sind.

Die Unternehmen U1, U2 und die Haushalte H1 und H2 werden in der Tabelle als „Sektoren" geführt. Die Werte in den Spalten 5-8 sind daher die Werte sektoraler Konten. Spalte 4 enthält die Werte für die gesamte Volkswirtschaft und stellen daher die Werte gesamtwirtschaftlicher Konten dar, auch wenn diese Tatsache im ESVG nicht so bezeichnet wird.

Wir beginnen in Tabelle 2.3 mit dem **Produktionskonto** und verbuchen zuerst den Produktionswert als Summe aller Leistungen der einzelnen Unternehmen in Geldeinheiten (GE), und zwar 630 GE für U1 (Spalte 5) und 770 GE für U2 (Spalte 6). Die Einzelwerte erhalten wir aus den Produktionskonten der Modell-Volkswirtschaft.

Die Summe dieser Produktionswerte (P.1 rechte Kontenseite) in Höhe von 1400 GE wird auf dem Produktionskonto in der Spalte 4 verbucht. Dies ist der Wert für die gesamte Volkswirtschaft wie aus der Bezeichnung der Spalte 4 zu erkennen ist.

Die Gegenbuchung (P.1 linke Kontenseite) dazu erfolgt auf dem Gesamtwirtschaftlichen Güterkonto in Spalte 4.

Die erhaltenen Vorleistungen (P.2 linke Kontenseite) der Unternehmen U1 und U2 werden analog als Summe in Spalte 4 auf dem Produktionskonto erfasst. Danach erfolgt die Gegenbuchung der gleich großen gelieferten Vorleistungen (P.2 rechte Kontenseite) mit dem Wert 220 GE in Spalte 4 auf dem Gesamtwirtschaftlichen Güterkonto.

Tabelle 2.3

Volkswirtschaftliche Gesamtrechnung mit Modellzahlen
(vereinfachte Darstellung analog zum ESVG95)

Konten		Transaktionen und Aggregate	Gesamte	Sektorale Konten			
Aufkommen	Verwendung	sowie Kontensalden	Volkswirtschaft	Unternehmen U1	Unternehmen U2	Haushalt H1	Haushalt H2
1	2	3	4	5	6	7	8
0 Gesamtwirtschaftliches Güterkonto							
P.1		Produktionswert	1400				
	P.2	Vorleistungen	220				
	P.3	Konsumausgaben	780				
	P.5	Bruttoinvestitionen	400				
Verwendung	Aufkommen						
I Produktionskonto							
	P.1	Produktionswert	1400	630	770		
P.2		Vorleistungen	220	180	40		
B.1g		*Bruttowertschöpfung*	1180	450	730		
K.1		Abschreibungen	30	10	20		
B.1.n		*Nettowertschöpfung*	1150	440	710		
II.1.1 Einkommensentstehungskonto							
	B.1.n	*Nettowertschöpfung*	1150	440	710		
D.1		Arbeitnehmerentgelt	800	300	500		
B.2/3n		*Nettobetriebsüberschuss*	350	140	210		
II.1.2 Einkommensverteilungs- und verwendungskonto							
	B.2/3n	Nettobetriebsüberschuss	350				350
	D.1	Arbeitnehmerentgelt	800			800	
P.3		*Konsumausgaben*	*780*				
P.3.1		Konsum H1 von U1	330			330	
P.3.2		Konsum H1 von U2	120			120	
P.3.3		Konsum H2 von U1	150				150
P.3.4		Konsum H2 von U2	180				180
B.8n		*Ersparnis*	*370*			350	20
III.1.2 Sachvermögensbildungskonto							
Veränderung der							
Aktiva	*Passiva*						
	B.8n	*Ersparnis*	*370*			350	20
	K.1	Abschreibungen	30	10	20		
P.5		*Bruttoinvestitionen*	*400*	*310*	*90*		
P.5.1		Erhaltene Vorprodukte	30	10	20		
P.5.2		Lagerbestandserhöhung	50	30	20		
P.5.3		Erhaltene Anlagen	290	250	40		
P.5.4		Selbsterstellte Anlagen	30	20	10		
		Nettoinvestitionen	*370*	300	70		

Auf dem Produktionskonto kann jetzt in Spalte 4 als Zwischenwert die **Bruttowertschöpfung** in Höhe von 1180 GE für die ganze Volkswirtschaft ermittelt werden, wenn man vom Produktionswert die Vorleistungen abzieht. Dieser Wert entspricht in unserem Falle dem **Bruttoinlandsprodukt.**

In Spalte 5 und 6 können auch noch die Bruttowertschöpfungen der Unternehmen U1 und U2 erkannt werden. Interpretiert man U1 und U2 als Sektoren, so ergibt dies die **Entstehungs- oder Herkunftsrechnung** des Bruttoinlandsprodukts.

Auf dem Produktionskonto müssen nun noch die Abschreibungen von U1 (10 GE) und von U2 (20 GE) erfasst werden. Die Summe wird in Spalte 4 mit dem Wert 30 GE verbucht.

Zieht man von der Bruttowertschöpfung die Abschreibungen ab, so ergibt sich als Saldo auf dem Produktionskonto die **Nettowertschöpfung** in Höhe von 1150 GE, die auch Nationaleinkommen genannt wird und in unserem Modell dem Volkseinkommen entspricht.

Dies ist das Einkommen, das in der Periode durch die Produktion entstanden ist. Der Saldo des Produktionskontos in Höhe von 1150 GE wird nun auf das **Einkommensentstehungskonto** umgebucht.

Bei unserer Modell-Volkswirtschaft haben wir die zusätzliche Annahme gemacht, dass in beiden Unternehmen zusammen Löhne in Höhe von 800 GE gezahlt wurden, die hier unter dem Titel Arbeitnehmerentgelt laufen.

Zieht man von der Nettowertschöpfung das Arbeitnehmerentgelt ab, so erhält man als Saldo den Nettobetriebsüberschuss, der dem Gewinn in Höhe von 350 GE entspricht.

Dieser Nettobetriebsüberschuss und das Arbeitnehmerentgelt werden auf ein **Einkommensverteilungs- und -verwendungskonto** umgebucht, wobei auf ein Einkommensumverteilungskonto verzichtet wurde, da ja in diesem Modell keinerlei staatliche Umverteilung erfolgt.

Aus diesem Konto ist ersichtlich, dass der Hauhalt H1 ein Arbeitnehmerhaushalt ist und daher das gesamte Arbeitnehmerentgelt erhält und der Haushalt H2 als Unternehmerhaushalt den gesamten Nettobetriebsüberschuss erhält. Bei unserem Modell hatten wir angenommen, dass alle erzielten Einkommen ausgeschüttet werden.
Das Konto zeigt nun auch die **Einkommensaufteilung** der Haushalte in Konsum und Ersparnis. Die Ersparnis (B.8n) ergibt sich dabei als Saldo, wenn vom Einkommen der Konsum abgezogen wird.
Von diesem Konto können nun auch die Konsumausgaben als Summe in Spalte 4 (P.3 linke Seite) in das Gesamtwirtschaftliche Güterkonto mit 780 GE übernommen werden.

Der Saldo wird in das **Sachvermögensbildungskonto** in Höhe von 370 GE übertragen. Auf diesem Konto erscheinen nun auch wieder die Abschreibungen (K.1) aus dem Produktionskonto. Außerdem werden hier die Bruttoinvestitionen (P.5) erfasst und differenziert nach Vorprodukten, Lagerbestandserhöhungen, erhaltenen und selbsterstellten Anlagen unterteilt.

Die Bruttoinvestitionen in Höhe von 400 GE werden dann auf dem Gesamtwirtschaftlichen Güterkonto gegengebucht. Zieht man von den Bruttoinvestitionen die Abschreibungen ab, so erhält man die Nettoinvestitionen, die ex definitione gleich groß wie die Ersparnis sein müssen.

Das **Gesamtwirtschaftliche Güterkonto** zeigt jetzt die Verwendung des Bruttoproduktionswertes als Vorleistungen, Konsumausgaben und Bruttoinvestitionen.

2.5 Das Bruttoinlandsprodukt als Leistungsmaßstab und als Wohlfahrtsindikator

Nach der Darstellung der Ermittlungsmethoden des Bruttoinlandsprodukt stellen sich die Fragen, ob denn mit dieser **Globalgröße die tatsächlich erbrachte Leistung** einer Volkswirtschaft ermittelt wurde und ob diese **Globalgröße als Wohlfahrtsindikator** dienen kann.

Diese Fragen können eindeutig verneint werden, denn bereits bei der Analyse der staatlichen Aktivitäten wurde klar, dass es in einer Volkswirtschaft viele Aktivitäten gibt, die nicht vermarktet werden oder nicht vermarktungsfähig sind.

So wird vor allem die **Produktion in den privaten Haushalten**, die von Mitgliedern eines privaten Haushalts im eigenen Haushalt durchgeführt wird, vom Inlandsprodukt nach wie vor nicht erfasst.

Die Produktion wird nur dann erfasst, wenn sie von Hausangestellten ausgeübt wird oder dann, wenn sie aus dem Haushalt in ein Unternehmen verlagert wird.

Das Inlandsprodukt wird daher zu niedrig ausgewiesen. Lassen die Hausfrauen oder Hausmänner ihre Arbeit im Haushalt unerledigt liegen und gehen zur Arbeit in ein Unternehmen, zum Staat oder in einen anderen privaten Haushalt, so steigt zwar das Inlandsprodukt, aber die Lebensqualität der Haushaltsmitglieder im eigenen Haushalt sinkt. Die Einbeziehung der Hausfrauenarbeit in das Inlandsprodukt ist bisher wegen statistischer Schwierigkeiten nicht erfolgt. Das Argument allerdings, es handle sich bei der Hausfrauenarbeit um eine Nichtmarktaktivität und sie könne daher auch nicht vom Inlandsprodukt erfasst werden, ist nicht stichhaltig: Das Inlandsprodukt enthält in großem Umfange Werte für Nichtmarktaktivitäten, so z. B. den Wert für unentgeltliche Dienstleistungen des Staates. Man könnte sich daher bei den privaten Haushalten mit Schätzwerten behelfen.

Eine Erfassung und Bewertung der Leistungen in den privaten Haushalten durch die Haushaltsmitglieder kann grundsätzlich nach einem output-orientierten oder einem input-orientierten Ansatz vorgenommen werden.

Geht man vom output-orientierten Ansatz aus, so ergibt sich der Bruttoproduktionswert durch die Bewertung der Leistungen mit den Marktpreisen vergleichbarer Güter, so wird beispielsweise der Wert des im eigenen Haushalt erstellten Mittagessens mit dem Restaurantpreis eines vergleichbaren Essens bewertet.

Der input-orientierte Ansatz kann entweder nach dem Opportunitätskostenansatz (Welches Einkommen entgeht dem Haushaltsmitglied dadurch, dass es im eigenen Haushalt arbeitet und nicht woanders?) oder durch den Marktpreis einer entsprechenden Fachkraft. Dieser input-orientierte Ansatz ist im Prinzip nichts Außergewöhnliches, denn die staatliche Leistung (als Nichtmarktaktivität) wird ja auf diese Weise ermittelt, allerdings anhand von konkreten Zahlungen an die Staatsbediensteten.

Das Institut für Sozial- und Familienpolitik der Philipps-Universität in Marburg hat für 1982 eine quantitative Untersuchung nach der zuletzt beschriebenen Methode durchgeführt und dabei festgestellt, dass für 1982 die Leistungen in den privaten Haushalten in Westdeutschland bei ca. 800 Mrd. DM lagen, was etwa 50 % des damaligen Bruttosozialprodukts entsprach (Krüsselberg, 1986, S. 107-130).

Die gesamtwirtschaftliche Leistung wird damit nach der heutigen Methode der Inlandsproduktermittlung zu niedrig ausgewiesen.

Genauso wie die Leistungen in den privaten Haushalten werden mit dem Inlandsprodukt auch alle **ehrenamtliche Aktivitäten** nicht erfasst, die unentgeltlich erfolgen.

Schließlich kommen auch die Aktivitäten der **Schattenwirtschaft** in Form der Schwarzarbeit nur unvollkommen zum Ausdruck. Zwar wird das verbrauchte Material in der Regel legal gekauft, aber der Wert der geleisteten und bezahlten Arbeit nicht erfasst.

Bei der Berechnung der Schwarzarbeit werden unterschiedliche Methoden angewandt, wobei sogar der Bestand an Bargeld oder aber auch der Umfang an Freizeit eine Rolle spielen. Die Schätzungen über den Umfang der Schwarzarbeit liegen für Deutschland weit auseinander. Vorsichtige Schätzungen liegen bei ca. 20 % des Bruttoinlandsprodukts.

Was nun die Frage der **Messung der Wohlfahrt** mit Hilfe des Bruttoinlandsprodukts betrifft, so wurde auf diese Problematik bereits im Zusammenhang mit der Besprechung des Wachstumsziels nicht nur auf die Begrenzung der natürlichen Ressourcen, sondern auch auf die Problematik der Umweltbelastung durch ein weiteres Wachstums des Bruttoinlandsprodukts, denn eine Steigerung des Inlandsprodukts bedeutet nicht automatisch eine Steigerung der **Lebensqualität** der Wirtschaftseinheiten.

Mit dem Wachstum des Inlandsprodukts nimmt bekanntlich auch die **Umweltbelastung** zu: Auf der einen Seite wird der Produktionsfaktor „Natur“ (wie der Urwald) verbraucht und auf der anderen Seite ergeben sich durch den Output der Wirtschaftseinheiten starke Belastungen der Umwelt.

Wird das Gut „Natur“ als ein freies Gut angesehen, so werden insbesondere die Kosten des Outputs durch Umweltverschmutzung nicht internalisiert, d. h. nicht von den Verursachern übernommen, sondern der Allgemeinheit angelastet, die sie als Sozialkosten (social costs) übernehmen muss.

Muss der Verursacher selbst diese Kosten direkt übernehmen, so steigt das Inlandsprodukt langsamer. Die Investitionen für den Umweltschutz beispielsweise zur Reduzierung der Luft- oder Wasserverschmutzung bedeuten zwar auch eine Erhöhung des Inlandsprodukts, dafür können aber keine anderen Investitionen vorgenommen werden, um Kapazitäten zu erweitern und Endprodukte zu erzeugen. Insofern wird eine weitere Expansion des Inlandsprodukts dadurch gebremst und zugleich die Lebensqualität erhöht.

Ein starkes Wachstum des Inlandsprodukts ist außerdem mit der Konzentration der Produktion in bestimmten Städten und Regionen verbunden, was zunehmend zu Unannehmlichkeiten führt.

Zwar steigen gleichzeitig die Einkommen der in der Stadt beschäftigten gegenüber den auf dem Lande beschäftigten stärker an, doch bei Erhöhung des Inlandsprodukts bedeutet das nichts anderes als eine Entschädigung für die Nachteile, die diese Konzentration mit sich bringt. Lange Anfahrtszeiten mit den damit verbundenen Fahrzeugstaus kürzen die Freizeit der Beschäftigten und mindern damit ihre Lebensqualität bei gestiegenem Inlandsprodukt.

Eine weitere Problematik liegt in der Einbeziehung der **Ausgaben des Staates für innere und äußere Sicherheit** in das Inlandsprodukt.

Eine Erhöhung dieser Ausgaben bringt nicht immer eine qualitative Verbesserung für andere Wirtschaftseinheiten. So bedeutet beispielsweise eine Erhöhung der Verteidigungsausgaben keine Verbesserung der Lebensqualität, denn die privaten Haushalte und die Unternehmen müssen diese Ausgaben über Steuern und Abgaben finanzieren. Eine Steuererhöhung führt jedoch zu einer Verminderung des verfügbaren Einkommens und damit der Lebensqualität. Natürlich entstehen durch die Erhöhung der Verteidigungsausgaben wiederum neue Einkommen, die privaten Haushalten und Unternehmen zugute kommen, doch hätten diese Einkommen auch durch Investitionen des Staates entstehen können, die die Lebensqualität heben z. B. in Form der Verbesserung der Infrastruktur im weitesten Sinne (Schulen, Straßen, Krankenhäuser).

Ein weiterer Mangel des Inlandsprodukts besteht darin, dass nur Teile der Endnachfrage der privaten Haushalte erfasst werden. Die privaten Haushalte fragen nicht nur produzierte Güter nach, sondern auch das Gut „**Freizeit**“. Es besteht grundsätzlich eine Wahlmöglichkeit zwischen Arbeit und Freizeit. Ein Beispiel mag die Effekte erläutern: Leistet ein Arbeiter eine Stunde Mehrarbeit, die er verkauft, steigt die Produktion und damit das Inlandsprodukt. Nimmt er jedoch eine Arbeitszeitverkürzung von einer Stunde in Anspruch, so sinkt (bei gleicher Produktivität) das Inlandsprodukt. Die Stunde zusätzlicher Freizeit bedeutet aber eine höhere Lebensqualität für den Arbeiter, während die Stunde Mehrarbeit eine Abnahme seiner Lebensqualität (bei steigendem Inlandsprodukt) gleichkommt. Dies gilt allerdings nur dann, wenn er trotz gesunkener Entlohnung seinen Lebensstandard halten kann, denn die Stunde Mehrproduktion bedeutet zugleich ein Mehreinkommen für den Arbeiter.

Auf der anderen Seite wird das Inlandsprodukt zu hoch ausgewiesen, wenn man die Tatsache berücksichtigt, dass durch die staatliche Förderung des Bildungssektors **Doppelzählungen** entstehen, weshalb das Inlandsprodukt korrigiert werden müsste: Die staatlichen Ausgaben für Bildung sind ja für die privaten Haushalte nichts anderes als für sie unentgeltliche Vorleistungen zur Steigerung der Produktivität ihrer Arbeitskraft und damit ihres Einkommens, aber sowohl die Staatsausgaben für Bildung als auch die Einkommenserhöhungen gehen in das Inlandsprodukt ein. Ein kleiner Ansatz zur Berücksichtigung dieses Problem wurde mit der Einführung der Begriffe „Individualkonsum“ und „Kollektivkonsum“ mit dem ESVG 95 gemacht.

Diese Kritik am Inlandsprodukt führte zu dem Versuch von *W. Nordhaus* und *J. Tobin*, ein „Measure of Economic Welfare (MEW)“, d. h. einen Wohlfahrtsmaßstab zu entwickeln, wobei die bereits erwähnten Mängel, aber auch andere Größen wie Bevölkerungsentwicklung und begrenzte natürliche Ressourcen (wie Öl und Kohle) berücksichtigt wurden.

P. A. Samuelson hat die Idee von *Nordhaus* und *Tobin* aufgegriffen und diese Globalgrößen in Analogie zu den Inlandsproduktsgrößen „Net Economic Welfare (NEW)", d. h. „Gesamtwirtschaftlicher Nettonutzen (GNN)" genannt.

Bei der **Berechnung dieses Gesamtwirtschaftlichen Nettonutzens** geht man vom Bruttoinlandsprodukt aus und **subtrahiert** Werte für

- die Unannehmlichkeiten des Stadtlebens,
- die Umweltverschmutzung,
- die Verteidigung (insbesondere auch Kriegskosten) und
- sonstige Doppelzählungen.

Zu diesem Wert werden **addiert:** Werte für

- Freizeit und für
- Hausfrauenarbeit.

Nach der Korrektur des Inlandsprodukts ergeben sich natürlich unterschiedliche zeitliche Entwicklungen des Inlandsprodukts und des Gesamtwirtschaftlichen Nutzens.

P. A. Samuelson hat den von *W. Nordhaus* und *J. Tobin* ermittelten Vergleich für die amerikanische Volkswirtschaft dieser beiden Globalgrößen für die Zeit von 1929 bis 1965 fortgeführt.

Die Kluft zwischen den beiden Größen stieg dauernd an: Das Inlandsprodukt stieg stärker als der Gesamtwirtschaftliche Nettonutzen. Die Lebensqualität nahm nicht in gleichem Maße wie das Inlandsprodukt zu. Dies bedeutet aber auch eine Wahlmöglichkeit zwischen einer quantitativen Erhöhung der Produktion und damit des Inlandsprodukts und einer qualitativen Verbesserung der Lebensbedingungen: Es besteht die Möglichkeit, auf ein reines Mengenwachstum zugunsten einer höheren Lebensqualität zu verzichten.

Das Statistische Bundesamt hat bisher im Rahmen der Volkswirtschaftlichen Gesamtrechnungen darauf verzichtet, ein korrigiertes Inlandsprodukt zu publizieren.

Es hat sich allerdings seit Anfang der 90er Jahre des vorigen Jahrhunderts bemüht, sich mit einem dieser oben erwähnten Korrekturgrößen intensiv zu beschäftigen, und zwar mit dem Faktor „Umwelt" und hat 1996 **„Umweltökonomische Gesamtrechnungen (UGR)"** als ein Satellitensystem zu den Volkswirtschaftlichen Gesamtrechnungen vorgelegt.

Im Jahr 2004 wurde vom Statistischen Bundesamt – in Anlehnung an das beim Statistischen Amt der Europäischen Gemeinschaften u. a. das System einer Umweltschutzausgabenrechnung entwickelt, die neben der Produktion von Umweltschutzleistungen auch Informationen über die Verwendung der nationalen Ausgaben für Umweltschutz sowie über Finanzierungsaspekte beinhaltet.

2.6 Tabellen der Volkswirtschaftlichen Gesamtrechnungen

Die Volkswirtschaftlichen Gesamtrechnungen des Statistischen Bundesamtes bestehen nicht nur aus dem Kontensystem, sondern auch aus ergänzenden Tabellen, die überwiegend eine Aufbereitung des Zahlenmaterials aus dem Kontensystem darstellen und die gesamtwirtschaftliche Indikatoren enthalten.

Im Folgenden werden daher Einzelaspekte unter Benutzung dieser Tabellen untersucht. Dabei geht es sowohl um Zeitreihen als auch um Strukturanalysen.

Aus der Vielzahl der Rechnungen wurden bereits bei der Besprechung des Wachstumsziels die zeitliche Entwicklung des Bruttoinlandsprodukts und die Wachstumsraten mit Zahlen aus dem Volkswirtschaftlichen Rechnungswesen in Tabellenform an anderer Stelle dargestellt.

Im Folgenden sollen nun noch

- die Entstehungsrechnung (Herkunftsrechnung) des Bruttoinlandsprodukts,
- die Verwendungsrechnung des Bruttoinlandsprodukts,
- die Aufteilung des Volkseinkommens und
- die Verteilung des Volkseinkommens

in Tabellenform dargestellt und erläutert werden.

2.6.1 Herkunft des Inlandsprodukts nach Wirtschaftsbereichen

Für eine Strukturpolitik und eine längerfristige Arbeitsmarktpolitik ist es notwendig, den Wandel der Branchenstruktur zu untersuchen.

Dabei werden die Beiträge der Wirtschaftsbereiche zum Bruttoinlandsprodukt, d. h. deren Beiträge zur **Bruttowertschöpfung,** und die Anteile der Erwerbstätigen nach Wirtschaftsbereichen ermittelt.

Die nachfolgende Tabelle zeigt die langfristige Entwicklung der deutschen Volkswirtschaft anhand der Beiträge der Sektoren zum Bruttoinlandsprodukt und anhand der Zahl der Erwerbstätigen nach Sektoren im Vergleich der Jahre 1991 und 2007. Aufgrund dieser absoluten Zahlen wurde dann in dieser Tabelle der entsprechende prozentuale Anteil ermittelt.

Tabelle 2.4

Bruttowertschöpfung und Erwerbstätigenanteil der Sektoren (im Durchschnitt)

Wirtschaftsbereich	Bruttowertschöpfung				Erwerbstätige			
	1991		2007		1991		2007	
	Mrd.€	in %	Mrd.€	in %	in 1000	in %	in 1000	in %
1. Land- u. Forstwirtschaft, Fischerei	19,2	1,4	19,9	0,9	1515	3,9	850	2,1
2. Produzierende Gewerbe	426,5	30,6	564,8	26,0	11331	29,3	7909	19,9
3. Baugewerbe	83,5	6,0	88,8	4,1	2805	7,3	2199	5,5
4. Handel, Gastgewerbe und Verkehr	249,4	17,9	385,3	17,7	9318	24,1	9921	24,9
5. Fianzierung, Vermietung u. Unternehmensdienstleister	324,5	23,3	637,1	29,3	3736	9,7	6874	17,3
6. Öffentliche und private Dienstleister	289,6	20,8	476,0	21,9	9916	25,7	12012	30,2
Dienstleistungsektoren insgesamt: 4.-6.	863,5	62,0	1498,4	69,0	22970	59,5	28807	72,4
Summe	1392,7	100,0	2171,9	100,0	38621	100,0	39765	100,0

Quelle: Berechnet nach: VGR Fachserie 18, Reihe 1.5, Inlandsproduktsberechnung, Lange Reihen ab 1970, 2007. Tab. 2.1 und Tab. 2.5

Anhand der prozentualen Anteile am Bruttoinlandsprodukt ist für Deutschland ein schrumpfender Beitrag der Land- und Forstwirtschaft mit Fischerei zu erkennen, und zwar von 1,4 % (1991) auf nur noch 0,9 % (2007).

Eine ähnliche Tendenz ist beim produzierenden Gewerbe zu verzeichnen. Addiert man zum produzierenden Gewerbe noch das Baugewerbe hinzu, so schrumpfte deren Gesamtbeitrag zum Bruttoinlandsprodukt von 36,6 % (1991) auf 30,1 % (2007). Demgegenüber stieg der Anteil des Dienstleistungssektors (insgesamt) von 62 % (1991) auf 69,0 % (2007).

Auch die zeitliche Entwicklung der sektoralen Anteile der Erwerbstätigen weist langfristig die gleiche Tendenz in Richtung auf eine Dienstleistungsgesellschaft aus: Der Anteil der Erwerbstätigen im Dienstleistungssektor stieg von 59,5 % (1991) auf 72,4 % (2007).

Diese **Entwicklungstendenz zur Dienstleistungsgesellschaft** wurde bereits vor vielen Jahren anhand langfristiger Untersuchungen von C. *Clark* (1951) und *J. Fourastié* (1963) festgestellt, wobei sie folgende Sektoren unterschieden haben:

- Primärer Sektor: Landwirtschaft
- Sekundärer Sektor: Industrie (Sinne des produzierenden Gewerbes)
- Tertiärer Sektor: Dienstleistungen (einschließlich Staat)

Bei dieser Sektoreneinteilung hat sich insbesondere *Fourastié* an der unterschiedlichen **Produktivitätsentwicklung** der einzelnen Sektoren orientiert:
Dem sekundären Sektor schreibt er die höchste Produktivitätssteigerungsmöglichkeit zu, dem primären eine „mittlere“ und dem tertiären Sektor die geringste.

Anhand der Zahlen für das frühere Bundesgebiet scheint sich der bereits erwähnte Trend zur Dienstleistungsgesellschaft zu bestätigen, aber auch die unterschiedliche Produktivitätsentwicklung. So lag der Anteil der Erwerbstätigen im Dienstleistungssektor im Jahre 2007 mit 72,4 % über dem Beitrag des Dienstleistungssektors zum Bruttoinlandsprodukt mit 69,0 %. (Bei der Interpretation dieser Zahlen ist allerdings Vorsicht geboten, denn allein beispielsweise durch die Umwandlung der DV-Abteilung eines Industriebetriebes in ein rechtlich selbständiges Unternehmen nimmt der tertiäre Sektor statistisch zu und der sekundäre ab.)

Ob sich die „große Hoffnung des 20. Jahrhunderts“ (so der Titel eines Buches von *J. Fourastié*) im 21. Jahrhundert erfüllen wird, dass die im primären und sekundären Sektor aufgrund von Produktivitätssteigerungen freigesetzter Arbeitskräfte im wenig produktiven tertiären Sektor wieder Arbeit finden, ist nach wie vor ungewiss.
Dies ist bei persönlichen Dienstleistungen wie Haare schneiden oder einer Rechtsberatung zu vermuten. Viele Dienstleistungen sind jedoch produktionsbezogen wie der Gütertransport und entstehen eben nur dann, wenn die anderen Sektoren Waren produzieren oder handeln, weshalb ja die gut gemeinten Ratschläge für die Entwicklung der neuen Bundesländer durch Ansiedlung von Dienstleistungsbetrieben nicht immer hilfreich waren und sind.

2.6.2 Die Verwendung des Inlandsprodukts

Tabelle 2.5 stellt die **Verwendung des nominalen Bruttoinlandsprodukts** für das frühere Bundesgebiet und für Deutschland dar.

Tabelle 2.5

Verwendung des Bruttoinlandsprodukts in jeweiligen Preisen

Verwendung	früheres Bundesgebiet				Deutschland			
	1970		1991		1991		2007	
	Mrd. €	%	Mrd. €	%	Mrd. €	%	Mrd. €	%
1. Privater Konsum	195,2	54,1	770,5	54,4	879,9	57,3	1374,4	56,7
2. Staatlicher Konsum	55,1	15,3	251,9	17,8	292,6	19,1	435,6	18,0
3. Bruttoinvestitionen	102,6	28,4	316,7	22,4	368,2	24,0	444,0	18,3
a) Bruttoanlage-investitionen	92,0	25,5	306,7	21,7	356,8	23,2	449,6	18,5
b) Vorratsveränderungen	10,6	2,9	10,1	0,7	11,5	0,7	-5,6	-0,2
Inländische Verwendung	352,9	97,9	1339,2	94,6	1540,7	100,4	2254,0	93,0
4. Außenbeitrag (b)	7,7	2,1	76,6	5,4	-6,1	-0,4	169,8	7,0
a) Exporte	77,1	21,4	474,8	33,5	395,5	25,8	1132,0	46,7
b) Importe	69,4	19,2	398,1	28,1	401,6	26,2	962,2	39,7
Bruttoinlandsprodukt	360,6	100,0	1415,8	100,0	1534,6	100,0	2423,8	100,0

b)Der Außenbeitrag (im engeren Sinne) enthält nicht die Faktoreinkommen vom und an das Ausland (übrige Welt).

Quelle: VGR Fachserie 18, Reihe 1.5, Inlandsproduktsberechnung, Lange Reihen ab 1970, 2007, Tab. 3.1

Für das frühere Bundesgebiet wird dabei eine **zeitliche** und eine **strukturelle** Entwicklung mit ausgewählten Jahren (1970 und 1991) dargestellt, während für Deutschland eine strukturelle Analyse für die Jahre 1991 und 2007 durchgeführt wird.

Zur Darstellung der strukturellen Entwicklung werden **Quoten als prozentuale Anteile der Verwendungsart am Bruttoinlandsprodukt** verwendet. Es handelt sich um **gesamtwirtschaftliche Kennzahlen**, die als Grundlage für wirtschaftspolitische Entscheidungen dienen können.

Im Einzelnen werden folgende Quoten unterschieden:

Konsumquote der privaten Haushalte, Konsumquote des Staates, Bruttoinvestitionsquote, Exportquote und Importquote.

Die **Konsumquote der privaten Haushalte** für das frühere Bundesgebiet **bezogen auf das Bruttoinlandsprodukt** in jeweiligen Preisen lag im Jahre 1991 unverändert wie im Jahre

1970 auf ca. 54 %. Auch für Deutschland insgesamt ist diese Quoten von 1991 bis 2007 relativ konstant geblieben und nur von 57,3 % auf 56,7 % gesunken.

Mit diesem Anteil am Bruttoinlandsprodukt ist sie die **dominierende Größe**. Sie ist aber im Verhältnis zu den anderen Quoten **relativ konstant**, was sich stabilisierend auf die Konjunktur auswirkt.

In der makroökonomischen Analyse wird allerdings bei der Darstellung der Konsumfunktion die **durchschnittliche Konsumquote der privaten Haushalte bezogen auf deren verfügbares Einkommen** verwendet, wie noch zu zeigen sein wird.

Die **Konsumquote des Staates als prozentuales Verhältnis des staatlichen Konsums zum Bruttoinlandsprodukt** nahm im **früheren Bundesgebiet** von 15,3 % (1970) auf 17,8 % (1991) zu. Ein erstaunliches Ergebnis, da gerade auch unter der Regierung *Kohl* (1982-1991) der Versuch gemacht werden sollte, diese Quote zu senken. Für Deutschland insgesamt ergibt sich eine Konsumquote des Staates von 19,1 % (1991) und 18,0 % (2007). Mit diesem leichten Rückgang der Konsumquote des Staates ist allerdings noch nicht das „Gesetz der wachsenden Ausdehnung der öffentlichen und speziell der Staatstätigkeit“ von Adolph Wagner (1863) widerlegt, denn die Konsumquote des Staates darf nicht mit der **Staatsquote** verwechselt werden, die sich aus einer Prozentuierung **aller** Staatsausgaben (einschließlich der Sozialversicherung) auf das Bruttoinlandprodukt in Höhe von 41,9 % (2007) ergibt (vgl. Kapitel „Staat“, Tabelle 4.1). Allerdings sind diese Staatsausgaben keine Teilmenge des Bruttoinlandsprodukts.

Die **Bruttoinvestitionsquote** als prozentualer Anteil der privaten und staatlichen Bruttoinvestitionen am Bruttoinlandsprodukt war im früheren Bundesgebiet rückläufig und lag 1970 bei 28,4 % und 1991 bei 22,4 %, was nicht zuletzt zur Angebotspolitik seit Anfang der 80er Jahre führte, die ja die Investitionen in Deutschland fördern soll (vgl. ausführlich dazu Kapitel 6 „Investitionen“).

Für Deutschland insgesamt betrug sie 1991 noch 19,1 % und lag 2007 bei 18,0 %. Sie war für Gesamtdeutschland im Jahre 1991 sicher wegen der hohen Investitionen in den neuen Bundesländern höher.

Die **Exportquote** als prozentualer Anteil des Exports (ohne Faktoreinkommen vom Ausland) am Bruttoinlandsprodukt hat im früheren Bundesgebiet von 21,4 % (1970) auf 33,5 % (1991) zugenommen. Für Gesamtdeutschland sank sie dann allerdings 1991 auf 25,8 % und ist dann aber im Jahre 2007 auf das Rekordniveau von 46,7 % gestiegen.

Der Einbruch im Jahre 1991 ist sicher so zu erklären, dass ein Großteil des „Exports“ des früheren Bundesgebiets ab 1991 zunächst in die neuen Bundesländer ging, die einen entsprechend hohen „Import“ von Westgütern zu verzeichnen hatten.

Die **Importquote** als prozentualer Anteil des Imports (ohne Faktoreinkommen an das Ausland) am Bruttoinlandsprodukt ist für das frühere Bundesgebiet von 1970 mit 19,2 % auf 28,1 % im Jahre 1991. Für Deutschland insgesamt stieg sie wie die Exportquote dramatisch von 26,2 (1991) auf 39,7 % (2007) an.

Sie stieg aber nicht so stark an wie die Exportquote, so dass im Jahre 2007 ein positiver Außenbeitrag in Höhe von 169,8 Mrd. € entstanden ist.

Die Export- und Importquoten machen die starke Verflechtung der Bundesrepublik mit der Weltwirtschaft und damit zugleich ihre Abhängigkeit von ihren Handelspartnern deutlich.

2.6.3 Aufteilung des verfügbaren Einkommens der privaten Haushalte

Für private Haushalte ist nicht die Höhe des Bruttoeinkommens entscheidend, sondern die Höhe des Nettoeinkommens, auch verfügbares Einkommen genannt, da sie dieses Einkommen für Konsum und Ersparnisbildung aufteilen.

Das (aktuelle) verfügbare Einkommen wird von *J. M. Keynes* als entscheidende Variable für die Höhe des Konsums und der Ersparnis angesehen, wie bereits dargelegt wurde.

Die nachfolgende Tabelle 2.6 zeigt die zeitliche Entwicklung des Konsums und der Ersparnis, aber auch den jeweiligen Anteil dieser Variablen am verfügbaren Einkommen als prozentuale Quoten, die als **durchschnittliche Konsumquoten bzw. durchschnittliche Sparquoten** der privaten Haushalte bezeichnet werden. Dabei wurde nach dem Ausgabenkonzept vorgegangen, das nur die direkten Ausgaben der privaten Haushalte umfasst und nicht wie beim Verbrauchskonzept auch noch die Leistungen des Staates für die privaten Haushalte berücksichtigt.

Konsumquote und Sparquote lagen im **früheren Bundesgebiet** Ende der 80er Jahren bei ca. 87 % (Konsumquote) bzw. bei ca. 13 % (Sparquote).

Für Gesamtdeutschland ist allerdings ein Anstieg der Konsumquote für 2007 auf inzwischen 90,6 % und damit ein Rückgang der Sparquote auf 9,4 % zu beobachten. Für diese Entwicklung können sowohl konjunkturelle Gründe aber auch strukturelle Gründe maßgeblich sein: Die Haushalte versuchen, ihren Konsum auch bei sinkendem Einkommen nur unterproportional einzuschränken, was dem Türklinkeneffekt von Duesenberry entspricht (vgl. Kapitel „Konsum"). Damit sinkt die Sparquote (vgl. auch Peto, 2000, S. 112 ff.).

Tabelle 2.6

Verfügbares Einkommen der privaten Haushalte
und seine Aufteilung nach dem Ausgabenkonzept
Mrd. €

Jahr	verfügbares Einkommen	privater Konsum	Ersparnis	Konsumquote	Sparquote (a)
früheres Bundesgebiet					
1982	563,9	497,2	66,8	88,2	11,8
1983	578,9	520,1	58,8	89,8	10,2
1984	607,6	543,5	64,1	89,5	10,5
1985	629,3	562,0	67,3	89,3	10,7
1986	653,0	577,3	75,7	88,4	11,6
1987	676,6	597,3	79,4	88,3	11,7
1988	710,9	624,5	86,4	87,8	12,2
1989	756,7	668,3	88,4	88,3	11,7
1990	821,8	717,2	104,6	87,3	12,7
1991	881,2	770,5	110,7	87,4	12,6
Deutschland					
1991	1000,5	879,9	120,7	87,9	12,1
1992	1072,9	946,6	126,3	88,2	11,8
1993	1114,8	986,5	128,2	88,5	11,5
1994	1155,1	1031,1	124,0	89,3	10,7
1995	1188,0	1067,2	120,8	89,8	10,2
1996	1212,6	1091,5	121,1	90,0	10,0
1997	1233,0	1115,8	117,2	90,5	9,5
1998	1253,4	1137,5	115,9	90,8	9,2
1999	1285,5	1175,0	110,5	91,4	8,6
2000	1322,2	1214,2	108,0	91,8	8,2
2001	1374,1	1258,6	115,5	91,6	8,4
2002	1385,2	1263,5	121,8	91,2	8,8
2003	1414,1	1284,6	129,5	90,8	9,2
2004	1440,9	1307,5	133,3	90,7	9,3
2005	1465,3	1326,4	138,9	90,5	9,5
2006	1493,7	1357,5	136,2	90,9	9,1
2007	1517,5	1374,4	143,1	90,6	9,4

(a) ohne Zunahme der betrieblichen Versorgungsansprüche
Quelle: VGR Fachserie 18, Reihe 1.5, Inlandsprodukts-berechnung, Lange Reihen ab 1970, 2007, Tab. 1.7

2.6.4 Die Verteilung des Volkseinkommens

In diesem Kapitel soll nochmals auf die bereits erwähnte funktionale Einkommensverteilung eingegangen und ihre zeitliche Entwicklung für die Bundesrepublik Deutschland dargestellt werden.

Bei der funktionalen Einkommensverteilung wird eine Differenzierung in zwei Einkommensarten vorgenommen:

1. Einkommen aus unselbständiger Tätigkeit (L) und
2. Einkommen aus Unternehmertätigkeit und Vermögen (G)

Geht man von dieser Zweiteilung aus, so ergibt sich die **Verteilungsgleichung**:

$$Y \equiv L + G$$

Zur Ermittlung der prozentualen Lohnquote und der prozentualen Gewinnquote dividiert man diese Gleichung auf beiden Seiten mit Y und multipliziert sie mit 100:

$$100 \equiv \frac{L}{Y} \cdot 100 + \frac{G}{Y} \cdot 100$$

Aus Tabelle 2.7 ist die Entwicklung der Lohnquote der Bundesrepublik Deutschland in den letzten Jahren zu erkennen.

Die **Lohnquote** lag von 1991 bis 2003 relativ konstant bei ca. 71-72 % und ist ab 2004 unter 70 % bis auf 64,8 % im Jahre 2007 gesunken.

Allerdings darf daraus nicht sofort auf eine Verbesserung der funktionalen Einkommensverteilung zugunsten der unselbständig Beschäftigten geschlossen werden, denn diese Zahlen müssen noch unter Berücksichtigung der Arbeitnehmerquote bereinigt werden. Unter der Arbeitnehmerquote versteht man den Anteil der beschäftigten Arbeitnehmer an den Erwerbstätigen.

Die **bereinigte Lohnquote** sieht etwas günstiger aus, da sie über der einfachen Lohnquote lag. Langfristig gesehen, ist es den Arbeitnehmern aber nicht gelungen, ihren Anteil am Volkseinkommen nachhaltig zu erhöhen.

Dagegen lassen die Zahlen vermuten, dass die Bruttoeinkommen aus Unternehmertätigkeit und Vermögen entsprechend gestiegen sind. Dies ist wahrscheinlich auf die Steigerung der Einkommen aus Unternehmertätigkeit zurückzuführen. Leider liegen vom Statistischen Bundesamt keine Zahlen mehr für die Vermögenseinkommen vor. Diese Information wäre insofern wichtig, da in der Realität eine sogenannte **Querverteilung** vorliegt, wie das *Alfred Stobbe* genannt hat: Die Arbeitnehmer haben sowohl Einkommen aus unselbständiger Tätigkeit als auch Vermögenseinkommen in Form von Zinserträgen, Mieten, Dividenden.

Tabelle 2.7

Verteilung des Volkseinkommens

Jahr	Volks-einkommen (Y)	Arbeitnehmerentgelt (Inländer) (L)	Lohnquote	Arbeitnehmerquote a)	Arbeitnehmerindex	bereinigte Lohnquote b)
	Mrd. €		%		1991=100	%
1991	1192,6	847,0	71,0	90,9	100,0	71,0
1992	1269,8	917,2	72,2	90,6	99,7	72,5
1993	1287,7	938,8	72,9	90,3	99,4	73,4
1994	1341,0	961,9	71,7	90,1	99,1	72,4
1995	1397,2	997,0	71,4	90,0	99,0	72,1
1996	1417,7	1006,6	71,0	90,0	99,3	71,5
1997	1438,6	1010,7	70,3	89,8	98,8	71,1
1998	1466,1	1032,3	70,4	89,8	98,8	71,3
1999	1487,3	1059,5	71,2	89,9	98,9	72,0
2000	1524,4	1100,1	72,2	90,0	99,3	72,7
2001	1560,9	1120,6	71,8	89,8	98,8	72,6
2002	1576,1	1128,3	71,6	89,7	98,7	72,5
2003	1599,6	1132,1	70,8	89,5	98,4	71,9
2004	1667,1	1137,1	68,2	89,1	98,0	69,6
2005	1691,2	1129,9	66,8	88,8	97,6	68,4
2006	1751,2	1149,4	65,6	88,7	97,6	67,2
2007	1823,7	1182,1	64,8	88,8	98,0	66,1

a) prozentualer Anteil der erwerbstätigen inländischen Arbeitnehmer an den erwerbstätigen Inländern

b) Lohnquote bei konstant gehaltenem Anteil der Arbeitnehmer an den Erwerbstätigen im Jahre 1991

Quelle: Berechnet nach den Tab . 1.11 u. 1.3 in: VGR Fachserie 18, Reihe 1.5, Inlandsproduktsberechnung, Lange Reihen ab 1970, 2007

Kontrollfragen zu Kapitel 2

1. Erörtern Sie die Aufgaben der Volkswirtschaftlichen Gesamtrechnungen!
2. Erläutern Sie den Unterschied zwischen dem staatlichen und dem privaten Konsum!
3. a) Nehmen Sie zu folgender Definition kritisch Stellung:
   „Das Bruttoinlandsprodukt umfasst die Produktion aller Waren und Dienstleistungen im Inland."
   (Quelle: ZDF-heute-Sendung am 14.1.93)
   b) Machen Sie einen eigenen Vorschlag, wie die Sprecherin (Redakteurin im Studio) des ZDF diese Definition verbessern sollte!
4. Gehen Sie von der Verwendungsgleichung für das Bruttoinlandsprodukt aus und ermitteln Sie die Gleichung für das Volkseinkommen einer offenen Volkswirtschaft mit Staat!
5. Welche produktiven Leistungen werden vom Bruttoinlandsprodukt nicht erfasst?
6. Welche Erkenntnisse kann man aus dem Einkommenskonto des Staates gewinnen?
7. Was versteht man bei den Volkswirtschaftlichen Gesamtrechnungen unter Vorleistungen, Vorprodukte, Lagerinvestitionen?
8. Welche Positionen müssen zum Bruttoinlandsprodukt hinzugezählt und welche abgezogen werden, um zum Gesamtwirtschaftlichen Nettonutzen (Net Economic Welfare) zu kommen? Was soll dieser Wert aussagen?
9. Stellen Sie kurz die Theorie von Colin Clark und Jean Fourastié über die langfristigen Strukturänderungen der Wirtschaft dar!
10. Definieren Sie folgende Begriffe: Staatsquote, Exportquote, bereinigte Lohnquote und Außenbeitrag!
11. Wie lautet die Gleichung für das Volkseinkommen mit der Variablen „Staatsausgaben für Güter"?
12. Weshalb ist die Variable „verfügbares Einkommen der privaten Haushalte" so wichtig?
13. Erklären Sie die Berechnung der Begriffe „Individualkonsum" und Kollektivkonsum" im ESVG 95!

3 Güterwirtschaftliches Gleichgewicht

3.1 Verhaltensgleichungen für Konsum, Ersparnis und Investition

Wir gehen bei unserer Untersuchung von einer geschlossenen Volkswirtschaft ohne Staat mit konstantem Preisniveau aus, sofern diese Annahme nicht ausdrücklich aufgehoben wird.

Wie aus der ex post-Analyse bekannt ist, lautet die **Einkommensverwendungsgleichung** für den oben genannten Modellfall:

$$Y \equiv C + I \tag{1}$$

Die Gleichung für die **Aufteilung des Einkommens** durch die privaten Haushalte lautet:

$$Y \equiv C + S \tag{2}$$

Aus der Zusammenfassung der Gleichungen (1) und (2) folgt, dass ex post die Vermögensänderung immer

$$I \equiv S \tag{3}$$

ist.

„Y“ ist in den Gleichungen (1) und (2) das Volkseinkommen, das bei diesem Modell dem Nettoinlandsprodukt gleich ist.

„C“ sind die gesamten Konsumausgaben der Volkswirtschaft, die in diesem Modell den privaten Konsumausgaben entsprechen.

„I“ sind die gesamte Nettoinvestitionen der Volkswirtschaft, die in diesem Modell den privaten Nettoinvestitionen entsprechen.

In den I-Werten und S-Werten sind geplante (beabsichtigte) und ungeplante (unbeabsichtigte) Investitionen bzw. Ersparnisse enthalten.

Es gilt also:

$$I_{gepl} + I_{ungepl} \equiv S_{gepl} + S_{ungepl}$$

Nur wenn keine ungeplanten Größen auftreten ($I_{ungepl} = 0$ und $S_{ungepl} = 0$), besteht globales güterwirtschaftliches Gleichgewicht. Es gilt daher in der ex ante-Analyse die **Gleichgewichtsbedingung:**

$$I_{gepl} = S_{gepl}$$

In der folgenden Analyse soll deshalb $I_{gepl} = I$ und $S_{gepl} = S$ geschrieben werden, da

$$I = S$$

nur noch als **Gleichgewichtsbedingung** verwendet wird.

Die obige Gleichgewichtsbedingung ist aus der Gleichung für die **Verwendung des Volkseinkommens**

$$Y = C + I$$

und aus der Gleichung für die **Aufteilung des Volkseinkommens**

$$Y = C + S$$

entstanden. Um das Gleichgewicht analysieren zu können, müssen daher erst die **Globalgrößen C, S und I** untersucht werden.

Geht man von der Definitionsgleichung für die **Aufteilung des Volkseinkommens** aus, so bedeutet dies in unserem einfachen Modell zugleich die Aufteilung des **verfügbaren Einkommens der privaten Haushalte**. Für den Konsum ergibt sich daraus die Definitionsgleichung:

$$C = Y - S$$

bzw. für die Ersparnis

$$S = Y - C$$

Das bedeutet:

Was vom Einkommen nicht konsumiert wird, wird gespart (sparen = nicht konsumieren).

Wie bereits erwähnt wurde, gingen die **Klassiker** von der Vorstellung aus, die Höhe der Ersparnis sei von der Höhe des **Zinssatzes** abhängig:

Steigt (sinkt) der Zinssatz, wird mehr (weniger) gespart. Damit wird gleichzeitig unterstellt, dass der Konsum ebenfalls zinsabhängig ist.

Eine Zinsabhängigkeit der Ersparnis wird von *Keynes* zwar grundsätzlich nicht bestritten, doch ist bei ihm die dominante Variable das Einkommen der Haushalte. Der Zins spielt bei *Keynes* insofern eine Rolle, als er die Art der Verwendung der Ersparnis bestimmt, und zwar bei der Entscheidung, ob Kasse gehalten oder eine zinsbringende Anlage vorgenommen werden soll.

Keynes geht bei seiner kurzfristigen Fundamentalanalyse davon aus, dass der Konsum der gegenwärtigen Periode vom Volkseinkommen der gegenwärtigen Periode abhängig ist (Aktualitätseinkommenshypothese). Die Variablen sind gleich datiert (statische Analyse):

$$C = C(Y)$$

Das bedeutet gleichzeitig, da wir keine staatliche Aktivität unterstellt haben, dass der Konsum nach *Keynes* vom aktuellen verfügbaren Einkommen der privaten Haushalte abhängig ist, das in unserem Modellfall identisch ist mit dem Volkseinkommen.

Andererseits ist *Keynes* der Meinung, dass ein Teil des Konsums nicht vom Volkseinkommen, sondern von anderen, exogenen Einflussfaktoren bestimmt wird, wie noch zu zeigen sein wird (Kapitel „Konsum“). Dieser Teil wird als autonomer (unabhängiger) Konsum bezeichnet. Der autonome Konsum stellt gesamtwirtschaftlich den erreichten Lebensstandard dar.

Da für die Höhe des Konsums überwiegend die absolute Höhe des Volkseinkommens entscheidend ist, wird die Annahme von *Keynes* über die Abhängigkeit des Konsums auch als absolute Einkommenshypothese bezeichnet.

Untersucht man die Entwicklung des Konsums **kurzfristig**, so können die eben erläuterten Abhängigkeiten in Form einer linearen Konsumfunktion wie folgt dargestellt werden:

$$C = C_0 + cY$$

In dieser Funktion ist „C_0“ der autonome Konsum und „cY“ der einkommensabhängige Konsum. „c“ ist ein Parameter und stellt die marginale Konsumquote (auch „marginale Konsumneigung“ genannt) dar.

Die dieser Konsumfunktion entsprechende Sparfunktion ergibt sich aus folgenden Gleichungen:

$$S = Y - C \qquad \text{(1) Definitionsgleichung}$$

$$C = C_0 + cY \qquad \text{(2) Konsumfunktion (Verhaltensgleichung)}$$

(2) in (1) eingesetzt, ergibt:

$$S = Y - (C_0 + cY)$$

$$S = -C_0 + (1 - c)Y$$

oder

$$S = -C_0 + sY.$$

In dieser Sparfunktion ist „- C_0" die autonome (negative) Ersparnis und „$(1 - c) = s$" die marginale Sparquote (auch „marginale Sparneigung" genannt). Die marginale Konsumquote und die marginale Sparquote müssen, im ökonomisch relevanten Bereich, zusammen immer gleich 1 sein:

$$c + s = 1$$

In Abbildung 3.1 wird eine lineare Konsumfunktion [C (Y)] und die ihr entsprechende Sparfunktion [S (Y)] in einem einzigen Diagramm dargestellt.

Außer den Kurven für die Funktionen ist die 45°-Linie (1. Winkelhalbierende) in Abbildung 3.1 zu sehen, die die besondere Eigenschaft hat, dass sie der geometrische Ort aller Punkte ist, die von den beiden Achsen gleich weit entfernt sind. Das bedeutet hier, dass auf dieser Linie der Konsum der privaten Haushalte immer gleich ihrem Einkommen ist.

Allerdings gibt es nur einen einzigen Punkt, bei dem $C = Y$ ist, und zwar der Punkt „B", der in Analogie zur Kostentheorie auch als „break-even point" (hier: Sparschwelle) bezeichnet wird. Das dazugehörige Volkseinkommen Y_0 trägt dagegen den Namen „Basiseinkommen".

Für die Zeichnung der entsprechenden Sparfunktion bedeutet dies eine Nullstelle (B'), denn die Ersparnis ist bei Y_0 gleich null. Eine weitere Nullstelle ergibt sich hier beim Punkt A': $Y = 0$. Diese beiden Nullstellen genügen, um die Sparfunktion zeichnerisch ermitteln zu können, da sie linear ist.

Die marginale Konsumquote und die marginale Sparquote sind bei diesen Funktionen konstant. Graphisch gesehen, sind es die Steigungen der Kurven in Abbildung 3.1. Für die **marginale Konsumquote** gilt daher:

$$\frac{\text{Änderung des Konsums } (\Delta C)}{\text{Änderung der Konsumneigung } (\Delta Y)} = c$$

Nehmen wir an, dass das Volkseinkommen um eine Einheit steigt, so kann die marginale Konsumquote auch definiert werden als **„der zusätzliche Konsum, den die Haushalte tätigen, wenn ihr verfügbares Einkommen um eine Einheit zunimmt"**.

Erhöht sich beispielsweise das Volkseinkommen um 1,- GE, so wird der Konsum um 0,80 GE steigen, sofern die marginale Konsumquote $c = 0{,}8$ beträgt. In Prozenten ausgedrückt, würde das bedeuten, dass in diesem Falle vom zusätzlichen Einkommen 80 % für den Konsum verwendet würden.

Algebraisch wird die marginale Konsumquote als erste Ableitung der Konsumfunktion nach Y ermittelt:

Konsumfunktion: $C = C_o + cY$

1. Ableitung: $\frac{dC}{dY} = c$ $\qquad c = \text{const.}$

Da die Konsumfunktion als linear unterstellt wird, gilt hier auch: $\frac{\Delta C}{\Delta Y} = c$

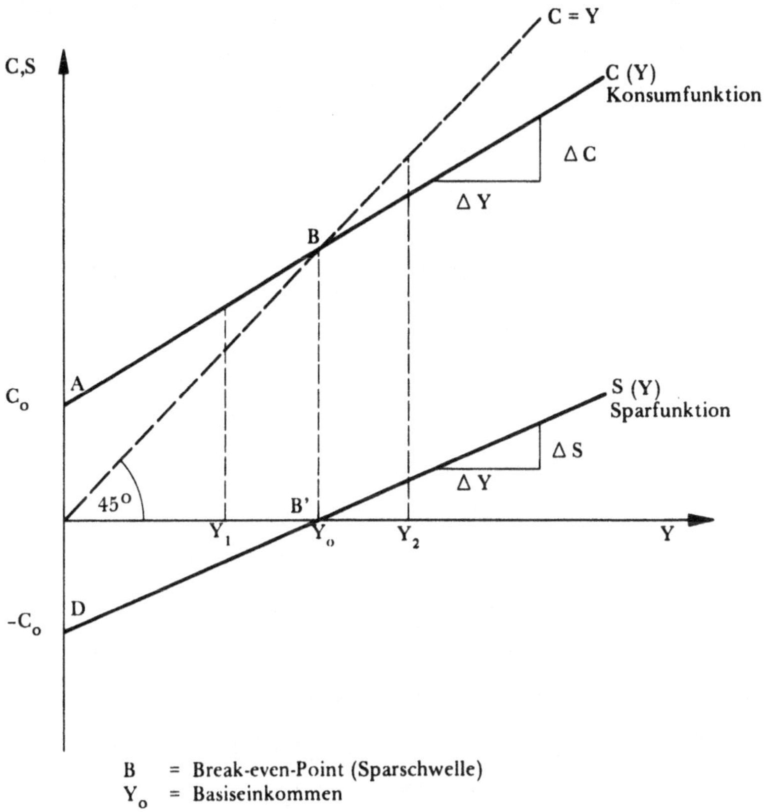

Abbildung 3.1

Analog dazu ergibt der folgende Quotient die **marginale Sparquote**:

$$\frac{\text{Änderung der Ersparnis } (\Delta S)}{\text{Änderung des Volkseinkommens } (\Delta Y)} = s$$

Steigt das Volkseinkommen um eine Geldeinheit, so kann die marginale Sparquote auch definiert werden als „die zusätzliche Ersparnis, die von den Haushalten getätigt wird, wenn ihr verfügbares Einkommen um eine Geldeinheit steigt".

Die marginale Sparquote wird algebraisch als die erste Ableitung der Sparfunktion nach Y ermittelt:

Sparfunktion: $S = -C_0 + sY$

1. Ableitung: $\frac{dS}{dY} = s$ $s = \text{const.}$

Da die Sparfunktion aus einer linearen Konsumfunktion abgeleitet wurde, ist sie ebenfalls linear, d. h. es gilt für die marginale Sparquote auch:

$$\frac{\Delta S}{\Delta Y} = s$$

Als weitere Maßzahlen werden neben den marginalen Quoten auch die durchschnittlichen Quoten errechnet. Sie ergeben sich dadurch, dass die Definitionsgleichung

$$Y = C + S$$

durch Y dividiert wird:

$$1 = \frac{C}{Y} + \frac{S}{Y}$$

In dieser Gleichung ist $\frac{C}{Y}$ die durchschnittliche Konsumquote und $\frac{S}{Y}$

die durchschnittliche Sparquote. Die Summe der Quoten ist immer gleich 1.

Soll die **durchschnittliche Konsumquote** bei der linearen Konsumfunktion

$$C = C_0 + cY$$

berechnet werden, so muss diese Funktion auf beiden Seiten durch Y dividiert werden:

$$\frac{C}{Y} = \frac{C_0 + cY}{Y} = \frac{C_0}{Y} + c$$

Da der autonome Konsum C_0 als konstant angenommen wird, sinkt die durchschnittliche Konsumquote mit steigendem Volkseinkommen.

Diese Annahme bezeichnet *Keynes* als ein **fundamentales psychologisches Gesetz**:

Die Menschen haben die Neigung, ihren Konsum zu steigern, wenn ihr Einkommen steigt, aber nicht soviel, wie ihr Einkommen zunimmt (Keynes, 1936, S. 96f.).

Sofern diese Annahme auch langfristig stimmen würde, hätte dies schwerwiegende Folgen, d. h. mit steigendem Volkseinkommen stiege die Gefahr einer Stagnation der Volkswirtschaft. Wie bei der Darstellung unterschiedlicher Konsumfunktionen im Kapitel „Konsum" noch gezeigt wird, haben empirische Zahlen allerdings gezeigt, dass die Annahme von *Keynes* zwar kurzfristig bestätigt werden kann, der Konsum sich langfristig aber direkt proportional zum Einkommen entwickelt.

Bei der oben angenommenen linearen Konsumfunktion und der linearen Sparfunktion steigt demgegenüber die **durchschnittliche Sparquote** bei mit steigendem Volkseinkommen.

Sie errechnet sich aus der linearen Sparfunktion wie folgt:

$$\frac{S}{Y} = \frac{-C_o + sY}{Y} = \frac{-C_o}{Y} + s$$

Die durchschnittliche Sparquote ist erst ab dem Basiseinkommen ein positiver Wert.

Was nun das Verhalten der Investoren betrifft, so wird im nachfolgenden Modell zur Vereinfachung angenommen, dass vom privaten Sektor nur **autonome Nettoinvestitionen** (I_o) getätigt werden, wobei die autonomen Nettoinvestitionen in Form von Anlageinvestitionen und/oder in Form von Lagerinvestitionen erfolgen können. Die **Investitionsfunktion** lautet dann:

$$I = I_o$$

Autonome Investitionen können durch außerökonomische (exogene) Faktoren, auch exogene Schocks genannt, wie politische Ereignisse (Wiedervereinigung, Optimismuswelle) oder Erfindungen ausgelöst werden. (Zur Frage der Abhängigkeit der autonomen Investitionen vgl. Kapitel „Investitionen" und „Konjunktur und Wachstum".)

3.2 Das einfache Gleichgewichtsmodell

Unter der Annahme der Konsum- bzw. Sparfunktion von *Keynes* und autonomer Nettoinvestitionen gilt folgende Gleichgewichtsbedingung für das einfache Modell:

$$I_o = S\,(Y)$$

Ex ante herrscht dann Gleichgewicht, wenn die geplanten Nettoinvestitionen der Unternehmen gleich groß sind wie die geplante Ersparnis der privaten Haushalte. Dieses Gleichgewicht wird auch als **güterwirtschaftliches Gleichgewicht** bezeichnet.

Es ist allerdings in der Praxis beinahe ausgeschlossen, dass dieses Gleichgewicht je erreicht wird, so dass sich eventuelle staatliche Maßnahmen damit begnügen müssen, eine Annäherung an das Gleichgewichtsvolkseinkommen zu erzielen.

Aus diesem Grunde ist es notwendig, sich insbesondere auch mit den **Ungleichgewichtssituationen** zu beschäftigen.

Abbildung 3.2 zeigt das Gleichgewichtsvolkseinkommen (Y_0), aber auch zwei Ungleichgewichtsvolkseinkommen (Y_1 und Y_2), und zwar mit Hilfe einer Konsumfunktion und mit Hilfe einer Sparfunktion.

Die Kurve [C (Y) + I_0] stellt in Abbildung 3.2 die Gesamtnachfrage in der Volkswirtschaft dar, bestehend aus Konsum und Nettoinvestition.

Sie ergibt sich aus der Konsumfunktion C (Y) und einer Verschiebung der Kurve nach oben um eine autonome Nettoinvestition I_0. Das Gesamtangebot wird durch die 45°-Linie repräsentiert. Schneidet die Gesamtnachfragekurve die 45°-Linie, so ist das Gesamtangebot gleich der Gesamtnachfrage. Es herrscht das Gleichgewichtsvolkseinkommen Y_0.

Alle anderen Situationen sind Ungleichgewichte. Links von Y_0 ist die Gesamtnachfrage größer als das Gesamtangebot. Rechts von Y_0 ist die Gesamtnachfrage dagegen kleiner als das Gesamtangebot.

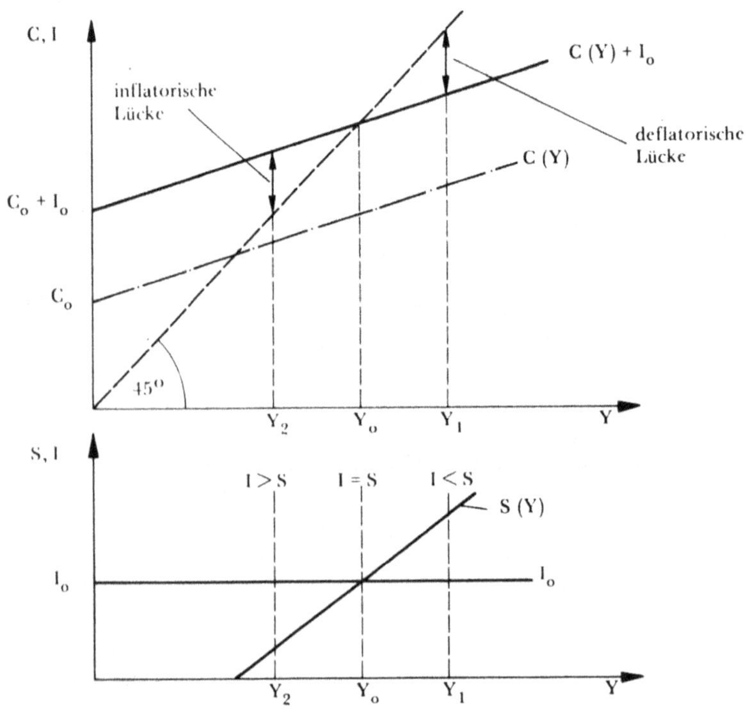

Abbildung 3.2

Während bei Y_0 die Gleichgewichtsbedingung I = S erfüllt ist, liegen bei Y_1 (I > S) bzw. bei Y_2 (I < S) Ungleichgewichte vor, was graphisch besonders deutlich mit dem unteren Teil von Abbildung 3.2, d. h. mit Hilfe einer Sparfunktion, gezeigt werden kann.
Wo sich die Kurven der Sparfunktion und der Investitionsfunktion schneiden, herrscht Gleichgewicht.
Liegen Ungleichgewichte vor, so bedeutet dies, dass sich die privaten Haushalte und/oder die Unternehmen bei ihren Plänen getäuscht haben. Es tritt dann eine ungeplante (ungewollte) Ersparnis oder eine ungeplante (ungewollte) Nettoinvestition auf.

Die ungeplante Nettoinvestition kann sowohl aus Anlage- als auch aus Lagerinvestition bestehen. Bei der folgenden Betrachtung unterstellen wir den Fall einer Lagerinvestition. Dies ist insofern sinnvoll, als sich in den westlichen Industriestaaten auch Lagerzyklen als Ursache von Konjunkturschwankungen ergeben haben (Metzler, 1967; Hicks, 1974).

Auf die **Ungleichgewichtssituationen** reagieren die Wirtschaftseinheiten im Einzelnen wie folgt:

I < S:

In diesem Falle ist die Gesamtnachfrage der Haushalte **kleiner** als das Gesamtangebot der Unternehmen, wobei

a) die Unternehmen erwarteten, dass weniger gespart bzw. mehr konsumiert würde. Sie blieben auf einem Teil ihrer Waren sitzen. Zwar hatten sie einen bestimmten Betrag als Lagerbestand vorgesehen (z. B. im Wert von 20 Mrd. GE), doch mussten sie feststellen, dass ihr effektiver Bestand um ungeplante Lagerinvestitionen (2 Mrd. GE) gestiegen ist. Es entstand eine ungeplante positive Nettoinvestition in Form einer Lagerbestandserhöhung. Die Haushalte hatten anstatt 20 Mrd. GE, wie von den Unternehmen angenommen, 22 Mrd. GE gespart:

$$I_{gepl} + I_{ungepl} = S_{gepl}$$

$$20 + 2 = 22 \quad \text{(in Mrd. GE)}$$

b) Eine andere Möglichkeit besteht bei dieser Ungleichgewichtssituation darin, dass es den Unternehmen gelingt, ihre Waren vorzeitig abzusetzen. Die Haushalte erwarteten nicht, die Waren sofort zu bekommen. Sie akzeptierten aber die frühere Lieferung und sparten nun in der betrachteten Periode weniger als sie beabsichtigt hatten. Es entstand eine negative ungeplante Ersparnis.

Gehen wir von dem gleichen Zahlenbeispiel wie unter a) aus, so gilt jetzt:

$$I_{gepl} = S_{gepl} - S_{ungepl}$$

$$20 = 22 - 2 \quad \text{(in Mrd. GE)}$$

c) Zusätzlich zu den beiden erwähnten Reaktionsmöglichkeiten können die Unternehmen auch versuchen, den Ausgleich zwischen Gesamtangebot und Gesamtnachfrage durch Preissenkungen herbeizuführen.

Daher wird die Lücke beim Vollbeschäftigungseinkommen Y_1 zwischen der Gesamtnachfrage ($Y = C + I$) und dem Gesamtangebot, dargestellt durch die 45°-Linie, als **deflatorische Lücke** (deflation gap) bezeichnet.

d) Langfristig werden die Unternehmen mit Kapazitätseinschränkungen reagieren.

Während es den Unternehmen gelingt, in den Fällen a, b und d einen Ausgleich über Lagerbestandsänderungen bzw. Kapazitätseinschränkungen herbeizuführen, was als **Realausgleich** bezeichnet wird, haben sie im Fall c nur die Möglichkeit eines Ausgleichs über die Änderung des Preisniveaus, d. h. durch einen **Preisausgleich**.

Allerdings ist *Keynes* der Meinung, dass eine **Preisniveausenkung** in einer Volkswirtschaft aufgrund des hohen Monopolisierungsgrades kurzfristig nicht immer möglich ist. Damit muss nach *Keynes* eine auftretende deflatorische Lücke durch eine Nachfrageerhöhung (Realausgleich) geschlossen werden, damit der Gütermarkt wieder ins Gleichgewicht kommt. Hier liegt ein grundlegender Unterschied zur klassisch-neoklassischen Auffassung vor, die immer einen Ausgleich von Angebot und Nachfrage über eine Preisniveauänderung annimmt, da sie ja von einer langfristigen Perspektive ausgeht.

I > S:

Die Gesamtnachfrage ist größer als das Gesamtangebot. Die Unternehmen haben sich über das Verhalten der privaten Haushalte insofern getäuscht, als sie einen geringeren Konsum angenommen hatten.

Sie reagieren daher wie folgt:

a) Sie nehmen es hin, dass ein ungeplanter Lagerabbau stattfindet, was gleichbedeutend ist mit einer ungeplanten negativen Nettoinvestition.

Für unser Beispiel ergibt sich dann:

$$I_{gepl} - I_{ungepl} = S_{gepl}$$

$$20 - 2 = 18 \qquad \text{(in Mrd. GE)}$$

b) Die Unternehmen können auch so reagieren, dass sie unbedingt an ihren geplanten Nettoinvestitionen festhalten. Dann ergeben sich für die privaten Haushalte längere Lieferfristen. Sie müssen ungewollt sparen. Es tritt eine ungeplante positive Ersparnis auf.

Unser Beispiel ändert sich wie folgt:

$$I_{gepl} = S_{gepl} + S_{ungepl}$$

$20 = 18 + 2$ (in Mrd. GE)

c) Eine andere Alternative sind Preissteigerungen. Der Ausgleich erfolgt über höhere Preise. Daher wird die Lücke beim Volkseinkommen Y_2 zwischen Gesamtnachfrage und Gesamtangebot (in der Graphik links vom Gleichgewichtsvolkseinkommen) auch als **inflatorische Lücke** (inflation gap) bezeichnet.

d) Langfristig werden die Unternehmen auf eine derartige „Übernachfrage" mit Kapazitätserweiterungen reagieren.

Die Fälle a, b und d werden auch hier wieder als **Realausgleich** bezeichnet, während der Fall c einen **Preisausgleich** bedeutet.

Diese Reaktionsmöglichkeiten der privaten Haushalte und der Unternehmen sollen in Tabelle 3.1 zusammengefasst dargestellt werden.

Die beschriebenen Reaktionen der Wirtschaftseinheiten treten in der Regel in der Reihenfolge a/b/c/d auf.

So können beispielsweise links von Y_0 zunächst Lagerabbau, Lieferfristenverlängerungen, Preisniveauerhöhungen und schließlich Kapazitätserweiterungen erfolgen, um das Gleichgewicht herzustellen. In der Rezessionsphase einer Volkswirtschaft werden Preisniveauerhöhungen und Kapazitätserweiterungen nicht auftreten, sondern erst in der Aufschwungphase, wenn die Kapazitätsgrenze erreicht ist.

Diese statische Analyse beschreibt allerdings nicht den Verlauf der Anpassung an das Gleichgewicht. Dies muss einer dynamischen Analyse vorbehalten bleiben.

Tabelle 3.1

Situation / Reaktion	$I > S$ (inflatorische Lücke)	$I < S$ (deflatorische Lücke)
Lagerbestände	$- I_{ungepl}$	$+ I_{ungepl}$
Lieferfristen	$+ S_{ungepl}$	$- S_{ungepl}$
Preisniveau	Anstieg	Senkung
Kapazität	Erweiterung	Einschränkung

Aufgrund der gezeigten Ungleichgewichte, ist die Frage interessant, ob diese Ungleichgewichte unter bestimmten Bedingungen zum Gleichgewichtseinkommen tendieren, und zwar **ohne Preisausgleich**.
Mit Hilfe einer **dynamischen Gleichgewichtsanalyse** soll diese Frage beantwortet werden.

Bei der dynamischen Analyse gehen wir davon aus, dass nun der Faktor „Zeit“ eine Rolle spielt. Es soll der **Anpassungsprozess** im Zeitablauf untersucht werden.

Zu diesem Zweck müssen allerdings einige Annahmen gemacht werden.
Bei unserem Modell unterstellen wir eine **zeitliche Verzögerung** bei der Anpassung des **Angebots** an die Nachfrage, den sogenannten **„Lundberg lag“**. Die Anpassung soll so erfolgen, dass die Unternehmen in der laufenden Periode **genauso viel** an Konsumgütern anbieten, wie die Haushalte in der Vorperiode nachgefragt haben.

$$C_t^O = C_{t-1}^D$$

C_t^O ist dabei das Angebot (Offerte „O“) der Unternehmen und C_{t-1}^D die Nachfrage (demand „D“) der Haushalte.

Es wird also unterstellt, dass die Unternehmen im Verlauf der Anpassung keinen Lernprozess durchmachen. Sie sind nach der obigen Annahme auf bestimmte Weise konditioniert.

Selbst wenn man von dieser einfachen Annahme ausgeht, zeigt Abbildung 3.3, dass es nach unendlich vielen Perioden zum güterwirtschaftlichen Gleichgewicht kommt.

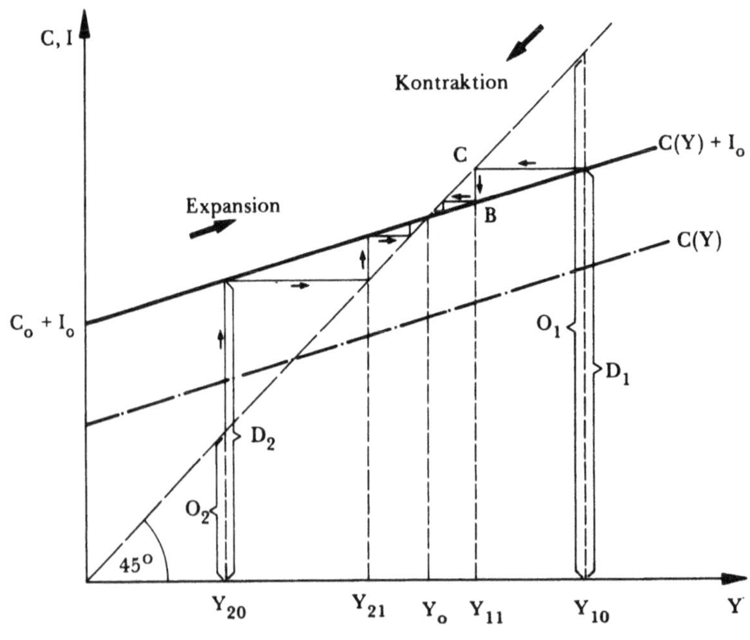

Abbildung 3.3

Geht man vom Volkseinkommen Y_{10} aus, das kein Gleichgewichtseinkommen ist, sondern ein Einkommen, bei dem das Angebot (O_1) größer als die Nachfrage (D_1) ist, so bestimmt die Nachfrage (D_1) das Angebot in der nächsten Periode, das allerdings wieder zu groß ist, und zwar um die Differenz BC. Daher muss erneut eine Anpassung des Angebots nach unten erfolgen. Die Differenzen zwischen Angebot und Nachfrage werden immer kleiner und streben nach unendlich vielen Perioden gegen null (bei Y_0). Wir haben einen kontraktiven Prozess des Volkseinkommens (Rezession bis Depression). Dieser Prozess erfolgt automatisch bei Konstanz der angenommenen Verhaltensweisen.

Analog dazu wird sich in der inflatorischen Lücke ein expansiver Prozess entwickeln. Da die Nachfrage (D_2) größer als das Angebot (O_2) ist, tritt ein expansiver Prozess ein, der nach unendlich vielen Perioden bei Y_0 endet.

Diese dynamische Analyse hat gezeigt, wie Expansions- bzw. Kontraktionsprozesse durch die Diskrepanz zwischen I und S ausgelöst werden.

Unterstellt man, dass die Unternehmer einen Lernprozess durchmachen, so kann man annehmen, dass die Anpassungsprozesse verkürzt werden. Es besteht dann allerdings die Gefahr, von einer Ungleichgewichtssituation in der deflatorischen Lücke zu einer Ungleichgewichtssituation in der inflatorischen Lücke zu kommen.

Dieses Ergebnis ist wirtschaftspolitisch insofern interessant, als sich das güterwirtschaftliche Gleichgewicht ohne staatliche Eingriffe automatisch ergeben kann: **Der güterwirtschaftliche Bereich tendiert hier zum Gleichgewicht, und zwar ohne Preisausgleich. Das bedeutet aber nicht, dass damit auch der Arbeitsmarkt zum Gleichgewicht tendiert.**

Außerdem kann dieser Anpassungsprozess relativ lange dauern, weshalb bei der deflatorischen Lücke nach *Keynes* eine Erhöhung der Gesamtnachfrage durch staatliche Maßnahmen erfolgen muss.

3.3 Multiplikatoren

Während bisher güterwirtschaftliche Ungleichgewichte mit einer Gleichgewichtssituation verglichen wurden, soll nun ein Vergleich **unterschiedlicher güterwirtschaftlicher Gleichgewichte** vorgenommen werden.

Dieser Vergleich ist gleichbedeutend mit einer Gegenüberstellung zweier unterschiedlicher Volkseinkommensniveaus. Wir beginnen mit einer komparativ-statischen Analyse und versuchen danach dien Verlauf der Anpassung mit einer dynamischen Analyse, Multiplikatorprozess genannt, weiter zu verfolgen.

Der Vergleich mehrerer gleichgewichtiger Volkseinkommensniveaus ist insofern wichtig, als ein güterwirtschaftliches Gleichgewicht **nicht** auch gleichzeitig ein Gleichgewicht auf dem Arbeitsmarkt, d. h. Vollbeschäftigung, bedeuten muss wie bereits mehrfach betont.

Ist das bestehende Gleichgewichtseinkommen zu niedrig, so muss versucht werden, ein höheres Gleichgewichtseinkommen zu erreichen.

Dieses höhere Gleichgewichtseinkommen soll hier beispielhaft durch eine **zusätzliche autonome Nettoinvestition Δ I_0** erzielt werden. Dies kann natürlich auch durch die Zunahme einer anderen autonomen Variablen geschehen.

Unter bestimmten Bedingungen hat eine zusätzliche Nettoinvestition einen multiplikativen Effekt auf das Volkseinkommen (Einkommenseffekt): Die Veränderung des Volkseinkommens (Δ Y) ist größer als die zusätzliche autonome Nettoinvestition (Multiplikatorprinzip):

$$\Delta Y > \Delta I_0$$

Dieser Zusammenhang kann auch durch eine Gleichung dargestellt werden, die eine Leerstelle (□) enthält:

$$\Delta Y = \square \; \Delta I_0$$

Gesucht ist der Ausdruck, der diese Leerstelle belegt. Dies wird der Ausdruck sein, mit dem Δ I_0 zu multiplizieren ist, damit sich Δ Y ergibt. Man nennt diesen Ausdruck daher auch **Multiplikator**. Da er die Wirkung einer Nettoinvestition auf das Volkseinkommen multipliziert, heißt er in diesem Fall der **„Investitionsmultiplikator“**.

Das **Multiplikatorprinzip** wurde bereits 1931 von *R. F. Kahn* entwickelt und von *Keynes* in seine „Allgemeine Theorie“ übernommen (Kahn, 1931).

In diesem Zusammenhang muss darauf hingewiesen werden, dass die getätigte zusätzliche autonome Nettoinvestition in der betrachteten kurzfristigen Periode keinen Kapazitätseffekt, sondern einen **Einkommenseffekt** hat.

Diese Annahme ist aus verschiedenen Gründen vertretbar:

1. Die Kapazitätsänderung durch eine zusätzliche Nettoinvestition ist im Verhältnis zur vorhandenen Kapazität einer Volkswirtschaft minimal. Der Kapazitätseffekt kann daher vernachlässigt werden.

2. Werden Erhöhungen der Anlageinvestitionen unterstellt, so bedeutet dies, dass wegen der langen Ausreifezeit der Investitionen der Kapazitätseffekt erst später auftritt. Bei kurzfristiger Analyse muss er daher nicht berücksichtigt werden.

3. Geht man davon aus, dass die Investition sowohl aus Lager- als auch aus Anlageinvestition besteht, so kann unter einer zusätzlichen autonomen Nettoinvestition auch eine Lagerinvestition (Lagerbestandserhöhung) verstanden werden, die keinen Kapazitätseffekt hat.

Bei der langfristigen Wachstumstheorie wird diese Einschränkung aufgehoben und ein Kapazitätseffekt unterstellt (Kapitel „Konjunktur und Wachstum“).

Was nun den Investitionsmultiplikator betrifft, so soll er zunächst graphisch und dann algebraisch hergeleitet werden. Für die **graphische Darstellung** verwenden wir eine Graphik mit einer **Sparfunktion und Investitionsfunktion** (Abbildung 3.4).

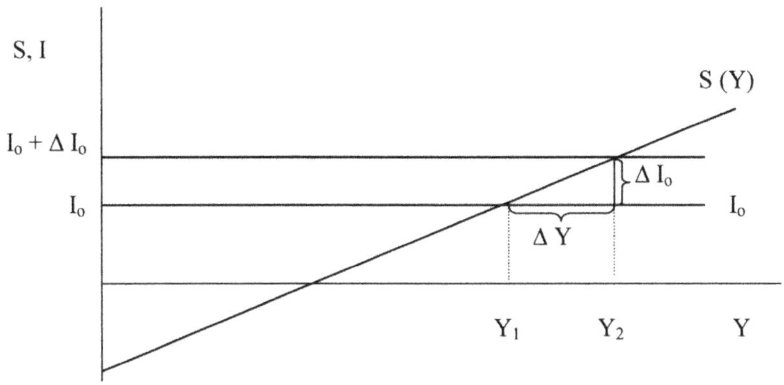

Abbildung 3.4

Die Sparfunktion ist die bereits ermittelte Sparfunktion nach *Keynes*. Für die Investitionen nehmen wir an, dass sie autonom sind (I_0), was zeichnerisch eine Parallele zur Abszissenachse bedeutet.

Eine zusätzliche autonome Nettoinvestition wird durch eine Parallelverschiebung der Investitionsfunktion nach oben um den Betrag ΔI_0 dargestellt.

Vor der Verschiebung bestand ein Gleichgewichtsvolkseinkommen in Höhe von Y_1. Das Volkseinkommensniveau steigt nach der zusätzlichen autonomen Nettoinvestition auf Y_2. Die Einkommensdifferenz $Y_2 - Y_1 = \Delta Y$ ist deutlich größer als die Investitionsdifferenz ΔI_0.

Die Größe der Veränderung des Volkseinkommens ist dabei von der Größe der Investitionsänderung direkt abhängig. Sie wird aber auch durch die **Steigung der Sparfunktion** bestimmt, die ja nichts anderes als die marginale Sparquote darstellt. Je geringer die Steigung der Kurve, desto größer ist die Wirkung. Das bedeutet: **Je kleiner die marginale Sparquote, desto größer ist die Wirkung einer zusätzlichen autonomen Nettoinvestition auf das Volkseinkommen.**

Bei der **graphischen Darstellung mit Hilfe einer Konsumfunktion** (Abbildung 3.5) zeichnen wir zuerst eine lineare Konsumfunktion vom Typ: $C = C_0 + cY$. Da die Gesamtnachfrage $Y = C + I$ ermittelt werden soll, wird der Konsumfunktion ein fester Betrag in Form der autonomen Nettoinvestition (I_0) hinzugefügt, was einer Verschiebung der Konsumkurve um ΔI_0 nach oben gleichkommt.

Eine **zusätzliche** autonome Nettoinvestition wirkt sich ebenfalls als eine Verschiebung nach oben aus, und zwar der Kurve $Y = C(Y) + I_0$ um den Betrag ΔI_0.

Vor dieser Verschiebung um ΔI_o bestand das Gleichgewichtsvolkseinkommen Y_1. Nach der Verschiebung der Kurve erhöht sich dieses Gleichgewichtsvolkseinkommen um ΔY auf Y_2. Auch hieraus ist erkennbar: **Je größer die marginale Konsumquote, desto größer ist die Wirkung einer zusätzlichen autonomen Nettoinvestition auf das Volkseinkommen.**

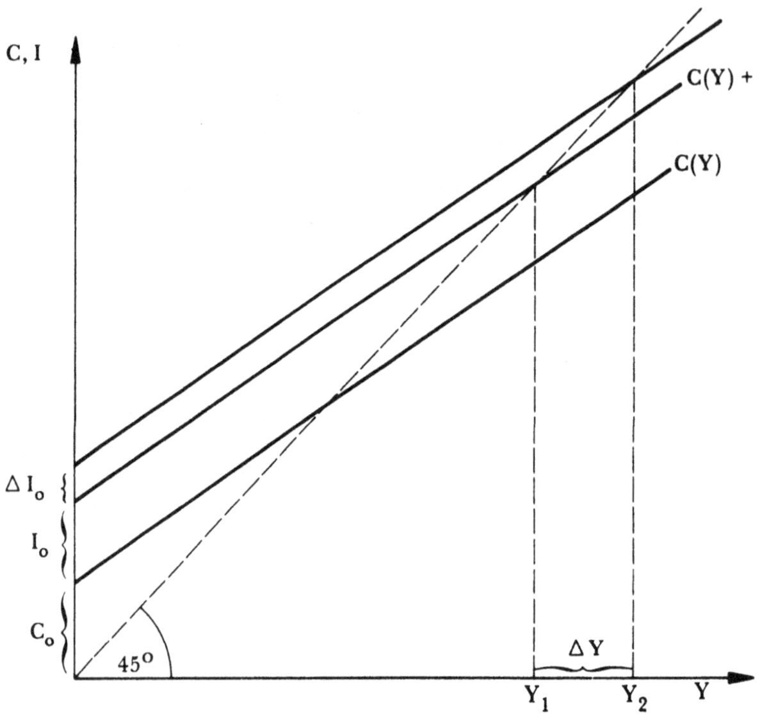

Abbildung 3.5

Die algebraische Herleitung zur Belegung der Leerstelle (□) soll mit Hilfe eines kleinen ökonomischen Modells erfolgen.

Wir gehen dabei von der Definitionsgleichung für das Volkseinkommen einer geschlossenen Volkswirtschaft ohne Staat aus:

$$Y = C + I \qquad (1) \quad \text{Definitionsgleichung}$$

Danach bestimmen wir die Verhaltensgleichungen für den Konsum und die Investitionen. Beim Konsum unterstellen wir die lineare Konsumfunktion nach *Keynes*:

$$C = C_o + cY \qquad (2) \quad \text{Verhaltensgleichung}$$

Die Nettoinvestition sei ausschließlich autonom:

$I = I_0$ (3) Verhaltensgleichung

Zur korrekten Darstellung ist es außerdem notwendig, die Intervalle, d. h. hier den ökonomischen Geltungsbereich, für die autonomen Variablen und die Parameter anzugeben. Wir haben hier nur den einen Parameter „marginale Konsumquote (c)“. Er soll größer als null, aber kleiner als 1 sein ($0 < c < 1$). Gleich null würde bedeuten, dass kein einkommensabhängiger Konsum bestehe, gleich 1 dagegen, dass 100 % des Einkommens für Konsum verwendet würde.

Soll angedeutet werden, dass überhaupt ein autonomer Konsum und eine autonome Nettoinvestition vorhanden sind, so wird dies dadurch deutlich gemacht, dass für beide Größen geschrieben wird, dass sie größer als null sind:

$C_0 > 0$; $I_0 > 0$.

Zur Ermittlung des Gleichgewichtseinkommens und des Multiplikators werden die Verhaltensgleichungen in die Definitionsgleichung eingesetzt und die abhängige Variable Y isoliert.

Die folgende verkürzte Darstellung des eben beschriebenen ökonomischen Modells zeigt dieses Vorgehen:

Modell 3.1:

		Intervalle
$Y = C + I$	(1)	
$C = C_0 + cY \quad \wedge$	(2)	$0 < c < 1$
		$C_0 > 0$
$I = I_0$	(3)	$I_0 > 0$

---

(2) und (3) in (1) eingesetzt, ergibt:

$$Y = C_0 + cY + I_0$$

$$Y - cY = C_0 + I_0$$

$$(1 - c)\,Y = C_0 + I_0 \qquad /:(1 - c)$$

$$Y = \frac{1}{1-c} C_0 + \frac{1}{1-c} I_0 \qquad (4)$$

Dies ist das Gleichgewichtsvolkseinkommen.

Soll die Veränderung des Volkseinkommens durch eine Veränderung der autonomen Nettoinvestition gezeigt werden, so muss die Gleichung (4) nach I_0 abgeleitet werden:

$$\frac{dY}{dI_0} = \frac{1}{1-c}$$

Der Ausdruck $(\frac{1}{1-c} C_0)$ ist dabei eine Konstante.

Das Ergebnis dieser Ableitung kann auch noch wie folgt geschrieben werden:

$$dY = \frac{1}{1-c} d\,I_0$$

Da wir lineare Funktionen angenommen haben, gilt dies Ergebnis auch für endliche Differenzen:

$$\Delta Y = \frac{1}{1-c} \Delta I_0$$

Die oben genannte Leerstelle ist damit belegt. Der **Investitionsmultiplikator** lautet:

$$\frac{1}{1-c} \quad \text{oder} \quad \frac{1}{s}$$

da $(1 - c) = s$ ist.

Die Berechnung dieses Ergebnisses soll mit Hilfe eines Beispiels demonstriert werden.

Beträgt die durchschnittliche marginale Sparquote in einer Volkswirtschaft $s = 0{,}2$ und nehmen die Unternehmen eine zusätzliche autonome Nettoinvestition von $\Delta I_0 = 2$ Mrd. GE vor, so errechnet sich eine Erhöhung des Volkseinkommens wie folgt:

$$\Delta Y = \frac{1}{s} \Delta I_0$$

$$\Delta Y = \frac{1}{0{,}2} \cdot 2 \text{ Mrd. GE}$$

$$\Delta Y = 5 \cdot 2 \text{ Mrd. GE} = 10 \text{ Mrd. GE}$$

Das Volkseinkommen steigt um 10 Mrd. GE, da der Multiplikator in diesem Fall gleich 5 war.

Allerdings ist zu beachten, dass wir eine durchschnittliche marginale Sparquote unterstellt haben, obwohl uns bekannt ist, dass die einzelnen Wirtschaftseinheiten unterschiedlich hohe marginale Sparneigungen haben.

Die berechnete Wirkung stellt außerdem die maximale Wirkung dar, die mit dieser zusätzlichen autonomen Nettoinvestition erzielbar ist.

Bei dieser Multiplikatordarstellung muss weiter beachtet werden, dass die multiplikative Wirkung auf das Volkseinkommen auch bei einem **Rückgang** der autonomen Nettoinvestition wirkt, und zwar entsprechend **negativ**. Erfolgt kein Preisausgleich dieses Nachfrageausfalls, muss überlegt werden, wie dieser Effekt durch die Steigerung einer anderen autonomen Größe (z. B. durch den Staatskonsum) kompensiert werden kann.

Betrachtet man das Ergebnis des Modells 3.1 für das Gleichgewichtseinkommen

$$Y = \frac{1}{1-c} C_0 + \frac{1}{1-c} I_0$$

so kann dieses Ergebnis auch zur Darstellung eines weiteren Multiplikators verwendet werden, und zwar des **Konsummultiplikators**. Dieser Multiplikator ergibt, wenn die obige Gleichung für das güterwirtschaftliche Gleichgewicht nach dem **autonomen Konsum** abgeleitet wird:

$$\frac{dY}{dC_0} = \frac{1}{1-c}$$

Dieser Konsummultiplikator entspricht in seiner Höhe dem Investitionsmultiplikator.

Eine autonome Konsumänderung kann beispielsweise erfolgen, wenn die Zukunftserwartungen der Wirtschaftssubjekte positiv sind und sie deshalb ihren Konsum bei konstantem Einkommen steigern. Es kann aber auch dadurch geschehen, dass die Haushalte ihren Geldvermögensbestand reduzieren und damit den autonomen Konsum erhöhen.

Der autonome Konsum ist in marktwirtschaftlichen Systemen allerdings nur bedingt eine Instrumentvariable der praktischen Wirtschaftspolitik.

3.4 Der Multiplikatorprozess

Während die komparativ-statische Analyse des Investitions- und des Konsummultiplikators nur die Summe der Volkseinkommensänderungen ergab, wird nun mit Hilfe einer zeitlichen Verzögerung die Entwicklung des Volkseinkommens im Zeitablauf nach einer erfolgten Änderung einer autonomen Variablen dargestellt.

Als autonome Variable wird hier **beispielhaft** auch wieder die Nettoinvestition verwendet werden.

Die Ergebnisse können auch auf andere autonome Variable übertragen werden.

Wie kann man sich nun den Verlauf der Einkommensänderungen und damit den Multiplikatorprozess erklären?

Die Erklärung des Multiplikatorprozesses soll zuerst mit Hilfe eines Beispiels erfolgen und dann mit Hilfe eines Modells:

Erfolgt beispielsweise eine einmalige zusätzliche Nettoinvestition eines Unternehmens (Bau eines Fußballstadions), so führt dies bei allen Unternehmen und privaten Haushalten zu einer Einkommenserhöhung, die davon direkt oder indirekt profitieren. So werden beispielsweise mehr Arbeitnehmer eingestellt. Die Lohnsumme steigt, wenn diese Arbeitnehmer bisher arbeitslos waren. Die Haushalte fragen aufgrund des gestiegenen Einkommens daraufhin mehr Konsumgüter z. B. in Form von Lebensmitteln und Urlaubsreisen nach. Das Einkommen der Lebensmittelproduzenten und der Reiseunternehmen erhöht sich usw. Es entsteht ein Mulitplikatoreffekt: Die Summe aller Einkommensänderungen, die durch diese Investition entstanden ist, ist größer als der ursprüngliche Investitionsbetrag. Der Geldbetrag, der für die Investition ausgegeben wurde, bleibt zwar gleich, aber der Geldbetrag geht durch viele Hände. Jedesmal, wenn der Geldbetrag den Besitzer wechselt, entsteht ein Einkommen. Das Volkseinkommen (als Summe aller Faktoreinkommen) erhöht sich damit überproportional.

(Der Staat hat sich diese Einkommensänderung zu Nutze gemacht, indem er immer mit seiner Einkommensteuer die Hand dazwischen hält, wenn Einkommen entstehen.)

Um den Anpassungsprozess darstellen zu können, gehen wir von einer zeitlichen Verzögerung beim Konsum aus, dem sogenannten **„Robertson-lag“** (vgl. Kapitel „Konsum“):

$$C_t = C_t(Y_{t-1})$$

Der laufende Konsum (C_t) wird durch das Einkommen der Vorperiode (Y_{t-1}) bestimmt. Erst wenn das Einkommen gestiegen ist, werden die Haushalte ihren Konsum anpassen.

Es wird weiter angenommen, dass die Unternehmen den Konsum richtig antizipieren und deshalb keine ungeplante Nettoinvestition auftritt.

Bei unserer Untersuchung wollen wir **zwei grundlegend verschiedene Fälle** betrachten:

Fall A: Es erfolgt eine **einmalige** zusätzliche autonome Nettoinvestition.

Fall B: Es erfolgt eine **dauernde** zusätzliche autonome Nettoinvestition, d. h. die in der ersten Periode erfolgte Erhöhung der Nettoinvestition wird in den kommenden Perioden in gleicher Höhe beibehalten.

Fall A:

Die **einmalige zusätzliche autonome Nettoinvestition** bedeutet ein einmaliger (positiver) Impuls auf das ökonomische System, der das System in Bewegung setzt, aber unter sonst gleichen Bedingungen (ceteris paribus) vermuten lässt, dass die Wirkung des Impulses im Zeitablauf immer schwächer wird, um schließlich nach unendlich vielen Perioden völlig aufzuhören.

Diese einmalige autonome Investitionsänderung kann durch eine oder mehrere der bereits an anderer Stelle erwähnten exogenen Faktoren ausgelöst werden, wie z. B. durch Innovationen (vgl. Kapitel „Konjunktur"). Danach nimmt das Volkseinkommen in der ersten Periode zu und daraufhin wieder ab, wobei zu vermuten ist, dass durch diesen Impuls andere Variable beeinflusst werden, was wiederum die Wirkung hätte, dass ein Absinken des Volkseinkommens verhindert würde.

Um die Wirkung einer einmaligen zusätzlichen Nettoinvestition besser darstellen zu können, gehen wir von einem Zahlenbeispiel aus: Die zusätzliche autonome Nettoinvestition ΔI_0 sei 100 GE.

Diese Investition erhöht das Volkseinkommen (ΔY) in der ersten Periode um 100 GE, da die Investition in voller Höhe einkommenswirksam wird. Aus dieser Investition fließen den Haushalten in der zweiten Periode Faktoreinkommen zu und bestimmen den Konsum, die Ersparnis, aber auch das Volkseinkommen in der zweiten Periode. Wir gehen davon aus, dass die marginale Sparneigung bzw. Konsumneigung $c = s = 0{,}5$ ist, d. h. die Hälfte des Einkommens wird konsumiert bzw. gespart.

Durch die Konsumänderung in der zweiten Periode in Höhe von 50 GE entsteht in der zweiten Periode wieder Einkommen, aber nur in Höhe des Konsums. Diese Einkommensänderung von 50 GE bestimmt nun den Konsumzuwachs der dritten Periode in Höhe von 25 GE usw. Tabelle 3.2 zeigt diese Entwicklung.

Aus dieser Tabelle ist erkennbar, dass sich die Größen ΔC und ΔY in Form einer unendlichen geometrischen Folge verändern. Nach unendlich vielen Perioden ist der Multiplikatorprozess beendet.

Tabelle 3.2

Periode t	Δ Io	Δ Y	Δ C	Δ S
1	100,0	100,0		
2		50,0	50,0	50,0
3		25,0	25,0	25,0
4		12,5	12,5	12,5
.		.	.	.
.		.	.	.
.		.	.	.
∞		0,0	0,0	0,0
Σ		200,0	100,0	100,0

Will man die Summe der Volkseinkommensänderungen ermitteln, so ist folgende geometrische Reihe erkennbar:

$$\Sigma\,\Delta\,Y = 100 + 100\left(\frac{1}{2}\right) + 100\left(\frac{1}{2}\right)^2 + 100\left(\frac{1}{2}\right)^3 + \ldots \qquad (1)$$

Diese geometrische Reihe lautet allgemeiner, da $c = \frac{1}{2}$ und $\Delta\,I_o = 100$:

$$\Sigma\;\Delta Y = \Delta\,I_0 + c\;\Delta\,I_0 + c^2\;\Delta\,I_0 + \ldots + c^{t-1}\;\Delta\,I_0 \qquad (2)$$

$$\Sigma\;\Delta Y = \Delta\,I_0\;(1 + c + c^2 + \ldots + c^{t-1}) \qquad (3)$$

Um die Summe der geometrischen Reihe zu ermitteln, wird diese Gleichung (3) mit „c" multipliziert:

$$c\Sigma\,\Delta Y = \Delta\,I_0(c + c^2 + c^3 + \ldots + c^{t-1} + c^t\,) \qquad (4)$$

Subtrahiert man von (3) die Gleichung (4), so erhält man:

$$\Sigma\,\Delta Y - c\Sigma\,\Delta Y = \Delta\,I_0(1 - c^t)$$

$$(1 - c)\Sigma\,\Delta Y \quad = \Delta\,I_0(1 - c^t)$$

$$\sum_1^t \Delta Y_t = \frac{(1 - c^t)}{(1 - c)}\Delta\,I_0 \qquad (5)$$

Für die Summe der unendlichen Reihe gilt: $t \rightarrow \infty$

$$\sum_{1}^{\infty} \Delta Y_t = \frac{1}{1-c} \Delta I_o \qquad (6)$$

$$= \frac{1}{1-0{,}5} 100 = 200 \text{ GE für das obige Beispiel}$$

Obwohl der Multiplikator in gleicher Form auftritt wie der statische Multiplikator, bedeutet es hier nicht, dass das ursprüngliche Volkseinkommen auf ein neues Gleichgewichtseinkommen gestiegen ist, sondern nur, dass die **Summe der Einkommensänderungen** nach unendlich vielen Perioden bei einem einmaligen Impuls ΔI_o den Betrag in Gleichung (6) ergibt.
Abbildung 3.6 zeigt den Verlauf des Volkseinkommens aufgrund unseres Beispiels.

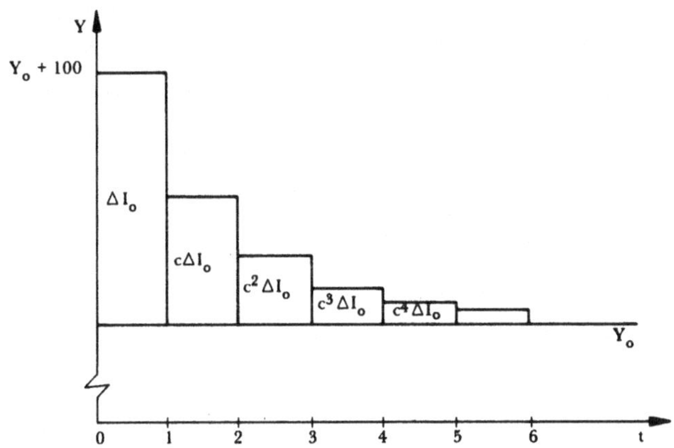

Abbildung 3.6

Fall B:

Erst in diesem Falle, d. h. bei einer **dauerhaften Erhöhung der Investition** um ΔI_o, wird das Volkseinkommen **dauerhaft** erhöht.

Tabelle 3.3 zeigt die Wirkungen mit analogen Annahmen wie bei Fall A, allerdings mit $\Delta I_o = 100$ in jeder Periode.

Tabelle 3.3

Periode t	Δ Io	Δ Y	Δ C	Δ S
1	100,0	100,0		
2	100,0	150,0	50,0	50,0
3	100,0	175,0	75,0	75,0
4	100,0	187,5	87,5	87,5
.		.	.	.
.		.	.	.
.		.	.	.
∞	100,0	200,0	100,0	100,0

Nach unendlich vielen Perioden steigt das Volkseinkommen um 200 GE bei einer dauerhaften Erhöhung der Nettoinvestition um 100 GE.

Die graphische Darstellung dieses Prozesses wird durch Abbildung 3.7 mit endlichen Differenzen deutlich.

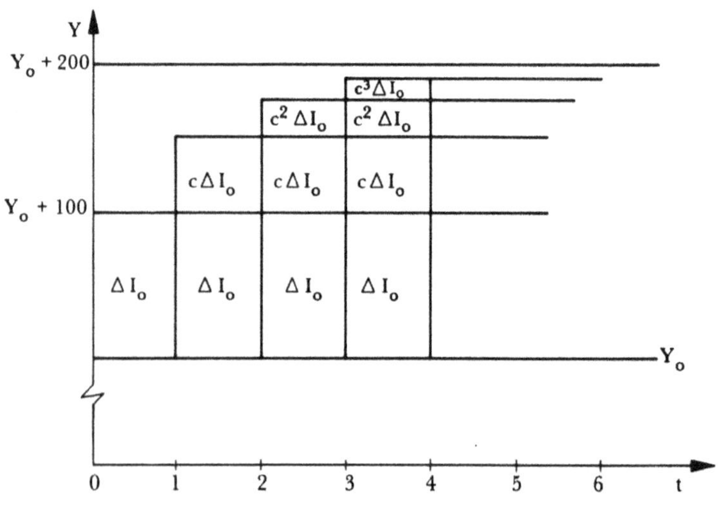

Abbildung 3.7

Wir gehen davon aus, dass das ursprüngliche Volkseinkommen Y_0 beträgt. Erfolgt in der Periode 1 eine zusätzliche autonome Nettoinvestition von ΔI_0, so erhöht sich das Volkseinkommen nach dieser Periode auf $Y_1 = Y_0 + \Delta I_0$. Da nach der ersten Periode nicht nur eine weitere zusätzliche autonome Nettoinvestition in gleicher Höhe ΔI_0 erfolgt, sondern das zusätzliche Einkommen durch die Konsumänderungen (aufgrund der Einkommensänderung der Vorperiode ebenfalls beeinflusst wird, erhöht sich das Volkseinkommen in der zweiten Periode auf:

$$Y_2 = \Delta Y_o + \Delta I_o + c(Y_1 - Y_o) \qquad (7)$$

Die Größe der Konsumänderung ist abhängig von der Einkommensänderung der Vorperiode $(Y_1 - Y_o)$ und der marginalen Konsumquote (in unserem Beispiel: $0{,}5 \cdot 100 = 50$).

Da $Y_1 - Y_o$ in der ersten Periode gleich der zusätzlichen Nettoinvestition ΔI_o ist, ändert sich die Gleichung (7) wie folgt:

$$Y_2 = Y_o + \Delta I_o + c\,\Delta I_o \qquad (8)$$

In der dritten Periode ergibt sich:

$$Y_3 = Y_o + \Delta I_o + c(Y_2 - Y_o) \qquad (9)$$

Setzt man in Gleichung (9) den Wert für Y_2 aus Gleichung (8) ein, so erhält man:

$$Y_3 = Y_o + \Delta I_o + c\,\Delta I_o + c^2 \Delta I_o \qquad (10)$$

Setzt man diesen Prozess fort, so ergibt sich nach t Perioden:

$$Y_t = Y_o + \Delta I_o + c\,\Delta I_o + c^2 \Delta I_o + \ldots + c^{t-1} \Delta I_o \qquad (11)$$

Oder anders ausgedrückt:

$$Y_t - Y_o = \Delta I_o (1 + c + c^2 + \ldots + c^{t-1}) \qquad (12)$$

$(Y_t - Y_o)$ bedeutet nichts anderes als die Differenz zwischen dem ursprünglichen Volkseinkommen und dem aktuellen Einkommen nach dem Investitionsimpuls.

Da es sich bei Gleichung (12) um eine endliche geometrische Reihe handelt, kann ihre Summe ermittelt werden, indem die Gleichung (12) auf beiden Seiten mit dem Faktor „c“ multipliziert: Man erhält dann die Gleichung (13), die von der Gleichung (12) abgezogen wird.

$$Y_t - Y_o = \Delta I_o (1 + c + c^2 + \ldots + c^{t-1}) \qquad (12)$$

$$c(Y_t - Y_o) = \Delta I_o (c + c^2 + c^3 + \ldots + c^t) \qquad (13)$$

$$(Y_t - Y_o) - c(Y_t - Y_o) = \Delta I_o (1 - c^t)$$

$$Y_t - Y_o = \frac{1-c^t}{1-c} \Delta I_o \tag{14}$$

Geht $t \rightarrow \infty$ wird $c^t \rightarrow 0$:

$$Y_t - Y_o = \frac{1}{1-c} \Delta I_o \tag{15}$$

$$= \frac{1}{1-0,5} 100 = 200 \text{ GE}$$

Das Ergebnis der Analyse ist jetzt anders zu interpretieren als beim Fall A. Während die Gleichung (6) die Summe aller Einkommensänderungen während der betrachteten Periode darstellt, gibt Gleichung (15) nur die **Änderung** des ursprünglichen Volkseinkommens im Vergleich zum aktuellen Einkommen an.

Das bedeutet, dass die dauerhafte Einkommenserhöhung durch eine dauerhafte Erhöhung der autonomen Nettoinvestition nach unendlich vielen Perioden erreicht werden kann.

Tabelle 3.3 macht die Entwicklung des Volkseinkommens aufgrund unseres Beispiels im Fall B graphisch deutlich.

Dabei ist zu sagen, dass eine nachhaltige Erhöhung des Volkseinkommens bereits nach wenigen Perioden erfolgt. Die Gesamterhöhung lässt sich mit dem obigen Multiplikator $\frac{1}{1-c}$ errechnen, der identisch ist mit dem statischen Investitionsmultiplikator.

Wirtschaftspolitisch bedeutet dies, dass das Vollbeschäftigungsziel (im Falle eines güterwirtschaftlichen Gleichgewichts bei Unterbeschäftigung) durch eine Erhöhung einer autonomen Variablen (ceteris paribus) nach relativ wenigen Perioden erreicht werden kann. Die Länge der Perioden ist damit nicht definiert. Außerdem stellt der Multiplikatoreffekt die maximale Erhöhung des Volkseinkommens dar. Allerdings sinkt im Falle A in unserem Modell bei einer **einmaligen** Erhöhung das Volkseinkommen wieder auf das ursprüngliche Niveau ab, und zwar bei Konstanz der Verhaltensweisen der Wirtschaftssubjekte.

Wird aber angenommen, dass durch einen derartigen exogenen Schock die **Verhaltensweisen der Wirtschaftssubjekte** nachhaltig positiv beeinflusst werden (Aufhebung der ceteris paribus-Bedingung), so ist zu erwarten, dass dadurch ein konjunktureller Aufschwung ausgelöst wird (vgl. dazu die stochastische Theorie im Kapitel „Konjunktur und Wachstum").

3.5 Aggregierte Gesamtnachfrage und Gesamtangebot

Zur Darstellung von Preisausgleichsreaktionen bei güterwirtschaftlichen Ungleichgewichten bietet sich ein Modell mit dem **Preisniveau als explizite Variable (P) an und dem realen Volkseinkommen (Y^r)**. Das Modell bietet gleichzeitig die Möglichkeit auch **Multiplikatoreffekte** graphisch darzustellen (vgl. auch Abbildung 13.2 in Kapitel 13).

Das Gesamtangebot an Gütern, auch **aggregiertes Angebot** genannt, wird durch eine Kurve (O) dargestellt, die zunächst völlig elastisch in Bezug auf das Preisniveau ist, danach normal verläuft und dann völlig unelastisch wird.

Daneben werden unterschiedliche normal verlaufende Nachfragekurven gezeigt, die Gesamtnachfrage (D) nach Gütern, auch **aggregierte Nachfrage** genannt, einer Volkswirtschaft bedeutet.

Der Nachfragerückgang von D_2 nach D_1 ist in Abbildung 3.8 im Bereich „a" der Angebotskurve dargestellt. Der dabei entstandene Angebotsüberschuss (E_1E_2) ist die **deflatorische Lücke**. Ein Preisausgleich kann durch ein niedrigeres Preisniveau in Punkt E' erfolgen, was in der Tabelle mit einer gestrichelten Linie angedeutet wird. Sinkt das Preisniveau nicht, so ergibt sich eine ungeplante Nettoinvestition.

Steigt die gesamtwirtschaftliche Nachfrage von D_1 nach D_2 so werden im Falle einer Rezession im Bereich a, der die Strecke $\overline{AE_2}$ umfasst, keine Preiseffekte ausgelöst, sondern nur der Anstieg des realen Volkseinkommens. Die Zunahme des realen Volkseinkommens ist relativ groß, da der Multiplikator maximal wirkt. Lagerbestände nehmen ab, was auch als negative ungeplante Investition bezeichnet wird. Da die Haushalte ihre Konsumpläne nicht sofort realisieren können, verlängern sich die Lieferfristen. Es entstehen ungeplante (positive) Ersparnisse. Langfristig werden die Anbieter ihre Kapazität ausweiten.

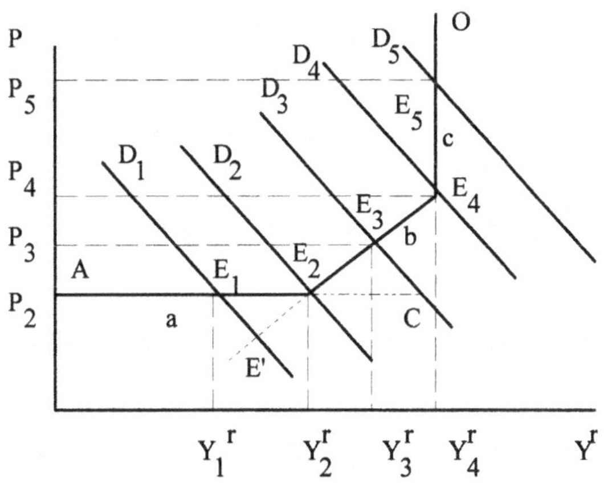

Abbildung 3.8

Erhöht sich die Nachfrage bis auf D_3, so befinden wir uns bereits im Bereich „b" der Kurve, d. h. auf der Strecke $\overline{E}_2\overline{E}_4$. Dies ist in einem klassisch-neoklassischen Modell der angenommene **Fall einer „normalen" Angebotskurve**. Steigt die Nachfrage von D_2 nach D_3, so ist der Multiplikatoreffekt kleiner als im Bereich a. Das reale Volkseinkommen nimmt nicht so stark wie im Bereich „a" zu, da auch das Preisniveau gleichzeitig von P_2 auf P_3 steigt, denn beim Preisniveau P_2 würde ein Nachfrageüberhang (E_2C) bestehen, der als **inflatorische Lücke** bezeichnet werden kann. Abbildung 3.8 zeigt schließlich auch den Extremfall einer völlig ausgelasteten Volkswirtschaft im Bereich „c". Eine Zunahme der Nachfrage von D_4 nach D_5 hat nur noch Preisniveaueffekte und keine Beschäftigungseffekte. Das Preisniveau steigt von P_4 auf P_5.

Kontrollfragen zu Kapitel 3

1. Erläutern Sie den Unterschied zwischen der Gleichung $I \equiv S$ in der ex post-Analyse und der Gleichung $I = S$ in der ex ante-Analyse!
2. Wie hängen Konsum und Ersparnis bei *Keynes* zusammen?
3. Welche Variable spielt bei der Sparfunktion der Klassiker eine zentrale Rolle?
4. Von welcher Variablen hängt nach *Keynes* der Gesamtkonsum in einer Volkswirtschaft hauptsächlich ab?
5. Was versteht man unter der „absoluten Einkommenshypothese“?
6. Leiten Sie (algebraisch) aus der Konsumfunktion $C = C_0 + cY$ die entsprechende Sparfunktion ab!
7. Zeichnen Sie die makroökonomische Konsumfunktion $C = C_0 + cY$ und ermitteln Sie das Basiseinkommen und die Sparschwelle!
8. Erklären Sie die marginale Konsumquote und die marginale Sparquote! Wie hängen diese beiden Quoten zusammen?
9. Welcher Unterschied besteht zwischen der marginalen und der durchschnittlichen Konsumquote?
10. Erläutern Sie, weshalb die durchschnittliche Konsumquote bei der Funktion $C = C_0 + cY$ mit steigendem Volkseinkommen sinkt!
11. Wie heißt das „fundamentale psychologische Gesetz“ von *Keynes?*
12. Ein Haushalt gibt monatlich 200,- GE plus sieben Achtel des laufenden verfügbaren Einkommens für Konsumzwecke aus. Wie lautet die Konsumfunktion, und wie hoch sind die marginale und durchschnittliche Sparquote bei einem verfügbaren Einkommen von 1.600,- GE und 2.000,- GE?
13. Welche Reaktionen und Effekte treten auf, wenn in einer Volkswirtschaft die geplante Nettoinvestition a) größer, b) kleiner als die geplante Ersparnis ist? Erläutern Sie die Reaktionen und Effekte, und zeigen Sie das anhand einer Graphik!
14. Was versteht man unter einem Multiplikator?
15. Von wem hat *Keynes* das Multiplikatorprinzip übernommen?
16. Weshalb kann man bei der kurzfristigen makroökonomischen Analyse unterstellen, eine zusätzliche autonome Nettoinvestition habe nur einen Einkommens- und keinen Kapazitätseffekt?
17. Zeigen Sie graphisch anhand von unterschiedlichen Sparfunktionen, dass die Höhe des Investitionsmultiplikators von der marginalen Sparquote abhängig ist!

18. Ermitteln Sie mit Hilfe eines kleinen ökonomischen Modells (in Gleichungsform) den Investitionsmultiplikator!

19. In einer geschlossenen Volkswirtschaft ohne Staat betrage die autonome Nettoinvestition 70 GE. Die privaten Haushalte verhalten sich gemäß der Sparfunktion
$S = -20 + 0{,}2\,Y$.
Wie hoch sind das Gleichgewichtsvolkseinkommen, der Investitionsmultiplikator und der Konsummultiplikator?

20. Was versteht man unter dem Lundberg-lag und dem Robertson-lag?

21. Erklären Sie verbal die unterschiedliche Wirkung einer einmaligen zusätzlichen Nettoinvestition und einer zusätzlichen Nettoinvestition, die in jeder Periode in gleicher Höhe wieder erfolgt!

4 Staatsausgaben und Staatseinnahmen

4.1 Einleitung

Staatsausgaben und Staatseinnahmen beeinflussen ohne Zweifel die wirtschaftliche Entwicklung einer Volkswirtschaft. Bis zur Weltwirtschaftskrise im Jahre 1929 wurde diese Tatsache in den westlichen Volkswirtschaften jedoch nicht instrumentalisiert:

Man intervenierte unsystematisch, sogar mit staatlichen Preisfestlegungen (marktinkonform), obwohl offiziell meist der klassische Liberalismus vertreten wurde, der (im Modell) davon ausgeht, dass das System, auch bei einer Krise in Form eines exogenen Schocks (z. B. einer plötzlichen Ölpreiserhöhung), wieder von alleine ins Gleichgewicht kommt („Selbstheilungskräfte des Marktes"). Aufgabe der Finanzpolitik war es, die Einnahmen und die Ausgaben – wie bei einem privaten Haushalt – kurzfristig auszugleichen und daher der aktuellen konjunkturellen Lage anzupassen. Eine Kunst, die schon von *Niccolò Machiavelli* in seinem 1532 erschienenen Werk „Il principe" (Der Fürst) als eine Staatskunst angesehen wurde.

Die Regierungen der betroffenen Volkswirtschaften reagierten zu Beginn der Weltwirtschaftskrise entsprechend der herrschenden Meinung, wie bei jedem Konjunktureinbruch, mit einer Kürzung des Staatshaushalts, da ja auch die Einnahmen des Staates zurückgingen. Dieses Verhalten verschärfte die Krise, da jetzt zum privaten Nachfrageausfall auch noch der staatliche dazukam.

Die Verschärfung der Krise führte Mitte der 30er Jahre zu einer Wende in der Wirtschaftspolitik, insbesondere durch die Politik des sogenannten „New Deal" des amerikanischen Präsidenten *F. D. Roosevelt*: Der Staat selbst versuchte, mit Hilfe seiner Staatsausgaben (Konjunkturprogramme) die privaten Nachfrageausfälle zu ersetzen (Kompensationsidee). Damit wurde der Staatshaushalt für das Vollbeschäftigungsziel instrumentalisiert: Die Konjunktursteuerung in Form der Globalsteuerung mit Hilfe des Staatshaushalts wurde realisiert. Eine Politik, die im angelsächsischen Sprachbereich als „fiscal policy" bezeichnet und im deutschen Sprachbereich mit **„Fiskalpolitik"** übersetzt wird.

Die theoretische Begründung für die Fiskalpolitik im Rahmen eines Gesamtkonzepts wurde in den 30er Jahren von *J. M. Keynes* entwickelt.

Die staatlichen Maßnahmen im Rahmen dieser Fiskalpolitik müssen so erfolgen, dass sie nicht gleichlaufend mit dem Konjunkturzyklus sind (prozyklisch) und damit den Zyklus verstärken, sondern gegenläufig (antizyklisch). Die Fiskalpolitik wurde neben der Geldpolitik ein Teil der staatlichen Stabilitäts- und Wachstumspolitik.

Beim Einsatz des Staatshaushalts zum Zwecke der Konjunktursteuerung können drei Arten von Maßnahmen unterschieden werden:

1. Der Staat versucht, bei gesetzlichen Regelungen bereits automatische Stabilisatoren einzubauen („built-in stabilizers") und regelt damit automatisch die Konjunktur. Beispielsweise wirkt eine Einkommensteuerprogression in der Hochkonjunktur dämpfend und in der Rezession nach unten stabilisierend. Diese Maßnahme wird als „built-in flexibility" bezeichnet. Sie erfordert nur den einmaligen ordnungspolitischen staatlichen Eingriff.

2. Der Staat bindet seine Eingriffe an bestimmte Konjunkturindikatoren, wie z. B. an die Höhe der Arbeitslosenquote, und deklariert vorher, dass er bei einer bestimmten Höhe eingreifen wird. Diese Maßnahmenart wird als „formula flexibility" bezeichnet.

3. Der Staat greift von Fall zu Fall mit Hilfe steuerlicher Maßnahmen oder durch gezielte Ausgabenprogramme in den Konjunkturverlauf ein. Eine Form des Eingriffs, die „diskretionär" genannt wird.

In der praktischen Wirtschaftspolitik der Bundesrepublik Deutschland wurden erst mit dem Stabilitäts- und Wachstumsgesetz im Jahre 1967 und mit der Bundeshaushaltsordnung 1970 die rechtlichen Voraussetzungen für eine **Konjunkturpolitik** und eine **Wachstumspolitik** mit Hilfe der Fiskalpolitik geschaffen.

In den 70er Jahren wurden mehrere Konjunktur- und Wachstumsprogramme vor allem unter der Regierung von *Helmut Schmidt* durchgeführt, die nach Angaben des damaligen Arbeitsministers *Herbert Ehrenberg* innerhalb von fünf Jahren die Zahl der beschäftigten Arbeitnehmer um zwei Millionen steigerte. Das 16-Mrd.-Zukunftsprogramm brachte nach seinen Angaben ein Beschäftigtenanstieg von 1,4 Millionen Erwerbstätigen. Allerdings muss beachtet werden, dass es sich bei der damaligen Arbeitslosigkeit nicht um eine konjunkturell, sondern eine um strukturell bedingte Arbeitslosigkeit handelte, und zwar im Zusammenhang mit der Aufwertung der D-Mark (1973) und mit den beiden Ölkrisen (1973 und 1979). Von dem Konzept einer keynesianischen Wirtschaftspolitik wurde dann durch das (noch von *Helmut Schmidt* in der sozial-liberalen Koalition an seinen Wirtschaftsminister *Graf Lambsdorff* in Auftrag gegebene) sogenannte Lambsdorffprogramm (1982) abgerückt, das überwiegend strukturelle Maßnahmen vorsah. Der Schwerpunkt verlagerte sich von der Nachfragepolitik auf die Angebotspolitik („supply-side policy").

Das Lambsdorff-Programm diente als Basis der Wirtschaftspolitik für die nachfolgende christlich-liberale Koalition unter *Helmut Kohl*. Nach der Wiedervereinigung im Jahre 1990 wurde der Staatshaushalt in den neuen Bundesländern in Form von Ausgabenprogrammen zur Verbesserung der gesamten Infrastruktur eingesetzt, um dort die Voraussetzungen für ein Wirtschaftswachstum mit dem entsprechenden Beschäftigungseffekt zu schaffen. Die positiven Effekte auf dem Arbeitsmarkt beginnen sich erst jetzt abzuzeichnen.

Die Rot-Grüne-Koalition unter *Gerhard Schröder* hat die ursprüngliche Angebotspolitik der Regierung Kohl fortgesetzt und ein Gesamtkonzept für Reformen unter dem Begriff „Agenda 2010" vorgelegt, das sowohl wirtschaftspolitische als auch sozialpolitische Maßnahmen umfasste.

Die Große Koalition unter der Bundeskanzlerin *Angela Merkel* hat zwar die Reformen ihrer Vorgängerregierung unter *Gerhard Schröder* weitergeführt, aber auch ein Konjunktur- und Wachstumsprogramm unter dem Titel „25 Milliarden-Programm" vorgelegt, das von der Bundesregierung als Investitionsprogramm bezeichnet wird und u. a. die Verbesserung der Infrastruktur vorsieht.

In Deutschland hat damit unter der Regierung *Merkel* kein eindeutiger Paradigmawechsel von einer Nachfragepolitik zu einer Angebotspolitik stattgefunden. Die Reformen werden als notwendig angesehen, aber der Einsatz des Staatshaushalts in Form eines Konjunktur- und Wachstumsprogramms wird immer noch als wichtige Aufgabe des Staates angesehen, denn mit Hilfe der Fiskalpolitik ist es unter bestimmten Voraussetzungen möglich, vorübergehend einen Nachfrageausfall der privaten Wirtschaftssubjekte zu kompensieren und damit die Konjunktur zu stabilisieren und ein Wirtschaftswachstum auszulösen, das die Beschäftigungslage verbessert.

Welche Wirkungen eine Fiskalpolitik auslösen kann, soll anhand der Zahlen für die öffentlichen Haushalte der Bundesrepublik Deutschland demonstriert werden.

Wie aus Tabelle 4.1 ersichtlich, betrugen die Ausgaben aller öffentlichen Haushalte in Deutschland 1014,7 Mrd. € im Jahre 2007. Prozentuiert man diesen Betrag auf das Bruttoinlandsprodukt des Jahres 2007 von 2423,8 Mrd. €, so erhält man eine Staatsquote (I) von 41,9 %, wobei allerdings zu bedenken ist, dass die Staatsausgaben in der obigen Höhe keine Teilmenge des Bruttoinlandsprodukts sind. Eine Teilmenge des Bruttoinlandsprodukts sind dagegen die Staatsausgaben für Güter, die sich aus dem Konsum des Staates und den staatlichen Bruttoinvestitionen zusammensetzen. Ihr Anteil am Bruttoinlandsprodukt betrug 19,5 % (Staatsquote II) im Jahre 2007. Schließlich betrug die Konsumquote des Staates für das gleiche Jahr 18,0 %.

Betrachtet man die Ausgaben der einzelnen Gebietskörperschaften (Bund, Länder, Gemeinden) und der Sozialversicherung, so ist die relative Bedeutung der Sozialversicherung mit Ausgaben in Höhe von 465,7 Mrd. € (2007) offensichtlich. Allerdings ist diese Position im Grunde genommen ein durchlaufender Posten: Auf der einen Seite kassiert der Staat die Sozialversicherungsbeiträge als Zwangsabgabe und auf der anderen Seite verteilt er sie wieder an die Empfänger. In einem Staat ohne nennenswerte gesetzliche Sozialversicherung wie den Vereinigten Staaten von Amerika, wäre die Staatsquote (I) erheblich niedriger.

Weiter erkennbar in der Tabelle 4.1 ist der relativ große Anteil der Länderhaushalte an den Staatsausgaben. Die Ausgaben der Länder entsprechen etwa 90 % des Bundeshaushalts. Addiert man noch zu den Länderausgaben die Gemeindeausgaben hinzu, so sind es ca. 150 % der Ausgaben des Bundeshaushaltes.

Man darf sich daher bei den noch zu darzustellenden Ausgabenerhöhungen zur Konjunktursteuerung nicht nur auf den Bundeshaushalt konzentrieren, sondern muss mindestens auch die Länderhaushalte mit einbeziehen. Bund und Länder sind Träger der staatlichen Fiskalpolitik wie auch § 1 des Stabilitäts- und Wachstumsgesetzes deutlich macht.

Tabelle 4.1

Einnahmen und Ausgaben der öffentlichen Haushalte

im Jahre 2007

	Mrd. EUR Einnahmen	Mrd. EUR Ausgaben	Mrd. EUR Differenz
Öffentliche Haushalte	1024,8	1014,7	10,1
Bund	277,4	292,1	-14,7
Länder	276,1	266,7	9,4
Gemeinden/GV.	169,0	161,2	7,8
Sozialversicherung	475,1	465,7	9,4
Gesamtwirtschaftliche Indikatoren:		Mrd. EUR	%
Bruttoinlandsprodukt (BIP)		2423,8	
Staatsquote I: (Gesamtausgaben der öffentlichen Haushalte in % des BIP)			41,9
Staatsquote II: (Konsum und Bruttoinvestition des Staates in % des BIP)			19,5
Konsum des Staates	Mrd. EUR	435,6	18,0
+ Bruttoinvest. des Staates	Mrd. EUR	36,2	1,5
Summe	Mrd. EUR	471,8	

Quelle: Monatsbericht der Deutschen Bundesbank 5/08, S. 54* ff.
http://www. destatis.de am 17.6.2008; VGR Fachserie 18, Reihe 1.5, Lange Reihen ab 1970, 2007

Tabelle 4.2

Einnahmen und Ausgaben der Bundesländer u. Gemeinden/Gemeindeverbände

im Jahre 2006 in Mrd. € (a)

Land	Einnahmen	Ausgaben	Differenz
Baden-Württemberg	45,9	46,0	-0,1
Bayern	54,2	52,3	1,9
Berlin	18,7	20,4	-1,8
Brandenburg	12,0	12,2	-0,2
Bremen	3,2	4,0	-0,8
Hamburg	10,2	10,1	0,1
Hessen	29,0	28,9	0,1
Mecklenburg-Vorpommern	8,3	8,3	0,0
Niedersachsen	31,1	31,2	-0,1
Nordrhein-Westfalen	73,5	77,7	-4,2
Rheinland-Pfalz	15,1	16,3	-1,1
Saarland	3,9	4,7	-0,8
Sachsen	21,1	19,5	1,6
Sachsen-Anhalt	11,6	12,0	-0,4
Schleswig-Holstein	10,9	11,8	-0,8
Thüringen	10,3	10,6	-0,3

Quelle: Statistisches Bundesamt: Die Bundesländer, Ausgabe 2008, S. 80f.

(a) bereinigt um die Zahlungen zwischen den öffentlichen Haushalten

Der Anteil der Gemeinden liegt bei etwa der Hälfte des Bundeshaushalts. Sie sind aber sehr stark von den Länderhaushalten abhängig, da sie von ihnen sogenannte Zuweisungen erhalten. Dies ist ein Teil des Finanzausgleichs, der zwischen den öffentlichen Haushalten stattfindet.

Da der Finanzausgleich zwischen den einzelnen staatlichen Haushalten beim Gesamthaushalt (Öffentliche Haushalte) in Tabelle 4.1 berücksichtigt wurde, nicht aber bei den Teilhaushalten, ergibt die Summe der Einzelhaushalte nicht den Gesamthaushalt.

Die ökonomische Bedeutung der einzelnen Bundesländer einschließlich deren Gemeinden und Gemeindeverbände wird aus Tabelle 4.2 deutlich. So lagen die Einnahmen von Nordrhein-Westfalen im Jahre 2006 mit 73,5 Mrd. € über den Einnahmen aller neuen Bundesländer insgesamt. Die „Südländer" insgesamt (Baden-Württemberg, Bayern, Hessen) haben ein Haushaltsvolumen (Einnahmen) von insgesamt 129,1 Mrd. € (2006).

Im Vergleich dazu sind das Saarland und Bremen völlig unbedeutend. Bemerkenswert ist außerdem, dass die Einnahmen von Berlin mit ca. 18,7 Mrd. € fast auf dem relativ hohen Niveau von Sachsen mit 21,1 Mrd. € liegen.

In Tabelle 4.2 wurden auch die Überschüsse und die Defizite der Länderhaushalte ermittelt. Dabei fällt besonders Berlin auf, das u. a. aufgrund seiner Hauptstadtfunktion, des Wegfalls der früheren Berlinhilfen des Bundes und der Angleichung der Besoldung von Berlin (Ost) an Berlin (West) erhebliche finanzielle Probleme hat.

4.2 Wirkungen der Staatsausgaben und der Staatseinnahmen

Die nachfolgende Wirkungsanalyse zeigt die Zusammenhänge zwischen der Änderung der Staatsausgaben und der Staatseinnahmen und einer Änderung des Volkseinkommens anhand eines makroökonomischen Modells (Modell 4.1).

Wir gehen bei unserer Analyse von der Verwendungsgleichung des Volkseinkommens (Y) einer offenen Volkswirtschaft mit Staat aus, und zwar in folgender Form:

$$Y = C + I + A_{St} + Ex - Im - T^{ind} + Z_U$$

Dabei wird die Variable C für den privaten Konsum, die Variable I für die privaten Nettoinvestitionen, die Variable A_{St} für die Staatsaugaben für Güter, die Variable Ex für die Exportausgaben, die Variable Im für die Importeinnahmen, die Variable T^{ind} für die indirekten Steuern und die Variable Z_U für die staatlichen Subventionen für Unternehmertätigkeit verwendet.

Da wir die Absicht haben, die Wirkung einer Änderung der Staatsausgaben für Güter (A_{St}) aber auch anderer Variablen auf das Volkseinkommen zu zeigen, vereinfachen wir die obige Gleichung, indem wir annehmen, dass wir uns in einer geschlossenen Modell-Volkswirtschaft befinden ($Ex = Im = 0$), in der außerdem keine Subventionen für Unternehmertätigkeit gezahlt ($Z_U = 0$) und keine indirekten Steuern erhoben werden ($T^{ind} = 0$).

Als Definitionsgleichung (1) für unser Modell bleibt dann noch:

$$Y = C + I + A_{St} \qquad (1)$$

Unter „A_{St}“ werden die Staatsausgaben für Güter (Waren und Dienste) verstanden, die sich aus dem Konsum des Staates (C_{St}) und der staatlichen Nettoinvestition (I_{St}) zusammensetzen:

$$A_{St} = C_{St} + I_{st}$$

Wir gehen davon aus, dass die Staatsausgaben für Güter (A_{St}) autonom sind. Sie hängen nicht von der Entwicklung des Volkseinkommens ab. Diese Annahme wird nur zur Vereinfachung gemacht, obwohl bekannt ist, dass gerade große Teile der Staatsausgaben für Güter

(Besoldung der staatlichen Bediensteten) von der allgemeinen Einkommensentwicklung maßgeblich beeinflusst werden.

Die Konsumfunktion (2) gibt das Verhalten der privaten Haushalte als Konsumenten wieder: Ein Teil ihres Konsums ist unabhängig von ihrem Einkommen, der sogenannte autonome Konsum, der mit dem Symbol C_0 dargestellt wird. Der andere Teil des Konsums hängt vom verfügbaren Einkommen der privaten Haushalte (Y_H^v) ab. Dieser Teil des Konsums ist proportional zu ihrem Einkommen. Die Proportionalkonstante c ist die marginale Konsumquote, die angibt, wie groß der zusätzliche Konsumbetrag ist, wenn das verfügbare Einkommen um eine Geldeinheit steigt.

Mit Gleichung (3) wird das verfügbare Einkommen der privaten Haushalte näher erläutert: Es ist in diesem Modell die Summe aller Faktoreinkommen und damit identisch mit dem Volkseinkommen (Y), da angenommen wird, dass alle Faktoreinkommen an die privaten Haushalte ausgeschüttet werden. Zu den Faktoreinkommen kommen die staatlichen Transferzahlungen an die privaten Haushalte (Z_H) hinzu. Sie werden als autonome Größe ($Z_H = Z_{H_0}$) betrachtet. Es handelt sich dabei u. a. um Kindergeld, Wohngeld, Renten aus der staatlichen Rentenversicherung usw. Durch eine Erhöhung des Kindergeldes würde das verfügbare Einkommen der privaten Haushalte steigen, sofern die direkten Steuern konstant blieben.

Die privaten Haushalte bezahlen in diesem Modell direkte Steuern (T^{dir}). Die direkten Steuern bestehen aus autonomen direkten Steuern (T_0^{dir}), d. h. Steuern, die nicht vom Einkommen abhängig sind, wie z. B. die Kfz-Steuer und die Erbschaftsteuer sowie aus einer einkommensabhängigen Steuer. Die einkommensabhängige Steuer ist von den erzielten Faktoreinkommen, d. h. vom Volkseinkommen abhängig. Zur Vereinfachung nehmen wir an, die direkte Steuer steige proportional zum Volkseinkommen, d. h. der Steuersatz „v" bliebe konstant. Es gibt also keine Steuerprogression.

Damit sieht die institutionelle Gleichung für die Steuer wie folgt aus:

$$T^{dir} = T_0^{dir} + vY \qquad 0 < v < 1$$

T_0^{dir} ist darin die autonome und „vY" die einkommensabhängige direkte Steuer der privaten Haushalte.

Der Steuersatz „v" ist institutionell vorgegeben und liegt zwischen null und eins. Die Steuer „vY" kann daher nie 100 % des steuerpflichtigen Einkommens erreichen. Was die Bezugsgrundlage der einkommensabhängigen Steuer betrifft, so wird unterstellt, dass nur die Faktoreinkommen der privaten Haushalte (Y) und nicht auch deren Transfereinkommen steuerpflichtig sind.

Die Gleichungen (4), (5), (6) und (7) geben an, dass die staatlichen Transferzahlungen, die direkten Steuern, die privaten Nettoinvestitionen und die Staatsausgaben für Güter autonome Größen sein sollen. Bei der Angabe der Intervalle werden sie als vorhanden angesehen und daher größer als null bezeichnet. Für den ökonomisch relevanten Bereich wird schließlich noch angegeben, dass $0 < c < 1$ sein soll. Wie an anderer Stelle erläutert, sind autonome Größen Variable, die nicht von den anderen Variablen des Modells abhängig sind.

Modell 4.1:

		Intervalle	
$Y = C + I + A_{St}$	(1)		
$C = C_o + cY_H^v$	(2)	$0 < c < 1$	
$Y_H^v = Y + Z_H - T^{dir}$	(3)	$C_o > 0$	
$Z_H = Z_{H_o}$	(4)	$Z_{H_o} > 0$	
$T^{dir} = T_o^{dir} + vY$	(5)	$T_o^{dir} > 0$	$0 < v < 1$
$I = I_o$	(6)	$I_o > 0$	
$A_{St} = A_{St_o}$	(7)	$A_{St_o} > 0$	

Zur Ermittlung des Gleichgewichtsvolkseinkommens werden die Gleichungen (6) und (7) in die Definitionsgleichung (1) eingesetzt, wobei vorher noch die genaue Konsumfunktion herzuleiten ist. Das verfügbare Einkommen der privaten Haushalte ergibt sich durch Einsetzen der Gleichungen (4) und (5) in (3):

$$Y_H^v = Y + Z_{H_o} - T_o^{dir} - vY \tag{3'}$$

Das verfügbare Einkommen der privaten Haushalte erhält man dann aus dem Volkseinkommen (Y) und den staatlichen Transferzahlungen (Z_{H_o}) abzüglich der autonomen direkten Steuern (T_o^{dir}) und abzüglich der einkommensabhängigen Steuer (vY).

Das so ermittelte verfügbare Einkommen der privaten Haushalte (3') wird dann in die Gleichung (2) eingesetzt, um die Konsumfunktion zu ermitteln:

$$C = C_o + c\,(Y + Z_{H_o} - T_o^{dir} - vY) \tag{2'}$$

Die Gleichung (2') wird wie die Gleichungen (6) und (7) in die Gleichung (1) eingesetzt:

$$Y = C_o + c\,(Y + Z_{H_o} - T_o^{dir} - vY) + I_o + A_{St_o} \qquad (1')$$

oder

$$Y = C_o + c\,Y + c\ Z_{H_o} - c\,T_o^{dir} - cvY + I_o + A_{St_o} \qquad (1'')$$

Aus der Zusammenfassung und Isolierung der Y-Werte folgt:

$$Y - c\,Y + cvY = C_o + c\ Z_{H_o} - c\,T_o^{dir} + I_o + A_{St_o}$$

$$(1-c+cv)\,Y \quad = C_o + c\ Z_{H_o} - c\,T_o^{dir} + I_o + A_{St_o}$$

$$[1-c(1-v)]\,Y \quad = C_o + c\ Z_{H_o} - c\,T_o^{dir} + I_o + A_{St_o} \quad /: [1-c(1-v)]$$

$$Y = \frac{1}{1-c\,(1-v)}C_o + \frac{c}{1-c\,(1-v)}Z_{H_o} - \frac{c}{1-c\,(1-v)}T_o^{dir} + \frac{1}{1-c\,(1-v)}I_o + \frac{1}{1-c(1-v)}A_{St_o} \qquad (1''')$$

Dies ist das **Gleichgewichtsvolkseinkommen** unter den angegebenen Bedingungen.

Um die Wirkung einer Ausgabenänderung des Staates für Güter ermitteln zu können, muss die Gleichung (1''') nach A_{St_o} abgeleitet werden.

Die erste Ableitung ergibt:

$$\frac{dY}{dA_{St_o}} = \frac{1}{1-c\,(1-v)}$$

oder anders geschrieben:

$$dY = \frac{1}{1-c(1-v)}\ d\,A_{St_o}$$

Der Bruch vor der staatlichen Ausgabenänderung ($d\,A_{St_o}$) ist der **Staatsausgabenmultiplikator.** Unter den gegebenen Annahmen für die marginale Konsumquote $0 < c < 1$ und den Steuersatz $0 < v < 1$ ist der Multiplikator größer als 1 ist. Werden daher die Staatsausgaben erhöht, so erhöht sich das Volkseinkommen um mehr als diese Erhöhung der Staatsausgaben, wenn die Ausgabenerhöhung nicht gleichzeitig mit einer Steuererhöhung kompensiert wird. Es tritt ein **multiplikativer Effekt** auf das Volkseinkommen auf.

Ein kleines Zahlenbeispiel soll dies deutlich machen:

Die marginale Konsumquote betrage c = 0,8 (oder 80 %) vom verfügbaren Einkommen, der Steuersatz v = 0,2 (oder 20 %) vom Faktoreinkommen. Erhöht der Staat die Ausgaben um $d\,A_{St_0} = 10$ Mio. GE, so erhält man eine Erhöhung des Volkseinkommens um dY = 27,8 Mio. GE wie die folgende Rechnung zeigt:

$$dY = \frac{1}{1-0{,}8(1-0{,}2)} \cdot 10 \approx 2{,}78 \cdot 10 \approx 27{,}8 \text{ Mio. GE}$$

Der Multiplikator ist dann 2,78. Liegt keine einkommensabhängige Steuer vor, so ist v = 0, dann ergibt sich ein Multiplikator von 5.

Wird die Gleichung (1''') nach den autonomen Investitionen abgeleitet, ergibt sich der **Investitionsmultiplikator**. **Er ist gleich groß wie der staatliche Ausgabenmultiplikator**, denn die erste Ableitung von Y nach I_0 ergibt:

$$\frac{dY}{dI_0} = \frac{1}{1 - c\,(1 - v)}$$

(Setzt man v =0, dann entspricht dieser Multiplikator dem in Kapitel 3 hergeleiteten Investitionsmultiplikator.)

Aus der Tatsache, dass der staatliche Ausgabenmultiplikator genau dem Investitionsmultiplikator entspricht, folgt eine **wichtige wirtschaftspolitische Schlussfolgerung**: Sieht der Staat das gesamtwirtschaftliche Ziel „Vollbeschäftigung“ in einer Rezession gefährdet, so kann er durch Steigerung seiner Ausgaben eine Erhöhung des Volkseinkommens und damit der Beschäftigung erreichen. Diese Maßnahme wäre dann gegen den Konjunkturzyklus gerichtet, weshalb sie auch als **antizyklische Maßnahme** bezeichnet wird.

Die Idee einer Kompensation der privaten Nachfrage durch staatliche Nachfrage in der Rezession ist unter **langfristigen Aspekten** nicht unproblematisch. Eine Steigerung der Staatsausgaben führt zu einem wachsenden Anteil des Staates am Inlandsprodukt (wachsende Staatsquote), was ordnungspolitisch zu einer qualitativen Änderung der Wirtschaftsordnung führen kann, denn der staatliche Aktivitätsradius in der Volkswirtschaft erweitert sich damit immer mehr.

Außerdem verändern die Staatsausgaben langfristig gesehen meist nicht die Produktionskapazität für private Güter. Sie können zur Fehlleitung der Produktionsfaktoren führen (Allokationsproblem), da zur Befriedigung der staatlichen Nachfrage zunächst Kapazitäten aufgebaut werden, die anschließend wieder abgebaut werden müssen (Tiefbau). Staatliche Investitionen bringen allerdings über eine verbesserte Infrastruktur Wachstumserleichterungen für die private Wirtschaft.

Eine Substitution von privaten Investitionen durch staatliche Ausgaben für Güter ist daher nur kurzfristig, möglichst als **einmaliger Impuls** zu vertreten, um das Volkseinkommen zu steigern, aber auch, um die **Verhaltensweisen** der anderen Wirtschaftssubjekte zu ändern.

Geht man von einem ausgeglichenen Staatshaushalt aus, so entsteht durch die Ausgabenerhöhung ein Finanzierungsproblem.

Entscheidend für die Wirkung auf das Volkseinkommen ist nun die **Finanzierung dieses Defizits** wie die folgenden Möglichkeiten zeigen:

1. Die erste Finanzierungsmöglichkeit besteht in der Auflösung einer sogenannten Konjunkturausgleichsrücklage wie sie im Stabilitäts- und Wachstumsgesetz vorgesehen ist. Diese Rücklage soll aus Haushaltsüberschüssen, die in der Hochkonjunktur entstehen, gebildet werden, mit der Idee, sie in der Rezession aufzulösen und zur Finanzierung von Konjunkturprogrammen zu verwenden, die bereits vorbereitet wurden (Schubladenprogramme).
   Die Rücklage ist bei der Bundesbank zu halten. Bei einer Auflösung der Rücklage erhöht sich die Geldmenge. Die Einkommenswirkung ist maximal.
   (Die Bildung dieser Rücklage wird zwar nicht mehr praktiziert, sie ist aber 2007 in der aktuellen Diskussion über die Finanzierung der Länderhaushalte wieder unter dem Namen „Stabilisierungsfonds" aufgetaucht.)
2. Das Defizit wird durch eine Kreditaufnahme bei der Zentralbank finanziert. Dieser Vorgang wird als **Deficit-spending** bezeichnet. Auch hier ist die Wirkung auf das Volkseinkommen maximal.
   Allerdings hat diese Finanzierung Spätfolgen: Die Schulden bei der Zentralbank müssen wieder zurückgezahlt werden. Das könnte dann geschehen, wenn die Konjunktur durch die gestiegene Staatsnachfrage wieder steigen würde und damit Überschüsse erzielt werden könnten. Ist das nicht der Fall, so müssen spätere Generationen für die Schulden aufkommen.
   Eine Schuldenaufnahme öffentlicher Haushalte ist im Eurosystem nicht erlaubt. Auch bei der Deutschen Bundesbank konnten Bund und Länder nur in geringem Umfang Kassenkredite (Überziehungskredite) in Anspruch nehmen.
3. Eine andere Möglichkeit besteht in der Kreditaufnahme am Kapitalmarkt oder am Kreditmarkt (bei den Geschäftsbanken). Auch hier gibt es das Schuldentilgungsproblem. Zusätzlich ist zu vermuten, dass durch diese Kreditaufnahme das Zinsniveau steigt und damit private Investoren vom Markt abgehalten werden, es tritt eine Verdrängung auf (crowding out-Effekt).
4. Neben diesen Überlegungen zur Finanzierung stellt sich die Frage, ob nicht durch eine Erhöhung der Steuern, ein Einkommenseffekt (netto) zu erzielen ist. Um diese Frage zu klären, müssen erst noch die Steuerwirkungen auf das Volkseinkommen analysiert werden.
5. Eine weitere Finanzierungsmöglichkeit ist die Aufnahme eines Kredits im Ausland. Allerdings müssen dann die Devisen am Devisenmarkt umgetauscht werden. Die Zentralbank ist nicht verpflichtet, sie umzutauschen. Bei dieser Kreditaufnahme bleibt aber auf jeden Fall das spätere Problem der Schuldentilgung.

Bevor wir zu den Steuermultiplikatoren übergehen, soll noch die makroökonomisch und wirtschaftspolitisch interessante Frage beantwortet werden, ob der Einkommenseffekt einer **Änderung der Transferzahlungen des Staates** im Vergleich zur Änderung der Staatsausgaben für Güter größer oder kleiner ist. Zu diesem Zwecke leiten wir die Gleichung für das Gleichgewichtseinkommen nach Z_{H_0} ab:

$$\frac{dY}{dZ_{H_0}} = \frac{c}{1 - c(1 - v)}$$

Das ist der **Transfermultiplikator**, der im Vergleich zum **Staatsausgabenmultiplikator kleiner ist**:

$$\frac{c}{1 - c(1 - v)} < \frac{1}{1 - c(1 - v)} \qquad \text{da} \quad 0 < c < 1$$

Die **wirtschaftspolitische Schlussfolgerung** müsste unter diesen einfachen Annahmen lauten: Soll ein möglichst großer Effekt auf das Volkseinkommen ausgeübt werden, so ist eine Erhöhung der Staatsausgaben für Güter einer Erhöhung der Transferzahlungen vorzuziehen.

Dabei wurde angenommen, dass die Bezieher von Transfereinkommen und die nachfolgend am Multiplikatorprozess beteiligten Wirtschaftseinheiten die gleiche marginale Konsumquote aufweisen wie die an den Staatsausgaben für Güter beteiligten. Dies ist aber in der Realität nicht der Fall, denn die Konsumquoten der Transfereinkommensbezieher sind höher als die durchschnittliche Quote. Eine weitergehende Untersuchung mit unterschiedlichen marginalen Konsumquoten würde dies erkennbar machen.

An diesem Beispiel sind die Grenzen makroökonomischer Modelle deutlich geworden.

Führt eine Staatsausgabenerhöhung zu einer multiplikativen Zunahme des Volkseinkommens, so bewirkt eine **Senkung der Staatsausgaben** (ceteris paribus) eine Senkung des Volkseinkommens.

In der Phase der Überbeschäftigung ist dies ein Mittel, die Wirtschaft wieder zur Vollbeschäftigung zurückzuführen, wobei eine Senkung der Staatsausgaben nur sehr begrenzt möglich ist, da über 95 % der Ausgaben durch rechtliche Bindungen festgelegt sind.

In der Rezession bzw. Depression verstärken Haushaltskürzungen (bei rückläufigen Einnahmen) den Abschwung. In diesem Falle wären es Maßnahmen, die den Konjunkturzyklus zusätzlich verstärken und deshalb **prozyklische Maßnahmen** genannt werden.

Ein typisches Beispiel aus der deutschen Wirtschaftsgeschichte für derartige folgenschwere Maßnahmen während der Weltwirtschaftskrise bietet die deflationäre Haushaltspolitik von *Heinrich Brüning* (Reichskanzler von 1930–1932), die heute als „Brüningsche Politik" bezeichnet wird, der mit seinen Notverordnungen vom 8.12.1931 versuchte, u. a. über Haushaltskürzungen, verordnete Preis- und Lohnsenkungen und Steuererhöhungen die Arbeitslosigkeit zu bekämpfen. Diese Maßnahmen verstärkten die Depression, so dass das Volkseinkommen von 1928 bis 1932 um 42 % zurückging. Er selbst hat allerdings bereits mit staatlichen Arbeitsbeschaffungsprogrammen begonnen (Sanmann, 1965).

Eine weitere Möglichkeit der Fiskalpolitik als Instrument der Stabilitäts- und Wachstumspolitik bietet die **Steuersenkung** zur Überwindung der Rezession.

Die Wirkungen einer Steueränderung lässt der **Steuermultiplikator** erkennen, der sich aus der ersten Ableitung in Gleichung (8) von Y nach T_0^{dir} ergibt. Er gibt an, wie sich eine Änderung der autonomen direkten Steuern auf das Volkseinkommen auswirkt:

$$\frac{dY}{dT_0^{dir}} = -\frac{c}{1-c(1-v)}$$

Wie zu vermuten war, ist der Multiplikator negativ: Eine Erhöhung von T_0^{dir} bringt eine Senkung des Volkseinkommens und eine Senkung der direkten autonomen Steuer bringt eine Erhöhung des Volkseinkommens (ceteris paribus). (Der Steuermultiplikator entspricht außerdem dem Transfermultiplikator. Sie unterscheiden sich nur durch das Vorzeichen.)

Zur Ermittlung des **Steuersatzmultiplikators** leitet man das Gleichgewichtsvolkseinkommen Y des Modells 3 nach dem Steuersatz „v" wie folgt ab:

Dividiert man Gleichung (7) in Modell 3 mit [1 – c(1 – v)], so erhält man:

$$Y = (C_o + c\,Z_{H_0} - c\,T_0^{dir} + I_o + A_{St_0})\,[1 - c(1 - v)]^{-1} \tag{7'}$$

$$= -1\,(C_o + c\,Z_{H_0} - c\,T_0^{dir} + I_o + A_{St_0})\,c\,[1 - c\,(1 - v)]^{-2}$$

Da Gleichung (7') gilt, kann für die Ableitung geschrieben werden:

$$\frac{dY}{dv} = -\frac{c}{1-c(1-v)}Y$$

Die **rechte Seite** der obigen Gleichung ist der **Steuersatzmultiplikator**:

Eine Erhöhung (Senkung) des Steuersatzes bewirkt eine Senkung (Erhöhung) des Volkseinkommens.

Variationen der Einkommensteuer sind in der Bundesrepublik entweder über eine Änderung des Einkommensteuergesetzes durch das Parlament möglich (diskretionäre Maßnahme) oder z. B. durch einen Zuschlag bzw. Abschlag von maximal 10 % zur Einkommensteuer (§ 26 Abs. 3 des Stabilitäts- und Wachstumsgesetzes) auf dem Verordnungswege durch die Bundesregierung, sofern Indikatoren eine Störung des gesamtwirtschaftlichen Gleichgewichts anzeigen (formula flexibility).

Der Staat hat die Möglichkeit, zur Überwindung der Rezession über eine **Steuersenkung** bewusst ein Defizit im Staatshaushalt herbeizuführen, indem er die Ausgaben konstant hält und das Defizit mit Hilfe einer Auflösung der Konjunkturrücklage oder durch eine Kreditaufnahme wie beim Deficit-spending finanziert. Man spricht dann von einem **Deficit-without-spending**.

Der Vorteil einer dieser Maßnahme besteht darin, dass in diesem Falle die private Nachfrage steigt, was von der Allokation der Ressourcen vorteilhaft wäre. Allerdings ist der Effekt auf das Volkseinkommen fraglich, da nicht voraussehbar ist, ob die Steuerzahler den Steuernachlass sparen oder ausgeben. Dies hängt u. a. auch von deren Konsumfunktion ab.

Geht man davon aus, dass es neben der autonomen direkten Steuer auch eine einkommensabhängige Steuer gibt, die gleichzeitig auch noch mit einem progressiven Einkommensteuersatz ausgestattet ist (was im Modell nicht gezeigt werden konnte), liegt der Fall eines **automatischen Stabilisators** vor: Mit steigendem Einkommen steigt innerhalb der sogenannten Progressionszone der Steuersatz. Damit sollen die privaten Wirtschaftseinheiten in der Phase der Überbeschäftigung kein besonderes Interesse mehr haben, ihr Einkommen weiter zu steigern und damit die Konjunktur weiter anzuheizen. Allerdings wirkt dieser automatische Stabilisator nur dann antizyklisch, wenn der Staat die Steuermehreinnahmen stilllegt. Im Abschwung bewirkt dieses System beim Einkommensrückgang eine Stabilisierung des Konsums der privaten Haushalte, da sie nun prozentual zu ihrem Bruttoeinkommen weniger Steuern zahlen und diese Beträge für den Konsum zur Verfügung stehen. Steigen die Einkommen allerdings nur nominal wegen einer anhaltenden Inflation und nicht real, so muss die Progressionszone immer wieder nach oben verschoben werden, weil die Steuerzahler sonst in eine immer höhere Progression kommen, ohne dass sie real mehr Einkommen erzielen (Nettoeinkommens-Hypothese).

Wie bereits unter dem Punkt 4 der Finanzierungsmöglichkeiten angedeutet, soll nun der Frage nachgegangen werden, welche Wirkungen eine **steuerfinanzierte Ausgabenerhöhung eines Staatshaushalts** hat.

Es wird angenommen, dass der Haushalt materiell ausgeglichen sein soll. Ein **materieller Haushaltsausgleich** liegt dann vor, wenn die Deckung der Ausgaben durch laufende Einnahmen (also nicht durch Kredite oder durch die Konjunkturausgleichsrücklagenauflösung) erfolgt.

Wir wollen die Wirkungsanalyse mit Hilfe von zwei Modellen etwas näher kommen.

Beim **Modell 4.2** bestehen die Ausgaben des Staates nur in Ausgaben für Güter. Die Staatseinnahmen bestehen aus einer autonomen direkten Steuer. Wir gehen von einem bestehenden ausgeglichenen Staatshaushalt aus, bei dem die Staatsausgaben für Güter gleich den Steuereinnahmen aus der autonomen direkten Steuer sind.

Der Staat erhöhe die Staatsausgaben für Güter (ΔA_{St_0}) und erhöhe in gleichem Maße die autonome direkte Steuer (ΔT_0^{dir}):

$$\Delta A_{St_0} = \Delta T_0^{dir}$$

Unter den gesetzten Bedingungen haben die Staatsausgaben nach Modell 4.1 auf das Volkseinkommen die Wirkung

$$\frac{1}{1-c}\ \Delta\ A_{St_o},$$

sofern nur einkommensunabhängige direkte Steuern erhoben werden (v = 0).

Die Wirkung einer Änderung der autonomen direkten Steuer beträgt in diesem Falle

$$-\frac{c}{1-c}\ \Delta\ T_o^{dir}$$

Die gemeinsame Wirkung der beiden Änderungen ergibt sich durch Addition:

$$Y = \frac{1}{1-c}\ \Delta\ A_{St_o} - \frac{c}{1-c}\ \Delta\ T_o^{dir}$$

Für den Änderungsbetrag der Staatsausgaben und den Änderungsbetrag der direkten Steuer setzen wir die Hilfsgröße Q:

$$\Delta\ Q = \Delta\ A_{St_o} = \Delta\ T_o^{dir}$$

Dann ist

$$\Delta\ Y = \frac{1}{1-c}\ \Delta\ Q - \frac{c}{1-c}\ \Delta\ Q$$

$$\Delta\ Y = \left(\frac{1}{1-c} - \frac{c}{1-c}\right)\ \Delta\ Q = \frac{1-c}{1-c}\ \Delta\ Q = 1 \cdot \Delta\ Q$$

Der Multiplikator ist in diesem Fall genau gleich eins. Dies bedeutet wirtschaftspolitisch:

Das Volkseinkommen steigt auch im Falle eines steuerfinanzierten Haushalts, und zwar um den Betrag der Ausgabenänderung. Diese Aussage wird auch als das **Haavelmo-Theorem** bezeichnet. In der angelsächsischen Literatur heißt der ermittelte Multiplikator **„balanced budget multiplier"** (Haavelmo, 1945; Schneider, 1973, S. 270). Dies bedeutet aber auch, dass ein öffentlicher Haushalt, der auf diese Weise ausgeglichen wird, immer noch Einkommenseffekte auslöst. Er ist nicht konjunkturneutral.

Dieser positive Effekt auf das Volkseinkommen beim Haavelmo-Fall lässt sich so erklären, dass der Staat die volle Höhe seiner Steuereinnahmen ausgibt. Der Staat spart nicht. Im Gegensatz dazu geben die privaten Haushalte nur einen Teil ihres Einkommens vollständig aus, da sie in der Regel sparen. Hätten sie das Einkommen, das ihnen durch die direkte Steuer entzogen wurde, behalten dürfen, so hätten sie einen Teil davon gespart. Dieser Teil hätte keine (kurzfristige) Wirkung auf das Volkseinkommen gehabt.

Die Übertragung dieser theoretischen Erkenntnisse auf die **praktische Wirtschaftspolitik** ist aber nicht ganz unproblematisch, da folgende Annahmen gemacht wurden:

1. Die privaten Ausgaben (insbesondere die Investitionen) werden durch die Änderung des Staatshaushalts nicht berührt.
2. Da wir eine statische Analyse vorgenommen haben, wurde indirekt unterstellt, dass die Staatsausgaben- und die Steueränderung gleichzeitig erfolgt.
3. Es wurde nur eine autonome direkte Steuer unterstellt.

Beim **Modell 4.3** soll wenigstens die zuletzt erwähnte Bedingung aufgehoben werden: Es sollen eine **autonome und eine einkommensabhängige direkte Steuer** unterstellt werden, wobei allerdings nur die Veränderung der autonomen Steuer berücksichtigt wird.

Die Multiplikatoren für die Staatsausgaben für Güter und für die Steuern sind aus den Ergebnissen von Modell 4.1 bekannt.

Die Wirkung einer Staatsausgabenänderung auf das Volkseinkommen ist dann:

$$\frac{1}{1-c(1-v)}\,\Delta A_{St_0}$$

Die Steuerwirkung auf das Volkseinkommen ist:

$$-\frac{c}{1-c(1-v)}\,\Delta T_0^{dir}$$

Es gilt wiederum:

$$\Delta Q = \Delta A_{St_0} = \Delta T_0^{dir}$$

Damit beträgt die Gesamtwirkung auf das Volkseinkommen:

$$\Delta Y = \frac{1}{1-c(1-v)}\,\Delta Q - \frac{c}{1-c(1-v)}\,\Delta Q$$

$$\Delta Y = \frac{1-c}{1-c(1-v)}\,\Delta Q$$

Der Multiplikator

$$\frac{1-c}{1-c(1-v)}$$

ist unter den Voraussetzungen, dass $0 < c < 1$ und $0 < v < 1$ gilt, immer **kleiner als eins, aber positiv.** Damit ist

$$\Delta Y < \Delta Q$$

Das Volkseinkommen steigt auch beim Vorhandensein einer einkommensabhängigen Steuer, wenn eine Ausgabenerhöhung in gleicher Höhe durch eine Erhöhung einer autonomen direkten Steuer erfolgt.

Man kann dieses Ergebnis auch so formulieren, dass auch ein ausgeglichener Staatshaushalt unter diesen Bedingungen **nicht konjunkturneutral** ist.

In der Rezession ist dies als positiv zu bewerten, während der Effekt in der Hochkonjunktur unerwünscht ist, da dadurch Preissteigerungen ausgelöst werden können.

Der Sachverständigenrat zur Begutachtung der gesamtwirtschaftlichen Entwicklung hat ist allerdings ein anderes Konzept entwickelt, und zwar über das Produktionspotential der Volkswirtschaft: Der Staatshaushalt ist dann konjunkturneutral, wenn die Staatsausgaben (bei optimaler Auslastung des Produktionspotentials) so stark wachsen wie das Produktionspotential, und die Einnahmen des Staates eine Aufkommenselastizität von 1 haben (Sachverständigengutachten 1967/1968).

4.3 Konjunktur- und Wachstumsprogramme

4.3.1 Die Problematik von Konjunkturprogrammen

Die obige Darstellung hat bereits die Vorzüge, aber auch einige Probleme des Einsatzes der Fiskalpolitik zur Konjunktursteuerung gezeigt.

Neben der bereits erwähnten Fehlallokationsproblematik von Ressourcen durch vorübergehenden staatlichen Infrastrukturmaßnahmen und der ordnungspolitischen Problematik einer Zunahme des Staatsanteils am Bruttoinlandsprodukt gibt es weitere zwei wichtige Argumente, die immer wieder **gegen** staatliche Konjunkturprogramme vorgebracht werden, und zwar der

- sogenannte Strohfeuereffekt und die
- Globalisierung.

Beim sogenannten **Strohfeuereffekt** geht es darum, dass diese einmaligen staatlichen Konjunkturprogramme zunächst die Konjunktur „anheizen“ und dann wieder nach kurzer Zeit „verpuffen“. Damit wären sie unwirksam. Die „Konjunkturspritze“ hätte nur einmal gewirkt. Um eine Dauerwirkung zu erzielen, müsse der Staat seine Konjunkturprogramme immer wieder neu auflegen. Sie würden zur Gewohnheit werden.

Mit Hilfe der dynamischen Multiplikatoranalyse wurde in Kapitel 3 bereits gezeigt, dass diese Wirkung einer Änderung einer autonomen Größe wie Nettoinvestition, Staatsausgaben, autonomer Konsum und des autonomen Exports im Zeitablauf immer kleiner wird.

Dabei ist zu berücksichtigen, dass auch im medizinischen Bereich einmalige Spritzen durchaus sinnvoll und wirksam sind so z. B. gegen akute Schmerzen. Beim Strohfeuerargument geht man eher analog von den Spritzen eines Diabetikers aus, der sie auf Dauer regelmäßig nehmen muss.

Die Annahme einer nur vorübergehenden Wirkung von Konjunkturprogrammen ist nur dann richtig, wenn sich das **Verhalten der Wirtschaftssubjekte <u>nicht</u> ändert**, d. h. unter der ceteris paribus-Klausel. Die Hoffnung bei staatlichen Konjunkturprogrammen besteht jedoch darin, dass durch diese Programme die Wirtschaftssubjekte wieder optimistisch gestimmt werden und damit ihr Konsumverhalten und ihr Investitionsverhalten ändern. Hier könnte die von *E. S. Phelps* für den Arbeitsmarkt entwickelte Hysteresis-Theorie auch auf dem Gütermarkt im **positiven** Sinne wirksam werden: Die Nachfrager sind durch das gestiegene Einkommen optimistisch vorgeprägt. Diese positive Stimmung bleibt zurück und wirkt noch später (griech. hysteros) auf ihr Verhalten.
Auch die stochastische Konjunkturtheorie vom *W. Krelle* (vgl. Kapitel „Konjunktur) unterstützt die These, dass auch durch relativ kleinen exogenen Ereignissen wie beispielsweise von einem staatlichen Konjunktur- und Wachstumsprogramm ein Konjunkturaufschwung möglich ist, der sich eigendynamisch fortsetzt und zu einen höheren Wachstumspfad führt.

Diese Konjunkturtheorie entkräftigt aber auch gleichzeitig das oben erwähnte Globalisierungsargument, ein Konjunktur- und Wachstumsprogramm habe in einer globalisierten Welt sowieso keine Wirkung.

In der Tat ist Deutschland im Verhältnis zu den Vereinigten Staaten ein kleines Land, weshalb ja die Vereinigten Staaten immer noch die sogenannte „Konjunktur-Lokomotive" für die Weltkonjunktur darstellen. In der Europäischen Union ist Deutschland aber die „Konjunktur-Lokomotive", die das „großes Land" Europäische Union als Ganzes mitziehen kann.

4.3.2 Konjunktur- und Wachstumsprogramme im EU-Währungsgebiet

Nach der Wirkungsanalyse staatlicher Einnahmen und Ausgaben auf das Volkseinkommen, soll nun die Frage geklärt werden, ob im Euro-Währungsgebiet die Möglichkeit besteht, im Rahmen einer Stabilitäts- und Wachstumspolitik staatliche Konjunktur- und Wachstumsprogramme durchzuführen.

Wie bereits erwähnt, besteht die beste Möglichkeit für ein Konjunktur- und Wachstumsprogramm darin, eine vorhandene **Konjunkturausgleichsrücklage** (§ 7 und § 5 StabG) aufzulösen.

Ist keine Rücklage vorhanden, dann muss der Staat zur Finanzierung des Programms einen Kredit aufnehmen, und zwar möglichst bei der Zentralbank.

Was nun die spezielle Situation im Euro-Währungsgebiet betrifft, so ist festzustellen, dass im Euro-Währungsgebiet die Aufnahme von Krediten bei den Zentralbanken des Europäischen Systems der Zentralbanken (ESZB) seit dem Maastrichter Vertrag für die Mitglieder des Eurosystems **nicht** mehr möglich ist.

Die Stabilisierung der öffentlichen Haushalte beginnt im Euro-Währungsgebiet damit, dass die Mitgliedschaft im Europäischen System der Zentralbanken die Erfüllung sogenannter Konvergenzkriterien des Maastrichter Vertrags voraussetzt.

Nach der Schaffung des Vertrages hat man festgestellt, dass allein die „Eintrittskriterien" für eine weitere stabilitätsorientierte Fiskalpolitik der Mitglieder nicht ausreichten. Auf dem EG-Gipfel im Jahre 1996 hat daher der damalige deutsche Finanzminister *Theo Waigel* einen **Stabilitäts- und Wachstumspakt** durchgesetzt, der zwei Konvergenzkriterien übernahm und die Einhaltung dieser Kriterien in normalen wirtschaftlichen Zeiten vorsieht:

1. Das jährliche Defizit der öffentlichen Haushalte darf nicht mehr als 3 % des Bruttoinlandsprodukts betragen.
2. Der öffentliche Schuldenstand darf 60 % des Bruttoinlandsprodukts nicht übersteigen.

Allerdings können diese Referenzwerte u. a. dann überschritten werden, wenn ein Defizit auf eine **schwere Wirtschaftskrise** zurückzuführen ist. Der Stabilitäts- und Wachstumspakt definiert diese Krise als ein **Rückgang** des Bruttoninlandprodukts um mindestens 0,75 %.

Für den Bundeshaushalt der Bundesrepublik Deutschland ergibt sich nach Art. 115 des Grundgesetzes zusätzlich eine Kreditbegrenzung: „Die Einnahmen aus Krediten dürfen die Summe der im Haushaltsplan veranschlagten Ausgaben für Investitionen nicht überschreiten; Ausnahmen sind nur zulässig zur Abwehr einer Störung des gesamtwirtschaftlichen Gleichgewichts." Allerdings haben die Bundesländer derzeitig keine Begrenzung ihrer Verschuldung, weshalb seit der Föderalismusreform (2007) über die Einführung einer Schuldenobergrenze diskutiert wird.

Aus Tabelle 4.3 ist die staatliche Verschuldung in Prozent des Bruttoinlandsprodukts der Länder der EWU nach dem Maastricht-Kriterium erkennbar.

Tabelle 4.3

Staatliche Verschuldung im Euro-Währungsgebiet in % des BIP

	1999	2000	2001	2002	2003	2004	2005	2006	2007
Euro-Währungsgebiet	72,6	69,6	69,4	69,2	70,6	69,6	70,2	68,5	66,4
Belgien	116,4	109,6	108,5	105,8	100,5	94,3	92,1	88,2	84,9
Deutschland	61,3	60,2	59,4	60,8	64,2	65,7	67,8	67,6	65,0
Finnland	46,9	44,5	43,9	42,6	45,3	44,1	41,3	39,2	35,4
Frankreich	58,7	57,2	56,8	58,6	63,0	64,3	66,4	63,6	64,2
Griechenland	104,6	106,2	106,9	104,7	103,0	108,5	98,0	95,3	94,5
Irland	50,1	39,3	36,1	32,3	32,0	29,7	27,4	25,1	25,4
Italien	114,5	110,6	110,6	108,0	106,2	103,8	105,8	106,5	104,0
Luxemburg	6,0	5,6	5,5	5,7	4,9	6,6	6,1	6,6	6,8
Niederlande	63,2	55,8	52,9	52,6	54,8	52,6	52,3	47,9	45,4
Österreich	64,7	66,8	67,1	66,6	65,0	63,9	63,5	61,8	59,1
Portugal	55,0	53,3	55,6	58,1	59,4	58,2	63,6	64,7	63,6
Slowenien						28,9	27,5	27,2	24,1
Spanien	63,4	60,5	57,5	54,6	50,8	46,2	43,0	39,7	36,2

Quelle: MB Bundesbank 9/01, 6/04, 10/07, S. 7* u. 5/08 S. 6*f.

Das gesamte Euro-Währungsgebiet hat dabei mit einer Quote von 66,4 % (2007) sein Ziel verfehlt. Die Quote ist aber seit 2004 rückläufig. Deutschland liegt mit 65,0 % (2007) knapp über dem Referenzwert. Extrem hoch liegen nach wie vor die Werte von Belgien, Griechenland und Italien. Allerdings hat Belgien seine Quote seit 2004 deutlich reduzieren können. Irland hat seine Quote seit 1999 von 50,1 % bis auf 25,4 % im Jahre 2007 aufgrund einer Hochkonjunktur abbauen können.

Die Anstrengungen zur Stabilisierung der Staatshaushalte im Euro-Währungsgebiet waren von 1999 bis 2000 erfolgreich, was die Neuverschuldung der Mitgliedsländer betrifft, wie aus Tabelle 4.4 ersichtlich ist. In den Jahren 1999 und 2000 hatte kein einziges Land ein Haushaltsdefizit, das über 3 % des Bruttoinlandsprodukts lag. Sogar Griechenland lag mit seinem Defizit unter 3 %, weshalb es auch Anfang 2001 in das Eurosystem aufgenommen werden konnte.

Tabelle 4.4

Haushaltsüberschüsse (+) oder -defizite (-) im Euro-Währungsgebiet in % des BIP

	1999	2000	2001	2002	2003	2004	2005	2006	2007
Euro-Währungsgebiet	-1,2	0,2	-1,6	-2,3	-2,7	-2,8	-2,6	-1,3	-0,6
Belgien	-0,7	0,1	0,4	0,1	0,3	0,0	-2,3	0,3	-0,2
Deutschland	-1,6	1,1	-2,8	-3,5	-3,9	-3,7	-3,4	-1,6	0,0
Finnland	1,8	6,9	5,2	4,3	2,3	2,3	2,9	4,1	5,3
Frankreich	-1,6	-1,4	-1,5	-3,2	-4,1	-3,6	-2,9	-2,4	-2,7
Griechenland	-1,8	-1,9	-1,4	-1,4	-3,2	-7,9	-5,1	-2,6	-2,8
Irland	2,1	4,3	1,1	-0,2	0,2	1,4	1,6	3,0	0,3
Italien	-1,8	-0,6	-2,6	-2,3	-2,4	-3,5	-4,2	-3,4	-1,9
Luxemburg	4,7	6,1	6,3	2,7	-0,1	-1,2	-0,1	1,3	2,9
Niederlande	1,0	2,2	0,0	-1,9	-3,2	-1,8	-0,3	0,5	0,4
Österreich	-2,1	-1,5	0,2	-0,2	-1,3	-1,2	-1,5	-1,5	-0,5
Portugal	-2,0	-2,8	-4,4	-2,7	-2,8	-3,3	-6,1	-3,9	-2,6
Slowenien						-2,3	-1,5	-1,2	-0,1
Spanien	-1,2	-0,8	-0,4	0,0	0,3	-0,2	1,0	1,8	2,2

Quelle: MB Bundesbank 9/01, 6/04, 10/07, S. 7* u. 5/08 S. 6*f.

Bereits 2002 überschritten allerdings die beiden wichtigsten Länder im Euro-Währungsgebiet Deutschland mit 3,5 % und Frankreich mit 3,2 % die zulässige Höchstgrenze.

Seit 2005 sind die Quoten insgesamt wieder rückläufig. Nur Italien und Portugal fallen mit ihren Quote deutlich aus dem Rahmen.

Generell muss zur Frage der **Stabilisierung der Staatshaushalte** gesagt werden, dass dies im Interesse der Stabilität des Geldwertes liegt und damit auch als Unterstützung der Geldpolitik der EZB gesehen werden muss. Damit wird die Glaubwürdigkeit des Euro-Währungsgebiets gefördert.

Der Stabilitäts- und Wachstumspakt hat diese Stabilitätsziele nicht nur als deklaratorische Ziele festgelegt, sondern auch Sanktionen für alle Staaten vorgesehen, die diese Ziele nicht einhalten. Die Sanktionen bestehen u. a. aus Geldstrafen.

Trotz dieser Begrenzung durch den Stabilitäts- und Wachstumspakt, besteht doch innerhalb der beiden Verschuldungskriterien genügend Spielraum für Konjunktur- und Wachstumsprogramme, wenn man als Staat in normalen Zeiten die Kriterien eingehalten hat.

Abgesehen vom zweiten Kriterium würde das für Deutschland im Jahre 2007 bei einem Bruttoinlandprodukt von 2423,8 Mrd. € einen Verschuldungsspielraum von ca. 70 Mrd. € bedeuten.

Allerdings gibt es bei diesem Konzept einer Haushaltsstabilisierung u. a. den Schwachpunkt, dass bei einem Wirtschaftswachstum der Handlungsspielraum größer wird, denn die zusätzlichen Einnahmen müssen nach diesem Pakt nicht automatisch zum Schuldenabbau verwendet werden.

Eine weitere Problematik besteht darin, dass eine politische Instanz, und zwar der Rat der Wirtschafts- und Finanzminister (ECOFIN) sowohl darüber befindet, ob ein übermäßiges Haushaltdefizit bei einem Mitgliedsland vorliegt als auch über nötige Sanktionen. Dies bedeutet, dass potentielle Sünder über aktuelle Sünder abstimmen, was zu einer nachsichtigen Verhaltensweise führt.

Kontrollfragen zu Kapitel 4

1. Was versteht man unter „Fiskalpolitik"?
2. Welche Arten von Maßnahmen können bei der Fiskalpolitik unterschieden werden?
3. Was sind prozyklische und antizyklische Konjunkturmaßnahmen?
4. Seit wann bestehen in der Bundesrepublik Deutschland die rechtlichen Möglichkeiten einer Fiskalpolitik?
5. Wann liegt ein „deficit spending" und ein „deficit-without-spending des Staates vor?
6. Wie lautet der einfache Staatsausgabenmultiplikator? Welche wirtschaftspolitischen Schlussfolgerungen können aus einem Vergleich des einfachen Staatsausgabenmultiplikators mit dem Investitionsmultiplikator gezogen werden?
7. Welche Finanzierungsmöglichkeiten gibt es für Defizite des Staatshaushalts und welche Wirkungen lösen sie aus?
8. Erläutern Sie die Effekte der Senkung von Staatsausgaben während einer Rezession! Welches historische Beispiel kann dafür als Demonstrationsobjekt herangezogen werden?
9. Welche wirtschaftspolitischen Schlussfolgerungen könnten aus der Gegenüberstellung des Staatsausgabenmultiplikators und des Transfermultiplikators gezogen werden?
10. Berechnen Sie den Steuersatzmultiplikator aufgrund folgender Werte: $c = 0{,}8$; $v = 0{,}1$; $Y = 700$ Mrd. €! Wie groß ist die Änderung des Volkseinkommens, wenn der Steuersatz um 1 Prozentpunkt erhöht wird und die Steuermehreinnahmen vom Staat nicht wieder ausgegeben werden?
11. Inwiefern wirkt die progressive Einkommensbesteuerung als automatischer Konjunkturstabilisator?
12. Was ist ein konjunkturneutraler Staatshaushalt und ein materieller Haushaltsausgleich?
13. Erläutern Sie die beiden Maastricht-Kriterien, die eine Begrenzung der Schuldenaufnahme der Mitglieder der Europäischen Währungsunion vorsehen!

5 Konsum

Consumption ... is the sole end and object of all economic activity.
J. M. Keynes

Da die private Nachfrage nach Konsumgütern über 50 % der Güternachfrage beträgt, wie bei der Verwendung des Bruttoinlandsprodukts gezeigt wurde, ist es notwendig, sich ausführlicher mit dieser Variable zu beschäftigen, und zwar auch wegen ihrer wirtschaftspolitischen Relevanz.

Zunächst soll nochmals auf die kurzfristige keynesianische Annahme einer Abhängigkeit des Konsums vom verfügbaren Einkommen eingegangen werden und dann weitere Konsumfunktionen gezeigt werden, die sich aufgrund von empirischen Untersuchungen ergeben haben.

5.1 Die absolute Einkommenshypothese

Wir hatten bereits bei der Darstellung einer linearen Konsumfunktion nach *Keynes*

$$C = C_o + cY$$

gesehen, dass *Keynes* annahm, die Konsumquote würde mit steigendem absolutem Einkommen sinken bzw. die Sparquote mit steigendem absolutem Einkommen zunehmen.

Wir haben dann unterstellt, dies würde sich auf die durchschnittliche Konsumquote bzw. die durchschnittliche Sparquote beziehen. *Keynes* selbst hat dies allerdings nicht näher spezifiziert, weshalb ohne weiteres auch angenommen werden kann, dass er eine abnehmende marginale Konsumquote bzw. eine zunehmende marginale Sparquote meinte.

In diesem Falle könnte eine Konsumfunktion folgenden Typs vorliegen:

$$C = C_o + a\sqrt{Y} \qquad C_o > 0$$

$$a > 0$$

Die marginale Konsumquote dieser Funktion ergibt sich aus der ersten Ableitung von C nach Y:

$$\frac{dC}{dY} = \frac{a}{2\sqrt{Y}}$$

Abbildung 5.1 zeigt eine derartige nichtlineare Funktion.

Wird diese nichtlineare Funktion unterstellt, so wird angenommen, dass die marginale Konsumquote **und** die durchschnittliche Konsumquote sinken. Das ließe einen Konsumausfall befürchten, der durch staatliche Ausgaben kompensiert werden müsste, sofern nicht eine Zunahme der privaten Investitionen und/oder eine Zunahme des Exports langfristig Abhilfe schaffen könnte.

Die seit der Weltwirtschaftskrise von 1929 langfristig befürchtete **Stagnation** trat nicht ein, da sich vor allem der autonome Konsum auf Grund exogener Faktoren langfristig erhöht hat (Verschiebung der Kurve nach oben) (Lindauer, 1971, S. 58 ff.).

Die von uns bisher verwendete einfache Konsumfunktion, d. h. die Annahme, der Konsum der privaten Haushalte sei von ihrem verfügbaren Einkommen abhängig, ist eine starke Vereinfachung der Theorie von *Keynes*, die bereits 1937 von *J. R. Hicks* vorgenommen wurde (Hicks, 1937).

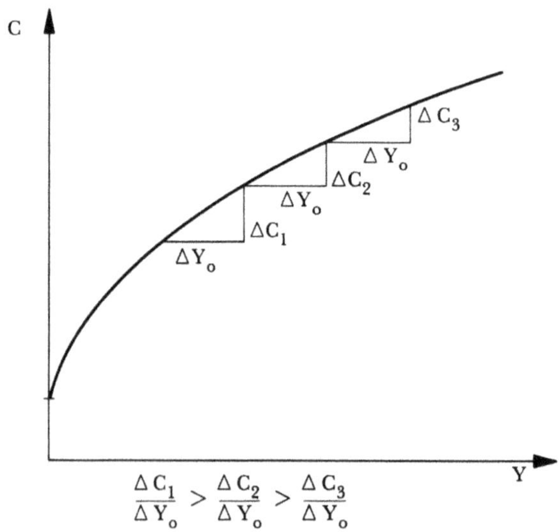

Abbildung 5.1

Keynes selbst hat in seiner „Allgemeinen Theorie“ eine umfangreiche Liste von objektiven und subjektiven Faktoren erstellt, die neben dem verfügbaren Einkommen den Konsum bestimmen können (Keynes, 1936, S. 89 ff.).

So sind die wichtigsten **objektiven Faktoren** nach *Keynes*

- die Änderung des Lohn- und Preisniveaus,
- das Auftreten von Zufallseinkommen (windfall gains) und Zufallsverlusten,
- die Änderung der Zinssätze,
- die Änderung der Fiskalpolitik und
- Änderungen des Verhältnisses zwischen dem Gegenwartseinkommen und dem erwarteten zukünftigen Einkommen.

Keynes nimmt allerdings an, dass diese Faktoren keinen entscheidenden Einfluss auf den aktuellen Konsum haben, da sie sich nicht plötzlich grundlegend ändern. Für ihn ist das aktuelle Einkommen die wichtigste Variable. Insofern hat ihn *Hicks* richtig interpretiert.

Genauso ist die Haltung von *Keynes* gegenüber den von ihm aufgezählten **subjektiven Faktoren**, die er zwar als existent anerkennt, denen er aber keinen entscheidenden Einfluss beimisst.

Zu diesen subjektiven Faktoren gehören u. a.

- Vorsicht,
- Voraussicht,
- Berechnung,
- Unabhängigkeit,
- Unternehmungslust,
- Stolz und
- Geiz.

Diese Liste der objektiven und subjektiven Faktoren hat *M. Friedman* veranlasst, einzelne dieser Faktoren näher zu untersuchen, um sie dann in ihre Konsumfunktion aufzunehmen.

Die Entwicklung der postkeynesianischen Konsumfunktionen beginnt allerdings nicht mit der Untersuchung der obigen Faktoren, sondern mit dem Versuch, die Konsumfunktion von *Keynes* empirisch zu testen, und zwar für die USA.

5.2 Die langfristige und die kurzfristige Konsumfunktion

Zwei verschiedene Untersuchungsmethoden brachten auch zwei verschiedene Ergebnisse:

Querschnittsanalysen zeigten, dass Haushalte, deren Konsum zum gleichen Zeitpunkt untersucht wurde, eine höhere Konsumquote hatten, wenn sie unter dem Durchschnittseinkommen lagen. Haushalte, die über dem Durchschnittseinkommen lagen, hatten dagegen eine niedrigere Konsumquote.

Das bestätigte die Konsumfunktion von *Keynes*.

Zeitreihenuntersuchungen über lange Zeiträume, die von *S. Kuznets* (1946) und von *R. Goldsmith* (1955) durchgeführt wurden, zeigten dagegen eine konstante durchschnittliche Konsumquote.

Diese Ergebnisse schienen der absoluten Einkommenshypothese von *Keynes* zu widersprechen.

Abbildung 5.2 zeigt allerdings, dass die beiden Ergebnisse nicht unbedingt widersprüchlich sein müssen.

Die unter der 45^0- Linie verlaufende langfristige Konsumfunktion (C_L) ergab sich aus der Anpassung dieser Kurve an eine Wolke von Punkten (Trendgerade). Diese Punkte hätten sich auch aus der Verschiebung von kurzfristigen Konsumfunktionen

$$(C_K^1, C_K^2, C_K^3)$$

nach oben im Zeitablauf ergeben können. Die Punkte A, B, C wären dann nicht mehr als Punkte der Kurve C_L, sondern als Punkte der kurzfristigen Kurven (C_K) zu interpretieren.

Als Ursachen für die Verschiebung der kurzfristigen Konsumfunktion nach oben wurden angenommen (Makin, 1975, S. 111):

1. Die Zunahme der konsumfreudigeren Stadtbevölkerung zugunsten der sparsamen Landbevölkerung bewirkte eine Verschiebung der Funktion nach oben.
2. Die Erhöhung der Lebenserwartung führte zu einer Steigerung der Anzahl der Pensionäre, die bei niedrigerem Einkommen (Rente) ihre bisherigen Konsumgewohnheiten beibehielten.
3. Steigender Wohlstand führt dazu, dass immer weniger vom laufenden Einkommen für eine Vermögensbildung (Sparen) abgezweigt werden muss, weshalb mehr vom Einkommen für den Konsum verwendet werden kann.

Geht man von der Keynesschen Theorie aus, so bedeutet dies, dass objektive und subjektive Faktoren die Konsumfunktion im Zeitablauf zwar nach oben verschieben, sie aber im Grunde genommen auch durch Zeitreihenuntersuchungen bestätigt wurde.

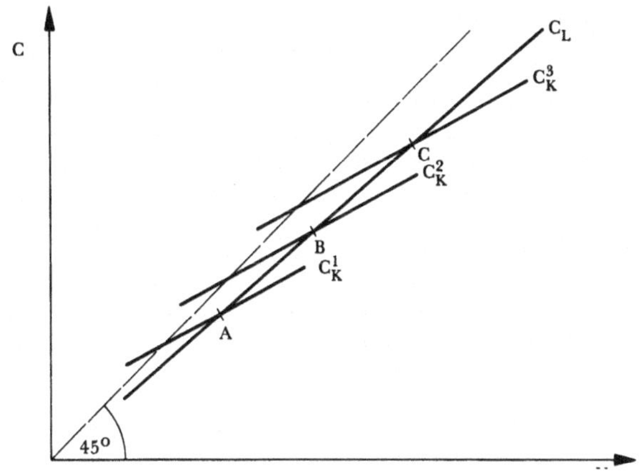

Abbildung 5.2

Empirische Daten für das frühere Bundesgebiet für die Zeit von 1970-1991 über den Zusammenhang von privatem Konsum und verfügbarem Einkommen lassen ebenfalls eine langfristige Konsumfunktion vermuten, wenn eine Trendberechnung vorgenommen wird. Es kann aber auch hier vermutet werden, dass es sich bei den dargestellten Punkten nur um Punkte von kurzfristigen Konsumfunktionen handelt, die immer wieder nach oben verschoben werden (Peto, 2000, S. 112 ff.).

5.3 Die relative Einkommenshypothese (Duesenberry)

Die Erklärungen über die unterschiedlichen Ursachen der Verschiebung der kurzfristigen Konsumfunktion nach oben haben die Anhänger der langfristigen Konsumfunktion nicht befriedigt. Sie behaupteten weiterhin, dass die langfristige Konsumfunktion die „wahre“ Funktion sei und die kurzfristige Funktion nur durch kurzfristige, vorübergehende und unwesentliche Faktoren entstehen könne.

J. S. Duesenberry versuchte mit seiner relativen Einkommenshypothese, die beiden Theorien zu versöhnen (Duesenberry, 1949).

Der Konsum wird bei *Duesenberry* nicht durch die absolute Höhe des laufenden Einkommens bestimmt, sondern durch das Verhältnis zwischen dem Gegenwartseinkommen und dem jemals erreichten höchsten Einkommen (Y^{max}) oder, anders ausgedrückt, vom einmal erreichten Lebensstandard.

Die Behauptung beruht auf einer Querschnittsuntersuchung über das Konsumverhalten von Schwarzen- und Weißenhaushalten in den USA. *Duesenberry* beobachtete, dass Schwarzenfamilien bei gleichem Einkommen niedrigere Konsumausgaben haben als Weißenfamilien. Dieser Unterschied besteht nach *Duesenberry* deshalb, weil diese Familien jeweils einer anderen sozialen Schicht angehören und daher z. B. in unterschiedlichen Wohngegenden wohnen, und damit aufgrund ihrer unterschiedlichen sozialen Stellung unterschiedlichen Konsum demonstrieren müssen („demonstration effect“). Die oberste Grenze für ihre Demonstration bildet das jemals erreichte höchste Einkommen, das ihren erreichten Lebensstandard innerhalb ihrer sozialen Schicht bestimmt. Sinkt dieses Einkommen ab, so bestimmt nicht ihr aktuelles Einkommen die Höhe des Konsums, sondern die Relation zwischen dem aktuellen und dem bisher höchsten Einkommen.

Damit wird eine soziologische bzw. sozialpsychologische Komponente in die Konsumtheorie aufgenommen.

H. G. Johnson hat gezeigt, welche verschiedenen Verhaltensweisen innerhalb der Sozialstruktur für das einzelne Wirtschaftssubjekt möglich sind, z. B. „keeping up with the Joneses“ oder „keeping ahead of the Smiths“.

Wir können diese mikroökonomischen Untersuchungsergebnisse auch auf eine makroökonomische Konsumfunktion übertragen: Der einmal erreichte Lebensstandard, der dargestellt wird durch das jemals erreichte höchste Volkseinkommen, bestimmt den Konsum in einer Volkswirtschaft.

Abbildung 5.3 kann im Hinblick auf diese Hypothese interpretiert werden.

Man kann davon ausgehen, dass der Konsum in einer Volkswirtschaft eine gewisse Trägheit aufweist, sobald das Volkseinkommen rückläufig ist (Rezession). Der Konsum sinkt nicht proportional zum Volkseinkommen ab (und damit nicht auf der Kurve C_L), sondern geht von Punkt A auf der kurzfristigen Konsumfunktion $C_{K_{t-1}}$ zurück in Richtung B (ratchet effect = Sperrklinkeneffekt). Die Reaktion entspricht der Wirkung einer Türklinke, die nur bis zu einem bestimmten Punkt runtergedrückt werden kann.

Steigt dagegen das bisher maximal erreichte Einkommen Y_{t-1}^{max} auf das neue Y_t^{max} an, so steigt der Konsum ebenfalls proportional an entlang der langfristigen Konsumfunktion C_L.

Dabei wird unterstellt, dass die Wirtschaftseinheiten annehmen, der konjunkturelle Einbruch sei nur vorübergehend, und das früher einmal erreichte höchste Einkommen könne in relativ kurzer Zeit wieder erreicht werden (positive Einkommenserwartungen).

Duesenberry kommt dabei zu der Konsumfunktion folgenden Typs:

$$\frac{C_t}{Y_t} = C_o - c\frac{Y_t}{Y_{t-n}^{max}} \qquad C_o > 0 \qquad 0 < c < 1$$

$$n = 0,1,2,3,\ldots$$

Die von ihm empirisch ermittelte Funktion lautet (Ackley, 1971, S. 244):

$$C_t = 1{,}196\ Y_t - 0{,}25\ \frac{Y_t^2}{Y_{t-n}^{max}}$$

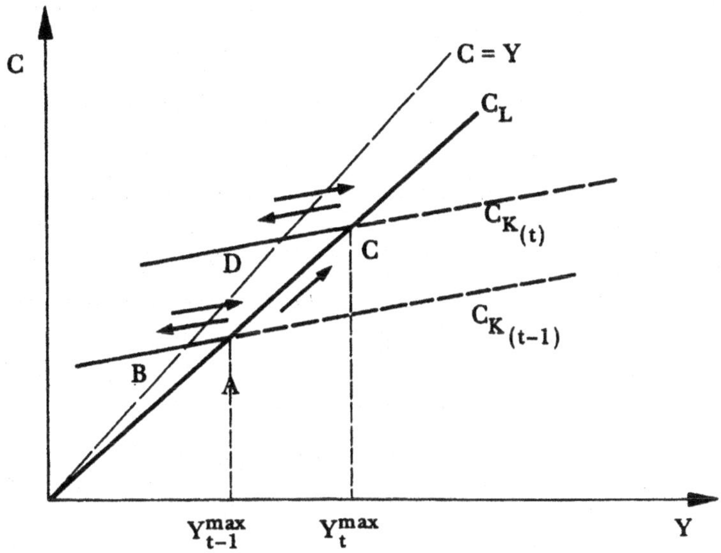

Abbildung 5.3

Neben dieser Erklärung von *Duesenberry* für das unterschiedliche Konsumverhalten von Schwarzen und Weißen in den USA gibt es noch eine andere Erklärung von *J. Tobin*, die kurz erwähnt werden soll: Minderheiten (wie die Schwarzen in den USA) versuchen, sich durch eine hohe Sparquote gegenüber ihrer instabilen Zukunft besonders abzusichern.

5.4 Die Lebenszyklus-Hypothese (Modigliani)

Ein weiterer Erklärungsversuch für den unterschiedlichen Verlauf der langfristigen und der kurzfristigen Konsumfunktion stammt von *Franco Modigliani* und seinen Mitarbeitern *Albert Ando* und *Richard Bromberg* (Mankiw, 1998, S. 464 ff.; Hall, 1993, S. 287 ff.).

Sie analysierten das Konsumverhalten nach dem zweiten Weltkrieg in den USA. Allgemein war erwartet worden, dass es wie nach dem ersten Weltkrieg zu einer Rezession kommen würde wegen eines erwarteten Rückganges des privaten Konsums. Es kam zu keinem Einbruch der Konsumgüternachfrage, sondern zu einer Zunahme. Die Erklärung von *Modigliani* dazu: Der Konsum wird von der Höhe der Einkommen (Y) aber auch durch die Höhe des Vermögens (W) bestimmt.

Die Konsumfunktion nach *Modigliani* sieht dann wie folgt aus:

$$C = c_w\, W + c\, Y$$

Der Parameter „c_w“ wird dabei als marginale Konsumquote vom Vermögen und der Parameter „c “ als marginale Konsumquote vom Einkommen bezeichnet.

Die empirischen Ergebnisse für die USA ergaben: $c_w = 0{,}06$ und $c = 0{,}7$.

Entscheidend für die Höhe des Konsums ist nach *Modigliani* das Lebenszeiteinkommen des einzelnen Konsumenten.

Der Gesamtbetrag, der einem Konsumenten während seines Lebens zur Verfügung steht, ergibt sich aus dem Anfangsvermögen und dem Lebenszeiteinkommen. Das Lebenszeiteinkommen errechnet sich aus den restlichen Berufsjahren (R) und dem Jahreseinkommen: R mal Y.

Erwartet der Konsument noch T Jahren zu leben, so kann er in dieser Zeit sein Vermögen verbrauchen. Teilt der Konsument den Gesamtbetrag W + RY gleichmäßig jährlich auf, so ergibt sich ein Konsum von jährlich

$$C = (W + RY)/T$$

oder

$$C = (1/T)\, W + (R/T)\, Y$$

Nimmt man ein Zahlenbeispiel dazu für R = 30 restliche Berufsjahre und T = 50 restliche Lebensjahre, so ergibt sich eine Konsumfunktion von

$$C = 0{,}02\, W + 0{,}6\, Y$$

Bei dieser Konsumfunktion wurde allerdings u. a. nicht berücksichtigt, dass der Konsument vielleicht auch ein Erbe hinterlassen möchte.

Geht man von einer derartigen Lebenszyklus-Hypothese aus, so kann der autonome Konsum der kurzfristigen Konsumfunktion mit dem Konsum auf der Basis des Vermögens erklärt werden.

$$C_o = b\, W$$

Eine Zunahme des Vermögens verschiebt die kurzfristige Konsumfunktion nach oben.

Dies wurde an anderer Stelle als eine Zunahme des Lebensstandards interpretiert.

Mit der Modigliani-Konsumfunktion wurde zugleich auch das zukünftig erwartete Einkommen berücksichtigt.

5.5 Die permanente Einkommenshypothese (Friedman)

Eine Neuformulierung der Konsumfunktion versuchte *M. Friedman* (1957) mit seiner permanenten Einkommenshypothese unter Berücksichtigung des Vermögens und auch zukünftig erwarteter Einkommen (Friedman, 1957).

Friedman spaltet das laufende Einkommen (Y_t) in ein permanentes (Y_t^p) und in ein transitorisches Einkommen (Y_t^{tr}) auf:

$$Y_t = Y_t^p + Y_t^{tr}$$

Unter permanentem Einkommen versteht er dabei den Teil, den der Einzelne als sein Dauereinkommen ansieht, während der transitorische Teil aus den sogenannten Zufallseinkommen (windfall incomes) besteht.

Analog zu dieser Aufteilung gibt es bei *Friedman* permanenten und transitorischen Konsum:

$$C_t = C_t^p + C_t^{tr}$$

Der permanente Konsum wird vom permanenten Einkommen bestimmt, und zwar in der Weise, dass gilt:

$$C_t^p = k_t Y_t^p$$

Wobei der Faktor k wiederum abhängig ist vom Vermögen w, vom Zinssatz i und der Größe u, die beispielsweise Konsumentenpräferenzen berücksichtigt:

$$k_t = k_t (w, i, u)$$

Die Variable w errechnet sich aus dem Verhältnis von „nonhuman wealth“ zum „human wealth“ (Humankapital), wobei unter „human wealth“ der Gegenwartswert aller zukünftig erwarteten Einkommen aus menschlicher Arbeit zu verstehen ist.

Für die näherungsweise Ermittlung des permanenten Einkommens schlägt *Friedman* die Berücksichtigung des vergangenen und zukünftigen Einkommens vor, wobei ein Durchschnittswert zu bilden ist, der Einkommen umso stärker gewichtet, je näher sie der laufenden Periode sind. Ein Methode, die auch in analoger Weise bei der Berechnung der Ertragskraft eines Unternehmens verwendet wird.

Was das transitorische Einkommen (Y_t^{tr}) betrifft, so tritt dieses Einkommen unerwartet, d. h. zufällig auf und stellt eigentlich nur die Abweichung zwischen dem laufenden Einkommen und dem permanenten Einkommen dar. Das transitorische Einkommen kann daher auch nicht die Höhe des transitorischen Konsums bestimmen.

$$C_t^{tr} \neq C_t^{tr} (Y_t^{tr})$$

Das bedeutet gleichzeitig, dass ein Ansteigen oder Fallen des transitorischen Einkommens keine Veränderung des Konsums bringt. Tritt ein transitorisches Einkommen auf, so wird es gespart und erhöht damit über die Zunahme des „nonhuman wealth“ das Dauereinkommen.

Allerdings haben Untersuchungen ergeben, dass langfristig doch ein Zusammenhang zwischen dem transitorischen Konsum und dem transitorischen Einkommen besteht (Houthakker, 1958).

Geht man – wie *Friedman* – davon aus, dass die transitorischen Variablen langfristig bei einer großen Gruppe von Wirtschaftseinheiten für den laufenden Konsum keine Rolle spielen, so **bestimmt der permanente Konsum den laufenden Konsum.**

Für wirtschaftspolitische Maßnahmen und für die Folgen von Verhaltensänderungen der Wirtschaftseinheiten bringt die Theorie von *Friedman* einige grundlegende Änderungen: **Fiskalische Maßnahmen, die das verfügbare Realeinkommen ändern, haben demnach keinen unmittelbaren Einfluss auf die Höhe des laufenden Konsums**: So mag während einer Inflationsperiode eine Steuererhöhung angebracht sein. Wenn die Haushalte jedoch weiter eine inflationäre Entwicklung erwarten, werden sie ihren Konsum nicht einschränken, obwohl ihr verfügbares Einkommen durch die Steuererhöhung gesunken ist.

Dies ist nach *Friedman* damit zu erklären, dass eine plötzliche Steuererhöhung zwar das transitorische Einkommen (Y_t^{tr}) berührt, nicht aber den permanenten Konsum.

Wird in der Rezession eine Steuersenkung durchgeführt, so kann das für die Konsumenten ein Zeichen dafür sein, dass die Rezession schlimmer als angenommen ist, so dass sie ihren Konsum reduzieren und mehr sparen, obwohl sich ihr verfügbares Einkommen erhöht hat.

Es wäre demnach wichtig, wirtschaftspolitische Maßnahmen so zu treffen, dass sie den permanenten Konsum treffen, was nur durch eine Kombination fiskalischer und monetärer Maßnahmen möglich ist, die langfristig angelegt sind (Cochrane, 1974, S. 117f.).

5.6 Die Habit-Persistence-Hypothese (Brown)

Eine weitere Annahme über das Konsumverhalten der Haushalte hat *T. M. Brown* (1952) gemacht, der wie *Duesenberry* von einer gewissen Trägheit des Konsums ausgeht, sie aber nicht weiter zu analysieren versucht (Brown, 1952, S. 355-371). Die Haushalte reagieren nach ihm sowohl bei Einkommenserhöhungen als auch bei Einkommenssenkungen nur zögernd auf diese Änderungen. Sie versuchen, ihren Konsum beizubehalten.

Unter dieser Habit-Persistence-Hypothese versteht man daher die Annahme, dass der private Konsum der Periode t **vom Einkommen dieser Periode und vom Konsum der Vorperiode** abhängt:

$$C_t = C_o + c\,Y_t + d\,C_{t-1} \qquad 0 < c < 1;\; 0 < d < 1$$

Für die Bundesrepublik Deutschland wurde diese Untersuchung durch empirische Untersuchungen gestützt (vgl. die positiven Ergebnisse bei Richter, 1978, S. 228 ff.).

5.7 Der Robertson-lag

Sowohl die Duesenberry-Hypothese als auch die Hypothese von *Brown* enthalten time lags. Während bei *Duesenberry* die Zeitperiode vom höchsten erreichten Einkommen zum laufenden Einkommen nicht exakt bestimmt wird, gibt die Habit-Persistence-Hypothese eine zeitliche Verzögerung von einer Periode für den Konsum an.

D. H. Robertson hat bereits vor *Brown* versucht, die Höhe des aktuellen Konsums auf die **Höhe des Einkommens der Vorperiode** zurückzuführen (Ackley, 1971, S. 255 ff.).

$$C_t = C_t\,(Y_{t-1})$$

Er vertrat die Auffassung, dass die Wirtschaftseinheiten erst dann konsumieren können, wenn sie Bargeld (cash) haben. Unabhängig von der Existenz eines Giralgeldes (und einer Kreditschöpfung) war er der Meinung, dass der laufende Konsum durch das Einkommen der Vorperiode bestimmt wird.

Weitere Gründe für ein derartiges Verhalten können institutioneller Natur sein wie langfristige Mietverträge oder aber auch die Existenz von dauerhaften Konsumgütern: Wenn das Einkommen eines privaten Haushalts gestiegen ist, wird er sich nicht sofort nach einer größeren Wohnung umsehen, auch wenn er davon ausgeht, dass die Erhöhung nachhaltig ist. Oder auf ein dauerhaftes Konsumgut bezogen: Ein höheres Einkommen kann die Familie veranlassen, einen größeren Kühlschrank zu kaufen. Ist der vorhandene Kühlschrank neu, wird er wahrscheinlich nicht sofort ersetzt, auch wenn das aktuelle Einkommen gestiegen ist.

Was die Länge der zeitlichen Verzögerung bei der Robertson-Funktion betrifft, so muss davon ausgegangen werden, dass die Periode relativ kurz anzunehmen ist, und zwar höchstens bis zu einem Vierteljahr. Für längere Perioden konnten empirische Untersuchungen keinen derartigen Zusammenhang nachweisen.

Unter Beachtung dieser empirischen Untersuchungsergebnisse soll jedoch diese Konsumfunktion („Robertson-lag“ genannt) bei der Multiplikator-Akzelerator-Analyse unterstellt werden, wie das bereits beim Multiplikatorprozess geschehen ist.

5.8 Die Konsumfunktion von Hall

Wie bereits bei den bisher dargestellten Konsumfunktionen dargelegt wurde, geht es bei diesen Funktionen darum, ob die Wirkung wirtschaftspolitischer Maßnahmen in Hinblick auf den Konsum (z. B. Erhöhung des verfügbaren Einkommens durch Senkung der Einkommensteuersätze) prognostizierbar sind.

R. E. Hall zeigte anhand seiner Untersuchungen, dass die **Änderungen des Konsums nicht vorhersehbar sind**. Er verwendete dabei den Begriff „Random walk“ (Zufallsbewegung), der bedeutet, dass die weitere Entwicklung einer Variablen nicht vorhersehbar ist.

Hall erklärt das anhand der menschlichen Körperbewegung: „If it is as likely that you are taking your next step forward or backward, you are taking a random walk.“ (Hall, 1993, S. 292).

Er begründet dieses Verhalten aus einer Kombination der Theorie der rationalen Erwartungen und der Permanenten-Einkommenshypothese von *Friedman*.

Bei der **Theorie der rationalen Erwartungen** wird davon ausgegangen, dass die Wirtschaftssubjekte bei Prognosen alle verfügbaren Informationen optimal nutzen.

Geht man von der Permanenten-Einkommenshypothese aus, so versuchen die Konsumenten ihren Konsum bei schwankendem Einkommen zu glätten. Der Konsum ändert sich aber im Zeitablauf, sofern neue Informationen über das zukünftige Einkommen auftauchen.

Treten jedoch „Überraschungen“ bezüglich des Einkommens auf, wirkt sich das auf das Lebenszeiteinkommen (*Modigliani*) bzw. das Dauereinkommen (*Friedman*) langfristig aus und damit auf den Konsum.

Da diese Überraschungen nicht vorhersehbar sind, kann auch keine Prognose für den zukünftigen Konsum getroffen werden.

Der Konsum wird von *Hall* als relativ stabil und wenig konjunkturempfindlich eingeschätzt. Damit liegt er wieder auf der Linie von *T. M. Brown*.

Für *Hall* ist der aktuelle Konsum die entscheidende Größe zu Bestimmung des zukünftigen Konsums: „Current consumption is the best predictor of future consumption.“ (Hall, 1993, S. 292).

Kontrollfragen zu Kapitel 5

1. Zeigen Sie graphisch, dass auch bei einer Konsumfunktion vom Typ $C = C_0 + a\sqrt{Y}$ die durchschnittliche Konsumquote mit steigendem Volkseinkommen sinkt!
   Nennen Sie objektive und subjektive Faktoren, die nach *Keynes* außer dem Einkommen den Konsum beeinflussen können!
   Wie geht man bei der Untersuchung des Konsums mit Hilfe einer Querschnittsanalyse vor?
2. Erklären Sie die relative Einkommenshypothese nach *Duesenberry*!
3. Wie ist nach *Tobin* das unterschiedliche Konsumverhalten (bei gleichem Einkommen) der Schwarzenhaushalte und der Weißenhaushalte in den USA zu erklären?
4. Was versteht man unter der „Habit-Persistence-Hypothese“?
5. Welche Erklärung gibt *Robertson* für seine Konsumhypothese?
6. Was versteht Friedman unter „permanentem Einkommen“?
7. Welche Konsequenzen folgen aus der Friedmanschen Konsumhypothese für die Wirtschaftspolitik?
8. Von welcher Grundannahme über das Verhalten der Wirtschaftssubjekte geht die Theorie der rationalen Erwartungen aus und welche Konsequenzen hat dies für die Konsumtheorie von *R. E. Hall*?
9. Wie erklärt *Fr. Modigliani* den Zusammenhang zwischen der kurzfristigen und der langfristigen Konsumfunktion?

6 Investitionen

Bevor wir die Frage analysieren, von welchen Faktoren die Höhe der Investitionen abhängig ist, muss nochmals deutlich gemacht werden, welche Arten von Investitionen existieren und welche davon in die Untersuchung mit einbezogen werden.

Zunächst muss klargestellt werden, dass wir primär die Nettoinvestition, d. h. die Bruttoinvestition abzüglich Abschreibungen – wie in der ex post-Analyse definiert –, untersuchen werden.

Da es sich um eine makroökonomische Untersuchung handelt, verändert sich die Nettoinvestition einer Volkswirtschaft nur dann, wenn eine neue Nettoinvestition getätigt wird.

Der Verkauf einer Maschine des Unternehmens A, die dort als dauerhaftes Produktionsgut gedient hat, an das Unternehmen B, wirkt sich damit nicht auf die Nettoinvestition der Volkswirtschaft aus. Sie erhöht auch nicht die Beschäftigung. Sie kann nur dann als Nettoinvestition angesehen werden, wenn sie von Unternehmen A für B hergestellt wurde oder ungenutzt beim Unternehmen A gestanden hat.

Volkswirtschaftlich interessant ist damit bei Einzelunternehmen nur die neue Nettoinvestition.

Weiterhin muss beachtet werden, dass bei den zu untersuchenden Investitionen die staatlichen Investitionen nicht dabei sind. Die staatlichen Investitionen werden als autonome Größen angesehen. Sie sind in der Variablen „Staatsausgaben für Güter" (A_{St}) enthalten. Dies ist vertretbar, da die staatlichen Investitionen überwiegend nicht renditeabhängig sind.
So verbleibt für die Untersuchung noch die **private neue Nettoinvestition**, die sich – wie bekannt – gliedern lässt in Anlageinvestition und Lagerinvestition.

Was die Abhängigkeit der privaten Nettoinvestition betrifft, so steht im Mittelpunkt der Betrachtungen die Annahme von *Keynes* und der klassisch-neoklassischen Theorie, dass sich die Unternehmen bei ihren Investitionsentscheidungen am langfristigen Kapitalmarktzins $i = \frac{p}{100}$ orientieren, wobei sie eine bestimmte Renditeerwartung haben. Es gilt folgende Funktion

$$I = I(i) \qquad \frac{dI}{di} < 0$$

Es handelt sich um eine zinsabhängige Nettoinvestition. Diese Abhängigkeit soll primär analysiert werden. Alle anderen Veränderungen werden dann als eine Veränderung der bisher bereits unterstellten autonomen Nettoinvestition angenommen, so dass die primär zu untersuchende Gesamtfunktion lautet:

$$I = I_0 + I(i) \qquad \frac{dI}{di} < 0; \qquad I_0 > 0$$

Zu den Einflussgrößen, die eine Veränderung von I_0 bewirken können, zählen u. a. die bereits bei der Ermittlung des Investitionsmultiplikators angenommenen Innovationen der Unternehmen.

6.1 Die Zinsabhängigkeit der Investitionen

Nach Meinung von *Keynes* spielt der Zins eine zentrale Rolle bei den Investitionsentscheidungen der Unternehmen, und zwar sind sowohl die Anlage- als auch die Lagerinvestitionen zinsabhängig. Allerdings muss gleich betont werden, dass der Zins als Kostenfaktor bei den Unternehmen nur begrenzte Bedeutung hat, wie z. B. für die Lagerinvestitionen.

Der langfristige Kapitalmarktzins, von dem die Investitionen der Unternehmen abhängig sein sollen, dient nur als **Vergleichsmaßstab** für den von Unternehmen zu ermittelnden internen Zinsfuß.

Für das **einzelne Unternehmen** stellt sich die Alternative, ob es im eigenen Unternehmen investieren oder das Geld am Kapitalmarkt anlegen soll, um damit in ein anderes Unternehmen (direkt oder indirekt) zu investieren. Das Unternehmen vergleicht den Zinsertrag, der ihm entgeht, wenn es im eigenen Unternehmen statt am Kapitalmarkt investiert: Dies nennt sich bekanntlich eine Opportunitätskostenüberlegung.

Unter der Voraussetzung der Gewinnmaximierung wird so lange im eigenen Unternehmen investiert werden, bis die ***subjektiv erwartete*** **Verzinsung eines zusätzlichen Kapitalgutes (r*)** dem langfristigen Kapitalmarktzins (i) entspricht. Der langfristige Kapitalmarktzins ist dabei die Untergrenze:

$$r^* \geq i$$

Diese Verzinsung nennt *Keynes* „Grenzleistungsfähigkeit des Kapitals" („marginal efficiency of capital"), *Irving Fisher* „rate of return over cost" und *K. E. Boulding* „internal rate of return" (Schneider, 1972, S. 246). Diese bedeutet genauer, dass mit dem Investieren so lange fortgefahren wird, bis die letzte investierte Einheit gerade dem langfristigen Kapitalmarktzins entspricht. (Die obige Gleichung zeigt allerdings die Durchschnittsrendite und nicht die Grenzrendite.)

Die Investitionsentscheidungen orientieren sich also am internen Zinsfuß, weshalb die interne Zinsfuß-Methode erläutert werden soll:

Dem Unternehmen sind die Ausgaben für das Investitionsgut (a) zum Anschaffungszeitpunkt bekannt. **Subjektiv schätzen** muss es die Nettoeinnahmen (d) und die zeitliche Verteilung der Nettoeinnahmen.

Die **Nettoeinnahmen (d)** ergeben sich aus der Differenz zwischen den Bruttoeinnahmen und den Ausgaben in der jeweiligen Periode (t).

Bei dieser Berechnung müssen die **Bruttoeinnahmen** in Form

- von Umsätzen (Mengen und Preise)
- sowie Subventionen

genauso subjektiv je Periode vorausgeschätzt werden wie die **Ausgaben** in Form von

- Personalkosten,
- Materialkosten,
- Kostensteuern usw.:

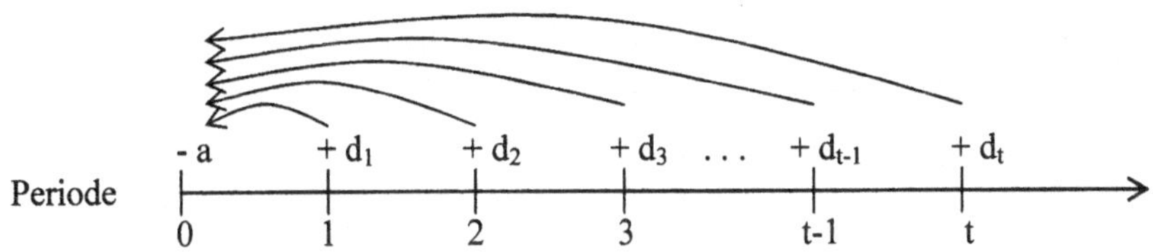

Abbildung 6.1

Die Nettoeinnahmen werden auf den Anschaffungszeitpunkt „0“ abgezinst (Abbildung 6.1). Der interne Zinsfuß, mit dem abgezinst wird, ist der Zinsfuß, bei dem die Summe der abgezinsten Nettoeinnahmen genau den Anschaffungskosten entspricht. Ist der so ermittelte Zinssatz niedriger als der Kapitalmarktzins, so gibt es in anderen Unternehmen immer noch rentablere Anlagemöglichkeiten, weshalb das Unternehmen auf eine Investition bei sich selbst verzichtet.

Bei dieser Rechnung handelt es sich um eine ex ante-Rechnung, weshalb der so **errechnete Zinssatz ein *erwarteter* Zinssatz darstellt und *subjektive* Einschätzungen der Unternehmen einschließlich erwarteter Preisniveauänderungen beinhaltet**.

Bei dieser Berechnungsmethode wird allerdings unterstellt, dass die erzielten Nettoeinnahmen sofort wieder mit der gleichen Rendite angelegt werden. Um die Berechnung mit dieser Methode durchführen zu können, muss außerdem angenommen werden, dass die Nettoeinnahmen in jeder Periode gleich groß sind.

In der Praxis wird daher eher die Kapitalwertmethode verwendet: Die subjektiv geschätzten **unterschiedlichen** Nettoeinnahmen werden mit dem langfristigen Kapitalmarktzins abgezinst. Liegt die Summe der abgezinsten Beträge über den geplanten Anschaffungskosten (a), so liegt die interne Rendite über dem langfristigen Kapitalmarktzins.

Die Überlegungen eines Einzelunternehmens (mikroökonomische Analyse) lassen sich hier auf **makroökonomische Verhältnisse** übertragen:

Geht man davon aus, dass die einzelnen Unternehmen bei unterschiedlichen Marktzinssätzen aufgrund des eben erläuterten Zusammenhangs unterschiedlich hohe Nettoinvestitionen tätigen, so ergibt sich für jedes Unternehmen eine zinsabhängige Investitionsfunktion. Werden diese Funktionen zusammengefasst, d. h. die für jeden Zinssatz potentiellen Investitionen addiert, so erhält man eine makroökonomische zinsabhängige Investitionsfunktion des bereits erläuterten Typs:

$$I = I_o + I(i)$$

Für unsere weitere Analyse werden wir folgende lineare Funktion unterstellen:

$$I = I_o - b\,i_o \qquad I_o > 0$$

$$0 < i_o < 1$$

Abbildung 6.2 unterstellt eine derartige Funktion, da empirische Untersuchungen eine Zinsabhängigkeit der Investitionen ergaben (Richter, 1978, S. 242 ff.).

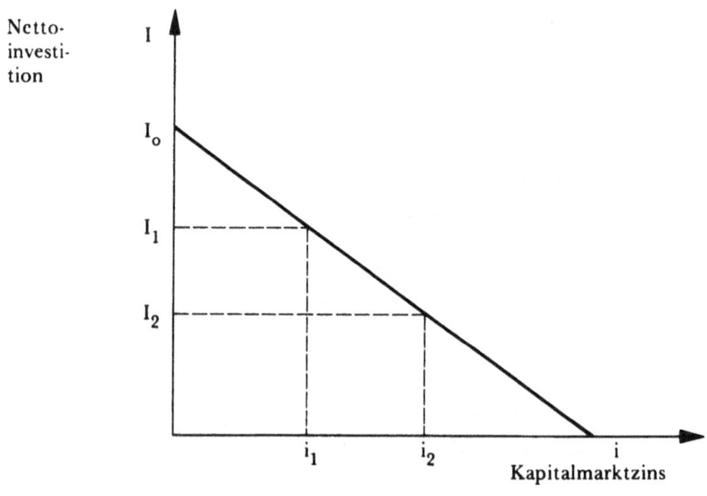

Abbildung 6.2

Sinkt der langfristige Kapitalmarktzinssatz von i_2 nach i_1, so steigen die Investitionen von I_2 nach I_1.

Für die Wirtschaftspolitik bedeutet dies, dass eine Änderung der Zinssätze zu einer Änderung der Nettoinvestitionen führt und damit zu einer Änderung des Volkseinkommens und folglich auch der Beschäftigung. Ob allerdings in jedem Fall eine Änderung des Zinssatzes erreicht werden kann, wird uns noch weiter beschäftigen.

Eine andere Möglichkeit der Wirtschaftspolitik besteht darin, die interne Rendite der Unternehmen u. a. durch Steuersenkungen oder durch eine Senkung der Lohnnebenkosten (bei Konstanz des langfristigen Kapitalmarktzinses) zu erhöhen. Eine Möglichkeit, die insbesondere die Angebotspolitik betont.

Andererseits besteht bei pessimistischen Zukunftserwartungen durch einen befürchteten Umsatzrückgang und/oder durch befürchtete Kostensteigerungen in Form höherer Kosten der Produktionsfaktoren oder höherer Steuern die Gefahr, dass die **erwarteten internen Renditen schneller sinken als der langfristige Kapitalmarktzins**. Damit ist es geldpolitisch nicht mehr möglich, durch sinkende Zinsen die Investitionen zu erhöhen. Es kommt zu einer **Investitionsfalle**.

6.2 Das güterwirtschaftliche Gleichgewicht bei zinsabhängiger Investition

Anhand eines kleinen Modells soll nun die mögliche Wirkung einer **Zinssatzänderung** auf das Volkseinkommen gezeigt werden.

Wir gehen von einer geschlossenen Volkswirtschaft ohne Staat aus und erweitern das Modell 6.1 bei der Investitionsfunktion:

Modell 6.1:

		Intervalle:
$Y = C + I$	(1)	
$C = C_0 + c\,Y$	(2)	$C_0 > 0$
		$0 < c < 1$
$I = I_0 - b\,i_0$	(3)	$I_0 > 0$
		$0 < i_0 < 1$

(2) und (3) in (1) eingesetzt, ergibt:

$$Y = C_0 + c\,Y + I_0 - b\,i_0$$

$$Y - cY = C_o + I_o - b\,i_o$$

$$(1-c)\,Y = C_o + I_o - b\,i_o$$

$$Y = \frac{1}{1-c}C_o + \frac{1}{1-c}I_o - \frac{b}{1-c}i_o$$

Dies ist das Gleichgewichtseinkommen unter den angegebenen Bedingungen. Die erste Ableitung von Y nach i_o ergibt:

$$\frac{dY}{di_o} = -\frac{b}{1-c}$$

Die rechte Seite der obigen Gleichung ist der **Zinssatzmultiplikator** in Bezug auf das Volkseinkommen. Da wir nur lineare Funktionen vorliegen haben, kann das Ergebnis auch mit Differenzen geschrieben werden:

$$\Delta Y = -\frac{b}{1-c}\,\Delta i_o \qquad \text{oder} \qquad \Delta Y = -\frac{b}{s}\,\Delta i_o$$

Die Größe der Änderung von Y ist abhängig von der marginalen Konsumneigung, der Steigung der Investitionskurve und der Größe der Zinssatzänderung. Ist die Steigung der Funktion b = 0, so ergibt sich bei linearer Zinssatzänderung keine Änderung des Volkseinkommens. Hier liegt der bereits bekannte Spezialfall vor, dass es nur eine autonome Nettoinvestition gibt.

Abbildung 6.3 macht den Zusammenhang zwischen der Zinssatzänderung und der Volkseinkommensänderung deutlich.

Für diesen Zweck verwenden wir eine Sparfunktion. Gleichgewicht herrscht dann, wenn

$$S(Y) = I(i)$$

ist.

Wird der Zinssatz um $\Delta\, i_o$ von i_2 nach i_1 gesenkt (linkes Diagramm), so steigt das Volkseinkommen (rechtes Diagramm) um Δ Y von Y_1 nach Y_2.

Hieraus ist erkennbar, dass die Steigung der Investitionsfunktion (b) und die Steigung der Sparfunktion (s) entscheidend das Ausmaß der Änderung des Volkseinkommens beeinflussen.

Der Fall $I_3 = S_3$ mit Y_3 ist der bereits erwähnte Spezialfall einer ausschließlich autonomen Nettoinvestition. Diese Darstellung entspricht Abbildung 3.3 in Kapitel 3.

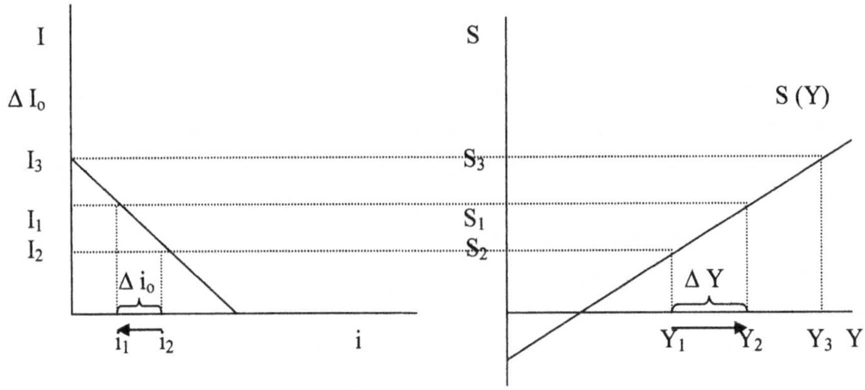

Abbildung 6.3

Durch eine Änderung des Zinssatzes wird in diesem Spezialfall keine Änderung des Volkseinkommens bewirkt (Steigung b = 0). Das Volkseinkommen kann nur gesteigert werden durch eine zusätzliche autonome Nettoinvestition.

Welche **Ursachen kann aber eine zusätzliche autonome Nettoinvestition** haben?

Zunächst gibt es alle Faktoren, die als **„exogen"** (in Bezug auf das ökonomische Modell) bezeichnet werden können, nämlich u. a.

- die psychologischen Faktoren (Optimismuswelle),
- die politischen Faktoren (Regierungswechsel),
- eine Bevölkerungsänderung und
- Innovationen (durch technische Erfindungen beispielsweise) (vgl. Kapitel „Konjunktur und Wachstum" und den ausführlichen Katalog von Keiser, 1971, S. 125).

Ein **ökonomischer (endogener) Faktor**, können die bereits erwähnten Investitionen sein, die durch **Nachfrageänderungen** ausgelöst werden (Akzelerator). Ist die Nachfrageänderung positiv, so wird mehr investiert (Verschiebung nach rechts).

Mit Abbildung 6.4 soll gleichzeitig ein güterwirtschaftliches Gleichgewicht mit einer zinsabhängigen Investition und die Wirkung einer Kurvenverschiebung auf das Volkseinkommen graphisch dargestellt werden.

Der linke Quadrant von Abbildung 6.4 zeigt eine derartige Verschiebung der Kurve um den Betrag ΔI_0: Bei gleichbleibendem Zinssatz i_1 steigt die Nettoinvestition von I_1 nach I_2 (um ΔI_0). Dem Investitionsniveau I_2 entspricht eine Ersparnis von S_2. Das Volkseinkommen steigt auf das Niveau Y_2. Das Ausmaß der Änderung des Volkseinkommens ist nur abhängig von der marginalen Sparquote und der Änderung der autonomen Nettoinvestition.

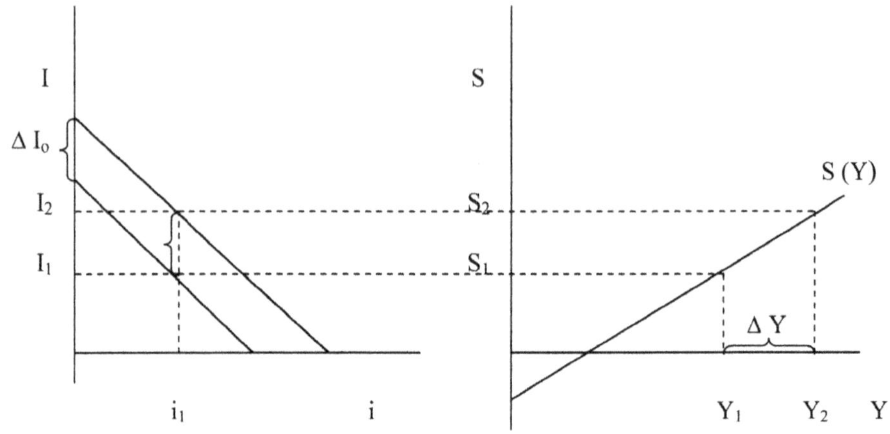

Abbildung 6.4

Die algebraische Analyse dazu haben wir bereits mit Modell 6.1 durchgeführt.

Wird das sich ergebende Gleichgewichtseinkommen Y in Modell 6.1 nach der autonomen Nettoinvestition abgeleitet, so erhalten wir den einfachen statischen Investitionsmultiplikator

$$\frac{dY}{dI_0} = \frac{1}{1-c} \quad \text{oder}$$

$$\Delta Y = \frac{1}{1-c} \Delta I_0$$

Die Wirkung entspricht also genau der Wirkung beim Spezialfall einer Investitionsfunktion mit ausschließlich autonomer Nettoinvestition:

Wie bereits erwähnt, kann die Verschiebung der Investitionsfunktion auch eine **Änderung der Gesamtnachfrage** als **endogene Ursache** haben, dargestellt als eine Änderung des Volkseinkommens (ΔY).

Die Investitionen wären damit von einer **Änderung** des Volkseinkommens abhängig. Man nennt diese Art von Investitionen auch **induzierte** Investitionen.

Bei der Darstellung des einfachen güterwirtschaftlichen Gleichgewichtsmodells haben wir diese Reaktion der Unternehmen bereits angedeutet: Stellen die Unternehmen fest, dass die Nachfrage nachhaltig gestiegen ist, so reagieren sie mit Lagerbestandsabbau, Lieferfristenverlängerung und langfristig mit Kapazitätserweiterung. Eine Kapazitätserweiterung bedeutet aber eine zusätzliche Nettoinvestition.

Bei gegebenem Stand der Technik besteht zwischen der vorhandenen Produktionskapazität, Kapitalstock (K) genannt, und dem Inlandsprodukt (Y) eine feste Relation (vgl. Peto, 2000, S. 188 ff.)

$$\frac{\text{Kapitalstock (K)}}{\text{Inlandsprodukt (Y)}} = \alpha$$

Diese Größe „α" wird „Kapitalkoeffizient" genannt. Ein hoher Kapitalkoeffizient sagt aus, dass ein relativ hoher Kapitaleinsatz notwendig ist, um ein bestimmtes Inlandsprodukt zu erzeugen. (Der Kapitalkoeffizient ist der Kehrwert der Kapitalproduktivität.)

Der eben ermittelte Kapitalkoeffizient bezog sich auf die absoluten Werte des Kapitalstocks und des Inlandsprodukts. Der Kapitalkoeffizient α stellt damit eine Durchschnittsquote dar. Gesucht ist jedoch eine **marginale** Quote, die das Verhältnis angibt:

$$\frac{\text{Änderung des Kapitalstocks } (\Delta\, \text{K})}{\text{Änderung der Gesamtnachfrage } (\Delta\, \text{Y})} = \beta$$

Diese marginale Quote „β" wird „**Akzelerator**" genannt.

Dieser Quotient kann auch anders geschrieben werden: Eine Änderung des Kapitalstocks (Δ K) während einer Periode ist nichts anderes als die autonome Nettoinvestition dieser Periode:

$$I_t = \Delta\, K$$

Damit ergibt sich für den Akzelerator

$$\frac{I_t}{\Delta Y} = \beta \qquad\qquad \beta > 0$$

oder

$$I_t = \beta\ \Delta\, Y \tag{1}$$

In dieser Form ist der Akzelerator eine technische Gleichung, denn die notwendige Änderung des Kapitalstocks zur Befriedigung der Nachfrageänderung wird durch den Stand der Technik bestimmt.

Die Unternehmen reagieren bei ihren Nettoinvestitionen auf Änderungen in der Vergangenheit, weshalb Δ Y wie folgt definiert werden kann:

$$\Delta\, Y = Y_t - Y_{t-1}$$

Damit gilt

$$I_t = \beta(Y_t - Y_{t-1}) \tag{2}$$

Anstelle der ersten Differenz kann auch die erste Ableitung nach der Zeit (t) benutzt werden, so dass allgemein gilt:

$$I_t = \beta \frac{dY}{dt} \qquad \beta > 0 \qquad (3)$$

Sofern die Ableitung nach der Zeit wie folgt geschrieben wird

$$\frac{dY}{dt} = \dot{Y}$$ ergibt sich:

$$I_t = \beta \dot{Y} \qquad \beta > 0 \qquad (3')$$

Diese Gleichung zeigt das **Akzeleratorprinzip: Eine Änderung der Gesamtnachfrage löst eine Nettoinvestition aus, deren Wert größer als der Wert der Änderung der Gesamtnachfrage (während einer bestimmten Periode) ist. Um die zusätzliche Nachfrage in der Periode t zu befriedigen, muss man in der Periode t einen höheren Betrag investieren. Die Investition amortisiert sich erst nach mehreren Perioden.**

Dieses Prinzip wurde bereits 1903 von *T. N. Carver*, 1907 von *M. Boutiatian* und 1909 von *A. Aftalion* entdeckt und in seiner heutigen Form 1917 von *J. M. Clark* dargestellt (Vgl. dazu Schneider, 1973, S. 238; Guitton, 1971, S. 149).

Das Akzeleratorprinzip soll anhand eines einfachen Beispiels nochmals erklärt werden:

Ist die Gesamtnachfrage um 10 Mio. GE gestiegen, so reagieren die Unternehmen mit einer Nettoinvestition, um diese gestiegene Gesamtnachfrage befriedigen zu können. Die Nettoinvestition ist allerdings in der Regel höher als der Wert der Gesamtnachfrageänderung. Wir nehmen an, I_t würde 30 Mio. GE betragen: Um Produkte im Wert von 10 Mio. GE während einer Periode erzeugen zu können, muss eine Investition in dreifacher Höhe erfolgen. Der Akzelerator ist $\beta = 3$.

Wie sieht nun die Entwicklung der induzierten Nettoinvestition im Zeitablauf aus?

Wir gehen davon aus, dass das Volkseinkommen im Zeitablauf in regelmäßigen Zyklen (dargestellt mit Hilfe einer Sinuskurve) schwankt.

Die Perioden sind gleich lang und die Amplituden gleich hoch (Abbildung 6.5).

Beobachtet man den Verlauf der Investitionen, so ist Folgendes festzustellen (Richter, 1978, S. 210 f.):

Steigt das Volkseinkommen Y mit zunehmender Änderung Δ Y (Phase 1), so nimmt die Nettoinvestition zu. Steigt Y mit abnehmender Änderung Δ Y, so fällt die Nettoinvestition (Phase 2).

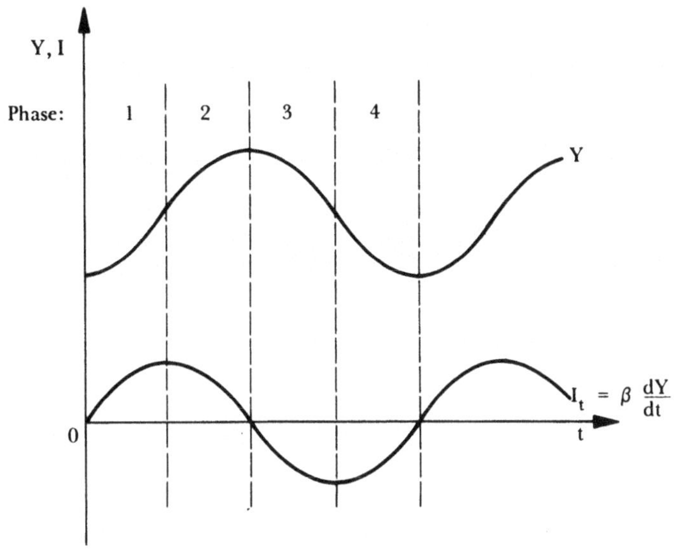

Abbildung 6.5

Das Maximum der Investitionen wird früher erreicht als das Maximum des Volkseinkommens. Die Nettoinvestition nimmt also bereits dann ab, wenn die Änderung von Δ Y abnimmt, obwohl das Volkseinkommen absolut gesehen immer noch steigt.

Nimmt der absolute Wert des Volkseinkommens in der Phase 3 ab, so ergibt sich eine negative Änderung, was eine negativ induzierte Nettoinvestition zur Folge hat. Auch in diesem Falle wirkt das Akzeleratorprinzip, sofern die negative induzierte Nettoinvestition kleiner als die Abschreibungen ist (Schneider, 1973, S. 222).

Über die Abschreibungen hinaus wird jedoch keine Desinvestition stattfinden. Die Reinvestitionen werden in diesem Falle nur unterlassen.

Insofern kann man sagen, als das Akzeleratorprinzip nicht in jedem Falle reversibel ist, d. h. in beiden Richtungen gleich wirkt.

Das Akzeleratorprinzip wird auch in der Form dargestellt, dass ein Zusammenhang zwischen der Änderung eines Teils der Gesamtnachfrage, nämlich der **Konsumnachfrageänderung** und den Nettoinvestitionen hergestellt wird (Schneider, 1973, S. 217 ff.):

$$I_t = \beta \Delta C \qquad (4) \qquad \beta > 0$$

oder

$$I_t = \beta (C_t - C_{t-1}) \qquad (5)$$

bzw.

$$I_t = \beta \frac{dC}{dt} \qquad (6)$$

Da meist eine Konsumfunktion vom Typ C (Y) unterstellt wird, die besagt, dass der Konsum von Y abhängig ist, werden die Nettoinvestitionen indirekt doch durch eine Änderung der Gesamtnachfrage induziert. Die Gleichung (5) kann daher auch wie folgt geschrieben werden (5'):

Als Konsumfunktion gelte eine (langfristige) Konsumfunktion:

$$C_t = cY_t$$
$$C_{t-1} = cY_{t-1}$$

Folglich ergibt sich:

$$I_t = \beta (cY_t - cY_{t-1})$$

oder

$$I_t = c\, \beta (Y_t - Y_{t-1}) \qquad (5')$$

Der empirische Nachweis des Akzeleratorprinzips ist nach wie vor schwierig. Zwar konnte das Prinzip für die Bundesrepublik Deutschland für die Zeit von 1951 bis 1960 nachgewiesen werden, nicht aber für die Zeit von 1960-1975 (Richter, 1981, S. 248 ff.).

Diese empirischen Ergebnisse überraschen nicht, wenn man sich bewusst ist, welche **Annahmen** gemacht werden müssen, damit das Prinzip überhaupt funktionieren kann:

1. Das Akzeleratorprinzip kann nur dann wirksam werden, wenn keine unausgenutzten Kapazitäten mehr bestehen. In Zeiten der Rezession wirkt es damit nicht.
2. Bevor Kapazitätserweiterungen erfolgen, weichen die Unternehmen aus auf:
   a) Lagerbestandsabbau,
   b) Lieferfristenverlängerungen und
   c) Preiserhöhungen.
3. In Zeiten der „Überbeschäftigung" sind dem Akzeleratorprinzip dadurch Grenzen gesetzt, dass der Faktor Arbeit knapp wird. Mangels Arbeitskräfte werden Investitionen unterlassen (oder ins Ausland verlagert).
4. In Zeiten der „Überbeschäftigung" können außerdem, auch bedingt durch eine entsprechende Zentralbankpolitik, Finanzierungsschwierigkeiten auftreten. Der Faktor Geldkapital wird knapp.
5. Preissteigerungen bei den Investitionsgütern können Investitionsabsichten vereiteln.

Die Berechnung des Akzelerators gestaltet sich ebenfalls relativ schwierig. Während wir den Marginalwert als Akzelerator verwendet haben, wird meist nur ein Durchschnittswert für den Kapitalkoeffizienten ermittelt werden können. Berechnungen für Deutschland für das Jahr

1997 ergaben einen durchschnittlichen Kapitalkoeffizienten für alle Wirtschaftszweige von 4,5 (Peto, 2000, S. 188 ff.).
Dieser Durchschnittswert für den Kapitalkoeffizienten wird wie folgt errechnet:

$$\frac{\text{Bruttoanlagevermögen (Kapitalstock)}}{\text{Bruttoinlandsprodukt}}$$

Dieser Wert müsste allerdings noch um den Auslastungsgrad korrigiert werden.

Dabei muss dann unterstellt werden, dass sich das Verhältnis zwischen Kapitalstock und Produktion nicht ändert, was der Realität widerspricht, da der technische Fortschritt laufend die Relation verändert (Vgl. dazu die Berechnungen für Deutschland von Mertens, 1964). Außerdem ist es problematisch, von einem einzigen Akzeleratorwert für eine Volkswirtschaft auszugehen.

Es ist zusätzlich sehr fraglich, ob der angenommene zeitliche Verlauf der Entwicklung des Volkseinkommens (Sinuskurve) überhaupt in der Realität mit (mathematischen) Wendepunkten und in der dargestellten Regelmäßigkeit auftritt. Damit liegt auch der beschriebene Verlauf der Investitionstätigkeit nicht vor.

Der Akzelerator ist keine hinreichende Erklärung für die Investitionstätigkeit. Er zeigt nur die **Reaktion der Unternehmen auf eine Nachfrageänderung**. Die Unternehmen werden aber nur dann investieren, wenn sie eine bestimmte Rendite erwarten können.

Das Akzeleratorprinzip kann auch im Zusammenhang mit **Lagerinvestitionen** gesehen werden (Makin, 1975, S. 159f.).

Da gerade die Lagerzyklen nach dem Zweiten Weltkrieg in den USA die allgemeine Konjunkturlage entscheidend beeinflusst haben, ist die Frage nach der Anwendung des Akzeleratorprinzips auf Lagerinvestitionen interessant.

Obwohl Faktoren wie Preiserwartungen, Zinssätze und Verderblichkeit der Waren sehr wichtig für die Höhe des Lagerbestandes sind, ist doch der entscheidende Faktor für den Lagerbestand die Höhe des Absatzes.
Der Lagerbestand der Unternehmen besteht aus zwei Teilen, dem Lagerbestand an Vorprodukten und dem Bestand an Endprodukten (eigene Erzeugnisse).
Der Lagerbestand an Vorprodukten wird entscheidend von der Höhe des Absatzes und der Lagerbestand eigener Erzeugnisse von der **Änderung des Absatzes** bestimmt.

Wenn der Absatz schnell wächst, wird der Lagerbestand in Erwartung von Absatzsteigerungen sogar schneller steigen. Nimmt die Wachstumsrate des Absatzes ab, so wird – obwohl der Absatz absolut gemessen immer noch steigt – die Wachstumsrate des Lageraufbaus ebenfalls abnehmen, vielleicht sogar der gesamte Lagerbestand. Diese Reaktionen sind insbesondere auch im Einzelhandel zu beobachten.
Man kann damit feststellen, dass der Lagerbestandsakzelerator in gleicher Weise wie der Anlagenakzelerator wirkt: Eine kleine Änderung beim Absatz bewirkt eine größere Änderung bei den Lagerinvestitionen (Metzler, 1967, S. 242-274).

6.3 Die staatliche Angebotspolitik zur Förderung privater Investitionen

6.3.1 Das Grundkonzept der Angebotspolitik

Als Mitte der 70er Jahre in den USA und in Europa eine Wachstumsschwäche mit gleichzeitiger Inflation auftrat, was die Amerikaner mit dem Terminus „**Stagflation**" belegten, wurde versucht, die Ursache nicht in der mangelnden Nachfrage, sondern in einer **mangelnden Investitionsbereitschaft der Unternehmer** zu suchen.

Es galt daher die **Angebotsseite** zu fördern. Ein Konzept, das als „Angebotspolitik" (Supply-side-policy oder Supply-side-economics) oder als „angebotsorientierte Politik" bezeichnet wird.

Der Sachverständigenrat zur Begutachtung der gesamtwirtschaftlichen Entwicklung beschreibt in seinem Jahresgutachten 1976/77 dieses Konzept wie folgt:

> *„Geht es bei der Nachfragesteuerung vorwiegend darum, dass das bestehende Produktionspotential möglichst gleichmäßig und hoch ausgelastet wird, so ist es Aufgabe einer angebotsorientierten Politik, die Bedingungen für das Investieren und den Wandel der Produktionsstruktur so zu verbessern, dass wieder mit angemessenem Wachstum und hohem Beschäftigungsstand gerechnet werden darf."*

Auch der Wissenschaftliche Beirat beim Bundesministerium für Wirtschaft sieht die Aufgabe einer Angebotspolitik in ähnlicher Weise: Allgemein hat die angebotsorientierte Politik die Aufgabe, Hemmnisse für die wirtschaftliche Aktivität und insbesondere für die Investitionen abzubauen.

Die Notwendigkeit einer Förderung des Angebots war allerdings keine Erkenntnis der 70er Jahre des vergangenen Jahrhunderts, denn bereits die Klassiker haben vor über 200 Jahren die Notwendigkeit gesehen, das Wirtschaftswachstum durch eine Entlastung der Unternehmen zu fördern und nicht durch Erhöhung der Steuern zu belasten. So weist der französische Liberale (Physiokrat) *François Quesnay* bereits im Jahre 1758 mit seinem „Tableau économique" nach, dass eine höhere Besteuerung der Anbieter (landwirtschaftlichen Pächter) zu einem Rückgang des Inlandsprodukts führen muss.

Andererseits bemühte sich *Adam Smith* in seinem 1776 erschienenen Werk „An Inquiry into the Causes and the Nature of the Wealth of Nations" gerade darum, nachzuweisen, dass der Staat sich auf wenige Aktionsfelder zurückziehen müsse, um nicht als Hemmnis für die freie wirtschaftliche Betätigung der Unternehmen zu wirken. Er forderte außerdem die Abschaffung bestimmter staatlicher Vorschriften, modern ausgedrückt: eine Deregulierung.

Aber auch die Theorie von *Keynes* enthält angebotspolitische Aspekte, so bei der zinsabhängigen Investitionsfunktion wie bereits erläutert wurde: Die interne Rendite steigt mit den entsprechenden Kostensenkungen und Steuerentlastungen, was wiederum Investitionen auslösen kann, wenn die interne Rendite dann die Kapitalmarktrendite übersteigt.

6.3.2 Einzelmaßnahme einer Angebotspolitik in Deutschland

Welche **Maßnahmen sollen nun die Angebotspolitik** in **Deutschland** umfassen?

Die folgende Aufzählung umfasst vier Gebiete:

A. Ordnungspolitik
B. Finanzpolitik
C. Arbeitsmarktpolitik
D. Sozialpolitik

A. Ordnungspolitik

Ordnungspolitische Maßnahmen sollten vor allem bei der **Wettbewerbspolitik** vorgenommen werden:

Der Staat soll den **Marktzugang** für alle Anbieter durch Öffnung der geschlossenen Märkte (Telekom) ermöglichen. Dazu gehört auch die Abschaffung von Eintrittsbarrieren für Existenzgründer: So hatte Ludwig Erhard in den 50er Jahren vorübergehend den Großen Befähigungsnachweis für Handwerker (Meisterprüfung) abgeschafft. Jeder Geselle konnte einen Betrieb gründen und selbst Lehrlinge zu Gesellen ausbilden.

Der Staat soll generell seine zu starke Reglementierung zurücknehmen, was als **Deregulierung** bezeichnet wird (Ladenschlusszeiten, Bauvorschriften). Die Entscheidungsspielräume der Unternehmen sollen durch die Einschränkung des Staatseinflusses auf die Wirtschaft erweitert werden. Damit würde gleichzeitig die Verfügungsgewalt über das Privateigentum an Produktionsmitteln wieder erweitert werden.

Daneben wird vom Staat eine **Förderung der Innovationen** und **der Existenzgründung** gefordert. Der dynamische Unternehmer (im Schumpeterschen Sinne) soll gefördert werden, neue Kombinationen durchsetzt und damit seine „gute Idee" realisiert.

Schließlich soll der Staat den privaten Sektor in einer Marktwirtschaft durch die Vergrößerung des Privateigentums an den Produktionsmitteln erhöhen, indem er sich aus den meisten Bereichen durch **Privatisierung** der staatlichen Unternehmen oder durch Privatisierung staatlicher Funktionen zurückzieht.

B. Finanzpolitik

Zur Förderung der Investitionen sollte eine steuerliche Entlastung der Unternehmen durchgeführt werden, insbesondere durch die **Abschaffung der Substanzbesteuerung** (Vermögens- und Gewerbekapitalsteuer) aber auch durch die Besteuerung inflatorisch bedingter Scheinerträge. Die Steuererleichterungen sollten gleichzeitig die Kapitalbildung in den Unternehmen erleichtern, d. h. die Selbstfinanzierung. Daneben sollte der Zugang zum Kapitalmarkt erleichtert werden (kleine Aktiengesellschaft, Erleichterung der Börsenzulassung und Einschränkung der Publizitätspflicht), um auch auf diese Weise die Erhöhung des Eigenkapitals zu ermöglichen.

Die steuerliche Entlastung der Unternehmen, auch durch Senkung des Körperschaftsteuersatzes, sollte den **Leistungswillen stärken** („Leistung muss sich wieder lohnen."), in der Hoffnung, dass die Steuereinnahmen dadurch wieder steigen werden, da gleichzeitig auch die Schattenwirtschaft abnehmen soll. Einen Zusammenhang, den – wie oben erwähnt – *François Quesnay* bereits 1758 erwähnte und der bei dem Amerikaner *A. B. Laffer* zu einer graphischen Darstellung führte. Der Zusammenhang war in der Finanzwissenschaft allerdings schon lange Zeit unter dem Thema „Steuerwiderstand" bekannt.

Die Laffer-Kurve (Abbildung 6.6: **Laffer-Kurve**) zeigt graphisch die Hypothese von *Laffer* über den Zusammenhang zwischen dem Steuersatz und den Steuereinnahmen. Im Bereich „a" ist es möglich, die Steuereinnahmen (T_1) beim Steuersatz (v_1) durch einen höheren Steuersatz (v_2) auf die Steuereinnahmen (T_2) zu steigern. Nach Überschreitung eines kritischen Steuersatzes v*, nehmen die Steuerwiderstände zu. Dies hat zur Folge, dass im Bereich „b" eine Steuersatzerhöhung von v_3 auf v_4 zu einem Rückgang der Steuereinnahmen von T_3 auf T_4 führt. Es ist daher sinnvoll, ausgehend von einem hohen Steuersatz (v_4) den Steuersatz zu senken, um höhere Steuereinnahmen zu erzielen.

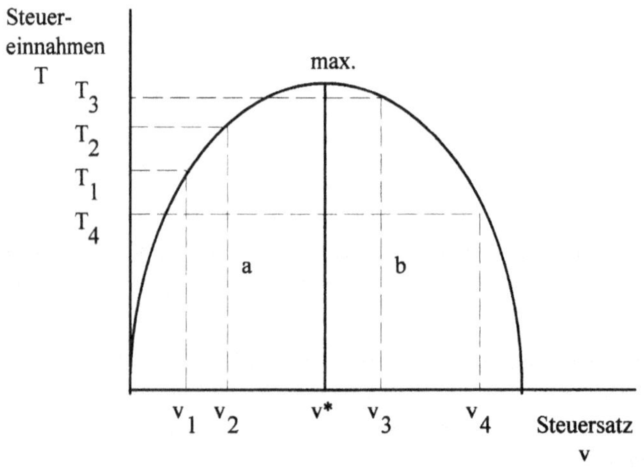

Abbildung 6.6: Laffer-Kurve

Allerdings ist zu beachten, dass sich hier alles auf einen einzigen Steuersatz (einer direkten Steuer) konzentriert. In den meisten westlichen Staaten werden die Steuerwiderstände durch eine Vielzahl von (meist versteckten) indirekten Steuern vermindert.

Nehmen die Steuereinnahmen durch eine Senkung des Steuersatzes zu, könnte ein weiteres Problem gelöst werden, nämlich die **Sanierung der öffentlichen Haushalte**. Allerdings tritt die Wirkung einer Steuersenkung nach der bisherigen Erfahrung mit einer erheblichen zeitlichen Verzögerung auf, weshalb die meisten Wirtschaftspolitiker vor einer drastischen Senkung zurückschrecken.

Langfristig sollte allerdings die Staatsquote aus ordnungspolitischen Gründen in einer Marktwirtschaft durch Einsparungen und Privatisierungen von (bisher) staatlichen Funktionen gesenkt werden. Außerdem soll eine Fehlleitung der privaten Ersparnis in Richtung Staat gestoppt werden (allokatives Argument). Die Sanierung der öffentlichen Haushalte sollte außerdem durch einen Subventionsabbau ermöglicht werden, da die Gewöhnung an Subventionen die wirtschaftlichen Antriebskräfte lähmt.

Die Sanierung der öffentlichen Haushalte brächte gleichzeitig einen weiteren Effekt: Der Staat müsste den Kapitalmarkt nicht mehr in gleichem Ausmaße wie bisher in Anspruch nehmen. Damit wäre auch die Verdrängung privater Nachfrager am Kapitalmarkt nicht mehr gegeben (Crowding-out-effect) und die Erhöhung des Zinsniveaus durch die staatliche Schuldenaufnahme.

C. Arbeitsmarktpolitik

Der Arbeitsmarkt sollte ebenfalls von Regulierungen befreit werden, soweit es sich um staatliche Regelungen handelt, und zwar durch eine Änderung des Tarifvertragsrechts (Einführung von Zeitverträgen). Der Arbeitsmarkt sollte auch durch die Tarifpartner „**flexibilisiert**" werden, auch durch die Möglichkeiten von Nominallohnsenkungen oder durch Öffnungsklauseln in den Flächentarifverträgen. Die Öffnungsklausel sollte für einzelne Unternehmen, die in finanziellen Schwierigkeiten sind, die Möglichkeit schaffen, mit ihren Mitarbeitern einen Lohn zu vereinbaren, der unter dem Tariflohn liegt.

Eine andere Möglichkeit besteht in der stärkeren Differenzierung der Entlohnung, was als **Lohnspreizung** bezeichnet wird. Die Lohnspreizung sollte die Entlohnungsunterschiede zwischen Branchen, Regionen und Berufen deutlicher machen. Zugleich sollten die leistungsfeindlichen Sockelbeträge bei Lohnerhöhungen abgeschafft werden.

Eine weitere Forderung der Angebotspolitik ist die Erhöhung der Mobilität des Faktors Arbeit sowohl in räumlicher als auch in sektoraler Hinsicht. Der Kündigungsschutz sollte demnach reduziert werden. Sozialpläne bei Massenentlassungen sollten wegfallen.

Die Lohnnebenkosten (Sozialversicherungsbeiträge) sollten gesenkt werden. Dazu zählt nach Auffassung der Angebotspolitiker auch die Abschaffung oder Einschränkung der Lohnfortzahlung im Krankheitsfalle.

Damit ergäbe sich für die Unternehmen eine **Kostenentlastung** bei den Lohnnebenkosten, was die internationale Wettbewerbsfähigkeit Deutschlands verbessern könnte.

D. Sozialpolitik

Seit der Einführung der Sozialen Marktwirtschaft ist das soziale Netz immer dichter geworden, was allerdings heute in dieser Form nicht mehr finanzierbar ist. Die Kosten für das soziale Netz (Arbeitslosen-, Renten-, Pflege- und Krankenversicherung sowie die Sozialhilfe) belasten die Unternehmen, die Arbeitnehmer aber auch den Staat. Das gesamte soziale Netz muss daher reformiert werden, damit es wieder finanzierbar wird.

Dabei muss insbesondere auch bei der Sozialhilfe das Lohnabstandsgebot berücksichtigt werden, d. h. Arbeit muss sich wieder lohnen. Es darf nicht die Situation eintreten, dass es finanziell günstiger ist, Sozialhilfe zu beziehen als (steuer- und sozialhilfepflichtig) zu arbeiten. Der Mißbrauch der sozialen Sicherungssysteme soll verhindert werden. Grundsätzlich ist im Rahmen der Angebotspolitik eine Abkehr vom Solidaritätsprinzip hin zum Subsidiaritätsprinzip zu beobachten. Dabei stehen sowohl das Rentensystem als auch das Gesundheitssystem auf dem Prüfstand.

Bei all diesen vorgesehenen Maßnahmen handelt es sich um erst **langfristig wirksame Maßnahmen**, so dass sie **nicht unbedingt wie die keynesianischen Maßnahmen zur Bekämpfung einer akuten Rezession geeignet** sind. Es sind jedoch für eine langfristige Stabilisierung und auch für ein entsprechendes **Wachstum** notwendige Strukturreformen.

Die angebotsorientierte Wirtschaftspolitik ist sehr stark **einzelwirtschaftlich** ausgerichtet: Die **Unternehmen** werden beispielsweise durch Kostensenkungen entlastet, die **gesamtwirtschaftliche** Wirkung auf die Nachfrage der Arbeitnehmerhaushalte wird aber ignoriert. Einzelwirtschaftliche Rationalisierung ist immer vom einzelnen Unternehmen aus eine angemessene Strategie. Gesamtwirtschaftlich geht dieses Konzept jedoch nicht auf, denn die Einsparung des einen Unternehmens ist gleichzeitig die fehlende Nachfrage des anderen. Entlassen Unternehmen Mitarbeiter, so hat das einen Rückgang der Güternachfrage bei anderen Unternehmen zur Folge, wenn diese Mitarbeiter nicht mehr in einem anderen Unternehmen einen Arbeitsplatz finden.

> An dieser Stelle sei an den amerikanischen Ausspruch erinnert und ein Zweifel angemeldet: „What's good for General Motors is good for the USA."

Auch die **Haushaltspolitik der öffentlichen Hand ist einzelwirtschaftlich** orientiert:
Sie geht nur von der Notwendigkeit aus, den Staatshaushalt in Ausgleich zu bringen, auch wenn dies zu einer Kürzung der Staatsausgaben führt und damit zu einem Rückgang der Beschäftigung mit der Folge eines weiteren Rückgangs der Steuereinnahmen bei gleichzeitiger Erhöhung der Staatsausgaben wegen der Kosten für die hohen Arbeitslosenzahlen. Die konjunkturelle Krise wird damit verschärft wie bereits an anderer Stelle dargelegt wurde.

6.3.3 Bisherige Erfahrungen mit der Angebotspolitik im Ausland und in Deutschland

Auf die bisherige Realisierung dieser Politik in Großbritannien, in den USA und in der Bundesrepublik Deutschland soll kurz eingegangen werden:

Großbritannien war das erste europäische Land, das mit der Premierministerin *Margret Thatcher* und der Konservativen Partei, den Versuch unternahm, mit strukturellen Maßnahmen die „englische Krankheit" zu bekämpfen. Diese wirtschaftspolitische Konzeption wird daher nach der Premierministerin als „**Thatcherismus**" bezeichnet.

Im Einzelnen sollten folgende Maßnahmen durchgeführt werden bzw. wurden durchgeführt:

Der Unternehmergeist sollte neu belebt werden.

So haben die konservativen Regierungen *Thatcher* und *Major* im Rahmen der **Ordnungspolitik** systematisch eine **Deregulierung** und eine **Privatisierung** betrieben.

Systematisch wurden Firmengründungen durch den Staat mit Erfolg gefördert.

Das Privateigentum wurde bewusst gefördert, und zwar durch Förderung von Hausbesitz und durch Privatisierung von Betrieben der öffentlichen Hand. Die Privatisierung ging sogar soweit, dass der Versuch gemacht wurde, die städtischen Kanalisationen zu privatisieren. Die staatlichen Unternehmen wurden meist in Aktiengesellschaften umgewandelt, und eine breite Streuung der Aktien vorgenommen. Nicht immer gab es dabei Erfolge zu verzeichnen, so führte die Privatisierung der Britischen Eisenbahn (insbesondere des Schienennetzes) zu chaotischen Zuständen, die mit Zugunglücken und damit Todesopfern endete.

Auch auf dem **Arbeitsmarkt** wurden grundlegende Reformen durchgeführt:

Ein wichtiges Symptom und zugleich auch eine der Ursachen der „englischen Krankheit" war die Übermacht der Gewerkschaften. Frau *Thatcher* gelang es mit den Employments Acts 1980 und 1982 sowie mit dem Trade Union Act 1984, die Gewerkschaften zu demokratisieren und zugleich die Streiks drastisch einzuschränken (Einführung einer Urabstimmung). Die neuen Regelungen auf dem Arbeitsmarkt führten zu einer Steigerung der Produktivität. Dabei darf nicht vergessen werden, das die britischen Gewerkschaften keine Branchengewerkschaften (wie in Deutschland die IG Metall), sondern Berufgewerkschaften (z. B. der Schlosser) waren, so dass der Streik einzelner Berufgruppen sofort die ganze Volkswirtschaft lahm legen konnte.

In der **Finanzpolitik** wurden Steuersatzsenkungen vorgenommen, die allerdings oft mit einer Erweiterung der Steuerbasis (extended tax base) verbunden waren, dadurch dass beispielsweise ganz bestimmte betriebliche Ausgaben (Arbeitsessen) nicht mehr steuerlich absetzbar waren. Schließlich gelang eine Haushaltssanierung, allerdings vor allem auch mit Hilfe der Ölmillionen aus Schottland. Das Haushaltsdefizit wurde unter Frau Thatcher unter 1 % des Bruttoinlandsprodukts gedrückt.

In der **Sozialpolitik** wurde zwar das staatliche Gesundheitswesen, entstanden nach 1945 in der Labourregierung, von den britischen Konservativen nicht angetastet, aber ansonsten die Sozialhilfen eingeschränkt. Das System wurde weder saniert noch privatisiert.

Als Ergebnis des Thatcherismus kann festgestellt werden, dass er wesentliche Strukturmängel der **britischen** Wirtschaft beseitigt hat und zu niedrigen Inflationsraten mit einem überdurchschnittlichen Wirtschaftswachstum im Vergleich zu anderen europäischen Ländern führte.

Allerdings hat er die Kluft zwischen Arm und Reich weiter vertieft. Die Einkommens- und Vermögensverteilung ist ungleichmäßiger geworden. Die Arbeitslosenzahl stieg noch unter Frau *Thatcher* auf über 3 Millionen an, da ganze Industriezweige in dieser Zeit untergegangen sind. Durch die Zerschlagung der Großgemeinden wurde die Infrastruktur stark vernachlässigt (Schulen, Abwassersysteme).

Das in Großbritannien vorgenommen Reformen waren überwiegend **landespezifisch** und können daher nicht automatisch auf andere Volkswirtschaften übertragen werden.

Unter der Labour Party mit *Tony Blair* wurden die Reformen von *Frau Thatcher* nicht rückgängig gemacht. Um die Arbeitslosigkeit zu reduzieren führte *Blair* und sein Finanzminister *Brown* aber einen Kombilohn ein, der den Staatshaushalt schwer belastete.

In den **Vereinigten Staaten von Amerika** begann die Angebotspolitik unter Präsident *Ronald Reagan* mit der besonderen amerikanischen Variante, die als **„Reaganomics“** bezeichnet wird (Eine ausführliche Darstellung der Reaganomics bietet Nisakanen, 1988).

Mit seinem Economic Recovery Act von 1981 wollte Reagan die Wirtschaft überwiegend mit Steuererleichterungen wieder auf einen höheren Wachstumspfad führen: Er hoffte auf den Laffer-Effekt, der ja mit einer Senkung der direkten Steuersätze zu Wachstumsgewinnen und damit zugleich zu einer Einnahmensteigerung bei den Steuern führen sollte:

- Der Spitzensteuersatz für die Bundeseinkommensteuer wurde auf 31 % gesenkt. Damit wurde die einkommensteuerliche Gesamtbelastung unter 40 % gedrückt. Der Steuertarif wird außerdem laufend an die Entwicklung der Inflationsrate automatisch angepasst, um eine Umverteilung bei der Inflation zugunsten des Staates zu vermeiden.
- Der Körperschaftsteuersatz wurde auf 39,9 % (davon 34 % Corporate Income Tax) ebenfalls gesenkt. (Allerdings besteht weiter eine Doppelbesteuerung bei Aktien.)
- Die Zinssteuer wurde für Inländer abgeschafft. Nur Ausländer zahlen 30 % Kapitalertragsteuer.
- Bei der Substanzbesteuerung gab es keine Bundesvermögensteuer (nur bei den Gemeinden).
- Die Mineralölsteuer war im Weltmaßstab extrem niedrig.

Die erwarteten Erfolge sind leider in der Reaganzeit nicht eingetreten, d. h. der Laffer-Effekt trat nicht auf, da vor allem für die internationalen Konzerne die bisherigen Investitionsgutschriften wegfielen und sie damit im Endeffekt höher belastet wurden. Das Defizit im amerikanischen Bundeshaushalt hat unter Reagan die ungeahnte Höhe von jährlich über 200 Mrd.

$ erreicht. Es lag auch am Ende seiner Amtszeit (1988) noch bei 155 Mrd. $. *Reagan* hatte von seinem Vorgänger *Carter* ein Defizit von 74 Mrd. $ (1980) übernommen.

Allerdings muss bedacht werden, dass die Reaganomics nicht nur in der Angebotspolitik bestanden haben, sondern in dem Versuch, die Steuersätze zu senken **und** gleichzeitig die Staatsausgaben (vor allem für die Rüstung) zu erhöhen. Damit haben wir eine **Kombination der Angebots- und der Nachfragepolitik**.

Sehr langfristig gesehen, scheint aber die Steuersenkungsaktion dennoch gewirkt zu haben, denn die Regierung *Clinton* konnte im Jahre 1998 sogar einen Budgetüberschuss erwirtschaften, was aber vermutlich auch auf die seit Jahren andauernde Hochkonjunktur in den USA zurückzuführen ist.

In der **Bundesrepublik Deutschland** begann die Diskussion über eine Angebotspolitik bereits Mitte der 70er Jahre durch den Sachverständigenrat. Dies führte dann in der sozialliberalen Koalition unter Bundeskanzler *Helmut Schmidt* zu einem „Konzept für eine Politik zur Überwindung der Wachstumsschwäche und zur Bekämpfung der Arbeitslosigkeit" durch den damaligen Bundeswirtschaftsminister *Graf Lambsdorff*, weshalb es auch als das „**Lambsdorff-Progamm**" bezeichnet wird.

Das Lambsdorff-Programm wurde allerdings zum Scheidungspapier für die sozialliberale Koalition und diente dann als Basis für den wirtschaftspolitischen Teil der Regierungserklärung und der Koalitionsvereinbarung der Regierung *Kohl-Genscher* im Herbst 1982, denn *Helmut Schmidt* hatte im Frühjahr 1982 feststellen müssen, dass er keine Mehrheit in der SPD für diese Politik hatte.

Die liberal-konservative Regierung unter *Helmut Kohl* (1982-1998) und *Hans-Dietrich Genscher* versuchte, mit folgenden **Einzelaktionen** eine Strukturreform durchzuführen:

1. Ordnungspolitik: Privatisierung staatlicher Unternehmen (Post), Änderungen der Ladenschlusszeiten.
2. Finanzpolitik: Abschaffung der Substanzbesteuerung durch die Außerkraftsetzung der Vermögensteuer und der Gewerbekapitalsteuer, Sanierung des Bundeshalts (bis zur Wiedervereinigung). Die große Steuerreform in Form einer Senkung der Steuersätze für die Einkommen- und Körperschaftsteuer konnte allerdings nicht durchgeführt werden (keine Mehrheit im Bundesrat). Mit einer Senkung der direkten Steuern sollte die Motivation zur Leistung gesteigert werden.
3. Arbeitsmarktpolitik: Flexibilisierung des Arbeitsmarktes durch Einführung von Zeitverträgen im Tarifvertragsrecht, Abschaffung der Lohnfortzahlung im Krankheitsfall für die ersten Tage, Abschaffung des Kündigungsschutzes bei Betrieben bis zu 10 Mitarbeitern, Durchführung von Umschulungs- und Arbeitsbeschaffungsmaßnahmen in großem Umfang.
4. Sozialpolitik: Vorruhestandsregelung (die gleichzeitig die Einstellung jüngerer Arbeitskräfte zur Folge haben sollte), Sanierung der gesetzlichen Krankenversicherung durch eine Erhöhung der Selbstbeteiligung bei den Kosten, Einführung der Pflegeversicherung.

Mit Hilfe diesen Maßnahmen sollte vor allem das Vollbeschäftigungsziel erreicht werden.

Die Arbeitslosigkeit ging Ende der 80er Jahre in der Tat zurück, doch stieg sie danach auf eine nie gekannte Höhe (Arbeitslosenquote ca. 10 % im Jahre 1998).

Eine der wesentlichen Ursachen lag allerdings in einem dramatischen Anstieg der Erwerbspersonen. Die Zahl der Erwerbspersonen stieg schneller als die Zahl der Arbeitsplätze.

Ein weiteres ökonomisches Problem trat mit der **Wiedervereinigung im Jahre 1990** auf:

Die Zentralverwaltungswirtschaft der ehemaligen DDR musste auf marktwirtschaftliche Verhältnisse (Transformationsprobleme) umgestellt werden. Es stellte sich dabei heraus, dass die DDR-Wirtschaft praktisch „konkursreif" war. Dieser Transformationskraftakt musste zunächst von der alten Bundesrepublik finanziert werden.

Es ging im Wesentlichen um die Privatisierung der staatlichen Betriebe durch die staatliche Treuhand oder einfach um ihre Abwicklung, wenn für die Betriebe keine Chancen im Wettbewerb erkennbar waren. Außerdem musste die komplette Infrastruktur (Telefonnetze, Straßen, Schulen usw.) saniert oder erst geschaffen werden. Dazu wurden Förderprogramme aufgelegt, die vom Bund und den westdeutschen Ländern und Gemeinden finanziert wurden, was zu einer starken Verschuldung dieser staatlichen Stellen führte.

Zugleich wurde eine (direkte) Sondersteuer zusätzlich zur Einkommensteuer eingeführt, der Solidaritätsbeitrag.

Diese Maßnahmen waren zwar politisch vertretbar, passten aber nicht zum Konzept der Angebotspolitik. Im Grunde genommen war es eine **Konjunktur- und Wachstumsprogramm**, das eher der **Nachfragepolitik** zuzuordnen wäre, mit einem Deficit-spending von ca. 150 Mrd. DM pro Jahr. Dies wirkte sich in der Tat positiv für die Konjunktur in den alten Bundesländern aus und damit auch auf die Steuereinnahmen, so dass die Nettobelastung des Westens weit niedriger als der oben genannte Betrag lag. Mit den Programmen war aber auch die Schaffung einer guten Infrastruktur, was sich allerdings erst in diesen Jahren positiv für das Wirtschaftswachstum und damit auch die Beschäftigung in Ostdeutschland auszuwirken beginnt.

Inzwischen hatten sich auch andere Rahmenbedingungen für die deutsche Wirtschaft geändert: Die Europäische Wirtschafts- und Währungsunion wurde vor allen von *Helmut Kohl* vorangetrieben und startete Anfang 1993 mit der Wirtschaftsunion und ab 1.1.99 mit dem Europäischen System der Zentralbanken. Von beiden Entwicklungen erhofften sich die Deutschen eine positive wirtschaftliche Entwicklung:

In der Tat hat dies zu einer weiteren Integration in der EU geführt und den **Export gefördert**. Es war daher vor allem der Export, der in den letzten Jahren die Konjunktur stützte. Mit der Auflösung des Ostblocks trat eine Globalisierung der Märkte ein, was eine Verschärfung des internationalen Wettbewerbs zur Folge hatte. Um dieser Herausforderung zu begegnen, konzentrierte sich die staatliche Wirtschaftspolitik auf eine einzige Möglichkeit: Eine Verbesserung der Angebots- und Standortbedingungen für Deutschland. Die staatliche Wirtschaftspolitik darf aber dabei nicht unbeachtet lassen, dass auch andere Staaten, die im

Wettbewerb zu Deutschland stehen, vergleichbare Maßnahmen ergreifen, so dass die komparativen Vorteile einer Reform wieder zunichte gemacht werden können.

Auch die Rot-Grüne-Koalition unter *Gerhard Schröder* und *Josef (Joschka) Fischer* sah sich in der zweiten Regierungsperiode gezwungen, Strukturreformen im Wirtschaftsbereich durchzuführen, nachdem die Wachstumsrate im Jahre 2003 fast auf null zurückging.

Die Regierung legte daher ein Gesamtkonzept unter dem Begriff „**Agenda 2010**" vor, das sowohl wirtschaftspolitische als auch sozialpolitische Maßnahmen umfasste.

Ein Teil der Reformen konnte nach Kompromissen mit den unionsgeführten Ländern im Bundesrat verabschiedet werden.

Im Bereich der **Ordnungspolitik** wurde der Große Befähigungsnachweis in Form des Meisterbriefes bei Unternehmensgründungen eingeschränkt, allerdings betrifft die Einschränkung nur etwa 10 % der Betriebe. Außerdem darf jedermann einfache, handwerkliche Tätigkeiten frei anbieten. Dies ist immerhin ein Versuch, den Marktzugang auf den Märkten für handwerkliche Leistungen zu erweitern.

Daneben erfolgte die Privatisierung von Bundesvermögen (Telekom, Post). Hauptziel der Privatisierung war dabei nicht der Rückzug des Staates als Unternehmer, sondern die Finanzierung der Steuerreform.

Die Privatisierung von Staatsbetrieben ist aus ordnungspolitischen Gründen grundsätzlich zu begrüßen. Allerdings hat sich bei der Privatisierung von Versorgungsbetrieben (Gas, Wasser, Strom, Straßenbahnen) inzwischen gezeigt, dass in vielen Fällen nur staatliche Monopole durch private Monopole ersetzt wurden, weshalb der Staat wieder zu neuen Eingriffen in Form von Regulierungsbehörden gezwungen war, um die Monopolpreise zu regulieren. Diese Form der Privatisierung ist sogar ein Kuriosum: Die deutschen öffentlichen Haushalte trennen sich von ihren Versorgungsbetrieben und ausländische Staaten wie Schweden (Vattenfall) und Frankreich (EnBW) kaufen mit ihren Staatsfirmen die Unternehmen auf.

Die auf das Jahr 2004 vorgezogene **Steuerreform** brachte eine Senkung der Einkommensteuersätze (Eingangs- und Spitzensteuersätze) und entsprach damit den Vorstellungen der angebotspolitischen Forderung: Leistung muss sich (wieder) lohnen. Der Eingangssteuersatz wird 2005 auf 15 % und der Spitzensteuersatz auf 42 % gesenkt.

Mit der Steuersenkung sollte für 2004 und 2005 gleichzeitig das verfügbare Einkommen und damit der Konsum der privaten Haushalte erhöht werden, um einen konjunkturellen Aufschwung auszulösen, was so leider nicht funktionierte.

Daneben wurden Subventionen in verschiedenen Bereichen gekürzt, und zwar direkte Transferzahlungen in Form der Eigenheimzulage.

Außerdem wurde die Entfernungspauschale für Arbeitnehmer gekürzt. Es handelt sich dabei zum Teil um eine Verbreiterung der Steuerbemessungsgrundlage. Diese Steuerbasiserweiterung geschieht auch bei der Unternehmensbesteuerung im Bereich der Abschreibungen und Gesellschafterdarlehn. Allerdings sind diese Maßnahmen nicht konform mit der deutschen

Steuersystematik, denn grundsätzlich gilt für alle: Alle beruflich und betrieblich notwendigen Ausgaben sind absetzbar.
Durch die bisherigen Maßnahmen wurde nur das existierende Steuersystem komplizierter und unsystematischer. Eine grundlegende Reform und damit einer Vereinfachung des Steuersystems an Haupt und Gliedern steht noch aus.

Die Reformen auf dem **Arbeitsmarkt** kommen nach dem Reformkompromiss von Mitte Dezember 2003 nur sehr schleppend in Gang. Der Kündigungsschutz wurde dabei für Neueinstellungen in Kleinunternehmen von mehr als 5 auf mehr als 10 Beschäftigte erhöht. Dies ist allerdings keine originelle Idee, denn dieser Zustand existierte bereits vor der Regierungsübernahme durch die Rot-Grüne-Koalition im Jahre 1998 und wurde von dieser Regierung abgeschafft.

Eine wichtige Änderung für Arbeitslose bringt die verschärfte Zumutbarkeitsregelung: Sie müssen jede legale Arbeit annehmen. Der wichtigste Durchbruch zur Flexibilisierung des Arbeitsmarktes wurde immer noch nicht geschafft: die Einführung von gesetzlichen Öffnungsklauseln in Tarifverträgen.

Im Bereich der **Sozialpolitik** wurden im Jahre 2003 nur Maßnahmen zur Rettung der bisherigen Sicherungssysteme getroffen wie beispielsweise der gesetzlichen Kranken- und Rentenversicherung.

Dabei zeichnen sich vor allem zwei Trends ab: Den Versicherten wird bei den gesetzlichen Krankenversicherungen eine höhere Selbstbeteiligung abverlangt und in der gesetzlichen Altersvorsorge wird der von *Norbert Blüm* (Arbeitsminister in der Regierung *Kohl*) eingeführte und von der Rot-Grünen-Koalition abgeschaffte demographische Faktor wieder eingeführt, und zwar unter dem neuen Namen „Nachhaltigkeitsfaktor“.

Die dynamisierte Rente wird allerdings zunächst ausgesetzt und durch eine Rentenpolitik nach Kassenlage der Rentenversicherung und des Bundeshaushalts ersetzt.

Eine grundlegende längerfristige Neuregelung ist bisher nicht in Sicht.

Eine Änderung gibt es ab 2005 bei der Sozialhilfe, denn die Sozialhilfe wird mit der Arbeitslosenhilfe (Arbeitslosengeld II) zusammengelegt.

Unter der **Großen Koalition** zwischen der Union und der SPD mit der Kanzlerin *Angela Merkel* und dem Vizekanzler *Franz Müntefering* wurden die Reformen weitergeführt wie sie die Agenda 2010 vorsah.

Für die Investitionsförderung wurde eine Unternehmenssteuerreform beschlossen, die eine erhebliche steuerliche Entlastung bedeutet, so werden ab 2008 die Steuersätze für einbehaltene Gewinne unter 30 % und damit um fast zehn Prozentpunkte sinken. Ab 2009 werden die Kapitalerträge einheitlich mit einer Abgeltungssteuer von 25 % besteuert.

Es gelang 2007 ebenfalls, das Defizit im Bundeshaushalt erheblich zu reduzieren und damit (zusammen mit den anderen öffentlichen Körperschaften) den Maastrichter Vertrag einzuhalten. Allerdings ist dies nicht durch Kürzungen geschehen, sondern durch eine kräftige

Mehrwertsteuererhöhung zum 1.1.2007 (3 Prozentpunkte) und durch konjunkturell bedingte Steuermehreinnahmen.

Die Reformen auf dem Arbeitsmarkt zeigen ihre Wirkungen durch den deutlichen Rückgang der Zahl der Arbeitslosen um beinahe 1 Mio., der allerdings auch konjunkturell bedingt ist. Eine Flexibilisierung am Arbeitsmarkt fand allerdings anders statt wie man sich das durch die Senkung der Nominallöhne der Beschäftigten vorgestellt hat: Das Lohnniveau wurde durch sogenannte Leiharbeitfirmen gesenkt, denn deren Arbeitnehmer werden nicht nach dem Branchentarif sondern weit unterhalb dieses Tarifs bezahlt. Sofern ihr Einkommen unter den Sozialhilfesatz (Hartz IV) sinkt, subventioniert der Staat diese Arbeitnehmer, allerdings müssen sie dann mittellos sein oder erst ihr eigenes Vermögen auflösen. Aus diesen Gründen kann hier nicht von einer echten Lohnsubvention gesprochen werden.

Schließlich hat das bereits an anderer Stelle erwähnte 25-Mrd.-Programm auch seine positive Wirkung am Arbeitsmarkt hinterlassen.

Die Agentur für Arbeit (früher Arbeitsamt) macht aufgrund der erheblichen Kürzung des Arbeitslosengeldes und der positiven konjunkturellen Entwicklung einen bedeutenden Überschuss, was zu einer Beitragssenkung und damit zu einer Senkung der Lohnnebenkosten für die Unternehmen führen soll sowie zu einer Verlängerung der Bezugsdauer des Arbeitslosengeldes I für ältere Arbeitslose.

Eine Reform des Rentensystems ist noch nicht in Sicht, sondern nur die Erhöhung des gesetzlichen Rentenalters auf 67 Jahre.

Kontrollfragen zu Kapitel 6

1. Warum wird behauptet, dass die Höhe der Investitionen eine Funktion der Höhe des langfristigen Kapitalmarktzinses ist?
2. Zählen Sie endogene und exogene Ursachen der Verschiebung einer Funktion vom Typ $I = I_0 + I(i)$ auf!
3. Beschreiben Sie die Methode des internen Zinsfußes und die Kapitalwertmethode!
4. Zeigen Sie anhand einer Graphik, wie sich die Änderung der autonomen Nettoinvestition beim Vorhandensein von zinsabhängigen Investitionen auf das Volkseinkommen auswirkt! Verwenden Sie für Ihre Darstellung eine lineare Sparfunktion!
5. In einer geschlossenen Volkswirtschaft ohne Staat investieren die Unternehmen neben einem festen Betrag an Nettoinvestitionen $I_0 = 30$ in Abhängigkeit vom langfristigen Kapitalmarktzins $i_0 = 0{,}08$, wobei die Abhängigkeit so ist, dass bei steigendem Zins weniger investiert wird.
   Stellt man die Funktion graphisch dar, so ergibt sich eine lineare Funktion mit der negativen Steigung b = 200.
   Die Konsumfunktion der privaten Haushalte sei: $C = 100 + 0{,}7\ Y$. Leiten Sie den Zinssatzmultiplikator und das Gleichgewichtsvolkseinkommen her!
   Wie groß ist das Gleichgewichtseinkommen, wenn sich der Zinssatz ceteris paribus auf $i_0 = 0{,}1$ erhöht?
6. Erklären Sie den Unterschied zwischen dem durchschnittlichen Kapitalkoeffizienten und dem Akzelerator!
7. Erläutern Sie das Akzeleratorprinzip mit Hilfe eines Beispiels!
8. Beschreiben Sie den Verlauf der induzierten Investitionen, wenn das Volkseinkommen in Form einer Sinuskurve mit gleich langen Perioden und gleich hohen Amplituden schwankt.
9. Welcher Zusammenhang besteht zwischen dem Akzeleratorprinzip, ausgedrückt mit Hilfe einer Konsumnachfrageänderung und der Darstellung mit Hilfe einer Änderung der Gesamtnachfrage?
10. Nennen Sie kurz die Faktoren, bei deren Existenz das Akzeleratorprinzip nicht funktioniert!
11. Was versteht man unter einer „Angebotspolitik"?
12. Welche ordnungspolitischen Maßnahmen sollen im Rahmen der Angebotspolitik vorgenommen werden?
13. Welchen Zusammenhang stellt die Laffer-Kurve dar?
14. Inwiefern beeinflusst die Finanzierung eines hohen Schuldenstandes der öffentlichen Hand die Investitionsentscheidungen der Unternehmen?
15. Welche Maßnahmen wurden in Großbritannien von M. Thatcher im Rahmen einer Angebotspolitik durchgeführt?
16. Was versteht man unter den „Reaganomics"?
17. Stellen Sie die Grundzüge der Angebotspolitik in Deutschland dar, und gehen Sie dabei auf die wesentlichen Einzelgebiete ein!

7 Konjunktur und Wachstum

Bei der bisherigen Analyse stand die Frage im Vordergrund, welche Möglichkeiten bestehen, die Konjunktur zu stabilisieren. Insbesondere war die Frage interessant, wie und ob es dem Staat gelingt, mit Hilfe seiner Möglichkeiten, aus einer Rezessionsphase wieder zu einer hohen Beschäftigung zu kommen. Dies ist ein Problem der Stabilitätspolitik, bei der es darum geht, die konjunkturellen Schwankungen zu glätten.

Die grundsätzliche Frage, ob dies notwendig und möglich ist, soll uns noch weiter beschäftigen. Die Notwendigkeit und die Möglichkeit werden von der keynesianischen Theorie bejaht, von der neoklassischen und der neuklassischen Theorie aber bestritten. Die monetaristische Theorie, die Neoklassik und die Neuklassik gehen davon aus, dass sich die Wirtschaft selbst stabilisiert. Durch staatliche Eingriffe werden nach deren Auffassung konjunkturelle Schwankungen erst ausgelöst oder verstärkt.

Bei dieser Diskussion geht es dabei um die Auslastung der vorhandenen Produktionskapazitäten einer Volkswirtschaft, da der Auslastungsgrad Schwankungen unterworfen ist. Dies ist ein konjunkturelles Problem. Dabei wird mit Hilfe der **Konjunkturtheorie** versucht, die Gründe und die wirtschaftspolitischen Möglichkeiten für ein derartiges Schwanken zu untersuchen.

Die **Wachstumstheorie** beschäftigt sich nicht mit der Auslastung der vorhandenen Kapazitäten, sondern mit der Erweiterung der Produktionskapazitäten. Dabei werden sowohl die Ursachen des Wirtschaftswachstums als auch die Möglichkeiten eines gleichgewichtigen Wachstums untersucht werden.

Abbildung 7.1 macht mit Hilfe von Produktionsmöglichkeitskurven in einem Modell den Unterschied zwischen konjunkturelle Aspekten und dem Wachstum einer Volkswirtschaft deutlich. Bei diesem Modell werden die beiden Güterbündel A und B gezeigt, die eine Volkswirtschaft produzieren kann.

Vollbeschäftigung ist dann gegeben, wenn an der Kapazitätsgrenze, dargestellt durch die Produktionsmöglichkeitskurve I, eine Kombination der beiden Güterbündel gewählt wird wie beispielsweise die Kombination D oder die Kombination E.

Von D aus gesehen, kann die Kombination E nur erreicht werden, wenn vom Güterbündel A weniger produziert wird und damit mehr vom Güterbündel B. Bei der Güterkombination in Punkt F ist die Kapazität der Volkswirtschaft nicht ausgelastet. Es herrscht Unterbeschäftigung, weshalb es wünschenswert wäre, einen Punkt **auf** der Produktionsmöglichkeitskurve I zu erreichen (hier angedeutet durch den Pfeil, der auf den Punkt E zeigt). Der Fall F stellt daher ein **konjunkturelles Problem dar**, und zwar die **Unterbeschäftigung** der vorhandenen Produktionsfaktoren. Der Punkt F ist zwar realisierbar in dieser Modell-Volkswirtschaft, aber nicht wünschenswert.

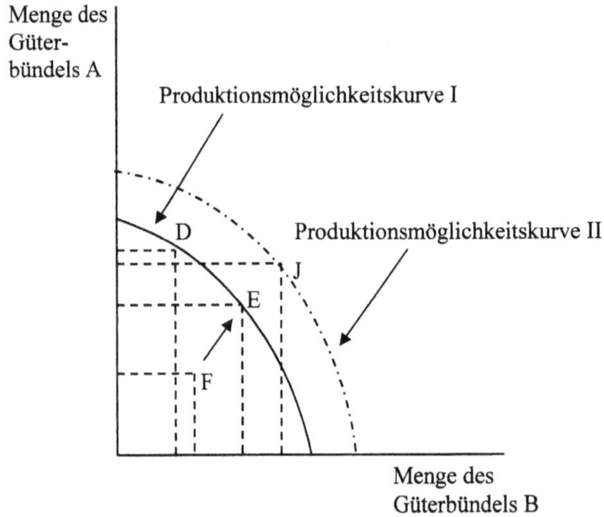

Abbildung 7.1

Der Punkt J ist mit der vorhandenen Produktionskapazität nicht erreichbar, aber wünschenswert, da jetzt mehr Güter zur Verfügung stehen. Dazu muss die gesamtwirtschaftliche Kapazität bis zur neuen Produktionsmöglichkeitskurve II erweitert werden. Dies ist ein **Wachstumsproblem**, das für eine staatliche Wachstumspolitik relevant und deshalb mit Hilfe der Wachstumstheorie untersucht werden soll.

7.1 Konjunkturdefinition und Indikatoren

Eine Stabilitätspolitik wird nach Auffassung von *Keynes* dadurch notwendig, dass die konjunkturellen Schwankungen nicht automatisch zum Gleichgewicht tendieren, wobei bekanntlich *Keynes* besonders die Überwindung der Rezession bzw. der Depression interessierte.

Aufgabe des Staates ist es daher, eine Politik zu betreiben, die zu einer Minimierung der konjunkturellen Ausschläge nach oben und unten führt.

In diesem Kapitel soll zuerst das Phänomen „Konjunktur" erklärt und dann der Versuch unternommen, mögliche Ursachen konjunktureller Schwankungen darzustellen, wobei neben den endogenen (ökonomischen) Ursachen auch exogene (außerökonomische) Ursachen untersucht werden.

Nach dieser Analyse der Konjunktur wenden wir uns dem langfristigen Problem einer wachsenden Wirtschaft zu, wobei das gleichgewichtige Wachstum und die Wachstumsfaktoren behandelt werden sollen.

Wir beginnen mit der Beantwortung der Frage, was man unter „Konjunktur" versteht.

Unter „**Konjunktur**" werden zyklische Schwankungen des Wirtschaftsprozesses im Zeitablauf verstanden, d. h. immer wiederkehrende Schwankungen, weshalb auch von einem „Auf und Ab der allgemeinen Wirtschaftslage" (*G. Schmölders*) gesprochen werden kann.

Diese konjunkturellen Schwankungen traten besonders seit der Industrialisierung in den Industriestaaten (Anfang des 19. Jahrhunderts) deutlich zutage. Der Franzose *Clément Juglar* (1819-1905) hat als Erster versucht, diese Schwankungen darzustellen.

Ein viel bekannteres und älteres Beispiel konjunktureller Schwankungen wurde bereits im Alten Testament aus dem alten Ägypten beschrieben, und zwar ein landwirtschaftlicher Zyklus von sieben „fetten" Jahren und sieben „mageren" Jahren.

In welcher Form und mit welcher Art von Periodizität können nun konjunkturelle Schwankungen des Wirtschaftsprozesses auftauchen?

Konjunkturelle Schwankungen des Wirtschaftsprozesses sind nicht nur durch ihre relative Kurzfristigkeit gekennzeichnet, sondern auch durch Periodizität und zyklische Schwingungen. Dabei bedeutet Periodizität die zeitlich regelmäßige Wiederkehr der gleichen Situationen (bzw. Phase) und zyklische Schwingungen die gleich große Intensität der Schwingung (gleich große Amplituden bei einer Sinuskurve).

Diese Art der exakten Periodizität und zyklischen Schwingungen ist in technischen Systemen eher anzutreffen als in ökonomischen, da es sich bei technischen Systemen oft um geschlossene Systeme handelt und damit ihre „Rahmenbedingungen" konstant gehalten werden können. Ökonomische Systeme unterliegen dagegen einem historischen Prozess, weshalb bei ihnen weder Periodizität noch zyklische Wiederkehr im streng mathematischen Sinne jemals vorliegen werden. Man müsste daher bei konjunkturellen Schwankungen von einer Quasi-Periodizität bzw. von quasi-zyklischen Schwingungen sprechen.

Abbildung 7.2 zeigt den Modellfall mit gleich langen Perioden und gleich großen Amplituden.

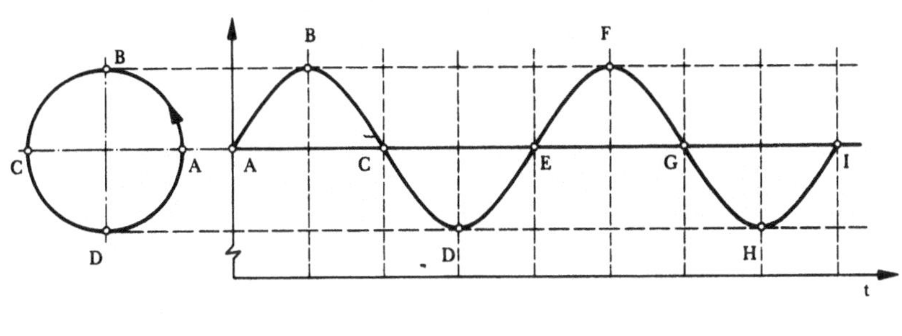

Abbildung 7.2

Der zeitliche Ablauf erfolgt in der Reihenfolge A, B, C, D usw. und kann in Form einer Sinuskurve dargestellt werden. Eine Periode geht dabei von A bis E. Bei dieser Darstellung wird besonders deutlich, dass es sich bei den Konjunkturzyklen, wie der Name sagt, um kreisförmige Bewegungen handelt, die wir im Zeitablauf beobachten können.

Die Schwankungen des Wirtschaftsprozesses können in bestimmten **Konjunkturphasen** eingeteilt werden. *Clément Juglar* war einer der Ersten, der folgende Phasen unterschied:

Prosperität, Krise, Depression, Erholung.

Allerdings muss gesagt werden, dass die einzelnen Phasen bei *Juglar* nicht gleich lang waren. Besonders die Phase der Depression wurde von ihm als die am längsten dauernde Phase beschrieben.

Die Bezeichnungen der einzelnen Phasen und die Aufteilung des Konjunkturzyklus in einzelne Phasen sind in der Literatur nicht einheitlich. Abbildung 7.3 zeigt die Einteilung und Bezeichnung, wie sie von *Alfred Stobbe* vorgenommen wurde:

Phase I: **Aufschwung**

Die Wirtschaft erholt sich. Das Bruttoinlandsprodukt steigt und damit auch die Beschäftigung.

Phase II: **Boom, Hochkonjunktur**

Das Bruttoinlandsprodukt steigt weiter, aber es zeigen sich inflationäre Tendenzen. Es herrscht Vollbeschäftigung sogar bis hin zu einer Überbeschäftigung. Produktionsfaktoren werden knapp. Die Zinsen steigen.

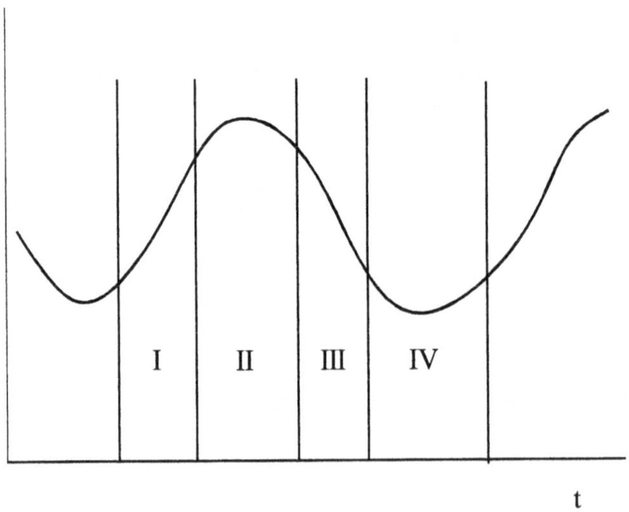

Abbildung 7.3

Phase III: **Abschwung**

Es kommt zu einem Konjunktureinbruch, die Wachstumsraten sinken. Inflationäre Tendenzen nehmen ab und Arbeitslosigkeit tritt auf.

Phase IV: **Depression:**

Das Bruttoinlandsprodukt nimmt real ab. Es entsteht Massenarbeitslosigkeit und Deflationsgefahr.

Interessant ist die Darstellung von *Alfred Stobbe* deshalb, weil der Beginn bzw. das Ende der einzelnen Phasen **nicht** mit den Maxima und Minima bzw. den mathematischen Wendepunkten zusammenfallen, sondern fließende Übergänge von einer zur anderen Phase zeigt. So umfasst beispielsweise die Depression (Phase IV) sowohl einen auslaufenden Abschwung als auch einen beginnenden Aufschwung.

Da heute in den meisten Volkswirtschaften nur in seltenen Fällen eine Depression mit einem absoluten Rückgang der Wirtschaftstätigkeit zu beobachten ist sondern nur mit einer Wachstumsschwäche, spricht man eher von einer **Rezession** bei einer Abnahme der Wachstumsrate als von einer Depression und einem geringen Rückgang der Wirtschaftstätigkeit gemessen am Bruttoinlandsprodukt.

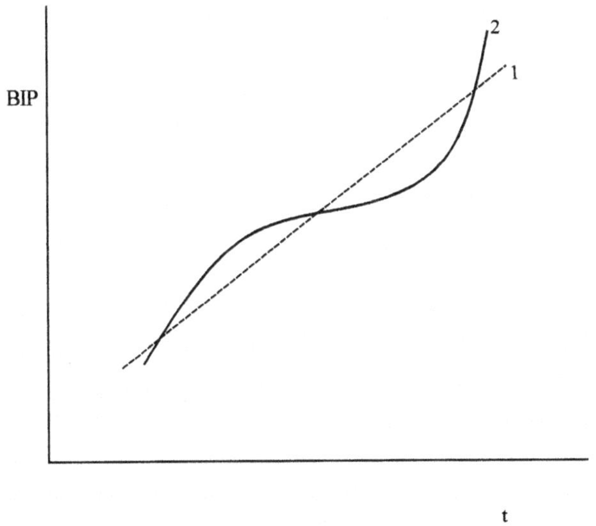

Abbildung 7.4

Abbildung 7.4 zeigt schematisch die Entwicklung des Bruttoinlandsprodukts, das konjunkturell (2) im Zeitablauf (t) um einen bestimmten Wachstumstrend (1) schwankt und nicht absolut abnimmt, sondern nur nicht so stark wächst oder stagniert.

7.2 Konjunkturindikatoren

Die heutige Konjunkturanalyse versucht, die Schwankungen durch bestimmte Maßgrößen, **Konjunkturindikatoren** genannt, statistisch zu erfassen.

Im Hinblick auf den Faktor „**Zeit**“ können drei Gruppen von Indikatoren unterschieden werden:

1. Frühindikatoren,
2. Präsensindikatoren und
3. Spätindikatoren.

Frühindikatoren oder vorlaufende Indikatoren (leading indicators) kündigen den zukünftigen Konjunkturverlauf an. Die wichtigsten Frühindikatoren sind

- die Auftragseingänge im verarbeitenden Gewerbe der Industrie (vor allem der Investitionsgüterproduzenten) und
- im Bauhauptgewerbe sowie
- die Einzelhandelsumsätze.
- Daneben dienen die Ergebnisse von Umfragen als Frühindikatoren.

Die **Präsensindikatoren** oder gleichlaufende Indikatoren (coinciding indicators) zeigen die aktuelle Konjunkturlage an. Wichtigster Präsensindikator ist

- die industrielle Produktion, die in Form von Monatszahlen vorliegt.
- Meist wird aber für die industrielle Produktion auch der Indikator „Bruttoinlandsprodukt“ verwendet. Außerdem kann
- die Kapazitätsauslastung der Industrie als ein Präsensindikator betrachtet werden.

Als wichtigste **Spätindikatoren** oder nachlaufende Indikatoren (lagging indicators) gelten

- die Preise. Da sie keine aktuelle Entwicklung zeigen (sie steigen beispielsweise erst, wenn die Vollbeschäftigung überschritten ist), sind sie als Basis einer Konjunkturprognose wenig geeignet.
- Weitere Spätindikatoren sind die Arbeitsmarktindikatoren wie z. B. die Arbeitslosenquote, die die Situation am Arbeitsmarkt anzeigen.

Diese übliche Einteilung der Konjunkturindikatoren nach dem Faktor „Zeit“ ist nicht unproblematisch, da hier die menschliche Fiktion vertreten wird, es gäbe eine Gegenwart. Eigentlich gibt es nur die Zukunft und die Vergangenheit, so dass das Bruttoinlandsprodukt mit Recht mit Hilfe einer sogenannten ex post-Analyse ermittelt wird.

Die Konjunkturindikatoren lassen sich aber auch nach ihrer **Erhebungsmethode** gliedern, und zwar in

- **Zeitreihen** (erstellt aufgrund von Meldungen der Unternehmen an das Statistische Bundesamt wie „Auftragseingänge") und
- **Tests:** Befragungen zu einem bestimmten Zeitpunkt der Ifo-Geschäftsklima-Index (Unternehmensbefragung) des Ifo-Instituts in München, der Dienstleistungskonjunkturindex (Unternehmensbefragung), der Gfk-Konsumklima-Index (Konsumentenbefragung) der Gesellschaft für Konsumforschung in Nürnberg, der Konjunkturklima-Index der EU und der ZEW-Konjunkturtest (Befragung der Analysten und institutionellen Anleger) des Zentrums für Europäische Wirtschaftsforschung in Mannheim.

Die Konjunkturindikatoren können aber auch nach ihrem **Umfang** eingeteilt werden, und zwar in

- **Einzelindikatoren** (z. B. Auftragseingang im verarbeitenden Gewerbe) oder
- **Gesamtindikatoren**, bei denen verschiedene Einzelindikatoren zu einem Gesamtindikator zusammengefasst werden: Exemplarisch sei hier der Handelsblatt-Barclay-Indikator genannt, der den Handelsblatt-Frühindikator seit Juni 2007 abgelöst hat, und die Entwicklung der Wachstumsrate im jeweiligen Quartal vorausschätzt. Dabei werden u. a. folgende Einzelindikatoren berücksichtigt: Auftragseingang im verarbeitenden Gewerbe, Auftragseingang im Bauhauptgewerbe, Einzelhandelsumsätze, Ifo-Geschäftsklima-Index usw.

An dieser Stelle ist ein praktischer Hinweis über laufend veröffentliche Zeitreihen angebracht: Die Deutsche Bundesbank veröffentlicht monatlich aktuelle Konjunkturindikatoren in Form von Zeitreihen im Anhang ihres Monatsberichts unter der Bezeichnung „Konjunkturlage". Die Europäische Zentralbank liefert ebenfalls im Anhang ihres Monatsberichts aktuelle Zeitreihenergebnisse für die Europäische Währungsunion. Die Monatsberichte können inzwischen im Internet eingesehen und heruntergeladen werden.

Wird das **Bruttoinlandsprodukt** als Indikator für konjunkturelle Schwankungen verwendet, so ergibt sich für die Entwicklung in Deutschland Folgendes:

Während vor dem Zweiten Weltkrieg regelmäßig ein absoluter Rückgang des Inlandsprodukts zu verzeichnen war, gab es seit 1960 für die Bundesrepublik Deutschland bisher nur fünf absolute Rückgänge. Man verwendet daher die Phasenbezeichnungen nicht mehr für die Schwankungen der absoluten Höhe des Inlandsprodukts, sondern für die Entwicklung der Wachstumsraten.

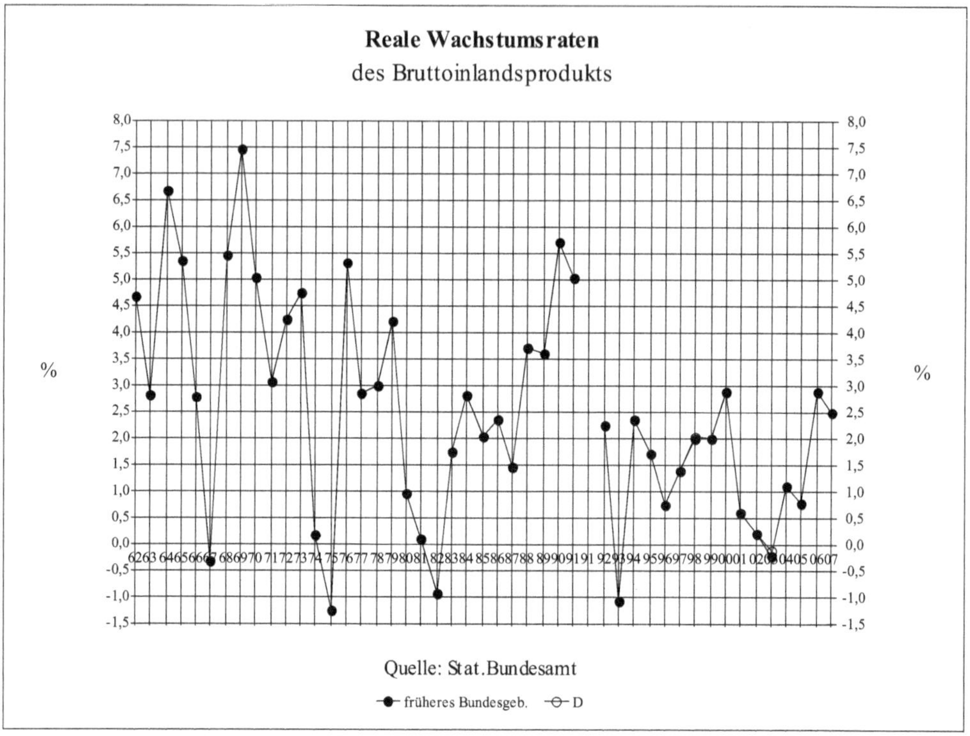

Abbildung 7.5

Aus Abbildung 7.5 sind die realen Wachstumsraten des Bruttoinlandsprodukts in Deutschland seit 1962 erkennbar. In dieser Abbildung sind die Konjunktureinbrüche 1967 (Krise des Bundeshaushalts mit Regierungskrise und restriktiven Maßnahmen der Bundesbank), 1974-75 (Folgen der Ölkrise und der Exporteinbrüche wegen der DM-Aufwertung) und 1981-82 (zweite Ölkrise) deutlich erkennbar. Es ist außerdem die relativ lange Hochkonjunktur von 1983-1991 sichtbar, wobei die positive Entwicklung von 1989-1991 durch die Wiedervereinigung bedingt war. Außerdem ist der konjunkturelle Einbruch 1993 (Ende des Wiedervereinigungsbooms) zu erkennen.

Ein erneuter Konjunktureinbruch ist ab dem Jahre 2001 zu beobachten, der im Jahre 2003 seinen Tiefpunkt mit einem Rückgang des realen Bruttoinlandsprodukts in Höhe von -0,2 % erreichte. Seit 2006 ist allerdings wieder ein Anstieg zu verzeichnen (vgl. dazu die Tabellen beim Wachstumsziel in Kapitel 1). Eine eindeutige Ursache für diese Entwicklung in den letzten Jahren ist noch nicht klar erkennbar.

Anhand der aufgezählten historischen Konjunkturkrisen in der Bundesrepublik Deutschland seit den 60er Jahren ist allerdings bereits an dieser Stelle deutlich geworden, wie vielfältig die Ursachen eines Konjunktureinbruchs sein können.

7.3 Klassifikation historischer Zyklen

Joseph Alois Schumpeter (1883-1950) hat 1935 in seinem Aufsatz und 1939 in seiner Monographie „Business Cycles“ den Versuch unternommen, die seit der industriellen Revolution (Ende des 18. Jahrhunderts) aufgetretenen zyklischen Schwankungen des Wirtschaftsprozesses zu klassifizieren. Dabei steht bei ihm die ökonomische Verwertung des technischen Fortschritts als Hauptursache im Vordergrund (Innovationstheorie).

Die Einteilung der Konjunkturzyklen erfolgte bei Schumpeter entsprechend der **Periodenlänge,** wobei er die Zyklen nach dem jeweiligen „Entdecker“ benannte.

a) Kondratieffs lange Wellen

Nikolai D. Kondratieff hat 1926 eine Untersuchung publiziert, die eine Periodenlänge von Wellen über durchschnittlich 50 Jahre feststellte.

Schumpeter hat versucht, diesen „*langen Wellen*“ von Kondratieff Ursachen zuzuordnen. Seiner Ansicht nach werden diese Wellen durch die wirtschaftliche Auswertung grundlegender neuer technischer Erfindungen ausgelöst.

So umfasst die (historisch bekannte)

- erste Welle den Zeitraum von 1792-1842, und zwar die industrielle Revolution,
- die zweite Welle 1842–1897, das Zeitalter „des Dampfes und Stahls“ und
- die dritte Welle von 1898–1940, das Zeitalter der Elektrifizierung, der Chemischen Industrie und der Motorisierung
- die vierte Welle wurde u a. durch Kunststoffe, Fernsehen, Raumfahrt und Kerntechnik bestimmt.
- Wir befinden uns heute in der **fünften Welle**. Diese Welle wurde durch Computertechnik und Gentechnologie ausgelöst.

b) Juglarzyklus

Innerhalb dieser langfristigen Wellen befinden sich nach Meinung *Schumpeters* sechs sogenannte **„klassische“ Konjunkturzyklen** von durchschnittlich 8 Jahren, die *Clément Juglar* bereits 1860 entdeckte. *Schumpeter* führt auch diese Zyklen auf Innovationsprozesse zurück, die allerdings nicht so grundlegend sein müssen wie bei den langen Wellen von Kondratieff.

c) Kitchinzyklus

Ein weiterer Zyklus innerhalb der Kondratieffwelle und des Juglarzyklus ist der 40-Monate-Zyklus, benannt nach *Joseph Kitchin*. Der Juglarzyklus wird von *Schumpeter* in drei Kitchin-Zyklen unterteilt, wobei die Ursachen für diesen Zyklus in der schwankenden Lagerhaltung vermutet werden. Alle drei Zyklen sind in den einzelnen Volkswirtschaften nicht gleich stark ausgeprägt. Der Kitchinzyklus zeigte sich besonders deutlich in den USA.

Schließlich ist neben den von *Schumpeter* dargestellten Zyklen noch ein Zyklus von ca. 15-25 Jahren bekannt, der sogenannte **Kuznets-Zyklus**, der im 19. Jahrhundert in den USA beobachtet wurde. Er ist auf große Bauprojekte (wie den Eisenbahnbau) und auf Einwanderungswellen zurückzuführen.

Der Vollständigkeit halber sollen noch die **saisonalen Schwankungen** (Jahreszyklen) des Wirtschaftsprozesses, bedingt durch die Natur, Verhaltensweisen oder institutionelle Regelungen (Schulferien), erwähnt werden.

Außerdem gibt es Sonderzyklen auf einzelnen Märkten, z. B. den aus der Mikroökonomie bekannten „Schweinezyklus".

7.4 Ursachen konjunktureller Schwankungen

Nach dem heutigen Stand der Konjunkturtheorie ist es nicht möglich, alle konjunkturellen Schwankungen auf eine einzige Ursache zurückzuführen, d. h. eine **monokausale** Erklärung der Konjunktur zu geben. Es ist nur eine **multikausale** Erklärung möglich, wie ja auch bereits bei der Erklärung der Konjunktureinbrüche in Deutschland deutlich wurde.

Bei der Systematisierung der Ursachen unterscheidet man in „**exogene**" und „**endogene**". Als exogene Faktoren gelten alle Größen, die von außen auf den Wirtschaftsprozess einwirken. Endogene Faktoren sind Größen, die aus dem Wirtschaftsprozess heraus entstehen und auf seinen Verlauf Einfluss nehmen. Diese Einteilung ist nicht unproblematisch, denn es stellt sich die Frage nach Ursache und Wirkung: Beeinflussen technische Erfindungen den Wirtschaftsprozess oder bestimmen ökonomische Faktoren (hoher Forschungs- und Entwicklungsaufwand) den technischen Fortschritt?

Bei der nachfolgenden Darstellung wird der technische Fortschritt schwerpunktmäßig als exogener Faktor behandelt.

7.4.1 Endogene Konjunkturerklärungen

Bei den endogenen Konjunkturerklärungen unterscheidet man zwischen monetären und nichtmonetären Erklärungen.

Mit dem nachfolgenden **Multiplikator-Akzelerator-Modell** soll eine **endogene nichtmonetäre Konjunkturerklärung** geboten werden.

(Eine monetäre Theorie wird in Form der Wicksellschen Prozesse in Kapitel 8 erklärt werden.)

Wir haben bei der dynamischen Analyse des Multiplikators gesehen, dass zusätzliche autonome Investitionen Schwankungen des Volkseinkommens im Zeitablauf ergeben. Allerdings entsprach der Verlauf keiner der von uns ebenfalls modellhaft dargestellten Zyklenformen, sondern höchstens jeweils einer Konjunkturphase. Andererseits haben wir bei der Darstellung des Akzelerators den Zusammenhang zwischen der Entwicklung des Volkseinkommens und den induzierten Investitionen beobachtet und eine zyklische Bewegung im Gleichklang mit der zyklischen Bewegung des Volkseinkommens, verbunden mit einem time lag, festgestellt.

Es liegt daher nahe, den Multiplikatoreffekt mit dem Akzeleratorprinzip zu kombinieren und zu untersuchen, ob unter bestimmten Voraussetzungen ein Konjunkturzyklus entstehen kann.

Bei dieser Darstellung wird von folgenden Überlegungen ausgegangen, wobei das Akzeleratorprinzip in der Form $I_t = \beta \Delta C$ verwendet wird:

Erfolgt beispielsweise eine einmalige zusätzliche Erhöhung der Staatsausgaben oder eine zusätzliche Nettoinvestition, so führt dies bei den Unternehmen und Haushalten zu einer Einkommenserhöhung. Die Haushalte fragen daraufhin mehr Konsumgüter entsprechend ihrer marginalen Konsumquote nach.

Können die Produzenten von Konsumgütern nicht mehr durch Lagerabbau, Lieferfristenverlängerung und Preiserhöhungen reagieren, müssen sie ihre Produktionskapazität erhöhen. Sie fragen beispielsweise Maschinen nach und investieren anschließend.

Die Investition selbst löst wiederum eine Erhöhung des Einkommens der daran Beteiligten aus, was zu einer Konsumerhöhung und damit weiter zu einer induzierten Nettoinvestition führen kann.

Durch den einmaligen Anstoß kommt das Gesamtsystem in Schwingungen.

Das folgende Schema in Abbildung 7.6 macht die Zusammenhänge nochmals deutlich:

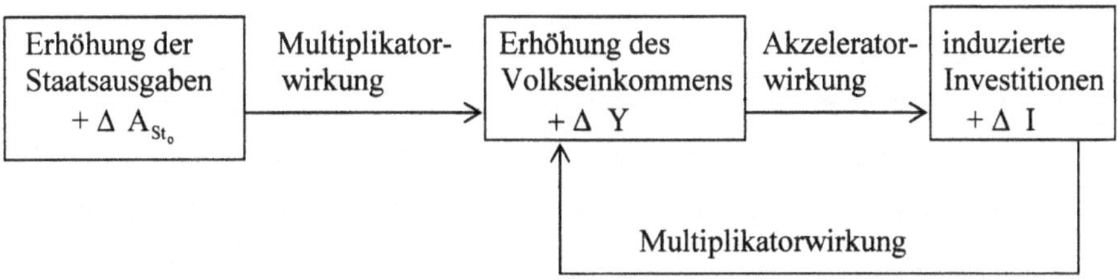

Abbildung 7.6

In der mathematischen Form wurde das Multiplikator-Akzelerator-Modell von *Paul Samuelson* bereits 1939 auf einen Vorschlag von *Alvin Hansen* entwickelt (Samuelson, 1967, S. 235-241).

Das Modell basiert in seiner einfachsten Form auf Differenzengleichungen.

Wir beginnen mit der Definitionsgleichung für das Volkseinkommen (geschlossene Volkswirtschaft mit Staat):

$$Y_t = C_t + I_t + A_{St_t} \tag{1}$$

Für die Konsumfunktion wird der Robertson-lag unterstellt und zur Vereinfachung angenommen, es gäbe keinen autonomen Konsum (langfristige Konsumfunktion):

$$C_t = cY_{t-1} \tag{2}$$

Als Investitionsfunktion wird das Akzeleratorprinzip verwendet, und zwar in der Form:

$$I_t = \beta (C_t - C_{t-1}) \tag{3}$$

Aufgrund der Gleichung (2) kann man in Gleichung (3) auch einsetzen:

für $C_t = cY_{t-1}$

und für $C_{t-1} = cY_{t-2}$

Das ergibt die Gleichung:

$$I_t = c\beta (Y_{t-1} - Y_{t-2}) \tag{3'}$$

Werden die Gleichung (2) und (3') in die Definitionsgleichung (1) eingesetzt, so erhält man:

$$Y_t = cY_{t-1} + c\beta (Y_{t-1} - Y_{t-2}) + A_{St_t}$$
$$Y_t = cY_{t-1} + c\beta\, Y_{t-1} - c\beta\, Y_{t-2} + A_{St_t}$$
$$Y_t = c(1+\beta)Y_{t-1} - c\beta\, Y_{t-2} + A_{St_t}$$

Dies ist eine Differenzengleichung zweiter Ordnung, deren mathematische Lösung hier allerdings nicht erläutert werden soll.

Aus der Gleichung ist jedoch zu erkennen, dass das laufende Volkseinkommen dann berechenbar ist, wenn das Volkseinkommen der beiden vorausgehenden Perioden (Y_{t-1} und Y_{t-2}) bekannt ist. Außerdem müssen die marginale Konsumquote (c) und der Akzelerator (β) bekannt sein.

Unterschiedliche Kombinationen der Parameter c und β ergeben völlig verschiedene Schwankungen des Volkseinkommens. Um dies zu demonstrieren, wird das Beispiel von *Samuelson* verwendet (Tabelle 7.1).

Tabelle 7.1

Die Entwicklung des Volkseinkommens bei unterschiedlichen Werten für die marginale Konsumquote (c) und den Akzelerator (β)
(1 Geldeinheit)

Kombination / Periode	(a) c = 0,5 β = 0	(b) c = 0,5 β = 2	(c) c = 0,6 β = 2	(d) c = 0,8 β = 4
1	1,00	1,00	1,00	1,00
2	1,50	2,50	2,80	5,00
3	1,75	3,75	4,84	17,80
4	1,875	4,125	6,352	56,20
5	1,9375	3,4375	6,6256	169,84
6	1,9688	2,0313	5,3037	500,52
7	1,9844	0,9141	2,5959	1459,592
8	1,9922	- 0,1172	- 0,6918	4227,704
9	1,9961	0,2148	- 3,3603	12241,1216

Quelle: Samuelson, P. A.: Wechselwirkungen, a.a.O., S. 238

Bei dieser Tabelle wurden die Staatsausgaben für Güter mit $A_{St_t} = 1$ angenommen.

Die Differenzengleichung lautet dann:

$$Y_t = 1 + c(1+\beta)Y_{t-1} - c\beta\, Y_{t-2}$$

Die Berechnung des Volkseinkommens soll kurz für 3 Perioden die **Kombination b** in Tabelle 7.1 erläutert werden:

In der ersten Periode liegen keine Angaben für die Volkseinkommenswerte der Vorperioden vor, so dass $Y_{t-1} = 0$ und $Y_{t-2} = 0$ gesetzt werden müssen. Dann ergibt sich $Y_t = 1$.

In der zweiten Periode liegt der Wert für das Volkseinkommen der Vorperiode vor ($Y_{t-1} = 1$), aber immer noch nicht für das Volkseinkommen der „Vorvorperiode", weshalb $Y_{t-2} = 0$ gesetzt wird. Das Volkseinkommen der laufenden Periode (Y_t) errechnet sich dann wie folgt (c = 0,5; β = 2):

$$Y_t = 1 + 0{,}5\,(1+2)\,1 - 0$$
$$Y_t = 2{,}5$$

Für die Berechnung des Volkseinkommens der dritten Periode liegen nun Werte für $Y_{t-1} = 2{,}5$ (Volkseinkommen der zweiten Periode) und für $Y_{t-2} = 1$ (= Volkseinkommen der ersten Periode) vor, so dass sich für das Volkseinkommen der dritten Periode ergibt:

$$Y_t = 1 + 0{,}5\,(1+2)\,2{,}5 - 0{,}5 \cdot 2 \cdot 1$$
$$Y_t = 3{,}75$$

Dieses Ergebnis entspricht der Kombination b, Periode 3, in (Tabelle 7.1).

Eine graphische Erfassung der Zahlen aus der Tabelle 7.1 in Abbildung 7.7

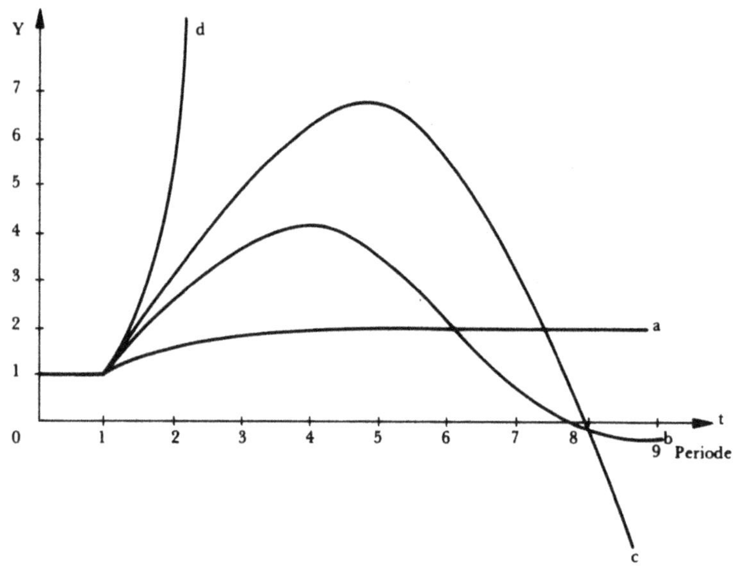

Abbildung 7.7

ergibt ganz unterschiedliche Schwankungen des Volkseinkommens im Zeitablauf.

Die Ermittlung der Kurven war näherungsweise möglich, obwohl die erwähnte Tabelle relativ wenige Werte ergibt.

Die Kurve „a“ in Abbildung 7.7 entspricht der Kombination „a“ in der Tabelle 7.1:

Dies ergibt den bereits aus Kapitel 3 bekannten Fall B einer zusätzlichen Nettoinvestition, die in jeder Periode in gleicher Höhe vorgenommen wird. Das Volkseinkommen steigt nach unendlich vielen Perioden auf ein neues (höheres) Gleichgewicht von Y = 2 durch eine zusätzliche autonome Staatsausgabe, die in jeder Periode in gleicher Höhe $\Delta A_{St_0} = 1$ getätigt wird. Dies geschieht unter der Voraussetzung, dass $\beta = 0$ ist.

Analog entspricht die Kurve „b“ in Abbildung 7.7 der Kombination „b“ in Tabelle 7.1.

Diese Kombination bringt eine regelmäßige Schwankung des Volkseinkommens (um den Wert 2), d. h., die Perioden sind gleich lang und die Amplituden gleich hoch. Dies ist sicher ein Sonderfall, denn er gilt nur, wenn

$$c = \frac{1}{\beta}$$

ist.

Die Kurve „c“ basiert dagegen auf der Kombination „c“ in der Tabelle 7.1.

Diese Kombination bringt eine explosive Entwicklung des Volkseinkommens. Die Amplituden werden immer größer, schwanken aber um einen Durchschnittswert.

Schließlich zeigt die Kurve „d“, basierend auf der Kombination „d“ in Tabelle 7.1, eine explosive Entwicklung des Volkseinkommens, und zwar in Form einer Exponentialfunktion.

Samuelson hat die unterschiedlichen Kombinationsmöglichkeiten zwischen der marginalen Konsumquote und dem Akzelerator in einem Diagramm dargestellt. Das Diagramm wurde von ihm in verschiedene Gebiete (A bis D) aufgeteilt (Abbildung 7.8).

Die bereits besprochenen Kombinationen (a, b, c, d) liegen in den Gebieten A, B, C, D.

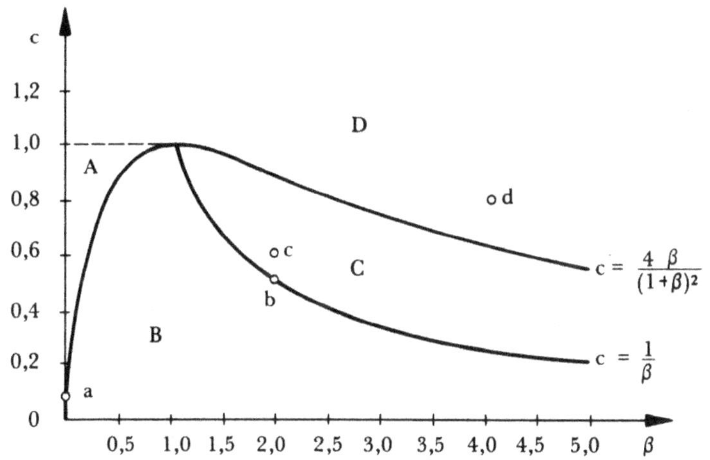

Abbildung 7.8

Die **Kombination a** liegt zwar noch im Gebiet A, aber am Rande, und zwar auf der Ordinate, da $\beta = 0$ angenommen wird.

Eine weitere besondere Lage ist bei der **Kombination b** zu vermerken. Sie liegt auf der Grenze zwischen dem **Gebiet B und C**, da

$$c = \frac{1}{\beta}$$

ist.

Diese Kombination ergibt eine **gleichmäßige Schwingung** des Volkseinkommens.

Bei allen Kombinationen, die im **Gebiet B** liegen, schwingt das Volkseinkommen dagegen in **gedämpften Zyklen**, die sich asymptotisch einem bestimmten Wert nähern, und zwar dem neuen Gleichgewichtseinkommen, das durch den Multiplikatoreffekt erreicht wird:

$$Y = \frac{1}{1-c} A_{St_t} \quad (Y = 2)$$

Für die Kombinationen in Gebiet B gilt:

$$c < \frac{1}{\beta}$$

Die Kombination c liegt im **Gebiet C** und bedeutet eine **explosive Entwicklung** des Volkseinkommens. Es gilt in diesem Falle

$$\frac{1}{\beta} < c < \frac{4\beta}{(1+\beta)^2}$$

Bei der Kombination d, die im **Gebiet D** liegt, wird sich das Volkseinkommen entlang einer **exponentiellen Funktion** entwickeln. Die Parameter hängen dann wie folgt zusammen:

$$c > \frac{4\beta}{(1+\beta)^2}$$

Aufgrund der bisherigen Analyse der möglichen Schwingungen müsste angenommen werden, dass in der Realität entweder eine Form gedämpfter Zyklen oder gleichmäßiger Schwingungen vorliegt (Gebiet B und $c = \frac{1}{\beta}$ – Linie).

G. H. Fisher hat anhand eines Modells nachgewiesen, dass gedämpfte Schwingungen mit Hilfe von „Störungen“ relativ lang erhalten bleiben können.

Andererseits hat *A. Hansen* zu erklären versucht, dass die Kombination b, mit gleichmäßigen Schwingungen, in der Realität möglich sei, da die marginale Konsumquote sehr nahe an 0,5 herankäme, wenn man vom Bruttoinlandsprodukt (oder Bruttonationaleinkommen) ausginge und die Steuerabzüge mit berücksichtige (Ackley, 1971, S. 490 ff.).

Selbst wenn man dies akzeptieren würde, obwohl empirische Untersuchungen höhere Werte von c zeigen, würde doch damit behauptet werden, dass das Verhältnis zwischen Akzelerator und marginaler Konsumquote langfristig konstant ist. Das ist eine unhaltbare Annahme, da der Akzelerator durch die technische Entwicklung bestimmt wird und sich dadurch laufend ändert.

J. R. Hicks hat sich daher auf die Kombinationen im Gebiet C mit explosiven Zyklen konzentriert, deren Werte mit empirischen Ergebnissen besser übereinstimmen (Hicks, 1950).

Zusätzlich führt er einen Wachstumstrend ein, der bedingt ist durch steigende autonome Nettoinvestitionen (Abbildung 7.9, Linie A) (Woll, 1996, S. 571; Guitton, 1971, S. 200).

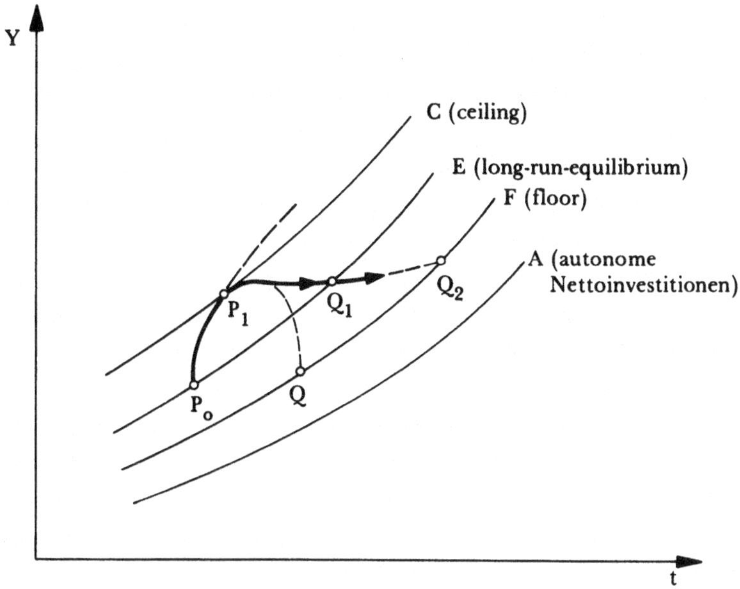

Abbildung 7.9

Die autonomen Nettoinvestitionen werden nicht weiter erklärt, sondern angenommen, dass es sich um Investitionen vom Schumpeterschen Typ (Innovationen) handelt.
Die Linie C in Abbildung 7.9 soll die Vollbeschäftigung aller Produktionsfaktoren anzeigen. Sie entspricht dem „Vollbeschäftigungsgleichgewicht" nach *Keynes*. Allerdings hat auch sie einen Wachstumstrend. Sie wird auch Decke (C = ceiling) genannt, denn sie bildet die Obergrenze zyklischer Schwankungen des Volkseinkommens.
Die Linie E entspricht dem langfristigen Wachstumstrend (E= equilibrium= gleichgewichtiges Wachstum).
Dagegen bildet die Linie F eine Art „Fußboden" (F = floor), unter den das Volkseinkommen (wegen der steigenden autonomen Nettoinvestitionen) nicht sinken kann.

Hicks will deutlich machen, dass selbst explosive Schwingungen zu regelmäßigen werden, wenn sie an den Plafond C bei ihrem Anstieg stoßen und vom Fußboden E beim Abstieg aufgehalten werden.

Um dies zu demonstrieren, gehen wir vom Gleichgewichtspunkt P_o aus. Der Multiplikatoreffekt

$$dY = \frac{1}{1-c} dI_0,$$

verstärkt durch den Akzelerator dI = β dC, lässt das Volkseinkommen von P_0 nach P_1 und weiter entlang der gestrichelten Linie steigen. Über P_1 hinaus ist eine Steigerung des (realen) Volkseinkommens nicht möglich, da Vollbeschäftigung erreicht ist.

Die Kurve des Volkseinkommens sinkt wieder auf die Linie E (Punkt Q_1).

Die induzierten Investitionen nehmen ab. Da sie jedoch nicht über die Reinvestitionen hinaus abnehmen können, sinkt das Volkseinkommen nur bis Q_2 und nicht bis Q. Tiefer als Q_2 kann das Volkseinkommen auch deshalb nicht sinken, da die autonomen Nettoinvestitionen ständig weiter wachsen (Guitton, 1971, S. 201).

Die Grenzen dieser explosiven Schwingungen kann man mit Hilfe von automatischen Stabilisatoren erklären, die sowohl aufgrund von „natürlichen“ ökonomischen Gegebenheiten auftreten, aber auch vom Staat in das Wirtschaftssystem eingebaut werden können (built-in-stabilizers).

Die **automatischen Stabilisatoren** verhindern ein weiteres Ansteigen des Volkseinkommens über P_1 hinaus und stützen andererseits beim Absinken des Volkseinkommens in der Rezession die Konjunktur.

Steigt das Volkseinkommen, so dämpfen die folgenden **natürlichen automatischen Stabilisatoren** den unbegrenzten Aufschwung:

Es ergeben sich eventuell **Engpässe bei den Produktionsfaktoren**, so beispielsweise bei qualifizierten Arbeitskräften (IT-Sektor). Die Unternehmen können nicht weiter expandieren. Ein weiterer Engpass könnten auch die relativ hohen Kosten für Fremdkapital in der Hochkonjunktur sein. Die Konjunktur stößt an ihre obere Grenze.

In der Phase der Depression könnte ein natürlicher Stabilisator notwendige Ersatzinvestitionen sein, die man zwar einige Zeit vertagen kann, aber zeitlich nicht unbegrenzt.

Neben diesen natürlichen ökonomischen Faktoren besteht für den Staat die Möglichkeit, sogenannte automatische Stabilisatoren (built-in-stabilizers) durch gesetzliche Regelungen einzubauen. **Der Staat muss in diesem Falle nicht laufend antizyklisch eingreifen, um die Konjunktur zu stabilisieren, sondern nur einmal zum Einbau dieser Stabilisatoren in das Wirtschaftssystem.**

So wirkt die Einkommensteuerprogression in der Hochkonjunktur bremsend auf die Aktivitäten der Wirtschaftseinheiten, da jede zusätzliche Einkommenseinheit mit einem steigenden Grenzsteuersatz belastet wird. In der Rezession bewirkt dies stabilisierend, da das Nettoeinkommen der Wirtschaftseinheiten weniger fällt als das Bruttoeinkommen.

Daneben werden die Konsumausgaben der privaten Haushalte durch staatliche Transferzahlungen u. a. in Form von Arbeitslosengeld und Wohngeld stabilisiert, sofern das Einkommen sinkt.

Reicht allerdings die Wirkung der automatischen Stabilisatoren für eine rasche Überwindung einer Rezession nicht aus, so muss der Staat fallweise mit Hilfe seines Instrumentariums vor allem in Form der Geldpolitik, der Fiskalpolitik, und der Außenwirtschaftspolitik eingreifen.

7.4.2 Exogene Konjunkturerklärungen

Bei der folgenden Analyse soll versucht werden, einige exogene Theorien zu erläutern, wobei der Schwerpunkt auf folgenden Ursachen liegen wird:

A. Veränderungen der gesellschaftlich-kulturellen Umwelt
B. Die ökonomische Auswertung des technischen Fortschritts
C. Eine stochastische Theorie als allgemeine exogene Konjunkturtheorie

A. Veränderungen der gesellschaftlich-kulturellen Umwelt

Zu dieser Gruppe der exogenen Ursachenerklärungen gehören die psychologischen, die politischen und die demographischen Theorien.

A1. Psychologische Theorien

Veränderungen in den Verhaltensmustern der Wirtschaftssubjekte können auf psychische (seelische) Veränderungen zurückgeführt werden, wobei zwischen einzel- und massenseelischen Phänomenen unterschieden werden kann. Ein weiterer Unterschied ist zwischen einmaligen Veränderungen und zyklischen Schwankungen zu machen.

Einzelseelische Veränderungen haben nur dann grundlegende Effekte auf den Wirtschaftsprozess, wenn sie bei wichtigen Entscheidungsträgern auftreten. Sie können dann aber auch massenseelische Effekte auslösen. So geht *Vilfredo Pareto* davon aus, dass gerade die Entscheidungsträger in der Wirtschaft extremen Stimmungen unterworfen sind. Die zyklischen Stimmungsschwankungen sind in der menschlichen Psyche angelegt und gelangen aus dem Unterbewusstsein ins Bewusstsein, wobei die Entscheidungsträger versuchen, ihre Entscheidungen rational zu rechtfertigen. Diese optimistischen und pessimistischen Stimmungslagen Einzelner übertragen sich rasch auf andere Entscheidungsträger, was zu **Optimismus- und Pessimismuswellen** führt. Der Optimismuswelle folgt nach einiger Zeit eine Pessimismuswelle.

Den **massenpsychologischen** Aspekt dieser Theorie versuchte *Arthur C. Pigou* mit seiner **Theorie der nichtkompensierten Irrtümer** zu erklären: Durch den hohen Informationsgrad in der heutigen Gesellschaft (Massenmedien) treten Effekte massenweise auf. Sie kumulieren sich positiv oder negativ. Begangene Irrtümer kompensieren sich nicht mehr dadurch, dass die Entscheidungsträger mangels Information völlig gegensätzlich (z. B. bei Investitionen) entscheiden.

In diesem Zusammenhang muss auf das Problem von veröffentlichten Prognosen (Frühindikatoren) hingewiesen werden, die in vielen Fällen auch dann tatsächlich eintreffen, da sie sowohl die pessimistischen als auch die optimistischen Erwartungen verstärken. Die Wirtschaftseinheiten werden insbesondere durch die Veröffentlichung von Frühindikatoren in ihren Entscheidungen so beeinflusst, dass sich die Voraussage aufgrund der Voraussage auch tatsächlich erfüllt. Man spricht dann von der sich selbst erfüllenden Prophezeiung (selffulfilling prophecy). Sind die veröffentlichten Prognosen positiv (negativ), so wird ein Aufschwung (Abschwung) auch tatsächlich eintreten.

Schon *J. St. Mill* hatte 1867 darauf hingewiesen, dass die eigentliche Krisenursache in den gefühlsmäßigen Irrtümern der Geschäftswelt bestehe. So führe z. B. nicht begründeter Optimismus in der Expansionsphase zum späteren Zusammenbruch.

W. A. Jöhr spricht (1948) nicht mehr von psychischen Wellen, sondern nur noch von psychischen Konjunktureinwirkungen. Seine sozialpsychologische Theorie des Kernprozesses enthält ebenfalls als wichtigste Erklärung die gegenseitige psychische „Ansteckung" des Menschen. Diese „Ansteckung" kann sehr unregelmäßig im Auftreten und in der Periodizität sein.

Das Institut für Demoskopie in Allensbach versucht einen Zusammenhang zwischen der Entwicklung des Bruttoinlandsprodukts im kommenden Jahr und den positiven oder negativen Einschätzungen der Wirtschaftseinheiten am Ende des Vorjahres mit Hilfe einer repräsentativen Befragungen von 2000 Personen zu messen. Es geht dabei auf eine Theorie von *G. Kirchgässner* zurück, der annimmt, dass ein Zusammenhang zwischen der Stimmungslage der Bevölkerung am Ende eines Jahres und der wirtschaftlichen Entwicklung im darauf folgenden Jahr besteht. Für das 19. Jahrhundert hatte bereits der Publizist *R. Stöber* den obigen Zusammenhang in Preußen (ab 1866) anhand von Artikeln der damaligen Tageszeitungen festgestellt (Kirchgässner, 1982; Noelle-Neumann, 1994).

A2. Politische Einflussfaktoren auf die Konjunktur

Bei der Frage nach dem Einfluss der Politik auf die Wirtschaft muss zwischen einmaligen politischen Ereignissen (Wiedervereinigung, Einführung des Europäischen Binnenmarktes) und regelmäßig wiederkehrenden Veränderungen (Regierungswechsel) unterschieden werden.

Johan Akerman hat in den USA einen politischen Zyklus festgestellt, wobei die Wahl der Republikaner einen Optimismus und die Wahl der Demokraten einen Pessimismus bei den Entscheidungsträgern der Wirtschaft auslöste. Ein derartiger Zyklus wurde bisher für Europa nicht ermittelt.

Ohne Zweifel haben einmalige politische Ereignisse eine Schockwirkung, die zum ökonomischen Ungleichgewicht führen kann, was eine Rezession oder eine Expansion zur Folge haben kann. Zu den politischen Ereignissen in diesem Sinne sind nicht nur Kriege, sondern alle grundlegenden wirtschaftspolitischen Maßnahmen der Regierung zu zählen, die die Rahmenbedingungen der privaten Haushalte und der Unternehmen ändern.

Daneben kann auch ein plötzlicher, unerwarteter Friede (Fall der Mauer) für die Wirtschaftseinheiten (Rüstungsindustrie) einen Schock auslösen.

Für Deutschland gibt es allerdings ein Untersuchungsergebnis zum umgekehrten Einfluss: Die Konjunkturlage beeinflusst entscheidend den Ausgang der Bundestagswahlen, wobei *W. H. Strigel* für die Zeit von 1969-1987 festgestellt hat, dass für eine Regierung der letzte Teil eine Aufschwungphase der beste Zeitpunkt ist, um wiedergewählt zu werden. Damit ist das Verhalten des Staates endogen bestimmt.

William D. Nordhaus hat als Vertreter der **Neuen Politischen Ökonomie** mit Hilfe eines Modells die grundlegende Struktur der Interdependenz zwischen Wirtschaftspolitik und Wirtschaftsprozess untersucht, denn auf der einen Seite versucht die Regierung mit Hilfe ihrer Wirtschaftspolitik den Wirtschaftsprozess zu beeinflussen, andererseits entscheidet der der Wirtschaftsprozess (wie Strigel für Deutschland dargelegt hat) in Demokratien über die Wiederwahl der Regierung. Diese Tatsache muss in die Überlegungen der Regierung bei der Gestaltung Ihrer Wirtschaftspolitik mit einfließen.

Die Höhe der Wählerstimmen am Wahltag wird durch die Konjunkturlage, und zwar hauptsächlich durch die Indikatoren „Arbeitslosenquote“ und „Inflationsrate“ während der vergangenen Legislaturperiode bestimmt.

Die amtierende Regierung versucht nun, die Wählerstimmen zu maximieren, wobei als Nebenbedingung nach *Nordhaus* der Trade-off zwischen der Arbeitslosenquote und der Inflationsrate (Phillips-Kurve) gilt. Die Lösung dieser Maximierung ergibt für die Regierung eine optimale Wirtschaftspolitik, die eine Maximierung der Wählerstimmen bringt.

Die optimale Wirtschaftspolitik sieht dann wie folgt aus: Am Ende der Legislaturperiode sollte eine niedrige Arbeitslosenquote mit höherer Inflationsrate herrschen. Dies maximiert die Wählerstimmen und sichert damit die Wiederwahl. Nach ihrer Wiederwahl wird die Regierung die hohe Inflation bekämpfen und damit einen Anstieg der Arbeitslosenquote in Kauf nehmen. Im Laufe der Legislaturperiode kann dann die Regierung wieder zu einer expansiven Wirtschaftspolitik übergehen, die zu einer Zunahme der Beschäftigung führt und zu einer wachsenden Wirtschaft mit inflationären Folgen, so dass die erneute Wiederwahl gesichert ist.

Diese Theorie kann als eine exogene Konjunkturtheorie eingestuft werden, da hier der Staat selbst die Konjunkturzyklen verursacht und nicht ausschließlich die Zielsetzung verfolgt, die Konjunkturzyklen zu dämpfen (vgl. dazu Gabisch, 1980, S. 303 f.).

Ob allerdings der obige Trade-off für eine Wirtschaftspolitik in Deutschland möglich ist, wird im Kapitel „Arbeitsmarkt“ kritisch beleuchtet. Die Nobelpreisträger Kydland und Prescott bezweifeln aufgrund ihrer Forschungsergebnisse grundsätzlich den Erfolg einer derartigen Politik (vgl. dazu das Kapitel „geldpolitische Strategien“).

A3. Der demographische Einflussfaktor

Schließlich muss die Bevölkerungsentwicklung als ein wichtiger Einflussfaktor, besonders bei langfristigen Veränderungen, angesehen werden.

August Lösch versuchte die Bedeutung des demographischen Faktors mit einer Untersuchung für Deutschland (von 1870-1937) zu belegen. Aufgrund dieser Untersuchung sind die

Wachstumsraten der Bevölkerung tendenziell gleichlaufend mit den ökonomischen Wachstumsraten. Da eine steigende Bevölkerung neue Investitionen erfordert, wird das Wachstum der Wirtschaft nach *A. Lösch* durch die Bevölkerungsentwicklung bestimmt. Ein Faktor, der in den Wachstumstheorien eine bedeutende Rolle spielt.

Langfristig dürfte der demographische Faktor für die Europäische Union insgesamt bei sinkender Bevölkerungszahl in den nächsten Jahren bedeutsam sein. Anzeichen für die Auswirkungen des demographischen Faktors lässt die aktuelle Entwicklung auf dem deutschen Wohnungsmarkt vermuten, wo ein Nachfragerückgang zu beobachten ist.

B. Der technische Fortschritt als exogener Faktor

Beim technischen Fortschritt, aber auch bei der Entdeckung neuer Rohstofflager (was eine analoge Wirkung auf die wirtschaftlichen Verhältnisse hat), ist keine kurzfristige Periodizität erkennbar. Beide Faktoren haben jedoch auf die ökonomische Entwicklung entscheidenden Einfluss genommen. Es sei nur an einige wichtige grundlegende Erfindungen erinnert: Dampfmaschine, mechanischer Webstuhl, Eisenbahn, elektrischer Strom, Automobil, Computer. Die langen Wellen des *N. D. Kondratieff* waren durch diese großen technischen Erfindungen bedingt.

Joseph Alois Schumpeter ist der Meinung, dass eine technische Erfindung (invention) erst dann wirksam wird, wenn sie von einem sogenannten dynamischen Unternehmer in einer neuen Kombination der Produktionsfaktoren ökonomisch durchgesetzt wird (innovation).

Schumpeter bezieht die Innovation nicht nur auf die ökonomische Anwendung des technischen Fortschritts, sondern unterscheidet fünf Arten der Innovation:

1. neue Produkte,
2. neue Herstellungsverfahren,
3. neue Märkte,
4. neue Methoden zur Erschließung des Marktes,
5. organisatorische und rechtliche Änderungen in der Unternehmensführung.

Im Grunde genommen handelt es sich bei den oben aufgezählten Innovationen um „gute Ideen“, die ein dynamischer Unternehmer durch neue Faktorkombinationen ökonomisch umsetzt.

Nach *Schumpeter* finden die Innovationen bald Nachahmung (imitation), sofern eine Verbreitung (Diffusion) der „guten Idee“ möglich ist. Die Verbreitung kann durch rechtliche Regelungen (Patente) eingeschränkt sein.

Was nun konjunkturelle Bedeutung dieser Theorie betrifft, so wird davon ausgegangen, dass die „gute Idee“ von anderen Unternehmern (imitators) nachgeahmt wird. Dies führt dann zu einer Überinvestitionskrise.

Die Krise wird durch andere Innovationen wieder überwunden.

Die dynamischen Unternehmer können von einer Pessimismus- oder Optimismuswelle erfasst werden. Werden sie von einer Optimismuswelle erfasst, so haben sie den Mut als Pioniere für eine bestimmte „gute Idee“ aufzutreten und zu investieren. Bei einer Pessimismuswelle sind sie abwartend und wagen keine Neuerungen.

Damit erhalten wir eine Theorie, die sowohl psychologische als auch technologische Aspekte umfasst.

Bei den „guten Ideen“ muss es sich nicht immer um grundlegende umwälzende Ideen handeln. Es können auch einfachere Ideen sein. Sie lösen dann den normalen Konjunkturzyklus (Juglarzyklus) von ca. 8 Jahren aus.

C. Stochastische Konjunkturtheorie

Die Analyse der exogenen Theorien hat die vielfältigen Faktoren gezeigt, die Konjunkturen auslösen können wie politische, demographische, psychologische oder technologische Faktoren.
Auch die empirischen Daten für Deutschland, dargestellt in Abbildung 7.5 in Form der Wachstumsraten des Bruttoinlandprodukts und deren Ursachenanalyse, haben bereits deutlich gemacht, dass es keine monokausalen Erklärungen der Konjunktur gibt, sondern meist nur exogene Schocks unterschiedlicher Herkunft.
Diese zufälligen Ereignisse sind auslösende Faktoren für einen Konjunkturzyklus. Diese Erkenntnis führte bei *Wilhelm Krelle* zu einer stochastischen Theorie (vgl. Krelle, 1967, S. 329 ff.; Gabisch, 1980, S. 301 ff.).
Die zufälligen (positiven) Ereignisse wie die Entdeckung neuer Ölvorkommen oder die ökonomische Auswertung von Erfindungen lösen einen normalen Konjunkturverlauf in Form eines Aufschwungs auf, der sich eigendynamisch weiterentwickelt, dann aber nach einer gewissen Zeit abschwächt.
Warum es aber zu einem Abschwung kommt ist bei allen Konjunkturtheorie etwas schwierig zu erklären. Bei der stochastischen Theorie wird dies durch den Zufall erklärt. Während des Konjunkturverlaufs treten viele positive und negative Impulse durch unterschiedliche Ereignisse aus. Das Auftreten dieser Ereignisse ist aber nach *Krelle* im Hinblick auf ihre Stärke normal verteilt. Aus diesem Grunde kann mit Hilfe dieser stochastischen Ereignisse der Konjunkturverlauf und dabei insbesondere der Umkehrpunkte erklärt werden.
Geht man von einem gleichgewichtigen Wachstumspfad aus, so kann ein schwaches positives Ereignis einen Aufschwung auslösen, der sich immer mehr verstärkt. Es ist relativ unwahrscheinlich, dass dieser Aufschwung gestoppt wird. Denn dies würde immer stärkere Ereignisse erfordern, die aber selten sind. Der Aufschwung kommt aber durch ökonomische Ursachen zum Stillstand wie die Verknappung der Ressourcen, wie bereits die Hickssche Interpretation des endogenen Konjunkturmodells (Multiplikator-Akzelerator-Modells) von Samuelson gezeigt wurde.
Positive Ereignisse haben in dieser Konjunkturphase keine Wirkung mehr, aber kleine negative Ereignisse führen zu einem Abschwung, der auch nicht durch positive Ereignisse gebremst werden kann. Erst wenn der Abschwung erreicht ist, können neue positive Ereignisse wieder einen neuen Aufschwung einleiten.

7.5 Wachstum

7.5.1 Postkeynesianische Wachstumsmodelle

Wie bereits bei der Besprechung des Wachstumsziels erläutert wurde, wird unter dem Wachstum einer Volkswirtschaft die Erweiterung der Produktionskapazität verstanden.

Dieser Kapazitätseffekt der Investitionen wurde bei der Darstellung des Investitionsmultiplikators nicht berücksichtigt (vgl. Kapitel 3).

Auch bei der Analyse des Akzelerators wurde nur gezeigt, dass durch Nachfrageänderungen Investitionen induziert werden und damit die Nachfrage nach Investitionsgütern steigt.

Die Höhe der induzierten Investitionen ist zwar vom Kapitalkoeffizienten (dem Kehrwert der Kapitalproduktivität) abhängig und damit vom Produktionsfaktor Kapital, doch brachte die Akzeleratoranalyse keine Untersuchung über die Höhe des Kapazitätseffekts.

Die moderne Wachstumstheorie beginnt mit der Untersuchung von *F. Harrod* (1939) auf der Basis von *Keynes*. Auch *E. D. Domar* (1947) kam mit leicht modifizierten Annahmen zu den gleichen Ergebnissen, weshalb auch oft vom Harrod-Domar-Modell gesprochen wird. Beide Autoren beziehen nun den Kapazitätseffekt der Investitionen mit ein. Um das güterwirtschaftliche Gleichgewicht zu sichern muss der erweiterten Kapazität nun auch eine erhöhte Nachfrage gegenüberstehen.

(Zu den postkeynesianischen Wachstumstheorie vgl. Domar, 1946, S. 137 ff.; Frenkel, 1999, S. 9 ff.; Gabisch, 1980, S. 306 ff.; Harrod, 1939, S. 14 ff.)

A. Domar-Modell

Wir gehen bei unserer Analyse der postkeynesianischen Wachstumstheorie von der Theorie von *Domar* aus, da er am konsequentesten mit seinem Modell die Annahmen von *Keynes* weiterführt: So nimmt er wie *Keynes* konstante Güter- und Faktorpreisrelationen und die Nettoinvestitionen werden autonom vorgegeben. Allerdings verwendet er nun die langfristige Konsumfunktion und hebt geht von einem Kapazitätseffekt der Nettoinvestitionen aus.

Domar möchte die Frage beantworten: „Wie hoch muss die exogen bestimmte zusätzliche autonome Nettoinvestition sein, damit ein gleichgewichtiges Wachstum herrscht?“

Wie bereits erwähnt, geht *Domar* bei der **Nachfrageseite** von einer langfristigen Sparfunktion keynesianischen Typs aus, die komplementär zur langfristigen Konsumfunktion ist (vgl. Kapitel „Konsum“), dabei sind die marginale und die durchschnittliche Sparquote identisch, da ein autonomer Konsum fehlt:

$$S = s\,Y \qquad 0 < s < 1 \tag{1}$$

Führt man außerdem noch die Gleichgewichtsbedingung ($I_{gepl} = S_{gepl}$) ein

$$I = S \qquad (2)$$

und setzt in diese Gleichung (2) die Gleichung (1) ein, so ergibt sich

$$I = s\,Y \qquad (3)$$

Eine Veränderung der Investitionen während einer Zeitperiode kann durch eine Differenzierung der obigen Funktion nach der Zeit erhalten werden:

$$\dot{I} = s\,\dot{Y}_N \qquad (4)$$

In dieser Gleichung wurde Y durch Y_N ersetzt, um den Nachfragecharakter des Volkseinkommens deutlich zu machen.

Eine Auflösung der Gleichung nach Y_N erhält man die bereits bekannte Multiplikatorrelation in anderer Schreibweise:

$$\dot{Y}_N = \frac{\dot{I}}{s} \qquad (5)$$

Das ist die Änderung nach Nachfrage.

Was die **Angebotsseite** betrifft, so geht *Domar* von einem Zusammenhang zwischen dem Kapitalstock (K) und dem Angebot, d. h. der Produktion aus:

$$Y = \sigma\,K \qquad (6)$$

Dabei stellt σ die Kapitalproduktivität dar.

Durch eine Differenzierung der Variablen nach der Zeit erhält man die **Änderung des Produktionsangebots,** wobei für Y hier Y_A gesetzt werden soll:

$$\dot{Y}_A = \sigma\,\dot{K} \qquad (7)$$

Da die Änderung des Kapitalstocks in einer Periode gleich den zusätzlichen Nettoinvestitionen entspricht ($\dot{K} = I$), ergibt sich

$$\dot{Y}_A = \sigma\,I \qquad (8)$$

Gleichgewicht herrscht dann, wenn die Änderung der Nachfrage gleich der Änderung des Angebots ist:

$$\dot{Y}_N = \dot{Y}_A \qquad (9)$$

Die rechten Seiten der Gleichungen (5) und (8) werden gleichgesetzt:

$$\frac{\dot{I}}{s} = \sigma I \qquad (10) \qquad /\cdot \frac{s}{I}$$

Daraus folgt:

$$\frac{\dot{I}}{I} = \sigma s \qquad (11)$$

Das Ergebnis: Es herrscht dann Gleichgewicht, wenn die Wachstumsrate der der Investitionen $g^* = \sigma \cdot s$

beträgt.

g^* ist die Gleichgewichtswachstumsrate.

Die Lösung der Differentialgleichung (11) ergibt:

$$\frac{\dot{I}}{I} = \frac{d\ln I}{dt}$$

$$I = I_0 \exp(\sigma s\, t)$$

bzw.

$$I = I_0\, e^{\sigma st}$$

Diese Gleichung gibt an, um wie viel die Nettoinvestitionen jährlich wachsen müssen, damit das Produktionsergebnis auch nachgefragt wird. Nach diesem Ergebnis müssen die Investitionen exponentiell wachsen: Die Wachstumsrate bleibt konstant, aber die laufende absolute Zunahme wird immer größer.

Da in der Realität auch Ungleichgewichte vorkommen können, nimmt *Domar* das gleichgewichtige Wachstum als Referenzgröße und macht Annahmen über das Verhalten der Unternehmen, wenn die tatsächliche Wachstumsrate von der gleichgewichtigen abweicht:

Ist die tatsächliche Wachstumsrate größer als die gleichgewichtige, denn liegt eine Überauslastung Kapazität vor, so dass die Unternehmen sich veranlasst sehen, mehr zu investieren. Bei einer tatsächlichen Wachstumsrate, die nun unter der gleichgewichtigen liegt, sind die Kapazitäten nicht ausgelastet, folglich reduzieren die Unternehmen ihre Investitionstätigkeit.

Das bedeutet, dass die Abweichung zu einer Verstärkung in der einen oder anderen Richtung führt, was zu einer explodierenden oder zu einer implodierenden Entwicklung der Wirtschaft führt.

Das Modell von *Domar* zeigt damit eine Wirtschaft, die sich „auf des Messers Schneide" bewegt und damit sehr instabil ist.

Generell kann man sagen, dass das Modell von *Domar* wissenschaftstheoretisch eigentlich keine Wachstumstheorie darstellt, da es nur mit Tautologien arbeitet. Das Modell erklärt nur die Bedingungen für ein gleichgewichtiges Wachstum, nicht aber die wichtigsten Determinanten. So wird die Nettoinvestition exogen vorgegeben und gleichzeitig als Bedingung gesetzt, dass dann Gleichgewicht herrscht, wenn die entsprechende Ersparnis vorliegt. Sparen und investieren fallen in der Regel bei *Keynes* ja auseinander, da sie nicht automatisch gleich groß sind wie im klassisch-neoklassischen Modell, wo sie durch den langfristigen Kapitalmarktzins immer zum Ausgleich gebracht werden (vgl. Kapitel 9.4).

B. Harrod-Modell

Harrod geht bei seinem Modell wie *Domar* von einer langfristigen Sparfunktion (S) aus, die aus der langfristigen Konsumfunktion abgeleitet ist und bei der die durchschnittliche und marginale Sparquote (s) identische sind:

$$S = s\,Y \qquad (1)$$

Dem Sparen werden von *Harrod* die Investitionen gegenübergestellt. Die Investitionen werden durch eine Änderung der Gesamtnachfrage ausgelöst. Im Gegensatz zum Modell von *Domar* sind die Investitionen nicht exogen vorgegeben, sondern werden **endogen** als induzierte Investitionen nach dem Akzeleratorprinzip bestimmt:

$$I = \beta\,\dot{Y} \qquad (2) \qquad \dot{Y} = \frac{dY}{dt}$$

In Gleichung (2) ist β der Akzelerator (vgl. Kapitel „Investitionen“) und wird zunächst als konstant angenommen. Der Akzelerator ist bekanntlich der Kehrwert der Kapitalproduktivität.

Damit wird durch *Harrod* für die Investitionen eine Verhaltenshypothese als Variable eingeführt.

Damit Gleichgewicht herrscht, muss die Gleichgewichtsbedingung gelten:

$$S = I \qquad (3)$$

Durch die „Heirat“ der Sparfunktion Gleichungen (1) und der Gleichung (2) für das Akzeleratorprinzip (*Harrod*) ergibt sich

$$s\,Y = \beta\,\dot{Y} \qquad /:\ Y$$

$$s = \beta \frac{\dot{Y}}{Y}$$

$$\frac{\dot{Y}}{Y} = \frac{s}{\beta} \qquad (4)$$

Das Volkseinkommen wächst also im Gleichgewicht mit der Rate $g_w = \frac{s}{\beta}$. Dies ist die **Gleichgewichtswachstumsrate**, die sich aus der erfüllten Gleichgewichtsbedingung für eine wachsende Volkswirtschaft als Lösung ergibt.

Je größer s und je kleiner β desto stärker wächst Y. Dies scheint der keynesianischen Theorie zu widersprechen, die davon ausgeht, dass Sparen kurzfristig für eine Volkswirtschaft vor allem in der Rezession schädlich ist. Dies stimmt auch nach wie vor, wenn die höhere Ersparnis zu einem Nachfrageausfall führt. Nach den Annahmen im vorliegenden Modell führt aber erhöhtes Sparen automatisch zu einer erhöhten Investitionsnachfrage, damit entsteht kein Nachfrageausfall.

Die Gleichgewichtsbedingung (4) ist eine homogene Differentialgleichung 1. Ordnung, denn eine Variable tritt als Differential auf.

Integriert man diese Funktion, dann ergibt sich

$$Y = Y_0\, e^{\frac{s}{\beta}t} = Y_0 e^{g_w t}$$

Harrod nennt die gleichgewichtige Wachstumsrate des Volksweinkommens g_w die **befriedigende oder störungsfreie Wachstumsrate** (warranted growth rate). Das ist die Wachstumsrate des Volkseinkommens, bei dem die Wirtschaftssubjekte zufrieden sind, d. h. dass ihre Wirtschaftspläne in Erfüllung gegangen sind. In diesem Falle haben die Unternehmen genau die richtige Menge produziert. Dies ist allerdings eine instabile Gleichgewichtssituation. Es gilt die Gleichgewichtsbedingung $I_{gepl.} = S_{gepl}$. Die Unternehmen bemühen sich, diese g_w aufrechtzuerhalten. Dies ist nur dann erfolgreich, wenn der Kapitalkoeffizient eine bestimmte Größe hat. Bei einer exogen vorgegebener Sparquote, müssen die Unternehmen bemüht sein, den Kapitalkoeffizient zu beeinflussen, denn der muss den Wert s/g_w annehmen.

Dieser Kapitalkoeffizient ist bei *Harrod* nicht wie bei *Domar* die Kapitalproduktivität technologisch vorgegeben, sondern wird durch unternehmerisches Verhalten und den technischen Fortschritt bestimmt, aber auch z. B. durch die Höhe des Zinses. Bei vorgegebener Sparquote ist die befriedigende Wachstumsrate g_w nur aufrechtzuerhalten, wenn der Kapitalkoeffizient den erforderlichen Wert annimmt.

Ungleichgewichte liegen dann vor, wenn die tatsächliche Wachstumsrate g größer oder kleiner als die befriedigende Wachstumsrate g_w ist.

Wie kann man sich nun die Anpassungsprozesse in diesem Fall vorstellen?

Wir nehmen an, dass die tatsächliche Wachstumsrate g **unter** die befriedigende Wachstumsrate g_w liegt, und zwar durch einen exogenen Schock in Form des technischen Fortschritts, der zu einer Senkung des Kapitalkoeffizienten führt. Um höhere Produktionsansprüche zu befriedigen ist nur noch eine geringere Zunahme des Kapitalstocks als bisher notwendig. Dies führt zu einer Änderung des Investitionsverhaltens der Unternehmen. Dies hat eine Reduzierung des Wachstums der Gesamtnachfrage zur Folge und führt daher zu einem kumulativen Prozess nach unten. Konjunkturell gesehen, kommt es zu einem Abschwung.

Daraufhin entstehen Leerkapazitäten weil zu wenig investiert wird. Weil aber zu wenig investiert wird, sinkt die Gesamtnachfrage via Multiplikatorprozess noch weiter ab. Gesamtwirtschaftlich sinnvoll wäre es, dass die Unternehmen in diesem Falle mehr anstatt weniger investieren. Sie könnten damit einen „Münchhausen-Effekt" auslösen, d. h. sich selbst am eigenen Schopf aus der Rezession herausziehen. Die Unternehmen verhalten sich aber einzelwirtschaftlich rational und damit richtig.

Dies ist wieder ein Beispiel, dass einzelwirtschaftliches Verhalten und gesamtwirtschaftlich erforderliches Verhalten auseinanderfallen können.

Im Harrod-Modell liegt daher ein paradoxer Fall vor, denn Überkapazitäten sind in diesem Modell die Folge einer zu schwachen Investitionstätigkeit und Unterkapazitäten die Folge einer zu starken Investitionstätigkeit (Frenkel, 1999, S. 17 ff.).

Das bedeutet eine **Instabilität** wie in dem bereits dargestellten Domar-Modell. Auch das Harrod-Modell tendiert nicht zum Gleichgewicht.

Harrod führt nun einen weiteren Begriff ein, und zwar den der **natürlichen Wachstumsrate g_n**. Sie begrenzt die tatsächliche Wachstumsrate nach oben, und zwar durch das Bevölkerungswachstum und den technischen Fortschritt. Oder ganz allgemein: Die natürliche Wachstumsrate ist die höchstmögliche Wachstumsrate aufgrund der vorhandenen Ressourcen. (Bei der Darstellung des Multiplikator-Akzelerator-Modells haben wir bereits eine derartige Begrenzung durch natürliche und eingebaute Stabilisatoren mit der Abbildung 7.9 gesehen.) Die tatsächliche Wachstumsrate g kann daher nie größer sein als die natürliche Wachstumsrate g_n ($g \leq g_n$).

Wie sieht nun aber das Verhältnis zwischen der natürlichen und der befriedigenden Wachstumsrate aus?

Liegt die befriedigende Wachstumsrate g_w über der natürlichen Wachstumsrate g_n, so liegt sie auch über der tatsächlichen Wachstumsrate g. Die Unternehmer können dann ihre Pläne nie realisieren, um die befriedigende Wachstumsrate zu erreichen, da ihre tatsächlichen Investitionen zu niedrig sind. Es besteht die Tendenz zur Rezession.

Analog dazu ist die Situation, wenn die befriedigende Wachstumsrate kleiner als die natürliche Wachstumsrate ist. Die tatsächliche Wachstumsrate kann dann über der befriedigenden liegen. Die Unternehmen reagieren dann expansiv.

Betrachtet man nun die Ergebnisse der beiden postkeynesianischen Modelle im Hinblick auf ihre **wirtschaftspolitische Anwendung,** so ist festzustellen, dass nach den Modellen von *Harrod* und *Domar* bereits durch eine Erhöhung der Sparquote, was hier zugleich eine Erhöhung der Investitionsnachfrage bedeutet, ein hohes Wachstum einer Volkswirtschaft erreicht werden kann, auch bei Konstanz des marginalen Kapitalkoeffizienten. Eine Erhöhung der Sparquote wäre durch Subventionen und/oder durch steuerliche Maßnahmen möglich.

Mit einer Erhöhung der Sparquote wäre es dann möglich, dass eine Volkswirtschaft langfristig andere Volkswirtschaften auch bei einem niedrigeren Ausgangsniveau des Bruttoinlandsprodukts überholen könnte.

Würde man gleichzeitig auch den Kapitalkoeffizienten senken können, durch staatliche Förderung des technischen Fortschritts, so könnte dieser Effekt noch früher auftreten.

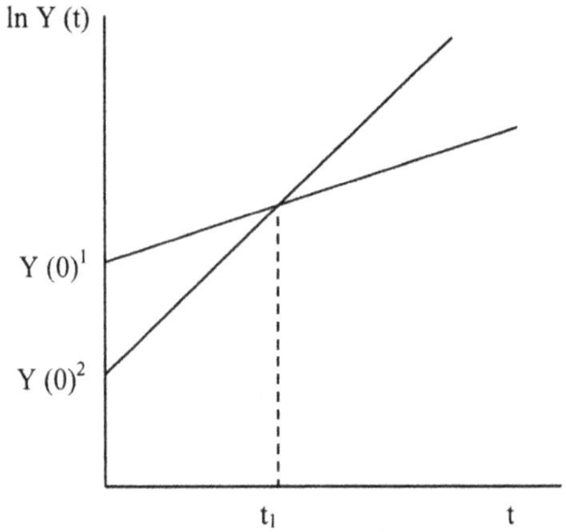

Abbildung 7.10

Abbildung 7.10 macht nun mit Hilfe eines halblogarithmierten Diagramms das „Überholen" der Volkswirtschaft 1 durch die Volkswirtschaft 2 deutlich. Dabei wird mit ln Y(t) wird die Wachstumsrate dargestellt und mit t (tempus) der Faktor Zeit. Das Land 2 hat ein niedrigeres Ausgangsniveau als das Land 1, aber eine höhere Wachstumsrate. Es holt das Land 1 im Zeitpunkt t_1 ein und hat es danach überholt.

Trotz dieses interessanten Ergebnisses gab es doch erhebliche Zweifel, ob das Harrod-Domar-Modell die Realität abbildet, denn die Entwicklung der einzelnen Volkswirtschaften zeigte zwar immer wieder Konjunkturschwankungen, aber nicht die von *Harrod* und *Domar* befürchteten extremen Explosionen und Implosionen.

Man hat sich daher seit Mitte der 60er Jahre des vergangenen Jahrhunderts sehr stark mit Modellen beschäftigt, die eine relativ stabile Entwicklung zeigen, da das Güterangebot mit Hilfe von gesamtwirtchaftlichen Produktionsfunktionen abgebildet wurde, wobei gleichzeitig die von *Harrod* angedeuteten Faktoren Bevölkerungsentwicklung und technischer Fortschritt dargestellt werden können.

Dies sind dann die Wachstumsmodelle der Neoklassik.

7.5.2 Neoklassische Wachstumsmodelle

Die neoklassische Wachstumstheorie beginnt mit den Theorien von *Robert M. Solow* (1956) und *T. W. Swan* (1956). Im Folgenden soll das Solow-Modell dargestellt werden, das in der Weiterentwicklung der neoklassischen Wachstumsmodelle eine dominierende Rolle einnimmt (Dornbusch, 1987, S. 633 ff.; Frenkel, 1999, S. 27 ff.; Gabisch, 1980, S. 312 ff.; Solow, 1956, S. 65 ff.; Swan, 1956, S. 88 ff.).

A. Neoklassische Modell-Hypothesen

Bevor wir mit den neoklassischen Wachstumsmodellen beginnen, ist es notwendig, sich nochmals mit den Hypothesen der Neoklassik zu befassen, die bereits in Kapitel 1.5.7 kurz erwähnt wurden.

Eine Annahme der Neoklassik besteht darin, dass der Preismechanismus in der Volkswirtschaft funktioniert, da bei den Gütermärkten und Faktormärkten (für Arbeit und Kapital) das Modell der vollständigen Konkurrenz unterstellt wird. Auch wenn vorübergehend Störungen auftreten, so tendieren alle Märkte zum stabilen Gleichgewicht. Die Volkswirtschaft befindet sich im Zustand der Vollbeschäftigung, damit ist auch in dieser neoklassischen Volkswirtschaft immer $I_{gepl} = S_{gepl}$.

Es gibt damit auch nicht die Gefahr, durch Sparen dem Kreislauf Kaufkraft zu entziehen, „horten“ genannt, denn was gespart wird, wird in gleicher Höhe auch investiert.

Im Gegensatz zur Keynesschen Theorie vernachlässigt die Neoklassik die Nachfrageseite und konzentriert sich auf die Angebotsseite. Sie wird daher auch als eine angebotsorientierte Theorie bezeichnet. Damit kommt sie wieder auf die klassische Theorie zurück, und zwar auf das Saysche Theorem: Das Angebot schafft sich seine eigene Nachfrage:

Konsequenterweise beginnt daher die neoklassische Analyse mit der Produktionsfunktion, bei der sie in der einfachen Version die beiden Produktionsfaktoren Arbeit und Kapital unterstellt.

Bei der üblichen Produktionsfunktion geht sie von der Substituierbarkeit der Produktionsfaktoren aus. Für numerische Beispiele werden meist die Cobb-Douglas-Produktionsfunktion oder die CES-Funktion verwendet, die ja aus der Mikroökonomik bekannt sind.

Wird die Cobb-Douglas-Produktionsfunktion unterstellt, so nimmt man gleichzeitig konstante Skalenerträge an: Werden die Faktoreinsätze beispielsweise verdoppelt, so verdoppelt sich auch der Output. Die Funktion ist dann linear-homogen (= homogen vom Grade 1).

In der neoklassischen Modell-Volkswirtschaft werden die beiden Produktionsfaktoren Arbeit und Kapital nach ihren Grenzproduktivitäten (Grenzerträgen) entlohnt. So wird beispielsweise die Nachfrage nach dem Faktor Arbeit so lange fortgesetzt, bis die Grenzproduktivität der Arbeit gleich dem Reallohn entspricht (Grenzproduktivitätstheorie vgl. dazu auch die Ausführungen in Kapitel 11.1). Entsprechendes ergibt sich dann auch für die Entlohnung des Faktors Kapital, bei der die Grenzproduktivität des Kapitals gleich dem Zins ist.

Da das Saysche Theorem gilt, ist im neoklassischen Modell der Wert des Outputs einer Periode, ermittelt über die Produktionsfunktion, auch immer gleich dem Einkommen und damit auch gleichzeitig dem Wert der Güternachfrage, die aus der Nachfrage nach Konsumgütern und nach Investitionsgütern besteht. Da aber auch immer $I_{gepl} = S_{gepl}$ gilt, entspricht die Nachfrage nach Investitionsgütern immer auch gleichzeitig der Ersparnis.

Aus diesem Grunde wird oft alternativ von einer „Sparfunktion" oder von einer „Investitionsfunktion" gesprochen.

B. Das Solow-Modell

Solow betrachtet die Analysen von *Harrod* und *Domar* als einen Versuch, mit Hilfe von kurzfristigen Analyseinstrumenten langfristige Probleme zu studieren. Zu diesen kurzfristigen Instrumenten zählt er auch die Annahme einer limitationalen Produktionsfunktion. Dies ist die Annahme, die *Solow* in seinem Modell nicht übernimmt. Er unterstellt dagegen eine neoklassische Produktionsfunktion, die eine Substitution von Arbeit durch Kapital zulässt.

Ein weiterer entscheidender Unterschied des neoklassischen Modells zum Harrod-Domar-Modell ist ein flexibler Arbeitmarkt und flexible Gütermärkte. Angebot und Nachfrage gleichen sich wie beim Polypol durch den Preismechanismus immer aus.

Solow geht auch von der Gleichgewichtsbedingung $I_{gepl} = S_{gepl}$ aus, wobei die Nettoinvestitionen (I) dem Wachstum des Kapitalstocks dK/dt oder $\dot{K}$ entsprechen und die Sparfunktion von *Harrod* und *Domar* mit S = sY übernommen wird, so dass daraus folgt:

$$\dot{K} = sY \qquad 0 < s < 1 \qquad (1)$$

Es gibt wie bei *Harrod* eine natürliche Wachstumsrate, die bei *Solow* nur die natürliche Wachstumsrate der Bevölkerung bedeutet und gleichzeitig die natürliche Wachstumsrate des Faktors Arbeit (g_N) ist:

$$N = N_0 \, e^{g_N t} \qquad 0 < g_N \qquad (2)$$

Wie bereits erwähnt, ist in diesem neoklassischen System der Arbeitsmarkt immer geräumt, d. h. es herrscht immer Vollbeschäftigung. Das Angebot an Arbeit entspricht immer der Nachfrage nach Arbeit. Das Arbeitsangebot und die Arbeitsnachfrage sind damit exogen vorgegeben.

Die Wachstumsrate des Faktors Arbeit stellt damit einen **exogenen Faktor** dar.

Der Output der Volkswirtschaft wird durch eine Produktionsfunktion mit den beiden Produktionsfaktoren Arbeit (N) und Kapital (K) bestimmt:

$$Y = F(K, N) \qquad (3)$$

Dabei handelt es sich um den **Nettooutput**, bei dem die Nettoinvestitionen verwendet werden, die sich bekanntlich aus den Bruttoinvestitionen minus Abschreibungen ergeben. Aus diesem Grunde ist der Nettooutput gleich dem Nettoinlandsprodukt. Bei der Produktionsfunktion werden konstante Skalenerträge unterstellt.

Die Produktionsfunktion lässt sich auch als **Pro-Kopf-Produktionsfunktion** darstellen, indem man durch N dividiert:

$$\frac{Y}{N} = F(\frac{K}{N},1) = f(k) \text{ wobei } f' = 0, f'' < 0 \text{ und } k \equiv \frac{K}{N} \tag{4}$$

Der Pro-Kopf-Output ist damit eine Funktion des Kapitalstocks pro Kopf (k).

Geht man von k = K/N Kapitalstock pro Kopf aus, so erhält man bei einer Ableitung nach der Zeit entsprechend der Quotientenregel Folgendes:

$$\dot{k} = \frac{\dot{K}}{N} - \frac{\dot{N}}{N} \cdot \frac{K}{N} \tag{5}$$

oder

$$\dot{k} = \frac{\dot{K}}{N} - g_N \cdot k \tag{5'}$$

Dabei ist $g_N = \frac{\dot{N}}{N}$ die natürliche Wachstumsrate des Faktors Arbeit wie mit Gleichung (2) dargelegt wurde.

Der erste Term der Gleichung (5') $\frac{\dot{K}}{N}$ kann ebenfalls anders geschrieben werden, und zwar unter Verwendung der Gleichung (1):

$$\dot{k} = s\frac{Y}{N} - g_N \cdot k \tag{5''}$$

oder

$$\dot{k} = s\, f(n) - g_N \cdot k \tag{5'''}$$

Die Gleichung (5''') gibt mit $\dot{k}$ die **zeitliche Änderung des Kapitalstocks** wieder. Sie zeigt, wie sich Arbeit, Kapital und Output im Zeitablauf ändern. Damit folgt aus ihr das Wachstum aller ökonomischen Größen.

In der Gleichung (5''') bedeutet der **erste** Term: s f(k) die **tatsächlich** pro Kopf zur Verfügung stehenden Nettoinvestitionen und der **zweite** Term: g_N k die **erforderlichen** Nettoinvestitionen pro Kopf, um den Kapitalstock pro Kopf konstant zu halten.

Diese beiden Terme können in ein Diagramm wie in Abbildung 7.11 (Solow, 1956, S. 63) eingezeichnet werden. Dabei wird für den ersten Term eine neoklassische Produktionsfunktion vom Typ Cobb-Douglas unterstellt. Beim Schnittpunkt der beiden Kurven in Punkt Q und dem Wert k* für das Kapital/Arbeitsverhältnis sind

$$s\,f(k) = g_N\,k$$

gleich groß und damit: $\dot{k} = 0$. **Kapital und Arbeit werden in gleichem Maße wachsen. Bei konstanten Skalenerträgen wird auch der Output mit der gleichen relativen Rate wachsen (g_Y) und der Output pro Kopf der Arbeitnehmer wird konstant sein.**

Damit gilt für den Gleichgewichtsfall:

$$g_Y = g_K = g_N \tag{6}$$

Wenn allerdings

$$s\,f(k) > g_N\,k$$

ist, so gibt diese Differenz an, wie viel von dem zur Verfügung stehenden Nettoinvestitionen pro Kopf übrig bleibt, nachdem alle neu hinzugekommenen Arbeitnehmer mit der bisherigen Kapitalausstattung pro Kopf ausgerüstet wurden. Der dann noch verfügbare überschüssigen Nettoinvestitionen werden zur Kapitalausstattung aller Arbeitnehmer verwendet werden. Damit steigt der Kapitalstock pro Kopf.

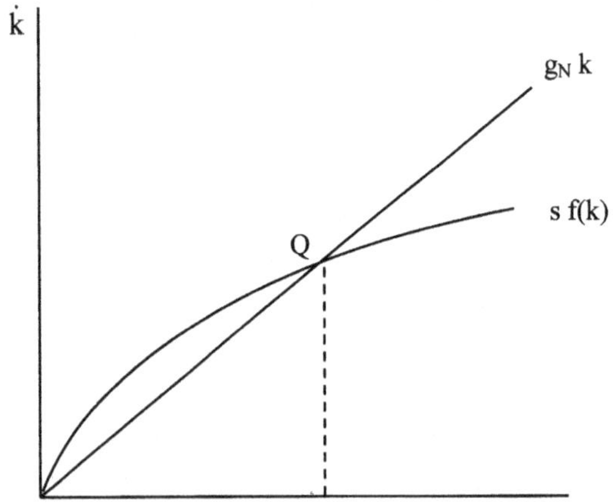

Abbildung 7.11

Für den Fall $s\,f(k) < g_N\,k$

ist der Wert des Kapitalstocks pro Kopf größer als k*. In diesem Falle werden Kapital und Output langsamer wachsen als die Arbeitsmenge bis ein Gleichgewicht erreicht ist.

Im Gegensatz zu den Modellen von *Harrod* und *Domar* tendiert das vorliegende Modell von *Solow* immer zum Gleichgewicht bei k*, egal von welchem Kapital/Arbeitsverhältnis man ausgeht.

An dieser Stelle ist es notwendig, auf den Zusammenhang und den Unterschied des bisherigen Gleichgewichtsbegriffs und des Gleichgewichtsbegriffs in der Wachstumstheorie einzugehen. In der (kurzfristigen) Keynesschen Theorie wurde vom Gleichgewicht absoluter Größen während einer Periode ausgegangen, was deshalb auch als **Periodengleichgewicht** bezeichnet werden kann. Dieses Periodengleichgewicht ist eine notwendige, aber nicht hinreichende Bedingung für das Gleichgewicht in der Wachstumstheorie. Denn zusätzlich zum Periodengleichgewicht müssen auch die **Änderungen dieser Größen** im Gleichgewicht sein. Geht man von einem Periodengleichgewicht aus, so ist ein Gleichgewicht nach der Wachstumstheorie nur erreicht, **wenn die relevanten Größen mit derselben konstante Rate wachsen.** Dies wird dann als ein **dynamisches Gleichgewicht** bezeichnet.

In diesem Falle spricht man auch von einem **proportionalen Wachstum** oder einem **Steady-State-Wachstum**.

Bei der Untersuchung von Wachstumsmodellen muss im Hinblick auf das dynamische Gleichgewicht immer geprüft werden, ob ein derartiges Gleichgewicht **existiert**, **eindeutig und stabil ist**.

Wendet man diese Kriterien auf die Funktion s f(k) an, so kann man zeigen, dass diese Bedingungen erfüllt sind, so lange diese Funktion streng konkav verläuft, vom Nullpunkt ausgeht und zunächst größere Werte als g_N k aufweist und ihr Anstieg für $k \to \infty$ gegen Null strebt. Dies sind die sogenannten Inada-Bedingungen, die *Ken-Ichi Inada* 1963 entwickelt hat.

B. Sparquotenänderung

Wir haben beim einfachen Solow-Modell gesehen, dass die Sparquote bzw. Investitionsquote der Wirtschaftssubjekte für das Wachstum eine Rolle spielt, weshalb es sinnvoll erscheint die Frage zu klären, ob mit Hilfe einer höheren Sparquote bzw. Investitionsquote wie beim Harrod-Domar-Modell ein höheres Wachstum erziel werden kann.

Bei der Untersuchung dieses Problems beginnen wir mit der Gleichung (6) des Solow-Modells, die zeigt, dass dann ein dynamisches Gleichgewicht existiert, wenn die Wachstumsraten des Nettoinlandsprodukts (g_Y), des Kapitalstocks (g_K) und des Faktors Arbeit (g_N) gleich groß sind:

$$g_Y = g_K = g_N \tag{6}$$

Wachsen Investitionen und Nettoinlandsprodukt mit der gleichen Rate, so muss der Kapitalkoeffizient β zeitlich konstant sein:

$$\beta = \frac{K}{Y} \tag{7}$$

Durch Erweiterung mit I und den Annahmen $I = \dot{K}$ sowie der Gleichgewichtsbedingung $I = sY$ und der Gleichung (6), ergibt sich Folgendes:

$$\beta = \frac{K \cdot I}{Y \cdot I} = \frac{K}{I} \cdot \frac{I}{Y} = \frac{K}{\dot{K}} \cdot s = \frac{s}{\frac{\dot{K}}{K}} = \frac{s}{g_K} = \frac{s}{g_N} = \frac{s}{g_Y} \qquad (7')$$

oder

$$\beta = \frac{s}{g_Y} \qquad (7'')$$

bzw.

$$g_Y = \frac{s}{\beta} \qquad (7''')$$

Diese Gleichung entspricht formal der Harrod-Domar-Gleichung für ein gleichgewichtiges Wachstum des Nettoinlandsprodukts.

Doch inhaltlich ist sie anders zu interpretieren: Bei *Harrod* und *Domar* kann g_Y durch eine höhere Sparquote bzw. Investitionsquote erreicht werden. Beim neoklassischen Wachstumsmodell von *Solow* ist jedoch die Wachstumsrate des Outputs bereits durch die Wachstumsrate des Faktors Arbeit g_N bestimmt. Damit kann die **Wachstumsrate** nicht erhöht werden. Eine höhere Sparquote bzw. Investitionsquote kann bei vorgegebener Wachstumsrate g_Y nur zu einem höheren Kapitalkoeffizienten führen. Er kann allerdings für unterschiedliche Sparquoten auch unterschiedliche Werte annehmen. Sie bleiben aber in Zeitablauf beim Gleichgewichtswachstum konstant.

Mit den bisherigen Überlegungen ist allerdings die oben gestellte erste Frage noch nicht vollständig beantwortet, ob es denn möglich ist, mit einer höheren Sparquote auch ein höheres **Wirtschaftswachstum des Outputs** zu erreichen.

Mit Hilfe von Abbildung 7.12 sollen nun die Effekte einer Sparquotenerhöhung graphisch dargestellt werden. Dabei wird eine Pro-Kopf-Produktionsfunktion f(k) und eine Pro-Kopf-Sparfunktion s_1 f(k) eingezeichnet.

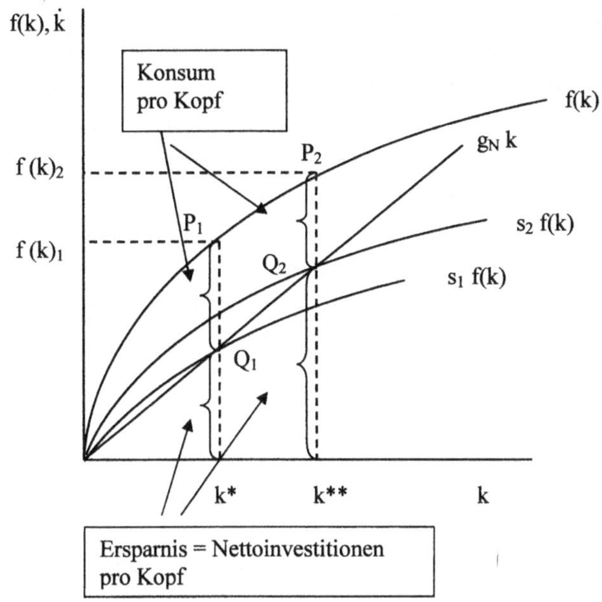

Abbildung 7.12

Wir gehen vom Punkt Q_1 mit langfristigem Gleichgewicht aus. Die Ersparnisse sind genauso hoch wie die erforderlichen Investitionen. Es wird so viel gespart bzw. investiert, um den Kapitalstock pro Kopf konstant zu halten. Bei dieser Gleichgewichtssituation beträgt die Pro-Kopf-Produktion $f(k)_1$. Sie ist gleichzeitig das Pro-Kopf-Einkommen, das für den Pro-Kopf-Konsum und die Pro-Kopf-Ersparnis aufgeteilt wird, wobei die Pro-Kopf-Ersparnis gleich groß ist wie die Pro-Kopf-Investition.

Ein exogener Schock tritt in der Form auf, dass die Wirtschaftssubjekte plötzlich ihre **Sparquote** auf s_2 und damit auch ihre **Investitionsquote** erhöhen. Die Sparkurve verschiebt sich von s_1 f(k) nach s_2 f(k) oben.

Der neue Punkt Q_2 wird nach einem Anpassungsprozess erreicht. Im neuen Punkt Q_2 hat ist die Pro-Kopf-Produktion von $f\ (k)_1$ auf $f\ (k)_2$ gestiegen, der Pro-Kopf-Konsum ist kleiner geworden. Der gleichgewichtige Kapitalstock hat von k* auf k** zugenommen.

Die Erhöhung der Sparquote besser eine Erhöhung der **Investitionsquote** hat also zu einer **Erhöhung des Outputniveaus pro Kopf** und des Kapitalstocks geführt. Die **Wachstumsrate** des Outputs pro Kopf blieb aber konstant.

Eine Erhöhung des Outputniveaus haben wird als höherer Wachstumspfad bezeichnet.

Steigt dieser Output pro Kopf, so ist dies im neoklassischen Modell, wie bereits mehrfach erwähnt, gleichbedeutend mit einer **Erhöhung des Einkommens pro Kopf**, da sich Angebot (Output) und Nachfrage immer ausgleichen.

Mankiw (200, S. 103) hat nun versucht, den Zusammenhang zwischen der Entwicklung des Pro-Kopf-Einkommens und der Investitionsquote statistisch anhand einer langfristigen Zahlenreihe nachzuweisen wie aus Abbildung 7.13 erkennbar ist.

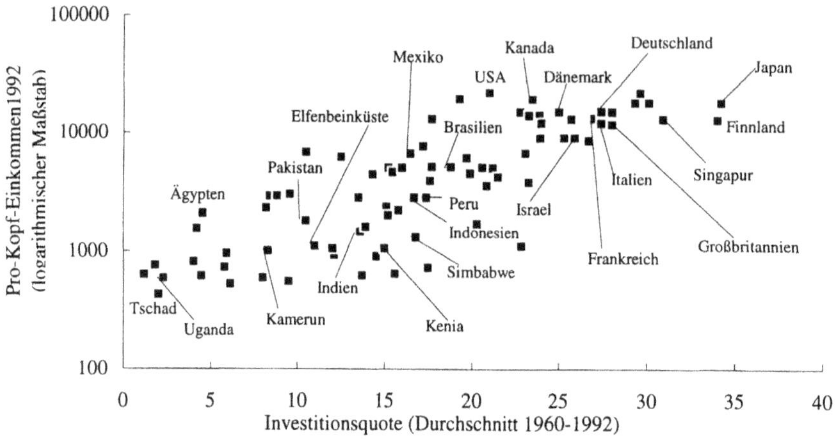

Abbildung 7.13

Aufgrund dieser Darstellung haben Länder wie beispielsweise Japan, Deutschland und Frankreich durch eine hohe Investitionsquote auch ein hohes Pro-Kopf-Einkommen erzielt.

C. Optimale Sparquote und optimales Wachstum

Die weitere Frage, die sich hinsichtlich der Sparquote stellt, ist die Frage nach einer **optimale Sparquote** bzw. einer **optimalen Investitionsquote** für die neoklassische Modell-Volkswirtschaft.

Für die Beantwortung dieser Frage muss erst die Vorfrage geklärt werden: Wann ist eine Sparquote optimal?

Die Antwort der neoklassischen Theorie ist darauf: **Als optimal wird eine Sparquote dann angesehen, wenn das Niveau des Wachstumspfades der Konsumgüter ein Maximum erreicht.**

Dies kann am besten anschaulich anhand eines Diagramms in Abbildung 7.14 dargestellt werden (Gabisch, 2003, S. 416). Dabei wird wieder vom Diagramm in Abbildung 7.12 ausgegangen, das um die Darstellung der Pro-Kopf-Produktionsfunktion f(k) ergänzt wird.

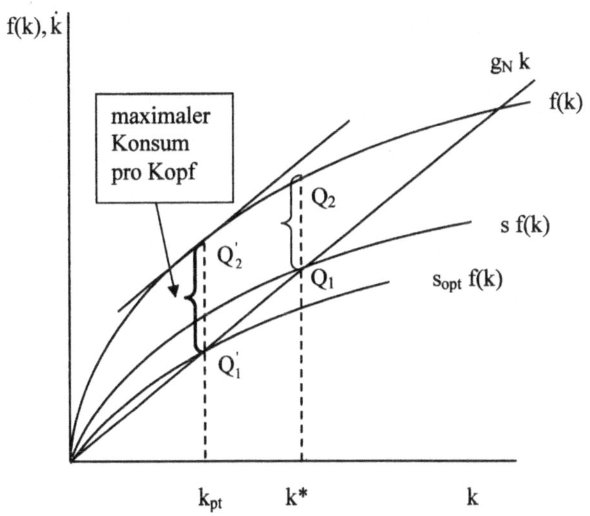

Abbildung 7.14

Der gleichgewichtige Kapitalstock pro Kopf ist bei k* erreicht, wozu der Schnittpunkt Q_1 der Kurven g_N k und s f(k) gehören. Der Punkt Q_2 auf der Produktionsfunktion zeigt dann den gleichgewichtigen Output pro Kopf in Punkt Q_2 und die Nettoinvestitionen pro Kopf in Punkt Q_1. Die Differenz zwischen Q_2 und Q_1 ist dann der gleichgewichtige Konsum pro Kopf, der aber nicht den maximalen Konsum darstellt.

Der maximale Konsum pro Kopf ist dann gegeben wenn die Differenz zwischen der Geraden g_N k und der Produktionsfunktion maximal ist. Dies ergibt gleichzeitig die **optimale Sparquote**.

Zeichnerisch ist dies zu lösen, indem man eine Parallele zur Geraden g_N k zieht, die die Produktionsfunktion in Punkt $Q_2^{'}$ tangiert. Fällt man ein Lot auf die Abszissenachse von diesem Punkt, so schneidet dieses Lot die Kurve g_N k in $Q_1^{'}$. Dazu gehört der Abszissenwert k_{opt} der den gleichgewichtigen Kapitalstock pro Kopf angibt. Durch den Punkt Q'$_1$ geht die Kurve s_{opt} f(k) mit der optimalen Sparquote s_{opt}.

Der **maximale Konsum** pro Kopf wird dabei graphisch durch die Strecke $\overline{Q_1^{'}Q_2^{'}}$ dargestellt.

Die Frage nach der Existenz einer optimalen Sparquote, kann damit beantwortet werden: Ja, es gibt eine optimale Sparquote bei der der Konsum pro Kopf maximal ist.

Betrachtet man Abbildung 7.14, so erkennt man, dass der Steigung der Produktionsfunktion f(k) bei der optimalen Sparquote und damit beim optimalen Wachstum gleich der Steigung der Kurve g_N k ist. Die Steigung dieser Kurve ergibt sich durch ihre erste Ableitung nach k. Sie beträt also g_N:

$$f'(k) = g_N \tag{9}$$

Eine Erweiterung der Funktion um den Quotienten $\frac{K}{Y}$ und der Annahme, dass die Wachstumsrate des Faktors Arbeit gleich der Wachstumsrate des Faktors Kapital ist: $g_N = g_K = \frac{\dot{K}}{K}$ ergibt:

$$f'(k) \cdot \frac{K}{Y} = \frac{\dot{K}}{K} \cdot \frac{K}{Y} \tag{9'}$$

Da bekanntlich $\dot{K} = sY$ ist, erhält man

$$f'(k) \cdot \frac{K}{Y} = s \tag{9''}$$

Die linke Seite der Gleichung (9'') ist nichts anderes als die **Produktionselastizität des Kapitals** ε_K, die in diesem Falle gleich der Sparquote ist. Dies ist die Situation des optimalen Wachstumspfades.

Allgemein kann daraus abgeleitet werden, dass auf dem optimalen Wachstumspfad die Produktionselastizität des Kapitals immer der Sparquote entspricht.

Diese Situation wurde von *Phelps* als die **goldene Regel der Akkumulation** bezeichnet, denn aus dieser Konstellation folgt eine bestimmte Art der Kapitalakkumulation. Sofern sich alle Generationen an diese Regel halten, werden sie langfristig eine maximale Konsumgüterversorgung erleben.

Da bei der neoklassischen Produktionsfunktion die Produktionsfaktoren nach ihrer Grenzproduktivität entlohnt werden enthält Gleichung (9): $f'(k) = g_N$ eine weitere Information. Es muss $f'(k) = i = g_N$. Es muss in diesem Falle die Grenzproduktivität des Kapitals gleich dem Zinssatz (i) sein und der Zinssatz gleich der Wachstumsrate g_N.

D. Bevölkerungswachstum

Anhand eines Diagramms soll nun ein weiterer exogener Schock in Form einer Änderung des Bevölkerungswachstums untersucht werden. Auf den demographischen Faktor haben wir schon bei der Analyse exogener Konjunkturerklärungen hingewiesen.

Bei unserem neoklassischen Modell wird dabei nicht ein stärkeres Bevölkerungswachstum sondern ein **Rückgang der Wachstumsrate der Bevölkerung** und deren Effekte auf das Wirtschaftswachstum analysiert (Frenkel, 1999, S. 50 ff.).

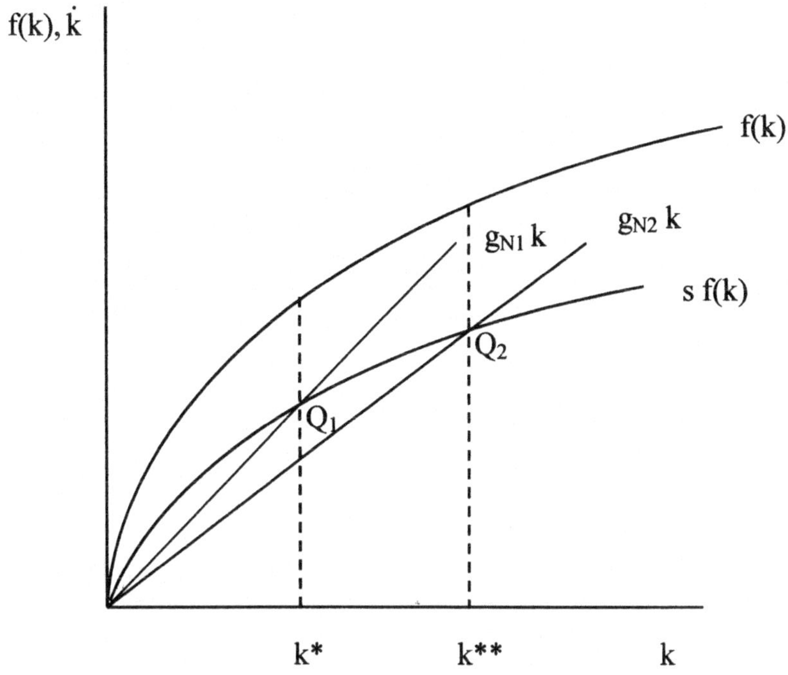

Abbildung 7.15

Dies kann für die Entwicklungsländer als Rückgang des Bevölkerungswachstums und für die Industrieländer als Rückgang der Arbeitszeit interpretiert werden.

Betrachtet man Abbildung 7.15, so existieren nun zwei Kurven mit unterschiedlichen Wachstumsraten des Faktors Arbeit. Wir beginnen mit der Kurve g_{N1} k, die in Punkt Q_1 die Kurve s f(k) schneidet. In Punkt Q_1 ist die Modell-Volkswirtschaft im Wachstumsgleichgewicht.

Der gleichgewichtige Kapitalstock pro Kopf ist k*.

Das Wachstum des Faktors Arbeit verringere sich auf die Rate g_{N2}, wodurch sich die neue Gerade g_{N2} k ergibt, die die Funktion s f(k) jetzt in Punkt Q_2 schneidet.

Zunächst liegt nach einer Störung des ursprünglichen Gleichgewichts in Punkt Q_1 kein Wachstumsgleichgewicht vor, da ein Überangebot an Kapital gegenüber dem Faktor Arbeit vorhanden ist. Der Kapitalkoeffizient nimmt zu, d. h. die Kapitalproduktivität ab. Der Kapitalstock pro Kopf steigt so lange, bis das Kapitalstockwachstum und das Arbeitkräftewachstum wieder übereinstimmen.

Diese Situation ist in Punkt Q_2 erreicht. Der Rückgang des Wachstums des Faktors Arbeit führt schließlich zum Anstieg des Pro-Kopf-Outputs und damit zu einem **Anstieg des Pro-Kopf-Einkommens**.

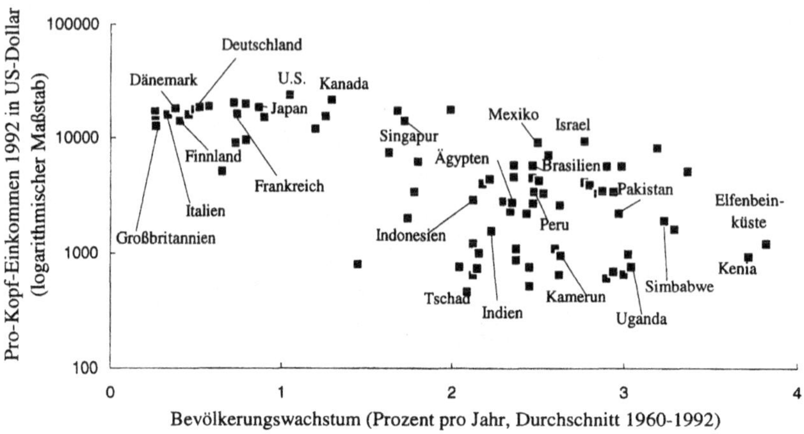

Abbildung 7.16

Auch diesen Zusammenhang zwischen dem Bevölkerungswachstum und dem Pro-Kopf-Einkommen hat Mankiw (2000, S. 117) empirisch nachgewiesen, wie aus Abbildung 7.16 zu erkennen ist: Länder mit niedrigen Bevölkerungswachstum können ihr Pro-Kopf-Einkommen stärker steigern als Länder mit hohem Bevölkerungswachstum.

D. Technischer Fortschritt

Die langfristige Entwicklung einer Volkswirtschaft wird sehr stark durch den technischen Fortschritt bestimmt.

Bereits bei der Darstellung der Konjunkturtheorien wurde die Theorie von *Schumpeter* behandelt, der sowohl kurzfristige Schwankungen als auch längerfristige Entwicklungen (Kondratieff-Wellen) auf die ökonomische Durchsetzung von Innovationen unterschiedlicher Neuerungen zurückführt.

Dabei können diese Innovationen in der Form neuer Produkte (durch technische Erfindungen), neuer Herstellungsverfahren, neuer Märkte, neuer Methoden zur Erschließung des Marktes oder aber in Form von organisatorischen und rechtlichen Änderungen der Unternehmensführung bestehen.

Wir haben die Schumpetersche Theorie bei der Darstellung der Konjunkturtheorien als exogene Theorie bezeichnet, wohl wissend, dass auch eine Erfindung endogen bestimmt sein kann, und zwar durch einen hohen finanziellen Einsatz für Forschung und Entwicklung.

In der Wachstumstheorie wird daher in Bezug auf die **Ursachen** des technischen Fortschritts zwischen einem autonomen (exogenen) und einem induzierten (endogenen) Fortschritt unterschieden.

Der **autonome Fortschritt** erfolgt demnach durch spontane Eingebungen wie das anfangs bei *Thomas Alva Edison* der Fall war, der am Ende seines Lebens insgesamt mehr als 1000 Patente hatte, allerdings dann doch mit dem entsprechenden finanziellen Einsatz.

Der **induzierte Fortschritt** wird nur die entsprechende Forschung und Ausbildung möglich und damit durch einen relativ hohe finanziellen Aufwand. Als Beispiel mag die Entwicklung großer Speicherchips für Computer dienen. Voraussetzung dafür sind private und staatliche Investitionen in Forschungseinrichtungen und in Humankapital.

Die Liste der Innovationen von *Schumpeter* hat aber auch gezeigt, dass die **Durchsetzung** des technischen Fortschritts nicht immer an die Produktionsfaktoren gebunden ist, weshalb zwischen einen faktorgebundenen und einem faktorungebundenen technischen Fortschritt unterschieden werden kann.

Faktorungebundener Fortschritt wären die von Schumpeter erwähnten organisatorischen und rechtlichen Änderungen im Unternehmen, die mit der gleichen bisherigen Einsatzmenge der Produktionsfaktoren durchgeführt werden können.

Faktorgebundener Fortschritt liegt dagegen dann vor, wenn der technische Fortschritt nur dadurch in den Produktionsprozess eingeführt werden kann, dass z. B. neue Maschinen eingesetzt werden.

Für die neoklassische Wachstumstheorie ist insbesondere der **faktorgebundene Fortschritt** hinsichtlich seiner **Wirkung** auf die Produktionsfunktion relevant. Dabei lassen sich drei Fälle unterscheiden:

1. Der technische Fortschritt wirkt für die Produktionsfaktoren Arbeit und Kapital genauso, als ob die Einsatzmengen beider Faktoren in gleichem Maße zunähmen (factor-augmenting). Dieser Effekt des technischen Fortschritts wird als Hicks-neutral bezeichnet.

2. Der technische Fortschritt wirkt auf den Produktionsfaktor Kapital so, als ob der Einsatz dieses Faktors zunähme (capital-augmenting). Der Faktor Arbeit bleibt konstant. Dieser Effekt des technischen Fortschritts wird als Solow-neutral bezeichnet.

3. Der technische Fortschritt wirkt nur auf den Produktionsfaktor Arbeit so, als ob der Einsatz dieses Faktors zunähme (labour-augmenting). Der Faktor Kapital bleibt konstant. Dieser Effekt des technischen Fortschritts wird als **Harrod-neutral** bezeichnet.

Übernimmt man den Harrod-neutralen Fortschritt in das neoklassische Wachstumsmodell von *Solow*, so gelten grundsätzlich alle Wirkungen, sofern die Inada-Bedingungen für die Produktionsfunktion weiter erfüllt sind.

Mit Hilfe eines Modells in Abbildung 7.17 sollen die Effekte eines **technischen Fortschritts als exogener Faktor** dargestellt werden (Frenkel, 1999, S. 130 ff.).

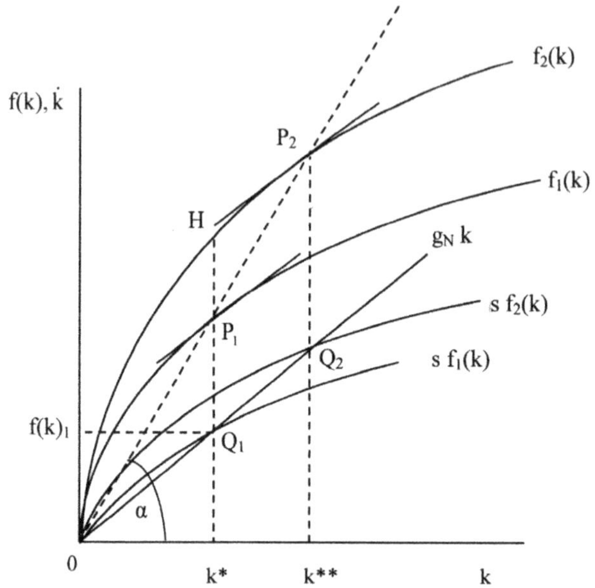

Abbildung 7.17

Wir gehen wieder von einem dynamischen Gleichgewicht in Punkt Q_1 mit einem Kapitalstock pro Kopf von k* aus.

Vor der Durchsetzung des technischen Fortschritts existieren die Kurven des Pro-Kopf-Outputs f_1 (k) und der Sparfunktion s f_1 (k) sowie die Kurve g_N k, die mit Hilfe der Wachstumsrate des Faktors Arbeit und des Kapitalstocks pro Kopf die notwendigen Nettoinvestitionen angibt.

Zusätzlich kann man die gleichgewichtige Kapitalproduktivität in der Abbildung erkennen, und zwar durch den tan α = P1k*/0k*.

Durch die Einführung des technischen Fortschritts steigt die Arbeitsproduktivität (der Pro-Kopf-Output). Die ursprüngliche Pro-Kopf-Produktionsfunktion und die Sparfunktion verschieben sich nach oben bis zu f_2 (k) bzw. s f_2 (k).

Bei einer statischen Betrachtung steigt die Arbeitsproduktivität um den Wert der Strecke $\overline{HP_1}$. Allerdings herrscht dann kein steady state Gleichgewicht.

Da wir einen Harrod-neutralen Fortschritt unterstellt haben, bei dem der Faktor Kapital konstant bleibt, müssen die Steigungen in den Punkten P_1 und P_2 auf den Produktionsfunktionen gleich groß sein. P_2 ist ein Punkt des Wachstumsgleichgewicht, da er auch gleichzeitig zu Punkt Q_2 gehört, dem Schnittpunkt der neuen Sparfunktion s f_2 (k) und der g_N k-Geraden.

Damit ist graphisch bewiesen, dass eine Modell-Volkswirtschaft auch bei Harrod-neutralem Fortschritt im steady state Gleichgewicht wächst.

E. Wirtschaftspolitik und neoklassische Wachstumsmodelle

Im Gegensatz zu den Modellen von *Harrod* und *Domar* machen die neoklassischen Wachstumsmodelle deutlich, dass langfristig ein gleichgewichtiges Wirtschaftswachstum möglich ist. Dies bedeutet, dass sich das System selbst stabilisiert.

Bei der Darstellung des Solow-Modells wurde außerdem gezeigt, dass exogene Schocks wie die Erhöhung der Sparquote und der Rückgang des Bevölkerungswachstums ebenfalls wieder zu einem steady state Wachstum führen.

Die Erhöhung der Sparquote und damit der Investitionsquote führte beim neoklassischen Modell nicht zu einer Erhöhung der Wachstumsrate, aber zu einer Erhöhung des Outputs pro Kopf und damit auch zu einer Erhöhung des Einkommens pro Kopf. Aus diesem Grundes ist es wirtschaftspolitisch sinnvoll, alle Maßnahmen zu ergreifen, um die Investitionen zu fördern, wie das in Kapitel „Investitionen" mit der Angebotspolitik dargelegt wurde.

In gleicher Weise führt auch ein Rückgang der Bevölkerung bzw. genauer des Arbeitsangebots (= Arbeitsnachfrage) zu einer Erhöhung des Pro-Kopf-Einkommens. Diese Situation ist besonders für die Entwicklungsländer relevant, die dafür sorgen müssen, dass das Bevölkerungswachstum nicht ständig zunimmt.

Auch eine Erhöhung des technischen Fortschritts führte in dem gezeigten neoklassischen Modell in Form eines Harrod-neutralen Fortschritts zu einer Erhöhung des Pro-Kopf-Outputs und damit des Pro-Kopf-Einkommens. Für die Industriestaaten ein entscheidender Faktor, um international noch wettbewerbsfähig zu sein, weshalb es wichtig und sinnvoll ist, staatliche Innovationsförderung zu betreiben, die Forschung und die Qualifizierung der Arbeitskräfte zu unterstützen.

Die neoklassischen Modelle haben schließlich auch eine **optimale Sparquote** bzw. Investitionsquote gezeigt, bei der **Konsum pro Kopf langfristig maximal** ist.

Wenn man nun nochmals das Harrod-Domar-Modell mit der Neoklassik vergleicht, so hat die Neoklassik doch einen wichtigen Faktor übernommen, und zwar die konstante Wachstumsrate der Bevölkerung, was ja gleichbedeutend mit einer konstanten Wachstumsrate des Faktors Arbeit ist. Beim Modell von *Solow* bestimmt diese Wachstumsrate gleichsam als Obergrenze alle anderen Wachstumsraten. Sie führt aber zum Gleichgewicht.

Bei *Harrod* ist dies auch eine Obergrenze für die Steigerungsmöglichkeit der befriedigenden Wachstumsrate. Wenn diese Obergrenze erreicht ist, führt dies nicht automatisch zu einer neuen Gleichgewichtssituation, sondern kann zur Instabilität führen.

Man muss sich bei den sehr positiven Ergebnissen der neoklassischen Modell-Analyse allerdings wieder bewusst machen, dass auch in den neoklassischen Modellen viele Annahmen stecken, die als „heroisch" (mutig) bezeichnet werden können.

So beispielsweise die Bedingung, dass alle Märkte langfristig immer geräumt sein sollen. Damit glaubt die Neoklassik an die Selbstheilungskräfte der Wirtschaft.

Entweder man geht in diesem Falle auf die klassische Theorie eines *Adam Smith* von 1776 zurück, der im Prinzip davon ausging, dass die Märkte langfristig zum vollständigen Wettbewerb tendieren, oder man fordert den **Wettbewerb als Aufgabe des Staates** wie die Neoliberalen *Leonhard Miksch* und *Walter Eucken*. Bei der Darstellung der Angebotspolitik haben wir in Kapitel 6.3.1 bereits auf diese **ordnungspolitische Aufgabe** auch im Hinblick auf den Arbeitsmarkt hingewiesen, wo das Beschäftigungsproblem mit Hilfe von Strukturmaßnahmen gelöst werden soll, damit die Modellannahmen wieder stimmen.

Problematisch erscheint außerdem die Annahme, dass $I_{gepl} = S_{gepl}$ sein muss, eine Gleichgewichtsbedingung, die auch für das Harrod-Domar-Modell gilt. Dies suggeriert die Annahme, dass sich die Investitionen immer über den Zinssatz ausgleichen, da S das Angebot an Ersparnissen und I die Nachfrage nach Investitionsmitteln sei. Damit könnte nur dann investiert werden, wenn die entsprechende Ersparnis vorliegt. Oder anders ausgedrückt: die Banken können nur aus ausleihen, was sie an Einlagen erhalten haben. Dieses Modell wird Thema des Kapitels 9.4, wo dann gezeigt wird, dass auch die Neoklassik mit der Leihfondstheorie die Kreditschöpfung der Geschäftsbanken berücksichtigt.

Trotz des hohen Abstraktionsgrad der neoklassischen Wachstumsmodelle ist sicher, dass die neoklassischen Wachstumsmodelle mit der Einführung eines dynamischen Gleichgewichts einen **Vergleichsmaßstab** für die tatsächliche Entwicklung geschaffen haben.

Kontrollfragen zu Kapitel 7

1. Was versteht man unter „Konjunktur"?
2. Welche Konjunkturphasen unterscheidet *A. Stobbe*?
3. Nach welchen Kriterien können Konjunkturindikatoren
4. eingeteilt werden?
5. Nennen Sie die wichtigsten Frühindikatoren!
6. Was versteht man unter einem konjunkturellen Gesamtindikator?
7. Zu welcher Gruppe der Konjunkturindikatoren gehört das Bruttoinlandsprodukt?
8. Welche Rezessionen gab es seit 1960 in Deutschland?
9. Beschreiben Sie den Zyklus nach
   a) Kondratieff,
   b) Juglar,
   c) Kitchin,
   d) Kuznets!
10. Erläutern Sie die natürlichen ökonomischen Stabilisatoren und die vom Staat eingebauten automatischen Stabilisatoren, die konjunkturellen Schwingungen dämpfen!
11. Erklären Sie die psychologischen Theorien von *V. Pareto* und *A. C. Pigou*!
12. Beschreiben Sie die Innovationstheorie von *J. A. Schumpeter* und erklären Sie, wie die Innovationstheorie mit den psychologischen Theorien von *A. C. Pigou* und *V. Pareto* verbunden werden kann!
13. Erklären Sie die Wirkungskette beim Multiplikator-Akzelerator-Modell mit einem Flussdiagramm!
14. Welchen Zusammenhang zwischen Politik und Konjunktur erklärt *Nordhaus*?
15. Inwiefern kann man die stochastische Konjunkturtheorie von *W. Krelle* als eine umfassende (generelle) exogene Konjunkturtheorie bezeichnen?
16. Mit welchen Problemen beschäftigt sich die Wachstumstheorie im Unterschied zur Konjunkturtheorie?
17. Welche beiden Faktoren bestimmen die Wachstumsrate des Volkseinkommens bei *Harrod*?
18. Was versteht *Harrod* unter der befriedigenden Wachstumsrate (warrantet growth rate) und der natürlichen Wachstumsrate?
19. Auf welche Weise kann nach *Harrod* und *Domar* eine Volkswirtschaft andere Volkswirtschaften ökonomisch „überholen"?
20. Erläutern Sie die Grundannahmen (Hypothesen) neoklassischer Modelle!
21. Welche Bedingungen hat *Solow* in seinem Modell von *Harrod* übernommen?
22. Erklären Sie den Unterschied zwischen einem Periodengleichgewicht und einem dynamischen Gleichgewicht!
23. Wann ist die Sparquote optimal?
24. Was versteht *Phelps* unter der goldenen Regel der Akkumulation?
25. Welche Wirkung hat der Harrod-neutrale Fortschritt in dem dargestellten Modell gezeigt?
26. Welche Rolle wird der staatlichen Wirtschaftspolitik bei den neoklassischen Modellen zugewiesen?

8 Geldmarkt

8.1 Monetäre Grundbegriffe

Um den Geldmarkt und geldpolitische Eingriffe sowie deren Wirkungen besser verstehen zu können, ist es notwendig, einen Überblick über einige grundlegende Begriffe der Geldtheorie wie Geld, Geldmengen, Kredit, Liquidität sowie Geld- und Kreditschöpfung zu erläutern.

Wie diese Liste andeutet, handelt es sich um eine Analyse des Geldmarktes im weitesten Sinne, d. h. eines Marktes, der das Zusammentreffen von Angebot und Nachfrage nach allen liquiden Mitteln umfasst. Im Bankengeschäft wird der Begriff „Geldmarkt" im engeren Sinne verwendet und damit das Zusammentreffen von Angebot und die Nachfrage nach kurzfristigem Geld verstanden.

8.1.1 Gelddefinition und Geldarten

Spricht man vom **Geld einer Volkswirtschaft**, so vermutet man, dass es sich um deren **gesetzliches Zahlungsmittel** handelt. Geld wäre damit „ein Geschöpf der Rechtsordnung" wie es *G. F. Knapp* in seiner staatlichen Theorie des Geldes bereits 1905 formulierte.

In Krisenzeiten wird allerdings deutlich, dass das vom Staat durch Gesetz geschaffene Geld wichtige **ökonomische Funktionen**, wie beispielsweise die Funktionen **Tauschmittel** und **Wertaufbewahrungsmittel**, nur noch begrenzt erfüllen kann.

Andere Güter übernehmen seine Aufgaben, denn ökonomisch gilt: Money is what money does.

Aber selbst dann, wenn das gesetzliche Zahlungsmittel alle Geldfunktionen ausübt, bestehen daneben andere Vermögensgegenstände, die ebenfalls zumindest einzelne Geldfunktionen übernehmen können. Damit ist Geld ein Gut unter anderen Gütern, allerdings mit dem höchsten Liquiditätsgrad, das wie andere Güter für bestimmte Zwecke gehalten wird. Eine Auffassung, die man einen **Liquiditätsansatz** nennt.

Im Folgenden wird versucht, das Phänomen „Geld" mit Hilfe seiner Funktionen im Wirtschaftskreislauf zu bestimmen, was als **funktionalistische Theorie** bezeichnet wird.

A. Geldfunktionen

Die Funktionen des Geldes im Wirtschaftskreislauf werden durch einen Vergleich zwischen einer reinen Naturalwirtschaft (Tauschwirtschaft) und einer Geldwirtschaft deutlich, weshalb zunächst auf eine **Naturalwirtschaft** eingegangen werden soll, wobei Abbildung 8.1 den Konsumgütertausch bei einer reinen Tauschwirtschaft zeigt:

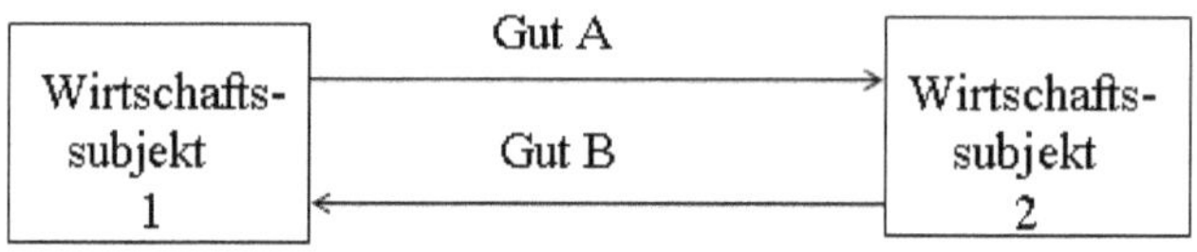

Abbildung 8.1

Für die Tauschpartner bestehen beim Naturaltausch erhebliche Schwierigkeiten, immer genau den entsprechenden **Marktpartner** zu finden. Dadurch entstehen den Wirtschaftssubjekten hohe Suchkosten (Informationskosten), eventuell auch Verluste durch einen „Ringtausch". Außerdem muss der Wert der beiden Tauschgüter richtig eingeschätzt werden.[1]

Um die Schwierigkeiten zu zeigen, die sich in einer Naturalwirtschaft bei der **Ermittlung und Festlegung der Wertverhältnisse** zwischen den getauschten Gütern ergeben, sollen mit Hilfe einer Matrixdarstellung alle möglichen Wertverhältnisse (auch Tauschverhältnisse oder relative Preise genannt) von nur vier Gütern

Tabelle 8.1

Matrix der Wertverhältnisse

Menge des Gutes	A	B	C	D
A	A/A	A/B	A/C	A/D
B	B/A	B/B	B/C	B/D
C	C/A	C/B	C/C	C/D
D	D/A	D/B	D/C	D/D

gezeigt werden.

Die Matrix zeigt, dass es bei vier Gütern maximal 16 Wertverhältnisse gibt. Allgemein gilt: Bei „n" Gütern gibt es „n^2" Wertverhältnisse. Allerdings sind nicht alle Wertverhältnisse relevant. So ergibt die Matrix, dass eine Mengeneinheit des Gutes A genau eine Mengeneinheit des Gutes A wert ist. Diese Information ist uninteressant. Lässt man daher die Wertver-

---

1 Ein bekanntes Beispiel für die Schwierigkeiten die Wertverhältnisse richtig einzuschätzen, wurde im Märchen „Hans im Glück" der Brüder Grimm beschrieben.

hältnisse der Hauptdiagonalen (A/A, B/B usw.) weg, so vermindert sich die Zahl der Wertverhältnisse um „n“. Es verbleiben noch ($n^2 - n$) Wertverhältnisse. Außerdem ist es möglich, wenn das Wertverhältnis A/B bekannt ist, das umgekehrte Wertverhältnis zu berechnen. Man benötigt folglich bei „n“ Güter nur

$$\frac{n^2 - n}{2} \text{ Wertverhältnisse.}$$

Bei vier Gütern ergeben sich demnach sechs relevante Wertverhältnisse. Allerdings erhöht sich die Zahl der Wertverhältnisse bei nur 100 Gütern auf 4.950 und bei den 751 Gütern, die im Warenkorb des Verbraucherpreisindexes enthalten sind, ergeben sich sogar 281.625 (!) Wertverhältnisse.

Diese Zahlenbeispiele zeigen, dass fast zwangsläufig in einer Volkswirtschaft ein **Standardgut** eingeführt werden muss, um die Zahl der Wertverhältnisse drastisch zu reduzieren. Wird dieses Standardgut mit dem Wert 1 versehen, so reduzieren sich die Wertverhältnisse bei nur 100 Gütern von 4950 auf 99.

Damit wird deutlich, dass bei den einzelnen Völkern schon früh Standardgüter auftraten, und zwar in Form von **Warengeld**. Diese Form taucht aber auch immer wieder bei Krisen in den heutigen Volkswirtschaften auf, wenn das gesetzliche Zahlungsmittel in der Form von **Papiergeld** nicht mehr seine ökonomischen Funktionen erfüllt wie beispielsweise in der Zeit von 1945 bis 1948 die sogenannte „Zigarettenwährung“ in Deutschland: Amerikanische Zigaretten dienten neben dem gesetzlichen Zahlungsmittel bis zur Währungsreform am 20.6.1948 als Wertmaßstab.

Die **Einführung des Geldes als Standardgut** bringt folglich eine wesentliche Erleichterung des Tausches. Das Geld übernimmt damit auch die Funktion als **Wertmaßstab oder Recheneinheit** (Rechenmittel).

Diese Funktion wird als **abstrakt** bezeichnet, da das Geld selbst nicht unbedingt konkret vorhanden sein muss: Ein Unternehmen in der Bundesrepublik kann seine Bilanz in US-Dollar ausweisen, ohne im Besitz eines einzigen Dollars zu sein.

Geht man von der Naturalwirtschaft zur **Geldwirtschaft** über, so übt das Geld die **konkrete** Funktion als **allgemeines Tauschmittel** aus. In einer Geldwirtschaft ist es nicht mehr notwendig, den „richtigen“ Tauschpartner **sofort** zu finden. Es wird erst das Gut gegen Geld getauscht und dann der Partner gesucht.

Da es auch **einseitige Transaktionen** gibt, denen keine direkt zurechenbare Gegenleistung gegenübersteht, wie beispielsweise Geldgeschenke zwischen Privatpersonen, besteht eine weitere Aufgabe des Geldes darin, als Zahlungsmittel einseitiger Leistungen zu dienen, d. h. als **Wertübertragungsmittel**.

Wie bereits erläutert, gibt Geld die Möglichkeit, sich erst später den richtigen Marktpartner auszusuchen. In der Zwischenzeit lässt es mehrere Optionen offen.

Es wird **Kaufkraft gespeichert**, d. h. Geld dient außerdem als **Wertaufbewahrungsmittel.**

Es ist damit ein Mittel, Ersparnis zu bilden und ermöglicht es dem Besitzer, in der Zukunft Güter zu erwerben, d. h. „eine Brücke zwischen der Vergangenheit und der Zukunft" wie *J. M. Keynes* dies genannt hat. Geld hat somit auch eine zeitliche Funktion zu erfüllen.

Geld kann wie andere Vermögensgegenstände gehalten werden. Es ist allerdings ein besonderes Gut, d. h. ein Gut, das von jedem akzeptiert wird, da mit ihm im direkten Tausch andere Güter erworben werden können. Geld besitzt die höchste Liquidität unter den Vermögensgegenständen, allerdings steht es in einer substitutiven Beziehung zu ihnen, vor allem was die Wertaufbewahrung betrifft.

Wie die letztgenannte Funktion der Wertaufbewahrung zeigt, kann die gespeicherte Kaufkraft in Form von Geld nur erhalten werden, wenn der Wert des Geldes nicht sinkt. Es ist daher notwendig, dass der Bestand des gesetzlichen Zahlungsmittels einer Volkswirtschaft so gesteuert wird, dass der **Geldwert** stabil bleibt. Dadurch werden gleichzeitig auch die anderen Geldfunktionen gesichert.

Damit ist die wichtigste **Aufgabe einer Zentralbank** bereits vorgegeben: **Die Erhaltung der Geldwertstabilität**.

In einer marktwirtschaftlichen Ordnung ist dies gleichbedeutend mit „Preisstabilität".

B. Geldformen

Geld als Standardgut ist in den einzelnen Volkswirtschaften historisch in unterschiedlichen Formen aufgetreten, und zwar überwiegend als **Warengeld**, wie z. B. Pelze in Kanada, Tee in Tibet, Vieh bei den Römern, Glasperlen in Afrika, Muscheln an der indischen Küste oder die von *Adam Smith* erwähnten Metallnägel in einem Dorf in Schottland.

Der Wert des Geldes wurde beim reinen Warengeld durch den Warenwert selbst bestimmt.

In den modernen arbeitsteiligen Volkswirtschaften haben sich folgende **staatliche Geldformen** herausgebildet:

1. **Münzen**
2. **Banknoten (Papiergeld)**

Beide Geldformen zusammen werden **Bargeld** genannt.

Die heutigen **Münzen** entwickelten sich aus den vollwertigen Umlaufsmünzen (Kurantmünzen) aus Edelmetall, wobei der aufgeprägte Wert der heutigen Münzen, Nominalwert oder Emissionswert genannt, mit dem Warenwert nicht übereinstimmt. Da es sich um Legierungen handelt, werden sie unterwertige Scheidemünzen genannt.

Das Recht, Münzen zu prägen und in Umlauf zu bringen (Münzregal), liegt im Eurosystem bei den beteiligten Regierungen, d. h. in Deutschland bei der Bundesregierung. Ihr steht der Münzgewinn als Differenz zwischen dem Nennwert der Münze und den Herstellungskosten zu.

Der Münzgewinn entsteht dann, wenn die Zentralbank die Münzen zum Nennwert von der Regierung kauft. Die Ausgabe der Münzen erfolgt durch die Europäische Zentralbank im Auftrag der Regierungen. Allerdings können die Regierungen nicht unbegrenzt Münzen prägen lassen und damit Ihren Staatshaushalt finanzieren, weil das Ausgabevolumen von der Europäischen Zentralbank genehmigt werden muss.

Die Münzen lauten auf Euro und Cent (1 Euro = 100 Cent). Die Vorderseite ist einheitlich, während die Rückseite der Münzen individuell von den einzelnen Ländern gestaltet wird, so dass es in der Europäischen Währungsunion 96 verschieden gestaltete Münzen gibt. Trotz des Unterschieds sind alle Münzen im ganzen Euro-Währungsgebiet gesetzliches Zahlungsmittel.

Die **Euro-Banknoten** werden von der Europäischen Zentralbank durch die nationalen Notenbanken ausgegeben. Es gibt dabei keine nationalen Unterschiede im Aussehen.

Für die Europäische Zentralbank gibt es keine Obergrenze für die Ausgabe der Banknoten. Sie orientiert sich aber bei der Banknotenausgabe an ihrem Primärziel „Preisstabilität".

Banknoten und **Münzen sind gesetzliche Zahlungsmittel**, die in unbegrenzter Höhe als Zahlungsmittel angenommen werden müssen. Sie werden daher auch als **obligatorisches Geld** bezeichnet.

Neben den Münzen und Banknoten entwickelte sich das **Giralgeld** oder **Buchgeld** als eine weitere Geldform. Bei dieser Geldart handelt es sich um **nichtverbriefte Forderungen an die Zentralbank oder an Geschäftsbanken**. Dabei bedeutet **„nichtverbrieft"**, dass die Forderung nicht durch ein besonderes Papier ausgewiesen, sondern nur in den Geschäftsbüchern der Banken vermerkt wird. Über diese Forderung kann der Bankkunde (als Gläubiger der Bank) allerdings mit Scheck und Überweisungen jederzeit verfügen. Giralgeld ist im Gegensatz zum obligatorischen Geld nur **fakultatives** Geld, d. h. es herrscht kein Annahmezwang: Eine Überweisung oder ein Scheck kann abgelehnt werden.

Da die Geschäftsbücher der Banken heute in Form von gespeicherten Daten auf Computerdatenträgern bestehen, wird diese Geldform heute auch als **„Computergeld"** bezeichnet.

Das Giralgeld entsteht u. a., wie noch zu zeigen sein wird, durch die Einräumung eines Kredits und der Gutschrift dieses Betrages auf einem Girokonto, auch Kontokorrent oder laufendes Konto genannt. Dieses Giralgeld wird auch als **Sichtguthaben**, **Sichteinlage** oder **täglich fällige Einlage** genannt.

Die quantitative und praktische Bedeutung des Giralgeldes nimmt immer stärker relativ zu den anderen Geldformen zu. Der Anteil des Giralgeldes an der Geldmenge, d. h. die **Giralgeldquote** betrug Ende 2006 im Euro-Währungsraum 84 %. Dies bedeutet andererseits, dass die **Bargeldquote** bei etwa 16 % lag (EZB MB 6/2007, S. S13).

In neuerer Zeit ist das sogenannte **„Plastikgeld"** in Form der Kreditkarte im Vormarsch: Der Kunde bezahlt die Rechnung mit Hilfe seiner Kreditkarte und Unterschrift. Diese Rechnung wird seiner Bank zur Begleichung eingereicht. Voraussetzung ist also die Existenz von Giralgeld oder eines Kredits des Kunden bei der Bank. Allerdings muss diese Voraussetzung erst bei Vorlage der Rechnung bei der Bank gegeben sein. Es ist ein Lieferantenkredit, der bargeldlos zurückgezahlt wird. Die Tauschmittelfunktion kann damit ausgeübt werden.

Eine weitere Neuentwicklung der Zahlungsweise ist das **Electronic-Cash-Verfahren**, bei dem an der Ladenkasse (Point of Sale = POS) des Einzelhandels mit Hilfe der Eurocheque-Karte direkt vom Bankkonto des Kunden der Betrag abgebucht wird. Eine andere Möglichkeit besteht heute in der aufladbaren Geldcard, von der direkt abgebucht werden kann. Damit entfällt ein Lieferantenkredit.

Der überwiegende Teil der Zahlungen von Rechnungen erfolgt heute bargeldlos, d. h. durch Überweisungen, Kreditkarten, Schecks oder Electronic-Cash.

Neben den Münzen, Banknoten und den Sichtguthaben treten immer mehr andere Forderungen als **Liquiditätsformen** und damit auch als Anlageformen in den Vordergrund.

Für einen Teil dieser Liquiditätsformen kann der Sammelbegriff „**Near Money**" (*A. C. Hart*) oder **geldnahe Aktiva** verwendet werden. Meist sind es Finanzaktiva, auch Geldsubstitute genannt, die nicht unmittelbar als Tauschmittel, sondern als Wertaufbewahrungsmittel dienen.

Zu diesen **Finanzaktiva** gehören u. a.

- Spar- und Termineinlagen,
- Guthaben bei Versicherungen,
- Guthaben bei Bausparkassen,
- Wertpapiere aller Art und
- Guthaben in ausländischer Währung (Devisen).

Zur Liquidität im weitesten Sinne können schließlich auch noch andere Vermögensgegenstände, d. h. sogar Waren, gezählt werden.

Auch hier wird nochmals deutlich, dass auch andere Aktiva Geldfunktionen übernehmen können, wie z. B. die Wertaufbewahrungsfunktion, weshalb es notwendig ist, **andere Liquiditätsformen** als Geld und auch neben den Geschäftsbanken **andere Finanzinstitute** in die Analyse mit einzubeziehen, wie es von den Vertretern des **Liquiditätsansatzes** gefordert wird.

C. Monetäre Aggregate

Für die Geldtheorie und für die Geldpolitik ist es von großer Bedeutung, die Entwicklung bestimmter monetärer Aggregate – auch monetäre Globalgrößen genannt – im Zeitablauf zu beobachten.

Sie können als **Indikatoren** der monetären Entwicklung aber auch als **Zwischenzielgrößen** der Geldpolitik dienen, wobei insbesondere auch ihre Bestandsänderungen interessant sind.

Monetäre Aggregate entstehen durch Zusammenfassung bestimmter Geldbestände und eventuell Bestände an Finanzaktiva (z. B. Bestand an Sparguthaben) der Wirtschaftssubjekte. Mit

Hilfe monetärer Aggregate soll die Entwicklung der Liquidität der gesamten Volkswirtschaft, aber auch einzelner Sektoren, beobachtet werden.

Die Zentralbank versucht, über die Ausgabe von Bargeld (Münzen und Banknoten), aber auch durch die Einwirkung auf den Bestand des Giralgeldes, die gesamte Geldmenge einer Volkswirtschaft zu beeinflussen, um ihr wichtigstes Ziel „Preisstabilität" zu erreichen.

Um sinnvolle Geldmengen ermitteln zu können, müssen die Wirtschaftseinheiten in Sektoren eingeteilt werden. Die Zentralbanken bemühen sich dabei, zwischen **geldschaffenden** und **nicht geldschaffenden** Sektoren zu unterscheiden.

Die Zentralbanken interessieren sich besonders für die **Geldmenge der nicht geldschaffenden Sektoren**, da sie befürchten, dass eine übermäßige Ausweitung der Geldmenge zu einer Nachfrageerhöhung nach Gütern und dann unter Umständen zu einer Inflation führen könnte. Das Ziel „Preisstabilität" wäre dann beeinträchtigt.

In der Bundesrepublik Deutschland hatte die **Deutsche Bundesbank** bis zum 31.12.98 unterschiedliche Geldmengen definiert, um die Liquidität der Volkswirtschaft zu beobachten und zu beeinflussen. Die Deutsche Bundesbank hat bei der Sektorenabgrenzung zwischen dem **Banken- und dem Nichtbankensektor** unterschieden. Zum Bankensektor gehörte die Bundesbank und die Geschäftsbanken, während zum Nichtbankensektor die öffentlichen Haushalte (= Staat) und der private Sektor (= private Haushalte und Nichtbankunternehmen) gezählt wurden. Diese Unterscheidung ist deshalb von Bedeutung, da es sich bei einer Forderung gegenüber einer Bank um Giralgeld handelt, wenn über diese Forderung mit einem Scheck oder mit einer Überweisung jederzeit verfügt werden kann, während eine Forderung gegenüber einer Nichtbank kein „Geld" im engeren Sinne darstellt, da über diese Forderung nicht sofort verfügt werden kann.

Bei der **Europäischen Zentralbank (EZB)** wird zwischen den Sektoren **„Monetäre Finanzinstitute (MFIs)" und „Nicht-Monetäre Finanzinstitute (Nicht-MFIs)", auch nichtfinanzieller Sektor genannt,** unterschieden.

Der Sektor „Monetäre Finanzinstitute" ist der Geldschöpfungssektor. Er umfasst die Zentralbanken, die Kreditinstitute im Sinne des Gemeinschaftsrechts und alle anderen gebietsansässigen Finanzinstitute, deren wirtschaftliche Tätigkeit darin besteht, Einlagen bzw. Einlagensubstitute im engeren Sinne von Nicht-MFIs entgegenzunehmen und auf eigene Rechnung Kredite zu gewähren und/oder in Wertpapiere zu investieren. In Deutschland gehören zu diesem Sektor auch die Geldmarktfonds und die Bausparkassen.

Tabelle 8.2 zeigt die Sektoreneinteilung der EZB.

Tabelle 8.2

Sektoreneinteilung der Europäischen Zentralbank zur Ermittlung der Geldmengen

1. Monetäre Finanzinstitute (MFIs) a) Zentralbanken b) Kreditinstitute (einschließlich Bausparkassen) und andere Finanzinstitute (Geldmarktfonds)
2. Nicht-Finanzinstitute (Nicht-MFIs) a) Privater Sektor (private Haushalte und nichtfinanzielle Kapitalgesellschaften) b) öffentliche Haushalte (Staat)

Im Einzelnen sollen folgende Geldgesamtheiten kurz erläutert werden:

1. Bargeldumlauf

Der **gesamte Bargeldumlauf** setzt sich aus dem Banknotenumlauf und dem Umlauf an Münzen **außerhalb** der Zentralbank zusammen. Diese Größe kann von der Zentralbank direkt beeinflusst werden, da sie das Recht der Notenausgabe (Banknotenregal) besitzt und die Münzen im Auftrag der Regierung bzw. der Regierungen ausgibt, die das Münzregal hat bzw. haben.

Die Zentralbank ermittelt den **Bargeldumlauf** im nichtfinanziellen Sektor dadurch, dass sie vom gesamten Bargeldumlauf die Kassenbestände der monetären Finanzinstitute abzieht.

2. Zentralbankgeld

Neben dem Bargeld werden auch die Sichtguthaben des Finanzsektors und der Nichtfinanzinstitute bei der Zentralbank (ohne Zentralbankeinlagen der öffentlichen Haushalte) als Geld der Zentralbank betrachtet. Der Bestand an **Zentralbankgeld** einer Volkswirtschaft ist daher wie folgt definiert:

gesamter Bargeldumlauf (außerhalb der Zentralbank)
zuzüglich Bestand an Sichtguthaben bei der Zentralbank.

Das **Zentralbankgeld** wird auch **Basisgeld** oder high-powered-money genannt, da es als Geldbasis für andere monetäre Aggregate angesehen wird. Das **Geldbasiskonzept der Monetaristen** geht davon aus, dass die Zentralbank mit Hilfe dieser Geldbasis die Geldmengen- und die Kreditentwicklung in einer Volkswirtschaft hinreichend genau autonom steuern kann.

3. Barreserve und Überschussreserve

Der aktuelle Bestand an Zentralbankgeld des Finanzsektors (der monetären Finanzinstitute), kann anhand der Barreserve des Finanzsektors aber auch mit Hilfe des Bestands an Überschussreserve beobachtet werden, wobei unter

- **Barreserve** des Finanzsektors der Bestand an Zentralbankgeld (Bargeldbestand und Sichtguthaben bei der Zentralbank) verstanden wird, und die
- **Überschussreserve** sich aus dem Bestand des Finanzsektors an Zentralbankgeld abzüglich Mindestreservebetrag ergibt.

Die Monetären Finanzinstitute müssen bei der EZB eine bestimmte Liquiditätsreserve in Form von Sichtguthaben halten. Die Höhe dieser Pflichtreserve, Mindestreserve genannt, berechnet sich nach der Höhe der Einlagen der Nicht-Monetären Finanzinstitute beim jeweiligen Monetären Finanzinstitut. Der Bestand an Überschussreserve des Finanzsektors zeigt allerdings nur den aktuellen Bestand an **verfügbarer Primärliquidität** des Finanzsektors. In aller Regel haben die monetären Finanzinstitute die Möglichkeit, sich beispielsweise bei der Zentralbank durch die Aufnahme eines Kredits, zusätzlich Zentralbankgeld zu beschaffen und damit die Überschussreserve zu erhöhen, wenn sie dieses Zentralbankgeld als Basis für die Gewährung eines Kredits benötigen (potentielle Liquidität).

4. Geldmengen

Die EZB hat unterschiedliche Geldmengenaggregate entwickelt, wobei es sich ausschließlich um **Geldmengen des Nicht-MFI-Sektors** handelt. Tabelle 8.4 erläutert die unterschiedlichen Geldmengen und macht ihren quantitativen Umfang für die Jahre 2006 und 2007 im Eurosystem deutlich.

Die unterschiedlichen Geldmengen wurden geschaffen, um einerseits durch eine enge Definition reine Umschichtungen bei den Geldanlagen erkennen zu können, andererseits aber auch durch eine weite Definition diese Umschichtungseffekte zu eliminieren. So ist bespielsweise M3 als weiteste Definition der Geldmenge um 11,8 % gegenüber dem Vorjahr gewachsen, während die Geldmenge M1 als engste Definition nur um 4,1 % gestiegen ist. Dieser Unterschied kann sich auf Umschichtungen der Geldanlagen beziehen und damit keine Wirkung auf das Preisniveau ausüben. Die Entwicklung der Geldmenge M3 wurde durch diese Umschichtungen nicht berührt. Würde die Geldpolitik nur M1 als Entscheidungsgrundlage benutzen, könnte dies zu einer Fehleinschätzung der Liquiditätslage der Volkswirtschaft und damit eventuell zu Fehlentscheidungen führen.

Tabelle 8.3

M1 =	Bargeldumlauf zuzüglich täglich fällige Einlagen (einschließlich elektronisches Geld auf vorausbezahlten Karten)
M2 =	M1 zuzüglich Einlagen mit einer vereinbarten Laufzeit von bis zu zwei Jahren und Einlagen mit einer vereinbarten Kündigungsfrist von bis zu drei Monaten
M3 =	M2 zuzüglich begebene Geldmarktfondsanteile und Geldmarktpapiere (netto) und begebene Schuldverschreibungen mit vereinbarter Laufzeit von bis zu zwei Jahren (netto) sowie Repogeschäfte

Tabelle 8.4

Entwicklung der Geldmengenaggregate des Euro-Währungsgebiets

	Dez. 2006	Dez. 2007	Änderungen	
	Mrd. €	Mrd. €	Mrd. €	%
Bargeldumlauf	578,4	625,8	47,4	8,2
+ täglich fällige Einlagen	3107,7	3209,6	101,9	3,3
M1	3686,1	3835,4	149,3	4,1
+ Einlagen mit vereinbarter Laufzeit von bis zu 2 Jahren	1401,0	1968,8	567,8	40,5
+ Einlagen mit vereinbarter Kündigungsfrist von bis zu 3 Monaten	1552,0	1535,3	-16,7	-1,1
M2	6639,1	7339,5	700,4	10,5
+ Rückkaufsvereinb. (Repogeschäfte)	266,1	307,4	41,3	15,5
+ Geldmarktfondsanteile	637,0	686,8	49,8	7,8
+ Schuldverschreibungen bis zu 2 Jahren	198,7	316,8	118,1	59,4
M3	7740,9	8650,5	909,6	11,8

Quelle: MB EZB 5/08, S. S12f.

8.1.2 Kredit und Liquidität

Zur Abwicklung der Transaktionen zwischen Wirtschaftssubjekten ist es nicht immer notwendig, dass im Augenblick des Güterübergangs vom liefernden zum empfangenden Wirtschaftssubjekt sofort die Gegenleistung erfolgen muss. Die Lieferung kann auch auf Kredit erfolgen, d. h. die Gegenleistung wird zu einem späteren Zeitpunkt erbracht.

Die folgenden drei Kreditgeschäfte zeigen diese Möglichkeit:

a) Tausch auf Kredit

Das Gut A wird zu einem bestimmten Zeitpunkt geliefert und später im Zeitpunkt mit dem Gut B bezahlt. Dies wird als **Naturalkredit** bezeichnet.

b) Kauf auf Kredit

Das Gut A wird zu einem Zeitpunkt geliefert und zu einem späteren Zeitpunkt mit Geld bezahlt. Es handelt sich dabei um einen **Lieferantenkredit** oder um ein **Abzahlungsgeschäft**. Beim Abzahlungsgeschäft wird allerdings der Betrag (in der Regel) in Raten und nicht in einer Summe bezahlt. Beim Lieferantenkredit überlässt der Lieferant dem Kunden zeitweilig die Kaufkraft und verzichtet bis zum Ablauf des Zahlungsziels auf die Ausübung seiner Kaufkraft.

c) Geldkredit

Beim Geldkredit wird gegenwärtiges Geld gegen später zu leistendes Geld getauscht: Dies ist der übliche Geldkredit, der überwiegend in Form des Bankkredits gewährt wird. Der Gläubiger überlässt dem Schuldner einen Geldbetrag zu einem bestimmten Zeitpunkt, den der Schuldner zu einem späteren Zeitpunkt zurückzuzahlen verspricht.

Versucht man nun aufgrund dieser drei beschriebenen Kreditgeschäfte eine umfassende **Kreditdefinition** zu finden, so kann als Kredit

„die zeitweilige Überlassung von Kaufkraft“

bezeichnet werden.

Aus allen Definitionen ist deutlich geworden, dass es sich immer nur um eine „zeitweilige“ und keine „dauerhafte“ Überlassung handelt, womit eine Abgrenzung zum Geschenk erfolgte. Der Kredit ist auf eine Rückzahlung oder eine spätere Gegenleistung ausgelegt.

Die bisherigen Kreditdefinitionen haben allerdings nicht den Zins erwähnt. Der Zins gilt als Entgelt für die leihweise Überlassung von Geld oder Gütern (Agiotheorie). Der Zins wird aber auch mit der Tatsache begründet, dass ein Kaufkraftverzicht des Gläubigers vorliegt, der mit dem Zins vom Schuldner dafür belohnt wird (Abstinenztheorie).

Der Zins ist allerdings **nicht konstitutiv** für den Kredit, was der Lieferantenkredit zeigt. (Der Lieferantenkredit ist allerdings nicht „kostenlos“, da der Lieferant in seinen Preis Skonto einkalkuliert.)

Wie die bisherigen Ausführungen über den Kredit deutlich machten, hat der Kredit in erster Linie eine

zeitliche Überbrückungsfunktion,

und zwar bei allen Wirtschaftssubjekten.

Bei **Unternehmen** tritt er beispielsweise als **Produzentenkredit** in der speziellen Form des Betriebsmittelkredits auf, sofern nicht genügend Eigenkapital vorhanden ist. Er hat die Aufgabe, die Zeit von der Entlohnung der Produktionsfaktoren bis zum Erlös für die erstellten Leistungen zu überbrücken. Der Kredit hat natürlich auch im **Handel** eine zeitliche Überbrückungsfunktion, und zwar vom Einkauf bis zum Verkauf des Gutes.

Eine zeitliche Überbrückungsfunktion liegt auch bei den **privaten Haushalten** in Form des **Konsumentenkredits** vor.

Der Kredit hat insbesondere die Aufgabe, die **Gesamtnachfrage einer Volkswirtschaft** zu sichern oder sogar zu erhöhen.

Eine Sicherung der bestehenden Gesamtnachfrage liegt dann vor, wenn dem Kreditnehmer andere Wirtschaftssubjekte gegenüber stehen, die in gleicher Höhe auf die Ausübung ihrer Kaufkraft verzichten, d. h. sparen. Man spricht dann von einem **kompensatorischen Kredit**, d. h. einem Kredit, der Nachfrageausfälle kompensiert. Ist der aufgenommene Kredit höher als der Kaufkraftverzicht der anderen Wirtschaftssubjekte, so spricht man von einem **zusätzlichen Kredit.** Mit diesem Kredit wird zusätzliche Kaufkraft geschaffen, was für die Volkswirtschaft einen expansiven Impuls bedeuten kann, sofern keine Inflation dadurch ausgelöst wird. Nach Auffassung von *Joseph A. Schumpeter* ist dieser Kredit eine notwendige aber keine hinreichende Bedingung für das Wachstum einer Volkswirtschaft.

Wie bereits bei der Einführung des Begriffs „Near Money“ und der Darstellung der Geldmengen deutlich wurde, steht der Begriff **„Liquidität“** im Mittelpunkt der Geldtheorie und der Geldpolitik. Dabei wurde der Begriff „Liquidität“ bereits in zweifacher Weise benutzt, und zwar als

- Eigenschaft von Vermögensobjekten und als
- Eigenschaft von Wirtschaftssubjekten.

a) Liquidität als Eigenschaft eines Vermögensobjektes

Unter „Liquidität“ wird hier die Eigenschaft eines Vermögensobjektes verstanden, selbst als Zahlungsmittel verwendet oder in Zentralbankgeld (mehr oder weniger leicht) umgewandelt zu werden.

Einzelne Aktiva besitzen daher unterschiedliche **Liquiditätsgrade**, wofür das Kriterium „Geldnähe“ entscheidend ist.

b) Liquidität als Eigenschaft eines einzelnen Wirtschaftssubjektes

Liquidität, als Eigenschaft eines Wirtschaftssubjektes, wird als die Fähigkeit eines Wirtschaftssubjektes verstanden, termingerecht seinen Zahlungsverpflichtungen nachkommen zu können. Diese Liquiditätsart wird auch als Zeitpunktliquidität bezeichnet.

Was für ein einzelnes Wirtschaftssubjekt gilt, lässt sich analog auf eine **Gruppe von Wirtschaftssubjekten**, d. h. auf **Sektoren** nur dann übertragen, wenn die intrasektoriellen Forderungen und Verbindlichkeiten verrechnet werden.

So erhöht sich die Liquidität der Nicht-FMIs dann, wenn der Sektor geldnahe Forderungen bei einer Bank monetisiert, was eine Erhöhung der **äußeren Liquidität** bedeutet. Die **innere Liquidität** des Sektors verändert sich aber **nicht** beim Verkauf eines Wechsels der Kapitalgesellschaft A an eine andere Kapitalgesellschaft B gegen Bargeld. Dies führt nur zu einer Verschiebung der Primärliquidität **innerhalb** des Sektors.

Die Zentralbank versucht mit Hilfe ihres Instrumentariums, die Liquidität der Nicht-MFIs über die Liquidität der MFIs zu beeinflussen.

8.2 Geldangebot

Wir beginnen mit der Analyse des Geld- und Kreditangebots einer Zentralbank und fahren dann fort mit dem Angebot des Geschäftsbankensektors (der monetären Finanzinstitute), wobei zu zeigen ist, auf welche Weise das Angebot des Geschäftsbankensektors von der Zentralbank abhängig ist.

Die Analyse des Geldangebots hat zum Ziel, darzustellen

- wie und warum die Geldemittenten (Zentralbank und Geschäftsbanken) Geld zur Verfügung stellen und
- welche Grenzen ihnen beim Geld- und Kreditangebot gesetzt sind.

Bei unserer Analyse gehen wir von einer Modell-Volkswirtschaft mit einer einzigen Zentralbank und einem Geschäftsbankensektor aus. Der Zahlungsverkehr wird sowohl in Bargeld als auch in Giralgeld abgewickelt: Es wird ein Mischgeldsystem unterstellt.

Bei der Darstellung des Geldangebots wird sowohl die Geld- und Kreditschöpfung auf der Basis des traditionellen Überschussreserve-Konzepts (Liquiditätskozepts) erläutert als auch das monetaristische Geldbasiskonzept. Daneben werden Überlegungen von Verhaltensänderungen der Zentralbank, der Geschäftsbanken und der Nichtbanken in die Analyse mit einbezogen.

8.2.1 Das Geld- und Kreditangebot der Zentralbank

Wir gehen davon aus, dass die Zentralbank nur mit Geschäftsbanken und dem Staat Geschäfte tätigt, nicht aber mit den Nichtbanken.

Diese Geschäfte bestehen im Ankauf von verschiedenen Aktiva (meist Forderungen wie Devisenguthaben) und/oder in der Gewährung von Krediten.

Der Kauf dieser Aktiva und die Kreditgewährung erfolgen gegen Zentralbankgeld, d. h. gegen Bargeld oder Zentralbankguthaben.

Auf diese Weise kommt Zentralbankgeld in den Wirtschaftskreislauf.

Anhand einzelner **typischer Fälle** soll der Kauf von Aktiva und die Kreditgewährung der Zentralbank näher erläutert werden:

Kauft die Zentralbank von einer Geschäftsbank X **Devisenguthaben** (= Guthaben in ausländischer Währung) in Höhe von 10.000 inländischen Geldeinheiten (GE), so erhöht sich der Devisenbestand der Zentralbank im Wert von 10.000 GE und gleichzeitig steigen die Sichtguthaben bei der Zentralbank um den gleichen Betrag wie die Änderung der Zentralbankbilanz zeigt:

Zentralbankbilanz (Bilanzänderungen)

Aktiva		Passiva	
(1) Devisenbestand	10000	(1) Sichtguthaben X	10000

Konto 8. 1

Zentralbankgeld in Höhe von 10.000 GE wurde damit geschaffen.

Die Geschäftsbank X hat nun die Möglichkeit diese Sichtguthaben bei der Zentralbank in Banknoten umzuwandeln (Fall 1a), wodurch sich in der Zentralbankbilanz nur ein Passivtausch ergibt. Dieser Vorgang zeigt wie **Bargeld** in den Wirtschaftskreislauf gelangt:

Zentralbankbilanz (Bilanzänderungen)

Aktiva		Passiva	
		(1a) Sichtguthaben X	-10000
		(1b) Banknoten X	10000

Konto 8. 2

Der Bestand an Zentralbankgeld ändert sich damit nicht, aber der Banknotenumlauf außerhalb der Zentralbank.

Eine weitere Möglichkeit der Geschäftsbanken sich Zentralbankgeld zu beschaffen, besteht in der **Kreditaufnahme** bei der Zentralbank (Fall 2), wobei der Kredit in der Regel durch Wertpapiere gesichert ist. Auch diese Kreditgewährung wird als Refinanzierung der Geschäftsbank bezeichnet.

Nimmt die Geschäftsbank X einen Kredit in Höhe von 40.000 GE auf, so ändert sich die Zentralbankbilanz wie

Konto 8. 3 zeigt:

Zentralbankbilanz (Bilanzänderungen)

Aktiva		Passiva	
(2) Kredit an X	40000	(2) Sichtguthaben X	40000

Konto 8. 3

Das Zentralbankgeld nimmt um 40.000 GE zu.

Wir unterstellen, dass auch der Staat direkt einen Kredit bei der Zentralbank aufnehmen kann (Fall 3). (Es muss an dieser Stelle darauf hingewiesen werden, dass eine staatliche Kreditaufnahme bei der EZB nicht erlaubt ist, aber beispielsweise in Schweden, einem Land, das nicht zum EU-Währungsgebiet gehört.) Dadurch kann das Zentralbankgeld ebenfalls ansteigen wie das folgende Beispiel zeigt, wobei ein Kredit in Höhe von 50.000 GE unterstellt wird:

Zentralbankbilanz (Bilanzänderungen)

Aktiva		Passiva	
(3) Kredit an Staat	50000	(3) Sichtguthaben Staat	50000

Konto 8. 4

Das Zentralbankgeld erhöht sich um 50.000 GE.

Ein Vergleich der einzelnen Fälle zeigt, dass der Fall 1 (Devisenkauf) von den anderen Fällen 2-3 zu unterscheiden ist, was die Folgewirkung betrifft:

Beim Devisenkauf durch die Zentralbank geht die Geschäftsbank X keine zukünftige Verpflichtung ein. Für die Geschäftsbank X ist der Fall endgültig abgeschlossen, genauso als ob sie eine Ware verkauft hätte. Man nennt diese Art eines Aktivums ein **primäres** Aktivum.

Den Fällen 2-3 liegt eine Kreditgewährung zugrunde, mit der Folge, dass der Erhöhung des Zentralbankgelds zum Zeitpunkt der Kreditgewährung eine Reduzierung des Zentralbankgelds bei der Rückzahlung der Kredite folgt (Rückstromprinzip). Diese Art von Aktiva, die eine Geldvernichtung in einer späteren Periode nach sich zieht, nennt man ein **sekundäres Aktivum**.

Fasst man die Fälle in einer einzigen Bilanz zusammen, so ergibt sich das folgende Konto:

Zentralbankbilanz (Bilanzänderungen)

Aktiva			Passiva
(1) Devisenbestand	10000	(1a) Banknoten X	10000
(2) Kredit an X	40000	(2) Sichtguthaben X	40000
(3) Kredit an Staat	50000	(3) Sichtguthaben Staat	50000
Summe	100000	Summe	100000

Konto 8. 5

Die Zentralbankbilanz zeigt auf der Aktivseite deutlich, auf welcher Grundlage Zentralbankgeld in Höhe von 100.000 GE entstanden ist: Man spricht daher von der **Entstehungsseite der Geldbasis**: Das Zentralbankgeld ist durch die Kreditgewährung und durch den Ankauf von Devisen durch die Zentralbank entstanden. Die Passivseite der Zentralbankbilanz zeigt dagegen in welcher Form das Zentralbankgeld entstanden ist: Banknoten und Sichtguthaben bei der Zentralbank. Sie zeigt aber auch, welche Gruppen von Wirtschaftssubjekten das Zentralbankgeld besitzen, hier die Geschäftsbanken und der Staat. Man nennt dies die **Verwendungsseite der Geldbasis**.

Diese Vorgänge können in allgemeiner Form wie in

Konto 8. 6 dargestellt werden.

Zentralbankbilanz

Entstehungsseite	Verwendungsseite
(1) außenwirtschaftliche Komponente	(1a) Banknoten
(2) Refinanzierungskomponente	(2-3) Sichtguthaben
(3) staatliche Komponente	

Konto 8. 6

Wie anhand der Beispiele gezeigt wurde, kann eine Zentralbank durch eine Monetisierung von primären Aktiva und durch Kreditgewährung den Bestand an Zentralbankgeld erhöhen.

Dabei sind ihr weder beim Geldangebot noch bei der Kreditgewährung (Kreditschöpfung) Grenzen gesetzt, da sie selbst **kein Liquiditätsproblem** hat, weil sie Zentralbankgeld in Form von Bargeld und von Sichtguthaben bei ihr selbst unbegrenzt schaffen kann.

Nimmt man an, die Zentralbank könne nur reagieren, wenn eine Geschäftsbank oder der Staat an sie herantritt, um ein primäres Aktivum monetisieren zu lassen oder um einen Kredit aufzunehmen, bezeichnet man dies als eine **passive Geldschöpfung**. Die Zentralbank hat dann nur die Möglichkeit, die Bedingungen zu setzen, zu denen das Geschäft abgewickelt wird. Sie kann außerdem eventuell Obergrenzen für die Kreditgewährung einführen.

Die Annahme einer ausschließlich passiven Geldschöpfung der Zentralbank würde bedeuten, dass die Geldmenge **endogen** bestimmt wird, wie das insbesondere bei der Bankingtheorie angenommen wird, die davon ausging, dass die Zentralbank Handelswechsel aufkauft:

Die Zunahme der Wirtschaftsaktivität erhöht die Zahl und die Beträge der Handelswechsel. Nach einer Rediskontierung durch die Zentralbank erhöht sich der Bestand an Zentralbankgeld außerhalb der Zentralbank. (In gleicher Weise wirkt eine Kreditgewährung mit einer Absicherung durch Handelswechsel.)

Hier könnte tatsächlich eine Begrenzung der Zentralbank liegen, da sie auf die Aktivitäten ihrer Geschäftspartner angewiesen wäre, damit sich der Bestand an Zentralbankgeld erhöht. Andererseits können die Geschäftsbanken insbesondere nur über die Zentralbank diese Geldart bekommen, um sie dann als Basis für eine Kreditgewährung an den Nichtbankensektor verwenden zu können.

Eine **aktive Geldschöpfung** liegt dann vor, wenn die Zentralbank, von sich aus Aktiva (wie z. B. Devisen) von den Geschäftsbanken oder den Nichtbanken kauft.

Damit nimmt die Zentralbank eine **exogene** Steuerung der Zentralbankgeldmenge vor. Eine Vorstellung, die sowohl dem Geldbasiskonzept als auch der Theorie von *J. M. Keynes* nahe kommt.

Die Zentralbank ist allerdings nicht daran interessiert, die Zentralbankgeldmenge unbegrenzt auszuweiten. Sie sucht vielmehr die gesamtwirtschaftlich **optimale Geldmenge** anzusteuern, die auf der einen Seite die Liquidität der Wirtschaft sichert und auf der anderen Seite den Geldwert stabil hält.

8.2.2 Das Geld- und Kreditangebot der Geschäftsbanken

Das Geld- und Kreditangebot der Geschäftsbanken soll zunächst nach dem Liquiditätskonzept und danach nach dem Geldbasiskonzept untersucht werden.

Geht man vom **Liquiditätskonzept** aus, so konnten wir bereits feststellen, dass die Zentralbank keinerlei Liquiditätsprobleme bezüglich der heimischen Währung hat. Demgegenüber treten bei den Geschäftsbanken massiv Liquiditätsprobleme auf. Sie begrenzen ihr Kredit- und Geldangebot.

Das erste **Liquiditätsproblem der Geschäftsbanken** besteht darin, dass Bargeld und Giralgeld von den Nichtbanken nicht als vollständige Substitute angesehen werden. In Mischgeldsystemen (mit Bargeld und Giralgeld) halten die Nichtbanken immer noch Bargeld, da es in vielen Fällen die Transaktionen wesentlich vereinfacht.

Dieses Verhalten der Nichtbanken kann mit Hilfe der **Bargeldquote (c)** statistisch erfasst werden. Die Bargeldquote ergibt sich aus dem Verhältnis von Bargeldumlauf zu der Summe aus Bargeldumlauf und Sichtguthaben.

Für die Geschäftsbanken ergibt sich aus der Tatsache, dass Nichtbanken immer noch mit Bargeld zahlen, das Problem der **Barabhebung der Nichtbanken** bei der Kreditgewährung an Nichtbanken. Die Geschäftsbanken müssen **Zentralbankgeld** halten, um Zahlungen in einer Geldart leisten zu können, die sie selbst **nicht** schaffen können. Bei der Überlegung wie hoch der Anteil ist, der bei einer Kreditgewährung jeweils in bar abgehoben wird, muss die einzelne Geschäftsbank eine Annahme über das Verhalten ihrer Kunden machen. Sie stützt sich dabei auf ihre bisherige Erfahrung.

Für unsere weitere Analyse wird als Hilfswert, die eben erwähnte Bargeldquote (c) als Barabhebungsquote verwendet.

Das zweite Problem der Geschäftsbanken im Eurosystem ist die **Mindestreservepflicht**, d. h. die Pflicht zur Haltung von **Zentralbankguthaben**. Da der Geschäftsbankensektor nur eine Geldart schaffen kann, nämlich Giralgeld in Form von Sichtguthaben, ergeben sich in den oben erwähnten Fällen Liquiditätsprobleme für ihn:

Fordert die Zentralbank oder eine Nichtbank Zentralbankgeld, so muss der Geschäftsbankensektor versuchen, sich dieses Zentralbankgeld zu beschaffen, sofern er es nicht besitzt.

Der Geschäftsbankensektor beschafft sich Zentralbankgeld (wie bereits dargestellt), indem er Aktiva bei der Zentralbank monetisieren lässt oder bei ihr einen Kredit aufnimmt.

Daneben hat er die Möglichkeit, von den Nichtbanken Zentralbankgeld zu erhalten, wobei er durch eine systematische Vermarktung seiner Produkte wie „Sparpläne" oder „Inhaberschuldverschreibungen" von sich aus aktiv werden kann oder einfach passiv auf die Einlagen der Nichtbanken warten muss.

Die Zentralbank versucht andererseits, die Liquiditätslage der Geschäftsbanken nicht nur über primäre und sekundäre Aktiva zu steuern, sondern auch über die Variation des Mindestreservesatzes: Die Geschäftsbanken werden von der Zentralbank gezwungen, Sichtguthaben bei der Zentralbank zu halten.

Der Mindestreservebetrag wird prozentual von den Einlagen der Nichtbanken bei den Geschäftsbanken berechnet. Die Zentralbank kann den Prozentsatz, auch Mindestreservesatz genannt, variieren.

Das Problem der Giralgeld- und Kreditschöpfung des Geschäftsbankensektors soll anhand eines Zahlenbeispiels und danach allgemein dargestellt werden.

Gehen wir bei unserer **statischen Analyse** von der Kreditgewährung einer Geschäftsbank an eine Nichtbank N in Höhe von 1000 GE aus, unterstellen eine Barabhebungsquote von 30 % und einen Mindestreservesatz von 10 %, so ergibt sich folgende Rechnung nach Tabelle 8.5:

Für einen Kredit über 1000 GE werden von der Geschäftsbank nach diesem Beispiel 300 GE für Barabhebung und 70 GE als Mindestreservebetrag (Pos. 2 und 4), d. h. insgesamt 370 GE Zentralbankgeld benötigt. Anders ausgedrückt: Mit 370 GE in Form von Zentralbankgeld kann ein Kredit von 1000 GE gewährt werden. Daraus folgt, dass mit 1 GE in Form von Zentralbankgeld ein Kredit von 2,70 GE (1000 GE: 370 GE) gewährt werden kann.

Dies bedeutet: Die Geschäftsbank kann das ca. 2,7-fache an Kredit schöpfen, wenn sie 1 GE Zentralbankgeld zur Kreditschöpfung einsetzt. Dieser Faktor 2,70 wird **Kreditschöpfungsmultiplikator** genannt. Er ist hier identisch mit dem **Geldschöpfungsmultiplikator**, da für die Nichtbank Geld (in Form von Bargeld und von Giralgeld) in gleicher Höhe wie der Kredit geschaffen wurde.

Tabelle 8.5

		GE
Pos. 1.	Kreditgewährung	1000
2.	abzüglich Barabhebung (30 %)	300
verbleiben:		
3.	Sichtguthaben N (= Giralgeld)	700
Diese Guthaben sind mindestreservepflichtig:		
4.	Mindestreservebetrag (10 % von 700 GE)	70

Wie sieht nun der Zusammenhang zwischen Zentralbankgeld und Giralgeld aus?

Mit 370 GE in Form von Zentralbankgeld kann Giralgeld in Höhe von 700 GE geschaffen werden. Daraus folgt entsprechend, dass mit 1 GE in Form von Zentralbankgeld 1,89 GE (700 GE: 370 GE) Giralgeld geschaffen werden kann. Die Geschäftsbank kann damit das ca. 1,89-fache an Giralgeld schaffen, wenn sie den obigen Kredit von 1000 GE gewährt. Dieser Faktor 1,89 ist der **Giralgeldschöpfungsmultiplikator.**

Unter Berücksichtigung des obigen Zahlenbeispiels kann der Sachverhalt allgemein wie folgt dargestellt werden: Beschafft sich eine Geschäftsbank Zentralbankgeld (bei der Zentralbank), erhöht sich ihre Überschussreserve (Δ ÜR). Wird diese Überschussreserve vollständig für die Gewährung eines Kredits (Δ K) verwendet, ergibt sich bei der Barabhebungsquote (c) und dem Mindestreservesatz (r) folgende Rechnung:

Tabelle 8.6

Pos. 1.	Kreditgewährung	ΔK
2.	abzüglich Barabhebung bei einer Barabhebungsquote c	$c\,\Delta K$
verbleiben:		
3.	Sichtguthaben N (= Giralgeld)	$\Delta D = \Delta K - c\,\Delta K = (1\text{-}c)\Delta K$
Diese Guthaben sind mindestreservepflichtig:		
4.	Mindestreservebetrag bei einem Mindestreservesatz r	$r\,\Delta D = r\,(1\text{-}c)\,\Delta K$

Da die Überschussreserve (Δ ÜR) vollständig für die Barabhebung und die Mindestreserve verwendet wird (Pos. 2 und 4), ergibt sich:

$$\Delta \ddot{U}R = c\,\Delta K \quad + \quad r\,(1\text{-}c)\,\Delta K$$

Barabhebung + Mindestreservebetrag

$$= [\,c + r\,(1\text{-}c)\,]\,\Delta K \qquad (1)$$

Eine Auflösung der Gleichung (1) nach Δ K ergibt:

$$\Delta K = \frac{1}{c + r\,(1-c)}\,\Delta \ddot{U}R \qquad (1')$$

Die Vorzahl von Δ ÜR ist der **Kreditschöpfungs- und der Geldschöpfungsmultiplikator**.

Der Nenner des Multiplikators kann auch anders geschrieben werden, indem c ausgeklammert wird:

$$c + r\,(1 - c) = c + r - r\,c = r + c\,(1\text{-}\,r)$$

Damit ergibt sich:

$$\Delta K = \frac{1}{r + c\,(1-r)}\,\Delta \ddot{U}R \qquad (1'')$$

Den **Giralgeldschöpfungsmultiplikator** erhält man als Vorzahl von Δ ÜR unter Berücksichtigung der Tatsache, dass $\Delta D = (1\text{-}c)\,\Delta K$ ist (Pos. 3):

$$\Delta D = \frac{1\text{-}c}{c + r\,(1-c)}\,\Delta \ddot{U}R \qquad (2)$$

Wie aus diesen Multiplikatoren erkennbar, wird der Umfang der maximalen Geld- und Kreditschöpfungsmöglichkeit der Geschäftsbanken durch die Barabhebungsquote, den Mindestreservesatz und die Überschussreserve bestimmt. **Dabei ist nicht entscheidend, wie hoch**

der aktuell vorhandene Betrag an Überschussreserve in Form von Zentralbankgeld ist, sondern die Möglichkeiten der Geschäftsbanken, Zentralbankgeld zu beschaffen.

Wie die Geschäftsbanken konkret im Eurosystem Zentralbankgeld beschaffen können, soll mit Hilfe des Kapitels über das Instrumentarium des Eurosystems beantwortet werden.

Geht man bei der Darstellung der Geld- und Kreditschöpfungsmöglichkeiten des Geschäftsbankensektors nicht vom Liquiditätskonzept aus, sondern vom **Geldbasiskonzept** aus, so erhält man das Geldangebot und das Kreditangebot des Geschäftsbankensektors mit Hilfe der beiden nachfolgenden Modelle.

Die nachfolgenden Modelle zeigen den Zusammenhang zwischen der Geldmenge des Nichtbankensektors und dem Basisgeld: $M = f(B)$.

Dabei wird sich zeigen, dass unter bestimmten Verhaltensannahmen mit der gleichen Geldbasis unterschiedliche Geldmengen geschaffen werden können.

Statt der Barabhebungsquote c wird bei den nachfolgenden Modellen der Kassenhaltungskoeffizient k verwendet werden, der das Verhältnis zwischen dem Bargeldbestand der Nichtbanken und deren Sichtguthaben bei den Geschäftsbanken (C/D) angibt, während die Barabhebungsquote, die in den vorherigen Modellen gleich der Bargeldquote war, definiert ist als das Verhältnis des Bargeldbestandes zum Geldmenge (bestehend aus dem Bargeldbestand und dem Bestand an Sichtguthaben): C/(C+D).

Modell 8.1 bezieht sich auf die Geldmenge M1 (mit Bargeld und Sichtguthaben = täglich fällige Einlagen) und Modell 8.2 auf die Geldmenge M2 des ESZB.

Modell 8.1:

$$M1 = C + D \quad (1)$$

$$B = C + R \quad (2)$$

$$R = r \cdot D \quad (3) \qquad 0 < r < 1;\ r = R/D$$

$$C = k \cdot D \quad (4) \qquad 0 < k \ ;\ k = C/D$$

Gleichung (1) stellt die Definitionsgleichung der Geldmenge dar, und zwar hier die Geldmenge des Nichtbankensektors M1 bestehend aus Bargeld (C) und Sichtguthaben der Nichtbanken bei den Geschäftsbanken (Monetären Finanzinstitute), auch Depositen (D) genannt.

Bei Gleichung (2) handelt es sich um die Definitionsgleichung der Geldbasis, die hier nur aus der Bargeldmenge der Nichtbanken (C) und den Mindestreserveguthaben der Geschäftsbanken bei der Zentralbank (R) besteht. Die Geschäftsbanken halten sonst kein Zentralbankgeld.

Gleichung (3) ist eine institutionelle Gleichung: Die Geschäftsbanken werden von der Institution „Zentralbank“ verpflichtet, Mindestreserve zu halten.

Gleichung (4) beschreibt das Verhalten der Nichtbanken bezüglich der Bargeldhaltung. Dabei ist der Kassenhaltungskoeffizient wie folgt definiert: $k = C/D$.

Die Lösung des Modells 1 sieht wie folgt aus:

Gleichungen (3) und (4) in (2) eingesetzt, ergibt:

$$B = r \cdot D + k \cdot D \tag{2'}$$

$$B = D(r + k) \tag{2''}$$

daraus folgt:

$$D = \frac{1}{r+k} B \tag{2'''}$$

Gleichung (4) in (1) eingesetzt, ergibt:

$$M1 = k \cdot D + D \tag{1'}$$

$$M1 = D(1 + k) \tag{1''}$$

Um D zu substituieren, setzen wir die

Gleichung (2''') in (1'') ein:

$$M1 = \frac{1+k}{r+k} B \tag{1'''}$$

oder unter Verwendung von $m1 = (1+k)/(r+k)$, ergibt sich:

$$M1 = m1 \cdot B \tag{1''''}$$

Das Ergebnis der Lösung des Modells bedeutet Folgendes:

Das Geldangebot M1 und das Kreditangebot sind abhängig vom Bestand an Zentralbankgeld, dem Kassenhaltungskoeffizienten und dem Mindestreservesatz.

Will die Zentralbank das Geldangebot und damit auch das Kreditangebot der Geschäftsbanken beeinflussen, so kann sie dies über den Bestand an Zentralbankgeld und/oder die Variation des Mindestreservesatzes mit Hilfe ihres Instrumentariums tun.

Der Effekt einer Änderung des Bestandes an Zentralbankgeld (Basisgeld) auf M1 lässt sich durch die Ableitung der Variablen M1 in der Gleichung (1''') nach der Geldbasis (B) ermitteln:

$$\frac{dM1}{dB} = \frac{1+k}{r+k} = m1 \qquad (5)$$

Diese Gleichung zeigt den **multiplikativen Zusammenhang zwischen der Änderung der Geldbasis und der Änderung der Geldmenge M1** und **damit auch des maximalen Kreditangebots.**

Der Multiplikator m1 ist identisch mit dem Geldschöpfungs- und dem Kreditschöpfungsmultiplikator des Geschäftsbankensektors in einem Mischgeldsystem, sofern eine Erhöhung der Geldbasis von den Geschäftsbanken vollständig für eine Kreditgewährung eingesetzt wird.[1]

Aus Modell 8.1 kann außerdem der **Zusammenhang zwischen Basisgeld und Giralgeld** abgeleitet werden, und zwar aus Gleichung (2'''):

$$D = \frac{1}{r+k} B \qquad (2''')$$

Die Ableitung der Variablen D nach B in Gleichung (2''') ergibt den **Giralgeldschöpfungsmultiplikator:**

$$\frac{dD}{dB} = \frac{1}{r+k} \qquad (6)$$

Erhöht sich die Geldbasis und wird diese Erhöhung als Grundlage für die Kreditgewährung verwendet, so zeigt Gleichung (2''') das maximale Ausmaß der daraus resultierenden **Giralgeldschöpfung im Geschäftsbankensektor**.[2]

Da die Zentralbank die Kredit- und Geldschöpfung der Geschäftsbanken durch ihre Mindestreservepolitik zu beeinflussen sucht, soll noch die Wirkung einer **Änderung des Mindestreservesatzes** dargestellt werden.

Zu diesem Zweck wird Gleichung (1''') wie folgt umgeformt:

$$M1 = (1+k)(r+k)^{-1} B \qquad (1''''')$$

Abgeleitet nach dem einheitlichen Mindestreservesatz „r" (nach der Kettenregel) ergibt sich:

---

1 Der Multiplikator entspricht dem bereits hergeleiteten Kredit- und Geldschöpfungsmultiplikator, da $k = \frac{c}{1-c}$ ist.

2 Dieser Multiplikator ist identisch mit dem bereits an anderer Stelle hergeleiteten Giralgeldschöpfungsmultiplikator.

$$\frac{dM1}{dr} = (-1)\,(1+k)(r+k)^{-2}\,B \qquad (7)$$

$$\frac{dM1}{dr} = (-1)\,[(1+k)(r+k)^{-1}\,B]\,(r+k)^{-1} \qquad (7‘)$$

Für den Term in eckiger Klammer kann M1 gesetzt werden, so dass sich folgender Zusammenhang ergibt:

$$\frac{dM1}{dr} = -\frac{1}{r+k}M1 \qquad (7“)$$

Die rechte Seite der Gleichung (7“) stellt den **Mindestreservemultiplikator** bei dem Reservesatz „r“ dar. Er zeigt das Ausmaß der Änderung auf M1 an.

Der Multiplikator ist negativ: Bei einer Erhöhung (Senkung) des Mindestreservesatzes sinkt (erhöht sich) M1 und damit die Kredit- und Geldschöpfungsmöglichkeiten des Geschäftsbankensektors.

Das bisherige Modell soll mit Modell 8.2 um weitere Einlagen erweitert werden:

Beim Modell 8.2 wird die **Geldmenge M2** des ESZB verwendet, und zwar mit Bargeld (C) und reservepflichtigen Einlagen wie Sichtguthaben (täglich fällige Einlagen) (D), Termineinlagen (Einlagen mit einer vereinbarten Laufzeit von bis zu zwei Jahren) (T) und Spareinlagen (Einlagen mit einer vereinbarten Kündigungspflicht von bis zu drei Monaten) (S).

Es gilt entsprechend der Regelung des ESZB einem einheitlicher Reservesatz (r) für alle Einlagenarten, aber es werden unterschiedliche Einlagenkoeffizienten angenommen: Ein Termineinlagenkoeffizient (t) als Verhältnis der Termineinlagen zu den Sichteinlagen und ein Spareinlagenkoeffizient (s) als Verhältnis der Spareinlagen zu den Sichteinlagen.

Modell 8.2:

$$M2 = C + D + T + S \qquad (1)$$

$$B = C + R \qquad (2)$$

$$R = r\,(D + T + S) \qquad (3) \quad 0 < r < 1$$

$$C = k \cdot D \qquad (4) \quad 0 < k$$

$$T = t \cdot D \qquad (5) \quad 0 < t$$

$$S = s \cdot D \qquad (6) \quad 0 < s$$

Bei Gleichung (1) handelt es sich wieder um die Definitionsgleichung für die Geldmenge M2. Gleichung (2) stellt die Definitionsgleichung für die Geldbasis dar. Es wird dabei wieder unterstellt, dass die Geschäftsbanken keine Überschussreserve halten. Mit Gleichung (3) wird der Mindestreservebetrag der Einlagen dargestellt.

Die Gleichungen (4), (5) und (6) zeigen das Anlageverhalten der Nichtbanken bezüglich Bargeld, Termineinlagen und Spareinlagen jeweils bezogen auf die Sichtguthaben.

Die Lösung des Modells 8.2 sieht wie folgt aus:

Gleichungen (4), (5) und (6) in (1) eingesetzt, ergibt:

$$M2 = D + k \cdot D + t \cdot D + s \cdot D \tag{1'}$$

$$M2 = (1 + k + t + s)\, D \tag{1''}$$

Gleichung (5) und (6) in (3) eingesetzt:

$$R = r\, D\, (1 + t + s) \tag{3''}$$

Gleichung (3'') und (4) in (2):

$$B = r\, D\, (1 + t + s) + k \cdot D \tag{2'}$$

$$B = D\, [r\, (1 + t + s) + k] \tag{2''}$$

daraus folgt:

$$D = \frac{1}{r(1 + t + s) + k} B \tag{2'''}$$

Gleichung (2''') in (1'') eingesetzt, ergibt:

$$M2 = \frac{1 + k + t + s}{r(1 + t + s) + k} B \tag{1'''}$$

Gleichung (1''') zeigt die Geldmenge M2 in Abhängigkeit von der Geldbasis B.

Wird die Gleichung nach B abgeleitet, so erhält man den **Multiplikator m2 für die Geldmenge M2:**

$$\frac{dM2}{dB} = m2 = \frac{1 + k + t + s}{r(1 + t + s) + k} \tag{7}$$

Eine Ableitung der Variablen D in Gleichung (2''') nach der Geldbasis B ergibt den **Giralgeldschöpfungsmultiplikator unter Einbeziehung von Termin- und Spareinlagen**:

$$\frac{dD}{dB} = \frac{1}{r(1+t+s)+k} \tag{8}$$

Alle Modelle haben den direkten Zusammenhang zwischen der Geldbasis und den Geldmengen M1 und M2 des Nicht-MFI-Sektors gezeigt.

8.2.3 Neuere Aspekte des Geldangebots

Sowohl die traditionelle Analyse des Geldschöpfungsprozesses der Geschäftsbanken nach dem Liquiditätskonzept als auch die beiden Modelle auf der Grundlage des Geldbasiskonzeptes vermitteln den Eindruck eines mechanistischen Zusammenhangs zwischen Zentralbankgeld und der Geld- und Kreditschöpfung der Geschäftsbanken. Diese Verknüpfung wurde mit Hilfe von unveränderlichen Multiplikatoren, bedingt durch konstante Verhaltensparameter, gezeigt.

Die neuere Theorie des Geldangebots untersucht nun gerade die **Abhängigkeit der Verhaltensparameter** von anderen Variablen.

A. Das Verhalten der Nichtbanken

Die Annahme einer Konstanz der Verhaltensparameter darf ruhig als „heroisch“ bezeichnet werden, denn der Kassenhaltungskoeffizient (k) aber auch der Spareinlagenkoeffizient (s) und der Termineinlagenkoeffizient (t), unterliegen laufend Änderungen, allein durch die Zinsstruktur bedingt wegen laufender Portfolioumschichtungen. So kann eine **Abhängigkeit des Kassenhaltungskoeffizienten (k)** mindestens wie folgt gesehen werden:

$$k = f(i_t, b) \quad dk/di_t > 0; \; dk/db > 0$$

Ein Anstieg der Termineinlagenverzinsung (i_t) führt ceteris paribus zu einer Umwandlung von Sichtguthaben in Termineinlagen und damit zu einer Zunahme von k (=C/D).

Steigen auch die Kontoführungsgebühren (b) für Sichteinlagen, wird der Bargeldanteil steigen, da mehr Transaktionen bar und nicht durch Überweisungen abgewickelt werden. Die Sichteinlagen sinken zugunsten des Bargeldbestandes.

Die Höhe des **Termineinlagenkoeffizienten (t)** wird wie folgt bestimmt:

$$t = f(i_t, i^*) \quad dt/di_t > 0; \; dt/di^* < 0$$

Das bedeutet ceteris paribus eine Zunahme des Termineinlagenkoeffizienten bei steigendem Zinssatz für Termineinlagen und eine Abnahme von t bei steigender (erwarteter) Realkapitalrendite (i* = interner Zinsfuß).

Neben den Zins- und Kostenabhängigkeiten der Verhaltensparameter der Nichtbanken spielen auch institutionelle, gesellschaftliche und juristische Faktoren eine Rolle: Einführung der

EC-Karten, Kreditkarten und in neuerer Zeit des Electronic Cash, die Einrichtung von Bargeldautomaten, die Änderung der Bevölkerungsstruktur, der Umfang der Schattenwirtschaft usw.

B. Das Verhalten der Geschäftsbanken

Bei den Modellen 8.1 und 8.2 wird davon ausgegangen, dass die Geschäftsbanken keine Überschussreserve halten. Diese Annahme widerspricht der Realität, da die Geschäftsbanken eine eigene Liquiditätsvorsorge betreiben, die in der Regel über die Mindestreserve-Verpflichtung hinausgeht.

Die Zentralbank versucht, die Überschussreserve durch Variation des Mindestreservesatzes und mit Hilfe der Bedingungen für die Refinanzierungsmöglichkeiten bei ihr zu kontrollieren.

Die Geschäftsbanken haben allerdings immer noch Möglichkeiten, sich Überschussreserve zu beschaffen.

Hier liegt nach dem Liquiditätskonzept die Schwachstelle des Geldbasiskonzeptes (Pohl, 1973, S. 79 ff.):

Solange die Geschäftsbanken die Möglichkeit haben, verschiedene Liquiditätsformen in Basisgeld umzuwandeln und sich im Rahmen vorgegebener Bedingungen bei der Zentralbank Basisgeld beschaffen können, ist die Kreditvergabe an Nichtbanken und damit die Höhe der Geldmenge im Nichtbankensektor nur bedingt von der Zentralbank kontrollierbar.

Der Geschäftsbankensektor hat die Möglichkeit, über die aktuelle Geldbasis hinaus, sich weiteres Zentralbankgeld zu beschaffen, und zwar durch den Verkauf von Schuldverschreibungen der Zentralbank, durch den Verkauf von Auslandsforderungen und durch die Aufnahme von Krediten bei der Zentralbank. Allerdings muss bemerkt werden, dass die Zentralbank nicht verpflichtet ist, Devisen (Guthaben in ausländischer Währung) von den Geschäftsbanken aufzukaufen.

Die in diesem Kapitel dargestellten Modelle enthalten eine weitere Einschränkung beim **Verhalten der Geschäftsbanken:** Bei den verwendeten Modellen mit der monetären Basis geht man davon aus, dass das zugeflossene Zentralbankgeld automatisch vollständig der Kreditschöpfung dient. Auch diese Annahme ist im Hinblick auf die Realität problematisch:

Bei den Geschäftsbanken kann, wie bei anderen Wirtschaftssubjekten, von einem Streben nach einem **optimalen Portfolio** (optimale Vermögensstruktur) ausgegangen werden, wobei u. a. die Faktoren: Rendite, Risikostreuung und Transformationskosten (in eine andere Liquiditätsform) eine Rolle spielen.

Die Geschäftsbanken werden daher alternative Anlageformen im Hinblick auf die obigen Faktoren untersuchen und nur einen Teil der eventuell zugeflossenen Liquidität als Basis für die Kreditgewährung einsetzen. Zielsetzung der Geschäftsbanken ist nicht die Kredit-, sondern die Gewinnmaximierung.

Damit könnte das Kreditangebot und das daraus resultierende Geldangebot als zinselastisch und endogen bestimmt angesehen werden.

C. Die Kreditmarkttheorie des Geldangebots

Bereits in den 60er Jahren des vorigen Jahrhunderts haben die beiden Monetaristen *A. Brunner* und *A. Meltzer* mit ihrer Kreditmarkttheorie auch die Rolle der **Geldnachfrager** beim Geldschöpfungsprozess untersucht (Issing, 1987, S. 79 ff.).

Sie untersuchten den **Markt für Bankkredite**, den sie **Kreditmarkt** nannten.

Der Marktzins auf diesem Kreditmarkt bildet sich durch das Angebot der Geschäftsbanken und durch die Nachfrage der Nichtbanken. Auf diesem Kreditmarkt bildet die Kreditangebotsfunktion das Verhalten der Geschäftsbanken und die die Kreditnachfragefunktion das Verhalten der Nichtbanken ab.

Das **Kreditangebot** wird durch das Produkt aus Kreditmultiplikator und der bereinigten Geldbasis bestimmt, wobei der Multiplikator durch die Portfolioentscheidungen der Geschäftsbanken determiniert wird.

Bei der Kreditmarkttheorie bildet sich der Marktzins auf dem Kreditmarkt durch Angebot und Nachfrage, wobei gleichzeitig die Geldmenge bestimmt wird.

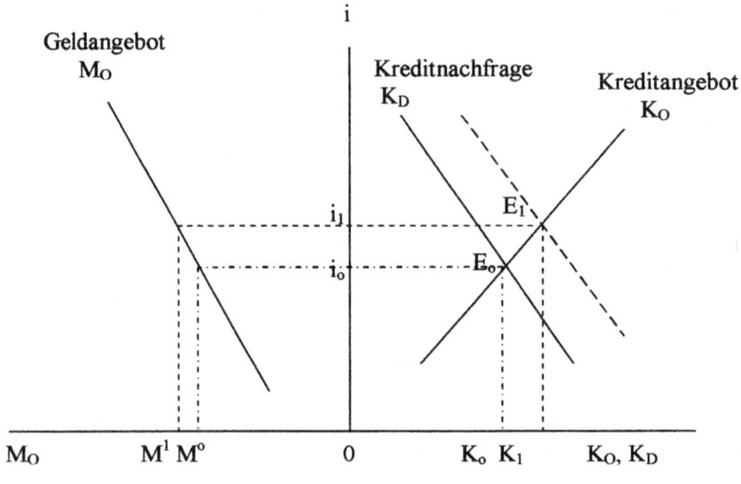

Abbildung 8.2

Der rechte Quadrant der Abbildung 8.2 zeigt den Kreditmarkt mit dem Kreditangebot (K_O) und der Kreditnachfrage (K_D).

Dabei wird angenommen, dass die Kreditnachfrage steigt (sinkt), wenn der Zins sinkt (steigt).

Das Kreditangebot der Geschäftsbanken wird durch den Refinanzierungsmöglichkeiten und den sonstigen Faktoren (Barabhebungsquote usw.) bestimmt.

Wir gehen bei der Abbildung 8.2 vom Gleichgewicht E_0 aus, bei dem sich ein Gleichgewichtszinssatz von i_0 gebildet hat.

Steigt die Nachfrage nach Krediten, was durch eine Rechtsverschiebung der Nachfragekurve dargestellt wird, so steigt auch der Kreditmarktzins auf i_1. Gleichzeitig nimmt auch die Geldmenge von M^0 auf M^1 zu.

Dieser Effekt auf die Geldmenge wird in ersten Quadranten dargestellt, der ein Geldmengenangebot in Abhängigkeit des Zinssatzes zeigt.

Die Frage ist allerdings, ob das Geldangebot der Zentralbank auch tatsächlich als zinselastisch anzunehmen ist, denn dann wird des in der Tat endogen und nicht exogen bestimmt.

Mit Abbildung 8.3 werden die beiden Extremfälle dargestellt, und zwar sowohl ein völlig zinselastisches Kreditangebot und ein völlig zinsunelastisches Kreditangebot.

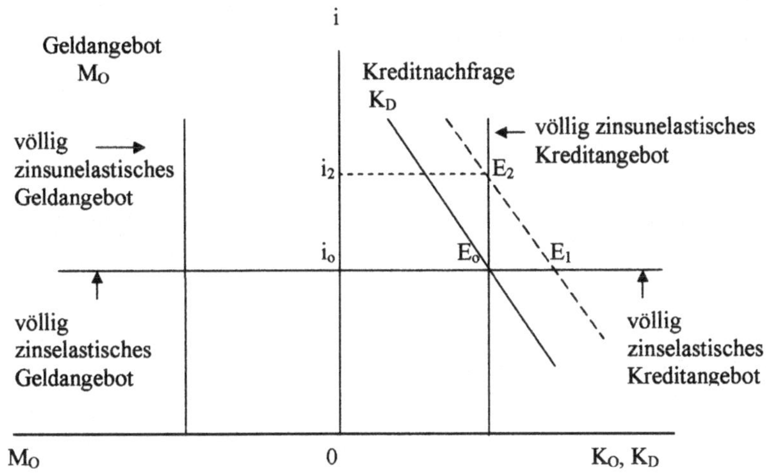

Abbildung 8.3

Können sich die Geschäftsbanken bei der Zentralbank unbegrenzt durch Kreditaufnahme oder durch den Verkauf von Wertpapieren, Handelswechsel, Devisenguthaben oder anderer primärer Aktiva in unbegrenzter Höhe refinanzieren, ohne dass sich die Kosten für die Refinanzierung erhöhen, so sind Kreditangebot und Geldangebot **völlig zinselastisch**. Der Zinssatz auf dem Kreditmarkt ändert sich nicht, auch wenn die Nachfrage nach Krediten steigt. Es ergibt sich ein neues Gleichgewicht bei E_1.

Ausgelöst durch eine Nachfrageerhöhung steigen die Geldmenge und das Kreditvolumen. Die Zentralbank hat dann keine Kontrolle über die Geldmenge. **Die Geldmenge wird endogen bestimmt.**

Anders ist die Situation beim **völlig zinsunelastischen** Fall: Steigt die Kreditnachfrage, so steigt hier nur der Zins auf i_2. Es kommt zu einem neuen Gleichgewicht, aber weder das Kreditvolumen noch die Geldmenge ändern sich.

Die Geldmenge wird vollkommen durch die Zentralbank und damit exogen bestimmt.

8.3 Geldnachfrage

Die Geldnachfragetheorie beschäftigt sich mit der Nachfrage der Wirtschaftssubjekte nach Geld bzw. mit deren Kassenhaltung.

Es werden Antworten auf zwei Fragen gesucht:

1. Warum halten Wirtschaftssubjekte überhaupt Geld, obwohl diese Kassenhaltung keine Zinserträge bringt?
2. Welche Faktoren bestimmen die Höhe dieser Kassenhaltung der Wirtschaftssubjekte?

Die Geldnachfragetheorie kennt eine Reihe von Ansätzen, die diese Fragen unterschiedlich beantworten. Dabei werden die Ansätze im Folgenden nicht als Gegensätze dargestellt, sondern als Weiterentwicklung der klassischen Theorie.

Dies bedeutet eine Darstellung von der **Quantitätstheorie** über die **Kassenhaltungstheorie** der Cambridge-Schule zur **Liquiditätspräferenztheorie** eines *J. M. Keynes* und schließlich bis zur **monetaristischen** Geldnachfragetheorie eines *M. Friedman.*

8.3.1 Die klassisch-neoklassische Geldnachfragetheorie

Ausgangspunkt der theoretischen Überlegungen ist die **klassisch-neoklassische Theorie**, die insbesondere die Tauschmittel- und Wertübertragungsfunktion des Geldes betont.

Unter der klassisch-neoklassischen Theorie werden hier die beiden ähnlichen Ansätze der Klassiker (*A. Smith, D. Ricardo, J. St. Mill* u. a.) und die Ansätze der Neoklassiker (*I. Fisher, A. Marshall, K. Wicksell* u. a.) verstanden.

Die **klassisch-neoklassische Theorie** tritt dabei in Form des Umlaufsgeschwindigkeitsansatzes und in Form des Kassenhaltungsansatzes auf.

Wir beginnen mit dem **Umlaufsgeschwindigkeitsansatz**:

Geht man von einer ex post-Betrachtung des Wirtschaftskreislaufs aus, so ergibt sich folgender Zusammenhang:

Wirtschaftssubjekte verkaufen an andere und kaufen von anderen Wirtschaftssubjekten Güter (Waren, Dienstleistungen, Faktorleistungen aber auch Wertpapiere).

Bewertet man diese Transaktionen (Mengen q_1, q_2, ..., q_n) mit den jeweiligen Preisen (p_1, p_2,..., p_n), so erhält man die Umsätze der verkaufenden Wirtschaftssubjekte bzw. in gleicher

Höhe die Ausgaben der kaufenden Wirtschaftssubjekte für eine bestimmte Periode. Die **Summe aller Umsätze** ergibt:

$$U \equiv q_1 \cdot p_1 + q_2 \cdot p_2 + \ldots + q_n \cdot p_n \qquad (1)$$

oder mit Summenzeichen geschrieben: $U \equiv \sum_{i=1}^{n} q_i \cdot p_i$

Für theoretische Überlegungen fasst man den realen Güterstrom als „Handelsvolumen" oder als „reale Transaktionen (T^r)" zusammen und bewertet dieses Volumen mit einem Durchschnittspreis, wofür das Preisniveau (P_T) verwendet wird:

$$T^r \cdot P_T$$

Diesem (bewerteten) Güterstrom fließt ein monetärer Strom entgegen, wobei diese Ströme ex post wertmäßig immer gleich groß sein müssen. Ein Vorgang, den die meisten Wirtschaftssubjekte täglich erleben: Sie gehen zum Bäcker und kaufen ein Brötchen. Die Verkäuferin reicht 1 Brötchen für 50 Geldeinheiten (bewerteter Güterstrom) über den Tresen und der Käufer reicht in anderer Richtung 50 Geldeinheiten (Geldstrom) der Verkäuferin.

Da in einer Volkswirtschaft laufend Transaktionen während einer Periode durchgeführt werden, kann das gleiche Geld daher mehrmals zu den gleichen Wirtschaftssubjekten zurückkehren kann, ist es nicht notwendig, dass die Geldmenge (M) einer Volkswirtschaft als **Bestand** immer gleich dem Wert der Transaktionen als **Stromgröße** sein muss. Das wäre nur dann notwendig, wenn das Geld nur einmal pro betrachtete Periode umlaufen würde, wie beispielsweise im Mittelalter am Martinstag (11. November) für das ganze Jahr abgerechnet wurde. Die Umlaufshäufigkeit, die in der Literatur als (durchschnittliche) „**Transaktionsumlaufsgeschwindigkeit (transaction velocity)**" (V_T) bezeichnet wird, wäre dann gleich dem Wert eins. Die Transaktionsumlaufsgeschwindigkeit gibt demnach an, wie oft die Geldmenge (M) pro Periode für Transaktionen verwendet wurde.

Aus diesen Überlegungen ergibt sich die **Quantitäts- oder Verkehrsgleichung** die besagt, dass die realen Transaktionen (T^r) multipliziert mit einem durchschnittlichen Preisniveau (P_T) ex post immer gleich der (durchschnittlichen) Geldmenge multipliziert mit der Transaktionsumlaufsgeschwindigkeit während einer bestimmten Periode sind.

$$M \cdot V_T \equiv T^r \cdot P_T \qquad (2)$$

Dies ist allerdings eine Identitätsgleichung wie das Identitätszeichen zeigt.

Die Klassiker und Neoklassiker haben allerdings daraus eine Funktion entwickelt, die einen Zusammenhang zwischen der Geldmenge und dem Preisniveau darstellt. Dazu muss die obige Gleichung in eine Gleichgewichtsbedingung umformuliert werden, bei der dann die Umlaufsgeschwindigkeit unterschiedliche Werte annehmen kann und von anderen Faktoren bestimmt wird (Claassen, 1980, S. 17 ff.).

Die Umlaufsgeschwindigkeit wird damit ein Verhaltensparameter und soll zum Unterschied in der Identitätsgleichung mit dem Symbol V_T^o bezeichnet werden. Da die Klassiker und die Neoklassiker annehmen, dass das **Geldangebot von der Zentralbank autonom bestimmt wird**, soll für das Geldangebot das Symbol M_o verwendet werden. Die Auflösung der Gleichung (2) nach der Geldmenge ergibt unter Berücksichtigung der geänderten Symbolik:

$$M_o \quad = \quad \frac{1}{V_T^o} T^r \cdot P_T \qquad (3)$$

Angebot = Nachfrage

Diese Gleichung (3) ist eine Verhaltensgleichung die besagt, dass dann monetäres Gleichgewicht herrscht, wenn die Geldmenge M_o als Geldangebot (linke Seite der Gleichung) gleich der Geldnachfrage (rechte Seite der Gleichung) ist.

Die Geldnachfrage wird damit von der Höhe der Transaktionsumlaufsgeschwindigkeit, dem Umfang der Transaktionen und dem durchschnittlichen Preisniveau bestimmt.

Gleichung (3) stellt damit das klassisch-neoklassische monetäre Gleichgewicht dar.

Mit Gleichung (3) wurde eine mathematische Formulierung der **Quantitätstheorie** geboten, die annimmt, dass ein funktionaler Zusammenhang zwischen der Geldmenge und dem Preisniveau einer Volkswirtschaft besteht. Eine Theorie, die bereits im 16. Jahrhundert durch *Jean Bodin* vertreten wurde, da im Zusammenhang mit der Entdeckung Amerikas die Goldbestände in Europa (und damit die Geldbestände) anstiegen und seiner Meinung nach eine säkulare Inflation verursachten.

Interpretiert man die Gleichung (3) als eine Funktion, so folgt: Bei Konstanz der Umlaufsgeschwindigkeit und der realen Transaktionen führt eine Geldmengenerhöhung zu Preisniveausteigerungen. Es wird hier sogar eine direkte Proportionalität zwischen Preisniveau und Geldmenge angenommen. **Die Inflation ist damit ein rein monetäres Phänomen**. Allerdings müssen bei diesem Zusammenhang zwischen Preisniveau und Geldmenge noch zwei weitere Nebenbedingungen erfüllt sein, damit inflationäre Effekte auftreten: Erstens muss die erhöhte Geldmenge zur Erhöhung der Nachfrage verwendet und nicht gehortet werden und zweitens muss das Produktionspotential einer Volkswirtschaft beinahe oder sogar vollständig ausgelastet sein.

In der heutigen Makroökonomik wird eine geänderte Version der Quantitätsgleichung verwendet. Man geht nicht von den realen Transaktionen, sondern vom realen Volkseinkommen (Y^r) aus, da vielfach mit ökonomischen Modellen einer geschlossenen Volkswirtschaft ohne Staat gearbeitet wird. Bei der Verwendung des Volkseinkommens wird unterstellt, dass ein direkter proportionaler Zusammenhang zwischen dem Volumen der realen Transaktionen und dem realen Volkseinkommen besteht.

Mit der Verwendung des Volkseinkommens ändert sich auch die Art der Umlaufsgeschwindigkeit (V):

„V“ ist jetzt die Einkommensumlaufsgeschwindigkeit (income velocity), die angibt, wie oft eine Geldeinheit während einer bestimmten Zeitperiode dazu benutzt wird, Beiträge zum Volkseinkommen zu finanzieren.

„P“ ist analog dazu das Preisniveau des Volkseinkommens.

Die **einfache Quantitätsgleichung** als Identitätsgleichung lautet dann:

$$M \cdot V \equiv Y^r \cdot P \tag{4}$$

und als **Gleichgewichtsbedingung für das monetäre Gleichgewicht:**

$$M_o \cdot V^\circ = Y^r \cdot P \tag{5}$$

Die eingangs formulierten beiden Fragen der Geldnachfragetheorie können nun aufgrund der klassisch-neoklassischen Theorie wie folgt beantwortet werden:

1. Wirtschaftssubjekte fragen Geld nach, um ihre Transaktionen durchführen zu können.
2. Die Höhe der gehaltenen Geldmenge ist abhängig von Höhe der realen Transaktionen bzw. des realen Volkseinkommens, der Umlaufsgeschwindigkeit und der Höhe des Preisniveaus.

Auch der **Kassenhaltungsansatz** geht von der Nachfrage nach Geld für Transaktionen aus. Die Quantitätsgleichung wird deshalb von den Vertretern der (neoklassischen) Cambridge-Schule *A. Marshall* und *A. C. Pigou* in eine Kassenhaltungsgleichung umgeformt.

Es geht dabei nicht nur um die Frage, wie viel Geld für die Abwicklung von Transaktionen notwendig ist, sondern wie viel die Wirtschaftssubjekte an Kasse zu halten **wünschen**.

Geld wird damit als Alternative zu anderen Formen der Vermögenshaltung angesehen. Ein Ansatzpunkt, der besonders von *J. Tobin* und *M. Friedman* weiterverfolgt wurde.

Die Umformulierung der Quantitätstheorie erfolgte durch die Auflösung der Gleichung (5) nach der Geldmenge (M_o):

$$M_o = \frac{1}{V^o} Y^r \cdot P \tag{5'}$$

M_o auf der linken Seite der Gleichung ist hier wieder das **Geldangebot**, das autonom von der Zentralbank gesteuert wird.

Auf der rechten Seite dieser Gleichung ist die **Geldnachfrage nach Transaktionskasse (L_T)** erkennbar:

$$L_T = \frac{1}{V^o} Y^r \cdot P \tag{6}$$

Statt des Kehrwerts der Umlaufsgeschwindigkeit (1/V°) wird der Kassenhaltungskoeffizient „k“ als **durchschnittliche Kassenhaltung** (auch Cambridge-k genannt) eingeführt:

$$L_T = k \cdot Y^r \cdot P \qquad 0 < k \leq 1 \qquad (6')$$

Der Kassenhaltungskoeffizient wird von der Cambridge-Schule nicht nur als eine institutionell bestimmte Größe angesehen, sondern als Ausdruck einer Verhaltensweise, die u. a. auch von psychologischen Faktoren bestimmt wird.

Mit Hilfe eines Zwei-Sektoren-Modells mit den Sektoren „Private Haushalte“ und „Unternehmen“ soll nun die **Höhe der durchschnittlichen Kassenhaltung** dargestellt und der Einfluss institutioneller Faktoren gezeigt werden.

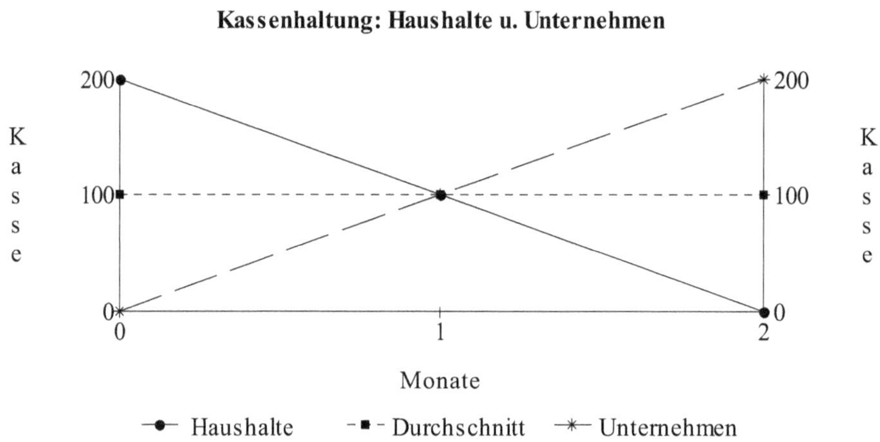

Abbildung 8.4

Abbildung 8.4 stellt den zeitlichen Verlauf der Ausgabe des Einkommens der **privaten Haushalte** für zwei Monate bei einer gleichmäßigen Ausgabe während der einzelnen Monate dar.
Es zeigt sich, dass der durchschnittliche Kassenbestand der privaten Haushalte die Hälfte des Einkommens bzw. des Kassenbestands am Beginn der jeweiligen Periode beträgt. Das bedeutet beim Zahlenbeispiel in Abbildung 8.4, dass für ein Einkommen der privaten Haushalte von 200 Geldeinheiten (GE) für zwei Monate im Durchschnitt 100 GE Kasse gehalten werden.

Andererseits kann aus Abbildung 8.4 auch die Entwicklung der Kassenbestände der **Unternehmen** erkannt werden. Was von den privaten Haushalten abfließt, fließt den Unternehmen zu. Es wird angenommen, dass die Unternehmen die erhaltenen Geldbestände in voller Höhe wieder zur Einkommenszahlung verwenden. Auch die Unternehmen halten im Durchschnitt die Hälfte des jeweiligen Umsatzes: 100 GE.

Zusammen halten die beiden Sektoren durchschnittlich Geldbestände in Höhe des Einkommens pro zwei Monate, d. h. in Höhe von 200 GE.

Eine Änderung der Zahlungsgewohnheiten oder eine Änderung der Zahlungsweise durch institutionelle Regelungen (gesetzlich oder tarifvertraglich), führt zu einer Änderung des notwendigen Kassenbestandes bei gleicher Höhe des Zweimonatseinkommens.

Wird das Einkommen an die privaten Haushalte ***monatlich*** **in Höhe von 100 GE ausgezahlt** und wird ferner unterstellt, dass die privaten Haushalte dieses Einkommen kontinuierlich während der einzelnen Monate für Konsum ausgeben, so beträgt die durchschnittliche Kassenhaltung der privaten Haushalte bei einem Einkommen für zwei Monate von 200 GE nur noch 50 GE wie aus Abbildung 8.5 ersichtlich.

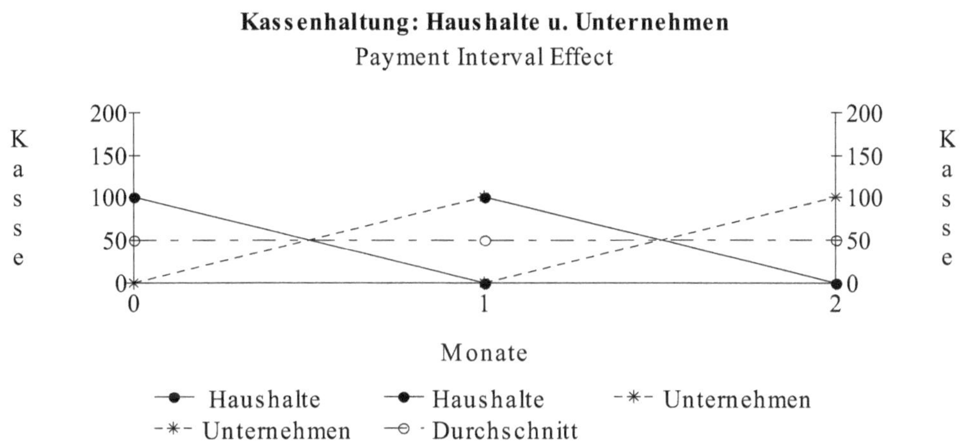

Abbildung 8.5

Abbildung 8.5 zeigt analog dazu die notwendige durchschnittliche Kassenhaltung der Unternehmen bei einem Umsatz mit den privaten Haushalten in der gleichen Höhe. Zusammen benötigen die beiden Sektoren bei einem Zweimonatseinkommen bzw. einem Zweimonatsumsatz von 200 GE nur noch 100 GE Kasse, d. h. die Hälfte des Betrages, den sie bei einer zweimonatigen Zahlung benötigen würden.

Eine **institutionelle Änderung** in Form einer **häufigeren Auszahlung des Einkommens führt zu einer Reduzierung der notwendigen Kassenhaltung, da das Geld ja immer wieder an die Unternehmen zurückfliesst.** Die Änderung der Kassenhaltung durch eine Änderung des Zahlungsintervalls wird als „**Payment-Interval-Effect**" bezeichnet.

8.3.2 Die Liquiditätspräferenztheorie von J. M. Keynes

J. M. Keynes geht bei seiner **Liquiditätspräferenztheorie** davon aus, dass die Kassenhaltung für Transaktionszwecke nur ein Teil der gesamten Nachfrage ist, da es nach ihm mehrere Motive für die Haltung von (zinsloser) Kasse gibt (Keynes, 1936, S. 194 ff.):

1. das Einkommensmotiv (income-motive)
2. das Geschäftsmotiv (business-motive)
3. das Vorsichtsmotiv (precautionary-motive)
4. das Spekulationsmotiv (speculative-motive).

Die Motive konkretisieren sich bei *Keynes* in der Haltung ganz bestimmter Teilkassen.

Die beiden ersten Motive entsprechen in etwa dem von der Klassik unterstellten Transaktionsmotiv: Die privaten Haushalte müssen Kasse halten, um die Zeit zwischen den jeweiligen Einkommenszahlungen und ihren Ausgaben zu überbrücken (income-motive). Die Höhe der Kassenhaltung ist vom Einkommen abhängig. Er unterstellt konstante Zahlungsgewohnheiten.

Auch des Geschäftsmotiv (business-motive) ist ein Teil des Transaktionsmotivs: Die Unternehmen halten Kasse, um die Zeit bis zum Eingang der Zahlungen für ihre verkauften Produkte zu überbrücken, da bei Beginn und während der Produktion Zahlungen anfallen.

Auch hier wird ein Zusammenhang zwischen dem in der Produktion erzielten Einkommen und der Höhe der Kassenhaltung angenommen. Beide Motive kommen durch die Haltung einer **Transaktionskasse** (L_T) zum Ausdruck.

Beim Vorsichtsmotiv geht *Keynes* von der Annahme aus, dass Kasse gehalten wird, um unerwartete Zahlungsverpflichtungen zu erfüllen, aber auch um günstige Gelegenheiten zum Einkauf zu nutzen. Dabei versuchen die Wirtschaftssubjekte, diese Geldhaltung wegen des Zinsentgangs niedrig zu halten.

Keynes geht davon aus, dass sich durch das Vorsichtsmotiv die Transaktionskasse um einen festen Betrag erhöht.

Eine **neue Sicht in der Geldnachfragetheorie** bringt *Keynes* durch die Aufnahme des **Spekulationsmotivs**:

Wirtschaftssubjekte halten Geld, um später eine Geldanlage zu tätigen. Die Geldanlage erfolgt bei ihm ausschließlich in Anleihen (bonds). Dies bedeutet eine Abhängigkeit der Höhe der Spekulationskasse von der Höhe des langfristigen Kapitalmarktzinses (i). Neben der Transaktionskasse gibt es damit eine spezielle Spekulationskasse (L_S).

Die Höhe der **Transaktionskasse** wird auch bei *Keynes* wie beim Kassenhaltungsansatz durch das Volkseinkommen bestimmt:

$$L_T = k \cdot Y^r \cdot P \qquad 0 < k < 1 \qquad (6')$$

oder

$$L_T = k \cdot Y \tag{6''}$$

da

$$Y = Y^r \cdot P$$

Aus Gleichung (6'') folgt:

$$Y = \frac{1}{k} \cdot L_T \tag{6'''}$$

Gleichung (6''') soll in Abbildung 8.6 graphisch dargestellt werden.

Damit besteht auch hier ein funktionaler Zusammenhang in Form einer direkten Proportionalität zwischen dem Volkseinkommen und der Transaktionskasse.

Auch *Keynes* unterstellt, dass der Kassenhaltungskoeffizient kurzfristig als konstant angenommen werden kann, obwohl er langfristig durch institutionelle Regelungen wie die Bankenorganisation und die industrielle Organisation (Unternehmenskonzentration) aber auch durch eine Einkommensverteilungsänderung oder Änderungen der gesellschaftlichen Verhaltensweisen einer Variation unterliegt.

Keynes geht bei seiner Geldnachfrageanalyse davon aus, dass die Nachfrage nach Transaktionskasse zinsunelastisch ist. Abbildung 8.6 (rechtes Diagramm) zeigt diesen Zusammenhang.

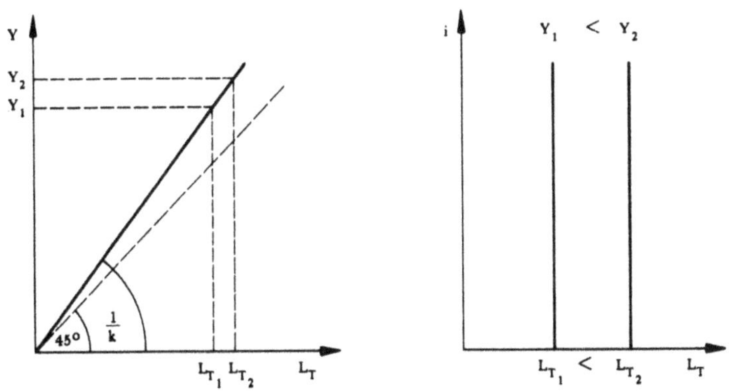

Abbildung 8.6

Die Annahme von *Keynes* einer völligen Zinsinelastizität der Nachfrage nach Transaktionskasse kann jedoch nicht unbedingt in jedem Falle als realistisch angesehen werden. Es ist vielmehr anzunehmen, dass die Wirtschaftssubjekte bei unterschiedlichen Einnahmen und Ausgaben (z. B. bei der Kassenhaltung für die monatliche Gehaltszahlung) die zukünftig benötigte Transaktionskasse zwischenzeitlich zinsbringend anlegen.

Allerdings dürfte dies nur bei relativ hohem Zins interessant sein, da die Kosten der Anlage bzw. der Rückführung in Geld berücksichtigt werden müssen.

Was die **Spekulationskasse** betrifft, so differenziert *Keynes* bei seiner Analyse der Nachfrage für Spekulationszwecke nicht zwischen verschiedenen Wertpapieranlagemöglichkeiten. Er verwendet nur eine Anlagemöglichkeit, repräsentativ für andere, in Form eines festverzinslichen Wertpapiers.

Festverzinsliche Wertpapiere sind Papiere, die mit einem festen Nominalzins ausgestattet sind, z. B. mit 8 % jährlich. Werden Sie zum Nominalwert ausgegeben, beispielsweise ein 1000-€-Papier zu 1000 €, so beträgt der Nominalzins und die Effektivverzinsung (= Rendite) 8 % vom Ausgabekurs bzw. 80 €.

Festverzinsliche Wertpapiere unterliegen jedoch Kursschwankungen. Sinkt der Kurswert des 1000-€-Papiers auf 500 €, so erhält ein Erwerber des Papiers zu diesem Kurs ebenfalls eine Zinszahlung von 80 € p. a. Bezogen auf das von ihm eingesetzte Kapital von 500 €, erzielt er aber eine Effektivverzinsung von 16 % p. a. und zusätzlich bei Einlösung des Papiers den Kursgewinn. (Wirtschaftssubjekte, die das Papier zu 1000 € erworben und es weiter im Besitz haben, erzielen weiterhin nur eine Rendite von 8 % p. a.)

Potentielle Wertpapierkäufer werden also bei ihren Kaufentscheidungen den aktuellen Marktzins (Effektivverzinsung) **und** mögliche Kursentwicklungen einkalkulieren müssen.

Von diesen Überlegungen ausgehend, unterstellt *Keynes*, dass jedes Wirtschaftssubjekt eine unterschiedliche (subjektive) Vorstellung von einem **„normalen“ Zinssatz** (und damit auch vom Kurswert) hat, der **langfristig** auf dem Markt herrscht. Dieser Normalzins kann auch als die individuell **erwartete Rendite (i*)** bezeichnet werden.

Liegt nun der aktuelle Marktzins, auch aktuelle Rendite (i) genannt, über dem Normalzins ($i > i^*$), so wird das Wirtschaftssubjekt **keine** Spekulationskasse halten. Das gesamte Geldvermögen wird in Form von Wertpapieren angelegt. Analog dazu wird von einem einzelnen Wirtschaftssubjekt **nur** Spekulationskasse gehalten, wenn der aktuelle Marktzins unter dem Normalzins liegt ($i < i^*$).

Abbildung 8.7 (linkes Diagramm) zeigt die Kassenhaltung eines **einzelnen** Wirtschaftssubjektes, das nur alternativ Spekulationskasse hält oder nicht.

Da die Vorstellungen der einzelnen Wirtschaftssubjekte von einem Normalzins unterschiedlich sind, wird es auf der einen Seite immer Optimisten geben, die einen relativ hohen Normalzins erwarten und auf der anderen Seite Pessimisten, die sich einen niedrigeren Normalzins vorstellen.

Tendenziell kann aber davon ausgegangen werden, dass die Zahl der Pessimisten mit sinkendem aktuellem Marktzins zunimmt und mit steigendem aktuellem Marktzins abnimmt.

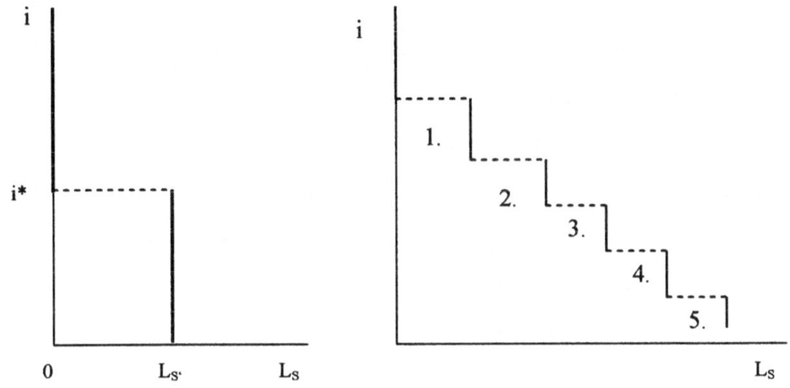

Abbildung 8.7

Fasst man die individuellen Kassenhaltungskurven zusammen, indem man die Wirtschaftssubjekte nach ihren Normalzinsvorstellungen sortiert und mit dem Wirtschaftssubjekt mit der höchsten Normalzinsvorstellung (1. Wirtschaftssubjekt in Abbildung 8.7, rechtes Diagramm) beginnt, so erhält man die gesamtwirtschaftliche Spekulationskasse in Form einer Stufenkurve, wenn es sich nur um wenige Wirtschaftssubjekte handelt. Werden die individuellen Kassenhaltungskurven sehr vieler Wirtschaftssubjekte zusammengefasst, so ergibt sich eine stetige Kurve. Daei ist ein inverses Verhältnis von aktuellem Marktzins (i) und der Höhe der Spekulationskasse (L_S) erkennbar.

In der folgenden Abbildung 8.8 werden nun stetige Kurven angenommen, dabei ergibt sich Folgendes: Während beim rechten Diagramm eine normale Nachfragekurve angenommen wurde, d. h. mit steigendem (sinkendem) Zinssatz wird weniger (mehr) Spekulationskasse gehalten, unterstellt die Funktion im linken Diagramm die besondere Situation, dass die Wirtschaftssubjekte bei einem extrem niedrigen Zinssatz (i_o) unbegrenzt Spekulationskasse halten. Anders ausgedrückt:

Die Elastizität der Nachfrage nach Geld für die Spekulationskasse wird dann unendlich groß:

$$\eta_{L,i} = \frac{dL_S}{di}\frac{i}{L_S} = -\infty \qquad (7)$$

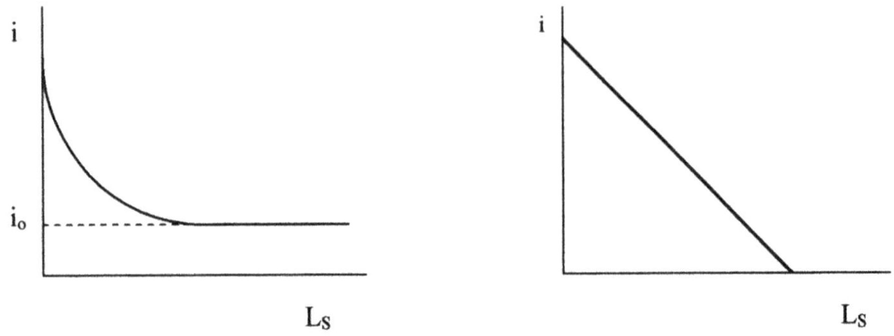

Abbildung 8.8

Eine Erhöhung der Liquidität wird komplett in der Spekulationskasse festgehalten und führt zu keiner weiteren Zinssenkung. Dies ist die Hypothese von *Keynes* über die Existenz einer sogenannten **Liquiditätsfalle (liquidity trap)**.

Diese Annahme von *Keynes* folgte aus den von ihm untersuchten und interpretierten Zahlenreihen für die Zeit der Weltwirtschaftskrise: Trotz hoher Liquidität war es nicht möglich, das Zinsniveau weiter zu senken, um Investitionen auszulösen. Der Nachweis einer derartigen Situation konnte für die Bundesrepublik bisher nicht eindeutig erfolgen, doch hat die Bundesbank selbst in einer der Niedrigzinsphase, die mit einem niedrigen Investitionsniveau verbunden war, Andeutungen über eine eventuell existierende Liquiditätsfalle gemacht (Kösters, 1973, S. 109 ff.).

Die bisherige Darstellung wurde unter der Annahme von konstanten Normalzinsvorstellungen gemacht. Diese Normalzinsvorstellungen können sich jedoch ändern. Werden die Renditeerwartungen nach unten (oben) korrigiert, so verschiebt sich die Liquiditätspräferenzfunktion nach unten (oben) Abbildung 8.9 zu entnehmen ist:
Die gleiche Spekulationskasse (L_{S_1}) wird bei einem höheren Zinsniveau (i_2) wie bei dem bisherigen Zinsniveau (i_1) gehalten.

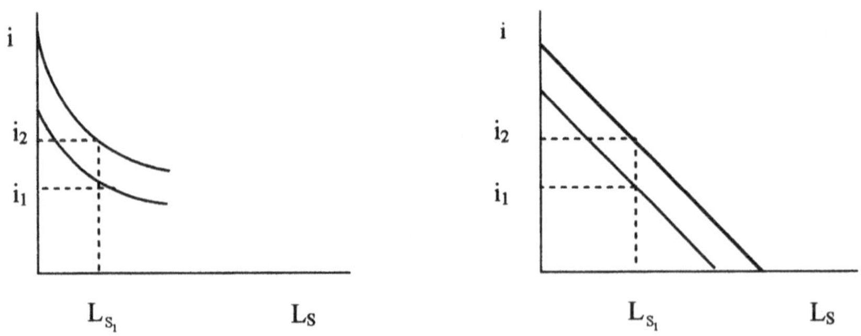

Abbildung 8.9

Ausgehend von den graphischen Darstellungen der Transaktionskasse und der Spekulationskasse soll die **Gesamtnachfragefunktion** (Liquiditätspräferenzfunktion) nach *Keynes*

$$L = L_T(Y) + L_S(i) \quad (8)$$

graphisch dargestellt werden.

Das Grundprinzip der Herleitung der Gesamtnachfragekurve soll mit Hilfe der Abbildung 8.10 gezeigt werden. Dabei werden zu unterschiedlichen Zinssätzen die jeweiligen Transaktions- und Spekulationskassen addiert. Die Gesamtnachfragekurve ergibt sich im rechten Diagramm.

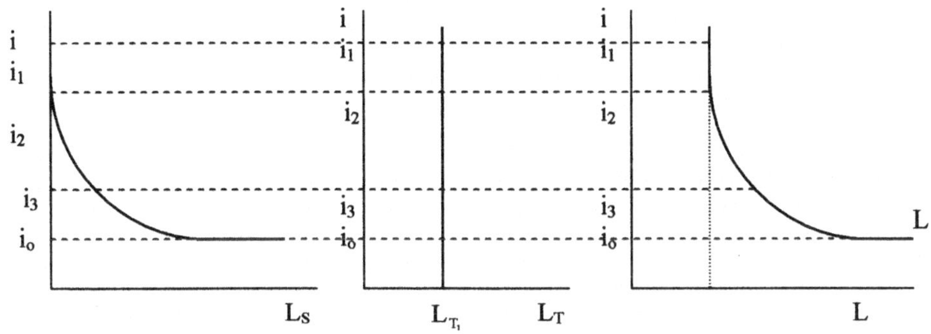

Abbildung 8.10

Die Diagramme in Abbildung 8.11 geben jeweils die Gesamtnachfragefunktion (L) für den Keynes-Fall im linken Diagramm und den normalen Verlauf der Spekulationskasse im rechten Diagramm wieder.

Dabei wurden unterschiedliche Renditeerwartungen und unterschiedliche Volkseinkommenshöhen angenommen.

Erhöht sich das **Volkseinkommen** von Y_1 auf Y_2, so steigt die Transaktionskasse von L_{T_1} auf L_{T_2} und die Gesamtnachfragefunktion verschiebt sich von L_1 nach L_2. Die unterschiedlichen Volkseinkommenshöhen können allerdings real und/oder nominal (Preisniveauerhöhung) bedingt sein, da bekanntlich $Y = Y^r \cdot P$ ist.

Erhöhen sich die **Renditeerwartungen**, ergeben sich die Funktionen L_3 in der Abbildung 8.11.

Die Höhe der Spekulationskasse kann den Abbildungen nicht entnommen werden, da sie sich als Differenz zwischen dem Geldangebot und der Transaktionskasse (Restgröße) ergibt, und das Geldangebot hier noch nicht eingezeichnet ist.

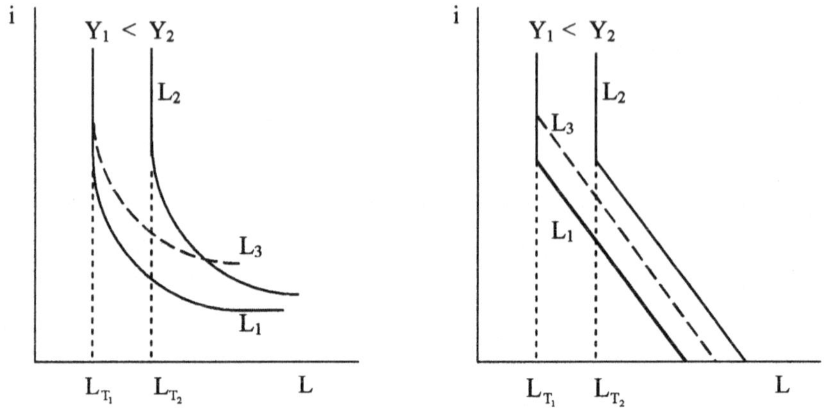

Abbildung 8.11

Die **postkeynesianischen Geldnachfragetheorien** versuchten die Analyse von *Keynes* weiterzuentwickeln bzw. Widersprüche aufzuheben.

Dabei wird bei *W. J. Baumol* und bei *J. Tobin* grundsätzlich die Trennung in Transaktions- und Spekulationskasse beibehalten.

W. J. Baumol zeigt jedoch mit Hilfe eines lagerhaltungs-theoretischen Ansatzes, dass auch die Transaktionskasse als zinsabhängig und abhängig von den Monetisierungskosten von Near Money in Bargeld angesehen werden muss.

J. Tobin konzentriert sich dagegen darauf darzustellen, dass es sich bei der Geldnachfrage um Wahlhandlungsakte handelt und es darauf ankommt, ein **optimales Portfolio** zu wählen (portfolio selection theory). Er bietet damit eine mikroökonomische Fundierung der makroökonomischen Liquiditätspräferenzfunktion und zeigt, wie einzelne Wirtschaftssubjekte nach einer optimalen Anlagekombination von Kasse und Wertpapieren streben, so dass die Höhe der Kassenhaltung ebenfalls als zinsabhängig gelten kann (vgl. dazu Peto, 2002, S. 94 ff.).

8.3.3 Die Geldnachfragetheorie von M. Friedman

Aus der Vielzahl von Ansätzen zur Neuformulierung der Geldnachfragetheorie von **monetaristischer** Seite soll die Theorie von *Milton Friedman* dargestellt werden, da sie – nach seiner eigenen Meinung – auch als eine Weiterentwicklung der Theorie von *Keynes* angesehen werden kann (Friedman: „We are all Keynesian now.“).

Dieser Auffassung kann nur bedingt zugestimmt werden, da die Theorie von *Friedman* auf der einen Seite eine Erweiterung und Ergänzung der Theorie von Keynes ist, andererseits auch eine Neuformulierung der Quantitätstheorie darstellt, weshalb sie hier nicht zu den postkeynesianischen Theorien gezählt wird.

Die Theorie von *Friedman* ist insofern eine Weiterentwicklung der Theorie von *Keynes* als sie eine Erweiterung der möglichen Vermögensanlagen bringt. Ein Ansatz, der bereits vorher von *H. F. Lydall* entwickelt wurde und als „**vermögenstheoretischer Ansatz**" bezeichnet wird.

Auch für *Friedman* ist die ursprüngliche Quantitätstheorie nicht so naiv zu interpretieren, dass ein direkter proportionaler Zusammenhang zwischen der Höhe des Preisniveaus und der umlaufenden Geldmenge besteht, sondern nur, dass zwischen der Geldmenge und den anderen Größen des gesamtwirtschaftlichen Gleichgewichts (Preise oder Produktionsniveau) eine Beziehung existiert: Wird die Geldmenge „übermäßig" ausgeweitet oder gekürzt, löst dies umfangreiche Anpassungsprozesse bei den anderen ökonomischen Größen aus. *Friedman* ist daher auf der Suche nach der „**optimalen Geldmenge**" (zu den folgenden Ausführungen vgl. Friedman, 1970, 1987).

Friedman geht wie *Keynes* davon aus, dass das Geldangebot **autonom** vom Bankensystem gesteuert wird und es deshalb eine **exogene** Größe ist wie mit den Angebotsmodellen auf der Geldbasis gezeigt wurde. *Friedman* beschäftigt sich daher schwerpunktmäßig mit der Geldnachfrage und sucht nach Gründen für die Geldhaltung der Wirtschaftssubjekte.

Für *Friedman* ist das Geld nur **eine** Vermögensanlageform unter vielen Möglichkeiten. Die Anlage in Form von Geld steht daher in Konkurrenz zu anderen Vermögensformen:

Die Nachfrage nach Geld ist umso größer je kleiner die Präferenz für andere Vermögensformen ist.

Aus dieser Überlegung heraus ist es für *Friedman* notwendig, alle anderen Vermögensformen zu erfassen, die mit Geld in Konkurrenz stehen. Er muss außerdem das gesamte Vermögen seiner Struktur nach gliedern.

Die **nominale Gesamtnachfragefunktion** nach Liquidität sieht daher wie folgt aus:

$$L = L\,(P, i_b, i_e, 1/P \cdot dP/dt, Y^p/i, w, u,) \qquad (9)$$

Die erste Bestimmungsgröße für die Geldnachfrage ist das **Preisniveau (P)**, und zwar wird mit steigendem Preisniveau die Nachfrage nach Kasse steigen, da die Wirtschaftssubjekte eine bestimmte **reale** Kassenhaltung anstreben. *Friedman* geht davon aus, dass die Wirtschaftssubjekte keiner Geldillusion unterliegen, d. h. in dem Sinne, dass ihnen bei einer Inflation bewusst ist, dass der Geldwert sinkt.

Eine Erweiterung der keynesianischen Liquiditätspräferenzfunktion stellt die Einführung einer **Rendite aus Beteiligungen** (equities) i_e neben der **langfristigen Kapitalmarktrendite** (von „bonds") i_b dar. Da sie alternative Anlageformen zur Geldhaltung sind, wird die Nachfrage nach Geld umso kleiner werden, je mehr i_e und i_b steigen.

Neben dem jeweiligen Preisniveau spielt die Änderung der **Inflationsrate** ($\hat{P}$) eine Rolle, die wie folgt hergeleitet werden kann:

$$\hat{P} = \frac{\dot{P}}{P} = \frac{1}{P} \cdot \frac{dP}{dt} \qquad (10)$$

Es ist die Änderungsrate des Preisniveaus im Zeitablauf: $dP/dt = \dot{P}$ im Verhältnis zum ursprünglichen Preisniveau (P).

Während bei der Änderung des Preisniveaus die reale Kassenhaltung im Vordergrund steht, kommen bei der Inflationsrate Opportunitätskostenüberlegungen zum tragen: Mit steigender Inflationsrate nehmen die Opportunitätskosten einer Geldhaltung zu, da die Kassenbestände an Kaufkraft verlieren. Damit wird bei steigender Inflationsrate weniger nominale Kasse gehalten. Es werden andere Anlagemöglichkeiten gesucht.

Nach *Friedman* ist auch die Geldnachfrage von der Höhe des **Gesamtvermögens** abhängig. Zur Darstellung dieses Zusammenhangs kapitalisiert er das permanente Einkommen der Wirtschaftssubjekte (Y^p). Ein Einkommen, das sich im Zusammenhang mit der Friedmanschen Konsumfunktion ergibt (vgl. Kapitel „Konsum"). Dieses permanente Einkommen ist, aufgrund seiner Berechnungsmethode, relativ stabil.

Für die näherungsweise Ermittlung dieses Einkommens schlägt *Friedman* die Berechnung eines Durchschnittswerts der vergangenen und zukünftigen Einkommen vor. Die Einkommen der einzelnen Perioden sind dabei umso stärker zu gewichten, je näher sie der laufenden Periode sind. Dieser Durchschnittswert kann dann als Verzinsung eines Kapitals interpretiert werden. Unter Zugrundelegung eines Zinssatzes (durchschnittliche Verzinsung des Gesamtvermögens) ergibt sich der Kapitalwert. Steigt dieser Kapitalwert, so wird mehr Kasse nachgefragt.

Neben diesem Gesamtvermögen wird von *Friedman* auch noch das **Vermögensverhältnis (w)** als Verhältnis von „nonhuman wealth" zum Humankapital in die Analyse einbezogen: Ein höheres Humankapital beeinflusst die Geldnachfrage positiv. Je weniger „nonhuman wealth" im Verhältnis zum Humankapital vorhanden ist, desto mehr Geldkapital muss gehalten werden, da es nicht möglich ist, das Humankapital im Gegensatz zum „nonhuman wealth" relativ schnell zu monetisieren.

Schließlich werden noch die **Präferenzen der Wirtschaftssubjekte (u)** eingeführt, die alle anderen Faktoren erfassen sollen wie z. B. die Beurteilung der zukünftigen Wirtschaftslage. In welcher Richtung diese Präferenzen die Geldnachfrage beeinflussen, ist nicht voraussehbar.

Da die Renditen i, i_e und i_b voneinander abhängig sind, genügt es nach *Friedman*, nur die durchschnittliche Gesamtrendite (i) als Bestimmungsfaktor zu betrachten. Er geht ebenfalls davon aus, dass die Variablen „w" und „u" nicht messbar sind, weshalb er nur noch mit einer **reduzierten nominale Geldnachfragefunktion** arbeitet (Vgl. dazu die Herleitung von Felderer, 1991, S. 237 ff.):

$$L = L(P, i, \hat{P}, Y^p) \qquad (9')$$

Geht man nun davon aus, dass die Wirtschaftssubjekte keiner Geldillusion unterliegen, so versuchen sie, ihren Realkassenbestand zu halten. Steigt das Preisniveau und das nominale (permanente) Einkommen um einen bestimmten Faktor (a), so steigt auch die Geldnachfrage um diesen Faktor (a):

$$a \cdot L = L(a \cdot P, i, \hat{P}, a \cdot Y^p) \qquad (9'')$$

Setzt man nun $a = 1/Y^p$ so ergibt sich:

$$\frac{L}{Y^p} = L(P/Y^p, i, \hat{P}, 1) \qquad (9''')$$

oder

$$L = L(P/Y^p, i, \hat{P}, 1)\, Y^p \qquad (9'''')$$

Dies ist aber die klassische Geldnachfragefunktion, d. h. die Quantitätsgleichung in der Form des Kassenhaltungsansatzes.

Anstatt des Kassenhaltungskoeffizienten k steht vor dem Y der Funktionswert L (.). Damit hat *Friedman* die Annahme einer Konstanz des Kassenhaltungskoeffizienten (k) und damit auch seines Kehrwertes, der Umlaufsgeschwindigkeit (V°), wie sie in der älteren Quantitätstheorie vorherrschte, aufgegeben und somit eine **Neuformulierung der Quantitätstheorie** vorgenommen.

Wird die Quantitätsgleichung anstatt mit dem Kassenhaltungskoeffizienten (k) mit der Umlaufsgeschwindigkeit (V°) geschrieben, wobei der Kehrwert Y^p/P verwendet und die „1" vernachlässigt wird, so ergibt sich die **neuformulierte Quantitätstheorie** wie folgt:

$$M \cdot V°(Y^p/P, i, \hat{P}) = Y^p \qquad (11)$$

Friedman geht damit nicht von einer a priori-Stabilität der Umlaufsgeschwindigkeit aus, sondern behauptet nur einen **stabilen Zusammenhang** zwischen der Umlaufsgeschwindigkeit (V°) und der sie bestimmenden Variablen.

Der wichtigste Unterschied zur keynesianischen Nachfragefunktion ist die **relative Stabilität des permanenten Einkommens**: Genauso wie der permanente Konsum seiner Konsumfunktion ist auch die Umlaufsgeschwindigkeit wegen des relativ stabilen permanenten Einkommens relativ stabil im Zeitablauf.

Demgegenüber geht *Keynes* von einem schwankenden (laufenden) Einkommen aus, das die Geldnachfrage bestimmt. Dies liegt allerdings am unterschiedlichen Zeithorizont der beiden Ansätze.

Ein weiterer Aspekt ist die **Inflationsrate**, die bei *Keynes* nur in Form des Preisniveaus ($Y^r \cdot P$) eine Rolle spielt, wobei die Annahme war, dass bei *Keynes* die notwendige Transaktionskasse mit einem nominalen Wachstum des Volkseinkommens ebenfalls wachsen müsste.

Diese Annahme bleibt auch bei *Friedman* erhalten (Realkassenüberlegungen).

Friedman sieht aber andererseits die Gefahr einer „Flucht in andere Anlagewerte" bei steigender Inflationsrate und damit einer Reduzierung der Kassenhaltung aber auch eine Wirkung auf den güterwirtschaftlichen Bereich.

Die Unterscheidung in unterschiedliche Anlagerenditen bei *Friedman*, wobei nur zwei explizit ausgewiesen werden, stellt sicher eine Weiterentwicklung dar, aber keine Abkehr von der *Keynesschen* Theorie, da die Renditen untereinander verbunden sind und bei *Keynes* der einheitliche Zinssatz für festverzinsliche Wertpapiere so interpretiert werden kann, dass er für das Zinsniveau einer Volkswirtschaft repräsentativ ist.

Welche monetären und güterwirtschaftlichen Effekte nun im Rahmen einer Geldmengenänderung bei *Friedman* ausgelöst werden, soll im Rahmen der Transmissionsanalyse untersucht werden.

Kontrollfragen zu Kapitel 8

1. Welche Vorteile bietet die Einführung eines „Standardgutes“ in Form von Geld in einer Volkswirtschaft gegenüber einem Naturaltausch?
2. Warum wird die Funktion „Wertmaßstab“ als abstrakt bezeichnet?
3. Welches gesamtwirtschaftliche Ziel muss eine Zentralbank verfolgen, um die Geldfunktion „Wertaufbewahrung“ zu sichern?
4. Welche Geldformen gibt es in den modernen Volkswirtschaften?
5. Gibt es für den Banknotenumlauf in der Eurosystem eine Obergrenze?
6. Wodurch unterscheidet sich das Buchgeld von den Banknoten?
7. Zählen Sie einige geldnahe Liquiditätsformen (Near Money) auf!
8. Was versteht man unter der „Überschussreserve des Finanzsektors“?
9. Warum ist es sinnvoll, ja sogar notwendig, sonstige Finanzaktiva durch die Schaffung der Geldmengen M2 und M3 in die Analyse der Entwicklung der gesamtwirtschaftlichen Liquidität mit einzubeziehen?
10. Was versteht man unter „Tausch auf Kredit“?
11. Geben Sie eine umfassende Kreditdefinition!
12. Welche Funktion hat der Kredit in Bezug auf Unternehmen und private Haushalte?
13. Was versteht Schumpeter unter einem zusätzlichen Kredit, und welche volkswirtschaftliche Funktion schreibt er ihm zu?
14. Was versteht man unter der Zeitpunktliquidität?
15. Auf welche Weise ist es einer Geschäftsbank möglich, von der Zentralbank Basisgeld zu bekommen?
16. Kann eine Zentralbank unbegrenzt Geld schöpfen?
17. Wie unterscheiden sich primäre und sekundäre Aktiva?
18. Was ist unter der Barabhebungsquote zu verstehen?
19. Welche Faktoren begrenzen die Kreditschöpfungsmöglichkeiten der Geschäftsbanken?
20. Berechnen Sie die maximale Kredit- und Giralgeldschöpfung, wenn dem Geschäftsbankensektor eine zusätzliche Überschussreserve von 2.000 GE zufließt, und dieser Betrag vollständig für die Kreditschöpfung verwendet wird.
    Die Barabhebungsquote betrage $c = 0{,}4$ und der Mindestreservesatz $r = 0{,}2$
21. Mit welchen Fragen beschäftigt sich die Geldnachfragetheorie?
22. Was versteht man unter dem Umlaufsgeschwindigkeitsansatz und dem Kassenhaltungsansatz?
23. Erklären Sie die (einfache) Quantitäts- oder Verkehrsgleichung!
24. In welcher Form wird heute die Quantitätstheorie geschrieben?
25. Welche Größe bestimmt die Höhe der nachgefragten Geldmenge in der klassischen Theorie?
26. Erläutern Sie den Payment-Interval-Effect!
27. Welche Motive der Kassenhaltung unterscheidet *Keynes*, und welche Teilkassen nimmt er an?
28. Von welchen Faktoren wird bei *Keynes* die Höhe der Transaktionskasse und der Spekulationskasse bestimmt?

29. Was versteht man unter einem vermögenstheoretischen Ansatz der Geldnachfragetheorie?
30. Erläutern Sie die nominale Gesamtnachfragefunktion nach Geld von Friedman!
31. Welche Gemeinsamkeiten und welcher Unterschied bestehen zwischen der Theorie von *J. M.Keynes* und *M. Friedman*?

9 Geldmarkt und Gütermarkt

In diesem Kapitel werden die bisherigen Ergebnisse der Analyse über das Geldangebot und die Geldnachfrage im Kapitel 8 übernommen und im Geldmarkt kombiniert. Außerdem wird nun der Transmissionsmechanismus zwischen dem Geldmarkt und dem Gütermarkt gezeigt.

Wir beginnen mit der **keynesianischen Analyse**, die ja, ausgehend vom Kassenhaltungskonzept der Quantitätsgleichung, durch die Nachfrage nach Liquidität für Spekulationszwecke erweitert wurde. Auf der Angebotsseite gehen wir von der Annahme eines autonomen Geldangebots aus, das die Zentralbank mit Hilfe ihres Instrumentariums steuern kann. Aus dem Ergebnis dieser Untersuchung werden dann mögliche wirtschaftspolitische Folgerungen für die wirtschaftspolitische Anwendung abgeleitet.

Danach wird die neo-monetaristischen Theorie dargestellt, die auf der einen Seite eine Erweiterung der keynesianischen Theorie darstellt, aber dann doch zu einer völlig anderen Konsequenz für die praktische Wirtschaftspolitik führt. Insofern hat *Karl Brunner* recht, wenn er von einer **neo-monetaristischen Revolution** spricht, denn diese Revolution bestimmt bis heute die Geldpolitik der Zentralbanken.

Nach der Darstellung der neo-monetaristischen Theorie wird die Untersuchung mit der Beschreibung der **klassisch-neoklassischen Theorie** fortgesetzt, und zwar mit der Darstellung des Kapitalmarktes. Dieser Ansatz wurde unter dem Eindruck der keynesianische Theorie in Form der Leihfondstheorie (loanable funds theory) weiterentwickelt, wobei die vorausgegangenen Analysen von *Knut Wicksell* eine wichtige Rolle spielten.

9.1 Monetäres Gleichgewicht und Zinsbildung bei Keynes

Die beiden nachfolgenden Abbildungen zeigen einen unterschiedlichen Verlauf der Geldnachfragefunktion (L), die sich aus der Nachfrage nach Liquidität für Transaktionszwecke (einschließlich Vorsichtszwecke) und einer Nachfrage für Spekulationszwecke zusammensetzt:

$$L = L_T + L_S$$

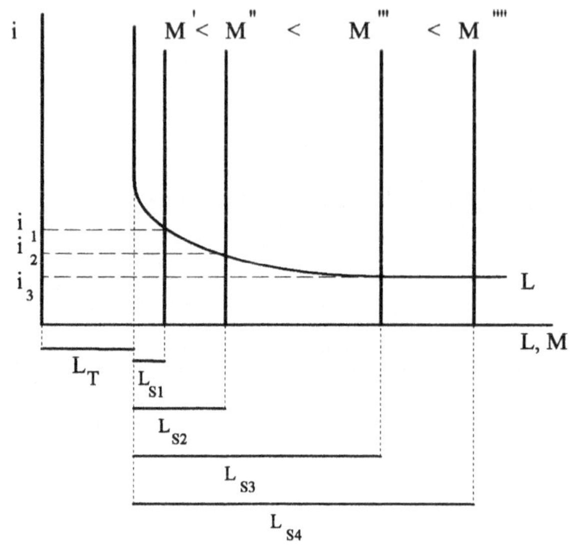

Abbildung 9.1

Dabei wurde von einem konstanten Preisniveau ausgegangen.

Es wird außerdem angenommen, dass das Geldangebot (M) völlig zinsunelastisch ist und von der Zentralbank autonom bestimmt wird.

Abbildung 9.1 zeigt eine Geldnachfragekurve mit und Abbildung 9.2 ohne Liquiditätsfalle. Aus den beiden Abbildungen sind ferner die Höhe der Transaktionskasse und die Höhe der Spekulationskasse zu erkennen.

Während die Transaktionskasse in diesen Diagrammen immer gleich L_T ist, da angenommen wird, dass sich das Volkseinkommen nicht ändert, ergibt sich die Höhe der Spekulationskasse als Differenz zwischen dem jeweiligen Geldangebot (M) und der Transaktionskasse.

Bei Konstanz der Nachfragekurve sinkt durch eine Vergrößerung des Geldangebots von M' nach M'' der Zinssatz von i_1 nach i_2. Die Spekulationskasse erhöht sich von L_{S_1} auf L_{S_2}. Bei einer weiteren Erhöhung des Geldangebots von M'' nach M''' sinkt der Zinssatz weiter auf i_3. Wird dagegen die Geldmenge von M''' auf M'''' erhöht, so sinkt der Zinssatz in Abbildung 9.1 nicht mehr weiter. Die Geldmengenerhöhung fließt vollständig in die Spekulationskasse, d. h. in die Liquiditätsfalle. Die Spekulationskasse steigt durch die oben erwähnte Geldmengenausweitung von L_{S_3} auf L_{S_4}. Die Nachfrage nach Geld ist unendlich elastisch. Der extrem niedrige Zinssatz i_3 führt dazu, dass die Wirtschaftssubjekte unbegrenzt Spekulationskasse halten, weil sie kein weiteres Absinken erwarten, sondern nur noch den Wiederanstieg des aktuellen Zinssatzes erwarten.

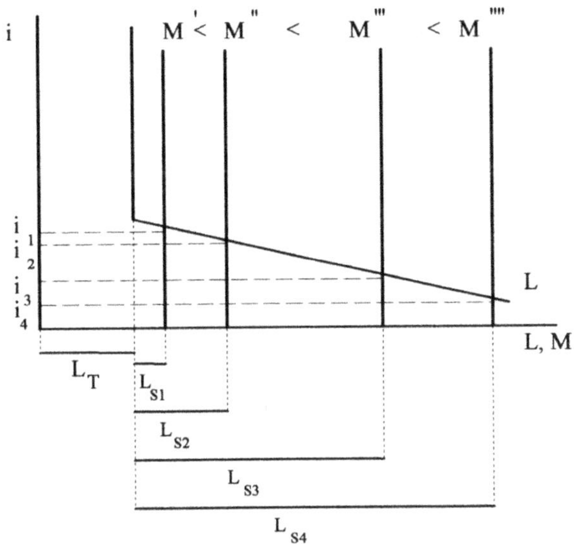

Abbildung 9.2

Für die Geldpolitik hat die Annahme einer Liquiditätsfalle schwerwiegende Konsequenzen: Zwar ist es bei Existenz einer Liquiditätsfalle möglich, im endlich elastischen Bereich über eine Geldmengenvariation den Zinssatz zu ändern, in der Liquiditätsfalle aber hat die Geldmengenänderung keinerlei Wirkung auf den Zinssatz.

Die Geldpolitik ist damit asymmetrisch:

Eine monetäre Steuerung der Konjunktur ist durch eine expansive Geldpolitik in der Rezession nur begrenzt möglich, und zwar nur bis zur Liquiditätsfalle. Eine restriktive Geldpolitik ist dagegen zur Dämpfung der Hochkonjunktur wirksam.

Dabei wurde unterstellt, dass die Höhe des Zinsniveaus die zinsabhängigen Investitionen und damit das Volkseinkommen bestimmt.

Die Existenz einer Liquiditätsfalle wird insbesondere von *M. Friedman* bestritten, da eine Liquiditätsfalle seiner Meinung nach empirisch nicht nachgewiesen wurde (Makin, 1975, S. 305 f. und für Deutschland: Kösters, 1973, S. 109ff.).

Betrachtet man die Geldnachfragekurve ohne Liquiditätsfalle in Abbildung 9.2, so führt auch eine Erhöhung der Geldmenge M''' auf M'''' zu einer Zinssatzsenkung, und zwar von i_3 auf i_4. Eine expansive Geldpolitik hat damit auch in diesem Falle eine positive Wirkung auf die Investitionstätigkeit und damit auf das Volkseinkommen und die Beschäftigung.

Lässt man nun im Modell von *Keynes* die Annahme „Konstanz der Geldangebotskurve" fallen und betrachtet Änderungen des realen Volkseinkommens und/oder Preisniveauänderungen, so ergeben sich nach Abbildung 9.3 folgende Zusammenhänge:

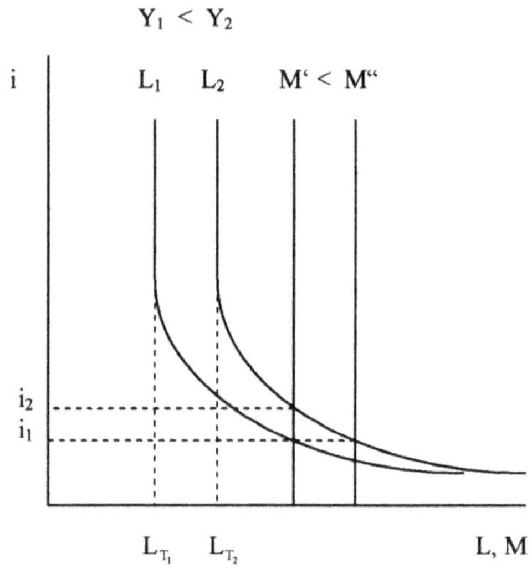

Abbildung 9.3

Bleibt die Geldmenge (M') bei einer nominalen Erhöhung des Volkseinkommens von Y_1 nach Y_2 konstant, steigt der Zinssatz von i_1 nach i_2, denn ein nominell höheres Volkseinkommen benötigt eine höhere Transaktionskasse L_{T_2}, was eine Verkleinerung der Spekulationskasse bei Konstanz des Geldangebots (M') zur Folge hat, so dass sich der Zinssatz erhöht. Dieser Effekt kann durch eine Erhöhung der Geldmenge von M' nach M" wieder kompensiert werden.

Eine nominelle Erhöhung des Volkseinkommens kann dabei zwei Gründe haben, entweder eine Erhöhung des realen Volkseinkommens (Y^r) und/oder die Erhöhung des Preisniveaus (P), da bekanntlich $Y = Y^r \cdot P$ ist.

9.2 Der Transmissionsmechanismus bei Keynes dargestellt durch J. R. Hicks (IS-LM-Modell)

Wie bereits erwähnt, erfolgt bei *Keynes* eine Transmission monetärer Maßnahmen auf den güterwirtschaftlichen Bereich über die zinselastischen Investitionen. Es ist daher notwendig, sowohl güterwirtschaftliche Gleichgewichte mit Hilfe einer zinsabhängigen Investitionsfunktion als auch monetäre Gleichgewichte darzustellen.

Zur graphischen Darstellung einer Gleichgewichtssituation im güterwirtschaftlichen und zugleich im monetären Bereich wollen wir die Darstellung von *J. R. Hicks* verwenden, der die Kurve aller monetären Gleichgewichte (L=M), auch LM-Kurve genannt, und die Kurve aller güterwirtschaftlichen Gleichgewichte (I=S), auch als IS-Kurve bezeichnet, in einem Diagramm erfasst und so gleichzeitig ein güterwirtschaftliches und eine monetäres Gleichgewicht darstellt (Hicks, 1937, S. 109 ff.).

Es ist daher notwendig, zuerst die IS-Kurve und die LM-Kurve herzuleiten.

9.2.1 Die Kurve aller monetären Gleichgewichte (LM-Kurve)

Wir beginnen die Herleitung der Kurve der monetären Gleichgewichte (LM-Kurve) bei konstantem Preisniveau mit der Zeichnung von 4 Quadranten (Abbildung 9.4).

Im ersten Quadranten wird die zu ermittelnde LM-Kurve mit den Koordinaten i und Y dargestellt.

Der zweite Quadrant nimmt die Kurve der Spekulationskasse und der dritte Quadrant die Kurve der Transaktionskasse auf. Schließlich dient der vierte Quadrant zur Spiegelung der Y-Werte.

Die Darstellung der Nachfrage nach Spekulationskasse im zweiten Quadranten entspricht der *Keynes*schen Annahme einer vorhandenen Liquiditätsfalle.

Bei der Darstellung der Transaktionskassenkurve im dritten Quadranten wird von einer einkommensabhängigen Transaktionskasse ausgegangen. Allerdings wurde die übliche Kurve um die Ordinate gedreht. Die Ordinate befindet sich jetzt rechts und die Kurve links. Die Kurve der Transaktionskasse verläuft damit von links oben bis rechts unten (zum Ursprung U) mit der Steigung $\frac{1}{k}$.

Die Größe der Transaktionskasse wird ab dem Ursprung U gemessen. Der Quadrant 3 enthält außer der Transaktionskassekurve auch noch die Geldangebotskurve. Das Geldangebot (M) wird als autonom betrachtet, und durch die Strecke $\overline{QU}$ graphisch dargestellt. Vergrößert sich das Geldangebot auf M‘, was der Strecke $\overline{QU'}$ entspricht, so verschiebt sich die Ordinate nach rechts. Die Steigung der Transaktionskassenkurve bleibt konstant.

Zur Ermittlung der LM-Kurve wäre es notwendig, unendlich viele Kombinationen zwischen dem Zinssatz und dem Volkseinkommen darzustellen, da die Nachfragekurve der Spekulationskasse eine nichtlineare Funktion ist. Wir begnügen uns aber mit der Darstellung von drei Kombinationen.

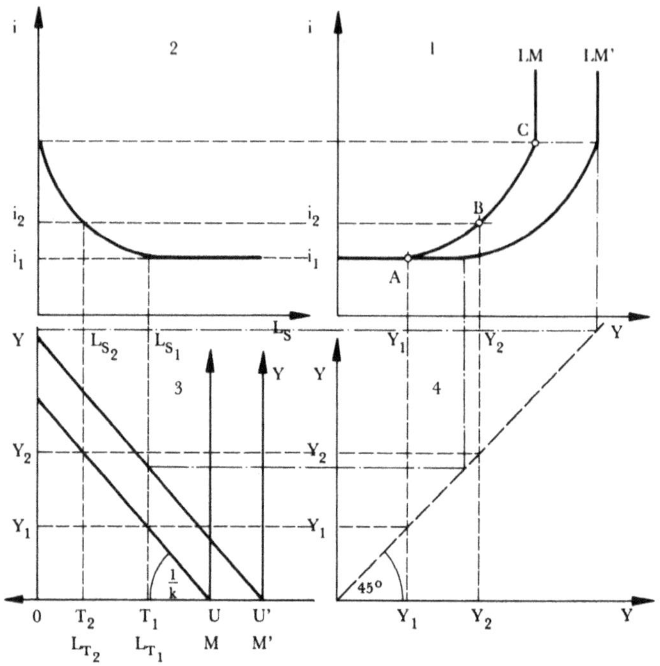

Abbildung 9.4

Die Herleitung der LM-Kurve beginnen wir mit einem willkürlich ausgewählten Volkseinkommen Y_1 (3. Quadrant), das wir über den 4. Quadranten auf den 1. Quadranten übertragen. Dem Volkseinkommen Y_1 entspricht eine Transaktionskasse L_{T_1}, was in der Zeichnung der Strecke $\overline{UT_1}$ entspricht.

Da die gesamte Strecke $\overline{0U}$ gleich dem Geldangebot M‘ ist, bleibt für die Spekulationskasse noch die Differenz $\overline{0T_1}$. Dieser Wert wird auf den 2. Quadranten übertragen und entspricht der Spekulationskasse L_{S_1}. Diese Spekulationskasse wird bei einem Zinssatz i_1 gehalten. Die Höhe der Spekulationskasse ergibt sich als Restgröße, wenn vom Geldangebot M‘ die für das Volkseinkommen Y_1 notwendige Transaktionskasse L_{T_1} abgezogen wird.

Eine Übertragung des Zinssatzes i_1 vom zweiten Quadranten in den 1. Quadranten ergibt zusammen mit dem Volkseinkommen Y_1 die Kombination A (i_1, Y_1).

In gleicher Weise wird auch die Kombination B (i_2, Y_2) ermittelt. Bei der Kombination C haben wir den Sonderfall, dass die Spekulationskasse inzwischen gleich null geworden ist.

Die Kombinationen A, B, C sind alle Punkte der LM-Kurve, die alle monetären Gleichgewichte enthält. Daher ergibt eine Verbindung der Punkte A, B, C die LM-Kurve, die sich nach oben als zinsunelastische Kurve weiter fortsetzt.

Die Veränderung der LM-Kurve (Verschiebung oder Drehung) ist abhängig von Veränderungen der Spekulationskasse, der Transaktionskasse und/oder des Geldangebots.

Abbildung 9.4 zeigt im 1. Quadrant eine Änderung des Geldangebots: Die LM-Kurve wird nach rechts zur LM'-Kurve verschoben, wenn das Geldangebot (ceteris paribus) von M' nach M'' steigt. Da wir uns aber beim Zinssatz i_1 bereits in der Liquiditätsfalle befinden, sinkt bei einer Geldmengenerhöhung der Zinssatz nicht weiter: Eine expansive Geldpolitik ist in diesem Falle wirkungslos.

Bei der Verwendung einer linearen Kurve für die Spekulationskasse ergibt sich mit Hilfe der gleichen Methode das Diagramm in Abbildung 9.5.
Bei diesem Modell ohne Liquiditätsfalle wirken sowohl eine expansive als auch eine restriktive Geldpolitik.

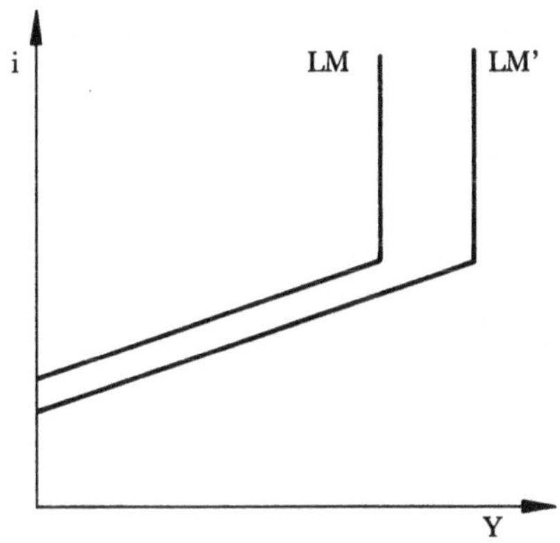

Abbildung 9.5

Die Auswirkungen einer **Änderung des Preisniveaus** auf die LM-Kurve sollen mit Hilfe einer linearen Spekulationskasse ohne Liquiditätsfalle graphisch demonstriert werden (Abbildung 9.6).

Dabei ist es notwendig, die Nominalwerte Y, M, L_S, L_T in Realwerte (preisbereinigt) darzustellen. Die Nominalwerte müssen daher durch das Preisniveau (P) dividiert werden:

$$\frac{Y}{P} = \text{ reales Volkseinkommen}$$

$$\frac{M}{P} = \text{ reales Geldangebot}$$

$$\frac{L_T}{P} = \text{ reale Transaktionskasse}$$

$\frac{L_S}{P}$ = reale Spekulationskasse.

Wir nehmen an, dass das Preisniveau P_2 herrsche, was einer realen Transaktionskasse von $\frac{L_T}{P_2}$, einer realen Spekulationskasse von $\frac{L_S}{P_2}$, einem realen Geldangebot von $\frac{M}{P_2}$, einem Zinssatz i_2 und schließlich einer LM (P_2)-Kurve entspricht.

Das Preisniveau sinke auf P_1.

Damit erhöht sich das reale Geldangebot auf $\frac{M}{P_1}$.

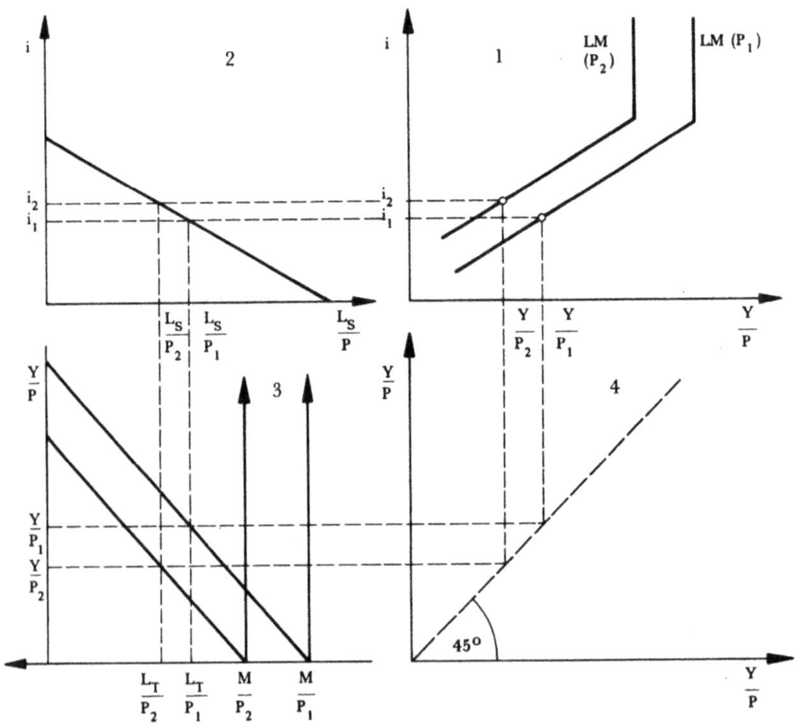

Abbildung 9.6

Die Kurve im Quadranten 3 verschiebt sich nach rechts, das reale Volkseinkommen steigt von

$$\frac{Y}{P_2} \text{ nach } \frac{Y}{P_1}$$

und damit auch die reale Transaktionskasse von $\frac{L_T}{P_2}$ nach $\frac{L_T}{P_1}$.

Da auch die reale Spekulationskasse zunimmt, fällt der nominale Zinssatz von i_2 auf i_1.

Dies bedeutet, dass die neue Kombination $(i_1, \frac{Y}{P_1})$ unter der LM (P_2)-Kurve auf einer LM (P_1)-Kurve liegt: Die LM-Kurve wurde durch eine Preisniveausenkung nach rechts verschoben, da sich die reale Geldmenge durch die Preisniveausenkung erhöht hat. Mit der gleichen nominalen Geldmenge kann jetzt mehr gekauft werden. Dies ist ein sogenannter **Realkasseneffekt**, der zu einer Verschiebung der LM-Kurve führt und hier **Keynes-Effekt** genannt wird.

Bei der Annahme einer Liquiditätsfalle würde allerdings eine Erhöhung der realen Spekulationskasse (in der Liquiditätsfalle) zu keiner nominalen Zinssenkung führen.

9.2.2 Die Kurve aller güterwirtschaftlichen Gleichgewichte (IS-Kurve)

Geht man von der Gleichgewichtsbedingung für ein güterwirtschaftliches Gleichgewicht bei einer geschlossenen Volkswirtschaft aus, so gilt bei zinsabhängigen Investitionen:

$$I(i) = S(Y)$$

Zur Ermittlung der IS-Kurve bei konstantem Preisniveau werden vier Quadranten in Abbildung 9.7 gezeichnet: Der **erste Quadrant** enthält eine lineare Sparfunktion, der **zweite** eine zinsabhängige (lineare) Investitionsfunktion.

Die Sparfunktion zeigt die Abhängigkeit des Sparens vom Einkommen. Mit steigendem verfügbarem Einkommen (das in unserem Modell identisch ist mit dem Volkseinkommen), sparen die privaten Haushalte mehr.

Bei der linearen Investitionsfunktion wird davon ausgegangen, dass die Nettoinvestitionen einer Volkswirtschaft (indirekt) vom langfristigen Kapitalmarktzins (i) abhängig sind. Steigt (sinkt) der langfristige Kapitalmarktzins, so sinken (steigen) die Nettoinvestitionen. Es ist allerdings zu beachten, dass der langfristige Kapitalmarktzins (i) nur insofern bei der Höhe der Nettoinvestitionen eine Rolle spielt, als die Unternehmen die intern erwartete Rendite (r*) mit dem langfristigen Kapitalmarktzins vergleichen und mit ihren Investitionen so lange fortfahren, bis die letzte investierte Einheit gerade dem langfristigen Kapitalmarktzins entspricht (Grenzleistungsfähigkeit des Kapitals): $r^* \geq i$ (vgl. Kapitel „Investitionen")

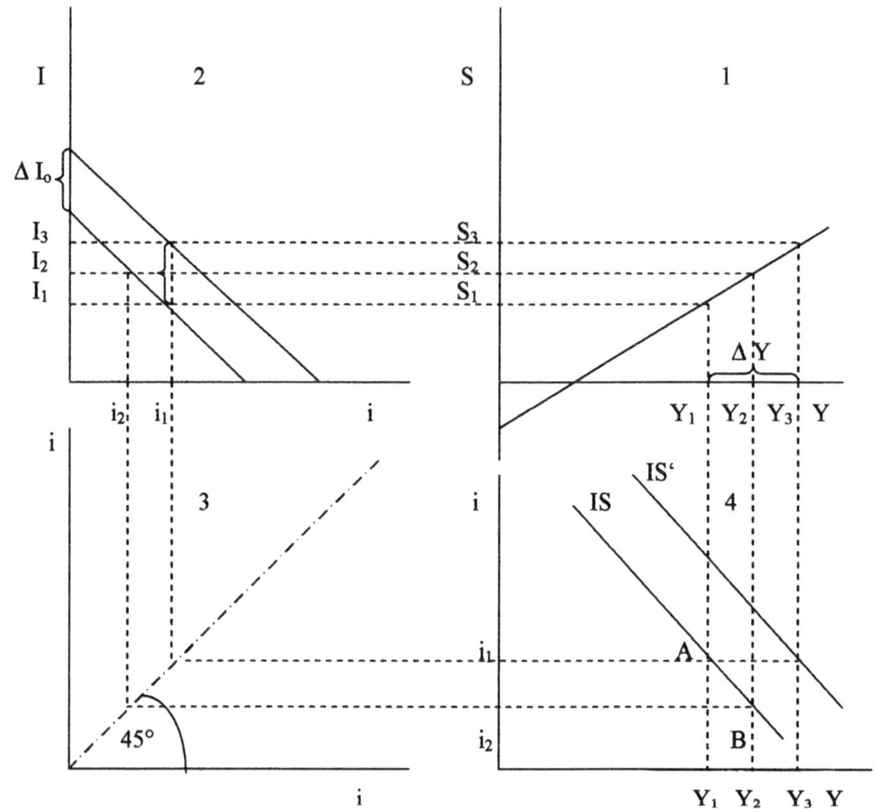

Abbildung 9.7

Der **dritte** Quadrant in Abbildung 9.7 dient zur Übertragung aller Zinssätze auf den vierten Quadranten. Im vierten Quadranten schließlich ergibt sich eine Kurve, die unterschiedliche Gleichgewichte zeigt, und zwar bei verschiedenen Kombinationen von Volkseinkommen und Zinssatz.

Bei der Ermittlung der IS-Kurve genügt es, zwei Kombinationen zwischen dem Zinssatz und dem Volkseinkommen zu wählen, da sowohl die Spar- als auch die Investitionsfunktion als linear angenommen werden.

Wir beginnen die Herleitung der IS-Kurve mit einem willkürlich gewählten Zinssatz i_1 in Quadrant 2. Diesem Zinssatz entspricht die Investitionshöhe I_1. Da nur bei I = S ein Gleichgewicht besteht, muss diesem I_1 in gleicher Höhe ein S_1 im 1. Quadranten entsprechen.

Die Ersparnis S_1 ergibt sich aber nur bei einem Volkseinkommen Y_1, das in Quadrant 1 erscheint und dann auf Quadrant 4 übertragen wird. Der Zinssatz i_1 in Quadrant 2 wird an der 45°-Linie in Quadrant 3 gespiegelt und taucht dann auf der Ordinate in Quadrant 4 wieder auf. Der Punkt A in **Quadrant 4** ist die Kombination des Zinssatzes i_1 und des Volkseinkommens Y_1. Auf die gleiche Weise ermitteln wir den Punkt B, indem wir einen willkürlich gewählten Zinssatz i_2 annehmen. B zeigt dann die Kombination von i_2 und Y_2 an.

Eine Gerade durch die Punkte A und B ergibt die sogenannte IS-Kurve.

Sie ist die Kurve aller güterwirtschaftlichen Gleichgewichte (I=S) bei unterschiedlichen Kombinationen von Volkseinkommen und Zinssatz.

Verschiebungen der IS-Kurve können durch Verschiebungen der Investitionsfunktion und/oder der Sparfunktion erfolgen.

Verschiebungen der IS-Kurve nach rechts bis zur IS'-Kurve werden **durch eine Verschiebung der Investitionsfunktion und/oder eine Verschiebung der Sparfunktion nach rechts** verursacht.

Die Graphik enthält beispielhaft eine Verschiebung der IS-Kurve nach rechts, ausgelöst durch eine autonome Nettoinvestition ΔI_o bei konstantem Zinssatz i_1. Dadurch erhöht sich das Volkseinkommen um ΔY von Y_1 auf Y_3 bei $I_3 = S_3$. Daneben wirken in der Realität andere autonome Variable analog wie eine zusätzliche autonome Nettoinvestition so z. B. die Erhöhung des Exports, der Staatsausgaben und der Transferzahlungen des Staates.

Die Ursachen für die Verschiebung der Investitionsfunktion nach rechts können positive exogene (außerökonomische) Faktoren wie das politische Ereignis der deutschen Wiedervereinigung oder eine optimistische Stimmung sein, aber ökonomische Faktoren wie z. B. eine Kapazitätserweiterung aufgrund von Nachfrageänderungen (Akzeleratoreffekt) (vgl. auch Kapitel „Investitionen“).

Eine Verschiebung der Sparfunktion nach rechts bedeutet, dass beim gleichen Volkseinkommen weniger gespart bzw. mehr konsumiert wird. Ein Effekt, der insbesondere bei Angstkäufen (Kriegsgefahr) auftritt.

Verschiebungen der IS-Kurve nach links sind dagegen durch eine **Verschiebung der Investitionsfunktion und/oder durch eine Verschiebung der Sparfunktion nach links** bedingt.

So verschiebt sich die Investitionskurve nach links durch negative exogene Faktoren wie eine pessimistische Stimmung durch aufgetretene Katastrophen aber auch durch einen Konjunktureinbruch bei gegebenem Zinsniveau: Die Unternehmen revidieren ihre (subjektiven) Renditeerwartungen nach unten.

Bei einer Verschiebung der Sparfunktion nach links sparen die privaten Haushalte bei einem bestimmten Volkseinkommen plötzlich mehr. Derartige Effekte können durch Angst ausgelöst werden: In Zeiten der Depression sind die Einkommenserwartungen negativ, und die Haushalte sparen mehr aus Furcht vor der Arbeitslosigkeit. Die Sparfunktion verschiebt sich ebenfalls nach links, wenn eine direkte autonome Steuer (wie z. B. die Kfz-Steuer) erhöht wird. Eine analoge Wirkung wie die Erhöhung der direkten Steuern zeigt auch eine Importzunahme.

Eine weitere Möglichkeit der Veränderung der IS-Kurve wäre ihre Drehung, deren Ursache in der Drehung der Investitionsfunktion und/oder der Sparfunktion liegen kann.

Eine Drehung dieser Funktionen ist durch eine Veränderung der Parameter möglich: Steigung der Investitionskurve, Änderung der marginalen Konsumquote bzw. der marginalen Sparquote, der marginale Importneigung und des Steuersatzes. (Auf eine weitergehende Analyse dieser Möglichkeiten soll hier verzichtet werden.)

Bei der Untersuchung über die Ursachen der IS-Kurvenänderungen gingen wir bisher davon aus, dass das Preisniveau konstant geblieben ist. Gibt man diese Hypothese auf, so kann auch eine **Preisniveauänderung** eine Änderung der IS-Kurve ergeben.

Sinkt das Preisniveau, so steigt der reale Wert des vorhandenen Kassenbestandes (Geldvermögen), d. h. seine Kaufkraft steigt. Das führt dazu, dass zum gleichen Einkommen jetzt weniger gespart wird, da der Grenznutzen zusätzlicher Vermögensteile sinkt. Damit wird mehr konsumiert. Dieser Effekt wird ebenfalls als ein **Realkasseneffekt** (real-balance effect) oder nach *A. C. Pigou* auch als **Pigou-Effekt** bezeichnet (Pigou, 1941).

Das bedeutet graphisch eine Verschiebung der Sparfunktion nach rechts bzw. eine Verschiebung der IS-Kurve nach rechts: Das Volkseinkommen steigt und damit auch die Beschäftigung.

Analog dazu führt dann eine Preisniveauerhöhung zu einer höheren Ersparnis bei gleichem Einkommen, um die Vermögenssubstanz zu erhalten. Die IS-Kurve verschiebt sich nach links mit der Folge einer Senkung des Volkseinkommens und der Beschäftigung.

Das Vorhandensein dieses Realkasseneffekts, der auf das Volkseinkommen positiv wirkt, wurde von *Keynes* nicht bestritten. Er war jedoch der Meinung, dass es völlig ungewiss sei, wann der Effekt auftrete und sich dann das Volkseinkommen erhöhe. Man könne aus sozialen Gründen nicht auf diesen Effekt warten, sondern müsse mit anderen Maßnahmen das Volkseinkommen zu steigern versuchen. Es besteht bei einer nachhaltigen Preisniveausenkung die Gefahr einer Deflation wie sie bereits an anderer Stelle beschrieben wurde und wie sie Anfang der 30er Jahres des vergangenen Jahrhunderts auch in den Industriestaaten als Folge der Weltwirtschaftskrise aufgetreten ist. Bei einer Deflation halten sich die Konsumenten in Erwartung weiterer Preissenkungen zurück und die Unternehmen sind gezwungen Arbeitsnehmer zu entlasten oder deren Lohn weiter zu senken, um die sinkenden Preise auffangen zu können. Die Krise verschärft sich.

9.2.3 Güterwirtschaftliches und monetäres Gleichgewicht

Zur graphischen Darstellung einer Gleichgewichtssituation im güterwirtschaftlichen und zugleich im monetären Bereich verwenden wir die beiden ermittelten Gleichgewichtskurven (IS-Kurve und LM-Kurve). Wir bringen diese beiden Kurven in ein gemeinsames i,Y-Diagramm und erhalten die Darstellung von *J. R. Hicks* für den Keynes-Fall und den Fall mit der linearen Spekulationskurve. Wir beginnen wieder mit der Annahme eines konstanten Preisniveaus.

Das in Abbildung 9.8 in den beiden Diagrammen eingezeichnete Volkseinkommen Y* ist das Vollbeschäftigungseinkommen, das nach Ansicht von *Keynes* nicht automatisch mit dem Gleichgewicht in den anderen Bereichen zusammenfällt, insbesondere nicht in der Phase der Rezession. In dieser Phase sind also Gleichgewichte im güterwirtschaftlichen und monetären Bereich bei Unterbeschäftigung möglich.

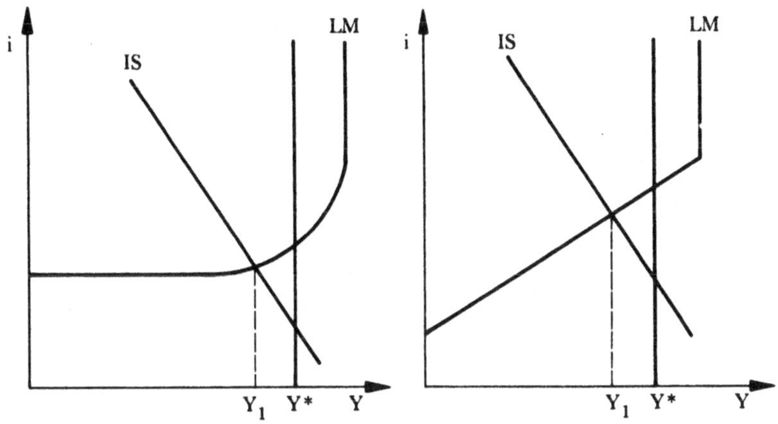

Abbildung 9.8

Das Vollbeschäftigungsgleichgewicht wird als Zielvariable der Wirtschaftspolitik verstanden, weshalb sich die Frage ergibt, wie gleichzeitig Gleichgewicht in allen drei Bereichen (d. h. auf allen drei Märkten) erreicht werden kann. Die Möglichkeiten sind unterschiedlich, je nachdem man die Annahmen von *Keynes* oder eine lineare Spekulationskassenfunktion voraussetzt. Das Vollbeschäftigungsgleichgewicht Y* könnte aufgrund der bisherigen Annahmen durch güterwirtschaftliche und/oder monetäre Maßnahmen erreicht werden, die das Volkseinkommen real oder nominal erhöhten.

Herrscht in allen drei Bereichen gleichzeitig ein Gleichgewicht, so wird dies als Globalgleichgewicht bezeichnet.

Wir beginnen mit der Darstellung der Wirkung monetärer Maßnahmen auf das Volkseinkommen und damit auf die Beschäftigung (Abbildung 9.9), um die keynesianische **Transmission** vom monetären Bereich auf den güterwirtschaftlichen Bereich darzustellen.

Bei **konstantem Preisniveau** kann die LM-Kurve durch eine Änderung des Geldangebots oder durch eine Änderung der Renditeerwartungen der Spekulanten verschoben werden.

Zur Vereinfachung soll hier angenommen werden, dass sich das Geldangebot ändert, eine Variable, die von der staatlichen Wirtschaftspolitik mit Hilfe der Zentralbank als steuerbar angenommen wird.

Abbildung 9.9 unterstellt die Existenz einer Liquiditätsfalle, den sogenannten Keynes-Fall, daher muss die Wirkung einer Geldmengenerhöhung auf das Volkseinkommen und den Zinssatz in den drei Bereichen der LM-Kurve untersucht werden:

1. Keynes-Bereich,
2. mittlerer Bereich,
3. klassischer Bereich.

Keynes-Bereich:

Im Keynes-Bereich hat eine Geldmengenerhöhung keine Wirkung auf das Volkseinkommen. Eine Geldmengenerhöhung führt nur zu einer Erhöhung der Spekulationskasse ohne Zinssatzsenkung (Liquiditätsfalle).

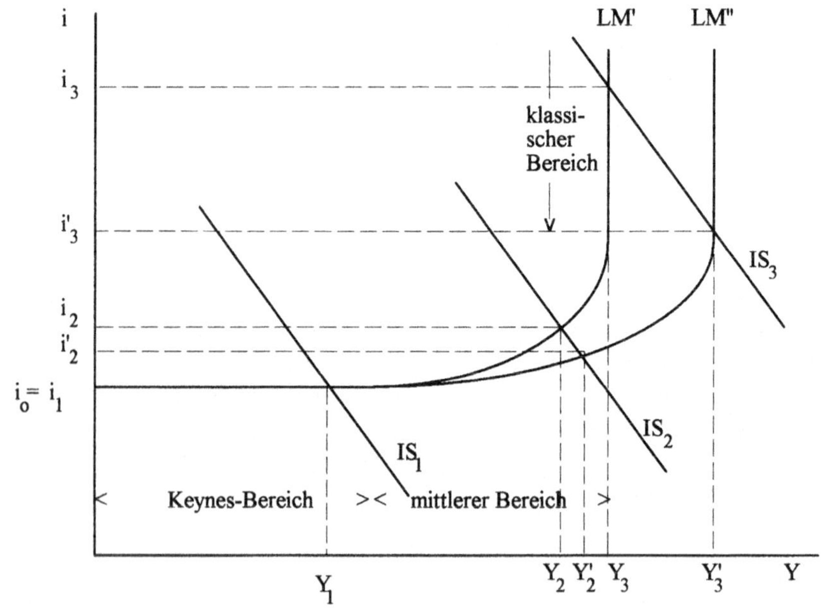

Abbildung 9.9

Mittlerer Bereich:

Durch die Geldmengenerhöhung wird die Spekulationskasse (außerhalb der Liquiditätsfalle) erhöht, was zu einer Zinssatzsenkung führt.

Die Investoren werden bei einem niedrigen Kapitalmarktzins Investitionen vornehmen, die bisher für sie nicht rentabel erschienen sind. Dadurch steigt das Volkseinkommen (Zinssatzmultiplikatoreffekt). Das führt wieder zu einer Erhöhung des Zinssatzes auf $i_2^{'}$, allerdings nicht mehr bis zum ursprünglichen Zinssatz i_2, da ein Teil der Geldmengenerhöhung bei erhöhtem Volkseinkommen für die Transaktionskasse gebraucht wird.

Klassischer Bereich:

Eine Geldmengenerhöhung bewirkt eine starke Zinssatzsenkung. Diese Zinssatzsenkung macht für die Unternehmen Investitionen interessant, die bisher nicht interessant waren. Durch diese zusätzlichen (zinsinduzierten) Investitionen steigt das Volkseinkommen von Y_3 auf $Y_3^{'}$.

Da von der Geldmengenerhöhung nichts für die Spekulationskasse abgezweigt wird (bei diesem hohen Zinssatz hält kein Wirtschaftssubjekt Spekulationskasse), kann die Transaktionskasse in Relation zum Volkseinkommen erhöht werden.

Wird für die Untersuchung eine Kurve ohne Keynes-Bereich unterstellt, ergeben sich für den mittleren und den klassischen Bereich die gleichen Ergebnisse (tendenziell) wie in Abbildung 9.9. In diesem Falle ist es immer möglich, mit monetären Maßnahmen das Volkseinkommen zu erhöhen und damit zu einem Vollbeschäftigungsgleichgewicht zu kommen.

Die nachfolgende Graphik zeigt nun die **Wirkung güterwirtschaftliche Maßnahmen** zur Erreichung des Gleichgewichtsvolkseinkommens **bei konstantem Preisniveau**.

Eine Verschiebung der IS-Kurve ist grundsätzlich durch die bereits aufgezählten autonomen Variablen möglich.

Zur Vereinfachung der Analyse soll eine Verschiebung der IS-Kurve aufgrund einer Erhöhung der Staatsausgaben für Güter ΔA_{St_0} angenommen werden, da bekanntlich die multiplikative Wirkung der Staatsausgaben auf das Volkseinkommen gleich groß ist wie die Wirkung einer Erhöhung der autonomen Investitionen. Das Defizit soll durch eine Staatsanleihe finanziert werden.

In Abbildung 9.10 können die einzelnen Kurvenabschnitte der LM-Kurve wieder in den Keynes-Bereich (bedingt durch die Liquiditätsfalle), den mittleren Bereich und den klassischen Bereich unterteilt werden, um die Wirkung der Verschiebung der IS-Kurve darzustellen.

Keynes-Bereich:

Ein ΔA_{St_0} führt zu einer multiplikativen Änderung des Volkseinkommens von Y_1 nach $Y_1^{'}$ (Verschiebung der IS-Kurve nach rechts).

Die Spekulationskasse nimmt ab, während die Transaktionskasse (erhöhtes Volkseinkommen) zunimmt. Der Zinssatz bleibt konstant, da das Geld aus der Liquiditätsfalle kommt ($i_1 = i_0 = \text{const.}$).

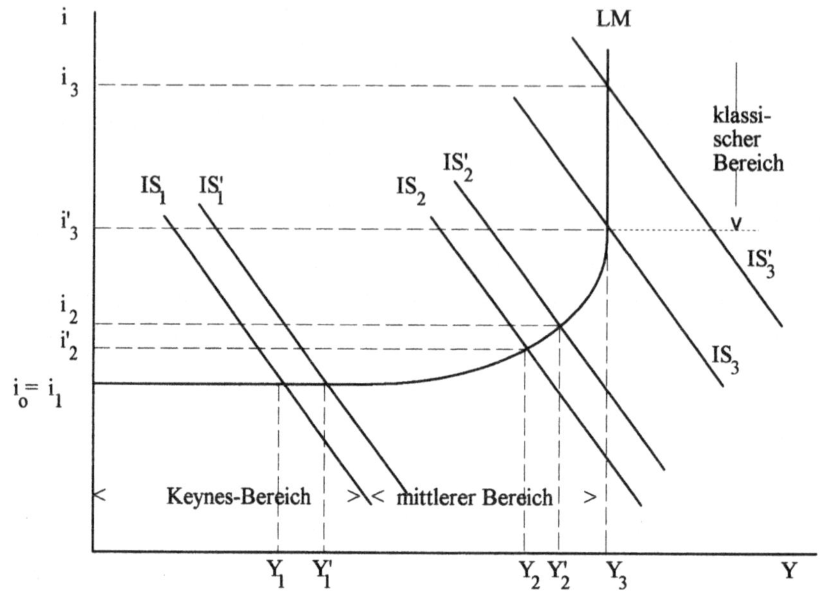

Abbildung 9.10

Mittlerer Bereich:

Ein ΔA_{St_0} führt auch hier zu einer Volkseinkommensänderung von Y_2 nach $Y_2^{'}$, wobei der multiplikative Effekt der Staatsausgabenänderung auf das Volkseinkommen kleiner ist als im Keynes-Bereich.

Auch hier nimmt die Spekulationskasse zugunsten der Transaktionskasse ab. Dabei steigt allerdings der Zinssatz von i_2 nach $i_2^{'}$, da das Geld nicht mehr aus der Liquiditätsfalle, sondern aus dem Teil der Spekulationskasse kommt, der nicht vollkommen zinselastisch ist.

Da der Zinssatz steigt, nehmen die privaten (zinselastischen) Investitionen ab (crowding- out effect), was den Effekt von ΔA_{St_0} dämpft.

Klassischer Bereich:

Ein ΔA_{St_0} hat keinen (Netto-) Effekt auf das Volkseinkommen, nur der Zinssatz steigt von i_3 nach $i_3^{'}$.

Der Zinssatz ist so hoch, dass es keine Spekulationskasse mehr gibt. Das Geld für die Staatsanleihen muss also vom privaten Sektor abgezogen werden und bewirkt dadurch eine Steigerung des Zinssatzes und somit eine Reduzierung der privaten (zinselastischen) Investitionen (crowding-out effect) mit einem negativen Effekt auf das Volkseinkommen. Die Effekte von ΔA_{St_0} und der Effekt der Reduzierung der privaten Investitionen kompensieren sich.

Geht man von einer Funktion ohne Keynes-Bereich aus, so ergeben sich die gleichen Wirkungen für den mittleren und den klassischen Bereich wie in Abbildung 9.10. Aufgrund dieser Überlegungen ergibt sich für die Wirksamkeit von güterwirtschaftlichen Maßnahmen, dass mit ihnen nur im Keynes-Bereich und mittleren Bereich, nicht aber im klassischen Bereich eine Erhöhung des Volkseinkommens und damit Vollbeschäftigung erreicht werden kann.

9.2.4 Wirtschaftspolitische Konsequenzen nach dem Keynes-Modell

Nach der Kombination des güterwirtschaftlichen und monetären Gleichgewichts stellt sich die Frage, in welchen Fällen es dem Staat möglich ist, mit monetären und/oder güterwirtschaftlichen Maßnahmen die Höhe des Volkseinkommens zu steuern.

Eine monetäre Steuerung ist nach *Keynes* nur außerhalb des Keynes-Bereichs möglich, da dann der Transmissionsmechanismus (Zinssatz-Investitionen-Volkseinkommen) funktioniert. *Keynes* behauptet, dass die Situation „güterwirtschaftliches und monetäres Gleichgewicht“ in der Phase der Depression möglich sei.

Der Staat ist aber nach *Keynes* aufgrund der Existenz einer **Liquiditätsfalle** nicht in der Lage, die Depression mit monetären Maßnahmen zu überwinden.

Selbst ohne eine Liquiditätsfalle ist die Wirkung einer Zinssenkung nicht ohne weiteres garantiert. Wir haben bei den oben dargestellten Modellen meist konstante subjektive Renditeerwartungen der Unternehmer für Investitionen im eigenen Unternehmen unterstellt. Sinken jedoch die Renditeerwartungen der Unternehmen aufgrund eines Rückgangs der erwarteten Nettoeinnahmen (Umsatzrückgang, Kostensteigerungen usw.), müsste die Geldpolitik den langfristigen Kapitalmarktzins noch stärker senken als die Renditeerwartungen abnehmen. Diese Situation wird auch als **Investitionsfalle** bezeichnet.

Ein Aufschwung ist aus diesen Gründen nur mit güterwirtschaftlichen Maßnahmen möglich. Gelingt es dem Staat dabei nicht, die „privaten“ (indirekten) Variablen in Richtung Expansion zu beeinflussen, muss er den Aufschwung mit fiskalischen Mitteln (Steigerung der Staatsausgaben und/ oder Steuersenkungen) herbeiführen. Dies kann jedoch nur eine Initialzündung zur Änderung der Verhaltensweisen der anderen Wirtschaftssubjekte sein.

Zur Konjunkturdämpfung bei Überbeschäftigung sind dagegen auch nach *Keynes* monetäre Maßnahmen möglich.

In der praktischen Wirtschaftspolitik wird man sich in der Regel nicht einseitig auf die Wirkung monetärer oder güterwirtschaftlicher Maßnahmen verlassen, da man nach den bereits erwähnten Untersuchungen davon ausgehen kann, dass der Keynes-Bereich nur in Ausnahmesituationen relevant ist. Es wird vielmehr versucht, eine **optimale Kombination** von güterwirtschaftlichen und monetären Maßnahmen zur Konjunktursteuerung zu verwirklichen, was auch als „**Policy mix**" bezeichnet wird. Eine optimale Kombination bedeutet, dass weder güterwirtschaftliche noch monetäre Maßnahmen allein in extremer Form durchgeführt werden müssen.

Ein beinahe schon klassisches Beispiel, bei dem die ganze Last einer Konjunktursteuerung der monetären Politik überlassen wurde, bietet die deutsche Wirtschaftsgeschichte in Form der Rezession von 1966/67: Die Bremsung der Deutschen Bundesbank mit Hilfe ihres monetären Instrumentariums musste extrem stark ausfallen, um die Überbeschäftigung mit den entsprechenden Preisniveausteigerungen zu bekämpfen, weil unzureichende fiskalische Maßnahmen (zu spät) ergriffen wurden. Die Dämpfung der Konjunktur durch die Bundesbank muss deshalb als „extrem stark" klassifiziert werden, weil die Konjunktur von der Überbeschäftigung ins andere Extrem „Depression" durch monetäre Maßnahmen umgeschlagen hat.

Was die Effekte auf das Preisniveau betrifft, ausgelöst durch eine zusätzliche Staatsausgabe bzw. eine Geldmengenerhöhung, so wurde gezeigt, dass dann inflationäre Entwicklungen auftreten, wenn die vorhandenen Kapazitäten bereits ausgelastet sind, d. h., wenn man von einer Vollbeschäftigungssituation ausgeht.

9.3 Neo-Monetaristisches Grundkonzept und Transformationsprozess

Bereits Anfang der sechziger Jahre entstand eine Bewegung, die sich „monetaristische Gegenrevolution" (gegen *Keynes*) bezeichnete und deren wichtigste Vertreter *Karl Brunner* und *Milton Friedman* sind. Andererseits sah sich *M. Friedman* selbst als ein Keynesianer, der die Lehre von *Keynes* nur weiterentwickelte.

Trotz der Tatsache, dass die Aussagen einzelner Vertreter dieser Richtung doch recht unterschiedlich sind, soll versucht werden, das Paradigma mit Hilfe einzelner Thesen zu beschreiben (weitere Details in: Friedman, 1973, S. 62 ff. und Brunner, 1973, S. 70 ff.).

Nach der Darstellung des Grundkonzepts soll besonders auf den monetaristischen Transmissionsprozess eingegangen werden.

Bereits der Name dieses Paradigmas deutet darauf hin, dass das „Geld" eine zentrale Rolle spielt. Dies bedeutet aber keineswegs, dass deshalb ausschließlich mit Hilfe der Geldpolitik gesamtwirtschaftliche Ziele zu erreichen sind.

Im Einzelnen werden folgende Annahmen und Aussagen beim monetaristischen Grundkonzept gemacht:

1. Kausalitätshypothese

> *„Es gibt eine feste, wenn auch nicht präzise Beziehung zwischen der Wachstumsrate der Geldmenge und der Wachstumsrate des nominellen Volkseinkommens.“*
> (Friedman, 1973, S. 63)

Änderungen der Geldmenge sind ursächlich für Änderungen des nominalen Bruttoinlandsprodukts. Damit wird eine Dominanz monetärer Impulse angenommen und keine Neutralität des Geldes wie bei den Klassikern.

2. Zeitliche Verzögerungen

Die Wachstumsrate des nominalen Inlandsprodukts reagiert mit einer zeitlichen Verzögerung auf die Wachstumsrate der Geldmenge, d. h. die heutige Geldmengenentwicklung beeinflusst die zukünftige Einkommensentwicklung.

Empirische Untersuchungen haben nach *M. Friedman* ergeben, dass eine Änderung der monetären Wachstumsrate im Durchschnitt etwa zwei bis drei Quartale später zu einer Änderung der Wachstumsrate des nominalen Inlandsprodukts führt.

Damit ist im Gegensatz zur *Keynes*schen Theorie nicht der Zins, sondern die **Geldmenge** die entscheidende Variable.

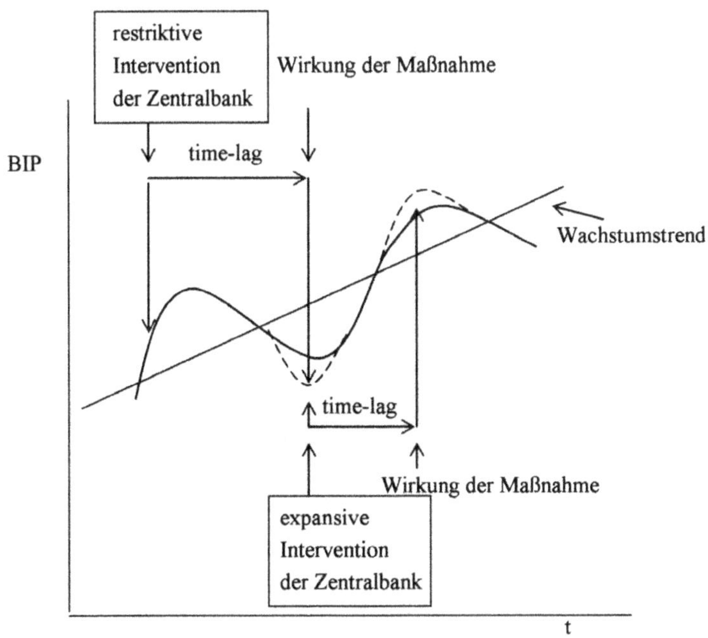

Abbildung 9.11

Selbst unter Berücksichtigung der zeitlichen Verzögerungen ist der Weg von einer Geldmengenänderung bis zu einer Änderung des Inlandsprodukts, d. h. die Transmission eines monetären Impulses, keineswegs eindeutig geklärt wie die Beschreibung der einzelnen Transmissionsphasen noch zeigen wird.

Da die genaue Länge der Verzögerung nicht bekannt ist, können fallweise Eingriffe mit Hilfe der Geldpolitik (diskretionäre Maßnahmen) zyklenverstärkend wirken, d. h. statt einer Stabilisierung der Konjunktur kann eine Verstärkung der Zyklen eintreten wie Abbildung 9.11 deutlich macht. **Nach neo-monetaristischer Auffassung können die Eingriffe der Zentralbank sogar ursächlich für das Entstehen von Zyklen sein.** Damit haben wir eine **monetäre Konjunkturtheorie**: Ursache der konjunkturellen Schwankungen sind die diskretionäre Maßnahmen der Zentralbank.

Da zusätzlich bei monetären Interventionen nach Auffassung der Neo-Monetaristen der genaue Transmissionseffekt nicht vorhersehbar ist, plädieren die Neo-Monetaristen für eine **Stabilisierung bzw. Verstetigung der Geldpolitik** durch eine kontinuierliche Ausweitung der Geldmenge entsprechend dem Wachstumstrend des Bruttoinlandsprodukts, was einer **Regelbindung** entspricht (vgl. Kapitel „Geldpolitische Strategien“).

3. Inflationshypothese

Eine Erhöhung der Geldmenge löst zunächst eine Erhöhung des realen Inlandsprodukts aus und danach, mit einer weiteren zeitlichen Verzögerung von zwei bis drei Quartalen, eine Preisniveausteigerung.

Die zeitliche Verzögerung von einer Änderung der Wachstumsrate der Geldmenge bis zu einer Änderung des Preisniveaus beträgt damit im Durchschnitt vier bis sechs Quartale, weshalb es nicht möglich ist, inflationäre Entwicklungen kurzfristig zu stoppen.

Nach monetaristischer Auffassung ist eine Inflation immer und überall ein monetäres Phänomen. Dies ist eine sogenannte **monetäre Inflationstheorie**.

Eine der möglichen Inflationsursachen ist eine Erhöhung der Staatsausgaben, wenn sie durch eine Ausweitung der Geldmenge finanziert wird.

4. Transmissionsprozess

Monetäre Impulse werden auf den realen Bereich durch Vermögensumschichtungen übertragen. Die Wirtschaftssubjekte haben das Ziel, eine optimale Vermögensstruktur zu erreichen. Dabei kann die Umschichtung zunächst bei den Finanzaktiva beginnen und sich dann auf das reale Vermögen ausdehnen. Die optimale Vermögensstruktur ist dann erreicht, wenn die Grenzerträge der einzelnen Vermögensanlagen gleich groß sind.

5. Stabilität des Geldumlaufs

Die Geldnachfrage bzw. die Umlaufsgeschwindigkeit des Geldes ist relativ stabil. Monetäre Impulse wirken damit direkt auf das nominale Inlandsprodukt, ohne dass sie durch gegenläufige Effekte von der Geldnachfrageseite aus konterkariert werden.

6. Stabilität des privaten Sektors

Der private Sektor tendiert von sich aus zum Gleichgewicht auf dem Gütermarkt und dem Arbeitsmarkt. Konjunkturschwankungen werden durch die staatliche Wirtschaftspolitik erst verursacht, insbesondere durch den Fehleinsatz der Geldpolitik in Form einer antizyklischen Geldpolitik wie Abbildung 9.11 deutlich machte.

7. Langfristige Geldmengenwirkungen

Von den Neo-Monetaristen wird daher eine Verstetigung der Geldpolitik anstelle einer sogenannten Stop-and-Go-Policy auch deshalb gefordert, da ein Fehleinsatz der Geldpolitik noch nach 5-10 Jahren Preisniveaueffekte auslösen kann.

8. Beschäftigungspolitik und Geldpolitik

Die Monetaristen lehnen es, aus den bereits erwähnten Gründen ab, mit Hilfe der Geldpolitik eine Vollbeschäftigungspolitik zu betreiben.

Sie gehen nicht wie *Keynes* von einer Unwirksamkeit der Geldpolitik in der Rezession und Depression aus, sondern befürchten inflationäre Konsequenzen.

Damit lehnen sie auch den Versuch ab, mit Hilfe einer geduldeten Inflationsrate die Reallöhne zu senken und damit die Beschäftigung zu steigern. Dieser Trade-off zwischen Inflationsrate und Arbeitslosenquote führt nach ihrer Ansicht dazu, dass die Arbeitslosenquote nur vorübergehend sinkt. Es wird eine Preis-Lohn-Spirale mit wachsender Geschwindigkeit (Beschleuniger-Theorie) dabei ausgelöst (vgl. dazu ausführlicher: Kapitel „Arbeitsmarkt").

9. Geldangebot

Die Zentralbank kann mit Hilfe der Geldbasis das Geldangebot autonom steuern.

(Die bereits in Kapitel 8 dargestellte Kreditmarkttheorie von *Brunner* hat allerdings einen Zusammenhang zwischen Geldangebot und Kreditnachfrage gezeigt.)

Auf dem Hintergrund dieses Grundkonzepts soll nun ein möglicher **monetaristischer Transmissionsprozess** dargestellt werden.

Wie unter Punkt 3 der neo-monetaristischen Grundkonzeptdarstellung bereits erwähnt, werden monetäre Impulse auf den realen Bereich durch **Vermögensumschichtungen** übertragen.

Bei diesem Transmissionsprozess handeln alle Wirtschaftssubjekte rational und haben das Ziel, eine optimale Vermögensstruktur zu erreichen. Sie ist dann erreicht, wenn die Grenzerträge der Vermögensanlagen gleich groß sind.

Als Vermögensgegenstände betrachtet Friedman

a) Geldbestände,
b) Finanzaktiva,
c) Sachaktiva und
d) Humankapital.

Die erzielbaren Erträge aus den einzelnen Vermögensgegenständen können dabei pekuniäre Erträge (wie Zinsen) aber auch nichtpekuniäre Erträge (wie Prestige) sein.

So bringt der Geldbestand eines Wirtschaftssubjektes keine pekuniären Erträge (abgesehen von geringfügigen Habenzinsen auf dem Girokonto) sondern den nichtpekuniären Ertrag, dass jederzeit die Zahlungsfähigkeit eines Wirtschaftssubjektes garantiert ist (Zeitpunktliquidität) und keine Transaktions- und Informationskosten wie bei der Umwandlung von anderen Aktiva in Geld verursacht werden.

Der Transmissionsprozess wird nun in mehrere Phasen eingeteilt, um ihn übersichtlicher zu gestalten (Duwendag, 1985, S. 200ff.):

Phase 1:

Zu einem bestimmten Zeitpunkt haben alle Wirtschaftssubjekte ihre Portefeuilles optimal gestaltet. Die Grenzerträge sind gleich groß.

Der monetäre Impuls erfolgt über eine Kreditaufnahme bei der Zentralbank: Die Zentralbank bietet den Geschäftsbanken an, bei ihr Kredite aufzunehmen. Die Geschäftsbanken nehmen das Angebot an. Damit steigt die Liquidität (Überschussreserve) der Geschäftsbanken. Das bisher bestehende Vermögensgleichgewicht ist gestört.

Phase 2:

Die Geschäftsbanken beginnen mit der Vermögensumschichtung bei den Finanzaktiva.
Sie haben nun verschiedene Möglichkeiten:

1. Erhöhung ihrer Kassenhaltung,
2. Transferierung des Geldes ins Ausland,
3. Kreditgewährung an Nichtbanken oder
4. Kauf von inländischen Wertpapieren von inländischen Nichtbanken

Wird die 4. Möglichkeit von den Geschäftsbanken wahrgenommen, dann steigen die Kurse dieser Wertpapiere, ihre Renditen sinken.

Bei den Nichtbanken wird dieser Verkauf als Störung des bisherigen Vermögensgleichgewichts empfunden, denn ihr Geldbestand ist gestiegen. Sie sehen nun drei Möglichkeiten:

1. Erhöhung ihrer Kassenhaltung,
2. Tilgung früher aufgenommenen Kredite oder
3. Kauf anderer Finanzaktiva.

Eine Erhöhung der Kassenhaltung wird nur bei einer Änderung ihrer Präferenzen oder dann vorgenommen, wenn die Informations- und Transaktionskosten hoch sind.

Nehmen die Nichtbanken eine Rückzahlung ihrer früher aufgenommenen Bankkredite vor, so steigt wieder die Überschussreserve des Geschäftsbankensektors.

Entschließen sich die Nichtbanken zum Kauf anderer Finanzaktiva, deren Kurse relativ niedrig waren, dann hat dies Kurssteigerungen und Renditesenkungen zur Folge. Außerdem sinkt die Geldmenge im Nichtbankensektor, was mit einer Steigerung des (nichtpekuniären) Ertrags der noch bestehenden Geldmenge einhergeht.

Phase 3:

Ist die Umschichtung von Geld und Finanzaktiva bei den Wirtschaftssubjekten beendet, was zeitlich nicht festzulegen ist, werden die Nichtbanken auch andere Umschichtungen vornehmen, da jetzt die Preise der Sachaktiva relativ zu den Preisen der Finanzaktiva niedrig sind.

Damit werden Substitutionseffekte auftreten zwischen Geld und Finanzaktiva auf der einen Seite und Sachaktiva, d. h. Gütern auf der anderen Seite. Damit haben wir die **Transmission eines monetären Impulses auf den güterwirtschaftlichen Bereich**.

Kaufen die Nichtbanken zu Lasten ihrer Kassenhaltung und ihrer Finanzaktiva Sachvermögen, steigen die Preise für Sachvermögen und ihre Erträge sinken, sofern das Angebot konstant bleibt.

Bei einem Vergleich der Erträge müssen dann die Erträge (pekuniäre und nichtpekuniäre) der Sachaktiva größer sein als die Erträge der Geldbestände und der Finanzaktiva.

Die Nachfrage nach Sachaktiva hat schließlich zur Folge, dass sich das Angebot an neuen Investitions- und Konsumgütern ausweitet, da diese Güter zum bisherigen Bestand an Gütern noch relativ preisgünstig sind. Damit steigen die Produktion, das Volkseinkommen und die Beschäftigung via Multiplikator. Preisniveaueffekte werden bei einem unelastischen Angebot durch Kostensteigerungen und zu geringer Produktivitätssteigerung auftreten.

Es wird außerdem angenommen, dass die Konsum- und Investitionsnachfrage steigen, da auch das Vermögen eine Bestimmungsgröße für Konsum und Investitionen ist.

Phase 4:

Der Transmissionsprozess und der Substitutionsprozess können sich nun auch auf die Nutzung von Sachgütern (anstatt Kauf: Leasing) ausweiten, da die Sachaktiva relativ teuer geworden sind.

Phase 5:

Der Substitutionsprozess kann sich auch auf das Humankapital auswirken, da diese Investitionen in die Aus- und Fortbildung relativ zu den anderen Aktiva preiswert sind. Nach der Substitution würde der Preis des Humankapitals steigen und die Erträge sinken.

Der Transmissionsprozess kommt allerdings in der Realität nie völlig zum Abschluss. Er bewegt sich zwar in Richtung einer Gleichgewichtssituation, ohne sie jemals zu erreichen.

Betrachtet man die Annahmen und Konsequenzen des neo-monetaristischen Paradigmas, so sind doch einige **kritische Bemerkungen** notwendig:

Wie soeben dargestellt, unterstellen die Neo-Monetaristen ein rationales Verhalten der Wirtschaftssubjekte, d. h. das Modell eines homo oeconomicus, mit dem die Realität nur begrenzt erklärt werden kann. Eine Verhaltensannahme die in anderer Form auch von den Neuklassikern mit ihrer Theorie der rationalen Erwartungen vertreten wird.

Allerdings sehen die Monetaristen diesen homo oeconomicus als rational handelndes Wesen, dessen ökonomisches Handeln nicht nur durch das Ziel einer Maximierung seiner pekuniären Erträge, sondern auch seiner nichtpekuniären Erträge bestimmt wird.

Dies bedeutet bereits einen Schritt in Richtung einer Theorie, welche die Realität erklären kann.

Dieser homo oeconomicus ist bei den Neo-Monetaristen, man möchte fast sagen ausschließlich, damit beschäftigt, sein Vermögen beinahe stündlich umzuschichten. Eine Aktion, die insbesondere bei der Substitution von Finanzaktiva durch Sachgütern (und umgekehrt) Schwierigkeiten mit sich bringt. Hier helfen allerdings zwei Annahmen der Monetaristen, dass diese Aktionen nicht stündlich erfolgen, nämlich erstens die bereits erwähnte Annahme nichtpekuniärer Erträge und eine weitere Annahme, dass hohe Informations- und Transformationskosten die Substitution verhindern oder zumindest erheblich erschweren wie besonders von *Karl Brunner* betont wird.

Eine weitere Grundaussage ist die Stabilität des privaten Sektors.

Diese Annahme ist sicher problematisch, weil davon ausgegangen wird, dass sich durch die Flexibilität der Güter- und Faktorpreise (insbesondere nach unten) ein Gleichgewicht auf den Güter- und Faktormärkte automatisch eintritt. Eine Grundannahme der neoklassischen Theorie, die allerdings keine Erklärung der Realität bringt, da das Preisniveau und die Faktorentlohnung für den Faktor Arbeit nach unten nicht immer flexibel sind.

Gehen die Monetaristen beim Gleichgewicht im privaten Sektor nur vom Gleichgewicht im güterwirtschaftlichen Bereich aus, so kann durchaus hier zugestimmt werden, da diese Gleichgewichtssituation auch mit Hilfe eines einfachen keynesianischen Modells gezeigt werden und auch in der Realität anhand niedriger Preisniveausteigerungen vermutet werden kann. Allerdings besteht dann in der Realität nicht automatisch ein Vollbeschäftigungsgleichgewicht.

9.4 Zinsbildung und Transmission der klassisch-neoklassischen Theorie

Die klassisch-neoklassische Zinstheorie kann als eine reale Zinstheorie bezeichnet werden, da der Zins sich auf dem Faktormarkt „Kapital“ durch Nachfrage und Angebot nach Geldkapital ergibt.

Das Angebot besteht in der Klassik und der Neoklassik aus dem Angebot an Ersparnissen (S) und die Nachfrage aus der Nachfrage nach Geldkapital für Investitionen (I).

Es wird dabei unterstellt, dass die Höhe der Ersparnis während einer Periode von der Höhe des Zinssatzes bestimmt wird, wobei allerdings ein Unterschied zwischen der klassischen Theorie und der neoklassischen Theorie gemacht werden muss. Während die klassische Theorie vom Realzinsniveau ($i^r = \frac{i}{P}$) ausgeht durch den das Angebot und Nachfrage nach Geld bestimmt werden, nimmt die neoklassische Theorie an, dass sie durch den Nominalzins (i) bestimmt werden.

Die Sparfunktion lautet demnach nach der klassischen Theorie:

$$S\ (i^r = \frac{i}{P}) \text{ wobei gilt: } dS/di^r > 0$$

Mit steigendem (sinkendem) Realzins nimmt daher bei der Klassik die Ersparnis zu (ab).

Die Sparfunktion wird hier zugleich als die Geldangebotsfunktion definiert: Mit steigendem Realzins nimmt das Geldangebot zu.

Die Geldnachfrage wird durch die Investitionsfunktion dargestellt, die bei der Klassik ebenfalls vom Realzins bestimmt wird:

Sinkt (steigt) der Realzins, so erhöht (sinkt) sich die Nachfrage nach Geld für Investitionen:

$$I\ (i^r = \frac{i}{P}) \quad \text{wobei gilt: } dI/di^r < 0$$

Für die Neoklassik gelten dagegen folgende Funktionen:

Sparfunktion: $S\ (i)$ wobei gilt: $dS/di > 0$

Investitionsfunktion: $I\ (i)$ wobei gilt: $dI/di < 0$

Mit steigendem Nominalzins nimmt die Ersparnis zu und mit sinkendem Zins ab. Eine Sparfunktion, die besonders von *Keynes* angegriffen wurde, da er als wesentliche Bestimmungsgröße für die Höhe der Ersparnis das verfügbare Einkommen annahm. Andererseits wird von den Neoklassikern und von *Keynes* eine Investitionsfunktion unterstellt, die besagt, dass mit steigendem Zinssatz die Investitionen abnehmen.

Da bei den Klassikern und bei den Neoklassikern Angebot und Nachfrage nach Geld jeweils von der gleichen Größe abhängig ist, herrschen immer ein güterwirtschaftliches und ein monetäres Gleichgewicht und darüber hinaus auch ein Vollbeschäftigungsgleichgewicht, denn es gilt bekanntlich das Saysche Theorem.

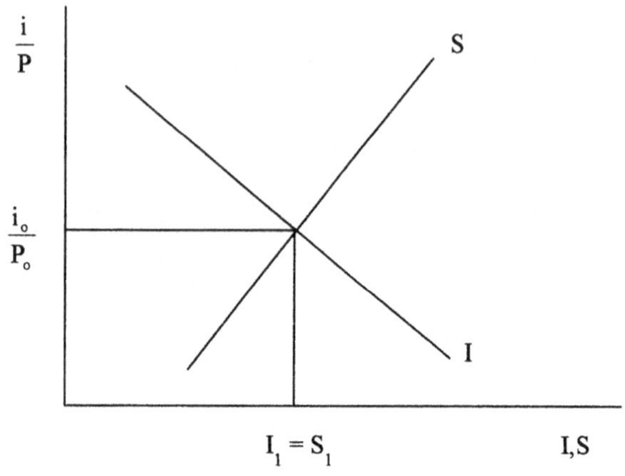

Abbildung 9.12

Abbildung 9.12 zeigt die klassische Zinsbildung:

In analoger Weise kann das neoklassische Gleichgewicht mit dem Nominalzins (i) in Abbildung 9.13 dargestellt werden.

Die Problematik der klassisch-neoklassischen Zinstheorie besteht sicher darin, dass in der Realität die Höhe der Ersparnis dominierend von der Höhe des verfügbaren Einkommens und nicht von der Höhe des Zinssatzes bestimmt wird und damit nicht immer automatisch I = S ist. Die Ersparnis kann so groß sein, dass kein Gleichgewicht zustande kommt. Dies kann insbesondere in der Rezession der Fall sein.

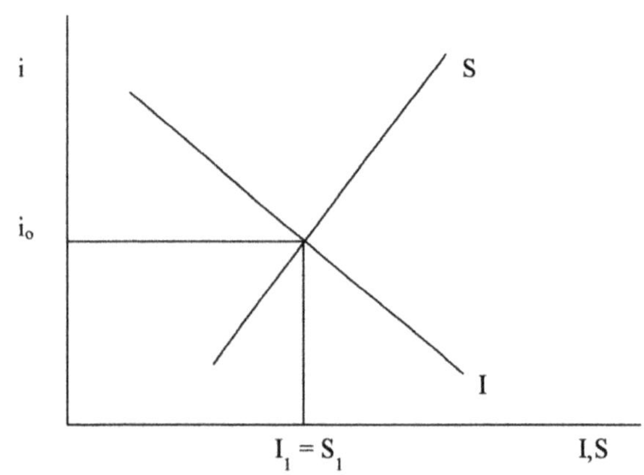

Abbildung 9.13

Ein weiterer Aspekt ist die Vernachlässigung der Kredit- und Geldschöpfungsmöglichkeiten der Geschäftsbanken.

Die Klassiker wie *Jean Baptiste Say* und *John Stuart Mill* gingen von einer Zweiteilung (Dichotomie) der Wirtschaft in einen güterwirtschaftlichen (realen) und einen geldwirtschaftlichen (monetären) Bereich aus. Dabei wurde unterstellt, dass Änderungen im monetären Bereich, wie beispielsweise eine Geldmengenerhöhung, im güterwirtschaftlichen Bereich die Austauschverhältnisse der Güter, auch relative Preise genannt, nicht ändern. Nach klassischer Auffassung kann durch eine Änderung der Geldmenge höchstens die absolute Höhe des Preisniveaus geändert werden.

Ausgehend von der Quantitätsgleichung in der Volkseinkommensversion ($M = V - Y^r \cdot P$), gelangen die Klassiker, wie bereits bei der Geldnachfrage dargelegt wurde, zur Quantitätstheorie, die einen funktionalen Zusammenhang – bei Konstanz des realen Volkseinkommens (Y^r) und der Umlaufsgeschwindigkeit (V°) – zwischen der Geldmenge (M) und dem Preisniveau (P) herstellt:

$$P = \frac{M \cdot V^o}{Y^r}$$

Verdoppelt sich die Geldmenge (M), dann verdoppelt sich auch das Preisniveau (P) der Volkswirtschaft einschließlich der Faktoreinkommen.

Die Geldmenge hat damit nur eine nominale, aber keine reale Wirkung. Das Geld ist neutral in Bezug auf den güterwirtschaftlichen Bereich: Money doesn't matter!

Für die Geldpolitik folgt daraus, dass sie keine Beschäftigungswirkung auslösen kann:

Sie kann nur eine absolute Änderung des Preisniveaus bewirken, nicht aber eine reale Änderung im güterwirtschaftlichen Bereich und damit auch des Beschäftigungsvolumens.

Offen bleibt die konkrete Frage nach dem Transmissionsmechanismus im Einzelnen. Er kann wir folgt angenommen werden:

Die Wirtschaftssubjekte bauen bei einer Geldmengenerhöhung ihre überschüssige Kassenhaltung dadurch ab, dass sie zusätzliche Ausgaben vornehmen, was bei gegebenem Güterangebot zu Preissteigerungen führt. Diese Erklärung ist in dieser Form unbefriedigend, da nun neben den Strömen auch Kassenbestände ins Spiel kommen. Die Nachfrage ist damit nicht nur von den relativen Güterpreisen abhängig, sondern auch von der tatsächlichen Geldhaltung, d. h. von einer monetären Variablen.

Die Quantitätstheorie erklärt damit nicht die Zinsbildung, sondern im Endeffekt nur die Änderung des Preisniveaus. Sie kann daher als eine monetäre Inflationstheorie bezeichnet werden (vgl. Kapitel „Preisniveaustabilität")

In der Klassik hat die Geldpolitik allerdings die Aufgabe, dennoch für Preisniveaustabilität zu sorgen, und zwar im Hinblick auf den Geldwert. Zwar ändern sich nach klassischer Auffassung nicht die Wertverhältnisse, aber die Geldbestände verlieren ihren Wert. Das Geld verliert sonst seine Funktion als Wertaufbewahrungsmittel. Bei gewährten Krediten wird die nominale Verzinsung einen Inflationsaufschlag enthalten. Geht man allerdings von der klassischen Vorstellung aus, dass nur Gold als Geld gilt und Papiergeld nur ein Geldsurrogat ist, das durch einen Goldbestand gedeckt sein muss, dann steigt auch der Wert dieser Ware Gold genauso wie der Wert der anderen Waren, sofern sich die Geldmenge erhöht.

Da jedoch im 19. Jahrhundert auch Papiergeld im Umlauf war, forderten die Vertreter des sogenannten **Currencyprinzips** (unter ihnen *David Ricardo*) eine vollständige Golddeckung der umlaufenden Banknoten. Mit dieser Golddeckung des Banknotenumlaufs sollten inflationäre Entwicklungen verhindert werden. Das Currencyprinzip entstand wohl aus der Erfahrung mit der Inflation in Großbritannien in der Zeit der napoleonischen Kriege als die umlaufenden Banknoten nicht vollständig durch Gold gedeckt waren.
Dieses Prinzip wurde (allerdings nur in modifizierter Form) bei der Bank von England durch die Peelschen Bankakte (1844) durchgesetzt. Das Prinzip erwies sich in einer wachsenden Wirtschaft mit konjunkturellen Schwankungen als nicht besonders geeignet, weshalb es dreimal im 19. Jahrhundert (mit Genehmigung des Parlaments) durchbrochen werden musste.
Die neoklassische Theorie nimmt aber im Gegensatz zur klassischen Theorie auch eine Änderung der realen güterwirtschaftlichen Austauschverhältnisse durch monetäre Maßnahmen an. Sie geht daher nicht von einer Dichotomie der Wirtschaft aus wie dies bereits bei der Darstellung der neo-monetaristischen Theorie dargelegt wurde, die als eine Variante der neoklassischen Theorie verstanden werden kann.

Als eine der Weiterentwicklungen der neoklassischen Theorie kann die **Leihfondstheorie** (loanable funds theory) angesehen werden, die neben dem Geldangebot in Form der Ersparnis auch die **Kreditschöpfung der Geschäftsbanken** mit einbezieht. Sie stützt sich dabei auf die in den 20er Jahren des vergangenen Jahrhunderts entwickelte Theorie von *Knut Wicksell*, der die neoklassische Theorie unter Einbeziehung des Bankkredits weiterentwickelte.

Die Theorie von *Knut Wicksell* ist zugleich eine **monetäre Konjunkturtheorie**. Sie soll an dieser Stelle als endogene Konjunkturerklärung, wie im Kapitel „Konjunktur“ angekündigt, nachgeholt werden.

Knut Wicksell führt konjunkturelle Schwankungen auf ein monetäres Phänomen zurück, wobei er güterwirtschaftliche Aspekte mit berücksichtigt.

Er unterscheidet den unsichtbaren natürlichen Zins, wie er sich bei den Klassikern-Neoklassikern durch das Angebot an Ersparnissen (S) und die Nachfrage nach Kapital für Investitionen (I) ergibt, und dem sichtbaren Geldzins (Kreditzins), den die Geschäftsbanken für Investitionskredite fordern. *Wicksell* berücksichtigt damit die Kreditschöpfungsmöglichkeiten des Bankensektors. Nur wenn der natürliche Zins und der Geldzins übereinstimmen, befindet sich die Volkswirtschaft im Gleichgewicht. Sind dagegen der Geldzins und der natürliche Zins unterschiedlich hoch, so entwickeln sich sogenannte **Wicksellsche Prozesse**. Es gibt kumulative Prozesse nach oben oder unten. *Wicksell* bietet damit ein dynamisches Erklärungsmodell der Konjunktur.

Bei einem Geldzins **unter** dem natürlichen Zins wird die Spartätigkeit zurückgedrängt, was zu einer erhöhten Konsumnachfrage führt. Der niedrige Geldzins induziert außerdem eine höhere Nachfrage nach Investitionsgütern. Die Güter- und Faktorpreise beginnen zu steigen, da ein Wettbewerb um die knappen Produktionsfaktoren und Güter einsetzt. Die Banken erkennen die gestiegene Nachfrage nach Krediten und beginnen den Geldzins zu erhöhen. Da die Banken den unsichtbaren natürlichen Zins nicht kennen, kann der Geldzins dann **über** dem natürlichen Zins liegen. Die Gewinnerwartungen und das Preisniveau beginnen zu sinken. Die Geschäftsbanken beginnen mit Krediteinschränkungen, die Unternehmen zahlen beschleunigt Kredite zurück, die Investitionsneigung sinkt aufgrund gesunkener Gewinnerwartungen. Das Preisniveau sinkt. Der kumulative Prozess nach unten hat begonnen.

Man kann diese neoklassische Darstellung mit keynesianischen Elementen und mit dem Eingriff der Zentralbank verbinden, wie das *Erich Schneider* vorgenommen hat. Es ist allerdings umstritten, ob diese Interpretation von *Wicksell* stammt:

Zur Überwindung der Rezession senkt die Zentralbank das Zinsniveau mit Hilfe ihres Instrumentariums. Diese Zinssenkung veranlasst die Geschäftsbanken, den Geldzins (Kreditzins) zu senken. In der Rezession hat das zunächst Beschäftigungseffekte zur Folge, weil der Konsum und die Investitionen steigen (Multiplikatoreffekte). Nach Erreichung der Vollbeschäftigung steigt das Preisniveau. Die Zentralbank erhöht das Zinsniveau über den natürlichen Zins. Ein Prozess nach unten beginnt, wie bereits beschrieben. Es kommt aber nicht zu einem stabilen Gleichgewicht, sondern zur Unterbeschäftigung.

Aus diesen Überlegungen von *Knut Wicksell* heraus wurde die loanable funds theory entwickelt, die auch als Theorie der ausleihbaren Fonds, Kreditfondstheorie oder als **Leihfondstheorie** bezeichnet wird.

Sie entstand nach dem Erscheinen der Keynesschen „Allgemeinen Theorie" als neoklassische Alternative zur Keynesschen Liquiditätspräferenztheorie. Vertreter dieser Theorie sind insbesondere *B. Ohlin*, *D. H. Robertson* und *R. G. Hawtrey* (Duwendag, 1977, S. 144 ff.). Die heute übliche Darstellung stammt von *A. P. Lerner* (Woll, 1996, S. 282 f.).

Bei der Leihfondstheorie wird der Zins auf dem Geldmarkt im weitesten Sinne einschließlich des Kreditmarktes gebildet.

Die Quellen des **Angebots** sind

- die Ersparnisse (S) der Nichtbanken,
- die Kreditschöpfung der Banken und
- das Enthorten der einzelnen Wirtschaftssubjekte (als Auflösung von Beständen aus früheren Perioden).

Die **Nachfrage** wird bestimmt durch die Nachfrage nach Mitteln für

- Investitionen (I) und für
- Horten (L)

Wird Horten und Enthorten gegeneinander aufgerechnet, ergibt sich das Nettohorten (Δ L).

Die Nachfrage ergibt sich damit aus

$$I(i) + \Delta L(i)$$

wobei gilt: dI/di < 0 und dL/di < 0. Dies bedeutet: Bei steigendem Zinssatz nimmt die Nachfrage ab.

Andererseits gilt für das Angebot:

Das Angebot an Ersparnissen ist wie in der Klassik zinselastisch, während das Kreditangebot (Geldmengenerhöhung) hier als zinsunelastisch angesehen wird:

$$S(i) + \Delta M$$

wobei gilt: dS/di > 0 und dM/di = 0. Monetäres Gleichgewicht herrscht dann, wenn

$$I(i) + \Delta L(i) = S(i) + \Delta M$$

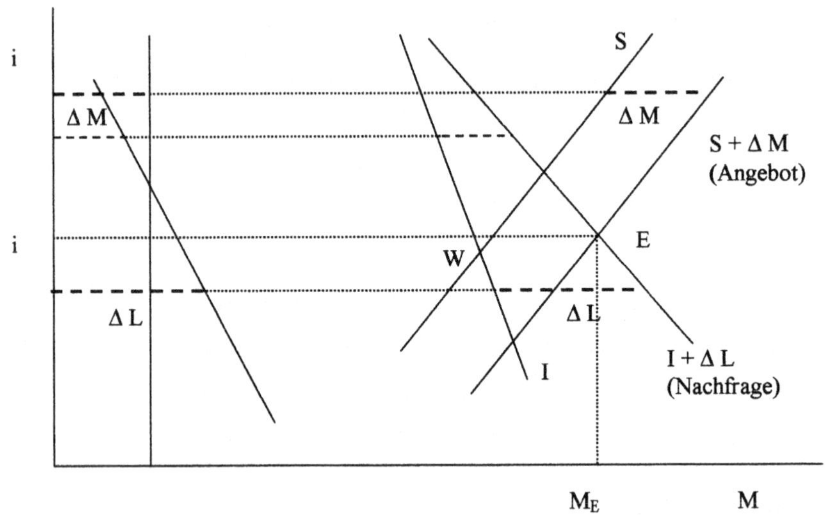

Abbildung 9.14

Abbildung 9.14 zeigt zunächst die völlig zinsunelastische Änderung des Geldangebots (Δ M) sowie die Kurve des zinselastischen Nettohortens (Δ L). Außerdem wird das neoklassische monetäre Gleichgewicht mit einer zinselastischen Investitionsfunktion (I) und einer zinselastischen Sparfunktion (S) dargestellt. Im sogenannten Wicksellschen Punkt W herrscht der natürliche Zins, da I = S.

Durch die Aggregation der Kurve des Geldangebots und der Sparfunktion ergeben sich die ausleihbaren Fonds (Angebot), während die Aggregation der Kurve des Nettohortens mit der

Investitionsfunktion die nachgefragten Fonds (Nachfrage) ergibt. Es kommt zu einem Gleichgewicht E, das in diesem Falle oberhalb des Punktes W liegt.

Die Leihfondstheorie arbeitet damit schwerpunktmäßig mit Strömungsgrößen, während die Liquiditätspräferenztheorie von Keynes mit Bestandsgrößen arbeitet (Jacob, 1981, S. 98).

Kontrollfragen zu Kapitel 9

1. Erläutern Sie die wirtschaftspolitischen Konsequenzen des Keynes-Modells!
2. Zählen Sie die wichtigsten Grundannahmen des monetaristischen Konzepts auf!
3. Wie erklären die Monetaristen konjunkturelle Schwankungen?
4. Beschreiben Sie die einzelnen Phasen der Transmission eines monetären Impulses nach der monetaristischen Theorie!
5. Welche kritischen Anmerkungen können gegenüber der monetaristischen Theorie gemacht werden?
6. Welche Auffassung vertreten die Klassiker und Neoklassiker über die Wirkungen einer Geldmengenänderung auf den güterwirtschaftlichen Bereich?
7. Wie erklären die Klassiker und die Neoklassiker die Zinsbildung?
8. Erklären Sie die monetäre Konjunkturtheorie von Knut Wicksell!

10 Geldpolitik

Während die Geldtheorie die Wirkungen von Geldmengenänderungen und Zinssatzvariationen modellhaft erklären will, untersucht die **Theorie der Geldpolitik** die Geldordnung (Geldverfassung), die Träger der Geldpolitik, die Ziele und Instrumente und deren Einsatzfolgen.

Von der Theorie der Geldpolitik ist die **praktische Geldpolitik** zu unterscheiden. Die praktische Geldpolitik ist die Gesamtheit der erfolgten oder beabsichtigten Maßnahmen zur Regelung und Steuerung der Geldmenge, der Zinssätze und der Liquidität einer Volkswirtschaft.

Die folgende Darstellung bezieht sich überwiegend auf die Theorie der Geldpolitik und speziell auf die Möglichkeiten einer Geldpolitik in der Europäischen Union mit Schwerpunkt Bundesrepublik Deutschland.

Sie beginnt mit der Einordnung der Geldpolitik in die Wirtschaftspolitik und ihrer Abgrenzung zur Währungspolitik.

Danach werden die Träger und Ziele der Geldpolitik behandelt. Diesen Ausführungen folgt eine Beschreibung und Kommentierung des geldpolitischen Instrumentariums der Europäischen Zentralbank und eine Erörterung möglicher geldpolitischer Strategien.

10.1 Wirtschaftspolitik und Geldpolitik

Die **Währungspolitik** ist der Teil der staatlichen Wirtschaftspolitik, der die staatlichen Maßnahmen zur Gestaltung des Geldwesens umfasst (Issing, 1998, S. 1).

Ein Teil der Währungspolitik ist **Ordnungspolitik** und wird als institutionelle oder konstitutive Währungspolitik bezeichnet. Der rechtliche Aspekt dieser Ordnungspolitik ist die Geldverfassung. Das Recht auf Schaffung einer Geldordnung liegt in der Bundesrepublik Deutschland gem. Art. 73 GG ausschließlich beim Bund und betrifft expressis verbis u. a. das „Währungs-, Geld- und Münzwesen".

Da der Bund außerdem die Bundesrepublik nach außen vertritt und nur er völkerrechtliche Verträge eingehen kann (Art. 32 GG), sind auch die internationalen Währungsfragen und Verträge wie die Mitgliedschaft im Internationalen Währungsfonds (IWF) Angelegenheiten des Bundes.

Teilbereiche der Ordnungspolitik (wie beispielsweise die Organisation der Finanzmärkte) sind der Deutschen Bundesbank übertragen worden.

Der andere Teil der Währungspolitik wird als **Prozesspolitik** (funktionelle oder regulierende Politik) bezeichnet.

Die Prozesspolitik als Teil der Währungspolitik wird auch **Geldpolitik** genannt. Sie hat primär die **Aufgabe**, im Rahmen der gesetzten Ordnung mit Hilfe monetärer Maßnahmen zur Stabilisierung und zum Wachstum einer Volkswirtschaft beizutragen.

Die Geldpolitik wurde in der Bundesrepublik Deutschland bis zum 31.12.1998 von der Deutschen Bundesbank wahrgenommen. Mit dem Vertrag von Maastricht und dem Beitritt zur Europäischen Währungsunion (EWU) hat die Bundesrepublik Deutschland ab dem 1.1.1999 die Geldpolitik auf das Europäische System der Zentralbanken (ESZB) übertragen.

10.2 Das Europäische System der Zentralbanken (ESZB)

10.2.1 Organisationsstruktur des Systems

Mit der Errichtung einer Europäischen Wirtschafts- und Währungsunion (EWU) wurde durch den Maastrichter Vertrag das Europäische System der Zentralbanken (ESZB) geschaffen. Da jedoch zu Beginn der Wirtschafts- und Währungsunion nicht alle Länder den Euro eingeführt haben, muss zwischen dem ESZB und dem Eurosystem unterschieden werden.

Zum **Eurosystem** werden die Europäische Zentralbank (EZB) und die nationalen Zentralbanken der Mitgliedstaaten gezählt, die den Euro eingeführt haben. Zum Eurosystem gehören im Augenblick (1.1.2008) 15 nationale Zentralbanken, und zwar der Länder Belgien, Deutschland, Finnland, Frankreich, Griechenland, Irland, Italien, Luxemburg, Malta, Niederlande, Österreich, Portugal, Slowenien, Spanien und Zypern.

Zum **Europäischen System der Zentralbanken (ESZB)** gehören die EZB und die nationalen Zentralbanken **aller** Mitgliedstaaten der Europäischen Union.

Sobald alle nationalen Zentralbanken dem Euro-Währungsgebiet angehören, entfällt der Hilfsbegriff „Eurosystem“, der im Maastrichter Vertrag nicht vorgesehen ist, da dann das Europäische System der Zentralbanken mit dem Eurosystem identisch ist.

Die **Leitung des Eurosystems** liegt beim EZB-Rat und dem Direktorium der EZB. Der **EZB-Rat** umfasst die Mitglieder des Direktoriums und die Zentralbankpräsidenten der Mitgliedstaaten, die den Euro eingeführt haben (Abbildung 10.1).

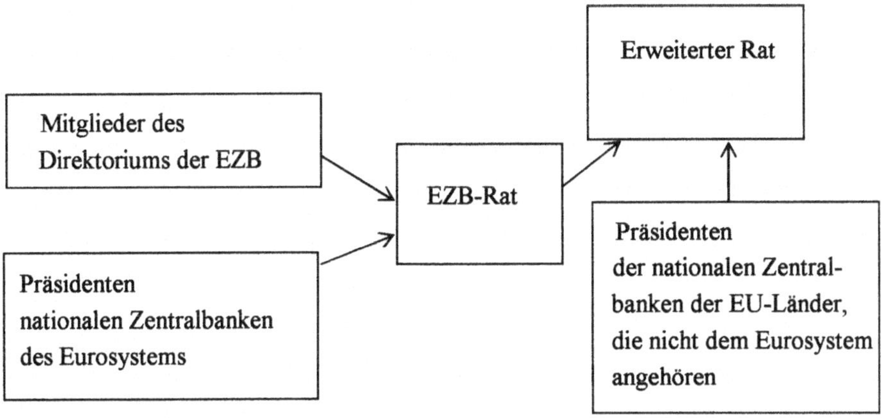

Abbildung 10.1

Das Direktorium besteht aus dem Präsidenten, dem Vizepräsidenten der EZB und vier weiteren Mitgliedern.

Die Aufgabe des EZB-Rats besteht darin, die **Geldpolitik des Eurosystems festzulegen** und Entscheidungen über geldpolitische Zwischenziele, Leitzinssätze und die Bereitstellung von Zentralbankgeld im Eurosystem zu treffen.

Das Direktorium der EZB und die Zentralbankpräsidenten **aller** nationalen Zentralbanken der EU bilden den **Erweiterten Rat,** der keine geldpolitischen Kompetenzen hat. Der Erweiterte Rat fungiert als beratendes Gremium mit wesentlichen Koordinationsaufgaben mit den Noch-nicht-Euroländern, solange noch nicht alle EU-Länder der Währungsunion beigetreten sind.

10.2.2 Ziele, Aufgaben und Autonomierechte

Das **Europäische System der Zentralbanken** und damit auch das **Eurosystem** haben nach dem Vertrag von Maastricht das vorrangige **Ziel „Preisstabilität“** zu gewährleisten. Außerdem soll das ESZB **die allgemeine Wirtschaftspolitik der Gemeinschaft unterstützen** wie das Art. 105 Abs. 1 EUV vorschreibt:

> *„(1) Das vorrangige Ziel des ESZB ist es, die Preisstabilität zu gewährleisten. Soweit dies ohne Beeinträchtigung des Zieles der Preisstabilität möglich ist, unterstützt das ESZB die allgemeine Wirtschaftspolitik in der Gemeinschaft, um zur Verwirklichung der in Artikel 2 festgelegten Ziele der Gemeinschaft beizutragen.“*

Mit der Unterstützung der allgemeinen Wirtschaftspolitik sollen vor allem die Ziele der Gemeinschaft gefördert werden, die in Art. 2 des EG-Vertrages festgeschrieben wurden und die hier nochmals wegen ihrer Bedeutung auch für das ESZB zitiert werden sollen:

> *„Aufgabe der Gemeinschaft ist es, durch die Errichtung eines Gemeinsamen Marktes und einer Wirtschafts- und Währungsunion sowie durch die Durchführung der in den Artikeln 3 und 3a genannten gemeinsamen Politiken oder Maßnahmen eine harmonische und ausgewogene Entwicklung des Wirtschaftslebens innerhalb der Gemeinschaft, ein beständiges, nichtinflationäres und umweltverträgliches Wachstum, einen hohen Grad an Konvergenz der Wirtschaftsleistungen, ein hohes Beschäftigungsniveau, ein hohes Maß an sozialem Schutz, die Hebung der Lebenshaltung und der Lebensqualität, den wirtschaftlichen und sozialen Zusammenhalt und die Solidarität zwischen den Mitgliedstaaten zu fördern."*

Aus dem wohlbekannten magischen Viereck des deutschen Stabilitäts- und Wachstumsgesetzes ist ein Vieleck geworden, das jetzt insbesondere zusätzlich ökologische, regionale und sozialpolitische Zielsetzungen beinhaltet. Das Konfliktpotential ist damit für das ESZB noch größer geworden als für die Deutsche Bundesbank.

Konflikte können vor allem dann auftreten, wenn der Rat der EU der Wirtschafts- und Finanzminister das Wirtschaftswachstum forcieren möchte, um ein hohes Beschäftigungsniveau zu erreichen unter Inkaufnahme einer Preisniveausteigerung.

Die **grundlegenden Einzelaufgaben des ESZB** werden in Art. 105 Abs. 2 EUV wie folgt beschrieben:

> *„– die Geldpolitik der Gemeinschaft festzulegen und auszuführen,*
> *– Devisengeschäfte im Einklang mit Artikel 111 durchzuführen,*
> *– die offiziellen Währungsreserven der Mitgliedstaaten zu halten und zu verwalten,*
> *– das reibungslose Funktionieren der Zahlungssysteme zu fördern."*

Damit soll die **funktionelle Unabhängigkeit** des ESZB gesichert werden: Die Ziele und Aufgaben (Funktionen) des Zentralbanksystems werden vom Vertrag definiert und nicht von der Regierung oder anderen Stellen vorgeschrieben.

Die Autonomie des ESZB wird allerdings durch die Kooperationspflicht mit den anderen EU-Institutionen (insbesondere auch mit dem Europäischen Parlament) in Form von **Berichterstattungspflichten** eingeschränkt. Der Präsident der EZB muss dem Europäischen Parlament vierteljährlich Bericht erstatten und zusätzlich den EZB-Jahresbericht erläutern. Das Parlament hat jederzeit ein Auskunftsrecht über geldpolitische Beschlüsse des EZB-Rats. Andererseits besteht aber auch ein **Anhörungsrecht** für die EZB, sofern es sich um Entwürfe und Rechtsvorschriften handelt, die in den Zuständigkeitsbereich der Europäischen Zentralbank fallen. Außerdem wirkt das ESZB bei der Bankenaufsicht mit.

Schließlich besitzt die EZB nach Art. 106 Abs. 1 EUV „das ausschließliche Recht, die Ausgabe von Banknoten innerhalb der Gemeinschaft zu genehmigen".

Das Münzregal verbleibt nach bei den Mitgliedstaaten. Der Umfang der Ausgabe von Münzen bedarf aber der Genehmigung durch die EZB.

Schließlich wurde im Vertrag (Art. 108 EUV), die **Autonomie des ESZB** expressis verbis festgelegt:

> *„Bei der Wahrnehmung der ihnen durch diesen Vertrag und die Satzung des ESZB übertragenen Befugnisse, Aufgaben und Pflichten darf weder die EZB noch eine nationale Zentralbank noch ein Mitglied ihrer Beschlussorgane Weisungen von Organen oder Einrichtungen der Gemeinschaft, Regierungen der Mitgliedstaaten oder anderen Stellen einholen oder entgegennehmen. Die Organe und Einrichtungen der Gemeinschaft sowie die Regierungen der Mitgliedstaaten verpflichten sich, diesen Grundsatz zu beachten und nicht zu versuchen, die Mitglieder der Beschlussorgane der EZB oder der nationalen Zentralbanken bei der Wahrnehmung ihrer Aufgaben zu beeinflussen."*

Dies sind eindeutige Festlegungen, die sogar über die Regelungen des Bundesbankgesetzes hinausgehen und die **funktionelle,** aber auch die **institutionelle Unabhängigkeit des ESZB**.

Institutionelle Autonomie bedeutet: Keine Abhängigkeit von Regierungsinstitutionen wie früher in Frankreich vom Finanzministerium. Diese Autonomie wird nochmals expressis verbis in Art. 8 des Statuts wie folgt festgelegt: „Das ESZB wird von den Beschlussorganen geleitet."

Das ESZB besitzt außerdem eine **finanzielle** Autonomie. Dies bedeutet, dass es sich als Institution selbst finanziert und keine Kredite an die Staaten gewähren muss.

Die **instrumentelle Unabhängigkeit** als Recht, die vom Gesetz vorgegebenen Instrumente ohne Weisung von anderer Stelle einzusetzen, ist noch weitergehender als sie bei der Bundesbank war. Der EZB-Rat hat nicht nur das Recht, die vertraglich festgelegten Instrumente einzusetzen, sondern kann sie auch weiter ausgestalten.

Die Grenze der Autonomie des ESZB ist im außenwirtschaftlichen Bereich erkennbar, denn das ESZB hat, wie früher die Deutschen Bundesbank, keine **Wechselkurskompetenz** (Art. 111 EUV). Die **Wechselkurskompetenz** und damit die **Wechselkurspolitik**, im Sinne der Festlegung des Wechselkurssystems (feste oder flexible Wechselkurse) und bei festen Wechselkursen auch des Wechselkurses, liegt beim Rat der EU (in der Zusammensetzung der Finanz- und Wirtschaftsminister) und nicht beim ESZB. Das Wechselkurssystem gegenüber Drittwährungen legt der Rat der EU nach Anhörung oder auf Empfehlung der EZB fest.

Zur Einführung eines Festkurssystems gegenüber Drittlandswährungen mit einem Leitkurs und den damit verbundenen Interventionsverpflichtungen ist ein einstimmiger Beschluss des Rates der EU notwendig (Art. 111 Abs. 1 EUV). Für spätere Änderungen ist eine qualifizierte Mehrheit im Rat ausreichend. Die EZB muss dabei gehört werden, um einen Konsens herzustellen, der mit dem Ziel der Preisstabilität in Einklang steht.

Bei grundsätzlich flexiblen Wechselkursen gegenüber Drittlandswährungen kann der Rat der EU mit qualifizierter Mehrheit allgemeine Orientierungen für die Wechselkurspolitik gegenüber diesen Währungen geben (Art. 111 Abs. 2 EUV), dabei darf allerdings das vorrangige Ziel des ESZB, die Preisstabilität zu gewährleisten, nicht beeinträchtigt werden.

Liegt das Wechselkurssystem fest, so kann das ESZB im Rahmen des jeweiligen Systems von sich aus ohne Weisungen des Rates auf den Devisenmärkten intervenieren. Dies bedeutet aber auch, dass es bei festen Wechselkursen sogar eventuell gegen seinen Willen intervenieren muss, wenn der obere oder untere Interventionspunkt erreicht ist.

Diese Regelung hätte dann entsprechende Folgen für die Geldpolitik, wenn der Rat an einem Wechselkurs festhalten würde, bei dem das ESZB laufend fremde Währungen gegen Euro ankaufen müsste und somit eine unerwünschte Geldmengenerhöhung auftreten würden. Damit bestünde die Gefahr, dass die EZB die Kontrolle über die Geldmenge verlöre.

Bei flexiblen Wechselkursen ist die Möglichkeit einer allgemeinen Orientierung durch den Rat der EU heftig kritisiert worden. Allerdings hat der Rat selbst auf seiner Tagung im Dezember 1997 festgestellt, dass eine derartige allgemeine Orientierung nur unter außergewöhnlichen Umständen ausgesprochen würde.

Was die **personelle Unabhängigkeit** des ESZB betrifft, so werden die Mitglieder des Direktoriums (Präsident, Vizepräsident und vier weitere Mitglieder) auf acht Jahre von den Regierungen der Mitgliedstaaten ernannt. Eine Wiederwahl ist nicht möglich (Art. 112 EUV). Damit die personelle Autonomie des ESZB auch nicht über die **nationalen Zentralbanken** unterlaufen werden kann, waren die einzelnen Staaten verpflichtet, ihre gesetzlichen Regelungen mit dem Vertrag und der Satzung des ESZB spätestens bis zur Errichtung der EZB in Einklang zu bringen (Art. 109 EUV).

Um die personelle Unabhängigkeit des EZB-Rates zu sichern, schreibt das Statut des ESZB in Art. 14 vor, dass die Präsidenten der nationalen Zentralbanken auf mindestens fünf Jahre zu wählen sind.

Die Unabhängigkeit der nationalen Zentralbanken muss genauso wie die Autonomie des ESZB in institutioneller, funktioneller, instrumenteller, personeller und finanzieller Form vorhanden sein.

Für die meisten Staaten bedeutete dies eine **Aufgabe ihrer Souveränität in der Geldpolitik**, sofern bei ihnen die Geldpolitik in Händen der Regierung lag. Wirtschaftspolitisch war dies auch gleichzeitig ein Verzicht auf eine „Wirtschaftspolitik aus einem Guss", was soviel bedeutete, dass die staatliche Wirtschaftspolitik nicht von einer Instanz ausgeübt wird, sondern auf mehrere Instanzen verteilt wurde. Dies erfordert aber eine Koordinierung der Wirtschaftspolitik.

Um eine **Koordination der allgemeinen Wirtschaftspolitik** mit der Geldpolitik zu sichern, ist eine Kooperation zwischen dem ESZB und den anderen EU-Institutionen vorgesehen:
Die Wirtschafts- und Finanzpolitik wird in der EU durch den Ministerrat bestimmt, der sich seit 1993 Rat der Europäischen Union der Wirtschaft- und Finanzminister nennt.
Der Präsident und ein Mitglied dieses Rates können an EZB-Ratssitzungen mit Antragsrecht, aber ohne Stimmrecht, teilnehmen.
Schließlich kann der Präsident der EZB zur Teilnahme an der Tagung des Rates der EU eingeladen werden, wenn Fragen im Zusammenhang mit dem ESZB erörtert werden.

Neben diesen Gremien des ESZB wurde zusätzlich ein **Wirtschafts- und Finanzausschuss** eingesetzt, der aus je zwei Mitgliedern besteht, die von einem Mitgliedstaat, der Kommission und der EZB entsandt werden. Er gilt als beratender Ausschuß des Rates der EU in Wirtschafts- und Finanzfragen (Art. 114 Abs. 2 EUV).

Es ist natürlich die Frage, welches Gewicht diese Institution gegenüber dem EZB-Rat in Zukunft entwickeln wird. Hier besteht die Gefahr der Entstehung eines wichtigen Nebenzentrums der Geldpolitik. Die bisherige Entwicklung lässt allerdings hoffen, dass diese Institution nicht die Autonomie der EZB beeinträchtigt.

Für die Preisstabilität besteht (neben der nicht kontrollierbaren Flanke „Einkommenspolitik" in Form der Tarifabschlüsse) eine besondere **Gefahr in Form unsolider Fiskalpolitiken der einzelnen Mitgliedstaaten und der Gemeinschaft**.

Zur Eindämmung dieser Gefahr, wurden spezielle Kontrollen aber auch Sanktionen in das Vertragswerk eingebaut (Art. 104 EUV). Dabei wurde auch den Befürchtungen der Deutschen Bundesbank Rechnung getragen, dass über den innergemeinschaftlichen Finanzausgleich unsolide Länder die anderen zur Kasse bitten.

U. a. wurde in Art. 103 EUV eindeutig festgelegt:

> *„(1) Die Gemeinschaft haftet nicht für die Verbindlichkeiten der Zentralregierungen, der regionalen und lokalen Gebietskörperschaften oder anderer öffentlich-rechtliche Körperschaften, sonstiger Einrichtungen des öffentlichen Rechts oder öffentlicher Unternehmen von Mitgliedstaaten und tritt nicht für derartige Verbindlichkeiten ein ..."*

Zusätzlich wurde noch vor der Schaffung der Europäischen Zentralbank noch ein Stabilitäts- und Wachstumspakt (im Juni 1997 in Amsterdam) geschlossen, um auch diese Gefahr zu bannen.

Die Amsterdamer Fassung des EU-Vertrages (gültig ab 1.1.1999) versucht mit Art. 121, übermäßige öffentliche Defizite zu vermeiden. Die einzelnen Staaten müssen auch nach dem Beitritt zum Eurosystem bestimmte Referenzwerte einhalten und sich verpflichten, das Ziel eines ausgeglichen Staatshaushalts zu verfolgen.

10.2.3 Die Deutsche Bundesbank

Seit 1.1.1999 ist die Deutsche Bundesbank ein Teil des Eurosystems und kann daher ihre wichtige Funktion, die Geldpolitik zu bestimmen, nur im Rahmen des Eurosystems ausüben. Dies macht die Neufassung des § 3 BBankG zum 23.3.2002 deutlich, der die **Aufgaben der Bundesbank** wie folgt definiert (Bundesbankgesetz in der Fassung vom 23.3.2002):

> *„Die Deutsche Bundesbank ist als Zentralbank der Bundesrepublik Deutschland integraler Bestandteil des Europäischen Systems der Zentralbanken. Sie wirkt an der Erfüllung seiner Aufgaben mit dem vorrangigen Ziel mit, die Preisstabilität zu gewährleisten, hält und verwaltet die Währungsreserve der Bundesrepublik Deutschland, sorgt für die bankmäßige Abwicklung des Zahlungsverkehrs im Inland und mit dem Ausland und trägt zur Stabilität der Zahlungs- und Verrechnungssysteme bei."*

Wie § 3 zeigt, wurde jetzt explizit das Halten und Verwalten der Währungsreserven der Bundesrepublik Deutschland (Gold, Devisen und Wertpapiere, die in US-Dollar bei Banken oder Notenbanken im Ausland gehalten werden.) als Aufgabe der Bundesbank festgelegt.

Was die Banknotenausgabe betrifft, so liegt die Genehmigung der Ausgabe zwar bei der EZB, die Ausgabe selbst von auf Euro lautende Banknoten im Geltungsbereiches des Bundesbankgesetzes bleibt aber das ausschließliche Recht der Deutschen Bundesbank (§ 14 BBankG).

Die Bundesbank ist allerdings nach wie vor autonom im Hinblick auf die Bundesregierung wie § 12 BBankG klar erkennen lässt. Sie muss aber die allgemeine Wirtschaftspolitik der Bundesregierung unterstützen:

> *„Die Deutsche Bundesbank ist bei der Ausübung der Befugnisse, die ihr nach diesem Gesetz zustehen, von Weisungen der Bundesregierung unabhängig. Soweit dies unter Wahrung ihrer Aufgabe als Bestandteil des Europäischen Systems der Zentralbanken möglich ist, unterstützt sie die allgemeine Wirtschaftspolitik der Bundesregierung."*

Diese **Kooperationsvorschrift** kann in der Weise interpretiert werden, dass sie die Ziele der Bundesregierung unterstützen muss unter der strengen Nebenbedingung der Preisstabilität.

Die allgemeinen wirtschaftspolitischen **Ziele** der Bundesregierung sind im Gesetz zur Förderung der Stabilität und des Wachstums der Wirtschaft (Stabilitätsgesetz) vom 8. Juni 1967 in § 1 festgelegt, wie bereits in Kapitel 1 ausführlich dargelegt wurde. Wie außerdem bereits dargestellt, wurde dieser Zielkatalog inzwischen durch Art. 2 des Vertrags über die Europäische Gemeinschaft etwas anders formuliert und erweitert.

Durch eine enge Kooperation zwischen der Bundesregierung und der Bundesbank wird versucht, das Konfliktpotential zu minimieren.

Zu dieser Zusammenarbeit sind **beide** Institutionen verpflichtet, und zwar nach § 13 BBankG:

> *„(1) Die Deutsche Bundesbank hat die Bundesregierung in Angelegenheiten von wesentlicher währungspolitischer Bedeutung zu beraten und ihr auf Verlangen Auskunft zu geben.*
>
> *(2) Die Bundesregierung soll den Präsidenten der Deutschen Bundesbank zu ihren Beratungen über Angelegenheiten von währungspolitischer Bedeutung zuziehen."*

Im Vordergrund dieser Kooperation steht sicher die **Beratung der Bundesregierung in wichtigen währungspolitischen Angelegenheiten**, wobei die Bundesregierung das Recht hat, auf den Sachverstand der Bundesbank zurückzugreifen. Andererseits ist die Bundesbank verpflichtet, ihren Sachverstand auch zur Verfügung zu stellen.

Die bisherige direkte Mitwirkung der Bundesregierung über eine Teilnahme der Mitglieder der Bundesregierung an den Sitzungen des Zentralbankrates ist seit der 7. Änderung des BBankG vom 23.3.2002 entfallen.

Abs. 3 des § 13 BBankG weist darauf hin, dass eine Zusammenarbeit der Bundesregierung und der Bundesbank im **außenwirtschaftlichen** Bereich erfolgen soll. Dies geht auch aus dem Außenwirtschaftsgesetz hervor, da außenwirtschaftliche Verordnungen von der Bundesregierung erlassen werden. Allerdings muss die Bundesregierung bei einer derartigen Verordnung eine Abstimmung mit der Bundesbank herbeiführen.

Die Autonomie der Bundesbank und des ESZB hat ihre **Grenzen** bei internationalen Währungsvereinbarungen, sofern es sich um völkerrechtliche Verträge und nicht um Vereinbarungen der Notenbanken handelt, da die Bundesregierung die Bundesrepublik nach außen vertritt und dem Bund nach dem Grundgesetz (Art. 73 Abs.1 Ziff.4) ausschließlich die Gesetzgebung über das Währungs-, Geld- und Münzwesen zusteht.

So ist die Bundesrepublik Deutschland, vertreten durch die Bundesregierung, Mitglied im Internationalen Währungsfonds (IWF) und nicht die Bundesbank. Das deutsche Finanzministerium gibt Weisungen an den deutschen Direktor beim IWF. Die Bundesbank wird an der Meinungsbildung beteiligt.

Die EU ist zwar Völkerrechtssubjekt und kann internationale Verträge schließen. Beim IWF gibt es jedoch keine automatische Rechtsnachfolge, da nicht alle EU-Länder Mitglieder des Eurosystems sind und die Wirtschaftspolitik noch immer national geblieben ist. Die EU ist im IWF durch einen Vertreter der **EZB als Beobachter** im Exekutivrat vertreten, allerdings ohne Stimmrecht (MB BBank 9/1999, S. 15 ff.).

Die bereits erwähnte Novellierung des Bundesbankgesetzes im Jahre 2002 führt auch zu einer völligen Änderung der bisherigen **Organisationsstruktur der Deutschen Bundesbank**. Die bisherigen Organe wie der Zentralbankrat, das Direktorium und die Vorstände der Landeszentralbanken wurden abgeschafft.

Das oberste Organ der Deutschen Bundesbank ist nun der **Vorstand der Deutschen Bundesbank.** Der Vorstand ist das alleinige Leitungs- und Entscheidungsorgan.

Nach § 7 Abs. 1 Satz 2 BBankG hat der Vorstand die Aufgabe, die Bundesbank zuleiten und zu verwalten. Der Vorstand übernimmt damit die Aufgaben des bisherigen Direktoriums, aber auch die Aufgaben der Vorstände der Landeszentralbanken sowie die Aufgaben des Zentralbankrates, die ihm nach dem Verlust der geldpolitischen Kompetenz noch verblieben waren.
Die Neufassung des Bundesbankgesetzes sieht vor, dass die Vorstände der Landeszentralbanken wegfallen und damit auch die sogenannte Vorbehaltszuständigkeiten, d. h. im Bundesbankgesetz bisher genau definierte Zuständigkeiten.
Es gibt damit nur einen einzigen Vorstand der Deutschen Bundesbank mit Sitz in Frankfurt/Main. Damit wurde eindeutig eine Stärkung der Zentrale vorgenommen. Dies wurde im Hinblick auf die veränderte Aufgabenstellung der Bundesbank im ESZB als notwendig erachtet.

Der Vorstand der Bundesbank besteht aus dem
- Präsidenten und dem
- Vizepräsidenten der Bundesbank, den
- sechs weiteren Vorstandsmitgliedern.

Nach § 7 Abs. 3 Satz 2 BBankG ist festgelegt, dass die Bundesregierung den Präsidenten, den Vizepräsidenten sowie zwei weitere Vorstandsmitglieder und der Bundesrat die übrigen vier Vorstandsmitglieder im Einvernehmen mit der Bundesregierung vorschlagen.

Damit ist in gewisser Weise der Pluralismus der Vorschlagsinstanzen wie vorher bei den Mitgliedern des Zentralbankrates nicht völlig untergegangen. Dieses Verfahren wird als eine Stärkung der Unabhängigkeit der Deutschen Bundesbank verstanden. Der jahrelang gepriesene Föderalismus ist allerdings nur noch rudimentär vorhanden.

Die Unabhängigkeit der Deutschen Bundesbank wird besonders durch ein Anhörungsrecht des Vorstandes zu den Vorschlägen der Bundesregierung und des Bundesrats weiter gestärkt.

Dieses Anhörungsrecht hatte allerdings schon vorher der Zentralbankrat bei der Bestellung der Direktoriumsmitglieder.

Für die Vorstandsmitglieder ist eine **besondere fachliche Eignung** Voraussetzung (§ 7 Abs. 2 Satz 2 BBankG). Die Amtszeit der Mitglieder des Vorstandes beträgt in der Regel acht Jahre, ausnahmsweise mindestens fünf Jahre.

Der Vorstand tagt unter Vorsitz des Präsidenten oder des Vizepräsidenten. Der Vorstand fasst seine Beschlüsse mit einfacher Mehrheit der abgegebenen Stimmen. Bei Stimmengleichheit gibt die Stimme des Vorsitzenden den Ausschlag.

Der Präsident hat wie bisher ein Vetorecht hinsichtlich eines Beschlusses zur Geschäftsverteilung.

Durch die Mitgliedschaft im Eurosystem hat die Deutsche Bundesbank ihre wichtigste Aufgabe in Form der Gestaltung der Geldpolitik verloren. Wie bereits erwähnt, kann nur noch der Präsident der Deutschen Bundesbank als Mitglied des EZB-Rates die nun europäisierte Geldpolitik mitbestimmen. Der **Präsident unterliegt dabei keinem imperativen Mandat** des Vorstandes, denn der Vorstand kann und darf den Präsidenten nicht zu einem bestimmten Abstimmungsverhalten zwingen.

Die Einflussnahme der Bundesregierung über die Berufung der Mitglieder des Vorstandes ist durch die lange Amtszeit bewusst begrenzt worden: Es ist nicht möglich, während einer (normalen) Legislaturperiode alle Mitglieder (von einer eventuellen neuen Regierung) auszuwechseln. Bei einer Amtszeit der Vorstandsmitglieder von acht Jahren, muss eine Regierung drei normale Legislaturperioden an der Macht sein, um eine komplette Auswechslung vornehmen zu können.

Was die bisherigen Landeszentralbanken betrifft, so wurden sie in Hauptverwaltungen der Deutschen Bundesbank umbenannt. Damit ist auch die bisher gesetzlich festgelegte Vorbehaltszuständigkeit für bestimmte Aufgaben weggefallen. Hauptverwaltungen gibt es in neun Städten: Berlin, Düsseldorf, Frankfurt/Main, Hamburg, Hannover, Leipzig, Mainz, München und Stuttgart.

Jeder Hauptverwaltung steht ein Präsident vor. Die Präsidenten der Hauptverwaltungen sind nicht im Vorstand vertreten.

Die Präsidenten der Hauptverwaltungen werden vom Vorstand der Bundesbank bestimmt.

Eine weitere organisatorische Reform stellt den Wegfall der Differenzierung zwischen Hauptstellen und Zweigstellen unterhalb der Hauptverwaltungen dar. Die Deutsche Bundesbank hält künftig nur noch Filialen, die den zuständigen Hauptverwaltungen unterstehen.

Auch beim den Geschäften der Bundesbank mit den Geschäftsbanken und anderen Marktteilnehmern wurde das Bundesbankgesetz aktualisiert (§ 19 BBankG) und dem entsprechenden EZB-Statut angepasst.

10.2.4 Das Instrumentarium des Eurosystems

Wie bereits bei den Aufgaben des Eurosystems dargelegt, besitzt das Eurosystem auch die **instrumentelle Unabhängigkeit** als ein Recht, die vom Gesetz vorgegebenen Instrumente ohne Weisung von anderer Stelle einzusetzen.

Der EZB-Rat hat nicht nur das Recht, die vertraglich festgelegten Instrumente einzusetzen, sondern auch das Recht, sie weiter auszugestalten.

Nach dem Statut des ESZB sind folgende Instrumente vorgesehen (Art. 18-20):

1. Offenmarktpolitik,
2. Refinanzierungspolitik (Kreditgewährung an Geschäftsbanken gegen entsprechende Sicherheiten),
3. Mindestreservepolitik.

Dem EZB-Rat bleibt die **Ausgestaltung** der Instrumente und außerdem deren **Neuentwicklung** mit einer Zweidrittelmehrheit überlassen.

Da der EZB-Rat nur grundsätzliche einheitliche Leitlinien für die einzelnen Instrumente erlässt, haben die nationalen Zentralbanken die Möglichkeit, die Ausformung der Einzelheiten vorzunehmen.

Die Deutsche Bundesbank hat diese Möglichkeit in Form einer Neugestaltung der ihrer Allgemeinen Geschäftsbedingungen wahrgenommen (MB BBank 11/98, S. 18-26).

Die Refinanzierung der deutschen Geschäftsbanken bei der Bundesbank erfolgte bis zum 31.12.98 im Rahmen der Diskontpolitik, der Lombardpolitik und seit einigen Jahren im verstärkten Maße im Rahmen der speziellen Offenmarktpolitik mit Rückkaufsvereinbarung, auch Wertpapierpensionsgeschäft genannt.

Die Diskontpolitik entfiel ab dem 1.1.1999, wobei allerdings die Wechsel als Sicherheit im Rahmen der Kreditgewährung dienen konnten, was allerdings auch seit dem 1.1.2007 nicht mehr möglich ist. Die frühere Lombardpolitik der Bundesbank erlebt eine gewisse Renaissance in Form der eben erwähnten ständigen Fazilitäten. Das Wertpapierpensionsgeschäft allerdings (in anderer Form) ist wie bei der Bundesbank das Hauptrefinanzierungsinstrument der EZB.

Die Instrumente einer Zentralbank können unter dem Aspekt der **primären Wirkung** in

- liquiditätspolitische und in
- zinspolitische Instrumente

eingeteilt werden.

Beim Einsatz **liquiditätspolitischer Instrumente** geht es primär um die Steuerung der Liquidität der Geschäftsbanken bzw. Monetären Finanzinstitute, was die EZB beispielsweise durch eine Erhöhung oder Senkung des Mindestreservesatzes bewirken kann. Die Änderung der Bankenliquidität hat allerdings sekundär Zinseffekte zur Folge.

Mit **zinspolitischen Instrumenten** verfolgte die Zentralbank dagegen primär eine Änderung des Zinsniveaus, was nachfolgend eine Änderung der Liquidität der Geschäftsbanken und der Nichtbanken bewirken soll.

Ein weiteres Einteilungskriterium ist die „**beabsichtigte Wirkungsdauer**“.

Hier kann zwischen den Instrumenten der

- Feinsteuerung und der
- Grobsteuerung

unterschieden werden.

Ein Instrument der Grobsteuerung ist beispielsweise die Mindestreservepolitik, während die Offenmarktpolitik ein Instrument der Feinsteuerung ist.

Maßnahmen der Grobsteuerung sollen als mittel- und langfristiger **Orientierungsrahmen** für die Geschäftsbanken dienen und auf längere Sicht ihren Liquiditätsbedarf decken oder ihren Liquiditätsspielraum begrenzen, während die Zentralbank mit den **Instrumenten der Feinsteuerung** temporäre Schwankungen der Bankenliquidität ausgleichen möchte.

Im Einzelnen bestehen im Eurosystem folgende Instrumente zur Durchführung geldpolitischer Operationen in Form der Offenmarktgeschäfte und der ständigen Fazilitäten wie Tabelle 10.1 zeigt (EZB, 2000, S. 7).

A. Offenmarktgeschäfte

Der Begriff „offener Markt“ ist historisch aus dem englischen Bankensystem zu erklären. Unter „open market policy“ verstand man in Großbritannien Verkäufe und Käufe von Staatsanleihen durch die Zentralbank am offenen Markt und nicht am geschlossenen, d. h. nur den sogenannten Diskonthäusern zugänglichen Markt. Diese Offenmarktgeschäfte umfassen daher den Kauf und den Verkauf von Wertpapieren durch die Zentralbank (für eigene Rechnung) gegen Zentralbankgeld am offenen Markt.

Dies ist auch grundsätzlich bei der EZB möglich, wie die nachfolgenden Instrumente zeigen, die Bundesbank, als Teil des Eurosystems, hat jedoch den Kauf und Verkauf von Wertpapieren, wie sie dies selbst im Rahmen des Wertpapierpensionsgeschäftes bis Ende 1998 praktizierte, abgelehnt. Sie gewährt im Rahmen der Offenmarktgeschäfte Kredite gegen Wertpapiere als Sicherheit.

Im Rahmen der Offenmarktpolitik des Eurosystems werden folgende Instrumente eingesetzt:

a) Das **Hauptrefinanzierungsgeschäft** ist der regelmäßig wiederkehrende wöchentliche Standardtender (Zins- oder Mengentender) mit wöchentlicher Laufzeit.
   Das Hauptrefinanzierungsgeschäft hat sich zum wichtigsten Instrument des Eurosystems entwickelt, um den MFIs Liquidität zuzuführen. So lag der Umfang der geldpolitischen Geschäfte des Eurosystems mit diesem Instrument Ende Juli 2007 bei 315 Mrd. €, was einem Anteil von 86 % entsprach.

b) Es können von den Geschäftsbanken **längerfristige Refinanzierungsgeschäfte** (als Zinstender) mit monatlichem Rhythmus und dreimonatiger Laufzeit abgeschlossen werden.
   Diese Form des Refinanzierungsgeschäftes wurde als ein Ersatz für die Diskontpolitik geschaffen. Als Sicherheit dienten Handelswechsel. Seit Anfang 2007 können allerdings Handelswechsel nicht mehr als Beleihungsgrundlage dienen.

   Der Anteil dieser Geschäfte an den geldpolitischen Geschäften des Eurosystems lag Ende Juli 2007 bei 50 Mrd. € bzw. 14 %. Es ist damit nach dem Hauptrefinanzierungsgeschäft das zweitwichtigste Instrument des Eurosystems.

c) Eine weitere Möglichkeit besteht in den sogenannten „**Feinsteuerungsoperationen**“ mit einem begrenzten Kreis von Geschäftsbanken, und zwar **ohne** standardisierte Laufzeit. Die Geschäfte werden dann abgeschlossen, wenn unerwartete Liquiditätsschwankungen am Markt auftreten. Das Geschäft wird als Schnelltender abgewickelt, Devisenswaps und definitive Käufe von Wertpapieren oder sonstigen Aktiva.

Damit soll Liquidität abgeschöpft werden. Daneben besteht die neue Möglichkeit in Form einer Hereinnahme von Termineinlagen für eine festgelegte Laufzeit und fester Verzinsung, echte Wertpapierpensionsgeschäfte (Verkauf und Rückkauf von Wertpapieren aus dem Bestand der Bundesbank) sowie definitive Verkäufe.

Die EZB kann aber auch mit Hilfe von **Devisenswapgeschäften** Liquidität bereitstellen oder abschöpfen. Dabei handelt es sich um eine gleichzeitige Vornahme einer Kassa- und einer Termintransaktion in Euro gegen Fremdwährung. Das Eurosystem kauft (oder verkauft) Euro per Kasse gegen eine Fremdwährung und verkauft oder (kauft) diese Fremdwährung gleichzeitig per Termin zu einem festgelegten Datum.

Tabelle 10.1

Geldpolitische Operationen des Eurosystems

Geldpolitische Geschäfte	Transaktionsart		Laufzeit	Rythmus	Verfahren
	Liquiditäts-bereitstellung	Liquiditäts-abschöpfung			
Offenmarktgeschäfte					
Hauptrefinanzierungsgeschäfte	Befristete Transaktionen	-	eine Woche	Wöchentlich	Standardtender
längerfristige Refinanzierungsgeschäfte	Befristete Transaktionen	-	Drei Monate	Monatlich	Standardtender
Feinsteuerungsoperationen	Befristete Transaktionen	Befristete Transaktionen	Nicht standardisiert	Unregelmäßig	Schnelltender
	Devisenswaps	Devisenswaps			Bilaterale Geschäfte
		Hereinnahme von Termineinlagen			
	Endgültige Käufe	Endgültige Verkäufe	-	Unregelmäßig	Bilaterale Geschäfte
Strukturelle Operationen	Befristete Transaktionen	Emission von Schuldverschreibungen	Standardisiert/ nicht standardisiert	Regelmäßig und unregelmäßig	Standardtender
	Endgültige Käufe	Endgültige Verkäufe	-	unregelmäßig	Bilaterale Geschäfte
Ständige Fazilitäten					
Spitzenrefinanzierungsfazilität	Befristete Transaktionen	-	Über Nacht	Inanspruchnahme auf Initiative der Geschäftspartner	
Einlagenfazilität	-	Einlagenannahme	Über Nacht	Inanspruchnahme auf Initiative der Geschäftspartner	

Hat das Eurosystem beispielsweise die Absicht, den Geschäftsbanken Liquidität zu zuzuführen, so kauft es Devisenguthaben für eine bestimmte Zeit von den Geschäftsbanken und gibt sie per Termin wieder zurück.

Der Swapsatz ist die Differenz zwischen dem Terminkurs und dem Kassakurs. Liegt der Terminkurs über (unter) dem Kassakurs, so ergibt sich ein Report (Deport).

Das Eurosystem kann mit Hilfe des Zinstenderverfahrens Swapgeschäfte abschließen, wobei die Geschäftsbanken Gebote für den Swapsatz abgeben können. Dabei ist sowohl das holländische als auch das amerikanische Zinstenderverfahren möglich, was noch zu erklären sein wird (EZB, 2000, S. 19 ff., S. 69ff., Peto, 2002, S. 234 ff.).

Vom Swapsatz des Eurosystems ist der Swapsatz zu unterscheiden, der sich am Markt bildet. Dieser Swapsatz hängt von der Zinssatzdifferenz zwischen dem Eurowährungsgebiet und dem Fremdwährungsgebiet ab.

Um strukturelle Probleme des Finanzsektors zu beheben, können daneben auch ohne standardisierte Laufzeit noch **„strukturelle Operationen"** durchgeführt werden.

Dabei kann mit befristeten Tendergeschäften und definitiven Käufen von Wertpapieren oder sonstigen Aktiva Liquidität für den Finanzsektor bereitgestellt werden.

Zur Liquiditätsabschöpfung besteht die Möglichkeit die Emission von kurzlaufenden abgezinsten Schuldverschreibungen der EZB im Standardtenderverfahren und die Möglichkeit definitiver Verkäufe der EZB.

Wie funktionieren die oben erwähnten Zins- und Mengentenderverfahren beim Hauptrefinanzierungsgeschäft?

1. Mengentender: Die EZB macht im Rahmen eines Ausschreibungsverfahrens ein Angebot, zu welchem **Zinssatz** sie Hauptrefinanzierungsgeschäfte abschließen möchte. Sie lässt dann die einzelnen Geschäftsbanken die Beträge nennen, die sie übernehmen wollen. Dies nennt man einen „**Mengentender**" (tender engl. = Angebot).

Da die EZB aber auch gleichzeitig das Gesamtvolumen der Zuteilung beschließt und die Summe der angeforderten Beträge der Geschäftsbanken das Gesamtvolumen übersteigt, teilt die EZB das Gesamtvolumen anteilmäßig zu.

Das folgende Zahlenbeispiel soll dieses Verfahren verdeutlichen:

Die EZB beschließt, dem Markt Liquidität in Form eines Mengentenders zuzuführen (EZB, 2000, S 66).

Tabelle 10.2

Mengentender

Geschäftspartner	Gebot (Mio. EUR)	Zuteilung (Mio. EUR)
(1)	(2)	(3)
Bank 1	30	22,5
Bank 2	40	30,0
Bank 3	70	52,5
Insgesamt	140	105,0

Von den Geschäftspartnern werden Gebote abgegeben, wie Spalte (2) der Tabelle 10.2 zeigt. Andererseits begrenzt die EZB die Zuteilung auf 105 Mio. EUR. Daraus ergibt sich für die einzelne Geschäftsbank nur eine anteilige Zuteilung von 75 % aufgrund folgender Berechnung:

$$\frac{105}{(30+40+70)} = 75\,\%$$

zeigt in der dritten Spalte die anteilmäßige Zuteilung.

2. Zinstender: Die andere Möglichkeit besteht darin, dass die EZB im Rahmen des Ausschreibungsverfahrens ein Angebot macht, zu welchen festen Konditionen sie Pensionsgeschäfte abwickeln möchte, was als „**Zinstender**" bezeichnet wird. Dabei legt die EZB das **Gesamtvolumen** und einen **Mindestzinssatz** fest. Die Geschäftsbanken geben andererseits an, in welchem Umfang (Beträge) und zu welchem Zinssatz sie das Geschäft abschließen wollen.

Beim **Zinstender** gibt es zwei Verfahren:

1. Das sogenannte „**holländische Verfahren**": Die Geschäftsbanken geben den Betrag und die Zinshöhe an. Zugeteilt wird für alle Banken zu einem **einheitlichen Zinssatz**, und zwar zu dem Zinssatz bei dem gerade noch eine Zuteilung aufgrund des begrenzten Gesamtvolumens möglich ist. Dieser Zinssatz wird der **marginale Zinssatz oder Zuteilungssatz** genannt. Alle Gebote, die über diesem einheitlichen Zinssatz liegen, werden in voller Höhe zugeteilt. Gebote zum marginalen Zinssatz werden anteilmäßig verteilt (repartiert).

2. Das sogenannte „**amerikanische**" Verfahren: Gebote werden zu individuellen Bietungssätzen zugeteilt. Gebote, die über dem marginalen Zinssatz liegen, werden voll zugeteilt, Gebote zu diesem Satz werden repartiert.

Dies bedeutet für die Geschäftsbanken, dass sie beim holländischen Verfahren Phantasiezinssätze nennen können, während sie beim amerikanischen Verfahren sehr vorsichtig sein müssen, da sie diesen Zins eventuell auch zahlen müssen. Die Zentralbank gewinnt beim amerikanischen Verfahren einen besseren Überblick über den tatsächlichen Liquiditätsbedarf der Geschäftsbanken. Die EZB ist inzwischen vom Mengentender zum Zinstender nach dem amerikanischen Verfahren übergegangen.

Das folgende Beispiel soll das **Zinstenderverfahren** nochmals veranschaulichen.
Die EZB beschließt, dem Markt Liquidität in Form eines Zinstenders zuzuführen (EZB, 2000, S. 67).
Sie beschließt, 94 Mio. EUR zuzuteilen und legt einen Mindestzinssatz von 2,9 % zugrunde.

Wie Tabelle 10.3 zeigt, machen die einzelnen Geschäftsbanken auch beim Zinstender Angebote, welches Volumen sie zu welchem Zinssatz abnehmen würden. Dabei kann die einzelne Geschäftsbank ihr Angebot staffeln.

Alle Angebote über 3,05 % (bis zu einem kumulativen Betrag von 80 Mio. EUR) können von der EZB voll bedient werden. Beim **marginalen Zuteilungssatz** von 3,05 % ergibt sich folgende prozentuale Zuteilung:

$$\frac{94-80}{35} = 40\,\%$$

Alle Gebote bis 80 Mio. EUR werden zum jeweils genannten Zinssatz voll zugeteilt. Danach bleiben noch (94-80=14) Mio. EUR zu verteilen. Die Gebote zum marginalen Zinssatz betragen 35 %, so dass nur 40 % zugeteilt werden können.

Die Zuteilung beispielsweise an die Bank 1 zum marginalen Zinssatz beträgt dann:

0,4 x 10 = 4 Mio. EUR

Insgesamt erhält die Bank 1: 5 + 5 + 4 = 14 Mio. EUR

Erfolgt die Zuteilung nach dem **holländischen** Verfahren, so beträgt der Zinssatz für **alle** zugeteilten Beträge zum einheitlichen Zinssatz von 3,05 %.

Tabelle 10.3

Zinstender

	Beträge in Mio. EUR				
Zinssatz (%)	Bank 1	Bank 2	Bank 3	Gebote insgesamt	Kumulative Gebote
3,15				0	0
3,10		5	5	10	10
3,09		5	5	10	20
3,08		5	5	10	30
3,07	5	5	10	20	50
3,06	5	10	15	30	80
3,05	10	10	15	35	115
3,04	5	5	5	15	130
3,03	5		10	15	145
Gebote insgesamt	30	45	70	145	
Zuteilung insgesamt	14	34	46	94	

Wenn die Zuteilung nach dem **amerikanischen** Verfahren erfolgt, wird **kein** einheitlicher Zinssatz angewendet: Bank 1 erhält zum Beispiel 5 Mio. EUR zu 3,07 % und 4 Mio. EUR zu 3,05 %.

Die EZB kann mit diesen relativ kurzfristigen Geschäften sehr elastisch auf die Erfordernisse des Geldmarktes reagieren.

Beabsichtigt die EZB **restriktiv** am Geldmarkt vorzugehen, so kann sie im Rahmen des Zinstenderverfahrens beispielsweise die Zuteilung von Liquidität volumenmäßig gegenüber dem vorherigen Geschäft kürzen und den Mindestzinssatz erhöhen oder beim Mengentender den Zins relativ zum Geldmarktzins hoch setzen und das Volumen kürzen, da es sich ja um revolvierende Geschäfte handelte, d. h. die Geschäftsbanken betrachten den gewährten Kredit ähnlich wie einen auf Dauer eingeräumten „Überziehungskredit".

Bei einer **expansiven** Politik kann die EZB entsprechend beim Zinstenderverfahren das Volumen gegenüber dem vorherigen Geschäft ausweiten und den Mindestzins senken oder beim Mengentender den Zinssatz senken und das Volumen ausweiten.

B. Ständige Fazilitäten

Neben den oben erwähnten Offenmarktgeschäften gibt es noch die Möglichkeit (auf Initiative der Geschäftsbanken), einer sehr kurzfristigen Refinanzierung oder einer kurzfristigen Geldanlage in Form

- der Spitzenrefinanzierungsfazilität und
- der Einlagenfazilität.

a) Bei der **Spitzenrefinanzierungsfazilität** handelt es sich um den sogenannten „Übernachtkredit", den eine Geschäftsbank mit einer Laufzeit von einem Geschäftstag auf Antrag zu einem gegebenen Zinssatz, dem Spitzenrefinanzierungssatz, in Anspruch nehmen kann. Dabei gelten Kontoüberziehungen am Ende eines Geschäftstages als Antrag auf Inanspruchnahme des Übernachtkredits.

b) Mit der **Einlagenfazilität** wird den Geschäftsbanken die Möglichkeit eröffnet, überschüssige Habensalden bei der Bundesbank jeweils über Nacht als Einlagen zu einem bestimmten Zinssatz, dem Einlagesatz anzulegen.

Wie Abbildung 10.2 deutlich macht, ist der Spitzenrefinanzierungssatz für den Übernachtkredit die **Obergrenze** und der Einlagesatz für die Einlagenfazilität die **Untergrenze** für den Tagesgeldsatz zwischen den Geschäftsbanken (Interbankengeldmarkt).

Der Leitzins in Form des Hauptrefinanzierungsinstruments befindet sich innerhalb dieses Zinskanals und wird auf den Tagesgeldzinssatz ausgerichtet.

Zinskanal: EZB-Zinssätze und Tagesgeldsatz (in % p.a.; Tageswerte)

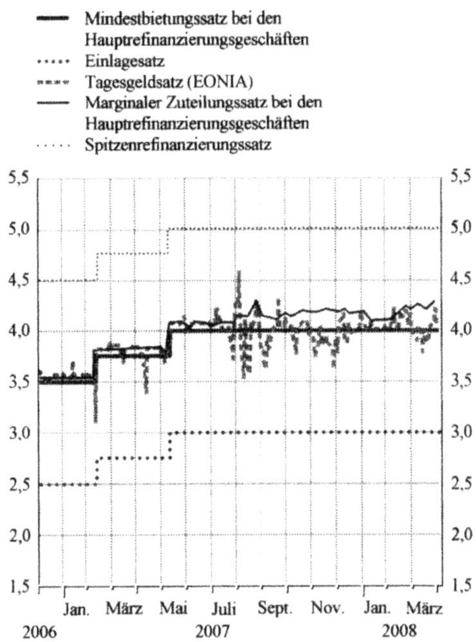

Abbildung 10.2
Quelle: EZB MB 5/08, S. 34

Bei der Beschreibung der einzelnen Instrumente ist deutlich geworden, dass die Bundesbank sich bei einer Kreditgewährung **Sicherheiten** verlangen muss, und zwar vor allem deshalb, weil sich die Bundesbank dazu entschlossen hat, eine **Pfandlösung** zu wählen und nicht eine Repo (repurchasing agreements)-Lösung wie beim früheren Wertpapiergeschäft. Sie kauft die Wertpapiere nicht mehr mit Rückkaufsvereinbarung, sondern nimmt alle Papiere nur als Pfand.

Seit dem 1.1.2007 gibt es ein einheitliches Verzeichnis für notenbankfähige Sicherheiten im Euro-Währungsgebiet. In diesem Verzeichnis sind **Wertpapiere** in unterschiedlicher Ausgestaltung (aber keine Aktien) aus dem Euro-Währungsgebiet, der gesamten EU und aus den USA, Japan, Kanada enthalten, sofern sie auf Euro lauten und eine besondere Bonitätsprüfung stattgefunden hat.

Neben diesen Wertpapieren sind nun auch nichtverbriefte **Kreditforderungen** der Geschäftsbanken gegen Nichtbankunternehmen als Sicherheit vorgesehen. Sie sollen ein Bezug zwischen der Refinanzierung der Geschäftsbanken und dem güterwirtschaftlichen Bereich gesichert werden.

Die Kreditforderungen werden aber seit dem 1.1.2007 nicht mehr verpfändet, sondern in Form einer stillen Zession an die Bundesbank abgetreten.

Bei der Bewertung der Sicherheiten erfolgt jeweils ein entsprechender Bewertungsabschlag.

Die **Pfandlösung** der Bundesbank ist wie folgt ausgestaltet:

Alle Pfänder werden auf einem Pfandkonto zu einem Pfand-Pool zusammengeführt und gutgeschrieben und damit alle Notenbankkredite abgesichert. Der Vorteil liegt auf der Hand: Die Pfänder müssen nicht einzelnen Geschäften zugeordnet werden, so dass nur ein einziger Gesamtbeleihungswert zu ermitteln ist und als Beleihungsbasis dient.

Für die Verpfändung von Wertpapieren gibt es zwei Möglichkeiten:

a) Aufnahme der Sicherheiten in ein Dispositionsdepot, das bei der Bundesbank gehalten wird und
b) Aufnahme in das Sicherheitsverwahrsystem der Deutschen Börse Clearing AG

Die Geschäftsbanken können daneben auch im Ausland nachgewiesene Sicherheiten einbringen.

C. Mindestreservepolitik

Auch die „Mindestreservepolitik“ gehört zum Instrumentarium der EZB, denn der Vertrag von Maastricht sieht die Möglichkeit der Einführung von Pflichtreserven der Geschäftsbanken vor.

Die Berechnungsgrundlage für die Soll-Reserve ist die Höhe bestimmter Einlagen der Nichtbanken bei den Geschäftsbanken. Von den Geschäftsbanken aus gesehen sind diese Verbindlichkeiten gegenüber Nichtbanken, weshalb diese Art von Mindestreserve eine Passivreserve genannt wird. (Eine weitere Möglichkeit der Mindestreserve könnte in einer Aktivreserve bestehen: Bei der Berechnung der Mindestreserven wäre dann von der Höhe und Art der gewährten Kredite auszugehen.)

Ausgenommen von der Reservepflicht sind Einlagen anderer reservepflichtiger inländischer Geschäftsbanken bei Geschäftsbanken.

Das Instrument der Mindestreserve geht auf einen Vorschlag von *J. M. Keynes* zurück zur direkten Beeinflussung der Bankenliquidität. Es wurde in den USA erstmals realisiert, allerdings zur Sicherung der Einlagen der Nichtbanken bei den Geschäftsbanken. Mit dieser Zielsetzung wurde sie auch bereits 1934 in Deutschland in das Gesetz über das Kreditwesen aufgenommen. Heute wird diese Absicherung durch andere Auflagen für die Geschäftsbanken gewährleistet.

Die Mindestreservepolitik dient heute ausschließlich als **liquiditätspolitisches Instrument** der Zentralbank.

Bei der Ausgestaltung dieses Instruments durch die EZB mussten folgende Merkmale festgelegt werden (EZB, 2000, S. 56 ff.):

1. Kreis der reservepflichtigen Institute,
2. Art der reservepflichtigen Verbindlichkeiten,
3. Höhe des Reservesatzes,
4. Einführung eines pauschalen Freibetrags und
5. Verzinsung des Mindestreserveguthabens.

Die obige Aufzählung zeigt bereits drei Aspekte, die bei diesen Regelungen anders sind als bei der Bundesbank: Die Verzinsung des Mindestreserveguthabens, der Freibetrag und das Fehlen einer Spannweite für den Reservesatz.

Was den **Kreis der mindestreservepflichtigen Institute** betrifft, so handelt es sich um **alle** im Euro-Währungsgebiet niedergelassenen Kreditinstitute, die in einer Liste erfasst sind (MFI-Liste). Dabei ist entscheidend: Nur die Institute, die in dieser Liste enthalten sind, können an der Refinanzierung im Eurosystem teilnehmen (vgl. Liste: http://www.ecb.int, item MFIs and assests).

Was die **Art der reservepflichtigen Verbindlichkeiten** so hat der EZB-Rat am 13. Oktober 1998 bereits Entscheidungen getroffen, die im Prinzip auch heute noch weiter gelten.

Die EZB unterscheidet dabei zwischen Verbindlichkeiten, die in die Mindestreservebasis einbezogen werden und entweder mit einem positiven Reservesatz oder mit einem Reservesatz von 0 % belegt werden und Verbindlichkeiten, die nicht in die Mindestreservebasis mit einbezogen werden:

A. In die Mindestreservebasis einbezogene Verbindlichkeiten
   a) mit einem **positiven Reservesatz**
      - täglich fällige Einlagen,
      - Einlagen mit einer vereinbarten Laufzeit von bis zu zwei Jahren,
      - Einlagen mit einer vereinbarten Kündigungspflicht von bis zu zwei Jahren,
      - ausgegebene Schuldverschreibungen mit einer vereinbarten Laufzeit von bis zu zwei Jahren sowie
      - Geldmarktpapiere.

   b) mit einem Reservesatz von 0 %
      - Einlagen mit einer vereinbarten Laufzeit von über zwei Jahren,
      - Einlagen mit einer vereinbarten Kündigungspflicht von über zwei Jahren,
      - Repogeschäfte und
      - ausgegebene Schuldverschreibungen mit einer vereinbarten Laufzeit von über zwei Jahren.

B. **Nicht** in die Mindestreservebasis einbezogenen Verbindlichkeiten

- Verbindlichkeiten gegenüber Instituten, die selbst den Mindestreservevorschriften des Eurosystems unterliegen,
- Verbindlichkeiten gegenüber der EZB und den nationalen Zentralbanken

Die Mindestreservebasis wird aus den einzelnen Bilanzpositionen eines Instituts ermittelt. Die Bilanzpositionen werden den nationalen Zentralbanken im Rahmen der Geld- und Bankenstatistiken gemeldet.

Die **Höhe des Reservesatzes** bestimmt der EZB-Rat. Seit Anfang 1999 liegt der positive Reservesatz bei 2 %. Das **Mindestreserve-Soll** des einzelnen Instituts wird errechnet, indem auf den Betrag der reservepflichtigen Verbindlichkeiten die entsprechenden Reservesätze angewendet werden. Der EZB-Rat kann einen pauschalen Freibetrag beschließen, den ein Institut bei der Berechnung des Mindestreserve-Solls abziehen kann. Dieser pauschale Freibetrag liegt augenblicklich bei 100.000 EUR. Für die Berechnung des Mindestreserve-Solls sind die reservepflichtigen Verbindlichkeiten am Ende des Monats maßgeblich, der dem Monat vorausgeht, in dem die Mindestreserveerfüllungsperiode beginnt.

Sollte ein Kreditinstitut seine Verbindlichkeiten in Form von Schuldverschreibungen von bis zu zwei Jahren und Geldmarktpapieren gegenüber anderen, selbst dem ESZB-Mindestreservesystem unterliegenden Institutionen nicht nachweisen können, gestattet die EZB dem Institut, einen pauschalen Abschlag auf die Mindestreservebasis (von derzeit 30 %) vorzunehmen.

Das Mindestreservesystem des Eurosystems erlaubt die Durchschnittserfüllung der Mindestreserve: Die Erfüllung der Mindestreservepflicht bemisst sich nach den durchschnittlichen Kalendertagesendguthaben auf dem Mindestreservekonto bei einer einmonatigen Mindestreserveerfüllungsperiode, die am 24. Kalendertag eines jeden Monats beginnt und am 23. Kalendertag des Folgemonats endet. Damit beginnt der Zeitpunkt zur Ermittlung des Mindestreserve-Solls zeitlich versetzt. Dies bringt eine Erleichterung für die Dispositionen der Geschäftsbanken im Hinblick auf die Erfüllung der Mindestreservepflicht.

Die Verzinsung von Mindestreserveguthaben erfolgt zum durchschnittlichen Zinssatz der EZB für die Hauptrefinanzierungsgeschäfte.

Die **Bedeutung der Mindestreservepolitik für die Geldpolitik** besteht darin, dass die Zentralbank von sich aus Zentralbankgeld autonom binden und freisetzen kann. Sie sieht eine wichtige Aufgabe dieser Mindestreservepolitik darin, die Geschäftsbanken an sich zu binden (Anbindungsfunktion), da sie mit Hilfe dieses Instruments bewusst eine strukturelle Liquiditätsknappheit der Geschäftsbanken auslösen kann.

Sie beeinflusst damit die **Geld- und Kreditschöpfungsmöglichkeiten** des Geschäftsbankensektors. Das Ausmaß der Wirkung einer Änderung des Mindestreservesatzes wurde bereits an anderer Stelle mit Hilfe des „Mindestreservesatzmultiplikators“ am Modell demonstriert (vgl. Kapitel „Geldmarkt“). Die Geld- und Kreditschöpfungsmultiplikatoren werden außerdem kleiner und damit auch die Geld- und Kreditschöpfungsmöglichkeiten des Geschäftsbankensektors.

Die Existenz der Mindestreservepolitik führt außerdem zur Stabilisierung der Geldmarktsätze, und zwar aufgrund der technischen Erfüllung der Mindestreservepflicht. Nach Auffassung der EZB gibt die Mindestreservepflicht den Instituten einen Anreiz, die Auswirkungen zeitweiliger Liquiditätsschwankungen abzufedern. Dies ist eine Folge davon, dass es für die Geschäftsbanken erforderlich ist, die Mindestreservepflicht nur im Durchschnitt zu erfüllen.

Ein Nebeneffekt der Mindestreservepflicht ist die Tatsache, dass sie als sogenannter automatischer Stabilisator wirkt, auch wenn die Zentralbank keine Änderung des Mindestreservesatzes vornimmt. Steigen beispielsweise die Kredite an Nichtbanken aufgrund einer Hochkonjunktur, nehmen auch die Einlagen der Nichtbanken zu. Damit muss auch die Geschäftsbank höhere Mindestreserven halten. Werden die Mindestreservesätze erhöht, so vermindert sich – sofern vorhanden – die Überschussreserve. Ist der bisherige Bestand an Überschussreserve einer Geschäftsbank kleiner als die Mindestreserveerhöhung, so muss sich die Geschäftsbank z. B. über eine Refinanzierung bei der Zentralbank Zentralbankgeld beschaffen.

D. Instrumentenvergleich

Ein **Vergleich der Offenmarktpolitik als Refinanzierungspolitik mit der Mindestreservepolitik** ergibt folgende Unterschiede:

1. Die Mindestreservepolitik trifft **jede** reservepflichtige Geschäftsbank, während die Refinanzierungspolitik nur die Geschäftsbanken trifft, die einen Kredit bei der Zentralbank aufnehmen möchte.
   Die Mindestreservepolitik nimmt keine Rücksicht auf die Liquiditätslage einzelner Geschäftsbanken. Ordnungspolitisch bedeutet die Mindestreservepolitik eine stärkere Reglementierung der Geschäftsbanken als die Refinanzierungspolitik.
   Ein Eingriff wie die Mindestreservepolitik ist nur aufgrund der hoheitlichen Funktion einer Zentralbank möglich.
   Bei der Refinanzierungspolitik überlässt es die Zentralbank der einzelnen Geschäftsbank, sich bei ihr zu refinanzieren oder darauf zu verzichten. Im Gegensatz dazu zwingt die Zentralbank aufgrund ihrer Monopolstellung bei der Mindestreservepolitik die einzelne Geschäftsbank zu einem bestimmten Verhalten.
2. Die Kreditgewährung durch die Zentralbank führt zunächst zu einer Geldmengenerhöhung und zu einem späteren Zeitpunkt bei der Rückzahlung des Kredits zu einer Vernichtung von Zentralbankgeld (Rückstromprinzip), während eine Mindestreservesatzsenkung zu einer dauerhaften Erhöhung der Zentralbankgeldmenge im Geschäftsbankensektor führt.
3. Die Initiative für die Änderung der Zentralbankgeldmenge im Geschäftsbankensektor geht bei der Mindestreservepolitik von der Zentralbank aus. Sie wirkt damit direkt auf die Kredit- und Geldschöpfungsmöglichkeit der Geschäftsbanken ein. Bei der Refinanzierungspolitik geht dagegen die Initiative von den Geschäftsbanken aus. Die Zentralbank legt nur die Geschäftsbedingungen für Geschäftsbanken fest, die sich Zentralbankgeld beschaffen will.

10.3 Geldpolitische Strategien

10.3.1 Grundformen geldpolitischer Strategien

Nach der Darstellung der institutionellen und instrumentellen Möglichkeiten einer Zentralbank am Beispiel des Europäischen Systems der Zentralbanken, sollen drei **Grundformen geldpolitischer Strategien** beschrieben werden, die von einer Zentralbank verfolgt werden könnten:

A. Die diskretionäre Geldpolitik

B. Die regelgebundene Geldpolitik

C. Die formelflexible Geldpolitik

A. Die diskretionäre Geldpolitik

Bei dieser Strategie werden die geldpolitischen Maßnahmen dann ergriffen, wenn eine bestimmte Situation eingetreten ist. Die Eingriffe der Zentralbank erfolgen **fallweise**.

So wird mit Hilfe dieser Geldpolitik vor allem versucht, zyklische Konjunkturschwankungen zu dämpfen. Es wird eine **antizyklische Politik** betrieben:

In der Hochkonjunktur werden die Instrumente restriktiv eingesetzt, um eine Überbeschäftigung und die damit verbundenen Preisniveausteigerungen zu verhindern oder zu vermindern. In der Phase der Unterbeschäftigung wird dagegen eine expansive Politik betrieben, um diese Phase zu überwinden und wieder zur Vollbeschäftigung zu kommen.

Da hier je nach Konjunkturlage einmal eine expansive und dann wieder eine restriktive Geldpolitik betrieben werden, spricht man (eher abwertend) von einer Stop-and-Go-Policy oder nur Stop-Go-Politik.

Gerade die keynesianische Theorie sieht eine Konjunkturstabilisierung mit Hilfe von fallweisen Eingriffen je nach Konjunkturlage vor.

Die diskretionäre Politik wurde bis Anfang der 70er Jahre international mehr oder weniger praktiziert und erlebt seit einigen Jahren eine gewissen Renaissance bei der Geldpolitik der amerikanischen Zentralbank (Federal Reserve System).

Allerdings war *Keynes*, wie bereits an anderer Stelle dargelegt, der Meinung, dass die Geldpolitik asymmetrisch angelegt sei aufgrund der Existenz einer Liquiditätsfalle:

Die Konjunktur kann zwar mit Hilfe monetärer Maßnahmen gedämpft, nicht aber mit Hilfe der Geldpolitik belebt werden, wenn sich die Volkswirtschaft in einer tiefen Rezession befindet, die auch als Depression bezeichnet wird.

Aus diesem Grunde bleibt nach *Keynes* keine andere Möglichkeit als die Rezession mit Hilfe der Fiskalpolitik zu überwinden.

B. Die regelgebundene Geldpolitik

Eine weitere mögliche Strategie besteht in der Vorgabe einer bestimmten Regel für die Geldpolitik. Damit soll eine Automatik ausgelöst werden, ohne dass ein bewusster Eingriff fallweise erfolgt. Der Staat muss nur den „Automaten" einbauen, dann regelt der Automat die Wirtschaftsaktivitäten von alleine (built-in-stabilizers).

Ein historisches Beispiel dafür ist die Anwendung der bereits an anderer Stelle erwähnten **Currency-Theorie** in der Peelschen Bankakte: Der Banknotenumlauf war automatisch an den Goldbestand der Bank von England gebunden, um inflationäre Entwicklungen zu verhindern.

Die Schwächen dieser Regelung sind offensichtlich: Es kann u. a. keine autonome Stabilitäts- und Wachstumspolitik betrieben werden, da der Banknotenumlauf vom Goldbestand abhängig ist, der nicht direkt im Zusammenhang mit der wirtschaftlichen Entwicklung eines Landes steht.

Auch die **Monetaristen** haben eine **Regelbindung** gefordert. So verlangte *Milton Friedman*, dass der Zentralbank gesetzlich vorgeschrieben werden solle, die Geldmenge jährlich um einen konstanten Prozentsatz zu erhöhen.

Diese kontinuierliche Erhöhung ist nach *Friedman* nötig, da eine überdimensionale Ausweitung der Geldmenge (als entscheidender Variablen der Monetaristen) inflationäre Entwicklungen auslösen könne.

Friedman wollte damit zu einer **Stabilisierung der Geldpolitik** beitragen, da aufgrund seiner Untersuchungen monetäre Eingriffe mit zeitlicher Verzögerung auch real wirksam werden. Ist die genaue Länge der Verzögerung nicht bekannt, so können diskretionäre Maßnahmen zyklenverstärkend wirken, d. h. genau das Gegenteil kann eintreten, was die Geldpolitik erreichen wollte wie bereits bei der Darstellung des monetaristischen Konzepts gezeigt wurde.

Ein anderer eingebauter Stabilisator ist, wie bereits erwähnt, die Mindestreservepflicht bei konstanten Reservesätzen: Die Geldmengenexpansion wird durch diese Politik ohne weiteren Eingriff des Staates abgebremst, da die erhöhte Giralgeldschöpfung immer auch zu einer Erhöhung der Mindestreservepflicht der Geschäftsbanken führt.

Außer den Monetaristen plädieren auch die **Neuklassiker für eine Regelbindung der Wirtschaftspolitik**, die durch gesetzliche Vorschriften (normative Lösung) bestimmte Entwicklungen verhindern soll. Sie schließen sich damit der monetaristischen Ablehnung einer diskretionären Wirtschaftspolitik an, wobei sie diese Ablehnung aber anders begründen.

Sie gehen vom Zentralbanksystem der USA (Federal Reserve System) aus, dem das **Preisstabilitätsziel und das Vollbeschäftigungsziel** explizit gleichzeitig vorgeschrieben sind.

Im Employment Act vom 20.2.1946 sind die Ziele wie folgt formuliert:

„The Federal Reserve System should seek to promote effectively the goals of maximal employment, stable prices and moderate long term interest rates."

Nach dem Federal Reserve Act von November 1977 (letzte Fassung: 27.12.2000) lauten sie:

„The Board of Governers of the Federal Reserve System and the Federal Open Market Committee shall maintain long run growth of the monetary and credit aggregates commensurate with the economy's long run potential to increase production, so as to promote effectively the goals of maximum employment, stable prices, and moderate long-term interest rates-" (Section 2 A: Monetary Policy Objectives)

Statt der heute nach wie vor praktizierten diskretionären Geldpolitik mit den beiden Zielen soll nach Meinung der Neuklassiker eine Regelbindung der Geldpolitik eingeführt werden:

Nach Auffassung der Neuklassiker und Nobelpreisträger *F. E. Kydland* und *E. C. Prescott* entsteht bei einer diskretionären Wirtschaftspolitik, und damit auch bei einer diskretionären Geldpolitik, das Problem der **Zeitinkonsistenz** (time inconsistency): Der in der Ausgangssituation als optimal angesehene und angestrebte Zustand (z. B. Inflationsrate = null) wird, von einem späteren Zeitpunkt aus gesehen, nicht mehr als optimal angesehen. Da nun vielleicht das Ziel „Vollbeschäftigung" Vorrang hat zu Lasten der Preisstabilität. Damit verliert die Wirtschaftspolitik an Glaubwürdigkeit. Die privaten Wirtschaftssubjekte berücksichtigen dies bei ihren rationalen Erwartungen. Die wirtschaftspolitischen Entscheidungen der Regierung werden daraufhin in ihrer Wirkung abgeschwächt.

Warum wird aber der angestrebte Zustand von der Regierung nicht mehr als optimal angesehen?

Die Neuklassiker *Kydland* und *Prescott* gehen davon aus, dass es im ökonomischen Bereich nicht wie in den Naturwissenschaften einen direkten Zusammenhang in der Form gibt, dass mit Hilfe von bestimmten Instrumenten (Fiskalpolitik und Geldpolitik) ein Ziel erreicht werden kann. Nach Auffassung der Neuklassiker ist diese Vorgehensweise in den Sozialwissenschaften nicht möglich, da in gesellschaftlichen Systemen intelligente Wirtschaftssubjekte existieren, die versuchen, die wirtschaftspolitischen Maßnahmen der Regierung zu antizipieren. Damit liegt in den Sozialwissenschaften die Situation eines dynamischen Spiels zwischen den intelligenten Wirtschaftssubjekten und der Regierung (oder der Zentralbank) vor. Die Zentralbank muss daher unter Berücksichtigung der Reaktionen der Wirtschaftssubjekte in den nachfolgenden Periode, immer wieder ein neues Optimum für ihre Politik festlegen.

Kydland und *Prescott* formalisierten 1977 mit einem Modell, die bereits von *H. C. Simons* 1936 in seinem Aufsatz „Rules versus Authorities in Monetary Policy" entwickelten Gedanken (Kydland, 1977, S. 473 ff.).

Kydland und *Prescott* gehen bei ihrem Modell von einer Zielfunktion der Zentralbank aus, die sowohl die Inflationsrate als auch die Arbeitslosenquote enthält. Die Zentralbank versucht die beide „Übel“ zu minimieren. Durch eine Abweichung der geplanten von den realisierten Werten entstehen soziale Kosten. Sie gehen bei ihrem Modell von einem Trade-off zwischen Inflationsrate und Arbeitslosenquote aus, wie er von *A. W. Phillips* angenommen wurde. Nimmt man diese Wahlmöglichkeit an, so kann die Zentralbank versucht sein, wenn das angekündigte Inflationsziel erreicht ist, die Geldmenge zu erhöhen, und damit die Inflationsrate wieder steigen zu lassen, um das andere Ziel „niedrige Arbeitslosenquote“ zu erreichen. Sie handelt inkonsistent. Die Geldpolitik wird damit unglaubwürdig, was sich auf die Planung der privaten Wirtschaftssubjekte auswirkt.

Die diskretionäre Geldpolitik hat nach Meinung der neuklassischen Schule aus den dargelegten Gründen, eine „Neigung zur Inflation“ (inflation bias), weshalb diese Neigung durch eine gesetzliche Regelbindung verhindert werden muss.

C. Die formelflexible Geldpolitik

Bei der formelflexiblen Geldpolitik bindet die Zentralbank ihre Eingriffe an bestimmte Indikatoren, so z. B. an die Höhe des

- Wechselkurses, den
- Wachstumstrend des Bruttoinlandsprodukts oder des Produktionspotentials oder an die Höhe der
- Inflationsrate.

Die Zentralbank erklärt vorher, dass sie bei einer bestimmten Höhe eingreifen werde. Diese Eingriffsart wird als „Formelflexibilität“ (formula flexibility) bezeichnet.

Die Höhe des Indikators, die den Eingriff auslöst, wird dabei in der Regel von der Zentralbank selbst festgelegt. Sie kann aber auch wie im oben erwähnten Falle der Höhe des Wechselkurses von der Regierung auferlegt sein. In diesem Falle ist die Zentralbank zur Intervention verpflichtet.

Der Vorteil dieser Interventionsart besteht sicher darin, dass sie für andere Wirtschaftssubjekte klar und verständlich ist. Andererseits kann diese Vorankündigung insofern dann ein Nachteil sein, wenn wichtige Gründe gegen eine Intervention sprechen, z. B. die Entwicklung anderer Indikatoren.

Die **wechselkursorientierte Geldpolitik** wurde bis zum Zusammenbruch des Bretton-Woods-Systems im Jahre 1973 von den meisten Zentralbanken praktiziert. Das Bretton-Woods-System war ein Festkurssystem, das von den Zentralbanken Interventionen am Devisenmarkt forderte, um den Wechselkurs auf dem von den einzelnen Staaten festgelegten Kurs zu halten.

So war auch die Bundesbank zu Interventionen gezwungen, um den Dollarkurs zu halten. Diese Situation machte eine autonome Geldpolitik unmöglich.

Unter dem Einfluss und unter dem Eindruck der monetaristischen Theorie begannen die westlichen Zentralbanken Anfang der 70er Jahre, ihre bis dahin mehr diskretionär oder wechselkursorientierte Geldpolitik auf eine Geldpolitik mit jährlichen Geldmengenzielen umzustellen, um sich dann allerdings wieder in den 90er Jahren, bis auf die Deutsche Bundesbank, anderen Formen der Geldpolitik zuzuwenden. Wie bereits erwähnt, war diese autonome Geldpolitik erst durch die Abschaffung der festen Wechselkurse des Bretton-Woods-Systems vor allem für die Zentralbanken relativ großer Länder möglich geworden.

Während die diskretionäre Politik sehr stark an den einzelnen Konjunkturphasen ausgerichtet war, orientierte sich die neue Politik am längerfristigen **Wachstumstrend** der gesamtwirtschaftlichen Kapazität, d. h. am **Produktionspotential**.

Sie wird daher als **trend- oder potentialorientierte Strategie** bezeichnet. Durch die Ausrichtung auf den längerfristigen Wachstumstrend sollte eine **Verstetigung der Geldpolitik** eintreten und damit die Nachteile einer diskretionären Politik vermieden werden.

Die trendorienterte Geldpolitik mit Geldmengenzielen wurde Anfang der 90er Jahre des letzten Jahrhunderts von Ländern wie Großbritannien und Schweden zugunsten einer **Geldpolitik mit einem direkten Inflationsziel** aufgegeben, da es immer wieder mit dem Indikator „Geldmenge“ Schwierigkeiten gab.

Die Zentralbanken dieser Staaten setzten sich ein maximales Inflationsziel oder wurden von ihren Regierungen zur Einhaltung einer maximalen Inflationsrate aufgefordert. Die Zentralbanken beobachteten alle Indikatoren, die die angestrebte Inflationsrate beeinflussen konnten und setzten ihr Instrumentarium ein, die entsprechende Inflationsrate zu begrenzen.

10.3.2 Die Strategie des Eurosystems

Vor der Übernahme der Verantwortung für die europäische Geldpolitik zum 1.1.1999 wurden im Rahmen des Europäischen Währungsinstituts (als Vorgängerin der EZB), von der EZB und von der Deutschen Bundesbank mögliche Strategien für das Eurosystem untersucht.

Die Bundesbank ging bei ihren Überlegungen davon aus, dass nur Strategien in Frage kommen, die von den potentiellen Mitgliedern des Eurosystems praktiziert wurden. Danach hat sie drei Gruppen von Ländern unterschieden, und zwar

1. Länder mit einem Geldmengenziel,
2. Länder mit einer Wechselkursorientierung und
3. Länder mit einem direkten Inflationsziel.

Zu den Ländern mit Geldmengenziel **und** Wechselkursorientierung als Zwischenziel zählte sie dabei Frankreich, Italien und Griechenland. Nur Deutschland war das Land mit ausschließlichem Geldmengenziel.

Die Mehrzahl der kleineren Länder verfolgte nach Auffassung der Bundesbank eine Wechselkursorientierung auch nach dem Zusammenbruch des Bretton-Woods-Systems, das bekanntlich feste Wechselkurse vorsah. Dazu gehörten vor allen Dingen Länder, die den Wechselkurs ihrer Währung an die D-Mark gebunden hatten wie Österreich, die Niederlande, Belgien (einschließlich Luxemburg) und Dänemark.

Auch die Notenbanken von Portugal und Irland haben eine wechselkursorientierte Strategie betrieben, allerdings nicht in Form einer direkten Bindung an die D-Mark.

Die Strategie des direkten Inflationsziels ist nach Auffassung der Bundesbank relativ neu und wurde zum ersten Mal in Europa im Jahre 1992 von Großbritannien betrieben. Schweden und Finnland folgten 1993 und Spanien 1994. In diesen Ländern war die Geldmengenstrategie und die Wechselkursorientierung (oder beide Konzepte nacheinander) gescheitert.

Nach Auffassung der Bundesbank konnte die Wechselkursorientierung als Strategie für das Eurosystem nicht in Frage kommen, da es aufgrund der Größe des neuen Währungsgebiets und der zu erwartenden Rolle des Euro keine andere Möglichkeit als flexible Wechselkurse gegenüber dem US-Dollar und dem japanischen Yen gab und damit eine autonome Geldpolitik möglich wäre.

Es blieben also nur noch die beiden anderen Strategien. Die Bundesbank versuchte dann, die Vorteile einer Geldmengenstrategie nochmals deutlich zu machen.

Die Europäische Zentralbank hat sich schließlich für eine **Mischstrategie** entschieden:

Sie formulierte zunächst quantitativ das vorrangige **Preisstabilität**, d. h. ein **Inflationsziel**.

Danach bestimmte sie die beiden wesentlichen Säulen ihrer Politik, nämlich **Geldmenge** als wichtige monetäre Variable sowie **andere Indikatoren**, die zur Beurteilung der künftigen Preisniveauentwicklung berücksichtigt werden sollen, weshalb sie diese Mischform auch als „**Strategie der zwei Säulen**“ bezeichnet werden kann.

Nach Ansicht der EZB muss eine effiziente geldpolitische Strategie für das Eurosystem folgende Kriterien erfüllen:

1. Die Strategie muss klar und verständlich sein.
2. Die Strategie muss transparent sein. Dies geschieht dadurch, dass die Öffentlichkeit im Voraus informiert wird, wie die geldpolitischen Entscheidungen vom EZB-Rat getroffen werden. Außerdem müssen die wirtschaftlichen Gründe für die Entscheidung erläutert werden.
3. Die Strategie muss sicherstellen, dass die Erfolge des Eurosystems im Hinblick auf das vorrangige Ziel der Preisstabilität überprüfbar sind. Nach Auffassung des EZB-Rates verlangt dies die Veröffentlichung eines quantitativen Ziels.
4. Die Strategie muss mit der institutionellen Unabhängigkeit des Eurosystems vereinbar sein.

Die wichtigsten Elemente der **Strategie des Eurosystems** wurden der Öffentlichkeit am 13.10.1998 vorgestellt. Die Strategie des Eurosystems besteht aus **drei Teilen**:

1. einer quantitativen Festlegung des vorrangigen Ziels, nämlich der **Preisstabilität** und
2. den „**beiden Säulen**" der Strategie zur Erreichung dieses Ziels
   a) eine hervorragende Rolle der **Geldmenge**, die in der Verkündigung eines Referenzwertes für das Wachstum eines breiten monetären Aggregats zum Ausdruck kommt und
   b) eine breit fundierte Beurteilung der Aussichten für die künftige Preisentwicklung und die Risiken für die Preisstabilität im Euro-Währungsgebiet insgesamt anhand **anderer Konjunkturindikatoren** (Multi-Indikatoren-Ansatz).

Auf der Basis dieser drei Teile hat der EZB-Rat folgende **quantitative Definition der Preisstabilität** beschlossen:

Preisstabilität wird definiert als Anstieg des Harmonisierten Verbraucherpreisindexes für das Euro-Währungsgebiet von unter, aber nahe 2 % gegenüber dem Vorjahr. Im Einklang mit dieser Definition muss die Preisstabilität **mittelfristig** beibehalten werden.

Diese Formulierung gibt eindeutig eine Obergrenze aber auch eine Untergrenze für die Änderungsrate des Harmonisierten Verbraucherpreisindexes an. Damit wird deutlich gemacht, dass auch eine Deflation als ein Rückgang des Preisniveaus, gekennzeichnet durch eine Inflationsrate von weniger als 2 %, von der Europäischen Zentralbank kritisch betrachtet beobachtet wird, da eventuell deflationistische Tendenzen auftreten können.

Die EZB macht aber auch deutlich, dass bei einer kurzfristigen Erhöhung oder Senkung der Inflationsrate das Preisstabilitätsziel noch nicht gefährdet sein muss. Sie strebt eine **mittelfristige Orientierung** an. Konsequenterweise versucht die EZB einzelnen Teilindizes zu beobachten, wobei vor allem die Preisentwicklung der Energiemärkte und der saisonabhängigen Nahrungsmittel als vorübergehend angesehen wird.

Bei den **zwei Säulen der Strategie** spielt die **Geldmenge** eine herausragende Rolle.

So ist die EZB in der monetaristischen Tradition der Meinung, dass die **Inflation letztendlich ein monetäres Phänomen** sei. Sie ist außerdem der Auffassung, dass die Zentralbank die monetären Impulse besser steuern könne als die Inflationsrate selbst.

Um die Bedeutung der Geldmenge hervorzuheben, gibt der EZB-Rat einen quantitativen **Referenzwert für das Geldmengenwachstum** als eine Säule der Strategie bekannt.

Die EZB spricht in diesem Zusammenhang nicht von einem Geldmengenziel, sondern nur von einem **Referenzwert**, da es ihrer Meinung nach für ein Ziel klare zeitliche Vorgaben mit der Verpflichtung gäbe, Rechenschaft abzulegen.

Bei der Festlegung des Referenzwertes am 1.12.98 für 1999 von 4,5 % Wachstum der M3-Geldmenge ging die EZB von drei Annahmen aus:

- Der Anstieg des HVPI gegenüber dem Vorjahr muss unter 2 % liegen.
- Das mittelfristige Trendwachstum des realen BIP soll zwischen 2 % und 2,5 % pro Jahr liegen.

- Die Umlaufgeschwindigkeit von M3 verringert sich mittelfristig um ca. 0,5 bis 1 % jährlich.

Legt man die Quantitätsgleichung in Form prozentualer Wachstumsraten der einzelnen Variablen zugrunde, so gilt für die prozentuale Wachstumsrate der Geldmenge:

$$\hat{M} = \hat{Y}^r + \hat{P} - \hat{V}$$

In dieser Gleichung ist $\hat{M}$ die Wachstumsrate der Geldmenge, $\hat{Y}^r$ die Wachstumsrate des realen Bruttoinlandsprodukts, $\hat{P}$ die Inflationsrate und $\hat{V}$ die Änderung der Umlaufsgeschwindigkeit.

Unter Berücksichtigung der Tatsache, dass die EZB das Bruttoinlandsprodukt und nicht das Produktionspotential verwendet, ergäbe dies mit einem Zahlenbeispiel rechnerisch einen Referenzwert für das Wachstum der Geldmenge M3:

$$\hat{M}3 = 2\ \% + 2\ \% - (-\ 0{,}5\ \%)$$

Die **zweite Säule** der Strategie umfasst eine breite Palette von **Konjunkturindikatoren**, die Risiken für die Preisstabilität anzeigen können. Es soll sich dabei vor allem um **Frühindikatoren** in dem Sinne handeln, dass es Vorlaufindikatoren für die Preisentwicklung sind.

Dazu gehören nach Ansicht des EZB-Rates die Löhne, der Wechselkurs, die Anleihekurse, die Zinsstrukturkurve, verschiedene Messgrößen für die reale Wirtschaftstätigkeit, die die Produktions-, Nachfrage- und Arbeitsmarktentwicklung darstellen, wobei das Bruttoinlandsprodukt und die Arbeitslosenquote eine wichtige Rolle spielen.

Die Indikatoren umfassen dabei sowohl Zeitreihen als auch Ergebnisse von Befragungen in Form der Vertrauensindikatoren im Euro-Währungsgebiet, die sich auf die Industrie und die Verbraucher beziehen.

Seit Ende 2000 werden daneben von Expertenteams halbjährlich sogenannte „gesamtwirtschaftliche Projektionen“ für das Euro-Währungsgebiet für den Zeitraum von zwei Jahren erstellt mit Schätzungen der Entwicklung des realen Bruttoinlandsprodukts und des Harmonisierten Verbraucherpreisindexes. Die Projektionen sind für den EZB-Rat allerdings unverbindlich.

Abbildung 10.3 zeigt nun die Änderungsraten der Geldmenge M3 seit dem 1.1.1999.

Wie bereits erwähnt, ist die Geldmenge M3 zwar keine Zwischenzielgröße wie bei der Deutschen Bundesbank, sondern nur noch ein Indikator, für den die EZB allerdings jährlich einen sogenannten **Referenzwert** festlegt.

Für die Jahre 1999 bis 2003 legte sie jeweils einen Referenzwert von durchschnittlich 4,5 % fest, der auch heute noch gilt. Wie der Graphik in Abbildung 10.3 zu entnehmen ist, wurde der Referenzwert für M3 im Jahre 1999 und Anfang 2000 leicht und seit Ende 2001 erheblich überschritten.

Für die Darstellung der Geldmengenentwicklung wurde dabei der gleitende Dreimonatsdurchschnitt verwendet.

M3-Wachstum und der Referenzwert

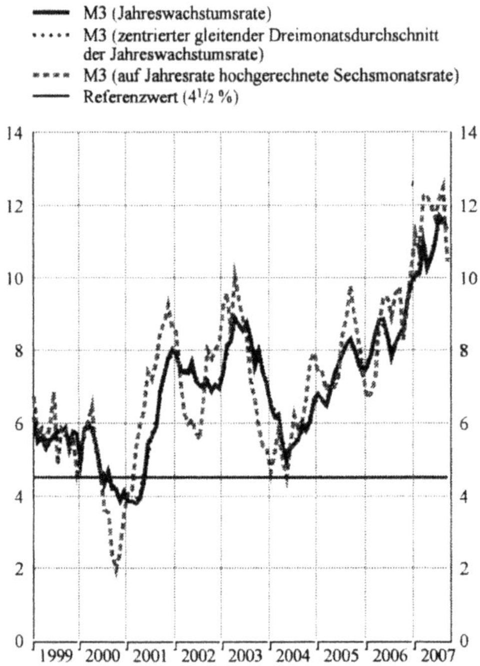

Abbildung 10.3
Quelle: EZB MB 11/2007, S. 16

Seit 2004 überschreitet die Geldmenge ganz deutlich den Referenzwert und erreicht Mitte 2007 eine Wachstumsrate von über 10 %.

Aufgrund dieser empirischen Zahlen wird natürlich die Frage nach der Relevanz der Geldmenge für die Entwicklung des Preisniveaus zu stellen sein.

Die Europäische Zentralbank hat diese Problematik vermutlich inzwischen selbst erkannt. Es ist ihr inzwischen wohl selbst peinlich, dass der Referenzwert um mehr als das Doppelte überschritten wurde, weshalb sie ab dem Dezember-Monatsbericht graphisch zwar die Entwicklung des M3-Wertes zeigt, aber nicht mehr den Referenzwert.

Das lässt vermuten, dass sie von der „überragenden Bedeutung der Geldmenge“ abgerückt ist. Die Diskussion über die Problematik der Veröffentlichung eines derartigen Zieles bzw. eines Referenzwertes wurde schon bei der Schaffung des heutigen Instrumentariums geführt, wenn es im damaligen Bericht heißt: „ there is a risk that the stability of a monetary aggregate is reduced when it is publicly announced by the central bank that the aggregate will be used as a target (Goodhart's Law)“ (Europe Monetary Institut, 1997, S. 8)

Anfang 2007 wurde die öffentliche Debatte über die Strategie der Europäischen Zentralbank durch den US-Ökonom *Michael Woodford* erneut angefacht, und zwar dadurch, dass er die EZB aufforderte, ihre Strategie am Vorbild der Bank von England und der Schwedischen Zentralbank auszurichten und zu einer Strategie der Orientierung an einem direkten Inflationsziel überzugehen.

Kontrollfragen zu Kapitel 10

1. Wer ist in der Bundesrepublik Deutschland für die Währungspolitik verantwortlich?
2. Erklären Sie die Autonomiearten der Europäischen Zentralbank!
3. Wo liegen die Grenzen der EZB-Autonomie?
4. Welche Zielsetzungen müssen die EZB und die Deutsche Bundesbank verfolgen?
5. Wie sieht die Regelung einer Kooperation zwischen EZB und den anderen EU-Institutionen aus?
6. Wer hat die Wechselkurskompetenz im Eurosystem?
7. Welche Organe hat die Deutsche Bundesbank und welche Aufgaben haben diese Organe?
8. Erklären Sie das Hauptrefinanzierungsgeschäft des Eurosystems!
   Welche Möglichkeiten hat die Europäische Zentralbank, mit diesem Instrument eine expansive oder eine restriktive Geldpolitik zu betreiben?
9. Wie ist die Mindestreservepolitik im Eurosystem ausgestaltet?
10. Welches Ziel wird mit dem Einsatz der Mindestreservepolitik verfolgt?
11. Vergleichen Sie die Mindestreservepolitik mit der Refinanzierungspolitik im Eurosystem!
12. Was wird allgemein unter einer Offenmarktpolitik verstanden?
13. Was versteht man unter dem Instrument „ständige Fazilitäten" der EZB?
14. Was versteht man unter einem Mengentender und unter einem Zinstender?
15. Was wird unter einer „geldpolitischen Strategie" verstanden?
16. Welche geldpolitische Strategiearten können Zentralbanken verfolgen?
17. Erklären Sie die geldpolitische Strategie der EZB!

11 Arbeitsmarkt

Bereits bei der Darstellung des makroökonomischen Ziels „Vollbeschäftigung" haben wir einige Grundbegriffe des Arbeitsmarktes behandelt, und eine Definition der „Vollbeschäftigung" im Marktsinne eingeführt:

Es herrscht dann Vollbeschäftigung, wenn bei einem gegebenen Lohnsatz das Angebot an Arbeit gleich der Nachfrage nach Arbeit ist.

In der Beschäftigungstheorie muss zusätzlich noch zwischen dem **Reallohnsatz** und dem **Nominallohnsatz**, auch Geldlohnsatz genannt, unterschieden werden.

Der Nominallohnsatz ist der in Geldeinheiten ausgedrückte (durchschnittliche) Stundenlohnsatz ohne Rücksicht auf Veränderungen des Preisniveaus.

Im Gegensatz dazu ist der Reallohnsatz der in Kaufkraft ausgedrückte Stundenlohnsatz.

Für den Zusammenhang zwischen Reallohnsatz (w^r) und Nominallohnsatz (w = wage = Lohn) gilt dann:

$$\frac{\text{Nominallohnsatz (w)}}{\text{Preisniveau (P)}} = \text{Reallohnsatz} \quad (w^r = w/P)$$

Statt der Begriffe Reallohnsatz bzw. Nominallohnsatz werden vielfach die Begriffe **Reallohn** bzw. **Nominallohn** verwendet.

In der Beschäftigungstheorie wird meist ein nationaler Arbeitsmarkt mit einem einzigen Durchschnittslohnsatz unterstellt, der das Lohnniveau der Volkswirtschaft darstellt. Außerdem wird angenommen, die Arbeit sei ein homogenes Gut.

Bei der Arbeitsmarktanalyse muss außerdem noch zwischen dem **Tariflohn** und dem **Effektivlohn** unterschieden werden. Der Tariflohn wird zwischen den Arbeitsmarktparteien (Gewerkschaften und Arbeitgeberverbände) mit einem Tarifvertrag vereinbart. In vielen Fällen zahlen die Arbeitgeber jedoch freiwillig einen Lohn, der über dem Tariflohn liegt, den sogenannten Effektivlohn. Die Differenz zwischen dem Tariflohn und dem Effektivlohn ist die **Lohndrift**.

11.1 Die klassisch-neoklassische Beschäftigungstheorie

In der klassischen und der neoklassischen Beschäftigungstheorie wird die Nachfrage nach Arbeit durch die Produktionsfunktion bestimmt. Wir unterstellen eine Produktion folgenden Typs:

$$Y^r = Y^r(N, \overline{K}) \qquad \overline{K} = \text{const.} \qquad \frac{dY^r}{dN} > 0; \ \frac{d^2Y^r}{dN^2} < 0 \tag{1}$$

Der reale Output (Y^r oder $\frac{Y}{P}$) wird durch das Beschäftigungsniveau (N) und den Kapitalstock (K) bestimmt. Bei dieser Analyse wird ein konstanter Kapitalstock angenommen, so dass die Höhe des realen Outputs, was gleichbedeutend ist mit dem realen **Produktionspotential** und dem möglichen realen Güterangebot, alleine vom Beschäftigungsniveau (N) abhängig ist. Der Output kann bei **Konstanz des Kapitalstocks** durch die Erhöhung des Einsatzes des Faktors Arbeit gesteigert werden. Dabei wird unterstellt, dass mit zunehmendem Einsatz des Faktors Arbeit der Grenzertrag abnimmt (Abbildung 11.1), wobei bei der Zeichnung eine Cobb-Douglas-Produktionsfunktion angedeutet wurde.

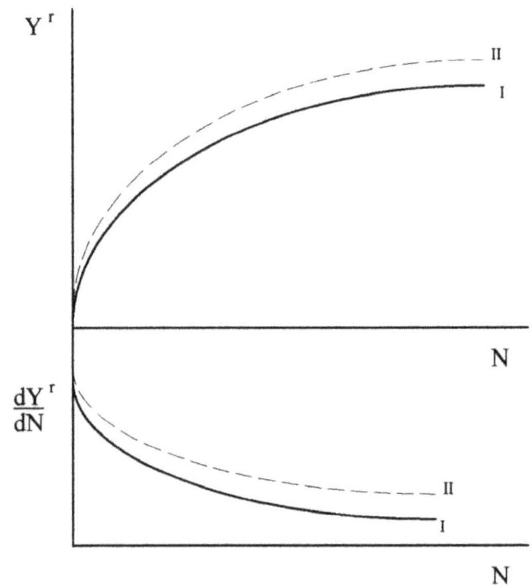

Abbildung 11.1

In Abbildung 11.1 sind allerdings zwei Produktionsfunktionen (I und II) und die entsprechenden beiden Grenzproduktivitätskurven (I und II) im unteren Teil der Abbildung erkennbar.

Damit soll dargestellt werden, wie sich die Produktionsfunktion und die Grenzproduktivitätskurve bei der Erhöhung der Arbeitsproduktivität nach oben verschieben. Der reale Output kann daher auch durch eine **Erhöhung der Arbeitsproduktivität** gesteigert werden. Das Problem wurde bereits in Kapitel 1 bei der Besprechung des Vollbeschäftigungszieles unter dem Aspekt „jobless growth" angesprochen (vgl. dazu auch Kapitel 7.5.2 neoklassische Wachstumstheorie).

Geht man von mikroökonomischen Überlegungen aus, gilt für ein **einzelnes Unternehmen**: Unter der Annahme der Gewinnmaximierung ist die erste notwendige Bedingung für ein Unternehmen, dass der individuelle Grenzumsatz (R_i') eines Unternehmens gleich den individuellen Grenzkosten (K_i') ist:

$$R_i' = K_i' \tag{2}$$

Das Unternehmen wird seinen Output ausdehnen, solange die Grenzkosten kleiner sind als der Grenzumsatz (Grenzerlös): $K_i' < R_i'$.

Der Grenzumsatz ergibt sich aus dem physischen Grenzprodukt ($\Delta\, q_i$) multipliziert mit dem Marktpreis des hergestellten Gutes (p_i):

$$R_i' = \Delta\, q_i \cdot p_i \tag{3}$$

Die Grenzkosten ergeben sich dagegen aus der zusätzlichen Menge des Faktors Arbeit ($\Delta\, N_i$) multipliziert mit dem Lohnsatz (w_i):

$$K_i' = \Delta\, N_i \cdot w_i \tag{4}$$

Wird Gleichung (3) und (4) gleichgesetzt, erhält man:

$$\Delta\, q_i \cdot p_i = \Delta\, N_i \cdot w_i \tag{5}$$

Daraus folgt:

$$\frac{\Delta\, q_i}{\Delta\, N_i} p_i = w_i \tag{6}$$

Die linke Seite der Gleichung (6) entspricht dem bewerteten Grenzprodukt je zusätzlicher Beschäftigungseinheit. Das bewertete Grenzprodukt ist gleich dem Nominallohn je Beschäftigungseinheit (= Nominallohnsatz).

Wird die Gleichung (6) durch den Produktpreis p_i dividiert, erhält man folgenden Zusammenhang:

$$\frac{\Delta q_i}{\Delta N_i} = \frac{w_i}{p_i} \tag{7}$$

Die linke Seite der Gleichung zeigt dabei die Grenzproduktivität (der Arbeit) und die rechte Seite den Reallohn. **Das Gewinnmaximum ist also dann erreicht, wenn die Grenzproduktivität der Arbeit gleich dem Reallohn ist.** Eine Annahme, die als **Grenzproduktivitätstheorie** bezeichnet wird.

Diese mikroökonomische Theorie wird von der klassisch-neoklassischen Theorie auf **makroökonomische Zusammenhänge** übertragen:

In einer Volkswirtschaft wird demnach die Nachfrage nach Arbeit zunehmen, solange der durchschnittliche Lohnsatz in einer Volkswirtschaft (= Lohnsatzniveau) niedriger ist als der Wert, der dem Output durch den Einsatz neuer Arbeit hinzugefügt werden kann.

Durch die Ableitung der makroökonomischen Produktionsfunktion nach N erhält man das physische Grenzprodukt (den Grenzertrag = die Grenzproduktivität). Multipliziert man dieses Ergebnis mit dem Preisniveau (P), so ergibt sich das Grenzwertprodukt, das gleich dem Nominallohnsatz sein muss (Da der Kapitalstock und alle anderen Faktoren als konstant angenommen wurden, ist deren Grenzertrag gleich null.).

$$\frac{dY^r}{dN} \cdot P = w \tag{8}$$

Wird die Gleichung (8) durch das Preisniveau (P) dividiert, folgt daraus, dass

der Reallohnsatz gleich dem physischen Grenzprodukt (der Grenzproduktivität) ist:

$$\frac{w}{P} = \frac{dY^r}{dN} \tag{9}$$

Die Nachfrage nach Arbeit (N_D) ist nach der Grenzproduktivitätstheorie daher eine Funktion des Reallohnsatzes:

$$N_D = N_D\left(\frac{w}{P}\right)$$

Wird eine neoklassische Produktionsfunktion unterstellt, sinkt die Grenzproduktivität des Faktors Arbeit mit zunehmendem Faktoreinsatz. Daraus folgt: **Soll das Beschäftigungsniveau erhöht werden, muss der Reallohn sinken.**

Die Nachfragefunktion nach Arbeit hat damit eine negative Steigung. Es handelt sich um den normalen Verlauf einer Nachfragekurve (N_D) wie Abb. 11.2 zeigt. (Zur Vereinfachung wurde ein linearer Verlauf der Nachfragekurve und der Angebotskurve unterstellt.)

Auch das Angebot an Arbeit (N_O) hängt nach der Auffassung der Klassiker und der Neoklassiker vom Reallohn ab: Je niedriger (höher) der Reallohnsatz, desto weniger (mehr) an Arbeit wird angeboten.

Im klassisch-neoklassischen System herrscht immer Gleichgewicht (E_o) auf dem Arbeitsmarkt, da es sich um ein homogenes Polypol mit „normal" verlaufenden Angebots- und Nachfragekurven handelt.

Das System strebt immer zum Gleichgewicht zwischen Angebot und Nachfrage (E_o) und damit zum Vollbeschäftigungsgleichgewicht (N*). Sowohl die Nachfrager nach Arbeit (Unternehmen) als auch die Anbieter von Arbeit (Arbeitnehmerhaushalte) stehen auf diesem Arbeitsmarkt in vollständiger Konkurrenz.

Arbeitslosigkeit entsteht nach klassisch-neoklassischer Auffassung nur, wenn es einen marktinkonformen Eingriff durch die Festlegung eines Mindestlohnes (w_1) bei einem konstanten Preisniveau (P_o) gibt, der wie ein Mindestpreis wirkt, weil er über dem Gleichgewichtslohn liegt. Diese Art von Arbeitslosigkeit wird daher als **Mindestlohnarbeitslosigkeit** bezeichnet.

Abbildung 11.2 zeigt diese Situation für den Reallohn (w_1/P_o). Es besteht zu diesem Reallohnsatz ein Angebotsüberschuss (N_2-N_1). Der Angebotsüberschuss verschwindet durch die Abschaffung des Mindestlohnes, da sich dann die Anbieter von Arbeit gegenseitig unterbieten (Anbieterkonkurrenz), und zwar bis der Gleichgewichtslohn (w_o/P_o) erreicht ist.

Der Mindestlohn kann in der Realität in Form eines **staatlich festgesetzten Mindestlohns** oder aber in Form eines **Tariflohns** bestehen. Die Diskrepanz zwischen dem Arbeitsangebot und der Nachfrage ist aber wahrscheinlich in der Realität noch größer, da die Arbeitgeber oft einen **Effektivlohn** (w_2/P_o) zahlen, der über dem Tariflohn liegt wie noch bei der Effizienzlohntheorie der Neukeynesianer erklärt werden soll.

Für die Klassiker und Neoklassiker liegt die Lösung des Problems hauptsächlich in Form einer Reallohnsenkung durch eine **Senkung des Nominallohns**.

Diese Senkung des nominalen Stundenlohns kann durch Vereinbarung zwischen den Tarifparteien erfolgen, aber auch in der Form, dass eine längere Arbeitszeit vereinbart wird ohne Lohnausgleich.

Durch die Lohnsenkung steigt die Nachfrage nach Arbeit von N_1 bis zum Vollbeschäftigungsgleichgewicht N*. Alle Arbeitsanbieter, die einen höheren Lohnsatz als w_o/P_o fordern, sind **freiwillige** Arbeitslose, da sie nicht bereit sind, zum Gleichgewichtslohn (w_o) zu arbeiten.

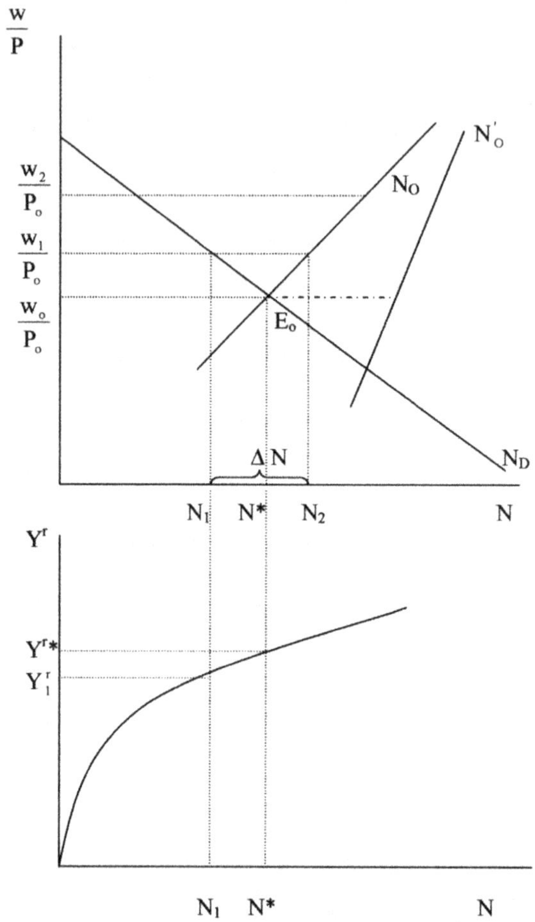

Abbildung 11.2

Eine Nominallohnsenkung von einem Mindestlohn auf den Gleichgewichtslohn erhöht das reale Güterangebot von Y_1^r auf Y^{r*} wie der untere Teil der Abbildung 11.2 deutlich macht.

Für die klassisch-neoklassische Theorie ist der Absatz des erhöhten Güterangebots kein Problem, da sich Angebot und Nachfrage nach Gütern über den Preismechanismus immer ausgleichen.

Soll das erhöhte Angebot an Gütern von einer entsprechenden Nachfrage bei **konstantem** Preisniveau ausgeglichen werden, müsste allerdings unterstellt werden, dass die Elastizität der Nachfrage nach Arbeit (absolut) mindestens eins beträgt (Abbildung 11.2 zeigt diese Situation). Ist die Elastizität (absolut) kleiner als eins, so sinkt die Lohnsumme. Dies hat dann aber eine Reduzierung der Konsumnachfrage zur Folge und damit eine Reduzierung der Nachfrage nach Arbeit (bei konstantem Preisniveau).

Eine zweite Möglichkeit der Erreichung von Vollbeschäftigung wäre dann gegeben, wenn die **Arbeitsproduktivität** steigen würde: Damit wäre es nach der Grenzproduktivitätstheorie möglich, für die einzelne Arbeitsstunde mehr zu bezahlen, da ja das Grenzwertprodukt der Arbeit gestiegen ist: Um den Gewinn zu maximieren müssten die Unternehmen die Nachfrage nach Arbeit so lange ausdehnen, bis das Grenzwertprodukt der Arbeit wieder dem Reallohn entspricht. Die Nachfragekurve nach Arbeit würde sich nach rechts verschieben (Abbildung 11.3). Dies gilt natürlich nur, sofern die Arbeitnehmer nicht den Produktivitätszuwachs durch eine Lohnerhöhung für sich in Anspruch nehmen.

Allerdings könnten die Unternehmen auch in der Form reagieren, dass sie einen erhöhten Output mit der bisherigen Arbeitsmenge produzierten.

Eine dritte Möglichkeit zur Erreichung der Vollbeschäftigung im klassisch-neoklassischen Modell wäre eine Reallohnsenkung durch eine **Preisniveauerhöhung** bei Konstanz des Nominallohns. Auch damit könnte ein Gleichgewicht auf dem Arbeitsmarkt erzielt werden. Da jedoch die Klassiker und die Neoklassiker eine Preisniveauerhöhung als Instrument der Vollbeschäftigung ablehnen, bleibt bei konstantem Preisniveau nur eine Nominallohnsenkung bzw. die Abschaffung der Mindestlöhne als Instrument der Beschäftigungspolitik, um eine Reallohnsenkung zu erreichen.

Problematisch an dem beschriebenen einfachen klassisch-neoklassischen Modell ist sicher die Annahme eines vollkommenen Marktes in Form eines Polypols wie beispielsweise u. a. die Annahme eines homogenen Gutes: Der Faktor Arbeit soll völlig gleichartig sein oder kann jederzeit durch Umschulung angepasst werden. Eine vereinfachende Annahme, die nicht unbedingt haltbar ist, wenn man die strukturellen Probleme in den meisten Volkswirtschaften sieht.

Weiter wird angenommen, dass der Faktor Arbeit eine vollständige Mobilität besitzt: Nicht nur räumlich, sondern auch sektoral (vgl. dazu Kapitel „Vollbeschäftigung“ als Zielsetzung). Eine **regionale** Arbeitslosigkeit ist daher nur vorübergehender Natur. Nach neoklassischer Auffassung gibt es allerdings vorübergehend eine **friktionelle** Arbeitslosigkeit, die sich durch die laufenden Strukturänderungen in einer Marktwirtschaft ergeben.

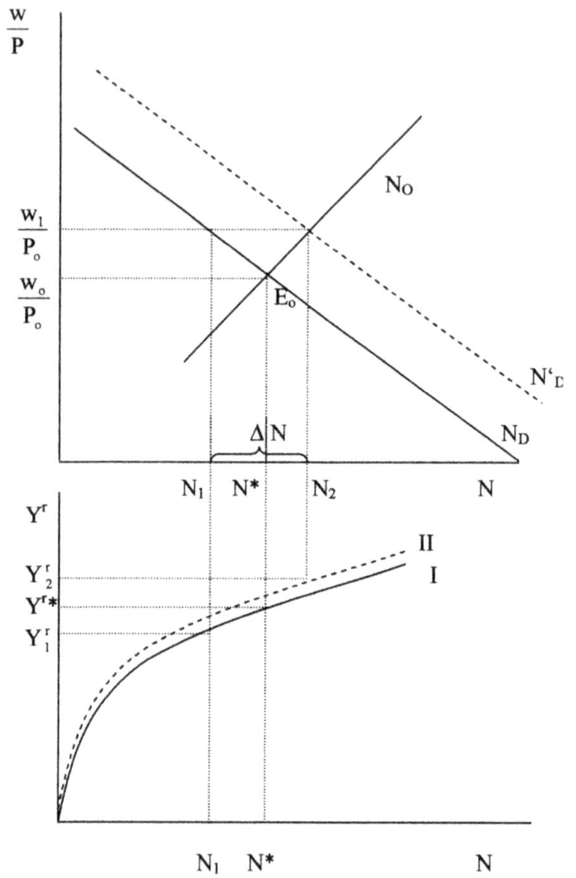

Abbildung 11.3

Den Neoklassikern ist aber bewusst, dass es so etwas wie eine Sockelarbeitslosigkeit gibt, auch beim Gleichgewichtslohn. Sie wird von ihnen meist als **natürliche Arbeitslosigkeit** (natural unemployment) bezeichnet, deren Reduzierung nur durch strukturelle Maßnahmen möglich ist (vgl. Kapitel „Investitionen", Angebotspolitik). Diese strukturelle Arbeitslosigkeit, die trotz eines Arbeitsmarktgleichgewichts existiert, wird in Abbildung 11.2 durch eine zusätzliche Angebotskurve (N'_O) angedeutet.

11.2 Die Beschäftigungstheorie von Keynes

Die Beschäftigungstheorie von *J. M. Keynes* ist nicht durch eine Partialanalyse des Arbeitsmarktes wie bei den Klassikern und den Neoklassikern bestimmt, sondern durch eine Analyse der makroökonomischen Zusammenhänge, und zwar der Zusammenhänge zwischen dem Gütermarkt, dem Geldmarkt und dem Arbeitsmarkt (Keynes, 1936, S. 5 ff.; Mussel, 1991, S. 163 ff.; Rittenbruch, 2000, S. 275 ff.).

Dabei geht *Keynes* davon aus, dass der Gütermarkt und der Geldmarkt den Arbeitsmarkt bestimmen: Die Nachfrage nach Gütern entscheidet über die Beschäftigung.

Dies ist eine Umkehrung des Sayschen Theorems: Während bei *J. B. Say* die Produktion sich ihre eigene Nachfrage durch die entstandenen Einkommen schafft, lösen Einkommenseffekte bei *Keynes* die Produktion und damit auch die Beschäftigung aus.

Die Nachfrage schafft sich ihre eigene Produktion.

Damit verlaufen die Spill-over-Effekte bei *Keynes* anders als in der Klassik und Neoklassik:

Als entscheidende Variable für die **Nachfrage der Unternehmen nach Arbeit** (im relevanten Bereich) sieht *Keynes* daher weder den Nominallohnsatz noch den Reallohnsatz an, sondern nur die **effektive Nachfrage nach Gütern**:

„*The amount of labour N which the entrepreneurs decide to employ depends on the sum (D) of two quantities, namely D1, the amount which the community is expected to spend on consumption, and D2, the amount which it is expected to devote to new investment. D is what we have called above the effective demand.*“ (Keynes, 1936, S. 29)

Bei einer offenen Volkswirtschaft mit staatlicher Aktivität besteht die effektive Nachfrage zusätzlich aus den Ausgaben des Staates für Güter und den Exporten.

Dabei beginnt bei *Keynes* die effektive Nachfrage nach Gütern mit der **Konsumgüternachfrage**:

„*Consumption (...) is the sole end and object of all economic activity. Opportunities for employment are necessarily limited by the extent of aggregate demand. Aggregate demand can be derived only from present provision for future consumption.*“
(Keynes-Zitat nach Ehrig, 1989, S. 71)

Die Höhe des Konsums wird durch das aktuelle verfügbare Einkommen der privaten Haushalte und durch andere Faktoren bestimmt, wie im Kapitel „Konsum“ bereits dargelegt wurde.

Keynes geht weiterhin von folgenden **Annahmen** aus

1. Der Nominallohnsatz wird von den Tarifparteien (Arbeitgebermarktverbänden und den Gewerkschaften) festgelegt. Die Arbeitnehmer werden eine Nominallohnsenkung als Instrument einer Beschäftigungspolitik nicht hinnehmen: Der Nominallohn ist bei den Überlegungen von *Keynes* ein Datum. (Trotzdem wird die Frage einer Nominallohnsenkung von *Keynes* erörtert, aber als ein arbeitsmarktpolitisches Instrument abgelehnt.)

Durch den fixen Nominallohn ergibt sich eine **unfreiwillige** Arbeitslosigkeit, die Keynes wie folgt definiert:

„*Men are involuntarily unemployed if, ... , both the aggregate supply of labour willing to work for the current money-wage and the aggregate demand for it at that wage would be greater than the existing volume of employment.*" (Keynes, 1936, S. 15)

2. Das Preisniveau ist nach unten nur begrenzt flexibel, und zwar aufgrund des hohen Monopolisierungsgrades der Wirtschaft.
3. Eine Preisniveauerhöhung führt bei einem konstanten Nominallohnsatz zu einer Reallohnsenkung. Diese Reallohnsenkung werden die beschäftigten Arbeitnehmer allerdings zunächst hinnehmen müssen. Nicht, weil sie einer **Geldillusion** in dem Sinne unterliegen, dass sie nicht den Kaufkraftverlust ihres konstanten Nominaleinkommens bemerken, sondern weil sie ihren Arbeitsplatz behalten wollen. Sie werden also nicht (entsprechend dem normalen Verlauf einer Angebotskurve) bei sinkendem Reallohn ihr Arbeitsangebot einschränken:

„*Whilst workers will usually resist a reduction of money-wages, it is not their practice to withdraw their labour whenever there is a rise in the price of wage-goods.*"
(Keynes, 1936, S. 9)

Sie werden nach Ablauf des Tarifvertrages einen Inflationsausgleich fordern, d. h. mit einer zeitlichen Verzögerung (Lohn-lag-Hypothese) (Peto, 2002, S. 155).

Das Beschäftigungsvolumen N steigt also nach *Keynes* nur dann, wenn die effektive Nachfrage einer Volkswirtschaft nach Gütern steigt. **Die Unternehmen werden dann die Nachfrage nach Arbeit bei einem bestimmten Lohnsatz erhöhen.**

Abbildung 11.4 zeigt eine sehr enge Auslegung der Keynesschen Auffassung mit einer Nachfragefunktion **ohne Lohnsatzabhängigkeit**.

Dabei wird angenommen, dass das Angebot an Arbeit bei einem bestimmten Nominallohnsatz (w_0) N* beträgt. Bei steigendem Lohnsatz kann das Angebot weiter über N* hinaus ausgeweitet werden, aber nur dann, wenn ein höherer Lohnsatz gezahlt wird. Die Anbieter von Arbeit, die einen höheren Lohnsatz als den herrschenden Lohnsatz fordern, sind **freiwillig** arbeitslos, weil sie einen Lohnsatz, der über dem aktuellen Lohnsatz liegt, nicht durchsetzen können. Bei einem niedrigeren Lohnsatz erfolgt kein Arbeitsangebot.

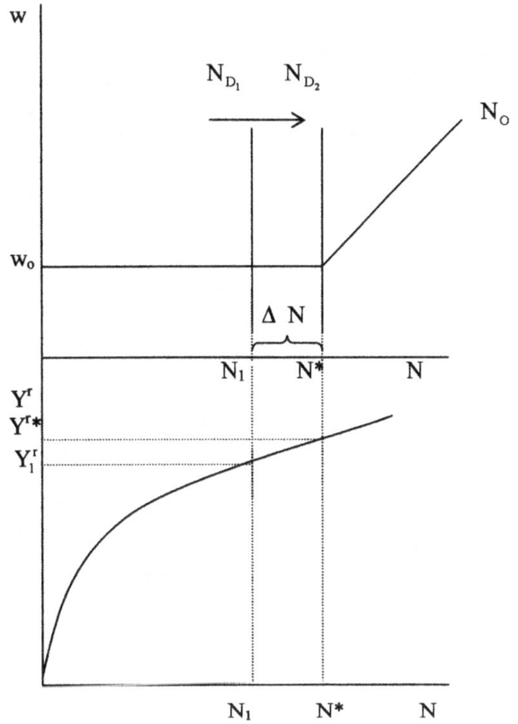

Abbildung 11.4

Beim neoklassischen Modell wird dagegen mit sinkendem Lohnsatz immer weniger Arbeit angeboten.

Die Nachfrage nach Arbeit ist unabhängig vom Reallohn.

In Abbildung 11.4 wird angenommen, dass beim gegebenen Nominallohnsatz (w_o) und einer Arbeitsnachfrage von N_{D_1} Arbeitslosigkeit in Höhe von $\Delta N = N^* - N_1$ herrscht, die als **unfreiwillige Arbeitslosigkeit** bezeichnet wird. Die Arbeitnehmer sind bereit zum herrschenden Tariflohn zu arbeiten, aber die angebotene Arbeitsmenge ist zu gering.

Eine Gleichgewichtslösung ist dann möglich, wenn die effektive Nachfrage nach Gütern steigt. Dann wird auch die Produktion ausgeweitet (von Y_1^r nach Y_1^{r*}) und damit auch die Nachfrage nach Arbeit von N_{D_1} nach N_{D_2}. **Damit wird das Vollbeschäftigungsgleichgewicht N* erreicht**.

Mit dieser Ausweitung der Beschäftigung nimmt auch gleichzeitig die Lohnsumme zu, da der Lohnsatz bei Zunahme der Beschäftigung konstant bleibt.

Diese Art von Arbeitslosigkeit tritt in der Rezessionsphase des Konjunkturzyklus auf, weshalb sie **konjunkturelle Arbeitslosigkeit** genannt wird. Sie ist durch mangelnde effektive Güternachfrage bedingt. Da sich *J. M. Keynes* speziell mit der Bekämpfung dieser Art von Arbeitslosigkeit beschäftigt hat, wird sie auch als **keynesianische Arbeitslosigkeit** bezeichnet.

Geht man von einer **weiten Auslegung der keynesianischen Theorie** aus und unterstellt eine Reallohnsatzabhängigkeit der Nachfrage nach Arbeit, so erhebt sich die Frage, ob eine **Nominallohnsenkung bei konstantem Preisniveau** zu einer Beschäftigungserhöhung führen kann. Abbildung 11.5 zeigt diesen Fall.

Durch eine Nominallohnsenkung bei konstantem Preisniveau steigen die Nachfrage nach Arbeit und das Güterangebot wie im klassisch-neoklassischen Fall.

Allerdings ist die Zunahme der Beschäftigung aufgrund des völlig elastischen Angebots an Arbeit größer als beim klassisch-neoklassischen Fall.

Bleibt das Preisniveau konstant, so kann das erhöhte Güterangebot nur dann auf den Märkten abgesetzt werden, wenn bei der Nominallohnsenkung die Lohnsumme zunimmt. Wie bereits bei der klassisch-neoklassischen Theorie erläutert, ist die Zunahme oder Abnahme der Lohnsumme durch eine Lohnsenkung eine Frage der Elastizität der Nachfrage nach Arbeit in Bezug auf den Reallohn: In Abbildung 11.5 findet die Nominallohnsenkung von w_0 auf w_1 im unelastischen Bereich der Nachfragekurve statt, so dass die Lohnsumme sinkt.

Damit kann das erhöhte Güterangebot nicht abgesetzt werden. Die Lohnsenkung bringt keine nachhaltige Erhöhung der Beschäftigung.

Eine Nominallohnsenkung im elastischen Bereich hätte dagegen positive Auswirkungen auf das Volkseinkommen und würde damit auch eine positive Auswirkung auf die Beschäftigung haben.

Keynes hat die Möglichkeit einer Nominallohnsenkung als Instrument der Beschäftigungspolitik abgelehnt, da sie nach seiner Ansicht die gleiche Wirkung auf das Volkseinkommen habe wie eine Erhöhung der Geldmenge. Eine Erhöhung der Geldmenge wäre jedoch durch die Zentralbank wesentlich leichter durchzuführen als eine Nominallohnsenkung. Allerdings würde eine Senkung der Nominallöhne in der Rezession genauso wenig eine Erhöhung der Investitionen auslösen wie eine Erhöhung der Geldmenge, da sie zu keiner weiteren Senkung der Zinsen bei einem extrem niedrigen Zinsniveau führe (Liquiditätsfalle).

Eine Senkung der Nominallöhne würde die Geldpolitik der Zentralbank durch ein „monetary management by the Trade Unions" ersetzen (Keynes, 1936, S. 267). Die Liquidität der Unternehmen würde zwar steigen, nicht aber die Investitionen.

Ist jedoch eine Nominallohnsenkung aufgrund von tariflich vereinbarten Mindestlöhnen nicht realisierbar, so ist eine **Senkung des Reallohns bei Konstanz des Nominallohns nur bei einer Preisniveauerhöhung** möglich wie Abbildung 11.6 zeigt: Steigt das Preisniveau von P_0 auf P_1, so sinkt der Reallohn und es wird Vollbeschäftigung erreicht.

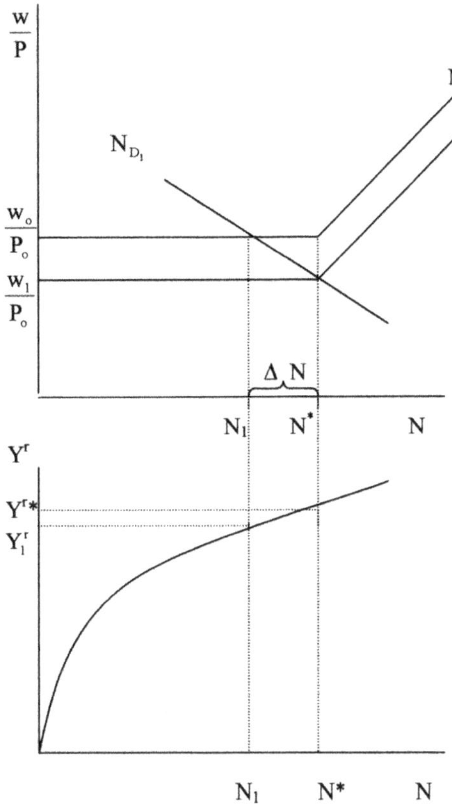

Abbildung 11.5

Die Zusammenhänge sind analog zur Senkung des Nominallohns bei konstantem Preisniveau zu sehen:

Durch eine Reallohnsenkung bei Konstanz des Nominallohns mit Hilfe einer Preisniveauerhöhung steigt die Nachfrage nach Arbeit von N_1 zur Vollbeschäftigung bei N*. Damit steigt auch das Güterangebot von $Y^{r}*$ nach Y_1^r, da die Unternehmen nach der Grenzproduktivitätstheorie bei sinkendem Reallohn ihre Produktion ausweiten.

Wie im Falle einer Reallohnsenkung durch einen Senkung des Nominallohns ergeben sich für den Fall einer Reallohnsenkung durch eine Preisniveauerhöhung wieder die folgenden Effekte:

Die Zunahme der Beschäftigung ist aufgrund des völlig elastischen Angebots an Arbeit größer als beim klassisch-neoklassischen Fall.

Bei steigendem Preisniveau kann das erhöhte Güterangebot nur dann auf den Märkten abgesetzt werden, wenn die Lohnsumme zunimmt. Wie bereits bei der klassisch-neoklassischen

Theorie erläutert, ist die Zunahme oder Abnahme der Lohnsumme durch eine Lohnsenkung eine Frage der Elastizität der Nachfrage nach Arbeit in Bezug auf den Reallohn: Auch in Abbildung 11.6 findet die Lohnsenkung im unelastischen Bereich der Nachfragekurve statt, so dass die Lohnsumme sinkt.

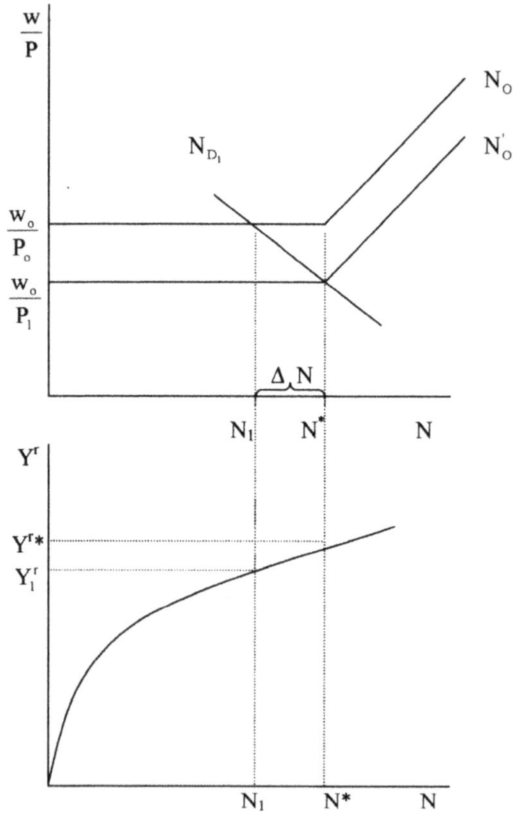

Abbildung 11.6

Damit kann das erhöhte Güterangebot nicht abgesetzt werden. Die Lohnsenkung bringt keine nachhaltige Erhöhung der Beschäftigung.

Eine Reallohnsenkung im elastischen Bereich hätte dagegen positive Auswirkungen auf die Nachfrage und würde damit auch eine positive Auswirkung auf die Beschäftigung haben.

Problematisch ist diese Darstellung allerdings dann, wenn eine Nachfragesoginflation vorliegt: Eine Nachfragesoginflation tritt im Keynesschen Modell erst **nach** der Erreichung der Vollbeschäftigung auf, und zwar dann, wenn das Produktionspotential voll ausgelastet ist. Anders liegt die Situation bei einer Angebotsdruckinflation (Kostendruck- oder Gewinndruckinflation) (vgl. Kapitel „Preisstabilität"): Auch in der Rezession kann diese Form auftreten wie beispielsweise in Form einer importierten Inflation (Erhöhung der Erdölpreise und/oder die Abwertung der eigenen Währung).

Eine Reallohnsenkung mit Hilfe von Preisniveauerhöhungen wird von *Keynes* allerdings **nicht** als ein Instrument zu Beschäftigungserhöhung angesehen:

> „*Thus the inevitable price-instability due to change cannot affect the actions of the entrepreneurs, but merely directs a de facto windfall of wealth in to the laps of the lucky ones.*“ (Keynes, 1936, S. 288)

11.3 Die Beschäftigungstheorie der Neuklassik (New Classical School)

Die New Classic School entwickelte sich in den 70er Jahren aus dem Monetarismus heraus als Antithese zum Keynesianismus. Die Neuklassik ist insbesondere mit den Namen *R. E. Jr. Lucas* und *T. J. Sargent* und *N. Wallace* verbunden (Zur Neuklassik vgl. Snowdon, 1998, S. 188 ff.). Die Neuklassik knüpft mit ihren Hypothesen wieder an die Neoklassik an.

Bei der New Classic School stehen drei Hypothesen im Vordergrund:

1. Die Theorie der rationalen Erwartungen (the rational expectations hypothesis)
2. Die Hypothese der laufenden Markträumung (continuous market clearing)
3. Die Hypothese des aggregierten Angebots (the aggregate supply hypothesis)

In seinem bereits 1961 publizierten mikroökonomischen Werk beschreibt *J. F. Muth* die **Hypothese der rationalen Erwartungen**:

Wenn rationale Wirtschaftssubjekte eine Voraussage über die zukünftige Entwicklung einer Variablen machen, so verwenden sie die besten veröffentlichten Informationen über die Faktoren, von denen sie annehmen, dass sie die Variable bestimmen. Dabei müssen sie eine Modellvorstellung über die Zusammenhänge zwischen den abhängigen (untersuchten) und den unabhängigen Variablen haben.

Es geht also bei dieser Theorie vor allen Dingen nicht um den Zusammenhang zwischen den aktuellen Variablen und ihrer bisherigen Entwicklung (Vergangenheitswerte), sondern um die **Einschätzung der zukünftigen Entwicklung**. Dies ist insbesondere im Hinblick auf die Erklärung der natürlichen Arbeitslosenquote durch die Monetaristen im Zusammenhang mit der Phillipskurve wichtig.

Die New Classical School geht wie *Walras* als Neoklassiker von einer **kontinuierlichen Markträumung** aus. Alle Preise (auch auf dem Faktormarkt Arbeit) sind flexibel. Der Markt wird sofort geräumt.

Im Hinblick auf den Arbeitsmarkt bedeutet dies: Jeder Arbeitswillige und Arbeitsfähige kann zum Gleichgewichtspreis am Arbeitsmarkt Arbeit finden. **Arbeitslosigkeit gibt es nur als freiwillige Arbeitslosigkeit.**

Dies zeigt sich auch bei der Erklärung der dritten **Hypothese über das aggregierte Angebot**:

Die New Classical School bezieht die Hypothese eines aggregierten Angebots besonders auch auf den **Arbeitsmarkt**: Die Arbeitnehmer müssen sich immer zwischen zwei Möglichkeiten entscheiden: Arbeit oder Freizeit.

Die Arbeitnehmer haben eine Vorstellung über einen normalen oder erwarteten Reallohn.

Wenn der aktuelle Reallohn über dem Normallohn liegt, haben die Arbeitnehmer einen Anreiz, Arbeit in der laufenden Periode anzubieten (dafür nehmen sie weniger Freizeit in Kauf). In der Zukunft werden sie dann mehr Freizeit in Anspruch nehmen und weniger Arbeit, wenn erwartet wird, dass der Lohn wieder sinkt.

Wenn der aktuelle Reallohn dagegen niedriger ist als der „Normallohn", werden die Arbeitnehmer in der laufenden Periode mehr Freizeit in Anspruch nehmen, dafür aber in der zukünftigen Periode mit höherem Reallohn mehr Arbeit anbieten.

Diese Annahmen werden als „intertemporale Substitution" bezeichnet.

Bei der New Classical School gibt es daher, wie bereits betont, auch nach der Hypothese des aggregierten Angebots nur **freiwillige** Arbeitslosigkeit.

Die aggregierte Angebotstheorie bezieht sich aber auch auf das **Güterangebot**.

Die Unternehmen reagieren auf eine Erhöhung des Preisniveaus:

Die Zunahme des Angebots hängt vom Unterschied zwischen dem aktuellen Preisniveau (P) und dem erwarteten Preisniveau (P^e) ab.

Lucas hat dies mit seiner Überraschungs-Angebotsfunktion wie folgt beschrieben:

$$Y - Y_N = \alpha (P - P^e)$$

Der Output (Y) weicht von seinem natürlichen Niveau (Y_N) ab, als Reaktion auf die Abweichung zwischen dem aktuellen Preisniveau (P) und dem erwarteten Preisniveau (P^e).

Wenn das aktuelle Preisniveau beispielsweise höher liegt als das ursprünglich erwartete Preisniveau, sind die Wirtschaftssubjekte überrascht und interpretieren diese Situation (falsch) als einen Anstieg des relativen Preises ihres eigenen Outputs, was eine Steigerung des Outputs und der **Beschäftigung** zur Folge hat.

Damit liefert die Neuklassik zugleich eine **Konjunkturtheorie**.

Diese aggregierte Angebotstheorie steht aber in gewisser Weise im Widerspruch zur Hypothese der rationalen Erwartungen, wenn man bedenkt, dass der Unternehmer bei seinen zukunftsorientierten Entscheidungen aus der bisherigen Vergangenheit gelernt hat: Da sie die einer **Preisillusion** bezüglich des Preises ihres eigenen Produktes unterliegen, steigt ihr Angebot, was hier zu einer Konjunkturerhöhung führt. Man könnte dies auch als eine Form der sich selbst erfüllenden Prophezeiung bezeichnen.

Die wirtschaftspolitische Frage im Hinblick auf die Annahmen der New Classic stellt sich viel radikaler, und zwar **ob eine Stabilisierungspolitik des Staates überhaupt noch möglich ist**, wenn man vor allem die Theorie der rationalen Erwartungen unterstellt. Sie ist nur dann möglich, wenn der Staat so schnell eingreift, dass sich die Wirtschaftssubjekte die neue Situation nicht antizipieren können.

Nicht unproblematisch ist außerdem die Annahme der Neuklassiker, dass es eine kontinuierliche (sofortige) Markträumung gibt. Speziell am Arbeitsmarkt gibt es eigentlich für die Neuklassiker überhaupt keine Probleme.

Weitere Bedenken sind gegen die Behauptung anzumelden, es gäbe eine Alternative zwischen Arbeit und Freizeit: Die meisten Arbeitnehmer haben nur ein Gut anzubieten, und zwar ihre Arbeitskraft. Das erzielbare Einkommen brauchen sie zu ihrem Lebensunterhalt. Eine andere Einnahmequelle existiert für viele nicht.

Auch die Annahme bei der Theorie der rationalen Erwartung, dass eine Modellvorstellung bestehen muss, gibt zur Kritik Anlass: Die Frage ist erlaubt, ob denn jedes Wirtschaftssubjekt auch das „richtige" Modell hat.

11.4 Die Beschäftigungstheorie der Neukeynesianer

Im Gegensatz zu den Neuklassikern gehen die Neukeynesianer nicht von vollkommenen Märkten, sondern von unvollkommenen Märkten aus (Snowdon, 1998, S. 288 ff.).

Dabei wird allerdings auch unterstellt, dass die Erwartungen rational sind.

Außerdem wird von den Neukeynesianern sowohl die Nachfrage als auch die Angebotsseite in ihre Modelle mit einbezogen. Daher sehen die Neukeynesianer sowohl Nachfrageschocks als auch Angebotsschocks als mögliche Ursache einer Instabilität des ökonomischen Systems.

Im Hinblick auf den Arbeitsmarkt nehmen die Neukeynesianer genauso wie *Keynes* an, dass **unfreiwillige Arbeitslosigkeit** möglich und wahrscheinlich ist.

Die neukeynesianische Beschäftigungstheorie ist durch folgende Merkmale gekennzeichnet:

A. Starrheit der Nominallöhne

Die neuklassische Theorie geht bekanntlich von einer augenblicklichen Markträumung bei Güter- und Faktormärkten aus, sofern eine „Störung" beispielsweise durch die Geldpolitik erfolgt.

Die Neukeynesianer *S. Fischer* und *J. Taylor* stellten bereits Ende der 80er Jahre fest, dass es sich bei den Arbeitsmärkten um keine Spot-Märkte (wie beim Erdöl) handelt, sondern um Märkte mit meist längeren Verträgen.

Während die Geldpolitik relativ kurzfristig agieren kann, ist dies auf dem Arbeitsmarkt nicht möglich. Mit der Geldpolitik kann kurzfristig auch auf den Reallohn Einfluss genommen werden, während die Nominallöhne aufgrund der **vertraglichen Regelungen** erst mit einer zeitlichen Verzögerung angepasst werden können (Lohn-lag-Hypothese).

B. Starrheit der Reallöhne

In den neukeynesianischen Modellen dominiert die Möglichkeit für die Marktpartner, die Preise selbst festzulegen (price makers), während beim neuklassischen Modell von Marktpartnern ausgegangen wird, die den Preis als Datum nehmen müssen (price takers) und auch als Mengenanpasser bezeichnet werden. Dies gilt auch für den Arbeitsmarkt.

Die neukeynesianischen Modelle gehen davon aus, dass die **Starrheit der Reallöhne** auch längerfristig zu unfreiwilliger Arbeitslosigkeit führt. Daneben stellen sie fest, dass es für Unternehmen gute Gründe gibt, ihren Mitarbeitern einen Lohn zu zahlen, der auch über dem Gleichgewichtsreallohn liegen kann. Dieser Lohn wird als Effektivlohn bezeichnet. Daneben gibt es auch bei einzelnen Unternehmen die Möglichkeit, dass sie einen Lohn zahlen, der unter dem Gleichgewichtslohn liegt.

Die **Starrheit der Reallöhne** soll mit folgenden Ansätzen begründet werden:

a) Modell der **stillschweigenden Vereinbarungen** (implicit contract model):

In diesem Falle geht es darum, dass eine stillschweigende Vereinbarung besteht, dass ein Unternehmen seine Stammbelegschaft halten möchte, unabhängig von konjunkturellen Risiken. Es handelt sich um eine längerfristige Bindung. Die Unternehmen garantieren einen konstanten Reallohn, der in der Regel dafür aber niedriger liegt als der Lohn, den die Mitarbeiter am Markt erzielen würden. Auf der einen Seite sichern sich die Unternehmer die Loyalität ihrer Arbeitskräfte, auf der anderen Seite erhalten die Arbeitnehmer eine gewisse Sicherheit für ihre Arbeitsplätze.

b) **Effizienzlohn-Theorie** (efficiency wage theory):

Es ist nicht im Interesse der Unternehmen, die Reallöhne zu senken, da eine Interdependenz zwischen den Reallöhnen und der Produktivität besteht, was bereits mit Hilfe der neoklassischen Grenzproduktivitätstheorie gezeigt wurde.

Starre Reallöhne sind im Interesse der Unternehmen, da Reallohnsenkungen die Produktivität senken und damit die Kosten steigen lassen.

Bei steigender Produktivität maximiert das Unternehmen dann seinen Gewinn, wenn die Grenzproduktivität gleich dem Reallohn ist.

Damit wäre es nach der Grenzproduktivitätstheorie möglich, für die einzelne Arbeitsstunde mehr zu bezahlen, da ja das Grenzwertprodukt der Arbeit gestiegen ist: Um den Gewinn zu maximieren müssten die Unternehmen die Nachfrage nach Arbeit so lange ausdehnen, bis das Grenzwertprodukt der Arbeit wieder dem Reallohn entspricht.

Die Neukeynesianer haben die Analyse dieser Effizienzlohntheorie **erweitert**:

Die erste Effizienzlohntheorie geht vom Zusammenhang zwischen der Lohnhöhe und der Ernährung der Mitarbeiter aus. Ein Unternehmen zahlt **überdurchschnittliche** Löhne, damit die Arbeitnehmer durch hochwertige Ernährung gesund bleiben und damit leistungsfähig sind. Diese Theorie ist allerdings überwiegende für Entwicklungsländer relevant.

Eine zweite Erklärung zur Starrheit der Reallöhne, die **über** den Gleichgewichtslohnsätzen liegen, hängt mit dem Interesse der Unternehmen zusammen, die Fluktuation der Belegschaft so niedrig wie möglich zu halten und wird daher auch als „labour turnover model" bezeichnet.

Man geht davon aus, dass für einen Arbeitnehmer um so weniger Interesse besteht, das Unternehmen zu verlassen, je höher seine Bezahlung. Das Unternehmen reduziert seine Anwerbungs- und Einarbeitungskosten.

Eine dritte Begründung für starre Reallöhne hängt mit der Qualifikation der Mitarbeiter zusammen: Die Unternehmen versuchen, mit **hohen** Löhnen eine negative Mitarbeiterauslese zu verhindern (adverse selection theory). Zahlen die Unternehmen nur den Gleichgewichtslohn, so wandern die besonders qualifizierten Mitarbeiter ab, damit sinken die durchschnittliche Qualifikation der Mitarbeiter und die Produktivität.

Die vierte Erklärung starrer Reallöhne geht davon aus, dass ein hoher Lohn die Mitarbeiter auch zu hohen Arbeitsanstrengungen bewegt. Das Unternehmen ist nicht in der Lage, die Leistungen jedes einzelnen Mitarbeiters zu kontrollieren. Es bleibt daher den Mitarbeitern überlassen, entweder hart zu arbeiten oder sich zu drücken. Bei einer hohen Entlohnung sind allerdings die Kosten für den Mitarbeiter selbst sehr hoch, wenn er entlassen wird, weshalb vermutet wird, dass er dies durch besonders hohe Anstrengungen verhindert (shirking model).

11.5 Die Phillipskurven-Problematik

Die Frage der Reallohnsenkung durch Preisniveausteigerungen wurde in den 60er und 70er Jahren aufgrund einer Untersuchung von *A. W. Phillips* diskutiert. Die Diskussion über diese Frage ist unter dem Sammelbegriff „**Phillipskurve**" bekannt.

Phillips hat in einer Untersuchung über Großbritannien für die Zeit von 1861 bis 1957 einen stabilen Zusammenhang zwischen der Zuwachsrate der Nominallöhne ($\hat{w}$) und der durchschnittlichen Arbeitslosenquote festgestellt und aufgrund dieser Zahlen eine Regressionslinie ermittelt (Abbildung 11.7) (Phillips, 1958, S. 283 ff.).

P. A. Samuelson und *R. M. Solow* haben diesen Zusammenhang mit Hilfe von Inflationsraten ($\hat{P}$) und durchschnittlichen Arbeitslosenquoten ($\hat{N}$) dargestellt (Abbildung 11.8), wobei sie von den Wachstumsraten der Nominallöhne die Wachstumsrate der Produktivität (3 %) abgezogen haben (Samuelson, 1960, S. 177 ff.; Woll, 1996, S. 534 ff.).

Diese modifizierte Phillipskurve schien für die Wirtschaftspolitiker der 60er und 70er Jahre klare Wahlmöglichkeiten bei den Zielen (Vollbeschäftigung und Preisstabilität) deutlich zu machen: Eine staatlich wünschenswerte Arbeitslosenquote kann durch eine entsprechende Inflationsrate „erkauft" werden. Die Wahlmöglichkeit (der Trade-off) – bedeutete für die Wirtschaftspolitik einen Zielkonflikt, allerdings in Form einer Wahl zwischen zwei Übeln: So wird dem früheren Bundeskanzler *Helmut Schmidt* der Ausspruch zugeschrieben, ihm wären 5 % Inflation lieber als 5 % Arbeitslosigkeit. Er hat dann in der Phase der Stagflation (Mitte der 70er Jahre) gleichzeitig beides bekommen.

Seit 1950 ist in den USA (und seit 1974 in Deutschland) zu beobachten, dass Preisniveausteigerungen nicht automatisch mit einer Senkung der Arbeitslosenquote, sondern mit einer hohen Arbeitslosigkeit einhergehen können, d. h. Inflation und Stagnation können zusammenfallen, weshalb von einer „Stagflation" gesprochen wird (zur Stagflation vgl. Brauli, 1975).

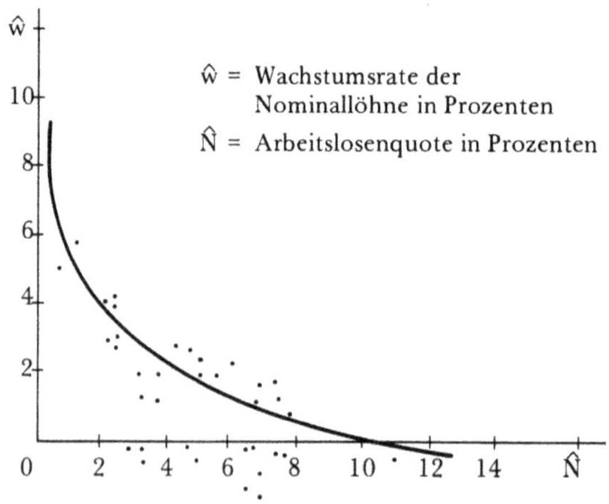

Abbildung 11.7

Daher ist es notwendig, die bisherige Form der Phillipskurve zu überprüfen.

Wesentlicher Kritikpunkt an der Phillipskurve ist die Verhaltensannahme, die für die Arbeitnehmer unterstellt wurde, nämlich die **Geldillusion**. Es wird zwar erwartet, dass die Arbeitnehmer irgendwann einmal bei gesunkenem Reallohn eine Erhöhung des Geldlohnes verlangen, aber nicht sofort.

Reagieren die Arbeitnehmer **sofort** mit der Forderung nach höheren Geldlöhnen und setzen sie ihre Forderungen durch, so bedeutet dies, dass die Arbeitslosigkeit mit Hilfe einer Preisniveauerhöhung nicht beseitigt werden kann.

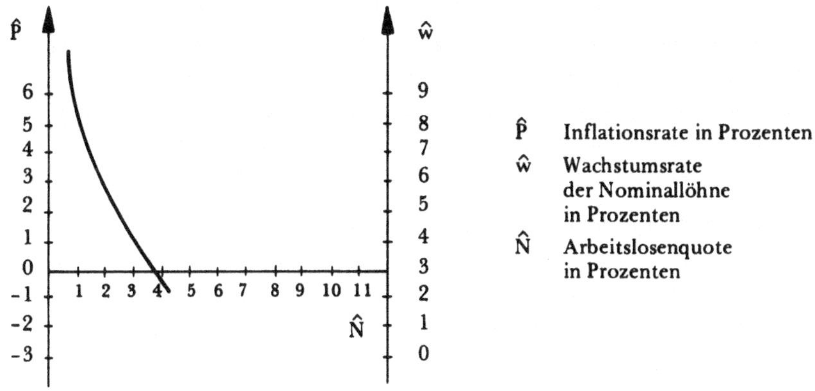

Abbildung 11.8

Unterstellt man wie die Neuklassiker nur rationale Inflationserwartungen, so besteht weder kurz- noch langfristig ein Zusammenhang zwischen der Inflationsrate und der Arbeitslosenquote (Pohl, 1981, S. 135).

Einige **Post-Keynesianer** versuchen auf andere Weise doch noch einen Trade-off herzuleiten: So geht *W. J. Baumol* (1978) davon aus, dass allein der Glaube der Arbeitnehmer an einen Trade-off, diesen tatsächlich auftreten lässt in Form einer **sich selbst erfüllenden Prophezeiung** (self-fulfilling prophecy), denn die Arbeitnehmer haben nach *Baumol* eine Geldillusion und glauben an einen Trade-off. Sie akzeptieren daher eine Lohnerhöhung **unter** der Inflationsrate, womit ihre Prophezeiung in Erfüllung geht

St. Fisher (1977) geht dagegen von unterschiedlichen Laufzeiten der Tarifverträge aus, weshalb eine Anpassung der Lohnerhöhungen an die Inflationsrate mit zeitlicher Verzögerung erfolgt. Es herrscht deshalb Geldillusion bei den Arbeitnehmern im Sinne von *Keynes:* Die Arbeitnehmer wissen, dass sie eine Reallohnsenkung haben, können dies aber kurzfristig nicht ändern, da sie tarifvertraglich gebunden sind. Damit entsteht ein Trade-off aufgrund von **institutionellen Hemmnissen**.

Schließlich stellt *R. Pohl* einen dauerhaften Trade-off zwischen Inflationsrate und Arbeitslosenquote fest. Dieser Trade-off entsteht durch eine **„akzeptierte Arbeitslosigkeit"**:

Einige Arbeitnehmer scheiden im Zusammenhang mit der Reallohnsenkung aus dem Arbeitsprozess aus und bleiben arbeitslos. Dies gilt für Arbeitslose, denen hohe Suchkosten und Kosten im Zusammenhang mit der Wiederaufnahme einer Arbeit (z. B. Umzugskosten) entstehen. Die Kosten werden von dem Arbeitssuchenden nur dann als vertretbar angesehen, wenn ein entsprechendes Lohnangebot da ist, das auch diese Kosten abdeckt. Nicht alle Arbeitslose können mit der Deckung dieser Kosten rechnen, wie beispielsweise ältere Arbeitslose und behinderte Arbeitslose. Sie nehmen daher aus rationalen Gründen nicht am Arbeitssuchprozess teil und scheiden aus dem Suchprozess aus. Damit verknappt sich das Arbeitsangebot und man kommt so dem Ziel der Vollbeschäftigung näher (Pohl, 1981, S. 155 ff.).

Der **Neo-Monetarist** *M. Friedman* und der **Neukeynesianer** *E. S. Phelps* haben bereits in den 60er Jahren den theoretischen Hintergrund der Phillipskurve attackiert (vgl. zu den folgenden Ausführungen: Makin, 1975, S. 414 ff.). Sie sehen nur kurzfristig eine Alternative zwischen einer höheren Preissteigerungsrate und einer niedrigeren Arbeitslosenquote. Langfristig ergibt sich ihrer Meinung nach eine **„natürliche" Arbeitslosenquote**, die relativ konstant ist.

Dies soll mit Hilfe der Abbildung 11.9 deutlich gemacht werden.

Geht man von einer bestimmten Situation E_1 aus, mit einer Arbeitslosenquote $\hat{N}_N$ und einer Inflationsrate $\hat{P}_1$, so ist es möglich, dass die Arbeitslosigkeit kurzfristig sinkt, wenn sich die Preissteigerungsrate auf $\hat{P}_2$ erhöht.

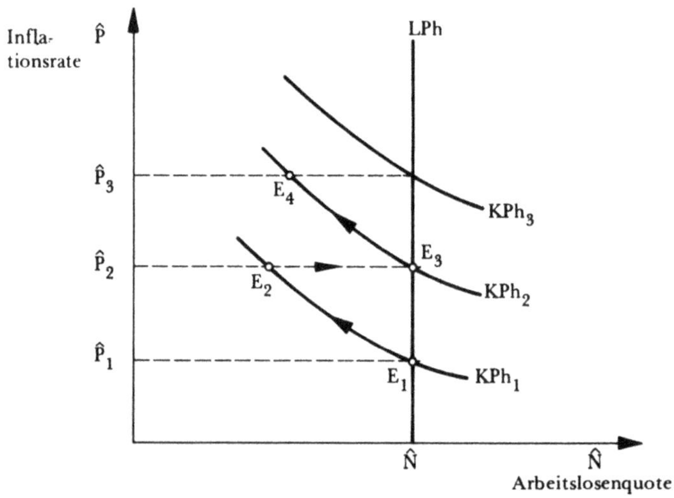

Abbildung 11.9

Spätestens im Punkt E_2 sind die Arbeitnehmer (oder deren Vertreter, die Gewerkschaften) nicht mehr bereit, Reallohnverluste hinzunehmen und verlangen eine Erhöhung des Nominallohnsatzes.Die Erhöhung führt zu der ursprünglichen Arbeitslosenquote $\hat{N}_N$ zurück, aber bei gestiegenem Preisniveau. Diese Entwicklung setzt sich auch ab dem Punkt E_3 weiter fort, wobei von *Friedman* behauptet wird, dass die Anpassung der Reallöhne an die Preissteigerungsraten immer rascher erforderlich sei, was als Beschleuniger-Theorie (Acceleration Theory) bezeichnet wird, weil die Arbeitnehmer den Kaufkraftschwund immer besser übersehen.

Bei der gleichen Inflationsrate ist der Abstand der Punkte E_3 und E_4 kleiner als der Abstand der Punkte E_1 und E_2. Dies bedeutet, dass eine **höhere** Inflationsrate notwendig wäre, damit der Abstand zwischen den jeweiligen Punkten gleich groß wäre: Um die Arbeitslosenquote in gleichem Maße zu drücken, sind immer höhere Inflationsraten notwendig.

In Abbildung 11.9 stellt mit LPh-Kurve die langfristige und mit KPh die kurzfristige Philippskurve dar. Das bedeutet, dass **langfristig keine Wahlmöglichkeit** zwischen Arbeitslosigkeit und Inflationsrate besteht. Dies erklärt auch das Phänomen der Stagflation: Trotz höherer Arbeitslosigkeit steigt das Preisniveau weiter an.

Langfristig besteht nach *Friedman* das Problem in einer Verschiebung der LPh-Kurve nach links. Die LPh-Kurve zeigt die natürliche Arbeitslosenquote (Natural Rate of Unemployment = NRU), die vor allem durch eine strukturelle Arbeitslosigkeit bestimmt wird. (Zu den einzelnen Formen der Strukturarbeitslosigkeit vgl. Kapitel „Vollbeschäftigung".)

Nach Ansicht von *Friedman* ist die natürliche Arbeitslosigkeit durch die technologische Entwicklung der letzten Jahre gestiegen. Dazu kam seiner Meinung nach noch eine demographische Komponente: Die Zahl der jungen Arbeitskräfte hat überproportional zugenommen. Die Lösung des Problems sieht *Friedman* darin, die Angebotsstruktur der Nachfragestruktur auf dem Arbeitsmarkt anzupassen, und zwar durch staatliche Ausbildungs- und Umschulungsprogramme und durch eine Förderung der Mobilität.

Im Gegensatz zu der neo-monetaristischen Darstellung über die Gründe für die Existenz einer natürlichen Arbeitslosenquote (NRU) sprechen die **Neukeynesianer** lieber von „nonaccelerating inflation rate of unemployment (NAIRU), da sie von einer relativ stabilen Inflationsrate ausgehen. Dies hängt insbesondere mit der unterschiedlichen Auffassung über die Arbeitsmarktstruktur der beiden Paradigmata zusammen: Während *Friedman* von einer natürlichen Arbeitslosenquote bei einem Arbeitsmarktgleichgewicht ausgeht (vgl. insbesondere in Abbildung 11.2 die zusätzliche Angebotskurve rechts vom Gleichgewicht), wird die NAIRU durch die Marktmacht der Gewerkschaften und der Arbeitgeber bestimmt, wobei die Lohnverhandlungen durch die angestrebten Lohnziele der Gewerkschaften, die tatsächlich erreichbaren Reallöhne und unter Berücksichtigung der Entwicklung der Arbeitsproduktivität bestimmt werden (Snowdon, 1998, S. 323 ff.).

Eine neue Erklärung der NRU und der NAIRU brachte im Jahre 1972 *E. S. Phelps* mit seiner **Hysteresis-Theorie**): Es gibt seiner Ansicht nach einen **späteren** Effekt auf die Höhe der natürlichen Arbeitslosigkeit, der durch den Verlauf der Anpassung zum Gleichgewicht hin bestimmt wird. Der Begriff der Hysteresis stammt aus der Physik und kann als „das Zurückbleiben der Magnetisierung eines ferromagnetischen Materials gegenüber dem die Magnetisierung verursachenden Feld" (Knaur, 1985) beschrieben werden. Der Wort Hysteresis geht auf das griechische Wort „hysteros" (= später) zurück.

Nach der Hysteresis-Theorie, bezogen auf die natürliche Arbeitslosenquote, wird die natürliche Arbeitslosenquote ($\hat{N}_{Nt}$) in der laufenden Periode t steigen, wenn die aktuelle Arbeitslosenquote der Vorperiode ($\hat{N}_{t-1}$) die frühere natürliche Arbeitslosenquote ($\hat{N}_{Nt-1}$) überstiegen hat.

$$\hat{N}_{Nt} = \hat{N}_{Nt-1} + a(\hat{N}_{t-1} - \hat{N}_{Nt-1}) \qquad (10)$$

Daraus folgt:

$$\hat{N}_{Nt} - \hat{N}_{Nt-1} = a(\hat{N}_{t-1} - \hat{N}_{Nt-1}) \qquad (11)$$

Aus Gleichung (11) ist ersichtlich, dass $\hat{N}_{Nt} > \hat{N}_{t-1}$, wenn $\hat{N}_{t-1} > N_{Nt-1}$ ist.

Anders ausgedrückt: Die steigende aktuelle Arbeitslosenquote wirkt wie ein Magnet und zieht die natürliche Arbeitslosenquote nach oben.

Zur **Ursachenerklärung der Hysteresis** werden **zwei Ansätze** gewählt:

Die **Dauerarbeitslosigkeitstheorie** (Duration Theory) und die **Insider-Outsider-Theorie**:

Bei der Duration Theory geht man davon aus, dass das Problem einer strukturellen Arbeitslosigkeit dadurch verschärft wird, dass die Arbeitslosen durch die Dauer der Arbeitslosigkeit ihre Qualifikation verlieren (Abwertung ihres Humankapitals). Damit steigt die Zahl der Langzeitarbeitslosen, die keinerlei Einfluss auf die Lohnverhandlungen haben.

Die Insider-Outsider-Theorie betont die Macht der Arbeitbesitzenden (Insider), die es verhindern, dass die Löhne bei Arbeitslosigkeit sinken. Den Outsidern gelingt es nicht, sich wieder in den Arbeitsprozess (eventuell durch einen niedrigeren Lohn) einzugliedern.

Was die wirtschaftspolitische Relevanz des Trade-offs für Deutschland betrifft, so kann ohne weiters festgestellt werden, dass „Inflation“ nie ein Instrument zur Erreichung der Vollbeschäftigung war. Dies war auch gar nicht möglich, da die autonome Deutsche Bundesbank die spezielle Zielsetzung „Sicherung der Währung“ immer verfolgt hat.

Aus **keynesianischer Sicht** besteht sowieso **kein** Trade-off zwischen Inflationsrate und Arbeitslosenquote: Die keynesianische Theorie geht, wie bereits mehrfach erwähnt, von einer Unterbeschäftigungssituation aus, die durch Arbeitslosigkeit und durch ein konstantes Preisniveau gekennzeichnet ist. Erst bei einer Annäherung an die Vollbeschäftigung sind an der Kapazitätsgrenze Preisniveauerhöhungen zu verzeichnen. Das angestrebte Vollbeschäftigungsziel ist also bereits erreicht, wenn die Inflation einsetzt.

Dringend notwendig sind und waren in Deutschland ohne Zweifel **generelle Strukturmaßnahmen** aber auch **spezielle Strukturmaßnahmen auf dem Arbeitsmarkt**, denn bei der Betrachtung der Phillipskurve für Deutschland fällt besonders auf, dass die strukturelle (natürliche) Arbeitslosigkeit immer größer geworden ist, was an der laufenden Verschiebung der Phillipskurve nach **rechts** beobachtet werden kann (zu den notwendigen Reformen vgl. Kapitel „Investitionen“). Diese laufende Verschiebung lässt sich mit der Hysteresis-Theorie von *Phelps* erklären.

Abbildung 11.10 zeigt eine modifizierte Phillipskurve für Deutschland (früheres Bundesgebiet) (Peto, 2000, S. 175).

Der Anstieg der Arbeitslosigkeit bei sinkender Inflationsrate kann auch auf exogene Schocks in Form von restriktiven Eingriffen der Deutschen Bundesbank zur Sicherung der Währung zurückgeführt werden. Eine restriktive Geldpolitik führt kurzfristig zu einer Erhöhung der

Arbeitslosenquote, da u. a. durch diese Politik das Zinsniveau relativ hoch gehalten wird und damit Investitionen verhindert werden.

Eine weitere Erklärung der Entwicklung in Deutschland ergibt sich insbesondere für die Jahre 1973-1974 und 1979-1980 in Form anderer exogener Schocks:

Für diese Phasen liegen eindeutig importierte Inflationen durch die Ölpreisschocks vor.

Im Herbst 1973 erfolgt eine Vervierfachung des Rohölpreises durch die OPEC und während der Jahre 1979 und 1980 eine weitere Verdopplung des Preises. Damit erhöhten sich auch die Preise der Mineralölprodukte.

Damit waren die hohen Inflationsraten nicht durch Lohnerhöhung ausgelöst worden, sondern durch exogene Faktoren. Die Arbeitslosenquoten stiegen in den Jahren nach den Schocks bei hoher Inflationsrate (Stagflation) an, wie die „Schleifen" in *Abbildung 11.10* zeigen.

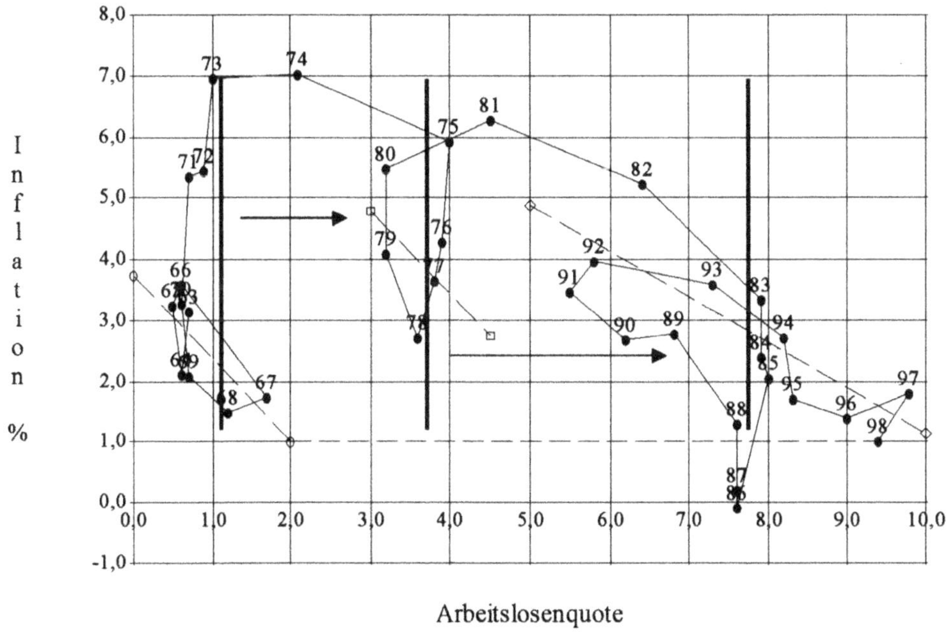

Abbildung 11.10

Es ist daher sehr fraglich, ob überhaupt ein funktionaler Zusammenhang zwischen Inflationsrate und Arbeitslosenquote existiert (Kromphardt, 1987, S. 149 ff.).

Kontrollfragen zu Kapitel 11

1. Erklären Sie den Unterschied zwischen dem Nominallohn und dem Reallohn!
2. Welche Modellannahmen macht die klassisch-neoklassische Beschäftigungstheorie?
3. Erläutern Sie die Grenzproduktivitätstheorie!
4. Was versteht man unter einer „freiwilligen" und einer „unfreiwilligen" Arbeitslosigkeit?
5. Wie stellen sich die Klassiker und die Neoklassiker die Lösung des Arbeitslosenproblems vor?
6. Wie wirkt die Erhöhung der Arbeitsproduktivität im klassisch-neoklassischen Modell?
7. Was versteht man unter einer „natürlichen" Arbeitslosigkeit?
8. Erläutern Sie die Annahmen von Keynes bei seiner Analyse der Arbeitslosigkeit!
9. Wodurch kann nach Keynes die Arbeitslosigkeit beseitigt werden?
10. Was verstehen die Neuklassiker unter der „Hypothese der rationalen Erwartungen"?
11. Warum gibt es nach der Meinung der Neuklassiker nur freiwillige Arbeitslose?
12. Wie erklären die Neukeynesianer die Arbeitslosigkeit?
13. Was versteht man unter der Effizienzlohn-Theorie?
14. Welchen Zusammenhang zeigt die Phillips-Kurve?
15. Welchen Zusammenhang zeigt die modifizierte Phillips-Kurve von *P. A. Samuelson* und *R. M. Solow*?
16. Wie erklärt der Neo-Monetarist *M. Friedman* die Phillips-Kurve?
17. Erläutern Sie die Hysteresis-Theorie von *E. S. Phelps*!
18. Welche Erklärungen gibt es für die empirisch ermittelten modifizierten Phillips-Kurven für die Bundesrepublik Deutschland?

12 Außenwirtschaftspolitik

Auch die Außenwirtschaftspolitik kann im Rahmen der Stabilitäts- und Wachstumspolitik als Instrument eingesetzt werden, dabei wird unter der „**Außenwirtschaftspolitik**" die Gestaltung der ordnungspolitischen Rahmenbedingungen internationaler Wirtschaftsbeziehungen und die prozesspolitische Beeinflussung internationaler Transaktionen verstanden, um außen- und binnenwirtschaftliche Ziele zu erreichen.

Als die wichtigsten ökonomischen **Ziele der Außenwirtschaftspolitik** können der

- Freihandel und das
- außenwirtschaftliche Gleichgewicht

bezeichnet werden.

Teilbereiche dieser Außenwirtschaftspolitik sind dabei die

- Außenhandelspolitik und die
- Währungspolitik.

Bei einer Volkswirtschaft mit relativ hoher außenwirtschaftlicher Verflechtung wie der deutschen Volkswirtschaft besteht eine starke Interdependenz zwischen Binnenwirtschaft und Außenwirtschaft. Dabei ergeben sich Wirkungen in beiden Richtungen. So kann beispielsweise eine binnenwirtschaftliche Maßnahme der Geldpolitik in Form einer Zinserhöhung, um das binnenwirtschaftliche Ziel „Preisstabilität" zu erreichen, gleichzeitig auch außenwirtschaftliche Wirkungen auslösen, und zwar in Form eines Kapitalzuflusses aus dem Ausland.

Eine Senkung der Importzölle als außenwirtschaftliche Maßnahme führt zu binnenwirtschaftlichen Wirkungen in Form von Preissenkungen.

Die folgende Darstellung behandelt zunächst, die Möglichkeiten und Effekte der Außenhandelspolitik und konzentriert sich dann auf die Währungspolitik.

12.1 Außenhandelspolitik

Im Vordergrund der Außenhandelspolitik steht die Übertragung der liberalen (marktwirtschaftlichen) Ordnung auf den Außenhandel durch die Schaffung eines globalen Marktes mit Hilfe des Freihandels.

Dabei soll das Ziel **Freihandel** durch einen freien Leistungsverkehr von Gütern und Produktionsfaktoren hergestellt werden, und zwar durch den Abbau und Verzicht auf alle Beschränkungen zwischen Inland und Ausland u. a. in Form von Freizügigkeit für Personen, Niederlassungsfreiheit für ausländische Unternehmen und Abschaffung aller Handelshemmnisse. Die Handelshemmnisse können als Zölle (tarifäre Hemmnisse) oder nichttarifäre Hemmnisse (Importverbote, Qualitätsvorschriften) auftreten.

Durch die Einführung des Freihandels soll ein Wohlstandsgewinn für alle beteiligten Länder eintreten.

Neben diesem übergeordneten Ziel, gibt es ganz wichtige Gründe, einen Handel mit anderen Volkswirtschaften zu treiben:

Der erste Grund, einen internationalen Handel zu eröffnen, ist das **Verfügbarkeitsproblem**, so muss Deutschland den Rohstoff Bauxit importieren, um überhaupt Aluminium herstellen zu können, da Bauxit in Deutschland praktisch nicht vorkommt. Es kommt aber nicht ausschließlich auf den Handel mit Rohstoffen an, sondern auch auf den Handel mit Produkten, bei deren Herstellung im eigenen Lande ein bestimmtes Know-how fehlt (wie z. B. bei der Hardware oder Software im IT-Bereich).

Anders sieht die Lage aus bei Gütern, die überall vorkommen oder produziert werden können, den sogenannten **ubiquitären** Gütern. Hier geht es um die Frage, welche Güter in welchem Land produziert werden sollen, wobei die Höhe der Produktionskosten entscheidend ist.

Grundsätzlich kann man sagen, dass die Steigerung des internationalen Wohlstandes dadurch erreichbar ist, dass sich Länder auf die Produktion von Gütern spezialisieren, bei denen sie einen **absoluten Kostenvorteil** haben.

Eine Wohlstandssteigerung ist aber auch dann möglich, wenn sich ein Land auf das Gut spezialisiert, bei dem es den **größten Kostenvorteil** hat. *David Ricardo* hat dies mit seiner Theorie der komparativen (relativen) Kosten mit einem Beispiel von Wein (produziert in Portugal) und Tuch (produziert in England) nachgewiesen.

Eine Erklärung dafür, warum Länder Kostenvorteile bei der Herstellung bestimmter Produkte haben, versuchten die beiden Schweden *E.F. Heckscher* und *B. Ohlin* mit ihrer **Faktorproportionentheorie** zu geben:

Die wichtigste Ursache sehen *Heckscher* und *Ohlin* in der **unterschiedlichen Ausstattung der einzelnen Ländern mit Produktionsfaktoren**, d. h. dass es Unterschiede der relativen Knappheit bzw. dem relativen Überfluss einzelner Produktionsfaktoren in den einzelnen Ländern gibt.

Die Folge dieser Faktorausstattung ist, dass sich jedes Land auf Güter spezialisiert, zu deren Herstellung primär der Produktionsfaktor benötigt wird, den es relativ im Überfluss hat.

Betrachtet man die Länder „Australien“ und „England“, so kann man feststellen, dass England die beiden Produktionsfaktoren Arbeit und Kapital gegenüber dem Produktionsfaktor Boden im Überfluss hat. Australien hat dagegen den Faktor Boden relativ im Überfluss.

Daraus folgt, dass in Australien die Bodenrente relativ niedrig ist, weshalb eine Produktion, die Boden benötigt, wie die Weizenproduktion und die Viehzucht, eher in Australien als in England erfolgt. England wird sich dagegen auf die arbeits- und kapitalintensiven Produkte spezialisieren.

Durch die Spezialisierung gelingt es außerdem, die im jeweiligen Land im relativen Überfluss vorhandenen Produktionsfaktoren tendenziell vollständig zu beschäftigen. Die Länder importieren die Güter, deren Produktionsfaktoren im eigenen Lande relativ knapp sind.

Heckscher und *Ohlin* folgern daraus, dass im internationalen Handel indirekt ein Tausch der reichlich vorhandenen gegen die knappen Produktionsfaktoren erfolgt:

Die Mobilität der Produkte ersetzt die Immobilität der Produktionsfaktoren.

Durch den Warentausch besteht zugleich die Tendenz einer **Angleichung der Faktorpreise.** In jedem Land steigt der Preis für den reichlich vorhandenen Produktionsfaktor, der im Zustand der Autarkie niedrig gewesen wäre. Andererseits sinkt der Preis des knappen Produktionsfaktors. **Der internationale Handel reduziert damit die Faktorpreisdifferenzen zwischen den Ländern.**

Dieses **Faktorpreisausgleichstheorem** wurde von *W. Stolper* und *P. A. Samuelson* wie folgt beschrieben:

Der Preisanstieg bei einem Gut führt zu einer Steigerung der Faktorentlohnung des Faktors, der bei der Produktion relativ intensiv eingesetzt wurde und zu einer Abnahme der Faktorentlohnung des weniger intensiv genutzten Faktors.

Die Hoffnung auf eine Angleichung der Faktorpreise geht zwar in der Realität langsam vor sich, doch sie erfolgt tatsächlich wie sich bei den neuen EU-Mitgliedsländern Tschechien und Polen bereits zeigt.

Die unterschiedliche Ausstattung der einzelnen Länder mit Produktionsfaktoren kann aber auch dazu führen, dass der Ausgleich nicht über die Faktorpreise sondern über die **Mobilität der Produktionsfaktoren** erfolgt. Die Produktionsfaktoren wandern dorthin, wo Knappheit besteht (Gastarbeiter). Beim Faktor Boden ist dies ausgeschlossen und beim Faktor Arbeit nur begrenzt möglich. Der Faktor Kapital aber kann ohne Schwierigkeiten in ein anderes Land abwandern. Die begrenzte Mobilität der Produktionsfaktoren führt nur zu einer begrenzten Senkung der Produktionskosten. Das hat weiterhin die Folge, dass die partielle Immobilität der Produktionsfaktoren durch die **Mobilität der Güter** ersetzt werden muss, d. h. durch den **internationalen Handel**.

Die **Heckscher-Ohlin-Theorie** erklärt zwar die Ursachen des Außenhandels. Sie darf aber nicht ohne Abstriche zur Erklärung der Realität herangezogen werden. Denn bei einer Untersuchung des internationalen Handels muss der hohe Monopolisierungsgrad auf einzelnen Märkten berücksichtigt werden, der den Marktzugang erschwert. Außerdem ist zu beachten, dass internationale Konzerne und nationale Regierungen versuchen, die Produktionsstrukturen und Standorte bewusst zu steuern entgegen der Ausstattung der Länder mit Produktionsfaktoren.

Der amerikanische Nobelpreisträger *W. Leontief* hat 1956 versucht, die Theorie von *Heckscher* und *Ohlin* mit Hilfe der Input-Output-Analyse anhand amerikanischer Zahlen zu testen: Dabei ergab sich ein **höherer Anteil des Faktors Arbeit bei den Exporten** als bei den Importen. Das kapitalreichste Land der Welt würde demnach arbeitsintensive Güter exportieren und kapitalintensive Güter importieren (**Leontief-Paradoxon**).

Diesen Widerspruch zur *Heckscher-Ohlin-Theorie* führt *Leontief* auf die extrem hohe Arbeitsproduktivität in den USA im Vergleich zu übrigen Welt zurück, die durch eine besondere Qualifikation der amerikanischen Arbeitskräfte bedingt ist. Die Amerikaner müssen daher exportieren, um ihren Überschuss an qualifizierten Arbeitskräften zu beschäftigen und um ihr Kapital am günstigsten einzusetzen. Allerdings werden sie Güter exportieren (High tech-Produkte), die eine hohe Qualifikation der Arbeitskräfte voraussetzen. In diese Qualifikation musste zuvor investierte werden, so dass von einem hohen Bestand an Humankapital in den USA gesprochen werden kann. Wird der Kapitalbegriff erweitert, so dass er neben dem Sachkapital (Sachvermögen) auch das Humankapital umfasst, wird das *Heckscher-Ohlin-Theorem* empirisch doch bestätigt.

Die von den Amerikanern exportierten Produkte können damit als kapitalintensiv bezeichnet werden. Diese Theorie wird auch als **Neo-Faktorproportionen-Theorie** bezeichnet.

Die eben beschriebenen sogenannten **reine Theorien der Außenwirtschaft** gehen von einer Tauschwirtschaft aus. Dies bedeutet, dass der Wert eines Gutes durch das Austauschverhältnis zu anderen Gütern bestimmt wird. In der heutigen Weltwirtschaft wird aber das Tauschverhältnis auch durch den **Wechselkurs** bestimmt, der sich bei flexiblen Kursen ständig ändert, was bei der **monetären Theorie der Außenwirtschaft** berücksichtigt wird.

Ändert sich der Wechselkurs, so kann bei einer Abwertung der Währung des Landes plötzlich ein Gut exportfähig sein, da es nun international kostengünstig ist. Die Handelsströme können sich in anderer Richtung bewegen.

Ein anderes Problem taucht in den modernen Volkswirtschaften aus:

Die Modelle der reinen Außenwirtschaftstheorie gehen von einfachen Produkten wie bei *Ricardo* Wein und Tuch aus. Danach spezialisieren sich die Volkswirtschaften auf eines dieser Güter.

Der Handel zwischen den Industrienationen ist aber dadurch gekennzeichnet, dass sie sich **nicht total spezialisieren:** Sie importieren beispielsweise Autos und exportieren Autos. Dies liegt an der starken **Produktdifferenzierung der Nachfrager**: Auto ist nicht gleich Auto, da die Modelle, Farben, die Ausstattungen usw. völlig unterschiedlich sind. Im Nahrungsmittelbereich ist dies noch deutlicher erkennbar: Wein ist nicht gleich Wein. Käse ist nicht gleich Käse. Es gibt hunderte von Käsesorten, hunderte von Weinsorten usw.

Allein aufgrund der Produktdifferenzierung der Verbraucher ist daher der Freihandel nötig und sinnvoll, um auf dem Binnenmarkt eine breite Produktpalette anbieten zu können.

Der Freihandel wurde seit dem Ende des Zweiten Weltkriegs bewusst durch unterschiedliche Zollsenkungsrunden gefördert, und zwar im Rahmen des Allgemeinen Zoll- und Handelsabkommens (GATT = General Agreement on Tariffs and Trade), das 1948 bereits in Kraft trat. Erst im Jahre 1995 entstand dann die Welthandelsorganisation (WTO = World Trade Organzisation).

Im Rahmen der WTO besteht das GATT als Abkommen für den Handel mit Waren weiter. Daneben existieren ein Abkommen für den Handel mit Dienstleistungen (GATS = General Agreement on Trade in Services) und ein Abkommen über die Rechte am geistigen Eigentum (TRIPS = Trade-relates Aspects of Intellectual Property Rights).

Es handelt sich bei diesen Verträgen um **multilaterale** Abkommen im Gegensatz zu einem unilateralen Abkommen, das zwischen zwei Staaten geschlossen wird.

Beim Außenhandel ist besonders wichtig, dass bei den Liberalisierungsmaßnahmen eines WTO-Partners die anderen WTO-Mitglieder nicht unterschiedlich behandelt werden dürfen. Eine Zollsenkung beispielsweise muss gegenüber allen anderen Partnern ebenfalls gelten. Diese vertragliche Regelung nennt man die **„Meistbegünstigungsklausel“**.

Durch die Liberalisierung soll der Welthandel ausgeweitet und damit eine **Wohlstandssteigerung** für alle Volkswirtschaften erzielt werden. Dies wird heute als Globalisierung bezeichnet.

Ob allerdings alle Volkswirtschaften im gleichen Maße vom Freihandel profitieren, ist fraglich, da u. a. die natürlichen Bedingungen, die Soziallasten und die Umweltauflagen in den einzelnen Ländern unterschiedlich sind.

Für die Stabilitäts- und Wachstumspolitik hat der Freihandel insofern Bedeutung, dass allein durch die Öffnung der Märkte für ausländische Anbieter das Güterangebot zunimmt und damit das Preisniveau stabilisiert wird. Andererseits kann das aber auch zur Arbeitslosigkeit führen, wenn die ausländischen Güter die inländischen Güter verdrängen.

Die weitere Bedeutung des Außenhandels besteht im **Beitrag des Exports zur Steigerung des Wirtschaftswachstums und damit zur Beschäftigung**.

Die Wirkung einer Exportsteigerung, aber auch die Wirkung einer Importzunahme, auf das Volkseinkommen soll mit Hilfe eines kleinen Modells dargestellt werden. Dabei wird zusätzlich noch zu klären sein, wie sich eine Exportsteigerung und eine Importzunahme unter den Modellbedingungen auf den Außenbetrag des Volkseinkommens auswirken. Dieser erweiterte Außenbeitrag kann auch als Saldo der Leistungsbilanz im engeren Sinne bezeichnet werden.

Bei dieser Analyse wird von der Verwendungsgleichung des Volkseinkommens für eine offene Volkswirtschaft ausgegangen, wobei zur Vereinfachung unterstellt wird, dass keine ökonomische Aktivität des Staates besteht. Dann lautet die Definitionsgleichung für das Volkseinkommen (Die Faktoreinkommen vom und an das Ausland wurden bei den Exporten bzw. Importen berücksichtigt.):

$$Y = C + I + Ex - Im$$

Der Export (Ex) soll autonomer Art sein, der Import (Im) aber nur zum Teil.

Die Annahme eines autonomen Exports ist insofern gerechtfertigt, als die Höhe des Exports in starkem Maße von der ökonomischen und politischen Entwicklung der außenwirtschaftlichen Partnerländer beeinflusst wird (Wettbewerbssituation auf dem Weltmarkt).

Der Import wird dagegen entscheidend von der Entwicklung des Volkseinkommens der Inländer bestimmt. Wir unterstellen eine Importfunktion folgenden Typs:

$$Im = Im_o + g\,Y \qquad Im_o > 0$$

$$0 < g < 1$$

„Im_o“ bedeutet darin „autonomer Import“, „g“ dagegen die marginale Importquote. Der Term „gY“ ist der einkommensabhängige Import.

Was die Höhe der marginalen Importquote betrifft, so scheint sich die Tendenz zu bestätigen, dass diese Quote umso größer ist, je importabhängiger ein Land ist. So ermittelte F. E. Münnich für die Deutschland ein g = 0,26 und für Österreich ein g = 0,75 (Münnich, 1979, S. 138).

Mit dem folgenden Modell soll das Gleichgewichtseinkommen unter den neuen Bedingungen hergeleitet werden:

Modell 12.1

		Intervalle
$Y = C + I + Ex - Im$	(1)	
$C = C_o + cY$	(2)	$C_o > 0;\ 0 < c < 1$
$I = I_o$	(3)	$I_o > 0$
$Ex = Ex_o$	(4)	$Ex_o > 0$
$Im = Im_o + g\,Y$	(5)	$Im_o > 0;\ 0 < g < 1$

Die Gleichungen (2), (3), (4) und (5) werden in die Definitionsgleichung (1) eingesetzt:

$$Y = C_o + cY + I_o + Ex_o - Im_o - gY$$

Die Zusammenfassung der Y-Werte ergibt:

$$Y - cY + gY = C_0 + I_0 + Ex_0 - Im_0$$

$$(1 - c + g)\,Y = C_0 + I_0 + Ex_0 - Im_0 \qquad /: (1 - c + g)$$

$$Y = \frac{1}{1-c+g} C_0 + \frac{1}{1-c+g} I_0 + \frac{1}{1-c+g} Ex_0 - \frac{1}{1-c+g} Im_0$$

Durch die erste Ableitung von Y nach Ex_0 erhält man:

$$\frac{dY}{dEx_0} = \frac{1}{1-c+g} = \frac{1}{s+g}$$

Dies ist der **Exportmultiplikator in Bezug auf das Volkseinkommen,** der positiv und unter den obigen Bedingungen gleich dem Investitionsmultiplikator ist.

Durch analoges Vorgehen erhält man den **Importmultiplikator in Bezug auf das Volkseinkommen:**

$$\frac{dY}{dIm_0} = -\frac{1}{1-c+g} = -\frac{1}{s+g}$$

Der Importmultiplikator ist negativ, d. h. eine Erhöhung des autonomen Imports führt zu einer Senkung des Volkseinkommens.

Welche Wirkung hat nun aber eine Exportänderung und die damit verbunden Änderung des Volkseinkommens auf den erweiterten **Außenbeitrag** (A_e)?

Unter den bisher gemachten Annahmen ergibt sich für eine Änderung des Außenbeitrages:

$$\Delta A_e = \Delta Ex - \Delta Im \qquad (1)$$

Da die Exporte als autonom angenommen werden (Ex_0), muss die Importänderung noch aus der Importfunktion (Gleichung 5 des Modells) hergeleitet werden.

Die erste Ableitung nach Y ergibt: $\frac{dIm}{dY} = g$

bzw. mit Differenzen: $\frac{\Delta Im}{\Delta Y} = g$.

Daraus folgt:

$$\Delta Im = g\ \Delta Y \qquad (2)$$

Andererseits ergibt sich eine Volkseinkommensänderung durch eine Änderung des Exports:

$$\Delta Y = \frac{1}{s+g} \Delta Ex_0 \qquad (3)$$

(worin $\frac{1}{s+g}$ den Exportmultiplikator in Bezug auf das Volkseinkommen darstellt).

(3) in (2) eingesetzt, ergibt:

$$\Delta \mathrm{Im} = g \frac{1}{s+g} \Delta \mathrm{Ex}_0 \qquad (2')$$

(2') in (1) eingesetzt:

$$\Delta A_e = \Delta \mathrm{Ex}_0 - g \frac{1}{s+g} \Delta \mathrm{Ex}_0$$

$$\Delta A_e = (1 - \frac{g}{s+g}) \Delta \mathrm{Ex}_0$$

$$\Delta A_e = (\frac{s+g}{s+g} - \frac{g}{s+g}) \Delta \mathrm{Ex}_0$$

$$\Delta A_e = \frac{s}{s+g} \Delta \mathrm{Ex}_0$$

$$\frac{\Delta A_e}{\Delta \mathrm{Ex}_0} = \frac{s}{s+g}$$

Dies ist der **Exportmultiplikator in Bezug auf den Außenbeitrag,** der auch als

Leistungsbilanzmultiplikator bezeichnet wird.

Das bedeutet, dass sich der Außenbeitrag bei einer Änderung der Exporte *nicht* genau um den Betrag der Exporte ändert.

Ein Zahlenbeispiel soll dies näher erklären:

Es sei die marginale Sparquote s = 0,1, die marginale Importquote g = 0,25 und die Exportänderung 10 Mio. GE.

Wie groß ist die Änderung des Außenbeitrags?

$$A_e = \frac{0{,}1}{0{,}1+0{,}25} \cdot 10\,\text{Mio. GE} = \frac{10}{35} \cdot 10 \approx 2{,}9\,\text{Mio. GE}$$

Die Änderung des Außenbeitrags ist kleiner als die Änderung des Exports, aber sie ist positiv, obwohl Importe getätigt wurden. Allerdings erfolgte keine Erhöhung der autonomen Importe.

Abbildung 12.1

Beide Wirkungen einer Export- und Importänderung wurden allerdings ohne die möglichen **Rückwirkungen** (Rückkopplungseffekte) dargestellt, die sie auf andere Volkswirtschaften ausüben: So bedeutet eine Exporterhöhung des Inlands eine Erhöhung des inländischen Volkseinkommens und damit der Beschäftigung. Das höhere inländische Volkseinkommen löst eine Importsteigerung des Inlands aus, was im Ausland eine Erhöhung des Exports und des Volkseinkommens bewirkt. Diese Erhöhung des ausländischen Volkseinkommens steigert den Export des Inlands usw. (vgl. den Zwei-Länder-Fall bei Schneider, 1973, S. 301ff.).

Wir wollen diesen internationalen Einkommensmechanismus mit Hilfe eines Schemas in Abbildung 12.1 erläutern. Dabei beginnen wir mit der Erhöhung des autonomen Exports. Dieses Schema gilt auch analog für einen Exportrückgang und somit für eine Abnahme der entsprechenden Variablen. Dieses Schema macht aber vor allem den internationalen Konjunkturzusammenhang nochmals deutlich.

Es muss allerdings darauf hingewiesen werden, dass die ermittelten Multiplikatoren nur dann in diesem Umfange wirken, wenn von relativ konstanten Wechselkursen ausgegangen wird.

Seit der Einführung des Euro ist die Wirkung der gezeigten Multiplikatoren wieder relevanter geworden, denn im Jahre 2007 betrug der deutsche Export in die Eurozone 43 %, in die EU 65 % und nach Europa insgesamt 75 %. Da zu vermuten ist, dass in Europa inzwischen überall in Euro fakturiert wird, ist diese Quote sehr beachtenswert. Der Export in die Vereinigten Staaten von Amerika belief sich dagegen nur auf 7,6 % (BBank MB 5/2008, S. 70*).

12.2 Währungspolitik

Der zweite Bereich der Außenwirtschaftspolitik ist die internationale Währungspolitik. Hier geht es um ordnungspolitische Entscheidungen wie die Festlegung eines Wechselkurssystems durch die Regierung oder aber um die Frage von fallweisen Eingriffen auf dem Devisenmarkt, um binnenwirtschaftliche Ziele zu erreichen.

Im Folgenden sollen nun zuerst die einzelnen möglichen Wechselkurssysteme und ihre Konsequenzen, insbesondere für eine stabilitätsorientierte Geldpolitik dargestellt werden. Danach wird auf die konkret existierenden Währungssysteme eingegangen.

Die Grundproblematik flexibler und fester Wechselkurse

A. Das System flexibler Wechselkurse

Bei einem System frei schwankender Wechselkurse (Paritäten), auch flexible Wechselkurse genannt, bildet sich der Devisenkurs durch Angebot und Nachfrage am freien Markt ohne Eingriffe der Zentralbanken.

Das freie Schwanken der Wechselkurse wird auch als „reines Floaten“ bezeichnet.

Anbieter von Devisen sind Warenexporteure und Nachfrager nach Devisen Warenimporteure. Daneben treten als Devisenanbieter Wirtschaftssubjekte auf, die (kurzfristiges) Geld oder (langfristiges) Kapital importiert haben und analog dazu als Nachfrager die Geld- und Kapitalexporteure.

Die Devisenbörse umfasst nur einen Teil der Devisengeschäfte. Meist werden an ihr nur Geschäfte zwischen den großen internationalen Geschäftsbanken getätigt, wenn Engpässe auftreten (Spitzenausgleich). Die Geschäfte zwischen den Geschäftsbanken und Nichtbanken werden meist direkt abgewickelt. Die Notierung an der Devisenbörse wird allerdings diesen Geschäften zugrundegelegt. An der Börse wird der Tageskurs zu einem bestimmten Zeitpunkt festgestellt.

Die Wechselkursbildung soll mit Hilfe des Modells „vollkommene Konkurrenz“ (homogenes Polypol) am Beispiel des Dollarmarktes und des Euromarktes gezeigt werden. Die nachfolgende *Abbildung 12.2* und *Abbildung 12.3* bieten statische Analysen des Problems.

Der **Wechselkurs (Devisenkurs)** ist der Preis einer Währungseinheit ausgedrückt in der Einheit einer anderen Währung. Zu diesem Preis erfolgt der Umtausch am Devisenmarkt. Dabei ist es möglich, zwei **Notierungsarten** zu unterscheiden:

a) *Preisnotierung*:
   z. B. 1 Dollar kostet 0,77 Euro

b) *Mengennotierung*
   z. B. für 1 Euro bekommt man 1,30 $

Die Mengennotierung gibt also den umgekehrten Wert der Preisnotierung an. Sie wurde vor allem in England verwendet, aber auch inzwischen beim Euro.

Abbildung 12.2 gibt die **Mengennotierung** und Abbildung 12.3 die **Preisnotierung** wieder.

Mengennotierung

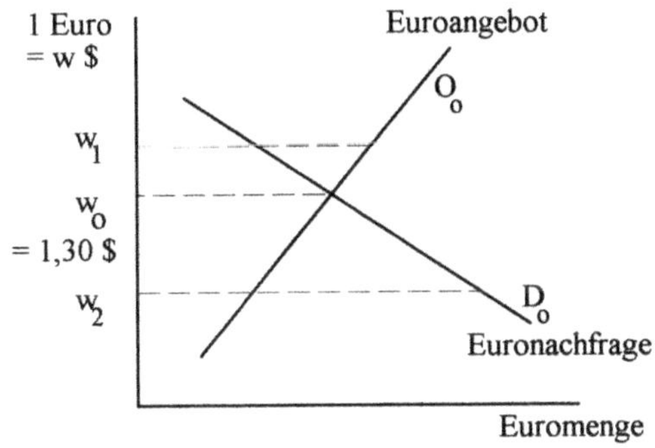

Abbildung 12.2

Bei der weiteren Analyse wird jedoch die Mengennotierung zugrunde gelegt, weshalb zur weiteren Erläuterung des Systems flexibler Wechselkurs Abbildung 12.2 verwendet werden soll:

Preisnotierung

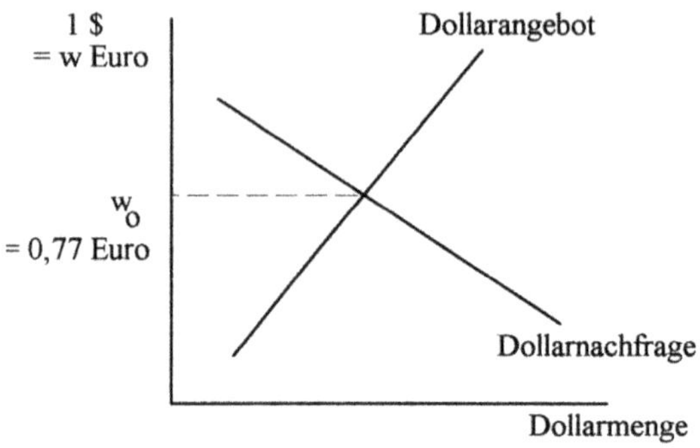

Abbildung 12.3

In Abbildung 12.2 werden beim Angebot (O) nach Euro und bei der Nachfrage (D) nach Euro normale Reaktionen unterstellt. Dann ergibt sich der Gleichgewichtskurs (w_o). Der Kurs w_1 zeigt eine Ungleichgewichtssituation: Das Angebot an Euro ist größer als die Nachfrage. Die Anbieter konkurrieren so lange untereinander, indem sie sich unterbieten, bis der Gleichgewichtskurs w_o erreicht ist.
Beim Kurs w_2 ist die Nachfrage nach Euro größer als das Angebot. Die Nachfrager konkurrieren in diesem Falle so lange, d. h. sie überbieten sich gegenseitig, bis der Gleichgewichtskurs w_o erreicht ist.

Mit Hilfe von komparativ-statischen Darstellungen sollen nun **Aufwertung und Abwertung** der inländischen bzw. der ausländischen Währung erläutert werden.

Nachfrageänderung

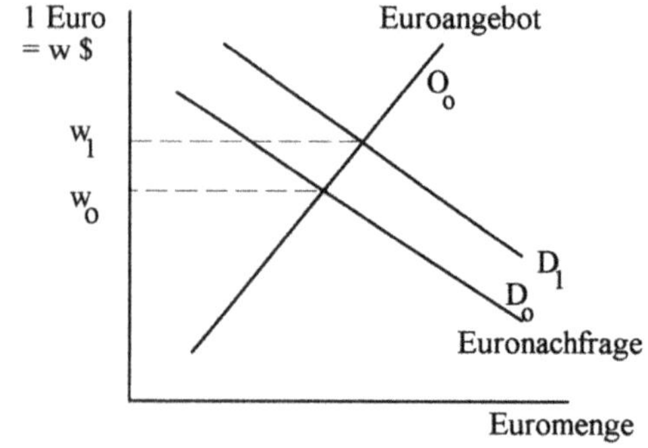

Abbildung 12.4

Steigt die **Euronachfrage** bei Konstanz der Angebotskurve (Die Exporteure fragen beispielsweise plötzlich mehr Euro nach und bieten Dollar an.), so steigt der Wechselkurs von w_o auf w_1, da sich die Nachfragekurve von D_o nach D_1 verschiebt wie aus Abbildung 12.4 erkennbar ist:

Dies bedeutet eine Euroaufwertung. Für einen Euro bekommt man jetzt mehr Dollar. Dies ist eine Dollarabwertung. Sinkt dagegen die Euronachfrage, dargestellt durch die Verschiebung der Nachfragekurve von D_1 nach D_o, so ergibt sich daraus eine Euroabwertung und eine Dollaraufwertung.

Eine Änderung des Angebots bei Konstanz der Nachfragekurve hat dagegen folgende Effekte:

Steigt das **Euroangebot** bei Konstanz der Nachfrage nach Euro (Abbildung 12.5), so sinkt der Eurokurs von w_o nach w_2. Das ist eine Euroabwertung und zugleich eine Dollaraufwertung. Eine Abnahme des Angebots (Kurvenverschiebung von O_2 nach O_o) bedeutet dagegen eine Euroaufwertung und eine Dollarabwertung.

Angebotsänderung

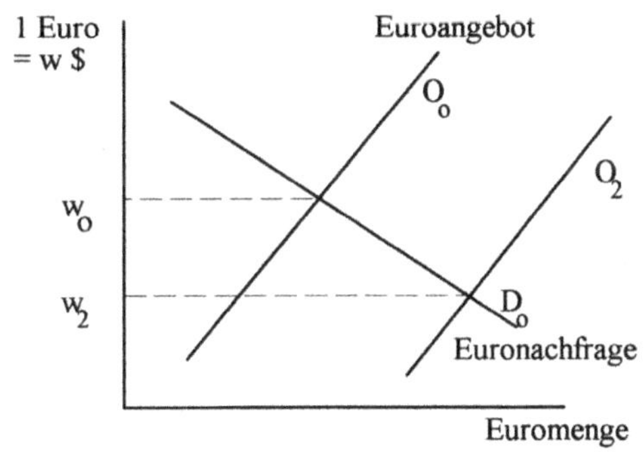

Abbildung 12.5

Der **Nettoeffekt** einer Nachfrageerhöhung und einer Angebotserhöhung macht Abbildung 12.6 deutlich. Beide Effekte sind in diesem Diagramm als nicht gleich groß dargestellt. Die Angebotserhöhung von O_o nach O_2 ist größer als die Nachfrageerhöhung von D_o nach D_1.

Angebots- und Nachfrageänderung bei flexiblem Wechselkurs

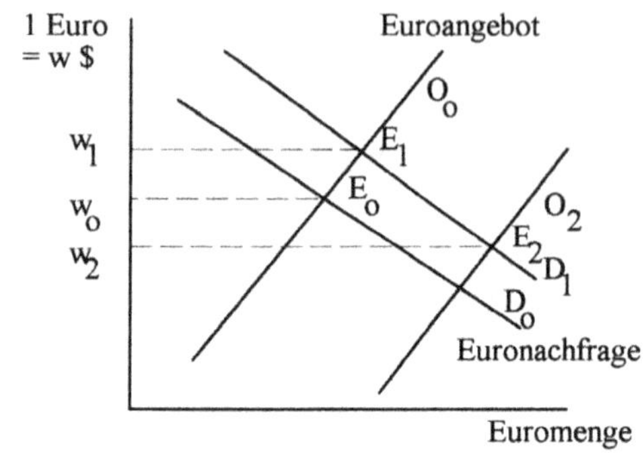

Abbildung 12.6

Zunächst befindet sich der Markt bei E_0 im Gleichgewicht. Dann steigt die Nachfrage nach Euro von D_0 auf D_1. Es stellt sich ein neues Gleichgewicht E_1 bei einem Eurokurs von w_1. Danach erhöht sich das Angebot an Euro von O_0 auf O_2. Es ergibt sich ein Gleichgewicht E_2 mit dem Wechselkurs w_2, der niedriger liegt als der ursprüngliche Wechselkurs w_0. Ökonomische Ursache dieser Situation könnte ein Defizit in der Leistungsbilanz sein: Das Inland hat an das Ausland weniger verkauft als es Leistungen abgenommen hat.

Oder aber: Es wurde mehr Dollar gegen Euro durch inländische Anleger nachgefragt als andererseits ausländische Anleger für den Geld- und Kapitalexport nachgefragt haben. Dies bedeutet bei flexiblen Wechselkursen einen **Abwertungseffekt für den Euro und einen Aufwertungseffekt für den Dollar**. In Zahlungsbilanzbegriffen besteht bei dieser Situation beispielsweise ein Leistungsbilanzdefizit, das aber die inländische Zentralbank nicht zu Interventionen veranlassen muss, da dieses Defizit eine Wechselkursänderung verursacht. Will die Zentralbank diese Abwertung des Euro nicht akzeptieren, so müsste sie intervenieren.

Das System der flexiblen Wechselkurse ermöglicht die erfolgreiche Durchführung einer **autonomen nationalen Stabilitäts- und Wachstumspolitik mit dem Instrument der Geldpolitik**.

So kann die Zentralbank bei einer **restriktiven Geldpolitik** zur Sicherung der Geldwertstabilität den Leitzins und damit das allgemeine Zinsniveau der Volkswirtschaft erhöhen.

Diese Aktion führt zu einem Nettokapitalimport, was eine Erhöhung der Nachfrage nach heimischer Währung zur Folge hat. Damit erfolgt eine Aufwertung der heimischen Währung. Die Kapitalbilanz zeigt einen Überschuss. Bei einem idealtypischen Verlauf werden wegen der Aufwertung der inländischen Währung die Importe steigen und die Exporte sinken. Es kommt zu einem Leistungsbilanzdefizit. Die konjunkturelle Überhitzung geht zurück, was am Sinken der Inflationsrate erkennbar ist. Die Inflationsrate sinkt u. a. dadurch, dass das inländische Warenangebot durch die Steigerung der Importe größer wird. Die restriktive Politik war erfolgreich.

Eine **expansive Geldpolitik** wirkt in analoger Weise:

Gelingt es der Zentralbank durch Geldmengenerhöhung die Zinsen zu senken, so führt das zu einem steigenden Kapitalexport. Die Kapitalexporteure fragen die ausländische Währung gegen inländische Währung nach, wodurch der Wechselkurs (unter sonst gleichen Bedingungen) sinkt.

Damit findet eine Abwertung der heimischen Währung statt, was wiederum eine Erhöhung der Güterexporte und einen Rückgang der Güterimporte zur Folge hat. Volkseinkommen und Beschäftigung der heimischen Volkswirtschaft nehmen zu.

Auch die expansive Geldpolitik kann bei einem System flexibler Wechselkurse erfolgreich sein.

Die Darstellung der Wirkungen geht allerdings von der keynesianischen Auffassung aus, dass eine expansive Geldpolitik bei Unterbeschäftigung **reale** Wirkungen haben kann, sofern die Geldmengenerhöhung nicht gerade durch die Liquiditätsfalle verhindert wird. Die klassische und die monetaristische Auffassung gehen dagegen immer von einer Vollbeschäftigungssituation aus. Eine Geldmengenerhöhung löst damit nach klassischer Auffassung entsprechend der Quantitätstheorie immer eine Erhöhung des Preisniveaus aus. Nach monetaristischer Auffassung werden die ursprünglich ausgelösten realen Wirkungen später ebenfalls durch Preisniveausteigerungen ergänzt.

Diese Überlegungen haben die sogenannte **Kaufkraftparitätentheorie** zur Folge: Im Wechselkurs kommt die unterschiedliche Entwicklung des Preisniveaus in den einzelnen Ländern zum Ausdruck. Die Höhe der Änderung des Wechselkurses entspricht der Differenz der Inflationsraten der betroffenen Länder.

Die Höhe der Inflationsraten ist aber nach klassischer und monetaristischer Auffassung allein wiederum abhängig von den unterschiedlichen Wachstumsraten der Geldmenge in den einzelnen Ländern. Der Wechselkurs ändert sich also nur nominal, nicht aber real. Die Geldpolitik hat damit keinen direkten Einfluss auf die realen Größen der Volkswirtschaft.

In der Realität ist weder die keynesianische noch die klassische und monetaristische Auffassung bestätigt worden, da verschiedene Unvollkommenheiten der Realität in Bezug auf die Modellvorstellungen zu beobachten sind, was anhand einiger Beispiele gezeigt werden soll:

Es treten **zeitliche Wirkungsverzögerungen** (effect lags) auf den Finanzmärkten und den Gütermärkten auf, und zwar mit unterschiedlicher Geschwindigkeit:

So reagieren die **Finanzmärkte** auf eine Wechselkursänderung relativ schnell, während die **Gütermärkte** erst mit einer erheblichen zeitlichen Verzögerung nachkommen. Andererseits ist auch die Annahme in der Realität nicht haltbar, dass es sich bei Geld- und Kapitalanlagen im Ausland um vollkommene Substitute der inländischen Anlagen handelt. Dies ist gerade bei flexiblen Wechselkursen mit einem erheblichen **Kursrisiko** nicht der Fall.

Neben den Gütermärkten müssen auch die Reaktionen auf dem **Arbeitsmarkt** berücksichtigt werden. Erleben die Arbeitnehmer durch die Abwertung der heimischen Währung eine Preiserhöhung über die Importgüterpreise und versuchen sie, den gesunkenen Reallohn durch Lohnforderungen auszugleichen, so wird der beabsichtigte Effekt der Geldpolitik unterlaufen.

Die bisherige Analyse ging davon aus, dass sich der Wechselkurs am freien Devisenmarkt ohne Interventionen der Zentralbank bildet.

In der Realität besteht die Möglichkeit, dass die Zentralbanken marktkonform durch Angebot oder Nachfrage nach Devisen bewusst den Wechselkurs beeinflussen. Man spricht dann im Gegensatz zum „reinen Floaten" von einem **kontrollierten oder „schmutzigen" Floaten** des Wechselkurses. Die Zentralbanken können damit den Wechselkurs entweder auf dem ursprünglichen Niveau durch kompensatorische Maßnahmen halten oder aber den Kurs im gesamtwirtschaftlichen Interesse auf das gewünschte Niveau bringen. Der Kurs ist in diesem Falle allerdings nicht fixiert. Die Zentralbank ist damit auch nicht verpflichtet, den Kurs auf einem bestimmten Niveau zu halten.

B. Das System fester Wechselkurse

Wird das Austauschverhältnis einer Währung gegenüber einer anderen Währung, einer Gruppe von Währungen oder gegenüber dem Gold (Goldstandard) festgelegt, so spricht man von einem System mit festen Wechselkursen oder **Festkurssystem**.

Bei außerordentlichen Situationen wie einem fundamentalen (strukturellen) Ungleichgewicht der Zahlungsbilanz kann der Wechselkurs allerdings geändert werden. Er ist damit nicht auf alle Ewigkeit fest. Diese Eigenschaft wird dann als **Stufenflexibilität** bezeichnet. Eine weitere Variante, das System etwas flexibler zu gestalten, besteht in der Schwankungsmöglichkeit des Wechselkurses einer innerhalb bestimmter **Bandbreite**.

Dieses **System fester Wechselkurse mit Stufenflexibilität und Bandbreiten** soll im folgenden kurz beschrieben werden, da es im Prinzip um das alte System des Internationalen Währungsfonds von 1944 bis 1973 handelt, das in abgewandelter Form vom Europäischen Währungssystem (EWS) übernommen wurde.

Abbildung 12.7 zeigt in Form einer komparativ-statischen Analyse ein derartiges System mit einer festgelegten Parität von w_0.

Die Zentralbank ist bei diesem System zur Intervention verpflichtet, bevor der Kurs die festgelegte Bandbreite zu verlassen droht.

Erreicht der Wechselkurs aufgrund einer Nachfrageerhöhung von D_0 auf D_1 (bei Konstanz des Angebots O_0) den Punkt A, oberer Interventionspunkt genannt, so wird die Zentralbank durch Kauf von Devisen das Angebot an inländischer Währung erhöhen und damit den Kurs nicht weiter als w_1 steigen lassen.

Festkurssystem mit Bandbreite und Interventionspunkten

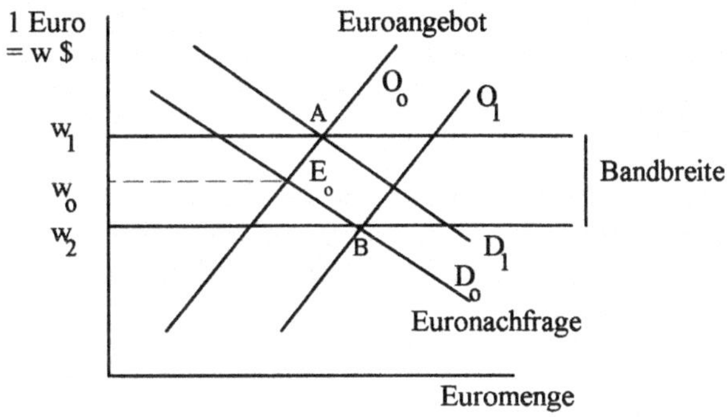

Abbildung 12.7

Analog dazu muss die Zentralbank bei einer Angebotserhöhung von O_o nach O_1 (bei Konstanz der Nachfrage D_o) das Angebot an der ausländischen Währung erhöhen und ihre eigene Währung aufkaufen, damit der Kurs nicht unter w_2 am unteren Interventionspunkt B sinkt.

Siedelt sich der Wechselkurs der inländischen Währung am **unteren Interventionspunkt** (B) an, so muss die Zentralbank laufend aus ihrem Bestand ausländische Währung abgeben und erhält dafür inländische Währung (Abwertungstendenz der inländischen Währung). Das kann sie so lange durchhalten, bis ihre Devisenreserven aufgebraucht sind. Sie muss danach einen Devisenkredit aufnehmen. Dem kann sie durch eine **Abwertung der eigenen Währung** entgehen. Der neue Wechselkurs kann dann beispielsweise bei w_2 liegen. Das gesamte Kurvensystem wird dann um die Differenz w_1-w_o nach unten verschoben.

Durch diese Abwertung kann sich das Land kurzfristig international einen Wettbewerbsvorteil bei seinen Exporten verschaffen. Eine Methode, die insbesondere in den 20er Jahren des vergangenen Jahrhunderts angewendet wurde. Mit dieser Abwertung wird durch den Wettbewerbsvorteil die Arbeitslosigkeit exportiert und damit die Lage der Handelspartner negativ beeinflusst. Man macht seinen Handelspartner zum „Bettler", weshalb diese Politik auch als Beggar-my-neighbour-policy bezeichnet wird.

Eine weitere Möglichkeit wäre die **Erweiterung der Bandbreite**. Diese Maßnahme ist allerdings nur dann sinnvoll, wenn die Abwertungstendenz als vorübergehend angesehen wird. Die Bandbreite selbst wird mit einem Prozentsatz angegeben. So kann sie $\pm$ 6 % bezogen auf die festgelegte Parität w_o betragen.

Hat der Kurs die Tendenz am **oberen Interventionspunkt** (A) zu bleiben, so bedeutet dies, dass die Zentralbank laufend die ausländische Währung gegen ihre eigene Währung aufkaufen muss. Sie hat damit kein Liquiditätsproblem, da sie selbst ihre eigene Währung unbegrenzt produzieren kann.

Allerdings tritt dabei die Folge einer meist **unerwünschten Ausweitung der inländischen Geldmenge** auf.

Ursache einer Aufwertungstendenz der inländischen Währung ist meist eine **Politik der Geldwertstabilität**, die im Verhältnis zum Ausland eine niedrige Inflationsrate aufweist. Aufgrund dieser restriktiven Politik, die mit hohen Zinsen verbunden ist, wird der Kapitalexport reduziert und der Kapitalimport ausgeweitet.

Dies führt zu einem Nettokapitalzufluss, den die Zentralbank in heimische Währung umtauschen muss, um den Wechselkurs halten zu können. Die Zentralbankpolitik wird damit von außen konterkariert. Die Zentralbank muss daher versuchen, mit Hilfe ihres Instrumentariums die Liquidität abzuschöpfen.

Die **restriktive Politik** führt bei festen Wechselkursen zugleich zu einem Exportanstieg, da die inländischen Güter relativ zu den ausländischen billiger werden. Die Importe nehmen dabei ab. Dies lässt Überschüsse in der Leistungsbilanz mit den Folgen einer unerwünschten Geldmengenexpansion entstehen.

Der oben beschriebene Prozess zeigt, dass **eine autonome Geldpolitik unter den Bedingungen eines Systems fester Wechselkurse nicht möglich ist**. Es besteht allerdings die Möglichkeit einer internationalen Abstimmung der Wirtschaftspolitiken.

Eine **expansive Geldpolitik** in Form einer Zinssenkung führt bei festen Wechselkursen zu einem vermehrten Kapitalexport und zu einem verminderten Kapitalimport, sofern das ausländische Zinsniveau nicht ebenfalls gesenkt wird.

Im Inland erhöhen sich durch die Zinssenkung die Investitionen, allerdings nicht in dem Maßnahme wie ohne Abfluss von Kapital an das Ausland.

Durch die Investitionserhöhung steigt im Falle der Nichtauslastung der vorhandenen Kapazitäten das Volkseinkommen. Die Beschäftigung nimmt zu. Zugleich erhöhen sich die Importe. Da im Ausland durch die Zunahme der Exporte das Volkseinkommen der ausländischen Handelspartner zunimmt, steigen auch deren Import und damit der Export des Inlandes usw. wie bereits detailliert beim Einkommensmechanismus mit Rückkopplungseffekten beschrieben wurde.

Sind die Ressourcen bei der Zinssenkung allerdings bereits ausgelastet, führt dies zu einer Preissteigerung im Inland. Da kein Ausgleich über eine Wechselkursänderung möglich ist, wird der Export zurückgehen und damit auch das Volkseinkommen.

Die expansive Geldpolitik ist gescheitert.

Wie bereits mehrfach erläutert, führte dieser internationale Zins- und Einkommenszusammenhang zu der Forderung nach einer international abgestimmten Wirtschaftspolitik, die insbesondere gemeinsame Anstrengungen im Hinblick auf eine Konjunkturbelebung zum Ziele hat.

12.3 Aktuelle und historische Wechselkurssysteme

Im Folgenden sollen das aktuelle System des Internationalen Währungsfonds und das Europäische Währungssystem (EWS I und EWS II) in Kurzfassung dargestellt werden im Hinblick auf die Tatsache, dass beide Systeme die Geldpolitik der Zentralbank entscheidend beeinflussen. Zusätzlich wird auf den Weg hin zur Schaffung des Europäischen Systems der Zentralbanken und ihrer Vorstufen eingegangen.

12.3.1 Der Internationale Währungsfonds (IWF)

Der Internationale Währungsfonds (International Monetary Fund) ist eine internationale Organisation, die im Jahre 1945 aufgrund einer 1944 in Bretton Woods (USA) stattgefundenen internationalen Währungskonferenz geschaffen wurde.

Es war der Versuch, eine neue Weltwährungsordnung nach dem Zweiten Weltkrieg mit bestimmten Regeln zu schaffen nach den negativen Erfahrungen der Zeit zwischen den beiden Weltkriegen, die vor allem durch einen allgemeinen Abwertungswettlauf zur Schaffung von Wettbewerbsvorteilen gekennzeichnet war.

Der IWF-Vertrag sah eine internationale Kooperation in der Währungspolitik und eine gegenseitige Hilfe bei Zahlungsbilanzdefiziten vor. Ziel der Kooperation war eine **Förderung des Welthandels** durch Abbau der Devisenbewirtschaftungen und durch Sicherung der internationalen Liquidität.

Die Währungsordnung, wie sie 1945 geschaffen wurde, bestand de facto bis 1973 und wird als das **Bretton-Woods-System** bezeichnet.

Das **Bretton-Woods-System** hatte folgende Charakteristika:

1. Die Paritäten der Währungen wurden in Gold als gemeinsamen Nenner ausgedrückt oder in US-Dollar vom Gewicht und der Feinheit in Gold, die am 1. Juli 1944 galten (Gold-Devisen-Standard oder Gold Exchange Standard).
2. Der Goldpreis lag bis Dezember 1971 bis 35 $ je Feinunze und wurde dann auf 38 $ festgelegt. Da die Vereinigten Staaten von Amerika sich bereit erklärten, Währungsgold der Zentralbanken in Dollar umzutauschen (bis zum 15. August 1971), war der Dollar so gut wie Gold.
3. Neben dem Gold wurden von den Zentralbanken überwiegend Dollarguthaben als Währungsreserve gehalten. Der Dollar galt als Leitwährung (Dollarstandard).
4. Das Bretton-Woods-System war ein System mit Bandbreite und Stufenflexibilität. Die Bandbreite lag bis Dezember 1971 bei ± 1 % und danach bei ± 2,25 %. Die Zentralbanken waren verpflichtet, die vereinbarten Paritäten durch Interventionen am Devisenmarkt innerhalb der vereinbarten Bandbreite zu halten.
5. Ab- oder Aufwertung einer Währung waren pro Jahr bis zu 10 % ohne ausdrückliche Zustimmung des IWF bei Vorliegen eines „fundamentalen Ungleichgewichts" in der Zahlungsbilanz möglich. (Was allerdings unter einem fundamentalen Ungleichgewicht

zu verstehen war, blieb umstritten.) Höhere Paritätenänderungen konnten nur mit Zustimmung des IWF erfolgen.

6. Alle Mitgliedsländer waren verpflichtet, entsprechend ihrer Quote am Fonds, Einlagen in den Währungsfonds zu leisten, und zwar 25 % in Gold (Goldtranche) und 75 % in eigener Währung.
7. Bei Zahlungsbilanzdefiziten konnte in Höhe der Goldtranche jederzeit Devisen angefordert (gezogen) werden, um ein Zahlungsbilanzdefizit zu decken. Daneben bestand die Möglichkeit bis zu maximal 200 % (zeitlich gestreckt) der Einlage der eigenen Währung, die Währung eines anderen Mitglieds des IWF zu ziehen.
   Außerdem gab es außerhalb dieser Quoten Beistandsvereinbarungen (Stand-by arrangements). Schließlich wurden zum 1.1.1970 weitere Möglichkeiten der Kreditaufnahme in Form der Sonderziehungsrechte (Special Drawing Rights) geschaffen.

Das **Bretton-Woods-System** führte nach dem Zweiten Weltkrieg zu einer erheblichen Ausweitung des Welthandels, da relativ stabile Wechselkurse garantiert wurden, was für die Unternehmen eine stabile Grundlage ihrer Kalkulation ohne zusätzliche Kurssicherungskosten bedeutete.

Dieses Wechselkurssystem mit festen Wechselkursen brachte aber auch für die Zentralbanken erhebliche Probleme mit sich, da es zu großen **außenwirtschaftlichen Ungleichgewichten** führte, die sich in Form von Zahlungsbilanzdefiziten bzw. Zahlungsbilanzüberschüssen zeigten.

Eine autonome Geldpolitik war nicht möglich. Die Geldpolitik wurde vom Wechselkurs dominiert.

Die Erosion des Systems begann bereits in den 50er Jahren durch exzessive Zahlungsbilanzdefizite der USA, die allerdings nicht durch die Leistungsbilanz bedingt waren, sondern durch die Kapitalbilanz: Die Auslandsinvestitionen der USA führten zu diesem Defizit. Mitte der 60er Jahren traten jedoch auch Leistungsbilanzdefizite der USA verbunden mit einer laschen Geldpolitik auf.

Da die amerikanische Währung von den anderen Staaten als Reservewährung gehalten wurde, konnte die amerikanische Zentralbank sich wie eine Weltzentralbank verhalten und die Dollarmenge unbegrenzt erweitern.

Diese Dollarschwemme hatte in der Bundesrepublik mit traditionellen Leistungsbilanzüberschüssen den unerwünschten Zufluss von spekulativen Geldern zur Folge, was zu Abwehrmaßnahmen der Bundesbank führte, um die Geldwertstabilität der D-Mark zu sichern.

Im März 1973 stellte die Bundesbank (wie auch andere europäische Zentralbanken) ihren Ankauf von US-Dollar ein. Die Bundesrepublik ging zu flexiblen Wechselkursen über.

Der erste Ansatz einer Legalisierung dieser Praxis erfolgte dann im IWF-Beschluss von Jamaica 1974 durch die allgemeine Freigabe der Wechselkurse. Die endgültige rechtliche Absicherung erfolgte durch die Änderung des IWF-Abkommens, die am 1.4.78 in Kraft trat.

Das bedeutete das endgültige Ende des Bretton-Woods-Systems bezüglich fester Wechselkurse mit Bandbreiten.

Jedem Mitglied des IWF bleibt es heute überlassen, den Wert seiner Währung an eine andere Währung oder an die Sonderziehungsrechte zu binden (jedoch nicht an Gold). Ländergruppen (wie die EU) können sich auch zu einem Wechselkursverbund mit intern festen Wechselkursen zusammenschließen. Das einzelne Land kann aber auch eine beliebige andere Wechselkursregelung treffen.

12.3.2 Das Europäische Währungssystem (EWS I und EWS II)

Mit der Schaffung des **Europäischen Wechselkursverbundes** (der sogenannten „Währungsschlange") wurde am 10.4.72 (Basler Abkommen) erstmals der Versuch gestartet, feste Wechselkurse mit engen Bandbreiten ($\pm$ 2,25) zwischen den Währungen von einigen EG-Ländern festzulegen.

Teilnehmerländer des Wechselkursverbundes bei seiner Gründung waren: Belgien, Bundesrepublik Deutschland, Frankreich, Italien, Luxemburg, Niederlande. Dieser Wechselkursverbund blieb auch nach der Aufhebung der festen Wechselkurse im IWF bestehen.

Der Wechselkursverbund floatete ab März 1973 gemeinsam gegenüber dem US-Dollar („Schlange im Tunnel").

Dieser Wechselkursverbund war dadurch gekennzeichnet, dass Beitritte und Austritte von Teilnehmern aber auch Auf- und Abwertungen relativ häufig auftraten. Das beabsichtigte **Ziel** „feste Wechselkurse zwischen den Währungen der EG-Länder" war nicht zu erreichen.

Ein neuer Anlauf, feste Wechselkurse in Europa einzuführen, wurde mit der Resolution des Europäischen Rates vom 5.12.1978 unter der Federführung von *Helmut Schmidt* und *Valéry Giscard d'Estaing* gemacht. Das **Europäische Währungssystem (EWS)** wurde geschaffen und trat am 13. März 1979 in Kraft.

Dem EWS gehörten bis Ende 1998 alle **Mitgliedsländer der EU** an. **Ziel des EWS** war es, eine stabile Währungszone in Europa zu schaffen. Der dauerhafte Erfolg sollte durch eine Wirtschaftspolitik erreicht werden, die auf größere innere und äußere Stabilität gerichtet war. Weiteres Ziel des EWS war die Förderung der währungspolitischen Zusammenarbeit in der EU. Vor der Schaffung der Europäischen Wirtschafts- und Währungsunion zum 1.1.1993 wurden diese Ziele als besonders wichtig angesehen. Die Wirtschafts- und Währungsunion brachte einen gemeinsamen Binnenmarkt und eine einheitliche Währung.

Wichtigste **Merkmale des EWS** waren:
- der Wechselkursmechanismus,
- die Europäische Währungseinheit und
- die Interventionsfinanzierung.

Der **Wechselkursmechanismus** bestand in der Festlegung von bilateralen Leitkursen, Paritätengitter (parity grid) genannt, für die Währungen der Teilnehmerländer.

Um diese Leitkurse konnten die Wechselkurse mit einer Bandbreite von ± 2,25 % schwanken, in Ausnahmefällen um ± 6 %.

Die Zentralbanken mussten am oberen bzw. unteren Interventionspunkten des Leitkursgitters **in unbegrenzter Höhe intervenieren** (obligatorische Interventionen).

Die Interventionen sollten möglichst in Teilnehmerwährungen erfolgen.

Weiteres Merkmal des EWS war die bereits erwähnte **Europäische Währungseinheit**.

Die Europäische Währungseinheit (European Currency Unit = ECU) war eine „Kunstwährung", entstanden durch die Zusammenfassung (mit unterschiedlicher Gewichtung) der Währungen der EWS-Teilnehmerländer in einem „Währungskorb". Die Gewichtung der einzelnen Währung entsprach der wirtschaftlichen Bedeutung des betreffenden Teilnehmerlandes.

Leitkursänderungen konnten nur im **Einverständnis aller Partnerländer** getroffen werden.

Der ECU diente vor allem als Zahlungsmittel unter den EG-Zentralbanken und im EG-Haushalt aber auch als Währungsreserve für die nationalen Zentralbanken.

Was nun die Folgen der Errichtung des EWS für die **nationale Geldpolitik** betrifft, so gelten grundsätzlich die allgemeinen Ausführungen über eine Geldpolitik bei festen Wechselkursen:

Eine autonome nationale Geldpolitik war nur noch begrenzt möglich.

Da die nationale Geldpolitik durch die Politik der anderen Länder unterlaufen werden konnte.

Hier muss allerdings differenziert werden zwischen einem kleinen Land innerhalb eines festen Wechselkursverbundes und einem großen Land. Die Bundesrepublik Deutschland war im Bretton-Woods-System mit festen Wechselkursen ein kleines Land (in einer großen Welt) und konnte sich deshalb an die gesamte Entwicklung nur anpassen. Im EWS war sie jedoch als großes Land zu betrachten, weshalb sie maßgeblich die Entwicklung mitbestimmen konnte. Die D-Mark hatte von 1979 bis Ende 1998 eine sogenannte **Ankerfunktion** übernommen durch die konsequente Stabilitätspolitik der Bundesbank. Sie wurde de facto zur Leitwährung.

Über die Stabilitätspolitik der Bundesbank wurden die anderen Länder ebenfalls zu einer Stabilitätspolitik gezwungen.
Helmut Schmidt und *Valéry Giscard d'Estaing* haben mit der Schaffung des EWS die bereits Anfang der siebziger Jahre diskutierte „**Grundsteintheorie**" in die Tat umgesetzt, nach der zuerst eine währungspolitische Integration erfolgen soll, um damit zu einer Konvergenz der Wirtschaftspolitik in Form einer Stabilitätspolitik zu kommen. Demgegenüber steht die „**Krönungstheorie**", die eine Währungsintegration als krönenden Abschluss nach einer Konvergenz der Wirtschaftspolitiken vorsieht.
Die wichtigsten Teilnehmerländer, insbesondere Frankreich, gingen seit Ende der 80er Jahre zur Politik der Preisniveaustabilität über.

Vorausgegangen waren aber Jahre mit sehr unterschiedlichen Inflationsraten in den Teilnehmerländern, die bis 1987 zu beinahe jährlichen Leitkursanpassungen führten, so dass der Versuch einer Konvergenz der Wirtschaftspolitiken über feste Wechselkurse nur bedingt als erfolgreich angesehen werden konnte.

Seit dem letzten Realignment von 12.1.1987 wurde allerdings die (notwendige) Anpassung der Leitkurse bedauerlicherweise wie ein Tabu behandelt.

Mit der Schaffung des ESZB zum 1.1.1999 ist das sogenannte EWS I praktisch untergegangen, da die überwiegende Zahl der EWS-Mitglieder jetzt zum Eurosystem gehört.

Für die restlichen Länder der EU (Großbritannien, Dänemark, Griechenland und Schweden) blieb die Möglichkeit, sich ab 1.1.1999 am EWS (Wechselkursmechanismus II) zu beteiligen. Von dieser Möglichkeit haben Dänemark und Griechenland Gebrauch gemacht. Griechenland ist ab dem Jahr 2001 dem Eurosystem beigetreten.

Die Bandbreite im EWS wurde erweitert auf ± 15 %, allerdings gegenüber dem Euro. Dieses System wird jetzt **EWS II** genannt. Dänemark hat auf eigenen Wunsch die Bandbreite von ± 2,25 % gegenüber dem Euro gewählt. Griechenland nahm die Bandbreite von ± 15 % bis Ende 2000 in Anspruch. Die Zentralbanken des EWS II und die EZB intervenieren, um diese Bandbreiten zu halten. Allerdings ist die EZB dazu nur verpflichtet, wenn dadurch die Preisstabilität nicht gefährdet ist.

Voraussetzung für eine Mitgliedschaft im Eurosystem ist die Unabhängigkeit der jeweiligen nationalen Zentralbank und die **Erfüllung bestimmter sogenannter Konvergenzkriterien,** die im Vertrag von Maastricht von 1992 festgelegt wurden:

1. Die Inflationsrate (gemessen am Verbraucherpreisindex) darf den Durchschnitt der drei preisstabilsten Länder um nicht mehr als 1,5 Prozentpunkte übersteigen.
2. Das geplante und tatsächliche Finanzierungsdefizit der öffentlichen Haushalte eines Landes darf 3 % seines Bruttoinlandsprodukts zu Marktpreisen nicht übersteigen.
3. Der Bruttoschuldenstand der öffentlichen Haushalte eines Landes darf 60 % seines Bruttoinlandsprodukts zu Marktpreisen nicht übersteigen.
4. Die Rendite der langfristigen öffentlichen Anleihen eines Landes dürfen den Durchschnitt der Rendite der drei preisstabilsten Länder nicht mehr als 2 % übersteigen.
5. Das Land muss als Mitglied des EWS die normalen Bandbreiten des EWS (± 2,25 %) innerhalb der letzten zwei Jahre ohne starke Spannungen eingehalten haben.

Als normale Bandbreite des EWS II gilt seit Juni 1997 auf Beschluss des Europäischen Rats eine Bandbreite von ± 15 %.

Die Maastricht-Kriterien spielen wieder eine wichtige Rolle, wenn Länder **neue Mitglieder des Eurosystems** werden wollen. Diese neuen Bewerber um eine Mitgliedschaft müssen, neben den anderen Kriterien, insbesondere die oben erwähnte Bandbreite mindestens zwei Jahre lang ohne starke Spannungen gegenüber dem Euro einhalten.

Kontrollfragen zu Kapitel 12

1. Welche Ziele verfolgt die Außenwirtschaftspolitik?
2. Erläutern Sie die Heckscher-Ohlin-Theorie und seine Überprüfung durch Leontief! Gehen Sie dabei auch auf das Faktorpreisausgleichstheorem ein!
3. Was bedeutet GATT?
4. Was versteht man unter der Meistbegünstigungsklausel?
5. Was versteht man unter einer Mengennotierung und unter einer Preisnotierung auf dem Devisenmarkt?
6. Erklären Sie die Kaufkraftparitätentheorie!
7. Was versteht man unter einem „schmutzigen Floaten"?
8. Was ist ein System fester Wechselkurse mit Stufenflexibilität?
9. Was bedeutet eine Bandbreite bei festen Wechselkursen für die Zentralbank?
10. Wie wirkt eine autonome Zinssatzerhöhung bei Zentralbanken in einem System fester Wechselkurse?
11. Welches Wechselkurssystem wird als Bretton-Woods-System bezeichnet?
12. Welches Wechselkurssystem gilt heute für die Mitglieder des IWF?
13. Welche Konvergenzkriterien müssen EU-Mitgliedstaaten erfüllen, um in das Eurosystem aufgenommen zu werden?
14. Erklären Sie den Rückkopplungseffekt bei einer Erhöhung des Exports!
15. Zeigen Sie anhand einer Graphik den Nettoeffekt einer Abwertung des Euros auf dem Euromarkt durch Verschiebungen der Angebotskurve und der Nachfragekurve! Erläutern Sie außerdem die möglichen Ursachen dieses Nettoeffekts!
16. Welche Vorteile bietet das System flexibler Wechselkurse gegenüber einem System mit festen Wechselkursen für die Geldpolitik?

13 Globalgleichgewicht

Globalgleichgewicht in einer Volkswirtschaft besteht dann, wenn auf dem Gütermarkt, dem Geldmarkt und dem Arbeitsmarkt **gleichzeitig** Gleichgewicht herrscht. Auf diesen Märkten herrscht Gleichgewicht der Globalgrößen. Dies bedeutet nicht, dass auf allen (mikroökonomischen) Einzelmärkten ein Gleichgewicht besteht. Ein gleichzeitiges Gleichgewicht auf allen Einzelmärkten kann als **Totalgleichgewicht** bezeichnet werden. Ein derartiges Gleichgewicht einer Modell-Volkwirtschaft hat *Léon Walras* dargestellt.

Für die Darstellung eines gleichzeitigen Gleichgewichts auf dem Gütermarkt und dem Geldmarkt wurde bereits das Hickssche Diagramm verwendet.

Diese Darstellung wird nun um den Arbeitsmarkt erweitert.

Beim Globalgleichgewicht bei Preisniveauänderungen wird außerdem ein weiteres Diagramm mit einem Gütermarkt mit expliziter Verwendung der Variablen „Preisniveau" dargestellt werden.

Wir beginnen mit keynesianischen Modellen und stellen dann ein klassisches und ein klassisches Modell in seiner Grundstruktur dar.

Auf die Darstellung des erweiterten IS-LM-Modells von *Mundell-Fleming* wird allerdings verzichtet, da dieses Modell für eine kleine Volkswirtschaft in großer Welt entwickelt wurde, die insbesondere vom Zinsniveau der großen Welt mitbestimmt wird und dieses Zinsniveau als Datum hinnehmen muss. Seit der Schaffung des Europäischen Systems der Zentralbanken wir jedoch die Geldpolitik von einem relativ großen Euro-Währungsland bestimmt, das die Möglichkeit einer beinahe autonomen Geldpolitik besitzt. Damit ist das Mundell-Fleming-Modell für die wirtschaftspolitische Anwendung in Europa obsolet geworden (zu diesem Modell vgl. insbesondere Felderer, 2005, S. 207 ff.).

13.1 Keynesianische Modelle

Mit dem ersten Modell soll ein **Keynes-Modell** mit extremen Annahmen geboten werden.

Der erste Quadrant zeigt einen keynesianischen **Arbeitsmarkt** mit einem festen Nominallohnsatz und einer Arbeitsnachfrage die nicht lohnsatzabhängig ist.

Quadrant 2 enthält die Hickssche Darstellung des **Güter- und Geldmarktes**, während Quadrant 4 eine gesamtwirtschaftliche Produktionsfunktion zeigt, die den Zusammenhang zwischen dem Faktor Arbeit und dem Output Y deutlich manchen soll.

Quadrant 3 enthält nur die 45°-Linie, um Y-Werte vom Quadranten 2 auf den Quadranten 4 übertragen zu können.

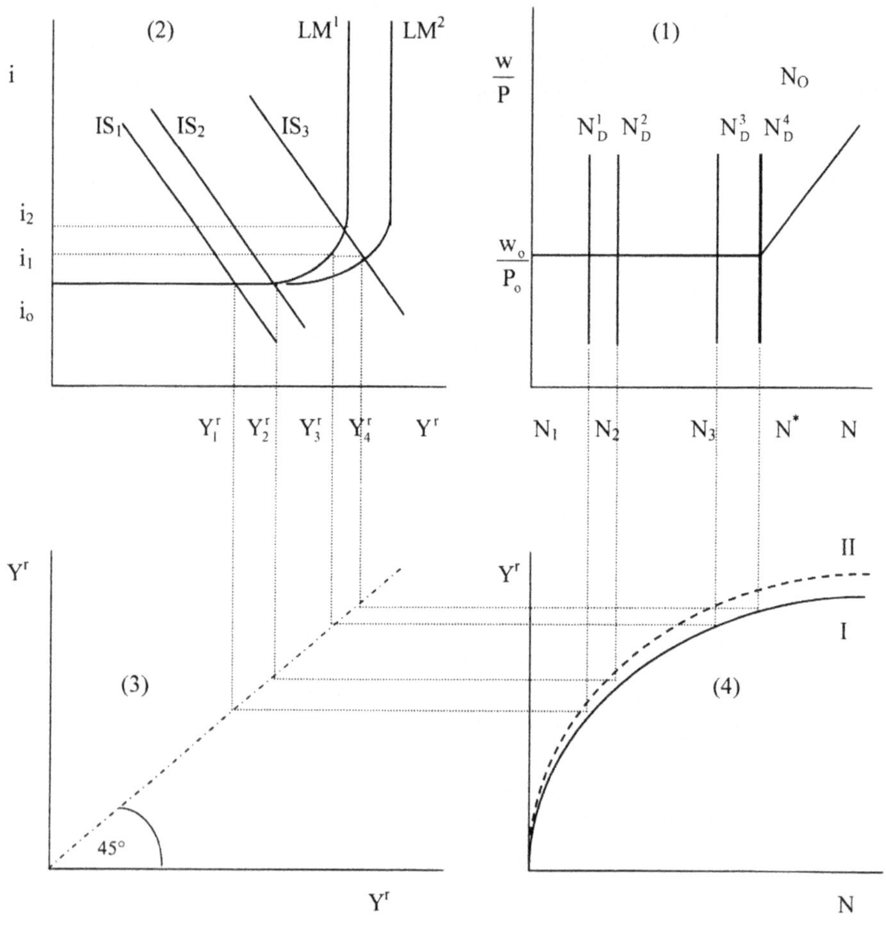

Abbildung 13.1

Geht man in Abbildung 13.1 vom 2. Quadranten aus, so ist zu erkennen, dass beim Volkseinkommen Y_1 auf dem Güter- und dem Geldmarkt Gleichgewicht herrscht, da $IS_1 = LM_1$ ist. Auf dem Arbeitsmarkt herrscht aber gleichzeitig ein Ungleichgewicht. Geht man davon aus, dass beim Lohnsatz von w_o eine Arbeitsmenge von N* angeboten, aber nur eine Arbeitsmenge von N_1 nachgefragt wird, so ergibt sich eine Arbeitslosigkeit in der Größenordnung von N^*- N_1. Im Hicksschen Diagramm sind wir dabei im Keynes-Bereich, d. h. es wurde eine Liquiditätsfalle unterstellt. Es ist daher nicht möglich, mit Hilfe einer Geldmengenerhöhung eine Zinssatzsenkung zu bewirken, um so über die Erhöhung der zinselastischen Investitionen eine Steigerung des Volkseinkommens und damit eine Verbesserung der Beschäftigungssituation auszulösen.

Für diesen Fall bleibt in einer geschlossenen Volkswirtschaft nur die **Erhöhung der effektiven Nachfrage** in Form des privaten Konsums, der autonomen Nettoinvestitionen und der Staatsausgaben für Güter. Dies würde eine Parallelverschiebung der IS_1-Kurve nach IS_2 bedeuten. Das Volkseinkommen erhöht sich auf Y_2 (Multiplikatoreffekt) und damit auch die Nachfrage nach Arbeit von N_D^1 nach N_D^2. Die Beschäftigung steigt auf N_2. Die Arbeitslosigkeit nimmt ab. Die gleiche Wirkung (nur etwas gedämpft) würde eine Erhöhung von IS_2 nach IS_3 haben.

Befindet sich die Volkswirtschaft außerhalb des Keynes-Bereichs, d. h. außerhalb der Liquiditätsfalle, so besteht nun die Möglichkeit, die Beschäftigung weiter zu erhöhen, und zwar mit **monetären Maßnahmen**. Wird die Geldmenge erhöht, so verschiebt sich die LM^1-Kurve nach LM^2, so bewirkt dies eine Senkung des Zinsniveaus und via Investitionen ein Anstieg des Volkseinkommens (Zinssatzmultiplikator) von Y_3 auf Y_4. Die Nachfrage nach Arbeit steigt von N_D^3 nach N_D^4. Damit wird zugleich die Vollbeschäftigung bei N^* erreicht.

Das Modell in Abbildung 13.1 erfährt nun insofern eine Änderung als nun von der neoklassischen Annahme ausgegangen wird, und zwar dass die Nachfrage nach Arbeit vom realen Lohnssatz abhängig ist.

Die Lohnsatz wird nun als Reallohnsatz $(\frac{w}{P})$ bei unterschiedlichen Preisniveaus dargestellt, ebenso das reale Volkseinkommen $(\frac{Y}{P})$.

Um das Modell um Preisniveauänderungen erweitern zu können, muss ein **Gütermarkt mit der expliziten Variablen "Preisniveau"** dargestellt werden (vgl. dazu auch Abbildung 3.11 in Kapitel 3.5).

Abbildung 13.2 zeigt einen Gütermarkt mit der aggregierten Gesamtnachfrage D und dem aggregierten Gesamtangebot O.

Steigt im Falle einer Nachfragesoginflation die gesamtwirtschaftliche Güternachfrage im **Unterbeschäftigungsbereich** von D_1 auf D_2, so bedeutet dies eine Steigerung des realen Volkseinkommens von $\frac{Y_1}{P_1}$ auf $\frac{Y_2}{P_1}$ (Multiplikatorwirkung) **ohne Preisniveaueffekte**. Das Preisniveau bleibt konstant bei P_1, da ein völlig elastisches Angebot angenommen wird: Die Anbieter haben keinerlei Lieferprobleme.

Nähert sich die Nachfrage der Kapazitätsgrenze, so treten Preisniveaueffekte auf.

Eine Erhöhung der Gesamtnachfrage nach Gütern von D_2 nach D_3, führt zwar zu einer weiteren realen Steigerungen des Volkseinkommens, aber von $\frac{Y_2}{P_1}$ nach $\frac{Y_3}{P_2}$. Die realen Volkseinkommenssteigerungen sind jedoch kleiner als in der Unterbeschäftigungsphase, da jetzt eine Preisniveausteigerung von P_1 nach P_2 zu beobachten ist.

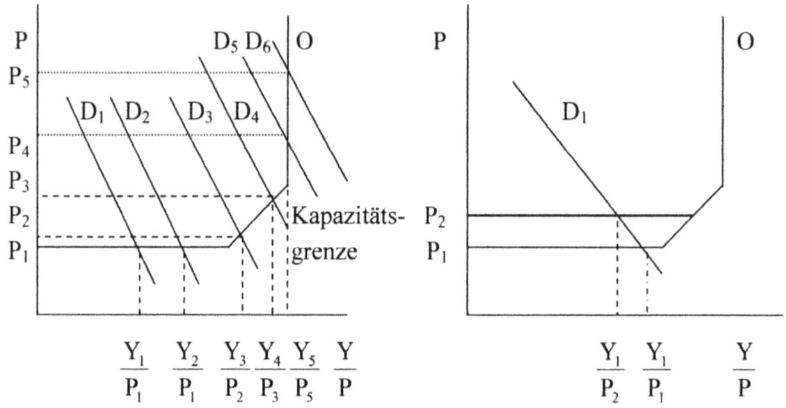

Abbildung 13.2

Ab der **Kapazitätsgrenze** kommt es bei einer Nachfrageerhöhung zu **keiner realen Erhöhung des Volkseinkommens**.

Eine andere Möglichkeit ist eine Preisniveauerhöhung durch eine Kostensteigerung wie dies aus dem rechten Diagramm in Abbildung 13.2 zu erkennen ist. Das reale Volkseinkommen sinkt, während das nominale Volkseinkommen (Y_4) konstant bleibt.

Unter Berücksichtigung dieses Gütermarktes ergibt sich das **Globalgleichgewicht mit Preisniveauänderungen** in Abbildung 13.3.

Eine Zunahme der Güternachfrage führt in Abbildung 13.3, wie bereits beschrieben, zunächst zu einer Zunahme des realen Volkseinkommens, sofern die Volkswirtschaft noch nicht ausgelastet ist.

Unter der Annahme einer Liquiditätsfalle führt dies zugleich zu keiner Änderung des Zinssatzes (Quadrant 2). Die Erhöhung des realen Volkseinkommens bewirkt aber eine Erhöhung der Nachfrage nach Arbeit (Quadrant 1) und damit zu einer Zunahme der Beschäftigung von N_1 auf N_2 beim Tariflohn w_1 und einem Preisniveau von P_1. Es bleibt eine Arbeitslosigkeit in Höhe von N^*-N_2. Die Arbeitsmenge N^* wird nur zu einem niedrigeren Reallohn von den Unternehmen nachgefragt. Der Reallohn kann durch eine Senkung des Nominallohns (w_1) bei konstantem Preisniveau (P_1) und/oder durch eine Erhöhung des Preisniveaus gesenkt werden. Steigt das Preisniveau von P_1 nach P_2, so wird Vollbeschäftigung erreicht.

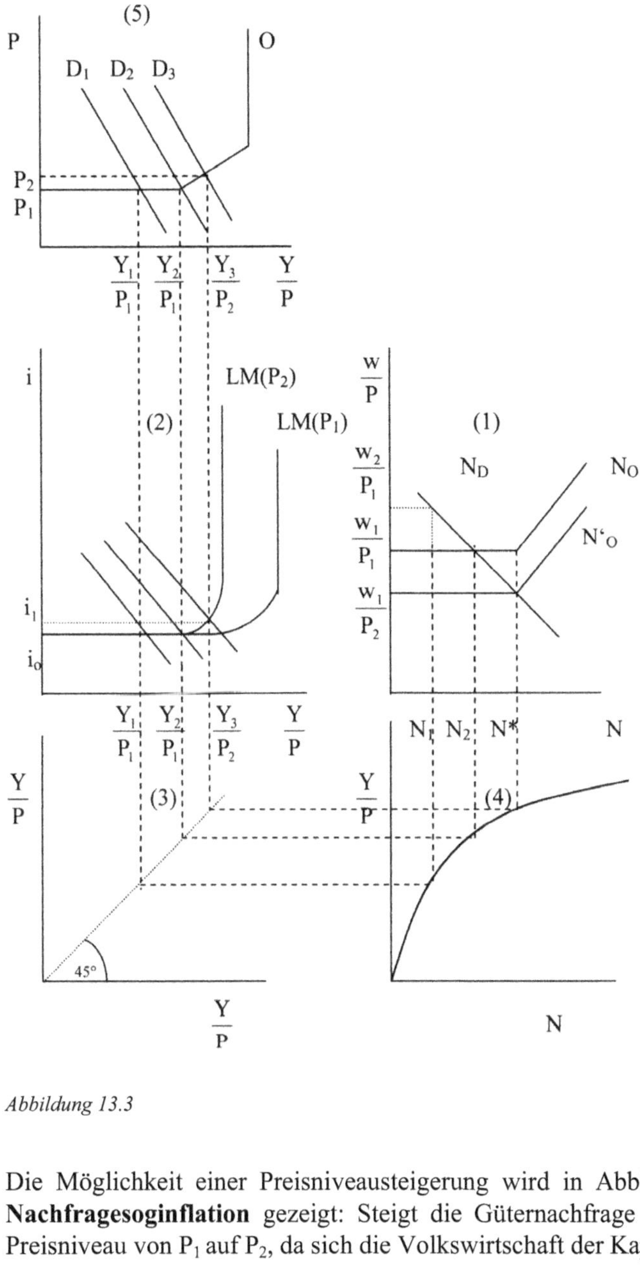

Abbildung 13.3

Die Möglichkeit einer Preisniveausteigerung wird in Abbildung 13.3 für den Fall einer **Nachfragesoginflation** gezeigt: Steigt die Güternachfrage von D_2 nach D_3, so steigt das Preisniveau von P_1 auf P_2, da sich die Volkswirtschaft der Kapazitätsgrenze nähert.

Es ist zu vermuten, dass jetzt auch keine Liquiditätsfalle mehr wirksam ist, so dass das reale Volkseinkommen ebenfalls steigt, allerdings weniger als bisher, da gleichzeitig auch die Zinssätze steigen, die die zinsabhängigen Investitionen sinken lassen. Das reale Volkseinkommen steigt jedoch weiter an.

Gleichzeitig sinkt der Reallohnsatz von $\frac{w_1}{P_1}$ auf $\frac{w_1}{P_2}$. Damit ist die Vollbeschäftigung bei der Arbeitsmenge N* erreicht.

Dieses Gleichgewicht bleibt bestehen, so lange die Arbeitnehmer keine Nominallohnerhöhung fordern, um den Reallohn wieder zu steigern. Wird der Reallohn durch Nominallohnerhöhung angepasst (Kostendruckinflation in Abbildung 13.2, rechtes Diagramm), sinkt das reale Volkseinkommen wieder auf das Niveau $\frac{Y_2}{P_1}$ ab. Die Arbeitslosigkeit tritt wieder auf. Es ist das bekannt Phänomen der Preis-Lohn-Spirale oder der Lohn-Preis-Spirale.

13.2 Klassisch-neoklassische Modelle

Die gesamtwirtschaftliche Analyse der Neoklassik beginnt mit einem gesamtwirtschaftlichen Modell auf **mikroökonomischer Grundlage** im Jahre 1870 durch *Léon Walras* (Walras, 1926).

Mit diesem Modell kann die Interdependenz aller Märkte in einer Volkswirtschaft deutlich gemacht werden. Dies ist wirtschaftspolitisch insofern bedeutsam, da das Modell die Folgen für andere Märkte zeigt, wenn der Staat auf einem einzelnen Markt interveniert. Leider hat dieses Modell gerade in der Zeit von 1870 bis zur Weltwirtschaftskrise anscheinend auf die Ordnungspolitik der praktischen Wirtschaftspolitik keinen Einfluss ausgeübt, da gerade zu dieser Zeit unsystematisch (marktinkonform) auf einzelnen Märkten interveniert wurde, weshalb diese Phase die „Zeit des Interventionismus“ von *Walter Eucken* genannt wurde.

In dieser Zeit dominierte die Partialanalyse, geprägt durch *Alfred Marshall*, die mit Hilfe der ceteris paribus-Klausel alle weiteren Folgen ausschloss.

Beim Modell von *Léon Walras* wurde mit Hilfe eines Gleichungssystems versucht, ein allgemeines, **totales Gleichgewicht** darzustellen. Während es sich beim Globalgleichgewicht um das Gleichgewicht von Globalgrößen in einer Volkswirtschaft handelt, geht Walras vom gleichzeitigen Gleichgewicht auf allen Einzelmärkten (Güter- und Faktormärkten) aus.

Damit wurde von *Walras* mit seiner „Allgemeinen Gleichgewichtstheorie“ nachgewiesen, dass eine Wirtschaft, die auf dezentrale Entscheidungen aufgebaut ist, über die Märkte eine Selbststeuerung der Wirtschaft ermöglicht und zu einer optimalen Allokation der Ressourcen führt und die Güter optimal auf die Konsumenten verteilt werden (Hoffmann, 1987, S. 11 ff.).

Die Aufgabe des Staates ist es daher, keine marktinkonforme Eingriffe vorzunehmen und alle Bedingungen zu schaffen, damit der Wettbewerb funktioniert, eine Aufgabe, die sich die Neoliberalen (u. a. *Walter Eucken*) aber auch die Angebotspolitiker in der Tradition der Neoliberalen gestellt haben.

Allerdings hat *Walras* selbst mit dem Titel seiner Untersuchung „Elemente einer reinen Volkswirtschaft“ (Elements d'Economie politique pure) bereits angedeutet, dass sein Modell mit sehr restriktiven Annahmen ausgestattet ist, wie die unvollständige Aufzählung zeigt: Homogenität der Güter und Produktionsfaktoren, vollkommene Markttransparenz, vollständige Teilbarkeit der Güter und der Faktoren, Neutralität des Geldes, Nutzen- und Gewinnmaximierung, Mengenanpassung, keine Informations- und Transportkosten, Nichtsättigung, kein technischer Fortschritt.

Auf der Basis dieses Modells wurden nach Erscheinen der Allgemeinen Theorie von *Keynes* neoklassische aber auch klassische Globalmodelle entwickelt.

In Abbildung 13.4 wird das erste **neoklassische Modell** dargestellt:

Der Quadrant (1) zeigt den **Arbeitsmarkt**. Beim Reallohn $\frac{w_1}{P_1}$ besteht Arbeitslosigkeit in Höhe von N_2-N_1. Der Arbeitsmarkt ist nicht im Gleichgewicht durch einen marktinkonformen Eingriff in Form eines Mindestlohnes (Mindestlohnarbeitslosigkeit).

Steigt die Güternachfrage, dargestellt in Quadrant (5) auf dem **Gütermarkt**, durch eine **Geldmengenerhöhung**, so steigt gleichzeitig das Preisniveau auf P_2 und das reale Volkseinkommen auf $\frac{Y_2}{P_2}$. **Die Geldmengenerhöhung hat damit sowohl Preiseffekte als auch reale Wirkungen auf das Volkseinkommen.**

Die realen Volkseinkommenswerte wurden mit Hilfe des Quadranten (3) auf den Quadranten (4) übertragen.

Damit entspricht die Güternachfrage dem Güterangebot, dargestellt durch die Produktionsfunktion in Quadrant (4).

Durch die Erhöhung des Preisniveaus, sinkt der Reallohn auf ($\frac{w_1}{P_2}$). Der Quadrant (6) lässt den Zusammenhang zwischen Preisniveau und Reallohn erkennen.

Bei diesem Lohnsatz wird die Vollbeschäftigung (N*) erreicht. Da durch die Beschäftigungszunahme die Lohnsumme steigt (Nachfrageelastizität absolut größer eins), erhöht sich die Nachfrage nach Konsumgütern.

In Quadrant (2) wird das Gleichgewicht zwischen I und S dargestellt.

Dabei stellt „I“ die Nachfrage nach Geld für Investitionen und „S“ das Angebot an Geld dar. Das Geldangebot und Geldnachfrage sind zum Gleichgewichtszins bei der Neoklassik der immer ausgeglichen. Bei der Neoklassik gilt daher immer I = S. Es gibt damit kein Ungleichgewicht wie bei *Keynes* zwischen I und S (vgl. Kapitel 9).

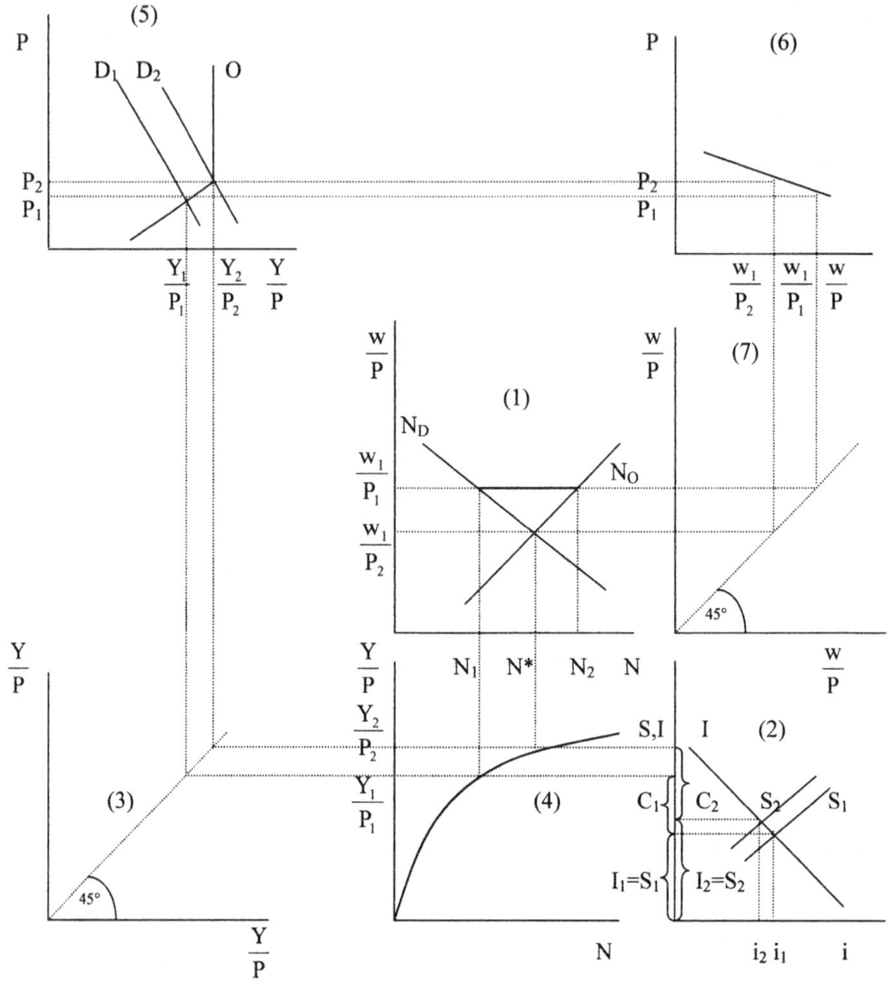

Abbildung 13.4

Quadrant (2) zeigt außerdem die Güterverwendung:

Die gesamte Güterverwendung betrug zuerst $C_1 + I_1$. Nach der Lohnsenkung aber $C_2 + I_2$. Sowohl Konsum als auch Ersparnis sind gestiegen. Da die Ersparnis gestiegen ist, sank der Zinssatz von i_1 auf i_2. Damit haben die Investitionen von I_1 auf I_2 zugenommen.

Eine andere Möglichkeit, den Reallohn zu senken wäre eine **Nominallohnsenkung bei konstantem Preisniveau**.

Abbildung 13.5 zeigt diesen Fall.

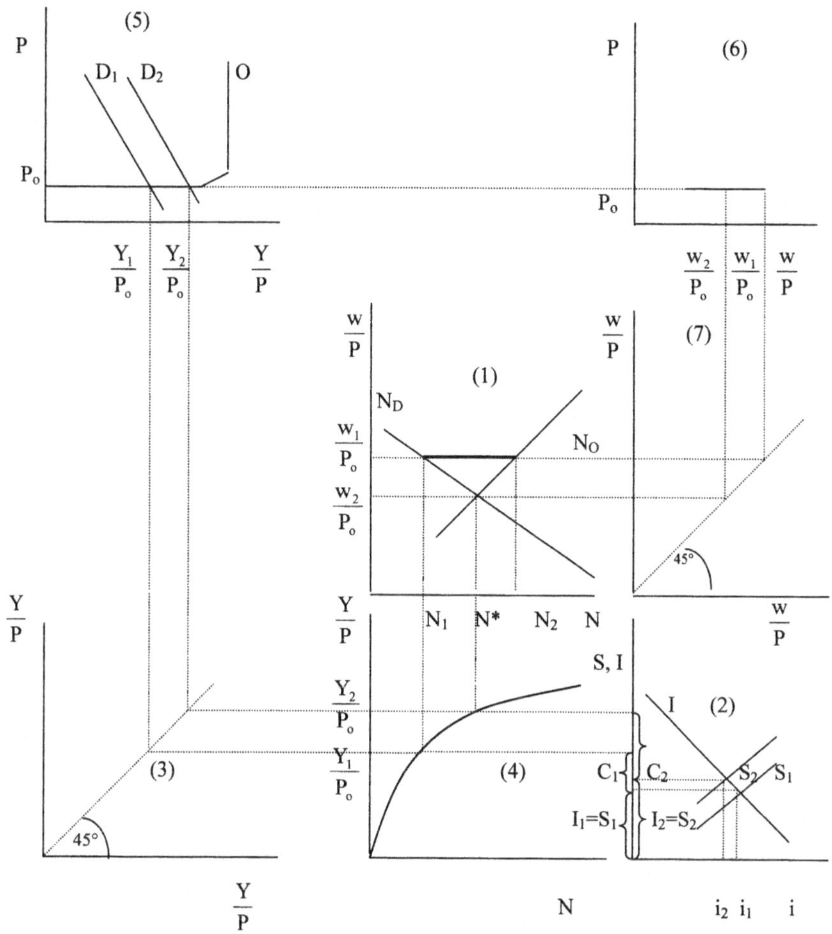

Abbildung 13.5

In diesem Falle sinkt der Reallohn bei konstanten Preisniveau, was zu einer Zunahme der Lohnsumme führt (Elastizität der Nachfrage absolut größer eins).

Ausgangspunkt der Wirkungen ist damit nicht die Geldmenge, sondern eine Senkung des Nominallohns durch Aufhebung des (tariflichen) Mindestlohnes. Damit steigt die Nachfrage nach Gütern von D_1 nach D_2 wie Quadrant (1) zeigt. Die weiteren Reaktionen entsprechen den Reaktionen bei der Reallohnsenkung durch Preisniveauerhöhung.

Betrachtet man das **klassische Modell** in Abbildung 13.6, so ergeben sich folgende Zusammenhänge:

Beim klassischen Modell herrscht grundsätzlich immer Gleichgewicht.

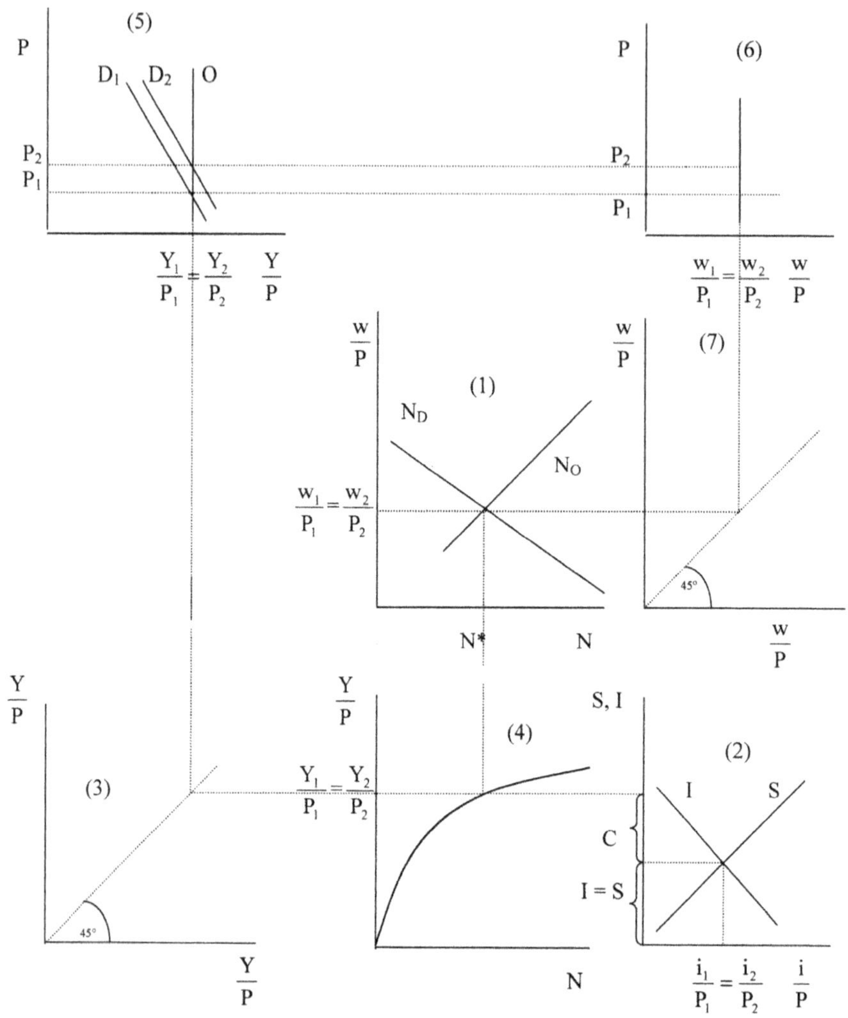

Abbildung 13.6

Unterstellt man die Quantitätstheorie, so steigt das Preisniveau bei einer Erhöhung der Geldmenge. Die Geldmengenerhöhung hat keine realen Wirkungen, da sich die Wertverhältnisse nicht ändern. Das Geld ist nur ein „Schleier" über den realen Verhältnissen.

Das **Geld ist neutral** im Hinblick auf die Produktion und Beschäftigung. Dieses Phänomen wird als die **klassische Dichotomie** (Zweiteilung) in zwei unabhängige Bereiche „Geldmarkt" und „Güter- und Faktormarkt". Es gibt im Gegensatz zur keynesianischen und zur neoklassischen Theorie keinen Transmissionsmechanismus.

Steigt das Preisniveau beispielsweise um 10 %, so steigen alle Güter- und Faktorpreise ebenfalls um 10 %.

Quadrant (5) zeigt die Zunahme der Nachfrage und die entsprechende Preisniveausteigerung an der Kapazitätsgrenze.

Da auch die Löhne in gleichem Maße nominal steigen wie das Preisniveau, bleiben sie real konstant wie Quadrant (6) deutlich macht.

Das ursprünglich bereits bestehende Arbeitsmarktgleichgewicht bleibt in Quadrant (1) erhalten.

Die Geldmengenerhöhung beeinflusst auch nicht das Zinsniveau, da es sich bei der Klassik um das reale Zinsniveau $\frac{i}{P}$ handelt. Nominal steigen zwar die Zinsen entsprechend dem Preisniveau, real bleiben sie aber konstant.

Quadrant (2) zeigt daher einen klassischen Geldmarkt mit Realzinsen.

14 Zusammenfassung

Die Konzeption von *Keynes* geht von der Notwendigkeit aus, das bestehende Produktionspotential durch eine Steuerung der effektiven Nachfrage möglichst auszulasten. Sie ist damit eine Stabilitätspolitik, die antizyklisch angelegt ist und damit eine **kurzfristige Konjunkturpolitik**. Diese Theorie geht außerdem von einer Niveausteuerung **makroökonomischer Größen** aus.

Die Theorie ist Ende der 20er und Mitte der 30er Jahre entstanden, während der großen Weltwirtschaftskrise, die 1929 begann.

Das Interesse von *Keynes* galt dabei vor allem der Phase der **Unterbeschäftigung**.

Zur Erreichung des Vollbeschäftigungsziels muss nach keynesianischer Auffassung vor allem die Globalgröße „Nachfrage" gesteuert werden.

Damit ist es notwendig, eine **Globalsteuerung der Volkswirtschaft**, auch **Niveausteuerung** genannt, durchzuführen. Eine Globalsteuerung in dem Sinne, dass nicht einzelne Sektoren, sondern die gesamte Volkswirtschaft von den staatlichen Maßnahmen betroffen ist.

Soll die Globalsteuerung über die **Geldpolitik** erfolgen, so muss die Zentralbank eine Änderung der Liquidität der Geschäftsbanken und damit indirekt eine Änderung der Liquidität der Nichtbanken mit Hilfe ihres Instrumentariums bewirken.

Bei einer Erhöhung der Liquidität sollte dies eine (globale) Senkung des Zinsniveaus und bei einer Reduzierung der Liquidität eine Erhöhung des Zinsniveaus auslösen. Die Transmission der globalen geldpolitischen Maßnahmen erfolgt dann über die zinsinduzierten Investitionen.

Sinkt das Zinsniveau, so werden für die Unternehmen Investitionen (im eigenen Unternehmen) interessant, deren (interne) Rendite bisher unter der am Kapitalmarkt (und damit in anderen Unternehmen) erzielbaren Rendite lag. Steigt das Zinsniveau, so gehen auch die zinsabhängigen Investitionen zurück, da die interne Rendite in vielen Fällen unter der Rendite am Kapitalmarkt liegt.

Nach Auffassung von *Keynes* führt aber eine Erhöhung der Liquidität der Volkswirtschaft gerade in der Rezession nicht unbedingt zu einer weiteren Zinssenkung: Die Wirtschaftssubjekte halten unbegrenzt Liquidität, da sie auf eine höhere Rendite warten (Liquiditätsfalle). Damit können die zinsabhängigen Investitionen nicht steigen und damit auch nicht die Beschäftigung (via Zinssatzmultiplikator).

Für *Keynes* ist also die Arbeitslosigkeit dominant **konjunkturell** bedingt. Die ebenfalls existierende friktionelle Arbeitslosigkeit, die durch eine Änderung der Branchenstruktur entsteht, wird dabei nicht ausgeschlossen, aber als vorübergehend angesehen. Strukturkrisen werden allerdings in der Phase der Hochkonjunktur überdeckt.

Da eine geldpolitische Globalsteuerung in der Rezession nach *Keynes* nicht möglich ist, muss eine direkt Steuerung der effektiven Nachfrage erfolgen.

Der staatlichen Wirtschaftspolitik steht dabei die **Fiskalpolitik** zur Verfügung.

Dabei gibt es im Prinzip zwei Varianten:

1. Dem Staat gelingt es, die private Nachfrage zu steigern.
2. Der Staat steigert seine eigene Nachfrage nach Gütern.

Geht man von der ersten Möglichkeit aus, d. h. einer **Förderung der privaten Nachfrage durch den Staat**, so kann der Staat u. a. durch eine **Senkung der direkten Steuern das verfügbare Einkommen der privaten Haushalte steigen lassen und/oder die Rendite der Investoren**. Steigt das verfügbare Einkommen der privaten Haushalte, so ist allerdings nicht sicher, ob der private Konsum in gleichem Maße steigt oder ob die privaten Haushalte mehr sparen. Dabei ist zu beachten, dass *Keynes* eine Abnahme der Konsumquote bei steigendem Einkommen befürchtet hat („sein psychologisches Gesetz"), was sich aber durch die Zunahme des autonomen Konsums, vor allem bedingt durch den steigenden Lebensstandard und durch andere Faktoren, für die entwickelten Volkswirtschaften nicht gezeigt hat.

Der Staat wird allerdings nur dann eine entsprechende (belebende) Kreislaufwirkung erzielen, wenn er bei sinkenden Steuereinnahmen (durch Steuersatzsenkung) seine Ausgaben beibehält (Deficit-without-Spending).

Eine weitere Möglichkeit besteht darin, die **Investitionen** bewusst durch den Staat zu fördern, und zwar durch eine steuerliche Entlastung der Investoren. Damit steigt die intern erwartete Rendite. Ceteris paribus würde dann die Investitionsnachfrage zunehmen.

Schließlich kann die Globalsteuerung über die Fiskalpolitik noch durch eine **Erhöhung der Staatsausgaben** erfolgen:

Der Staat versucht in der Rezession, den Nachfrageausfall der Privaten durch **eigene Ausgaben** zu kompensieren oder überzukompensieren, um damit das Volkseinkommen und somit die Beschäftigung zu steigern.

Wie an anderen Stellen bereits mehrfach dargelegt, hat diese Art der Globalsteuerung den Vorteil einer unbedingten Kreislaufwirkung: Die Staatsausgabenerhöhung führt zu einer Erhöhung des Volkseinkommens (via Staatsausgabenmultiplikator) und damit der Beschäftigung. Dabei sollte aber die Ausgabenerhöhung nicht durch eine entsprechende Steuererhöhung finanziert werden, damit sich die Effekte nicht zum Teil wieder kompensieren. Es wird also in der Regel ein vorübergehendes Defizit im Staatshaushalt in Kauf genommen, **Deficit Spending** genannt, allerdings mit der Idee, dass durch die Erhöhung des Volkseinkommens und der Beschäftigung die Staatseinnahmen (mit einer gewissen zeitlichen Verzögerung) wieder steigen, und somit die Ausgabenerhöhung später finanziert werden kann.

Idealerweise sollte aber die Finanzierung durch die Auflösung einer Konjunkturausgleichsrücklage, die in der Hochkonjunktur durch Steuerüberschüsse anzulegen wäre.

Eine weitere Überlegung bei derartigen Staatsausgabenerhöhungen ist der Versuch, die (negativen) Verhaltensweisen der privaten Wirtschaftssubjekte in der Rezession zu ändern, um damit wieder aus der Rezession durch erhöhte private Nachfrage herauszukommen. Der Aufschwung soll **selbsttragend** sein: Die staatlichen Mehrausgaben sollen nicht nur das Volkseinkommen (via Staatsausgabenmultiplikator) erhöhen, sondern eine Signalwirkung für die privaten Wirtschaftssubjekte geben, dass der Staat die Rezession aktiv bekämpfen will. Allerdings ist dabei völlig ungewiss, ob die Privaten ihr Verhalten tatsächlich ändern. Erfolgt keine Änderung des Verhaltens, so erhöht sich das Volkseinkommen und die Beschäftigung nur vorübergehend. Der Staat wäre in diesem Falle gezwungen, erneut ein Ausgabenprogramm in Form einer Erhöhung der Staatsausgaben (rechtlich gesehen ein sogenannter „Eventualhaushalt") aufzulegen, so dass Gewöhnungseffekte nicht auszuschließen sind. Der keynesianischen Grundidee entspricht es allerdings nicht, laufend staatliche Ausgabenprogramme durchzuführen, sondern einen **einmaligen staatlichen Impuls** zu geben.

Unter Berücksichtigung der Erkenntnisse der stochastischen Konjunkturtheorie können auch einmalige positive Schocks einen anhaltenden Konjunkturaufschwung auslösen.

Problematisch sind allerdings bei staatlichen Konjunkturprogrammen auch die **Allokationswirkungen**.

Da die staatliche Nachfrage in der Struktur meist nicht identisch ist mit der privaten Nachfrage (so fragt der Staat u. a. Tiefbauleistungen nach), werden eventuell durch die staatliche Nachfrage Kapazitäten aufgebaut, die später obsolet werden.

Andererseits kann die staatliche Nachfrage das **Wirtschaftswachstum** fördern, wenn dadurch die **Infrastruktur** eines Landes verbessert wird. Die staatliche Infrastruktur ist eine notwendige Voraussetzung für die wirtschaftlichen Aktivitäten der Privaten. Eine Tatsache, die den Privaten in den neuen Bundesländern nach der deutschen Wiedervereinigung schmerzlich bewusst wurde. Staatliche Ausgabenprogramme sollten daher gleichzeitig die Infrastruktur eines Landes verbessern. Dabei darf nicht vergessen werden, dass zur Infrastruktur nur Straßen gehören, sondern auch u. a. die Förderung technischer Entwicklungen und die Investitionen in das Humankapital (Berufliche Ausbildung).

Was nun speziell den **Arbeitsmarkt** betrifft, so geht die Theorie von *Keynes* davon aus, dass die Nachfrage nach Arbeit primär kein Problem des Lohnniveaus ist, und das Angebot an Arbeit bei einem bestimmten Lohnsatz mengenmäßig gegeben ist. Die Höhe des Lohnniveaus wird durch die Tarifpartner bestimmt und stellt damit für die staatliche Wirtschaftspolitik ein Datum dar.

Die Nachfrage nach Arbeit wird von der effektiven Nachfrage nach Gütern bestimmt. Steigt die effektive Nachfrage, auch durch die staatliche Nachfrage und der Nachfrage des Auslandes, so steigt auch, bei gegebenem Lohnniveau die Nachfrage nach Arbeit.

Die Nachfrage nach Gütern kann durch den Staat instrumentalisiert werden, weshalb diese Art von Wirtschaftspolitik auch als **Nachfragepolitik** bezeichnet werden kann.

In der **Bundesrepublik Deutschland** war eine keynesianische Wirtschaftspolitik erst mit der Schaffung des Stabilitäts- und Wachstumsgesetzes (1967) während der großen Koalition möglich. Sie wurde dann Form von staatlichen Konjunkturprogrammen unter der Regierung von *Helmut Schmidt* auch praktiziert, allerdings zur Bekämpfung einer vor allem strukturell bedingten Arbeitslosigkeit im Zusammenhang mit den beiden Ölpreiskrisen und der Aufwertung der DM bei der Einführung flexibler Wechselkurse gegenüber dem Dollar.
Nach der Wiedervereinigung wurde von der konservativ-liberalen Regierung unter Helmut Kohl in den neuen Bundesländern ebenfalls ein Ausgabenprogramm gefahren, das keine konjunkturellen Ziele, sondern strukturelle Ziele verfolgte. Dieses Programm hat allerdings im Westen Deutschlands gewirkt und eine **Sonderkonjunktur** bereits im Jahre 1991 ausgelöst.

Im Gegensatz zur Theorie von *Keynes* gehen die **klassische Theorie und die neoklassische (einschließlich der monetarischen) Theorie von mikroökonomischen Vorstellungen** aus. Die Arbeitslosigkeit wird durch die Unvollkommenheit des Arbeitsmarktes bestimmt.

Die Aufgabe der staatlichen Wirtschaftspolitik besteht nicht in einer Niveausteuerung makroökonomischer Größen, sondern in **ordnungspolitischen Einzelmaßnahmen**.

Während bei der Klassik die „unsichtbare Hand“ ohne staatliche Hilfe allein durch die Gewährung aller ökonomischen Freiheiten für die privaten Wirtschaftssubjekte die Beschäftigung regelt, muss bei der Neoklassik der Staat für funktionsfähige und offene Märkte sorgen (Neoliberalismus), auch für einen funktionsfähigen Arbeitsmarkt: Der existierende Tariflohn, ausgehandelt durch die Tarifpartner, wirkt wie ein Mindestpreis (beim Polypol) und ist Schuld an der Arbeitslosigkeit, da der Gleichgewichtslohn bekanntlich unter dem Mindestlohn liegt, weshalb diese Art von Arbeitslosigkeit auch als **Mindestlohnarbeitslosigkeit** bezeichnet wird. Der Markt wird nicht geräumt.

Die Neoklassiker nehmen, im Gegensatz zu *Keynes*, den Tariflohn nicht als Datum für die staatliche Wirtschaftspolitik, sondern verlangen seine Abschaffung, was unter dem Stichwort „Flexibilisierung des Arbeitsmarktes“ läuft. Da jedoch nach Auffassung der Neoklassiker nicht der Nominallohn sondern der Reallohn, aufgrund der Grenzproduktivitätstheorie, für die Höhe der Beschäftigung entscheidend ist, könnte eine Reallohnsenkung alternativ durch eine Nominallohnsenkung oder durch eine Preisniveauerhöhung erreicht werden. Eine Preisniveausteigerung als Instrument der Beschäftigungspolitik wird jedoch von den Neoklassikern abgelehnt, insbesondere von den Monetaristen, deren oberstes Ziel ja gerade die Preisniveaustabilität ist. Was damit bleibt ist eine **Nominallohnsenkung**.

Die Auffassung, dass der Staat vor allen Dingen die Aufgabe hat, Wettbewerb auf den Güter- und Faktormärkten zu schaffen, damit die Modell-Bedingungen für eine langfristiges optimales Wachstum erfüllt sind, kommt auch in den neoklassischen Wachstumsmodellen zum Ausdruck. Der Staat kann aber auch durch die Förderung des Faktors „technischer Fortschritt“ in Form von Innovationsförderung und Investitionen ins Humankapital eine langfristige Wachstumspolitik betreiben.

Die Konkretisierung der neoklassischen Theorie erfolgt seit Mitte der 70er Jahre des letzten Jahrhunderts in Form der Angebotstheorie und in Form des Neo-Monetarismus.

Eine besondere Variante der klassisch-neoklassischen Politik ist der **Neo-Monetarismus**.
wie er vor allem von *Milton Friedman* und *Karl Brunner* (Chicagoer Schule) vertreten wird: Der private Sektor (Güterwirtschaftlicher Sektor und die Faktormärkte) tendiert von sich aus zur Stabilität, wenn nur die Hemmnisse (z. B. Tariflöhne) abgeschafft werden. Ja, der Staat selbst produziert oder verstärkt nach monetaristischer Auffassung durch seine antizyklische Globalsteuerung mit Hilfe seines Haushalts und mit Hilfe einer antizyklischen (diskretionären) Geldpolitik der Zentralbank die zyklischen Schwankungen des Wirtschaftsprozesses. Die Zentralbank sollte nach Ansicht der Neomonetaristen nicht antizyklisch handeln, da ihre Maßnahmen mit time-lags verbunden sind und folglich meist genau in der falschen Konjunkturphase zur Wirkung kommen. Diese Geldpolitik verstärke die Zyklen oder löse sie sogar aus. Die Geldpolitik sollte daher nur eine langfristig orientierte Ausweitung der Geldmenge anstreben, möglichst mit einer genauen Regelbindung. Die Höhe der **Geldmenge muss optimal** sein (Friedman, 1970): Sie muss groß genug sein, um das Wachstum der Wirtschaft zu ermöglichen, aber zugleich so klein, dass sie keine Inflation auslöst. Damit dies geschieht, soll die Geldmenge nach einer bestimmten Regel (kontinuierlich) ausgeweitet werden.
Sowohl der Staat als auch die Zentralbank haben sich damit von einer aktiven Beschäftigungspolitik mit Hilfe einer Globalsteuerung abzumelden.

Die Aufgabe des Staates besteht darin, möglichst eine Geldpolitik durch seine Zentralbank zu betreiben, die geldmengenorientiert ist und damit die Inflation verhindert als auch eine Fiskalpolitik, die keine Inflation auslöst.

Weiteren Aufgaben des Staates bestehen dann nur darin, das marktwirtschaftliche System durch Strukturreformen wieder flexibel zu machen.

Die **Neuklassik** ist mit ihrer Theorie im Hinblick auf eine staatliche Stabilitäts- und Wachstumspolitik noch radikaler. Nach ihrer Auffassung kann eine staatliche Globalsteuerung zur Erreichung von Stabilitäts- und Wachstumsziele nicht erfolgreich sein, aufgrund der Folgen einer zeitlichen Inkonsistenz, deren Muster die Wirtschaftssubjekte erkennen (Theorie der rationalen Erwartungen) und damit konterkarieren können. Die einzige Lösung des Problems bleiben Regelbindungen und damit auch automatische Stabilisatoren.

Allerdings scheint es doch so zu sein, dass das alte Problem einer Existenz des Homo oeconomicus wieder aufgetaucht ist, ein Wirtschaftssubjekt, das alles (auch die Zukunft) durchschauen kann und pausenlos seine ökonomischen Aktivitäten an die aktuelle Anlage anpassen kann.

Die Realität sieht anders aus.

Literaturverzeichnis

Ackley, G. Macroeconomic Theory, 6. Auflage, New York 1971

Ackley, G. Macroeconomics: Theory and Policy, New York 1978

Allen, R. G. D. Makroökonomische Theorie, Berlin 1972

Borchert, M. Außenwirtschaftslehre, 4. Aufl., Wiesbaden 1988

Brauchli, W. Das Phänomen der Stagflation, Diessenhofen 1975

Brown, T. M. Habit Persistence and Lags in Consumer Behavior, in: Econometrica 20 (1952), S. 355–371

Brunner, K. Die „Monetaristische Revolution" der Geldtheorie, in: Kalmbach, P. (Hg.): Der neue Monetarismus, München 1973, S. 70–103

Bundesminister für Wirtschaft (Hg.) Wirtschaftspolitik bei defizitärer Leistungsbilanz, Gutachten des Wissenschaftlichen Beirats beim Bundesminister für Wirtschaft vom 23.2.1981, Studienreihe 31

Claassen, E.-M. Grundlagen der makroökonomischen Theorie, München 1980

Clark, C. The Conditions of Economic Progress, 1. Auflage, London 1951

Cochrane, J. L. et al. Macroeconomics: Analysis and Policy, Glenview/Ill. 1974

Dernburg, Th. F./ Dernburg, J. D. Macroeconomic Analysis, An Introduction to Comparative Statics and Dynamics, Reading/Mass. 1969

Dernburg, Th. F./ McDougall, D. M. Lehrbuch der Makroökonomischen Theorie, 3. Auflage, Stuttgart 1981

Deutsche Bundesbank Die Geldpolitik der Bundesbank, Oktober 1995

Deutsche Bundesbank Weltweite Organisationen und Gremien im Bereich von Währung und Wirtschaft, April 1997

Deutsche Bundesbank Europäische Organisationen und Gremien im Bereich von Währung und Wirtschaft, Mai 1997

Deutsche Bundesbank Gesetz über die Deutsche Bundesbank und Satzung des Europäischen Systems der Zentralbanken und der Europäischen Zentralbank, Bankrechtliche Regelungen 1, Juni 1998

Deutsche Bundesbank Die Umsetzung der Geldpolitik des ESZB durch die Deutsche Bundesbank und ihre Ausformung in den Allgemeinen Geschäftsbedingungen, in: BBank MB 11/98, S. 18–26

Deutsche Bundesbank Die Beziehungen Deutschlands zum Internationalen Währungsfonds nach Einführung des Euro, in: BBank MB 9/99, S. 15 ff.

Deutsche Bundesbank Die Europäische Wirtschafts- und Währungsunion, Februar 2004

Dieckheuer, G. Makroökonomik, Theorie und Politik, 3. Auflage, Berlin 1998

Dietrich, K et al. Postkeynesianismus, Ökonomische Theorie in der Tradition von Keynes, Kalecki und Sraffa, Marburg 1987

Dornbusch, R./Fischer St. Makroökonomik, 6. Auflage, München 1995

Duesenberry, J. S. Income, Saving, and the Theory of Consumer Behavior Cambridge. Mass. (Harvard University Press) 1949

Duwendag, D. et al. Geldtheorie und Geldpolitik, 2. Auflage, Köln 1977, 3. Auflage, Köln 1985

Ehrig, D. Keynes, die Globalsteuerung und die Stabilisierungspolitik in der Bundesrepublik Deutschland, Frankfurt/M. 1989,

Ehrlicher, W. Finanzwissenschaft, in: Ehrlicher, W. u. a. (Hrsg.): Kompendium der Volkswirtschaftslehre, Bd. 2, 4. Auflage, Göttingen 1975, S. 298–383

European Monetary Institute The Single Monetary Policy in the Stage Three, Elements of the monetary strategy of the ESCB, February 1997

Europäische Zentralbank Die einheitliche Geldpolitik in Stufe 3: Allgemeine Regelungen für die geldpolitischen Instrumente und Verfahren des Eurosystems, November 2000

Eurostat Europäisches System Volkswirtschaftlicher Gesamtrechnungen ESVG 1995, Brüssel/Luxemburg 1996

Felderer, B./ Homburg, St. Makroökonomik und neue Makroökonomik, 5. Auflage, Berlin 1991, 9. Auflage, Berlin 2005

Flaschel, P./ Groh, G. Keynesianische Makroökonomik, Unterbeschäftigung, Inflation und Wachstum, Berlin 1996

Fourastié, J. Le grand espoir du XXe siècle, Paris 1963

Frenkel, M./Hemmer, H.-R. Grundlagen der Wachstumstheorie, München 1999

Friedman, M. A Theory of Consumption Function, Princeton 1957

Friedman, M. Die optimale Geldmenge und andere Essays, München 1970

Friedman, M. Die Gegenrevolution in der Geldtheorie, in: Kalmbach, P. (Hg.): Der neue Monetarismus, München 1973, S. 47–69

Friedman, M. "Studies in the Quantity Theory of Money" wieder abgedruckt in: Leube, K. R.: The Essence of Friedman, Standford 1987, S. 285 ff.

Funck, R. Außenwirtschaftstheorie, in: Ehrlicher, W. u. a. (Hrsg.): Kompendium der Volkswirtschaftslehre, Bd. 1, 5. Auflage, Göttingen 1975, S. 421–473

Gabisch, G. Konjunktur und Wachstum, in: Vahlens Kompendium der Wirtschaftstheorie und Wirtschaftspolitik, Bd. 1, 1. Auflage, München 1980, S. 275–332

Gerloff, W./ Neumark, F. Handbuch der Finanzwissenschaft, 4 Bände, Tübingen 1952–1965

Glastetter, W. Außenwirtschaftspolitik, 2. Auflage, Köln 1979

Goldsmith, R. A Study of Savings in the United States, Vol. 1, Princeton, N.J. (Princeton University Press), 1959

Guitton, H. — Les mouvements conjoncturels, Paris 1971

Guitton, H./ Bramoullé, G. — La monnaie, 5e éd., Paris 1983

Hall, R. E./Taylor, J. B. — Macroeconomics, 4. Auflage, New York 1993

Haslinger, F. — Volkswirtschaftliche Gesamtrechnung, 7. Auflage, München 1995

Hasse, R. H./ — Europäische Zentralbank, Europas Währungspolitik im Schäfer, W. (Hg.) Wandel, Göttingen 1990

Haavelmo, T. — Multiplier Effects of a Balanced Budget, in: Econometrica, Vol. 13 (1945), S. 311 ff.

Herbst, G. — Investitionen, Bonn 1974

Hicks, J. R. — Mr. Keynes and the „Classics“: A Suggested Interpretation, in: Econometrica 5 (April 1937), S. 147–159

Hicks, J. R. — A Contribution to the Theory of the Trade Cycle, Oxford 1950

Hicks, J. R. — The Crisis in Keynesian Economics, New York 1974

Hoffmann, H. — Postkeynesianische Ökonomie – Übersicht und Orientierung, in: Dietrich, K. u. a., 1987, S. 11 ff.

Houthakker, H. S. — The Permanent Income Hypothesis, American Economic Review, Vol. 48 (Juni 1958)

Issing, O. — Einführung in die Geldtheorie, 6. Auflage, München 1987

Issing, O. — Einführung in die Geldpolitik, 11. Auflage, München 1998

Jacob, K.-D. — Geldlehre, Wiesbaden 1981

Jacob, K.-D. — Transmission monetärer Impulse und Theorie der relativen Preise: Eine Relativierung, in: Ollenburg, G./Wedig, W.(Hg.): Gleichgewicht, Entwicklung und soziale Bedingungen der Wirtschaft (Andreas Paulsen zum Gedenken), Berlin o. J., S. 273–287

James, E. — Problèmes monétaires d'aujourd'hui, 2e éd., Paris 1970

Jarchow, H.-J. — Theorie und Politik des Geldes 2, Geldmarkt, Bundesbank und geldpolitisches Instrumentarium, 5. Auflage, Göttingen 1988

Jarchow, H.-J. — Monetäre Außenwirtschaft, II. Internationale Währungspolitik, Göttingen 1984

Kahn, R. F. — The Relation of Home Investment to Unemployment, in: Economic Journal, Juni 1931, zitiert nach Keynes, 1936, S. 113

Kalmbach, P. — Der neue Monetarismus (Einleitung), in: Kalmbach, P. (Hg.): Der neue Monetarismus, München 1973

Keiser, N. F. — Macroeconomics, New York 1971

Keynes, J. M. — Indian Currency and Finance 1913

Keynes, J. M. — A Treatise on Money, 1929

Keynes, J. M. — General Theory of Employment, Interest and Money, First Edition February London 1936, Reprint 1961

Kirchgässner, G. Sind die Erwartungen der Wirtschaftssubjekte „rational"? in: Weltwirtschaftliches Archiv, Jg. 118 (1982), S. 215–240

Knaur Das deutsche Wörterbuch, München 1985

Köhler, K. (Hg.) Geldtheorie – kontrovers, Köln 1973

Kösters, W. Ergebnisse und Probleme empirischer Tests geldtheoretischer Hypothesen, in: Köhler, K. (Hg.): Geldtheorie – kontrovers, Köln 1973, S. 109–124

Krelle, W. Grundlinien einer stochastischen Konjunkturtheorie, in: Zeitschrift für die gesamte Staatswissenschaft, Bd. 115, Tübingen 1959, S. 472–494, wiederabgedruckt in: Weber, 1967, S. 329 ff.

Kromphardt, J. Arbeitslosigkeit und Inflation, in: Dietrich, 1987, S. 149 ff.

Krüsselberg, H.-G. et al. Die (schattenwirtschaftliche) Wertschöpfung der Hausarbeit, in: Jahrbücher für Nationalökonomie und Statistik 201 (1986), Heft 2, S. 107–130

Kuznets, S. National Product Since 1869 (New York: National Bureau of Economic Research, 1946), S. 119

Kydland, F. E./Prescott, E. C. Rules Rather Than Discretion: The Inconsistency of Optimal Plans, in: Journal of Political Economy, Vol. 85, Juni 1977, S. 473 ff.

Leijonhufvud, A. Über Keynes und den Keynesianismus, Köln 1973

Leube, K. R. u. a. The Essence of Friedman, Stanford 1987

Lindauer, J. Macroeconomics, 2. Auflage, New York 1971

Makin, J. H. Macroeconomics, Hinsdale/Ill. 1975

Mankiw, N. G. Makroökonomik, 3. Auflage, Stuttgart 1998 und 4. Auflage, Stuttgart 2000

Maußner, A. Konjunkturtheorie, Berlin 1994

Mertens, D. Die Wandlungen der industriellen Branchenwerte der Bundesrepublik Deutschland von 1950–1960, Deutsches Institut für Wirtschaftsforschung, Nr. 68, 1964, S. 50–54

Metzler, L. A. Natur und Stabilität von Lagerzyklen, in: Weber, W. (Hrsg.): Konjunktur- und Beschäftigungstheorie, Köln 1967, S. 242–274

Münnich, F. E. Einführung in die empirische Makroökonomik, 2. Auflage, Berlin 1979

Musgrave, R. A. The Theory of Public Finance, 4. Auflage, New York 1984

Mussel, G. Einführung in die Makroökonomische Theorie, 3. Auflage, Stuttgart 1991

Nisakanen, W. A. Reaganomics, An Insider's Account of the Policies an the People, New York 1988

Nissen, H.-P. Das Europäische System Volkswirtschaftlicher Gesamtrechnungen 5. aktualisierte Auflage, Heidelberg 2004

Noelle-Neumann, E. Aussichten für 1995, Dokumentation des Instituts für Demoskopie Allensbach zum Beitrag in der Frankfurter Allgemeinen Zeitung Nr. 301 vom 28. Dezember 1994

Oppenländer, K. H.	Die moderne Wachstumstheorie, 2. Auflage, Berlin 1968
Oppenländer, K. H.	Konjunkturindikatoren, 2. Auflage, München 1996
Pätzold, J.	Stabilisierungspolitik, 6. Auflage, Bern 1998
Peren, F. W.	Einkommen, Konsum und Ersparnis in der Bundesrepublik Deutschland seit 1970; Analyse unter Verwendung makroökonomischer Konsumfunktionen, Frankfurt/M. 1985
Peto, R.	Einführung in das volkswirtschaftliche Rechnungswesen, 1. Auflage, München 1977, 5. Aufl., München 2000
Peto, R.	Grundlagen der Makroökonomik, 12. Auflage, München 2001
Peto, R	Geldtheorie und Geldpolitik, 2. Auflage, München 2002
Phillips, A. W.	The Relation between Unemployment and the Rate of Change of Money Wage Rates in the United Kingdom, 1861–1957, in: Economica, New Series 25 (November 1958), S. 283–299
Pigou, A. C.	The Theory of Unemployment, London 1933
Pohl, R.	Geldbasis versus Liquiditätssaldo – Ein Vergleich zweier geldpolitischer Konzepte. In: Köhler, K.: Geldpolitik – kontrovers, Köln 1973, S. 79–108
Pohl, R.	Theorie der Inflation, München 1981
Recktenwald, H. C. (Hg.)	Finanztheorie, 2. Auflage, Köln 1970
Recktenwald, H. C. (Hg.)	Finanzpolitik, Köln 1969
Richter, R./Schlieper, U./ Friedmann, W.	Makroökonomik, Eine Einführung, 3. Auflage, Berlin 1978 und 4. Auflage, Berlin 1981
Rittenbruch, K.	Makroökonomie, 11. Auflage, München 2000
Rose, K.	Einkommens- und Beschäftigungstheorie, in: Ehrlicher, W. u. a. (Hrsg.): Kompendium der Volkswirtschaftslehre, Bd. 1, 5. Auflage, Göttingen 1975, S. 183–245
Rose, K.	Theorie der Außenwirtschaft, 9. Auflage, Berlin 1986 und 12. Auflage, Berlin 1995
Sachverständigenrat	Jahresgutachten 1967/1968
Samuelson, P. A..	Interactions between the Multiplier Analysis and the Principle of Acceleration, in: Review of Economic Stati stics, Vol. XXI (Mai 1939), S. 75–78. Deutsche Übersetzung: Wechselwirkungen zwischen der Multiplikatoranalyse und dem Akzeleratorprinzip, in: Weber, W.(Hg.), Köln 1967, S. 235–241
Samuelson, P. A./Solow, R. M.	Analytical Aspects of Anti-Inflation-Policy, in: American Economic Review, Mai 1960, S. 177 ff.
Sanmann, H.	Daten und Alternativen der deutschen Wirtschafts- und Finanzpolitik in der Ära Brüning, in: Hamburger Jahrbuch für Wirtschafts- und Gesellschaftspolitik, Band 10 (1965), S. 109–140.
Say, J. B.	Traité d'Economie politique, 2nd éd., Tome 2nd, Paris 1814

Say, J. B.	Première lettre à Malthus, in : Mélanges et Correspondance d'Economie politique, Paris 1883, S. 158
Schachtschnabel, H.G.	Allgemeine Wirtschaftspolitik, Stuttgart 1975
Scheller, H. K.	The European Central Bank, History, Role and Functions, Frankfurt 2004
Schiller, K.	Wirtschaftspolitik, in: Handwörterbuch der Sozialwissenschaften, 12. Bd., Göttingen 1965
Schmölders, G.	Konjunkturen und Krisen, Hamburg 1968
Schneider, E.	Einführung in die Wirtschaftstheorie, I. Teil, Theorie des Wirtschaftskreislaufs, 9. Auflage, Tübingen 1961 und 14. Auflage, Tübingen 1969
Schneider, E.	Einführung in die Wirtschaftstheorie, II. Teil, Wirtschaftspläne und wirtschaftliches Gleichgewicht in der Verkehrswirtschaft, 13. Auflage, Tübingen 1972
Schneider, E.	Einführung in die Wirtschaftstheorie, III. Teil, Geld, Kredit, Volkseinkommen und Beschäftigung, 12. Auflage, Tübingen 1973, S. 289 ff.
Schumpeter, J. A.	Business Cycles, Vol. I und Vol. II, New York 1939
Snowdon, B./Vane, H./ Wynarczyk, P.	A Modern Guide to Macroeconomics, An Introduction to Competing Schools of Thought, Cheltenham 1998
Statistisches Bundesamt	Umweltökonomische Gesamtrechnungen (UGR), Kurzinformation über die Methode, Wiesbaden 13.06.1996
Stobbe, A.	Volkswirtschaftslehre I, Volkswirtschaftliches Rechnungswesen, 4. Auflage, Berlin 1976
Stobbe, A.	Volkswirtschaftliches Rechnungswesen, 8. Auflage, Berlin 1994
Streißler, E. u. M. (Hrsg.)	Konsum und Nachfrage, NWB 13, Köln 1966
Teichmann, U.	Wirtschaftspolitik, 5. Aufl., München 2001
Teichmann, U.	Grundriß der Konjunkturpolitik, 5. Auflage, München 1997
Walras, L.	Eléments d'Economie politique pure, Ed. définitive, Paris 1926
Weber, W. (Hg.)	Konjunktur- und Beschäftigungstheorie, Köln 1967
Westphal, U.	Makroökonomik, Theorie, Empirie und Politikanalyse, Berlin 1988
Woll, A.	Allgemeine Volkswirtschaftslehre, 12. Auflage, München 1996

Abkürzungen und Symbole

A	Außenbeitrag zum Inlandsprodukt
A_e	erweiterter Außenbeitrag zum Nationaleinkommen
A_{St}	Staatsausgaben für Güter
b	Steigung der Investitionskurve
BBank	Deutsche Bundesbank
BIP	Bruttoinlandsprodukt
c	marginale Konsumquote
C	Konsumausgaben
C^D	Nachfrage nach Konsumgütern
C_H	Konsumausgaben der privaten Haushalte
C_L	langfristige Konsumfunktion
C^O	Angebot an Konsumgütern
C^p	permanenter Konsum
C_{St}	Konsum des Staates
C^{tr}	transitorischer Konsum
C_o	autonomer Konsum
D	Nachfrage (demand) oder Abschreibungen
DIW	Deutsches Institut für Wirtschaftsforschung
e	Eulersche Zahl
EG	Europäische Gemeinschaft(en)
ESVG	Revidiertes Europäisches System Volkswirtschaftlicher Gesamtrechnungen
ESZB	Europäisches System der Zentralbanken
EU	Europäische Union
EUV	EU-Vertrag (Maastrichter Vertrag)
EWU	Europäische Währungsunion
Ex	Export(einnahmen)
ExG	Exporteinnahmen für Güter
EZB	Europäische Zentralbank
g	marginale Importquote oder Wachstumsrate und tatsächliche Wachstumsrate

G	Einkommen aus Unternehmertätigkeit und Vermögen
GE	Geldeinheiten
g_N	Wachstumsrate des Faktors Arbeit (N)
GNN	Gesamtwirtschaftlicher Nettonutzen (=NEW)
$g_{\pi, N}$	Wachstumsrate des technischen Fortschritts in Bezug auf den Faktor Arbeit
g_w	befriedigende Wachstumsrate (warranted growth rate)
g_Y	Wachstumsrate des Volkseinkommens
Hg	Herausgeber
i	Zinssatz (langfristiger Kapitalmarktzins)
i*	erwartete Rendite
I	Nettoinvestition(en)
IAB	Institut für Arbeitsmarkt- und Berufsforschung
I_{gepl}	geplante Nettoinvestition
I_o	autonome Nettoinvestition(en)
I_{pr}	Nettoinvestition des privaten Sektors
I_{St}	Nettoinvestition des Staates
I_{ungepl}	ungeplante Nettoinvestition
I^{br}	Bruttoinvestition
Im	Import(ausgaben)
ImG	Importausgaben für Güter
K	Kapitalstock
k	Kapitalstock pro Kopf
$\dot{K}$	Änderung des Kapitalstocks im Zeitablauf
$\dot{k}$	Änderung des Kapitalstocks pro Kopf im Zeitablauf
$K_i^{'}$	individuelle Grenzkosten
L	Geldnachfrage (Liquiditätspräferenz) oder Lohn
L_S	Spekulationskasse (nominal)
$\frac{L_S}{P}$	reale Spekulationskasse
L_T	Transaktionskasse (nominal)
$\frac{L_T}{P}$	reale Transaktionskasse
M	Geldangebot (nominal), Geldmenge
MB	Monatsbericht (e)

$\frac{M}{P}$	reales Geldangebot
ME	Mengeneinheit
Mio.	Millionen
Mrd.	Milliarden
N	Beschäftigungsniveau, Beschäftigungsmenge
$\hat{N}$	Arbeitslosenquote
$\hat{N}_N$	natürliche Arbeitslosenquote
N*	Vollbeschäftigungsniveau
N_D	Nachfrage nach Arbeit
NEW	Net Economic Welfare
NIP	Nettoinlandsprodukt
NAIRU	non-accelerating inflation rate of unemployment
NRU	natürliche Arbeitslosenquote (natural rate of unemployment)
N_O	Angebot an Arbeit
O	Angebot (Offerte)
OW	oberer Wendepunkt
P	Preisniveau
P^e	erwartetes Preisniveau
p	Preis
$\hat{P}$	Inflationsrate
P_L	Preisindex nach Laspeyres
r*	erwartete Rendite
R'_i	individueller Grenzumsatz
s	marginale Sparquote
S	Ersparnis
S_{gepl}	geplante Ersparnis
SNA	System of National Accounts
S_{ungepl}	ungeplante Ersparnis
SZR	Sonderziehungsrechte
t	Zeit (tempus)
T	Steuern
T^{dir}	direkte Steuern
T_H^{dir}	direkte Steuern der privaten Haushalte

T^{ind}	indirekte Steuern
UGR	Umweltökonomische Gesamtrechnungen
UW	unterer Wendepunkt
V	Vorleistungen
VGR	Volkswirtschaftliche Gesamtrechnungen
w	Nominallohnsatz, Vermögen
$\hat{w}$	Wachstumsrate der Nominallöhne in Prozenten
w^r	Reallohnsatz
$\frac{w}{P}$	Reallohnsatz
Y	Volkseinkommen (nominal)
Y_{ai}	Faktoreinkommen vom Ausland
$\frac{Y}{P}$	reales Volkseinkommen
Y^{br}	Bruttonationaleinkommen
Y_H	Einkommen der privaten Haushalte vor Steuerabzug
Y_i	Inlandseinkommen
Y_{ia}	Faktoreinkommen an das Ausland
Y^{max}	maximales Einkommen
Y^n	Nettonationaleinkommen
Y^p	permanentes Einkommen
Y^r	reales Volkseinkommen
Y^{tr}	transitorisches Einkommen
Y_H^v	verfügbares Einkommen der privaten Haushalte
Z_H	staatliche Transferzahlungen an private Haushalte
Z_U	staatliche Subventionen für Unternehmertätigkeit

Griechische Buchstaben:

α (Alpha)	Kapitalkoeffizient, Winkelwert
β (Beta)	Akzelerator
Δ (Delta)	Differenz
ε (Epsilon)	Angebotselastizität und Produktionselastizität
η (Eta)	Nachfrageelastizität
π (Pi)	Produktivität
$\sum$ (Sigma)	Summenzeichen

Stichwortverzeichnis

www.ingramcontent.com/pod-product-compliance
Lightning Source LLC
LaVergne TN
LVHW080804011026
849160LV00015B/1527